TEORIA JURÍDICA DA ATENÇÃO PRIMÁRIA À SAÚDE

LUCIANO MOREIRA DE OLIVEIRA

Prefácio
Fernando Mussa Abujamra Aith

Apresentação
Daniel Wei Liang Wang

TEORIA JURÍDICA DA ATENÇÃO PRIMÁRIA À SAÚDE

Belo Horizonte

2022

© 2022 Editora Fórum Ltda.

(Publicado na Argentina pela Rubinzal y Culzoni)

É proibida a reprodução total ou parcial desta obra, por qualquer meio eletrônico, inclusive por processos xerográficos, sem autorização expressa do Editor.

Conselho Editorial

Adilson Abreu Dallari
Alécia Paolucci Nogueira Bicalho
Alexandre Coutinho Pagliarini
André Ramos Tavares
Carlos Ayres Britto
Carlos Mário da Silva Velloso
Cármen Lúcia Antunes Rocha
Cesar Augusto Guimarães Pereira
Clovis Beznos
Cristiana Fortini
Dinorá Adelaide Musetti Grotti
Diogo de Figueiredo Moreira Neto (*in memoriam*)
Egon Bockmann Moreira
Emerson Gabardo
Fabrício Motta
Fernando Rossi
Flávio Henrique Unes Pereira
Floriano de Azevedo Marques Neto
Gustavo Justino de Oliveira
Inês Virgínia Prado Soares
Jorge Ulisses Jacoby Fernandes
Juarez Freitas
Luciano Ferraz
Lúcio Delfino
Marcia Carla Pereira Ribeiro
Márcio Cammarosano
Marcos Ehrhardt Jr.
Maria Sylvia Zanella Di Pietro
Ney José de Freitas
Oswaldo Othon de Pontes Saraiva Filho
Paulo Modesto
Romeu Felipe Bacellar Filho
Sérgio Guerra
Walber de Moura Agra

FÓRUM
CONHECIMENTO JURÍDICO

Luís Cláudio Rodrigues Ferreira
Presidente e Editor

Coordenação editorial: Leonardo Eustáquio Siqueira Araújo
Aline Sobreira de Oliveira
Tradução: Fernanda Nunes Barbosa

Rua Paulo Ribeiro Bastos, 211 – Jardim Atlântico – CEP 31710-430
Belo Horizonte – Minas Gerais – Tel.: (31) 2121.4900
www.editoraforum.com.br – editoraforum@editoraforum.com.br

Técnica. Empenho. Zelo. Esses foram alguns dos cuidados aplicados na edição desta obra. No entanto, podem ocorrer erros de impressão, digitação ou mesmo restar alguma dúvida conceitual. Caso se constate algo assim, solicitamos a gentileza de nos comunicar através do *e-mail* editorial@editoraforum.com.br para que possamos esclarecer, no que couber. A sua contribuição é muito importante para mantermos a excelência editorial. A Editora Fórum agradece a sua contribuição.

Dados Internacionais de Catalogação na Publicação (CIP) de acordo com a AACR2

O48t	Oliveira, Luciano Moreira de Teoria jurídica da atenção primária à saúde / Luciano Moreira de Oliveira. – Belo Horizonte : Fórum, 2022. 474 p. ; 14,5cm x 21,5cm. Inclui bibliografia. ISBN: 978-65-5518-337-5 1. Direito. 2. Direito à Saúde. 3. Direito Público. 4. Direito Constitucional. 5. Direitos Humanos. 6. Saúde pública. I. Título.
2022-308	CDD: 341 CDU: 342

Elaborado por Vagner Rodolfo da Silva – CRB-8/9410

Informação bibliográfica deste livro, conforme a NBR 6023:2018 da Associação Brasileira de Normas Técnicas (ABNT):

OLIVEIRA, Luciano Moreira de. *Teoria jurídica da atenção primária à saúde*. Belo Horizonte: Fórum, 2022. 474 p. ISBN 978-65-5518-337-5.

Para Miguel, Eduardo e Clara, anjos que me permitiram experimentar a divina experiência da paternidade.

AGRADECIMENTOS

Agradeço a Deus por, desde sempre, iluminar meus caminhos e guiar meus passos.

Agradeço a Nossa Senhora Aparecida, mãe de todos e padroeira do Brasil, que não se cansa de rogar a Deus por nós.

Agradeço à Flávia por cuidar de nossa família nos meus momentos de ausência.

Agradeço aos meus pais, Vicente e Maria das Graças, e ao meu irmão, Leandro, pelos constantes incentivos.

Agradeço ao Professor Doutor João José Nogueira de Almeida pela amizade, convivência acadêmica e orientação presente, que contribuíram imensamente para a conclusão da tese que deu origem a esta obra.

Agradeço ao Professor Doutor Licínio Lopes Martins pela leitura prévia e coorientação do trabalho.

Agradeço aos Professores Doutores do "Programa de Doutoramento em Direito Público: Estado Social, Constituição e Pobreza", José Carlos Vieira de Andrade, Coordenador, Ana Gaudêncio, Ana Raquel Moniz, António Vieira Cura, Fernanda Paula Oliveira, João Carlos Loureiro, João Reis, José Casalta Nabais, José Manuel Aroso Linhares, Rui Moura Ramos, Suzana Tavares da Silva e Vital Moreira, pelos ensinamentos, receptividade e acolhimento na Universidade de Coimbra.

Agradeço ao Ministério Público de Minas Gerais, instituição que me abriu as portas do mundo e que, no exercício do cargo de Promotor de Justiça, permite que eu possa dar a minha contribuição para a construção de uma sociedade livre, justa e solidária no Brasil. Ademais, a concessão de licença especial permitiu o desenvolvimento dos estudos na fase presencial desta pesquisa em Coimbra e a aquisição de conhecimentos para o aprimoramento do exercício do mister profissional.

Agradeço, por fim, à Editora Fórum pela oportunidade de publicar esta obra e submetê-la à apreciação e à crítica dos leitores.

"A verdadeira fonte de riqueza de qualquer sociedade é o seu povo. Investir na saúde pública é uma escolha sensata em tempos de prosperidade e uma necessidade urgente em tempos de aflição."

STUCKLER, David; BASU, Sanjay. *A economia desumana*: porque mata a austeridade. Trad. Rui Pires Cabral. Lisboa: Bizâncio, 2014, p. 209

LISTA DE ABREVIATURAS E SIGLAS

ACA	–	*Affordable Care Act*
ACE	–	Agrupamento de Centros de Saúde
ACS	–	Agente Comunitário de Saúde
ANS	–	Agência Nacional de Saúde
ANVISA	–	Agência Nacional de Vigilância Sanitária
ARS	–	Administração Regional de Saúde
ART.	–	Artigo
CHIP	–	*Children's Health Insurance Program*
CCG	–	*Clinical Commissioning Groups*
COVID	–	*Coronavirus Disease*
DHA	–	*District Health Authorities*
ESF	–	Estratégia Saúde da Família
FFF	–	*Food supplementation, Female literacy, Family planning*
GOBI	–	*Growth monitoring, Oral rehydration, Breast feeding, Immunization*
GP	–	*General Practitioner*
IAP	–	Instituto de Aposentadoria e Pensão
IBGE	–	Instituto Brasileiro de Geografia e Estatística
INPS	–	Instituto Nacional de Previdência Social
INAMPS	–	Instituto Nacional de Assistência Médica da Previdência Social
IQWiG	–	*Institute For Quality And Efficiency in Health Care*
NASF	–	Núcleo de Apoio à Saúde da Família
NHS	–	*National Health System*
OCDE	–	Organização para a Cooperação e Desenvolvimento Econômico
ODS	–	Objetivos de Desenvolvimento Sustentável
OECD	–	*Organization for Economic Cooperation and Development*
OMS	–	Organização Mundial da Saúde
PCT	–	*Primary Care Trust*
PACS	–	Programa de Agentes Comunitários de Saúde
PSF	–	Programa Saúde da Família
SHI	–	*Statutory Health Insurance*
PIB	–	Produto Interno Bruto
SNS	–	Serviço Nacional de Saúde
SUS	–	Sistema Único de Saúde
VHA	–	*The Veterans Health Administration*
UNICEF	–	*United Nations Children's Fund*
UCC	–	Unidade de Cuidados na Comunidade

UCSP – Unidade de Cuidados de Saúde Personalizados
USF – Unidade de Saúde Familiar
USP – Unidades de Saúde Pública
UTI – Unidade de Terapia Intensiva
WHO – *World Health Organization*

SUMÁRIO

PREFÁCIO
Fernando Mussa Abujamra Aith.. 17

APRESENTAÇÃO
Daniel Wei Liang Wang... 23

CAPÍTULO 1
INTRODUÇÃO.. 27
1.1 O papel do Estado no enfrentamento à desigualdade social e econômica... 27
1.1.1 Contradições da desigualdade... 27
1.1.2 O combate à desigualdade no contexto de crises e as faces ocultas dos direitos fundamentais.. 44
1.2 A efetivação do direito à saúde como meio para o combate à pobreza e à desigualdade... 56
1.2.1 A abordagem das capacidades aplicada à apreciação do direito à saúde... 56
1.2.2 A atenção primária à saúde como estratégia de universalização do acesso à saúde.. 67
1.3 Do plano de trabalho.. 76

CAPÍTULO 2
DIREITOS FUNDAMENTAIS E SUA EFICÁCIA NORMATIVA............... 79
2.1 A busca de fundamentos para os direitos fundamentais: o princípio da dignidade da pessoa humana..................................... 79
2.2 Histórico da afirmação dos direitos fundamentais: as gerações ou dimensões dos direitos fundamentais.. 90
2.3 Direitos fundamentais como direitos de defesa, participação e acesso a prestações.. 103
2.4 A dupla dimensão dos direitos fundamentais: direitos fundamentais em sentido subjetivo e objetivo............................... 108
2.5 Eficácia dos direitos fundamentais: os direitos sociais................ 111

2.6 Em busca de critérios jurídicos para a efetivação dos direitos fundamentais.. 133
2.6.1 Os deveres de respeito, proteção e promoção............................... 133
2.6.2 Critérios para aferição do cumprimento dos deveres sociais de proteção e promoção: o princípio da proporcionalidade, o mínimo existencial, o núcleo essencial dos direitos fundamentais e o princípio da vedação ao retrocesso social...... 137

CAPÍTULO 3
SAÚDE, DOENÇA E DIREITO À SAÚDE: A RELEVÂNCIA INDIVIDUAL E COLETIVA DAS POLÍTICAS DE SAÚDE....................... 175

3.1 O processo saúde-doença e a conformação da saúde pública.... 175
3.1.1 Antiguidade: a saúde como equilíbrio.. 175
3.1.2 Idade Média: a influência do cristianismo e da religiosidade na compreensão da saúde.. 179
3.1.3 A saúde na transição para a modernidade..................................... 182
3.1.4 O paradigma miasmático.. 187
3.1.5 A unicausalidade e o "contagionismo" (paradigma bacteriológico)... 193
3.1.6 O modelo biomédico de saúde.. 196
3.1.7 A ênfase nos determinantes sociais da saúde como contraponto ao modelo hegemônico.. 201
3.1.8 Por uma compreensão holística ou ampliada da saúde.............. 205
3.2 A afirmação do direito à saúde.. 215
3.2.1 Antecedentes dos sistemas de saúde... 215
3.2.2 A saúde no alvorecer do Estado Social: Constituição mexicana, de 1917, e Constituição alemã, de 1919... 218
3.2.3 A afirmação da saúde como direito humano no cenário internacional... 219
3.2.4 Afirmação e consolidação do direito à saúde no Estado Social.. 223
3.2.5 Definição, conteúdo, características e princípios que orientam o direito à saúde: direito à saúde, direito de proteção à saúde ou direito a cuidados de saúde?... 227
3.2.6 Estratégias de efetivação jurídica do direito à saúde: juridicização e judicialização da saúde... 244
3.2.7 Direito à saúde como compromisso coletivo: saúde e solidariedade.. 263
3.3 Saúde como política pública: sistemas de saúde e princípios que os orientam... 267
3.3.1 Sistemas de saúde de proteção residual....................................... 271

3.3.2	Sistemas de saúde de seguro social ("bismarckianos")	279
3.3.3	Sistemas de saúde universais ("beveridgeanos")	287

CAPÍTULO 4
ATENÇÃO PRIMÁRIA À SAÚDE 309

4.1	Concepções sobre a atenção primária à saúde: das políticas verticais e seletivas à compreensão abrangente	309
4.2	Definição de atenção primária à saúde	315
4.3	Características da atenção primária à saúde	320
4.4	Atenção primária à saúde como um dos níveis de atenção à saúde	323
4.5	Atenção primária à saúde e as tecnologias de informação e comunicação	327
4.6	Panorama da atenção primária à saúde em alguns sistemas de saúde	331

CAPÍTULO 5
A CONSTRUÇÃO DE UMA DOGMÁTICA JURÍDICA DA ATENÇÃO PRIMÁRIA À SAÚDE 351

5.1	Atenção primária à saúde como estratégia eficiente e sustentável para o alcance do acesso universal à saúde	351
5.2	Atenção primária à saúde como integrante do núcleo essencial do direito à saúde	361
5.3	Atenção primária à saúde como prestação integrante do mínimo existencial	371
5.4	Atenção primária à saúde como estratégia para a equidade no acesso à saúde	377
5.5	Vinculação dos poderes públicos à concretização da atenção primária à saúde em contexto de crise econômica: é possível afirmar a existência de um princípio de proibição ao retrocesso social?	381
5.6	Conteúdo normativo dos princípios que devem orientar a atenção primária à saúde	385
5.6.1	Princípios gerais	387
5.6.2	Princípios organizacionais	412
5.6.3	Princípios operacionais	422

CAPÍTULO 6
CONCLUSÃO 439

REFERÊNCIAS 447

PREFÁCIO

Saúde como direito humano fundamental e a contribuição da ciência jurídica para a construção do Sistema Único de Saúde

Em tempos de turbulência política global, em que os direitos sociais passam a sofrer severas limitações em vários países, relembrar o processo de afirmação jurídico-normativa-institucional do direito humano à saúde mostra-se um imperativo. Reforçar as bases filosóficas, científicas, morais e legais que sustentam a noção de que a saúde é um direito humano fundamental para a vida digna é necessário para evitar o retrocesso civilizatório e, mais ainda, para proteger a própria noção de cidadania baseada em Estados democráticos voltados à proteção e promoção dos direitos humanos.

A Constituição da República Federativa do Brasil de 1988 inaugurou um ciclo virtuoso de estabilidade democrática e desenvolvimento, com reflexos sensíveis na organização e proteção dos direitos humanos civis, políticos, econômicos, sociais e culturais.

Dentre os avanços verificados vale destacar, inicialmente, a criação de um sistema de proteção social amplo, com o reconhecimento expresso da saúde como um direito fundamental, bem como de outros direitos sociais estratégicos para a proteção da saúde individual e coletiva, tais como educação, alimentação, moradia, previdência social, assistência ao idoso e trabalho. Não por acaso, a Organização Mundial da Saúde entende diversos fatores derivados destes direitos como "determinantes sociais da saúde" e insta aos Estados que adotem medidas concretas para mitigar os efeitos que estes determinantes sociais causam sobre a saúde individual e coletiva.

A Seguridade Social, instituída em 1988, rompeu com o antigo modelo contributivo e securitário do sistema de saúde brasileiro e instalou um sistema de proteção baseado em três eixos fundamentais: saúde, assistência social e previdência social. Saúde e assistência social passaram a ser campos de seguridade social protegidos pelo Estado, calcados na ideia de universalidade, desvinculados de contribuição prévia e inseridos no contexto da solidariedade nacional.

Especificamente no campo da saúde, a Constituição foi extremamente generosa. Inspirada pela oitava conferência nacional de saúde, reconheceu a saúde como direito de todos e dever do Estado. Para garantir o direito à saúde, o Estado brasileiro, conforme previsto na Carta de 1988, passa a ter o dever de desenvolver políticas econômicas e sociais voltadas à redução do risco de doenças e outros agravos, bem como à promoção, proteção e recuperação da saúde.

As políticas públicas de saúde passaram a ser organizadas e protagonizadas por um inteligente sistema público universal, denominado Sistema Único de Saúde, que reúne em seu interior todas as ações e serviços públicos de saúde do Brasil, desenvolvidos pelas três esferas de governo sob os princípios constitucionais da universalidade, do acesso igualitário, da integralidade, da participação da sociedade e da equidade.

Os princípios que norteiam o sistema universal de saúde brasileiro estão ancorados justamente nas ideias de dignidade da pessoa humana, inclusão e não discriminação. A previsão de tratamento universal e igualitário a todos, sem distinção de qualquer tipo, traduz para o campo da proteção social à saúde de forma inequívoca os objetivos iluministas de igualdade, liberdade e fraternidade.

O princípio da integralidade, que preconiza um sistema de saúde voltado ao atendimento das necessidades de saúde da população por meio de serviços que cubram todos os níveis de atenção, também revela um sistema humano e solidário. O Sistema Único de Saúde deve estar organizado em redes de atenção à saúde organizadas de forma hierarquizada e regionalizada, redes que devem estar bem distribuídas pelo território nacional e aptas a oferecer serviços de promoção, prevenção e recuperação da saúde.

O direito humano à saúde depende, para sua efetivação, de ampla participação social. A democracia sanitária mostra-se um importante caminho para a construção democrática da saúde como um direito e tem como pressuposto o fato de que, em sociedades democráticas, as decisões políticas sobre saúde devem ser tomadas com base em ampla participação da comunidade e em respeito aos direitos e liberdades individuais.

O direito à saúde é uma conquista da população brasileira, que deve fiscalizar e acompanhar as ações estatais voltadas à sua plena realização. Muitos avanços foram feitos para promover a participação democrática da comunidade no âmbito do SUS, tais como os Conselhos e as Conferências de Saúde, mas ainda há muito espaço para a melhoria dos processos e instituições democráticas de participação no SUS, não só por meio do fortalecimento dos canais institucionais já criados, mas principalmente por meio da criação e aperfeiçoamento de novos canais participativos que considerem o uso das novas tecnologias de informação como meio virtuoso de interação entre decisões estatais e vontade popular.

Mais do que um sistema voltado a garantir o acesso às ações e serviços públicos de saúde pelas pessoas de acordo com as necessidades de saúde da população, o SUS é um verdadeiro projeto de justiça social. Garantir a saúde universal significa garantir igualdade de condições para o desenvolvimento físico, mental, profissional e espiritual de todos, base de qualquer sociedade democrática que tem em seus objetivos a promoção da dignidade do ser humano sem distinção entre os diferentes tipos de gente.

Vale ressaltar, nesse aspecto, que o Brasil ainda possui um longo percurso a seguir para reduzir as obscenas iniquidades sociais que marcam a nossa sociedade. As desigualdades sociais podem ser visualmente verificadas no Brasil, em diversos aspectos. São tristemente cotidianas as cenas que nos mostram, dia após dia, que diversos fatores sociais que condicionam e determinam a saúde das pessoas no Brasil precisam de urgente ação estatal, a começar pelas precárias condições de moradia, pautadas por um modelo de urbanização e desenvolvimento excludente e insustentável social e ambientalmente. Pesquisa da Fundação João Pinheiro aponta para um déficit habitacional de 5,8 milhões de moradias no país, o que representa mais de 20 milhões de pessoas vivendo em habitações inadequadas.

Dados do IBGE mostram que, em 2017, 26,5% dos brasileiros viviam com renda média diária inferior a US$ 5,50. Passados alguns anos e com o agravamento da crise econômica brasileira decorrente da pandemia de COVID-19, pode-se acrescentar alguns milhões de brasileiros a mais que estão abaixo da linha da pobreza. E, tristemente, o Brasil sequer está planejando a realização de um novo Censo para sabermos ao certo as condições de vida de nossa população. Além disso, dados do IBGE mostram que a parcela de 1% das pessoas com maior rendimento no Brasil ganha 36 vezes mais que 50% dos demais trabalhadores. Nesse contexto, os 10% mais ricos da população brasileira concentram 43% dos rendimentos no país, restando aos 90% restantes a divisão da outra metade.

No campo dos indicadores de saúde a desigualdade social brasileira também se faz sentir fortemente. Para além dos problemas de saúde decorrentes das más condições de moradia, transporte e educação que afetam justamente a população mais pobre de nossa sociedade, as diferenças regionais também evidenciam as desigualdades sociais brasileiras.

Enquanto a mortalidade infantil nos Estados do Sul e do Sudeste já se encontra em índices próximos ou abaixo dos 10/1.000 nascidos vivos, no Norte e Nordeste encontramos taxas que figuram ainda acima ou próximas dos 20/1.000, notadamente nos Estados do Maranhão, Alagoas, Amapá, Piauí e Rondônia. Vale lembrar aqui que, infelizmente, após 25 anos de redução, o Brasil voltou a registrar nos últimos anos aumento na taxa nacional média de mortalidade infantil em várias regiões do país.

As mesmas desigualdades se refletem na expectativa de vida dos brasileiros. Enquanto nos Estados do Sul e Sudeste do país a expectativa de vida já beira os 80 anos, nos Estados do Norte e Nordeste a estimativa de vida ainda está mais próxima dos 70 anos. Desigualdade, no Brasil, se traduz inclusive em menos vida, chegando a quase dez anos de vida de diferença entre as regiões do país.

Certamente nos encontramos em um momento histórico que requer muita atenção e esforços redobrados para não perdermos os ainda tímidos, mas importantes, avanços já obtidos no campo da saúde.

Nesse contexto, reforçar o direito à saúde dos brasileiros e aperfeiçoar o Estado brasileiro para que este cuide de forma eficiente e resolutiva das necessidades de saúde no país mostra-se o caminho a ser seguido para que possamos trilhar um desenvolvimento justo, solidário e sustentável.

Os desafios do sistema público universal de saúde brasileiro são muitos, e abrangem, dentre outros, aspectos de sustentabilidade financeira, governança, distribuição de serviços, formação de recursos humanos em saúde, planejamento de políticas públicas, incorporação adequada de novas tecnologias e ampliação da democracia sanitária. E tudo isso em um contexto de crise política, sanitária e econômica em um país já combalido.

O Direito Sanitário, campo ainda novo na ciência moderna, multidisciplinar por natureza, possui uma responsabilidade social enorme para auxiliar a sociedade brasileira a superar os diversos desafios colocados. Compete aos profissionais do Direito, na academia ou nos tribunais, reforçar o conjunto social que busca essa transformação social necessária em nosso país, visando tornar o direito universal à saúde uma realidade vivida por todos os que no Brasil se encontram.

Com base no princípio da legalidade, cabe ao direito disciplinar, em normas constitucionais, legais e infralegais, todo o processo de formulação, planejamento, execução, financiamento, supervisão e revisão das políticas públicas de saúde. Este aparato normativo, se de um lado define a forma de estruturação do Estado e seu controle jurídico, de outro lado, a depender do tipo de organização, pode se constituir em entrave para a boa execução das políticas, na medida em que consolida ações ineficazes. Essa dinâmica exige uma revisão normativa permanente no campo do Direito Sanitário, para que se possa aperfeiçoar constantemente as políticas econômicas e sociais para que utilizem os mais avançados e eficazes conhecimentos científicos e tecnológicos em benefício do direito à saúde.

Hoje, mais do que nunca, cidadãos e profissionais do Direito que atuam em instituições jurídicas criadas para a defesa e proteção da democracia e dos direitos humanos devem juntar-se para zelar pela proteção do direito à saúde, seja cumprindo seus respectivos deveres, seja exigindo do Estado o cumprimento dos deveres constitucionais associados ao direito à saúde, pactuados de forma democrática, transparente e legítima, e traduzidos expressamente em textos legais internacionais e nacionais.

Modernamente, os indicadores de saúde de uma população indicam, de forma bastante objetiva, o estágio de desenvolvimento de uma sociedade e de um Estado. O Direito Sanitário, campo da ciência moderna voltado especificamente para garantir o direito à saúde em Estados Democráticos de Direito, possui um papel estratégico para a promoção e proteção do direito à saúde no Brasil e no mundo.

Nesse contexto desafiador para o Brasil e para o Direito Sanitário brasileiro é que surge a obra de Luciano de Oliveira, com poder de oxigenação e enriquecimento dos debates públicos e com a força positiva que uma contribuição original e comprometida com os direitos humanos e a justiça pode trazer à sociedade. São extremamente ricas e reveladoras as reflexões feitas pelo autor nesta excelente obra, sob o enfoque da ciência jurídica, sobre a importância da atenção primária para a efetivação do direito à saúde, bem como sobre os possíveis caminhos para que as políticas de atenção básica à saúde sejam cada vez mais permanentes e institucionais no Brasil.

Discorrendo com competência e clareza sobre os mais importantes aspectos relacionados aos desafios das sociedades modernas para a plena efetivação do direito à saúde, Luciano de Oliveira contribui decisivamente para o campo do Direito Sanitário no Brasil ao reforçar a importância dos cuidados de saúde primários para a efetivação do direito à saúde, evidenciando o conteúdo jurídico-normativo do tema e demonstrando, de forma bastante objetiva, que as políticas públicas voltadas à atenção básica em saúde devem ser consideradas políticas de Estado, em observância aos compromissos internacionais assumidos pelo Brasil em tratados internacionais, bem como aos ditames inequívocos firmados pela Constituição da República Federativa do Brasil de 1988.

Fernando Mussa Abujamra Aith
Professor Titular do Departamento de Política, Gestão e Saúde da Faculdade de Saúde Pública da Universidade de São Paulo (FSP/USP). Diretor-Geral do Centro de Pesquisas em Direito Sanitário da USP. Professor visitante da Université Paris Descartes – Paris 5 (desde 2014). Livre-docente em Teoria Geral do Estado pela Faculdade de Direito da Universidade de São Paulo (FADUSP). Pós-Doutor em Direito Público pela Faculdade de Direito da Universidade de Paris 2. Doutor em Saúde Pública pela Faculdade de Saúde Pública da USP (FSP/USP). Mestre em Filosofia e Teoria Geral do Direito pela FADUSP.

APRESENTAÇÃO

O livro *Teoria Jurídica da Atenção Primária à Saúde*, de Luciano Moreira de Oliveira, busca identificar um conteúdo jurídico para o direito à saúde a partir da teoria das capacidades (*capabilities*) desenvolvida por Amartya Sen e Martha Nussbaum. A literatura sobre capacidades considera uma boa saúde fundamental, porque, além do seu valor intrínseco, ela permite que as pessoas exerçam suas funcionalidades e desenvolvam suas capacidades. A qualidade da saúde de uma população é medida de seu desenvolvimento.

Nessa lógica, a existência de um serviço de cuidado à saúde que seja acessível a todos, independentemente da sua capacidade de pagar, e que proteja contra doenças evitáveis e evite morte a prematura está entre as principais condições materiais que uma sociedade deve garantir para permitir que seus membros possam viver a vida que valorizem. Existe, portanto, grande proximidade entre a forma como a saúde é entendida dentro da teoria das capacidades e a ideia de saúde como um direito humano fundamental. Essa aproximação é a espinha dorsal do livro de Luciano Oliveira.

Porém, o autor nos alerta para o fato de que, embora haja consenso com relação à importância de um sistema de saúde acessível e de qualidade, haverá também disputas e desacordos sobre como esse sistema deve se organizar e o que ele deve priorizar. Quando não há recursos para ofertar tudo a todos, surgem questões difíceis sobre quais grupos ou intervenções serão preferidos ou sobre quanto queremos investir em cuidado à saúde *vis-à-vis* políticas em outras áreas que também têm impacto enorme sobre a saúde (educação, assistência social, emprego e outros determinantes sociais em saúde).

É a partir dessas premissas que o livro busca construir uma dogmática do direito à saúde que, de um lado, adote uma concepção ampla de saúde que abranja também os seus determinantes sociais e, de outro, ofereça uma interpretação do direito à saúde mais realista do que aquela que o considera como o direito a todo tratamento médico existente no mercado. Essa interpretação expansiva é a prevalente no Brasil, se não na literatura especializada, certamente na prática dos tribunais.

Dentro desse contexto de escassez, e à luz das teorias das capacidades, o livro propõe que as escolhas devam priorizar as intervenções que tragam maiores benefícios em saúde para a coletividade e que protejam os mais pobres e vulneráveis. De acordo com o livro, a conclusão que decorre dessa premissa é que sistemas de saúde devem priorizar a atenção primária em saúde, ainda que isso implique critérios mais rigorosos para incorporação e uso de tecnologias de alta complexidade.

A partir dessa leitura do direito à saúde, que tem a atenção primária no seu núcleo essencial, o livro propõe diversos princípios para guiar a aplicação desse direito pelos tribunais e a organização de sistemas de saúdes.

A tese de Luciano Oliveira aproxima-se bastante das definições e diretrizes internacionais relativas à *cobertura universal de saúde* (UHC, na sigla em inglês), em especial as da Organização Mundial da Saúde e da Assembleia Geral da ONU. UHC é um objetivo em torno do qual existe um crescente consenso internacional, mas que ainda é mal compreendido no Brasil.[1] Embora existam diferentes definições de UHC, todas incluem a ideia de acesso universal e igualitário a serviços de saúde de qualidade, sem que isso incorra em riscos financeiros para usuários. UHC, para ser efetiva, depende de mecanismos de financiamento do sistema de saúde desvinculados da capacidade econômica de indivíduos, compartilhamento de riscos e regras de solidariedade social para que os mais favorecidos subsidiem o cuidado à saúde dos mais pobres.

O livro *Teoria Jurídica da Atenção Primária à Saúde* é também convergente com a literatura internacional sobre UHC no que tange à escolha de prioridades. O caminho para se atingir a UHC, assim como para a realização do direito à saúde, é feito de escolhas.[2] A escassez de recursos limita o que sistemas de saúde conseguem oferecer, qualquer que seja o modelo de sistema ou o nível de desenvolvimento econômico de um país. Dada essa realidade, parece haver consenso na literatura sobre UHC de que é preciso priorizar a atenção primária de qualidade a todos por essa ser uma política muito custo-efetiva, que protege os mais vulneráveis e reduz desigualdades em saúde. Não se trata de limitar

---

[1] WANG, Daniel Wei Liang. ARE THE SUS AND THE RIGHT TO HEALTH INCOMPATIBLE WITH UNIVERSAL HEALTH COVERAGE? Challenging Misconceptions Around the Concept of UHC in the Public Health Scholarship in Brazil. *Novos estudos CEBRAP* [on-line], v. 39, n. 3, p. 599-618, 2020.

[2] WANG, Daniel Wei Liang. PRIORITY-SETTING AND THE RIGHT TO HEALTH: Synergies and Tensions on the Path to Universal Health Coverage. *Human Rights Law Review*, v. 20, n. 4, p. 704-7242020; RUMBOLD Benedict *et al*. UNIVERSAL HEALTH COVERAGE, PRIORITY SETTING, AND THE HUMAN RIGHT TO HEALTH. Lancet. 2017, v. 12; n. 390(10095):712-714.

o cuidado à saúde à atenção primária, mas de identificar na atenção primária o ponto a partir do qual um sistema deve se expandir para ofertar o máximo possível de cuidado em saúde.

Ademais, de uma perspectiva do Direito Constitucional brasileiro, entendo que a visão de direito à saúde proposta por Luciano Oliveira é muito mais fiel ao texto da Constituição de 88, se lida com atenção, que interpretações muito mais amplas desse direito. O artigo 196 fala em universalidade e igualdade no acesso, ou seja, todos devem ter acesso às ações e serviços disponíveis no sistema de saúde sem qualquer tipo de discriminação. Isso é diferente de dizer que todos devem ter acesso a tudo o que exista no mercado. O artigo 198, que trata da integralidade, explicitamente admite que prioridades precisam ser estabelecidas, e o próprio Texto Constitucional estabelece prioridade para medidas preventivas.[3]

Em conclusão, *Teoria Jurídica da Atenção Primária à Saúde* é um trabalho oportuno por dar um passo importante no sentido de trazer mais sofisticação para as discussões sobre o direito à saúde e sobre como sistemas de saúde devem se organizar para melhor realizá-lo.

Daniel Wei Liang Wang
Pós-Doutor e Doutor em Direito pela London School of Economics and Political Science (LSE). Mestre em Filosofia e Políticas Públicas pela LSE. Mestre em Direito pela Universidade de São Paulo (USP). Bacharel em Ciências Sociais pela USP. Bacharel em Direito pela USP. Foi Professor de Saúde e Direitos Humanos no Departamento de Direito da Queen Mary University of London e Research Postdoctoral Fellow no Departamento de Direito da LSE, onde lecionou Direitos Humanos. Professor da Escola de Direito da Fundação Getulio Vargas/SP.

---

[3] WANG, Daniel Wei Liang. Alocação de recursos e o direito à saúde. *In*: *Coleção Judicialização da Saúde nos Municípios*: como responder e prevenir. Brasília: CONASEMS, 2021.

CAPÍTULO 1

INTRODUÇÃO

1.1 O papel do Estado no enfrentamento à desigualdade social e econômica

1.1.1 Contradições da desigualdade

O grande avanço científico e tecnológico atingido pela Medicina e demais Ciências da Saúde nos dias atuais – talvez, inimaginável poucas décadas atrás – gera na sociedade, de um lado, sentimentos de admiração e surpresa e, de outro, de grande otimismo. Isso porque diversas doenças que historicamente constituíram grandes flagelos e desencadearam epidemias capazes de devastar populações inteiras tiveram seus mecanismos de prevenção e cura descobertos. Além disso, igualmente, doenças novas e raras diagnosticadas no século XX também já podem ser curadas ou controladas, com isso gerando menos ônus para as pessoas. Tudo isso, portanto, conduz a um grande otimismo sobre o futuro da humanidade e as perspectivas de controle e superação das doenças.

No imaginário social, os avanços da Medicina e das demais Ciências da Saúde promovem um verdadeiro deslumbramento, que coloca o hospital como local de realização da saúde e empodera os profissionais de Medicina. Nesse contexto, ocorre uma medicalização da vida que coloca a tecnologia, o saber científico, o hospital e os medicamentos no epicentro das medidas para se alcançar a saúde.

A disponibilidade das novas tecnologias e o anunciado sucesso da ciência sobre as fragilidades humanas, no entanto, são confrontados com a realidade de populações e grupos sociais que não têm acesso a cuidados mínimos e são expostos à morte prematura e ao adoecimento evitável. Ademais, novas doenças, como a COVID-19, desafiam os sistemas de saúde e, por vezes, dividem as populações entre pessoas tratadas e pessoas sem acesso a tratamento. Assim, o otimismo do domínio das doenças é posto em xeque diante da marginalização de grupos de pessoas privadas do acesso a ações e serviços de saúde. Estes são verdadeiros indigentes sanitários.

Atualmente, grande parte das doenças infecciosas e transmissíveis já foi erradicada nos países desenvolvidos em decorrência da descoberta de vacinas para a prevenção e de antibióticos para tratamento e cura. Tais avanços tiveram grande impacto no aumento da expectativa de vida ao nascer dessas populações, que hoje têm o desafio de enfrentar as doenças crônicas, como diversos tipos de câncer e doenças cardiovasculares, típicas do envelhecimento. No entanto, nos países em desenvolvimento, milhões de crianças ainda morrem prematuramente em decorrência de doenças que poderiam ser evitadas por meio da aplicação de vacinas.[1]

Segundo Mark Britnell, apenas 40% dos 192 países do mundo têm algum arranjo para dispensar acesso universal a cuidados de saúde. Na medida em que cresce a riqueza mundial, o mundo torna-se mais polarizado entre ricos e pobres.[2]

A realidade mostra, portanto, que o progresso atingido pela humanidade tem sido distribuído desigualmente entre populações e grupos sociais. Os avanços alcançados deixaram para trás grandes contingentes de pessoas que, ainda, hoje, morrem em decorrência de doenças para as quais já estão bem estabelecidas as formas de prevenção e de cura.[3]

As desigualdades no acesso a serviços de saúde refletem as iniquidades na distribuição dos demais bens sociais necessários para

---

[1] Segundo Angus Deaton, dois milhões de crianças morrem todos os anos como consequência de doenças evitáveis por vacinação. DEATON, Angus. *The great escape*: health, wealth, and the origins of inequality. Princeton: Princeton University Press, 2013, p. 7.

[2] BRITNELL, Mark. *In search of the perfect health system*. London: Palgrave, 2015, p. 212.

[3] "There are many countries where large fractions of children still die, and there are three dozen countries where more than 10 percent die before their fifth birthday. They are not dying of the 'new' diseases, like HIV/AIDS, or exotic diseases for which there is no cure. They are dying from the same diseases that killed European children in the seventeenth and eighteenth centuries, intestinal and respiratory infections and malaria, most of which we have known how to treat for a long time. These children are dying from the accident of where they were born, and they would not be dying had they been born in Britain, Canada, France, or Japan." DEATON, Angus. *The great escape*: health, wealth, and the origins of inequality, cit., p. 102.

uma vida plena,[4] em que todas as pessoas tenham acesso a um conjunto de bens necessários para a vida com dignidade e o desenvolvimento de suas potencialidades.

Em termos financeiros, ao mesmo tempo em que alguns desfrutam de bens e de possibilidades ilimitadas para a vida, outros são excluídos de condições mínimas de dignidade. A abundância de recursos de alguns é contrastada diante das privações de milhões de pessoas. Em resumo, "vivemos em um mundo de opulência sem precedentes, de um tipo que teria sido difícil até mesmo imaginar um ou dois séculos atrás".[5] Por outro lado, "vivemos igualmente em um mundo de privação, destituição e opressão extraordinárias".[6]

Ainda que não se pretenda uma sociedade sem diferenciações, sobretudo com a abolição da propriedade privada, as sociedades ocidentais atuais têm apresentado níveis de desigualdade elevados, que podem comprometer os valores necessários para a vida em comum.

A estrutura da desigualdade é bem delineada por autores como Thomas Piketty[7] e Joseph Stiglitz.[8] Como demonstra Piketty, o capital acumulado exerce importante papel na estrutura da desigualdade. Para o autor, toda vez que a remuneração do capital supera o crescimento econômico, há uma força que leva ao aumento das desigualdades e que torna o patrimônio acumulado muito relevante.

Nas sociedades em geral, a concentração do patrimônio costuma ser maior que a concentração das rendas e, além disso, incrementa a renda daqueles que já dispõem de um maior patrimônio.[9] Nos Estados

---

[4] "The poor have worse health than the rich – a widespread phenomenon – but that is only part of the problem. In Canada, the United States, the United Kingdom and most European countries, health follows a social gradient: the lower the position in the social hierarchy, the worse the health and the shorter the life expectancy. Therefore, not only should we be concerned about the poor health of the poor, but about the whole social gradient of health, which includes the whole of society. Everyone below the very top level has worse health than those above them. The challenge, then, is to do something about the health of not only the poor but the whole of society." MARMOT, Michael. Why should the rich care about the health of the poor? *Canadian Medical Association Journal* [em linha], v. 184, n. 11, p. 1.231, Aug. 2012. Acesso em: 17 mar. 2020. Disponível em: https://www.ncbi.nlm.nih.gov/pmc/articles/PMC3414593/.

[5] SEN, Amartya. *Desenvolvimento como liberdade*. Trad. Laura Teixeira Motta. São Paulo: Companhia das Letras, 2010, p. 9.

[6] SEN, Amartya. *Desenvolvimento como liberdade*, cit., p. 9.

[7] PIKETTY, Thomas. *O capital no século XXI*. Trad. Monica Baumgartem de Bolle. Rio de Janeiro: Intrínseca, 2014.

[8] STIGLITZ, Joseph. *O preço da desigualdade*. Trad. Dinis Pires. Lisboa: Bertrand Editora, 2013.

[9] "A forte concentração do capital explica-se especialmente pela importância da herança e de seus efeitos cumulativos (por exemplo, é mais fácil poupar quando se herdou um

Unidos, em 2010, 10% da população mais rica concentrava 70% do patrimônio disponível e 1% dos mais ricos tinha a propriedade de 35% do capital. Por seu turno, 50% da população mais pobre dispunha de apenas 5% do patrimônio,[10] que abrange, em termos gerais, os imóveis utilizados para moradia.[11]

Como se referiu anteriormente, essa desigualdade acentuada na distribuição do patrimônio impacta diretamente na renda de que cada pessoa dispõe e, consequentemente, no acesso aos bens necessários para satisfação das necessidades pessoais e na sua qualidade de vida. Nessa linha, ainda tendo como parâmetro a sociedade americana em 2010, 10% das pessoas mais ricas concentravam 50% da renda produzida, ao passo que 50% da população com menor renda dispunha de apenas 20% de toda a renda produzida.[12] Em grande parte, a renda da população mais rica, sobretudo da camada inserida entre 1% e 0,1% das pessoas mais abastadas, é constituída por rendimentos do capital e ativos financeiros, ao passo que, em relação às demais parcelas da população, maior importância é conferida aos rendimentos do trabalho.[13]

A renda e a riqueza produzidas, segundo Thomas Piketty, são distribuídas de maneira bastante desigual, a exemplo do que acontece nos Estados Unidos. A sociedade norte-americana, nos dias atuais, que muitas vezes é apontada como exemplo para outras economias, sobretudo nos países em desenvolvimento, está dividida entre uma minoria da população, que conta com grande patrimônio acumulado, capaz de proporcionar bem-estar e rendimentos inatingíveis para os demais, e segmentos dependentes do trabalho cujo patrimônio, quando existente, limita-se à própria moradia.

---

apartamento e não se tem de pagar aluguel). O fato de que o rendimento do patrimônio, em geral, alcança valores extremos desempenha um papel significativo nesse processo dinâmico." PIKETTY, Thomas. *O capital no século XXI*, cit., p. 241.

[10] PIKETTY, Thomas. *O capital no século XXI*, cit., p. 241-243. Para o autor, essa é uma tendência na maioria das sociedades: "Sem dúvida, o mais assombroso é que, em todas essas sociedades, a metade mais pobre da população não possui quase nada: os 50% mais pobres em patrimônio detêm sempre menos de 10% da riqueza nacional, e geralmente menos de 5%". PIKETTY, Thomas. *O capital no século XXI*, cit., p. 252.

[11] PIKETTY, Thomas. *O capital no século XXI*, cit., p. 254. Joseph Stiglitz ratifica essa assertiva em análise sobre a sociedade americana. Como aponta o autor, o patrimônio dos pobres e da classe média concentra-se no setor imobiliário. Com isso, foram atingidos diretamente pela crise imobiliária de 2008 e a consequente queda do valor dos imóveis. STIGLITZ, Joseph. *O preço da desigualdade*, cit., p. 61.

[12] PIKETTY, Thomas. *O capital no século XXI*, cit., p. 244.

[13] PIKETTY, Thomas. *O capital no século XXI*, cit., p. 274.

Ainda que os Estados Unidos da década de 2010 possam ser considerados uma sociedade de desigualdade acentuada, a realidade é que grande parte dos demais países ocidentais também apresenta uma estrutura de desigualdade acima do desejável. Enquanto a renda dos mais ricos e seu poder de compra cresceram enormemente nas últimas décadas, o mesmo não aconteceu com as classes média e baixa.[14]

Além da desigualdade de renda, há dados que demonstram que alguns grupos sociais também sofrem outras espécies de privações que se refletem nas suas condições concretas de vida. Nesse sentido, Amartya Sen demonstra que os homens negros americanos, que possuem renda *per capita* inferior à dos americanos brancos, tinham taxas de sobrevivência inferiores às de populações com menor renda que residem em outros países, como os habitantes da China e do estado indiano de Kerala. A superioridade de renda dos negros americanos em relação a essas populações da China e de Kerala não se converteu, na média, em vidas mais longas que as destes últimos. Assim, Amartya Sen aponta que a disparidade socioeconômica entre negros e brancos nos Estados Unidos também se reflete no acesso a serviços sociais e na sua exposição à violência.[15]

Em termos mundiais, verifica-se que o crescimento econômico tem sido desigualmente distribuído. A desigualdade está presente entre os países e, também, no interior dos países. A análise a partir de indicadores que se referem ao desempenho econômico médio oculta a realidade daqueles que se encontram à margem do progresso econômico e humanitário. Como enfatiza Angus Deaton, para cada história de

---

[14] "Vale notar que, quanto mais se sobe na hierarquia da renda, mais espetaculares são essas elevações. Ainda que elas digam respeito a um número limitado de pessoas, isso não as torna menos visíveis e levanta, naturalmente, dúvidas sobre as causas desse fenômeno. (...) ao longo das últimas décadas, a parcela do milésimo superior passou de 2% a quase 10% da renda nacional nos Estados Unidos, numa progressão sem igual.
(...)
Lembremos também que o 0,1% mais rico agrupa, por definição, cinquenta mil pessoas num país com população de cinquenta milhões de adultos (como na França no início dos anos 2010). Trata-se, então, de um grupo ao mesmo tempo minoritário (dez vezes menor do que o de 1%) e não negligenciável, considerando seu lugar na paisagem social e política. O elemento central é que, em todos os países ricos – incluindo os da Europa continental e o Japão –, esse grupo vivenciou ao longo dos anos 1990-2010 progressões espetaculares de poder de compra, ainda que o poder de compra médio tenha se estagnado." PIKETTY, Thomas. *O capital no século XXI*, cit., p. 310-311.

[15] Refere-se aqui aos percentuais de pessoas desses grupos sociais que atingirão as idades mais avançadas. SEN, Amartya. *Desenvolvimento como Liberdade*, cit. p. 39.

sucesso, existe outra realidade esquecida de pessoas e de países que foram "deixados para trás".[16]

O quadro de desigualdades exposto nos conduz a alguns questionamentos. Em primeiro lugar, a desigualdade presente nos dias de hoje traz benefícios sociais? Apesar das desigualdades econômicas, há reais possibilidades de mobilidade social? Essa desigualdade compromete o acesso a bens necessários para a vida com dignidade?

Tradicionalmente, avalia-se o desenvolvimento de um país a partir de informações sobre o seu desempenho econômico, sobretudo sobre o Produto Interno Bruto – PIB – e o Produto Interno Bruto *per capita* – PIB *per capita*. Segundo esses indicadores, se a riqueza total de um país está crescendo e, ainda, se a riqueza média acompanha esse crescimento, o desempenho da economia é elogiável.

Ocorre, no entanto, que a análise sobre o desenvolvimento tem sido revista, sobretudo desde as décadas de 1980 e 1990. Os estudos de Amartya Sen[17] e, posteriormente, de Martha Nussbaum[18] inspiraram um movimento de amplo questionamento sobre o tema do desenvolvimento e da pobreza.

---

[16] "Averages are no consolation to those who have been left behind. We have already seen that the average growth in the United States was far from equally shared. The United States is not the only country where inequality has been rising, and although there are important exceptions, rising income inequality is a common recent experience in many countries. What about inequality *between* countries? Many once-poor countries have seized the 'advantage of backwardness': the opportunity to adopt (and even improve) the knowledge and technologies can bypass the long process of trial and error that limited growth in the past. Countries such as Asian tigers, Hong Kong, Singapore, South Korea, and Taiwan and more recently China and India, have experienced rates of economic growth that are multiples of anything seen previously. *But growth has been unequally distributed, and most of the countries that were poor fifty years ago have not been able to emulate China, India, or the tigers. Perhaps surprisingly, and in spite of the achievements of the fast growers, there has been little or no narrowing of income inequality between countries; for every country with a catch-up story there has been a country with a left-behind story. The spread of average incomes between poor countries and rich countries is as large as it has ever been.*" DEATON, Angus. *The great escape*: health, wealth, and the origins of inequality, p. 219. Grifo nosso.

[17] SEN, Amartya. *Desenvolvimento como liberdade*, cit. SEN, Amartya. *A ideia de justiça*. Trad. Denise Bottmann e Ricardo Doninelli Mendes. São Paulo: Companhia das Letras, 2011. SEN, Amartya. Capability and well-being. *In*: NUSSBAUM, Martha; SEN, Amartya (Ed.). *The quality of life* [em linha]. Oxford: Oxford Scholarship Online, (2003), p. 30-53. Acesso em: 21 nov. 2016. Disponível em: http://existencia.org/files/alt-eco/quality.pdf.

[18] NUSSBAUM, Martha. Capabilities and social justice. *International Studies Review*, v. 4, n. 2, p. 123-135, summer 2002. NUSSBAUM, Martha. Human rights and human capabilities. *Harvard human rights journal*, v. 20, p. 21-24, 2007. NUSSBAUM, Martha. Creating capabilities: the human development approach and its implementation. *Hypatia: a journal of feminist philosophy*, v. 24, n. 3, p. 211-215, summer 2009. NUSSBAUM, Martha. Introduction: aspiration and the capabilities list. *Journal of human development and capabilities*, v. 17, n. 3, p. 301-308.

Como ressalta Amartya Sen, os recursos e bens materiais, como renda e patrimônio, não são aquilo que se deseja e busca em última análise. A importância que possuem é relativa, ou seja, deve-se "valorizá-los condicionalmente pelo que ajudam as pessoas a realizar, incluindo uma vida boa e que valha a pena".[19] A importância dos rendimentos e dos bens é instrumental, como meios para uma boa condição de vida.

Para Amartya Sen, tanto as teorias da Justiça como os estudos econômicos sobre a desigualdade precisam levar em conta as condições reais de vida de que as pessoas desfrutam. Por um lado, quanto às análises sobre a Justiça, não basta propor instituições abstratas desvinculadas de sociedades concretas e a partir de então dar-se por satisfeito. Princípios de justiça abstratos não necessariamente conduzirão a sociedades justas, posto que estas são determinadas não só pelas instituições, mas também pelos arranjos sociais e comportamentos reais ocorridos na prática.[20] Assim, por vezes, ao invés de propor princípios e instituições responsáveis por promover sociedades justas, mostra-se necessário definir as instituições sociais a partir de realidades concretas para que sejam capazes de reforçar as liberdades e contribuir para o bem-estar das pessoas.[21]

Nessa linha, não basta pensar em modelos teóricos para sociedades ideais. É necessário corrigir as injustiças e melhorar as condições de justiça na prática. Sob a perspectiva moral, "se alguém tem o poder de fazer uma mudança que considera que reduzirá a injustiça no mundo, então há um forte argumento social para simplesmente fazê-la".[22]

A apreciação das condições de justiça em concreto não pode concentrar-se nos rendimentos ou bens que as pessoas possuem. Há que se observar as possibilidades de que as pessoas dispõem para atingir a liberdade substancial, que consiste no poder de escolher entre diversas opções de vida que tenha razões para valorizar.

Essa verdadeira liberdade não depende apenas dos recursos que as pessoas possuem, mas também do conjunto de capacidades de que cada um dispõe em concreto. As capacidades, nas diversas atividades humanas, são ditadas pelas possibilidades de realização de atividades

---

[19] SEN, Amartya. *A ideia de justiça*, cit., p. 260. SEN, Amartya. *Desenvolvimento como liberdade*, cit., p. 28.
[20] SEN, Amartya. *A ideia de justiça*, cit., p. 98-99.
[21] SEN, Amartya. *A ideia de justiça*, cit., p. 111.
[22] SEN, Amartya. *A ideia de justiça*, cit., p. 239.

julgadas importantes por cada pessoa, chamadas de funcionamentos.²³ O crescimento econômico não produz automaticamente melhoras no acesso à saúde, educação e oportunidades de participação política, nem protege as mulheres da violência sexual e doméstica. As opções políticas precisam corrigir as injustiças e contribuir para que as pessoas estejam em condições de realizar as atividades que têm razões para valorizar nas áreas que são fundamentais para uma vida plena.²⁴

A abordagem das capacidades não aprecia apenas as realizações efetivas (funcionamentos) que cada um é capaz de alcançar. Na verdade, consideram-se as possibilidades de que cada pessoa dispõe, o que sobreleva a liberdade como valor central a ser promovido pelas sociedades.²⁵ Com efeito, as escolhas são feitas com base no conjunto de opções de que, consciente ou inconscientemente, acredita-se dispor.²⁶

O maior leque de capacidades e de possibilidades de optar por diversos funcionamentos relevantes confere à pessoa mais condições para alcançar o florescimento ou o desenvolvimento de suas potencialidades. Amartya Sen, influenciado pelas concepções de Aristóteles, afirma que deve haver um compromisso social de proporcionar a cada um o desenvolvimento de suas potencialidades.

---

²³ Os funcionamentos representam concretamente aquelas atividades que as pessoas já estão aptas a realizar. "A functioning is an achievement of a person: what he or she manages to do or be. It reflects, as it were, a part of the 'state' of that person." SEN, Amartya. *Commodities and capabilities*. Oxford: Oxford University Press, 1999, p. 7.

²⁴ NUSSBAUM, Martha. *Creating capabilities*: the human development approach and its implementation, cit., p. 212.

²⁵ Amartya Sen demonstra com clareza as contradições de uma análise com foco nas realizações concretas. Seu exemplo mais contundente refere-se à diferença entre duas pessoas que não se alimentam, sendo uma porque está fazendo jejum e outra porque não tem acesso à alimentação. Embora na prática ambas estejam se omitindo do mesmo funcionamento – alimentação – apenas aquela que faz jejum tem a liberdade de optar por se alimentar ou não, enquanto que a outra, inexoravelmente, permanecerá com fome e não tem a liberdade da opção. Essa compreensão permite que se dirija maior atenção aos constrangimentos sofridos pelas pessoas para realizarem suas potencialidades e, consequentemente, para a remoção ou mitigação desses obstáculos. É o que ressaltam Rod Hick, Tania Burchardt "(...) a focus on capabilities, which reflect opportunities, rather than on functionings, or outcomes, would be consistent with recognizing that our ethical focus in assessment should be on the constraints that people face and not on the particular choices they make". HICK, Rod; BURCHARDT, Tania. Capability deprivation. *In*: BRADY, David; BURTON, Linda M. *The Oxford handbook of the social science of poverty* [em linha]. Oxford: Oxford University Press, (2016), p. 75-92. Acesso em: 8 jul. 2018. Disponível em: http://www.oxfordhandbooks.com/view/10.1093/oxfordhb/9780199914050.001.0001/oxfordhb-9780199914050-e-5?print=pdf.

²⁶ VENKATAPURAM, Sridhar. Health, vital goals and human capabilities. *Bioethics*, v. 27, n.5, p. 275, 2013.

Ora, se o que importa é a vida que de fato as pessoas levam e se há um dever social em proporcionar condições para a liberdade substancial e o florescimento humano, fica claro que a apreciação do desenvolvimento limitada à evolução do PIB e do PIB *per capita* é uma visão muito estreita.[27][28]

Dessa forma, o desenvolvimento deve ter como fim a expansão da liberdade por meio da eliminação das privações e deficiências que limitam o florescimento e a realização das potencialidades de cada um.[29] "O crescimento econômico não pode ser sensatamente considerado um fim em si mesmo. O desenvolvimento tem de estar relacionado sobretudo com a melhora da vida que levamos e das liberdades que desfrutamos".[30]

Dessa forma, a apreciação do desenvolvimento econômico com base em indicadores como PIB e PIB *per capita* não retrata com suficiente precisão as condições materiais de vida das pessoas. Embora patrimônio e renda tenham reflexos e sejam úteis para se atingir a liberdade substancial, limitar-se a esses indicadores muitas vezes pode mascarar realidades em que grupos sociais são negligenciados a despeito da riqueza econômica do país.

Deve-se avaliar como a riqueza é distribuída socialmente, processo este que é mediado por políticas públicas de caráter redistributivo como

---

[27] "All over the world, people are struggling for a life that is fully human, a life worthy of human dignity. Countries and states are often focused on economic growth alone, but their people, meanwhile, are striving for something different: they want meaningful human lives." NUSSBAUM, Martha. *Creating capabilities*: the human development approach and its implementation, cit., p. 211.

[28] "(...) os europeus (e os povos doutros países do mundo) sabem agora que o PIB *per capita* não fornece um retrato fiel do que está a acontecer com a maioria dos cidadãos. deste modo, também não nos diz algo fundamental, que é se a economia está a funcionar bem ou não". STIGLITZ, Joseph. *O preço da desigualdade*, cit., p. 84. Mais adiante, o autor enfatiza: "O êxito de uma economia só pode ser avaliado se olharmos para o que acontece aos padrões de vida. de um modo geral. da maioria dos cidadãos durante um período de tempo continuado." STIGLITZ, Joseph. *O preço da desigualdade*, cit., p. 85.

[29] SEN, Amartya. *Desenvolvimento como liberdade*, cit. p. 9.

[30] SEN, Amartya. *Desenvolvimento como liberdade*, cit. p. 29. Na mesma linha, Karel Vasak enfatiza que desenvolvimento e industrialização não se confundem, sendo que aquele tem relação com as condições para o florescimento pessoal: "(...) le développement ne se confond pas avec l'industrialisation, et l'individu doit y trouver toutes les conditions nécessaires à son épanouissement". Assim, ao tratar de um direito ao desenvolvimento, propõe que esse direito se refira ao acesso aos meios de progresso e florescimento individual e coletivo em um ambiente que respeite os valores de civilização e as culturas nacionais e universais. VASAK, Karel. Revisiter la troisième génération des droits de l'homme avant leur codification. *In*: ESPIELL, Héctor Gros. *Amicorum liber*: Persona humana y derecho internacional, v. II. Bruselles: Bruylant, 1997, p. 1.661.

a arrecadação tributária progressiva e a prestação de serviços públicos, nomeadamente nas áreas da socialidade (educação, saúde, previdência e assistência social). Eis aqui um importante papel desempenhado pelos direitos sociais, inclusive, pelo direito à saúde.

Nesse contexto, o próprio conceito de pobreza merece ser revisto. Isso porque, em regra, considera-se a pobreza a partir da privação de determinada renda. Claro que o acesso à renda contribui para que as pessoas possam ter acesso a bens e serviços que lhes permitam realizar atividades que são valiosas. No entanto, a conversão de renda em funcionamentos e a ampliação das capacidades são mediadas por diversos fatores pessoais, sociais e ambientais, que são decisivos para que se possa alcançar maior oportunidade para a liberdade. Nesse sentido, pode-se compreender a pobreza de forma mais ampla como privação de capacidades centrais para se levar uma vida substancialmente livre e autônoma. A pobreza real, alerta Amartya Sen, pode ser muito mais intensa do que se pode concluir a partir das informações sobre patrimônio e renda.[31]

Com efeito, as privações da liberdade podem ter raízes em instituições antidemocráticas em regimes políticos intolerantes e opressores das manifestações individuais, comprometendo direitos civis e políticos. Em outros casos, podem estar relacionadas à carência de serviços públicos em áreas como educação, saúde e assistência social. De todo modo, o desenvolvimento requer a superação dessas privações, formas de pobreza que podem estar relacionadas à renda ou a outros bens sociais. Parece claro que a atuação das instituições do Estado e o processo político têm um papel fundamental na melhoria das condições de vida e no combate à pobreza em seus variados aspectos.[32]

Retomando a primeira das perguntas feitas linhas atrás (A desigualdade presente nos dias de hoje traz benefícios sociais?), é preciso reconhecer que o quadro atual opõe, de um lado, pessoas com acesso a múltiplas possibilidades de vida e outras privadas do mínimo necessário para uma vida digna. Para além disso, percebe-se uma assimetria de poder econômico capaz de comprometer valores sociais e corromper a democracia.

Com efeito, cada vez mais o mercado se torna o *locus* para acesso a bens e serviços que satisfazem as necessidades pessoais. Tomando por

---

[31] SEN, Amartya. *A Ideia de Justiça*, cit., p. 288-291.
[32] SEN, Amartya. *Desenvolvimento como liberdade*, cit., p. 17.

base a saúde, nos países em que não há sistemas públicos de saúde e mesmo quando este é presente, mas funciona precariamente, o acesso aos serviços necessários ocorre mediante pagamentos de planos ou seguros de saúde ou desembolso direto. Assim, é atendido quem pode pagar e não quem precisa do serviço.

Essa mercantilização da vida, que invade mesmo setores afetos a serviços imprescindíveis, torna ainda mais importante a renda e o dinheiro. Se tudo está à venda, ter ou não dinheiro faz diferença. As "últimas décadas se têm revelado particularmente difíceis para as famílias pobres e de classe média. Não só se agravou a defasagem entre ricos e pobres como a mercantilização de tudo aguçou a desigualdade e aumentou a importância do dinheiro".[33]

Como se indicou, a geração de riqueza, *per se*, não necessariamente produz resultados benéficos nas vidas das pessoas. É necessário avaliar como a riqueza é (re)distribuída socialmente, o que é mediado pelas instituições sociais, que são concebidas por meio de processos políticos. A concepção e a execução da política tributária e das políticas sociais – saúde, educação e proteção social – têm impacto direto na melhoria das condições de vida individuais.

Para Thomas Piketty, "a história da desigualdade é moldada pela forma como os atores políticos, sociais e econômicos enxergam o que é justo e o que não é, assim como pela influência relativa de cada um desses atores e pelas escolhas coletivas que disso decorrem".[34] Exemplificativamente, são os processos políticos que vão decidir sobre a estrutura de impostos sobre heranças, patrimônio e renda, assim como sobre a tributação do consumo de bens e serviços. A partir do processo decisório, pode-se avançar para um sistema tributário mais progressivo

---

[33] SANDEL, Michael. *O que o dinheiro não compra*: os limites morais do mercado. Rio de Janeiro: Civilização Brasileira, 2014, p. 14. Esse problema ético que envolve o poder econômico se manifestou recentemente nas relações internacionais. Durante a crise provocada pela pandemia causada pelo novo coronavírus, os Estados Unidos compraram de fornecedores chineses insumos que já estavam comprometidos com o governo brasileiro, pagando valores das multas contratuais. Com isso, com seu maior poderio financeiro, trouxe prejuízos para atividades essenciais do sistema de saúde brasileiro. MARIS, Renata *et al*. Compra em massa dos EUA à China cancela contratos de importação de equipamentos médicos no Brasil, diz Mandetta. *O Globo* [em linha], (01 abr. 2020), (atual. 02 abr. 2020). Acesso em: 4 abr. 2020. Disponível em: https://oglobo.globo.com/sociedade/coronavirus-servico/compra-em-massa-dos-eua-china-cancela-contratos-de-importacao-de-equipamentos-medicos-no-brasil-diz-mandetta-24344790.

[34] PIKETTY, Thomas. *O capital no século XXI*, cit., p. 27.

e redutor de desigualdades ou mais regressivo e que onere com grande peso os mais pobres.

O poder econômico de certos grupos sociais conduz a um desequilíbrio no jogo democrático, de forma que os interesses da elite financeira sejam protegidos em detrimento das políticas redistributivas.[35] Assim, além do *lobby* e da influência para aprovação de leis que sejam benéficas aos seus interesses, aqueles que têm condições de contratar bens e serviços essenciais no mercado podem não se interessar pela garantia de serviços públicos como educação e saúde para a população como um todo e mesmo para os mais pobres.[36]

A desigualdade econômica interfere, ainda, no desenvolvimento da ciência e no acesso aos recursos para tratamento e cura de doenças. Doenças raras, que afetam pequenos grupos de pessoas,[37] assim como aquelas com maior prevalência nos países em desenvolvimento, não recebem investimentos da indústria farmacêutica para pesquisa e desenvolvimento, visando a descoberta de tratamentos novos.[38] Para Mark Britnell, uma vacina para o vírus ebola já poderia ter sido descoberta há anos. Entretanto, trata-se de uma doença típica de países

---

[35] "É por isso que o «poder» – poder político – importa tanto. Se o poder econômico torna-se tão desigualmente distribuído, seguir-se-ão consequências políticas. Embora costumemos pensar que o Estado de Direito é criado para proteger os fracos contra os fortes, e o cidadão comum contra o privilegiado, os endinheirados usarão o seu poder político para moldar o Estado de Direito de modo a providenciar um enquadramento dentro do qual poderão explorar os outros. Usarão o seu poder político, também, para garantir a preservação das desigualdades, em vez da realização de uma sociedade e uma economia mais igualitárias e justas. Se certos grupos controlam o processo político, usá-lo-ão para criar um sistema econômico que os favoreça: através de leis e regulações que se aplicam especificamente a uma indústria, através das que gerem as falências, a concorrência, a propriedade intelectual ou a tributação, ou, indiretamente, os custos de ter acesso ao sistema judicial". STIGLITZ, Joseph. *O preço da desigualdade*, cit., p. 272.

[36] Esse alerta é feito por Angus Deaton em análise feita tendo por pano de fundo a sociedade norte-americana: "If democracy becomes plutocracy, those who are not rich are effectively disenfranchised. (...) The political equality that is required by democracy is always under threat from economic inequality, and the more extreme the economic inequality, the greater the threat to democracy. (...) The very wealthy have little need for state-provided education or health care; they have every reason to support cuts in Medicare and to fight any increases in taxes." DEATON, Angus. *The great escape*: health, wealth, and the origins of inequality, cit., p. 213.

[37] São as chamadas doenças órfãs. Sobre esse tema e para uma análise crítica sobre a indústria farmacêutica, suas estratégias de *marketing* e de promoção do consumo de medicamentos, conferir ANGELL, Marcia. *A verdade sobre os laboratórios farmacêuticos*: como somos enganados e o que podemos fazer a respeito. Trad. Waldéa Barcelos. Rio de Janeiro: Record, 2007.

[38] ANGELL, Marcia. *A verdade sobre os laboratórios farmacêuticos*: como somos enganados e o que podemos fazer a respeito, cit., p. 101. BRITNELL, Mark. *In search of the perfect health system*, cit., p. 212.

pobres africanos, que só tem atenção dos países desenvolvidos quando pessoas infectadas cruzam as fronteiras.[39]

Por outro lado, boa parte das rendas e dos patrimônios mais elevados não necessariamente decorre do mérito próprio.[40] Isso porque, como se argumentou anteriormente, sofrem grande influência do capital já acumulado, sobretudo por gerações anteriores e transmitido por meio de heranças. Quando se examinam os rendimentos de 1% da população mais rica, percebe-se que são compostos de rendas do capital já constituído, o que distorce a distribuição da riqueza produzida.[41] Por outro lado, as sociedades atuais ainda presenciam o fenômeno dos superexecutivos, pessoas ocupantes de altos cargos de grandes grupos econômicos que, mesmo com a grande recessão de 2008 e dos anos seguintes, tiveram alto crescimento de seus rendimentos, ao contrário do que ocorreu com os demais segmentos sociais. Segundo Thomas Piketty, os avanços tecnológicos e o aumento de produtividade não são suficientes para justificar a alta remuneração dos superexecutivos. Não raramente, esses pagamentos são fixados sem apoio em resultados concretos e decorrem de deliberações de comitês de remuneração.[42]

A desigualdade pode ser examinada, ademais, na sua correlação com a crise econômica de 2008, sobretudo a partir da realidade norte-americana. Com efeito, a perda do poder de compra das classes médias e dos mais pobres criou dificuldades para o pagamento das dívidas contraídas com o sistema financeiro. A desvalorização imobiliária corroeu os patrimônios dessas famílias e esse empobrecimento limitou a participação dessas pessoas no mercado. Dessa forma, a desigualdade foi disfuncional para a economia.[43]

David Stuckler e Sanjay Basu, por sua vez, noticiam os impactos da crise de 2008 na Grécia. Segundo os autores, o país sofreu "terremotos

---

[39] BRITNELL, Mark. *In search of the perfect health system*, cit., p. 212.
[40] Segundo Joseph Stiglitz, a partir da realidade dos Estados Unidos, "os 1% não são, no geral, os que ganharam os seus rendimentos através de grandes contributos sociais, nem são eles os grandes pensadores que transformaram a nossa percepção do mundo ou os grandes inovadores que transformaram a nossa economia". STIGLITZ, Joseph. *O preço da desigualdade*, cit., p. 88.
[41] STIGLITZ, Joseph. *O preço da desigualdade*, cit., p. 356.
[42] PIKETTY, Thomas. *O capital no século XXI*, cit., p. 323. No mesmo sentido, Angus Deaton afirma, com base em estudo de Marianne Bertrand e Sendhil Mullainathan, que os altos executivos de companhias petroleiras foram mais bem remunerados quando o preço do petróleo estava alto, independentemente do desempenho que tiveram. DEATON, Angus. *The great escape*: health, wealth, and the origins of inequality, cit., p. 210.
[43] PIKETTY, Thomas. *O capital no século XXI*, cit., p. 289 e seguintes.

financeiros" em série, sendo o primeiro deles um "choque de procura", ou seja, "uma quebra da procura de bens e serviços gregos, associada a uma queda do sector imobiliário".[44] Nesse contexto, "o rendimento médio das famílias gregas diminuiu 0,2% em 2008, e mais 3,3% em 2009".[45] Por outro lado, como consequência das execuções hipotecárias e do enfraquecimento das medidas de proteção social em decorrência das políticas de austeridade, "o número de gregos sem casa tinha aumentado 25% entre 2009 e 2011".[46] Para os autores, as pessoas comuns foram as mais prejudicadas no período, uma vez que, apesar do aprofundamento da crise econômica, "os super-ricos tinham depositado as suas fortunas em contas offshore".[47] Porém, "a taxa de desemprego disparou de 7% para 17%. Para os jovens que concluíram o liceu ou os estudos universitários (...) a taxa de desemprego subiu de 19% para 40%".[48]

Esses relatos sobre a crise de 2008 nos Estados Unidos e na Grécia revelam que a desigualdade acentuada não traz benefícios para a economia e, na realidade, indica falta de eficiência da atividade econômica na medida em que seu fim último deveria ser contribuir para o bem comum e para a garantia da dignidade de todas as pessoas, fins últimos do Estado.[49]

Assim, a ampla desigualdade presente nos dias atuais não produz benefício social, mas, pelo contrário, gera problemas decorrentes da assimetria de poder econômico e político, que se retroalimentam.

Por sua vez, a mobilidade social, sobretudo visando alcançar os estratos mais altos de renda e de patrimônio tem se mostrado bastante reduzida. Com feito, o aumento das oportunidades de alcançar maiores níveis econômicos está condicionado, segundo Thomas Piketty, ao acesso à escolaridade e à capacitação de mão de obra. A educação, portanto, tem um papel decisivo.

---

[44] STUCKLER, David; BASU, Sanjay. *A economia desumana*: porque mata a austeridade, cit., p. 127.
[45] STUCKLER, David; BASU, Sanjay. *A economia desumana*: porque mata a austeridade, cit., p. 127.
[46] STUCKLER, David; BASU, Sanjay. *A economia desumana*: porque mata a austeridade, cit., p. 124.
[47] STUCKLER, David; BASU, Sanjay. *A economia desumana*: porque mata a austeridade, cit., p. 129.
[48] STUCKLER, David; BASU, Sanjay. *A economia desumana*: porque mata a austeridade, cit., p. 129. Os dados sobre desemprego comparam os meses de maio de 2008 e maio de 2011.
[49] FRANCISCO. *Evangelii Gaudium*: a alegria do Evangelho. Exortação apostólica do Sumo Pontífice ao episcopado, ao clero, às pessoas consagradas e aos fiéis leigos sobre o anúncio do Evangelho no mundo atual. 5. ed. São Paulo: Paulus, 2015, p.122.

Nada obstante, para que a educação tenha maior eficácia para a mobilidade social, é necessário o acesso ao ensino com melhor padrão de qualidade. No entanto, a qualidade costuma ser bastante diversa entre os estratos sociais.[50]

Em termos populacionais, tem-se percebido que apenas em sua minoria as gerações mais novas têm tido êxito em superar as gerações anteriores, avançando para as classes sociais superiores. Analisando a sociedade americana, Joseph Stiglitz trata como mito a crença de que os Estados Unidos são uma terra de oportunidades. Segundo ele, a reduzida mobilidade social faz com que os mais desfavorecidos socialmente permaneçam na base, enquanto que os que se encontram no topo dificilmente percam seu *status* econômico.[51] Corroborando esse argumento, segundo Thomas Piketty, a análise dos salários médios individuais por longos períodos de tempo (de dez a trinta anos) permite afirmar que dificilmente os operários e atendentes das grandes empresas conseguirão galgar os postos de direção de uma grande companhia nos Estados Unidos.[52]

Para Angus Deaton, a desigualdade contribui para a menor mobilidade social. Nessa linha, países com maior nível de desigualdade social normalmente conduzem a rendimentos análogos entre as gerações de pais e de filhos, indicando, portanto, carência de oportunidades para os estratos mais baixos da população atingirem níveis mais altos de renda.[53]

Caminhando para responder à terceira das perguntas feitas anteriormente – A desigualdade compromete o acesso a bens necessários para a vida com dignidade? –, deve-se registrar que, sobretudo a partir do fim da 2ª Guerra Mundial, a ordem internacional e as democracias ocidentais passaram a ter como fundamento da atividade do Estado e dos ordenamentos jurídicos a proteção da dignidade da pessoa humana. Toma-se, aqui, a matriz kantiana segundo a qual o ser humano, por sua racionalidade, tem um valor intrínseco e, por isso, deve ser considerado fim em si mesmo e não meio para se alcançar qualquer objetivo que

---

[50] DEATON, Angus. *The great escape*: health, wealth, and the origins of inequality, cit., p. 191-192.
[51] STIGLITZ, Joseph. *O preço da desigualdade*, cit., p. 78.
[52] PIKETTY, Thomas. *O capital no século XXI*, cit., p. 292.
[53] DEATON, Angus. *The great escape*: health, wealth, and the origins of inequality, cit., p. 207.

seja.[54] Para além disso, a garantia da dignidade exige a preservação da autonomia, que é "o fundamento da dignidade da natureza humana e de toda natureza racional".[55]

A garantia da autonomia ou da liberdade tem sido compreendida pela doutrina mais atual para além do simples dever de não ingerência na esfera da liberdade individual de cada um, bem como do dever de proteção às agressões de terceiros. Enxerga-se a existência de um dever de promoção de condições mínimas de existência por meio da realização de direitos fundamentais, chegando-se a afirmar que dignidade humana e direitos fundamentais formam as duas faces de uma mesma moeda.[56] Nesse contexto, a garantia da dignidade da pessoa humana e a autonomia abrangem, portanto, o acesso a condições para uma vida saudável, o que sobreleva a importância da tutela da saúde, objeto deste trabalho.[57]

Percebe-se aqui uma aproximação e, por que não dizer, uma interseção entre os fundamentos da abordagem das capacidades e a proteção da dignidade da pessoa humana na medida em que a liberdade substancial – possibilidade de escolher entre opções de vida que se tenha razões para valorizar – pressupõe a oportunidade para atingir a aptidão para realizar um amplo leque de atividades – os funcionamentos – que têm valor para cada um.

---

[54] KANT, Immanuel. *Fundamentação da metafísica dos costumes e outros escritos*. Trad. Leopoldo Holzbach. São Paulo: Martin Claret, 2011, p. 58-59. Maior atenção será conferida ao princípio da dignidade da pessoa humana e, em especial, à concepção kantiana, no próximo capítulo.

[55] KANT, Immanuel. *Fundamentação da metafísica dos costumes e outros escritos*, cit., p. 66.

[56] "A dignidade humana e os direitos humanos (ou fundamentais) são intimamente relacionados, como as duas faces de uma mesma moeda ou, para usar uma imagem comum, as duas faces de Jano. Uma, voltada para a filosofia, expressa os valores morais que singularizam todas as pessoas, tornando-se merecedoras de igual respeito e consideração; a outra é voltada para o Direito, contemplando os direitos fundamentais. Esses últimos representam a moral sob a forma de Direito ou, como assinalado por Jürgen Habermas, 'uma fusão do conteúdo moral com o poder de coerção do Direito'". BARROSO, Luís Roberto. *A dignidade da pessoa humana no direito constitucional contemporâneo*: a construção de um conceito à luz da jurisprudência mundial. Belo Horizonte: Fórum, 2012. p. 75.

[57] "[...] qualidade intrínseca e distintiva reconhecida em cada ser humano que o faz merecedor do mesmo respeito e consideração por parte do Estado e da comunidade, implicando, neste sentido, um complexo de direitos e deveres fundamentais que assegurem a pessoa tanto contra todo e qualquer ato de cunho degradante e desumano, como venham a lhe garantir as condições existenciais mínimas para uma vida saudável, além de propiciar e promover sua participação ativa e corresponsável nos destinos da própria existência e da vida em comunhão com os demais seres humanos, mediante o devido respeito aos demais seres que integram a rede da vida." SARLET, Ingo Wolfgang. *Dignidade da pessoa humana e direitos fundamentais na Constituição Federal de 1988*. 9. ed. Porto Alegre: Livraria do Advogado, 2012, p. 73.

Já foram indicadas anteriormente grandes contradições da era atual: a convivência entre a vida de abundância dos extratos mais ricos da população e o baixo acesso à renda e ao patrimônio da maioria das populações, mesmo na maior economia do mundo, os Estados Unidos. Por outro lado, os avanços na prevenção e cura de doenças, mesmo as mais graves e aquelas descobertas recentemente, são postos em causa face às dificuldades de acesso a serviços de saúde por populações e grupos sociais e diante do adoecimento e morte por doenças evitáveis.[58]

A má distribuição dos resultados da economia premia um grupo restrito de pessoas ao lado das quais convivem largos contingentes de populações sem acesso aos recursos mínimos para uma vida digna e para o desenvolvimento de suas potencialidades. A distorção na distribuição dos bens econômicos convive com a assimetria de poder político, que opõe grupos sociais com interesses diversos, por exemplo, no que se refere à política tributária e à prestação de serviços sociais pelo Estado. Em assim sendo, uma sociedade que seja comprometida com a oportunidade para o desenvolvimento das potencialidades individuais, o florescimento e a liberdade substancial precisa voltar os olhos para a redução das desigualdades. A desigualdade, portanto, contribui para que grandes contingentes populacionais sejam privados de condições de vida dignas.

---

[58] Essa distorção da realidade atual é denunciada pelo Papa Francisco na Exortação Apostólica Evangelii Gaudium. A Alegria do Evangelho: "Neste momento, a humanidade vive uma transformação histórica, que podemos constatar nos progressos que se verificam em vários campos. São louváveis os sucessos que contribuem para o bem-estar das pessoas, por exemplo no âmbito da saúde, da educação e da comunicação. Todavia, não podemos esquecer que a maior parte dos homens e mulheres do nosso tempo vive seu dia a dia precariamente, com funestas consequências. Aumentam algumas doenças. O medo e o desespero apoderam-se do coração de inúmeras pessoas, mesmo nos chamados países ricos. A alegria de viver frequentemente se desvanece; crescem a falta de respeito e a violência, a desigualdade social torna-se cada vez mais patente. É preciso lutar para viver, e muitas vezes viver com pouca dignidade. Essa mudança de época foi causada pelos enormes saltos qualitativos, quantitativos, velozes e acumulados que se verificam no progresso científico, nas inovações tecnológicas e nas suas rápidas aplicações em diversos âmbitos da natureza e da vida. Estamos na era do conhecimento e da informação, fonte de novas formas de um poder muitas vezes anônimo." FRANCISCO. *Evangelii Gaudium*: a alegria do Evangelho. Exortação apostólica do Sumo Pontífice ao episcopado, ao clero, às pessoas consagradas e aos fiéis leigos sobre o anúncio do Evangelho no mundo atual, cit., p. 40.

1.1.2 O combate à desigualdade no contexto de crises e as faces ocultas dos direitos fundamentais

A desigualdade econômica e a consequente assimetria de poder no debate sobre as políticas públicas são fatos que refletem o percurso histórico de um povo ou país. Certo estado de coisas é resultado de processos históricos e, dentre outros fatores, a mudança de trajetória depende das novas decisões que são tomadas.

Aqui, percebe-se a interseção entre Economia, Política e Direito. A materialização das opções políticas e econômicas ocorre por meio de normas jurídicas. Além disso, a existência de instituições políticas e jurídicas sólidas, capazes de conceber e de implementar políticas públicas com eficiência, é essencial para se criar um ambiente que promova a prosperidade, o crescimento econômico e o desenvolvimento.[59]

No final do século XIX, o crescimento da força de trabalho industrial nos países europeus e nos Estados Unidos desencadeou uma série de mudanças na paisagem social. Nesse contexto, ganharam impulso debates sobre a pobreza, desigualdade e acesso a bens sociais como forma de proteção contra eventos como desemprego, perda de renda, envelhecimento e doenças.

Nesse período, os movimentos operários pleitearam a melhoria das condições de vida e trabalho dos trabalhadores das fábricas constituídas ao longo do processo de industrialização decorrente da revolução industrial. Esses trabalhadores eram submetidos a jornadas de trabalho extensas, precárias condições de segurança e salubridade e, por outro lado, tinham vidas carentes de recursos para existência digna. Essas pessoas estavam expostas a acidentes de trabalho e doenças ocupacionais capazes de impactar diretamente em sua condição financeira, assim como a epidemias relacionadas à falta de salubridade das cidades e à perda de renda decorrente do envelhecimento.

Esse quadro desencadeou revoluções em diversos países, que demandavam uma resposta à questão social e a maior participação estatal nas atividades econômicas e sociais, contribuindo, efetivamente, para o bem-estar das pessoas. Por um lado, esse processo conduziu à Revolução Russa, em 1918, que rompeu com o capitalismo[60] e o modelo

---

[59] DEATON, Angus. *The great escape*: health, wealth, and the origins of inequality, cit., p. 294.
[60] Extrai-se da Declaração dos Direitos do Povo Trabalhador e Explorado a decisão de abolir a propriedade privada, tornando as terras, bancos, fábricas, minas, usinas e outros meios de produção propriedade estatal. DECLARAÇÃO dos Direitos do Povo Trabalhador e

de Estado de Direito liberal, consagrador de direitos fundamentais garantidores da autonomia individual em face do Estado. Os direitos deveriam ser realizados por intermédio do Estado proletário, dirigido pelos trabalhadores, forma encontrada para a transição para o socialismo e o comunismo.[61]

Por outro lado, a resposta estatal desencadeou a acomodação das demandas dos operários no âmbito do Estado juntamente com os direitos civis e políticos, de tradição liberal.[62][63] A consagração dos direitos sociais e a organização de redes de serviços públicos conferiram maior legitimidade à atividade estatal, já que ao Estado de Direito se agrega o reconhecimento de direitos fundamentais e a realização de fins sociais cujo alcance se mostra necessário para a efetivação de condições de vida dignas.[64] O tratamento da questão social envolveu a conciliação da autonomia individual com a proteção social, mantendo-se a unidade dos países que enfrentaram os movimentos operários,[65] como fez Bismarck no contexto alemão, em que se valeu da organização de sistemas de proteção social para conferir legitimidade ao Estado e apaziguar os anseios revolucionários.

Explorado [em linha]. Congresso Pan-Russo dos Sovietes dos Deputados Operários, Soldados e Camponeses, 3, Rússia, 17 de janeiro de 1918. Acesso em: 19 maio 2020. Disponível em: http://www.direitoshumanos.usp.br/index.php/Documentos-anteriores-%C3%A0-cria%C3%A7%C3%A3o-da-Sociedade-das-Na%C3%A7%C3%B5es-at%C3%A9-1919/declaracao-dos-direitos-do-povo-trabalhador-e-explorado-1918.html.

[61] NOVAIS, Jorge Reis. *Direitos sociais*: teoria jurídica dos direitos sociais enquanto direitos fundamentais. Coimbra: Coimbra Editora, 2010, p. 18.

[62] NOVAIS, Jorge Reis. *Direitos sociais*: teoria jurídica dos direitos sociais enquanto direitos fundamentais, cit., p. 20.

[63] A Igreja Católica exerceu importante influência para a construção de via alternativa ao socialismo e comunismo que pudesse reconciliar patrões e empregados, sem abrir mão do direito à propriedade privada, nem deixar de reconhecer a importância das demandas dos trabalhadores. Nessa linha, a Encíclica Rerum Novarum, do Papa Leão XIII, destacou a condição de miséria e de infortúnio dos operários e exaltou o dever de solidariedade dos cristãos. Propôs ainda que os patrões deviam pagar um salário justo aos empregados, os quais faziam jus a uma jornada de trabalho compatível com suas forças e condição pessoal (sobretudo de mulheres e crianças), assim como a um descanso semanal. LEÃO XIII. Carta encíclica Rerum Novarum do Sumo Pontífice Papa Leão XIII a todos os nossos veneráveis irmãos, os patriarcas, primazes, arcebispos e bispos do orbe católico, em graça e comunhão com a sé apostólica sobre a condição dos operários [em linha]. Vaticano, 15 maio 1891. Acesso em: 31 jul. 2020. Disponível em: http://www.vatican.va/content/leo-xiii/pt/encyclicals/documents/hf_l-xiii_enc_15051891_rerum-novarum.pdf.

[64] HESSE, Konrad. *Elementos de Direito Constitucional da República Federal da Alemanha*. Trad. Luís Afonso Heck. Porto Alegre: Sérgio Antônio Fabris, 1998. QUEIROZ, Cristina. *O tribunal Constitucional e os direitos sociais*. Coimbra: Coimbra Editora, 2014.

[65] HECLO, Hugh. The social question. In: MCFATE, Katherine; LAWSON, Roger; WILSON, William Julius. *Poverty, inequality, and the future of social policy*: Western States in the New World Order. New York: Russell Sage Foundation, 1995, p. 667.

A Constituição do México, de 1917, e a Constituição Alemã, de 1919, são apontadas pela doutrina como marcos jurídicos do advento do Estado social.[66] Assim, marcam, no plano jurídico, a revisão do papel do Estado, que passou a intervir com maior intensidade nas relações sociais e econômicas[67] e promover políticas de proteção social.

A afirmação do Estado Social não ocorreu de forma linear no tempo, nem de maneira homogênea. Na verdade, muitas foram as estratégias, em diferentes países, usadas para se cuidar da socialidade, o que abriu caminho para modelos diversos de Estado social, que implicam desde uma atuação subsidiária do Estado na socialidade à sua presença efetiva, como prestador de serviços.[68]

O maior desenvolvimento do Estado Social, contudo, ocorreu a partir do fim da 2ª Guerra Mundial. Aqui, a consciência sobre a relevância coletiva da socialidade juntou-se ao ritmo elevado de crescimento econômico constante nos países desenvolvidos, o que deu sustentação aos sistemas de proteção social.

O consenso em torno da proteção da dignidade da pessoa humana e do acesso a um conjunto mínimo de prestações materiais, sobretudo após a 2ª Guerra Mundial, deu lugar a novos direitos fundamentais e à construção de redes de serviços nas diversas áreas da socialidade, notadamente saúde, assistência e previdência social. Essa proteção social tem por objetivo evitar que eventos como envelhecimento, adoecimento e incapacidade possam comprometer a qualidade e o padrão de vida das pessoas.

No que se refere à saúde, as características desses bens e serviços criam dificuldades para o acesso exclusivamente por via do mercado. Em primeiro lugar, trata-se de um mercado com grande assimetria de

---

[66] STEINER, Henry J.; ALSTON, Philip; GOODMAN, Ryan. *International human rights in context:* law, politics, morals. 3rd edition. Oxford: Oxford University Press, 2007.

[67] No plano normativo, reflete-se com a disciplina das relações trabalhistas e a garantia das chamadas liberdades sociais, como o direito de greve.

[68] De forma análoga, a tutela jurídica dos direitos sociais pode variar entre a negativa de constitucionalização (Estados Unidos), a constitucionalização da cláusula geral do Estado social, sem catálogo que discrimine direitos sociais (Alemanha), e o reconhecimento expresso de direitos fundamentais nas constituições, com variações quanto ao regime jurídico (exemplos de Portugal e Brasil). SARLET, Ingo Wolfgang. Los derechos sociales en el constitucionalismo contemporáneo: algunos problemas y desafíos. *In:* LINERA, Miguel Presno; SARLET, Ingo Wolfgang. *Los derechos sociales como instrumento de emancipación.* Navarra: Editorial Aranzadi, 2010.

informação[69] em que o elemento confiança, presente na relação entre paciente e profissional de saúde, é determinante na condução do tratamento e na escolha da opção terapêutica. Diferentemente de outras áreas da vida em que o consumidor livremente escolhe o produto ou serviço para a satisfação de suas necessidades, no que concerne à saúde essa escolha é direcionada pelo profissional de saúde, dada a diferença de conhecimento entre o doente e o prescritor. Nesse contexto, a relação entre necessidade e demanda por vezes é divergente e esta última é altamente influenciada pela publicidade da indústria.

Além disso, a incerteza é uma característica marcante no processo saúde-doença e que influencia as decisões de pacientes, prescritores, prestadores de serviço e de empresas seguradoras.[70] Nesse sentido, o consumo de bens e serviços para a saúde, regra geral, não é uma demanda estável e constante. Não se sabe ao certo quando alguém terá uma doença ou sofrerá um agravo à sua saúde. Para além disso, o desfecho do processo saúde-doença também é incerto. Ainda que haja um prognóstico positivo e que o tratamento seja conduzido segundo as melhores práticas e evidências disponíveis, as doenças sofrem a influência de múltiplos fatores determinantes, as complicações são estatisticamente previsíveis e podem conduzir a um prolongado estado de adoecimento, à incapacidade ou à morte. Tudo isso impacta não só nas relações familiares e sociais das pessoas como também na relação dos prestadores de serviços e companhias de seguros e planos de saúde com os doentes. O risco de seleção adversa, consistente na negação de acesso aos que mais necessidades têm e se reflete, no caso do setor da saúde, em negativas de contratação e de cobertura para pessoas com doenças preexistentes, cobranças de valores exorbitantes de idosos e à

---

[69] Kenneth Arrow ressalta que o conhecimento sobre as consequências da doença e possibilidades de tratamento é extremamente desigual entre pacientes e médicos. Ver ARROW, Kenneth J. Uncertainty and the welfare economics of medical care. *Bulletin: of the World Health Organization* [em linha, v. 82, n. 2, p. 144, Fev. 2004. Acesso em: 23 jun. 2018]. Disponível em: http://www.who.int/bulletin/volumes/82/2/PHCBP.pdf?ua=1. Em relação ao mercado de medicamentos, Francisco Acúrcio e Augusto Guerra demonstram a influência da assimetria de informação no consumo e no financiamento: "Uma das características que marcam o mercado farmacêutico apresenta uma dualidade. Quem paga pelo consumo do produto é o paciente, que sabe pouco ou nada sobre a qualidade, segurança e eficácia, mas quem decide o que de fato será consumido são os prescritores. Esse fenômeno é conhecido pela ciência econômica como assimetria de informação". GUERRA JÚNIOR, Augusto Afonso; ACURCIO, Francisco de Assis. Política de medicamentos e assistência farmacêutica. *In*: ACURCIO, Francisco de Assis (Org.). *Medicamentos*: políticas, assistência farmacêutica, farmacoepidemiologia e farmacoeconomia. Belo Horizonte: COOPMED, 2013, p. 29.

[70] ARROW, Kenneth J. *Uncertainty and the welfare economics of medical care*, cit., p. 141-149.

dificuldade de doentes graves e com tratamentos onerosos acessarem leitos, constrange e limita as opções disponíveis, criando uma falha no mercado.⁷¹ Essas dificuldades são enfrentadas exatamente no momento de maior fragilidade, posto que, como afirma Amartya Sen, as pessoas com incapacidades e doenças são aquelas que, a um só tempo, demandam maior quantidade de recursos para a manutenção de suas capacidades básicas, como também têm seriamente comprometidas suas possibilidades de obtenção de recursos, sobretudo financeiros, em decorrência da queda de sua capacidade de trabalho.⁷²

As falhas do mercado demonstram que o acesso a bens essenciais, notadamente no que se refere a bens e serviços para os cuidados de saúde, requer participação estatal na regulação e/ou prestação de serviços. A essencialidade da assistência à saúde, sua ligação direta com a dignidade humana e os impactos econômicos da doença impõem que o acesso a serviços de saúde ocorra segundo as necessidades e não de acordo com a capacidade individual de pagamento. Isso porque a privação do acesso a serviços de saúde configura um déficit de cidadania e, destarte, não pode estar sujeita à disponibilidade de recursos.⁷³

---

⁷¹ Refere-se aqui ao mecanismo de mercado como regulador do acesso a bens e serviços segundo a lei da oferta e da procura. Jennifer Prah Ruger descreve diversas falhas do mecanismo de mercado para o acesso a serviços de saúde, dentre os quais se destaca a assimetria de informação, seleção adversa, o risco moral (*moral hazard*) decorrente da adoção de comportamentos não saudáveis por pessoas com seguro saúde e a exclusão de doenças e condições preexistentes. Conferir RUGER, Jennifer Prah. Health, capability, and justice: toward a new paradigm of health ethics, policy and law. *Cornell Journal of Law and Public Policy*, v. 15, issue 2, p. 426, 2006. A essas características Colleen Flood e Aeyal Gross acrescentam que a demanda por serviços de saúde é inelástica, ou seja, ela se mantém constante mesmo diante do aumento do preço pelos cuidados. FLOOD, Colleen Marion; GROSS, Aeyal. Conclusion: Contexts for the Promise and Peril of the Right to Health. *In*: FLOOD, Colleen Marion; GROSS, Aeyal. *The Right to Health at the Public/Private Divide*: a Global Comparative Study. New York: Cambridge University Press, 2014, p. 453.

⁷² "Desvantagens como a idade, incapacidade ou doença reduzem o potencial do indivíduo para auferir renda. Mas também tornam mais difícil converter renda em capacidade, já que uma pessoa mais velha, mais incapacitada ou mais gravemente enferma pode necessitar de mais renda (para assistência, prótese, tratamento) para obter os mesmos funcionamentos (mesmo quando essa realização é de algum modo possível)." SEN, Amartya. *Desenvolvimento como Liberdade*, cit., p. 121.

⁷³ "(...) there are two kinds of risks involved in medical care: the risk of becoming ill, and the risk of total or incomplete or delayed recovery. The loss due to illness is only partially the cost of medical care. It also consists of discomfort and loss of productive time during illness, and, in more serious cases, death or prolonged deprivation of normal function. From the point of view of the welfare economics of uncertainty, both losses are risks against which individuals would like to insure. The nonexistence of suitable insurance policies for either risk implies a loss of welfare". ARROW, Kenneth J. *Uncertainty and the welfare economics of medical care*, cit., p. 145.

O consenso social em torno da proteção da dignidade da pessoa humana presente em muitos países ocidentais fez-se acompanhar de um período de crescimento econômico elevado e contínuo entre as décadas de 1950 e 1970, que ficou conhecido como os 30 gloriosos. Em média, os países integrantes da Organização para a Cooperação e Desenvolvimento Econômico (OCDE) tiveram crescimento econômico anual de aproximadamente 5% nesse período.[74] Esse crescimento econômico foi o suporte necessário para o reconhecimento e a consolidação de direitos fundamentais, sobretudo os direitos econômicos, sociais e culturais. Isso porque estes direitos implicam a fruição de prestações materiais pelos seus titulares e, assim, dependem da disponibilidade de redes de serviços para concretizá-los.[75]

Dessa forma, a arrecadação tributária e o acesso a bens e serviços em áreas como educação, saúde, previdência e assistência social permitiram que o Estado Social se consolidasse como mecanismo de redução das desigualdades e efetivação de direitos fundamentais.[76] Ao longo do século XX, até por volta da década de 1980, a arrecadação tributária cresceu nos países desenvolvidos até atingir percentual superior a 30% da renda nacional nos Estados Unidos e aproximadamente 55% na Suécia.[77] Paralelamente, a afirmação dos direitos econômicos, sociais e culturais deu causa ao crescimento das despesas públicas nas diversas áreas da socialidade. Nesse sentido, as despesas públicas com educação e saúde representavam entre 10% e 15% da renda nacional entre os países desenvolvidos no início do século XXI.[78] Esses recursos são responsáveis por financiar o acesso à saúde – que pode abranger a cobertura universal ou ser assegurado a segmentos vulneráveis da sociedade – assim como a educação, notadamente nos níveis primários. Por sua vez, as reformas ou aposentadorias, os seguros-desemprego e os programas de renda mínima, entre outros, são responsáveis por despesas que também variam entre 10% e 15% (eventualmente até 20%) da renda nacional.[79]

---

[74] SILVA, Filipe Carreira da. *O futuro do Estado social*. Lisboa: Fundação Francisco Manuel dos Santos, 2013, p. 23.
[75] NABAIS, José Casalta. Que futuro para a sustentabilidade fiscal do Estado? *In*: LOUREIRO, João Carlos; SILVA, Suzana Tavares da. *A economia social e civil*: Estudos. Coimbra: Instituto Jurídico da Faculdade de Direito da Universidade de Coimbra, 2015, p. 114.
[76] PIKETTY, Thomas. *O capital no século XXI*, cit., p. 467.
[77] PIKETTY, Thomas. *O capital no século XXI*, cit., p. 463.
[78] PIKETTY, Thomas. *O capital no século XXI*, cit., p. 465.
[79] PIKETTY, Thomas. *O capital no século XXI*, cit., p. 465-466.

Esse retrato do financiamento das políticas públicas voltadas para o bem-estar demonstra, na prática, os custos dos direitos fundamentais. Com efeito, o Estado social se mantém pelo Estado fiscal. Nessa linha, os direitos fundamentais têm como alicerce o dever fundamental, muitas vezes esquecido ou negligenciado, de pagar impostos.[80] Por isso, há que se ressaltar a importância da consciência cidadã sobre a necessidade de recolhimento dos tributos, que são a forma de financiamento dos direitos reclamados pela sociedade, independentemente da sua geração ou dimensão.[81] Os direitos têm custos, sobretudo porque a sua efetividade e coercibilidade dependem de instituições estatais fortes para garanti-los.[82]

A aparente abundância da arrecadação no período dos 30 gloriosos, a par de ter sustentado os direitos econômicos, sociais e culturais, também foi responsável por certo grau de distorção e exagerado ônus financeiro sobre as populações. De certa forma, o sucesso do Estado Social pode ser também considerado motivo dos problemas que vivenciou posteriormente.

Isso porque o crescimento econômico que deu sustentação ao desenvolvimento do Estado Social nos anos 1950 a 1970 não se manteve posteriormente. Nesse sentido, as principais economias mundiais passaram a conviver com desempenho econômico fraco e crescimento descontínuo.[83] As novas gerações não vivem as condições sociais que

---

[80] José Casalta Nabais demonstra que a ordem jurídica do Estado constitucional fixa para os cidadãos deveres fundamentais que são expressão da soberania e da proteção da dignidade da pessoa humana. Os deveres fundamentais perpassam os diversos modelos de Estado, como os deveres de defesa da pátria e de pagar impostos, no Estado liberal; os deveres de voto e participação política, que acompanham a consagração dos direitos políticos; os deveres de inscrição em sistemas de proteção social e de contribuição, proteção da saúde, frequência ao ensino, decorrentes do Estado social; e, modernamente, deveres de preservação do meio ambiente e dos recursos naturais. Para o autor, o dever de pagar impostos é a chave para a efetividade dos direitos fundamentais, já que sua realização e proteção dependem de instituições financiadas pela arrecadação tributária. NABAIS, José Casalta. A face oculta dos direitos fundamentais: os deveres e os custos dos direitos. In: NABAIS, José Casalta. *Por uma liberdade com responsabilidade*: estudos sobre direitos e deveres fundamentais. Coimbra: Coimbra editora, 2008, p. 163-196.

[81] "(...) a cidadania fiscal se consubstancia no dever fundamental de pagar impostos, um dever que, como dissemos no início deste estudo, constitui o preço a pagar por termos uma comunidade organizada baseada na ideia de liberdade." NABAIS, José Casalta. A face oculta dos direitos fundamentais: os deveres e os custos dos direitos, cit., p. 192.

[82] "All rights are costly because all rights presuppose taxpayer funding of effective supervisory machinery for monitoring and enforcement." HOLMES, Stephen; SUNSTEIN, Cass R. *The cost of rights*: why liberty depends on taxes. New York: Norton, 2000, p. 44.

[83] SILVA, Filipe Carreira da. *O futuro do Estado Social*, cit., p. 24 e seguintes. Assim como na referência indicada, o cenário econômico português é muito bem descrito na seguinte obra:

a abundância de recursos conferiu para as gerações *baby boomers*. Ao contrário, os jovens convivem com um quadro de elevado desemprego e estão distantes de reproduzirem as carreiras longas e estáveis de seus pais e avós.[84]

Apesar disso, esses jovens carregam os ônus do mecanismo de solidariedade intergeracional por meio do qual os benefícios das gerações anteriores, sobretudo no que se refere às reformas ou aposentadorias, são financiados pelas gerações atuais. De certa forma, o mesmo ocorre com a política de saúde, uma vez que o envelhecimento populacional é um fator de risco para o adoecimento e muitas das doenças surgidas nas fases mais avançadas da vida são condições crônicas, que não têm cura, mas tão somente controle, e que muitas vezes implicam incapacitação, tratamentos onerosos e de custos elevados. Para a sustentabilidade dos sistemas de saúde, as pessoas saudáveis acabam por financiar o tratamento dos enfermos.

O debate sobre a justiça distributiva intergeracional tem estado cada vez mais presente nas discussões sobre as políticas públicas. Os ônus sobre as gerações jovens exigem uma maior reflexão sobre a sustentabilidade econômica e também política do Estado e das políticas sociais.[85] O crescimento da arrecadação é um cenário pouco provável diante dos desempenhos que as economias de muitos países vinham apresentando desde a crise econômica de 2008, somado a um quadro de elevados ônus tributários. A esse contexto, soma-se a crise econômica que se inicia em razão da pandemia provocada pela COVID-19. Por outro lado, o financiamento da socialidade exige esforços do Estado, principalmente, em decorrência do envelhecimento das populações e do grave evento sanitário que se iniciou desde a propagação do novo coronavírus em dezembro de 2019, na China. Portanto, há que se discutir,

---

AMARAL, Luciano. *Economia portuguesa, as últimas décadas*. Lisboa: Fundação Francisco Manuel dos Santos, 2010, p. 20 e seguintes.

[84] HECLO, Hugh. *The social question*, cit., p. 665-691. O desemprego é um sério problema para o Estado, com múltiplas implicações, dentre as quais se destacam aquelas no âmbito social e econômico. A par de representar a queda do nível econômico das famílias, atinge em cheio a autoestima das pessoas, nomeadamente nos casos de longa duração. Essas pessoas demandam mais serviços sociais em razão do empobrecimento, adoecimento, entre outras circunstâncias, ao mesmo tempo em que deixam de contribuir e reduzem a base de financiamento dos Estados. A esse respeito pode-se conferir LOUREIRO, João Carlos. *Adeus ao Estado Social?* A segurança social entre o crocodilo da economia e a medusa da ideologia dos "direitos adquiridos". Coimbra: Coimbra Editora, 2010, p. 17.

[85] SILVA, Suzana Tavares. Ética e sustentabilidade financeira: a vinculação dos tribunais. *In*: *10º Aniversário do Tribunal Central Administrativo Sul*: Conferências Comemorativas. Lisboa: Ordem dos Contabilistas Certificados, 2016, p. 461 e seguintes.

em cada país, de um lado, a dimensão e a estrutura da arrecadação e, de outro, os direitos, sua amplitude subjetiva, seu objeto e eventuais limitações.

A intensificação das mudanças econômicas e demográficas ocorridas desde as duas últimas décadas do século XX, aliada às consequências da crise econômica de 2008, sugere a necessidade de reavaliação do Estado Social. Suzana Tavares da Silva propõe a racionalização das prestações sociais e seu ajuste à nova estrutura demográfica dos países, à nova geografia decorrente da internacionalização das empresas e do trabalho e às novas características sociológicas das populações, como os novos modelos de famílias. Além disso, a prestação de serviços nas áreas da socialidade, para a autora, deve contar com esquemas regulados de colaboração público-privada envolvendo concorrência e mecanismos de garantia efetiva da prestação. Por fim, o financiamento do Estado social deve se amparar na repartição justa e equitativa dos ônus entre os beneficiários das prestações e os contribuintes, inclusive com revisão dos sistemas tributários para uma melhor justiça fiscal.[86]

No plano jurídico, a centralidade da proteção da dignidade da pessoa humana e o anseio de se efetivar direitos, sobretudo de segunda geração ou dimensão, deram lugar a uma doutrina da efetividade, que teve extrema importância para resgatar o prestígio do Direito Constitucional. Fundamentado no pós-positivismo jurídico[87] o novo Direito Constitucional buscou assegurar a imperatividade das normas constitucionais, assumindo-as como normas jurídicas e não meras proclamações destituídas de caráter vinculante. No Brasil, o neoconstitucionalismo teve grande penetração a partir da Constituição de 1988 e da produção doutrinária que se seguiu a partir da década de 1990.[88]

---

[86] SILVA, Suzana Tavares. *Direitos fundamentais na arena global*. Coimbra: Imprensa da Universidade de Coimbra, 2014, p. 231.

[87] "(...) a doutrina que tem enfrentado o tema [pós-positivismo jurídico] faz a análise do assunto a partir da guinada do direito constitucional e da inserção dos seus princípios como diretrizes fundamentais da ordem jurídica democrática. O pós-positivismo abrangeria todas as concepções de pensamento que procuram valorizar os princípios como mandamentos de otimização de uma ordem jurídica democrática, pluralista e aberta de valores." ALMEIDA, Gregório Assagra. *Direito material coletivo*: superação da *summadivisio* Direito Público e Direito Privado por uma *summadivisio* constitucionalizada. Belo Horizonte: Del Rey, 2008, p. 210.

[88] A doutrina da efetividade e o neoconstitucionalismo têm como um de seus importantes representantes no Brasil Luís Roberto Barroso. A respeito do tema, conferir, entre outros, os seguintes trabalhos: BARROSO, Luís Roberto. *O direito constitucional e a efetividade de suas normas*: limites e possibilidades da Constituição brasileira. 8. ed. Rio de Janeiro: Renovar, 2006 e BARROSO, Luís Roberto. Neoconstitucionalismo e constitucionalização do Direito:

Nada obstante, a doutrina da efetividade também deu lugar a uma relação de tensão entre Poder Judiciário e Poderes Legislativo e Executivo. Isso porque o movimento de busca pela realização de direitos negados na prática, sobretudo a carência de efetividade de direitos econômicos, sociais e culturais em países como o Brasil, conferiu protagonismo ao Poder Judiciário, que por vezes adotou postura arrojada e ativa, para além do que propunha a doutrina tradicional nas áreas do Direito Constitucional e Administrativo. Um conjunto cada vez maior de decisões voltadas para o acesso a prestações na área da socialidade e para a implementação de políticas públicas passou a ter grande expressão econômica no contexto da realização de direitos que eram ordinariamente sujeitos à cláusula de progressividade e dependência da disponibilidade orçamentária e financeira.[89]

Esse debate sobre o papel do Poder Judiciário na concepção e efetivação de políticas públicas tem tido lugar, sobretudo, no contexto de países em que as constituições avançaram na consagração de direitos fundamentais e previram mecanismos normativos de materialização das prestações desejadas, como são exemplos os casos brasileiro e colombiano.[90] Ocorre que o avanço normativo ocorreu em cenários sociais, políticos e econômicos poucos favoráveis. Isso tem colocado na ordem do dia o tema dos custos dos direitos e dos limites à capacidade financeira do Estado, pondo em causa institutos como direito adquirido, vedação ao retrocesso social, além da efetividade e limites para os direitos fundamentais, nomeadamente os direitos econômicos, sociais e culturais.

Não sem razão, à luz da realidade de escassez econômica que opõe os avanços das técnicas e dos recursos disponíveis para o bem-estar social à capacidade de financiamento da sociedade, João Loureiro[91] chama atenção para uma escassez de dogmática, na medida em que,

---

o triunfo tardio do Direito Constitucional. *Revista de Direito Constitucional e Internacional*, São Paulo, ano 15, n. 58, p. 129-173, jan./mar. 2007.

[89] Conferir a crítica de Suzana Tavares da Silva sobre o avanço do Poder Judiciário para o debate sobre as políticas públicas. SILVA, Suzana Tavares da. *Ética e sustentabilidade financeira*: a vinculação dos tribunais, cit., p. 463.

[90] Uma análise bastante ampla do fenômeno da judicialização do direito à saúde em vários países pode ser encontrada na seguinte obra: YAMIN, Alicia Ely; GLOPPEN, Siri (Ed.). *Litigating health rights*: can courts bring more justice do health? Cambridge: Harvard Universtity Press, 2011.

[91] LOUREIRO, João Carlos. A "porta da memória": (pós?) constitucionalismo, estado (pós?) social, (pós?) democracia e (pós?) capitalismo: contributos para uma "dogmática da escassez". *Revista Estudos do Século XX* [em linha], Coimbra, n. 13, p. 109-126, 2013. Acesso em: 20

ordinariamente, não se têm levado a sério os limites decorrentes da capacidade financeira do Estado diante das possibilidades técnicas disponíveis no mercado. Para o autor, faz-se necessária uma dogmática da escassez que apresente respostas normativas à exigibilidade de direitos no quadro de Estados endividados e com fraco desempenho econômico. A crise econômica iniciada a partir de 2008 trouxe instabilidade para o terreno tranquilo da dogmática jurídica, impondo-se encontrar o ponto de equilíbrio entre a indesejada ausência de normatividade e desprestígio da Constituição e uma pureza normativa descontextualizada da realidade. Uma maior humildade do Direito Constitucional não deve significar a desproteção das pessoas, sobretudo no que diz respeito à garantia da dignidade humana.[92]

Para muitos, contudo, mais que uma inflexão decorrente das crises vivenciadas no século XX, é necessária a revisão do Estado social nas suas dimensões econômica, política e jurídica, não para findá-lo, mas sim para reorganizá-lo e torná-lo mais eficiente e correspondente aos anseios da população.[93] Estas medidas, não obstante, tornaram-se mais

---

jun. 2020. Disponível em: https://digitalis-dsp.uc.pt/bitstream/10316.2/36800/1/A porta da memoria.pdf?ln=pt-pt.

[92] LOUREIRO, João Carlos. Pauperização e prestações sociais na "idade da austeridade": a questão dos três D's (dívida, desemprego, demografia) e algumas medidas em tempo de crise(s). *Boletim da Faculdade de Direito*, Coimbra, v. XC, tomo II, p. 613-661, 2014.

[93] LOUREIRO, João Carlos. *Adeus ao Estado Social?* A segurança social entre o crocodilo da economia e a medusa da ideologia dos "direitos adquiridos", cit. Para Vieira de Andrade, o Estado social tem problemas não apenas conjunturais, mas estruturais, sobretudo quando se trata da sua versão como Estado providência, mais burocrática e que, no limite, submete a realização dos direitos sociais ao monopólio estatal. Para o autor, nesse contexto, o Estado social acarreta um "défice de liberdade e de cidadania, ao criar dependências excessivas das pessoas perante o Estado, favorecendo o sacrifício da liberdade e da iniciativa (individual e familiar) à comodidade". Para o autor, também gera um "défice de solidariedade social, na medida em que a prestação burocrática dos apoios tende a desincentivar, desarticular e enfraquecer outras solidariedades". Ainda, como efeito adverso, o Estado providência pode levar a novas desigualdades, sobretudo situações de injustiça intrageracional e intergeracional, quando vivenciado o crescimento das despesas públicas em momentos de fraco desempenho da economia. ANDRADE, José Carlos Vieira de. O papel do Estado na sociedade e na socialidade. *In:* LOUREIRO, João Carlos; SILVA, Suzana Tavares. *A economia social e civil: Estudos*. Coimbra: Coimbra: Instituto Jurídico da Faculdade de Direito da Universidade de Coimbra, 2015, p. 31. Konrad Hesse também destaca que o princípio do Estado social (fórmula normativa constante da Lei fundamental alemã) deve permitir que formas de solidariedade social sejam também exercidas pela sociedade civil: "Simultaneamente, todavia, o princípio do estado social encontra nos mandamentos da estatalidade jurídica material também seus limites: uma assistência social estatal ampla que queira transmutar a coletividade em um Estado-beneficência ou Estado-provisão e abolse liberdade auto-responsável, não mais corresponde ao princípio do estado de direito social." HESSE, Konrad. *Elementos de Direito Constitucional da República Federal da Alemanha*, cit., p. 177. Para Jorge Miranda, o Estado social está bem radicado na consciência social

complexas e incertas a partir da pandemia provocada pela COVD-19 que se abateu sobre o mundo. Neste momento, é necessário amparo estatal para a promoção de políticas de saúde e de assistência social às pessoas necessitadas. Por outro lado, a queda da atividade econômica conduz a uma perda grave de receita.

Com efeito, a realização dos direitos positivados e a consagração de novos direitos exigiriam o avanço na arrecadação do Estado por meio da tributação, o que não se mostra viável em um contexto em que as populações já dão mostras de insatisfação e de incapacidade de manutenção do financiamento estatal.

Nessa linha, a sustentabilidade do Estado social depende da capacidade de fazê-lo mais eficiente, transparente e apto a responder às necessidades da população.[94] Mais uma vez, não se trata de extinguir o Estado social e seus mecanismos de garantia dos recursos mínimos para a vida com dignidade (direito ao mínimo existencial), mas de adaptá-lo às necessidades da população e revisá-lo sobretudo à luz do princípio da justiça intergeracional.

As propostas de austeridade, portanto, devem servir como oportunidade para os ajustes necessários e correções de rota nas políticas públicas. As políticas sociais protegem a sociedade nos momentos de crise e evitam que tragédias econômicas se transformem em tragédias humanas. O investimento adequado em saúde pública, por exemplo, "é uma escolha sensata em tempos de prosperidade e uma necessidade urgente em tempos de aflição".[95] Essa necessidade de amparo está evidente neste momento de crise sanitária e econômica decorrente da

---

europeia. O caminho não é a busca de modelo alternativo, mas a adoção de "medidas corretivas e adaptações, desde a desburocratização à coordenação e serviços sociais com as autoridades independentes reguladoras das atividades económicas à luz de um princípio de eficiência; desde racionalização dos tipos de prestações ao aproveitamento concertado dos meios públicos e dos meios e potencialidades de grupos existentes na sociedade civil". MIRANDA, Jorge. *Manual de direito constitucional*. Tomo IV. Direitos fundamentais. 6. ed. Coimbra: Coimbra Editora, 2015, p. 44.

[94] "Se não nos interrogarmos continuamente sobre como tornar nossos serviços cada vez mais adaptados às necessidades públicas, então o consenso em torno desse alto nível de arrecadação, e, assim, do Estado social, deixará de existir." PIKETTY, Thomas. *O capital no século XXI*, cit., p. 471.

[95] STUCKLER, David; BASU, Sanjay. *A economia desumana: porque mata a austeridade*, cit., p. 209. David Stuckler e Sanjay Basu analisaram os efeitos das respostas a diversas crises econômicas que ocorreram ao longo do século XX. Nesse sentido, apreciaram as consequências das políticas de austeridade e de estímulo adotadas por diversos países em situações como a transição da Rússia do comunismo para a economia de mercado, as crises econômicas dos Tigres Asiáticos no fim do século XX, as reações da Grécia e da Islândia à grande recessão de 2008. O desemprego, a perda de moradia e outras consequências das crises econômicas

pandemia causada pela COVID-19 e exige do gestor público habilidade para agir com eficiência e encontrar o ponto de equilíbrio para a justa proteção social.

Neste trabalho, pretende-se demonstrar que uma dogmática jurídica voltada para a realização do direito à saúde pode ser política e economicamente ajustada. Para tanto, o pesquisador precisa deslocar-se de seu lugar de conforto no campo puramente jurídico e buscar subsídios em outros ramos do saber, a fim de identificar um caminho mais eficiente e eficaz para a realização do direito à saúde e a manutenção do Estado social.

1.2 A efetivação do direito à saúde como meio para o combate à pobreza e à desigualdade

1.2.1 A abordagem das capacidades aplicada à apreciação do direito à saúde

Os arranjos institucionais e normativos para a regulação das relações sociais e econômicas, distribuição de bens e alocação de recursos são objeto de debate na Filosofia, Ciência Política, Economia e Direito, entre outras áreas do conhecimento. Visões concorrentes sobre a justiça e a distribuição dos bens sociais são confrontadas a partir de seus fundamentos, princípios orientadores e virtuais consequências práticas.

Para Amartya Sen,[96] as teorias da Justiça não devem se ocupar com a definição de princípios abstratos de justiça que possam ser acordados socialmente. Para ele, essas propostas têm a pretensão de conceber instituições perfeitas que conduzam a sociedades plenamente justas. No entanto, esse objetivo não é praticamente alcançável e só por abstração em sociedades ideais pode-se conceber instituições e sociedades perfeitamente justas. As teorias da justiça devem se preocupar com as sociedades concretas e as vidas que as pessoas de fato levam, do que emerge um dever ético de remoção das injustiças e melhoria das condições de vida das populações.[97]

---

têm graves efeitos no processo saúde-doença e a manutenção das políticas de saúde protege as populações.

[96] SEN, Amartya. *A ideia de Justiça*, cit., p. 50.

[97] Segundo Amartya Sen, o Iluminismo europeu contribuiu para que ficasse demarcada uma divisão básica entre duas possibilidades de se abordar o tema da justiça. De um lado, há teorias da justiça que se concentram na concepção da justiça perfeita e, a partir de então,

Por outro lado, como já destacado, a geração de riqueza e renda e o crescimento econômico não devem ser considerados um fim em si mesmo. De um lado, mostra-se necessário analisar como os resultados da atividade econômica se distribuem na paisagem social, assim como os efeitos que essa distribuição produz para as vidas das pessoas. Além disso, renda e riqueza devem ser consideradas na medida em que contribuem para que as pessoas realizem seus objetivos de vida e ampliem os horizontes de realização da liberdade. Assim, mais uma vez se afirma que a importância de indicadores gerais sobre a riqueza de um país deve ser relativizada e considerada na medida em que impacta na vida das pessoas.[98]

Partindo dessas premissas – consideração das sociedades em concreto e avaliação do desenvolvimento para além dos indicadores econômicos –, a alocação de recursos e a distribuição dos bens sociais devem ter em conta as condições concretas de liberdade de que as pessoas desfrutam e contribuir para a ampliação das possibilidades de liberdade. A garantia da dignidade humana requer o pleno exercício da autonomia[99] e, assim, passa pela efetiva fruição da liberdade. Mais que o cumprimento de uma obrigação de respeito às liberdades clássicas (de locomoção, manifestação do pensamento, exercício de atividade econômica, etc.), sem as quais, sem dúvida, não há autodeterminação e livre-arbítrio, impõe-se, para o alcance da liberdade substancial, a fruição de outros direitos, notadamente aqueles que integram os variados aspectos da socialidade.[100]

---

delineiam as instituições necessárias para atingi-la. A análise é apartada das sociedades concretas. Por outro lado, há teorias da justiça que realizam análises comparativas das realizações sociais, preocupando-se com os arranjos viáveis e com a remoção da injustiça. Na tradição indiana, essas abordagens correspondem, respectivamente, às perspectivas *niti* e *nyaya*, sendo a primeira voltada para a compreensão das instituições em abstrato, ao passo que a segunda se preocupa com a justiça que de fato emerge, as realizações e as condições de vida das pessoas. Amartya Sen propõe concentrar-se nas sociedades concretas e em análises comparativas para prevenir injustiças e melhorar a realização da justiça. SEN, Amartya. *A ideia de Justiça*, cit., p. 50.

[98] Não há, segundo Amartya Sen, correlação direta entre crescimento do PIB e a expectativa de vida, o que depende de outros fatores determinantes: "Since life expectancy variations relate to a variety of social opportunities that are central to development (including epidemiological policies, health care, educational facilities, and so on), an income-centred view is in serious need of supplementation, in order to have a fuller understanding of the process of development". SEN, Amartya. Health in development. *Bulletin: of the World Health Organization*, v. 77, n. 8, p. 622, 1999.

[99] KANT, Immanuel. *Fundamentação da metafísica dos costumes e outros escritos*, cit., p. 66.

[100] BARROSO, Luís Roberto. *A dignidade da pessoa humana no direito constitucional contemporâneo*: a construção de um conceito à luz da jurisprudência mundial, cit., p. 85. SARLET, Ingo

Isso ocorre porque o exercício da liberdade não deve ser percebido apenas à luz da liberdade de realizar escolhas. Para além disso, é preciso que cada pessoa possa gozar das condições para escolher entre variadas opções de vida e ter a possibilidade de realizar os projetos que julga importantes e valiosos.

A liberdade substancial – que verdadeiramente corresponde à autonomia decorrente da dignidade humana[101] – depende, portanto, de condições para realizar as atividades e projetos que cada um julga importantes ou valiosos.[102] Trata-se dos "funcionamentos" ou da aptidão para realizar o que se deseja e julga relevante.[103]

O poder de levar a cabo certas tarefas e atividades – funcionamento – abre para o indivíduo um espaço para o efetivo exercício de sua autonomia na medida em que pode optar pelas variadas possibilidades que a vida lhe proporciona. Com isso, caminha-se para a liberdade substancial ou a capacidade, que "consiste nas combinações alternativas de funcionamentos cuja realização é factível para ela".[104]

A consideração das capacidades abre caminho para se examinar as verdadeiras possibilidades de vida de que cada pessoa pode se valer. Para além das escolhas que cada um realiza, preocupa-se com o leque de possibilidade de que dispõe.[105]

Wolfgang. *Dignidade da pessoa humana e direitos fundamentais na Constituição Federal de 1988*, cit., p. 101. Canotilho questiona a efetividade da democracia quando há privação de bens sociais: "A articulação da socialidade com democraticidade torna-se, assim, clara: só há verdadeira democracia quando todos têm iguais possibilidades de participar no governo da polis. Uma democracia não se constrói com fome, miséria, ignorância, analfabetismo e exclusão. A democracia só é um processo ou procedimento justo de participação política se existir uma justiça distributiva no plano dos bens sociais. A juridicidade, a sociabilidade e a democracia pressupõem, assim, uma base jusfundamental incontornável, que começa nos direitos fundamentais da pessoa e acaba nos direitos sociais." CANOTILHO, José Joaquim Gomes. O Direito Constitucional como ciência de direcção: o núcleo essencial de prestações sociais ou a localização incerta da socialidade (contributo para a reabilitação da força normativa da "constituição social"). *Revista de doutrina da 4ª região* [em linha], Porto Alegre, n. 22, fev. 2008. Acesso em: 20 abr. 2017. Disponível em: http://www.revistadoutrina.trf4.jus.br/index.htm?http://www.revistadoutrina.trf4.jus.br/artigos/edicao022/Jose_Canotilho.htm.

[101] KANT, Immanuel. *Fundamentação da metafísica dos costumes e outros escritos*, cit., p. 66.

[102] RUGER, Jennifer Prah. Toward a Theory of a Right to Health: Capability and Incompletely Theorized Agreements. *Yale Journal of Law & the Humanities*, v. 18, issue 2, p. 273-326, 2006.

[103] SEN, Amartya. *Desenvolvimento como Liberdade*, cit., p. 104.

[104] SEN, Amartya. *Desenvolvimento como Liberdade*, cit., p. 105.

[105] "Enquanto a combinação dos funcionamentos de uma pessoa reflete suas realizações efetivas, o conjunto capacitório representa a liberdade para realizar as combinações alternativas de funcionamentos dentre as quais a pessoa pode escolher." SEN, Amartya. *Desenvolvimento como Liberdade*, cit., p. 105.

A oportunidade para a liberdade (ou a autonomia) e o desenvolvimento ou "florescimento" pessoal (*human flourishing*) são determinados pelo conjunto de capacidades de que cada pessoa dispõe.

A consideração das capacidades de cada um requer uma compreensão para além dos recursos (ou bens primários) aos quais se tem acesso, como renda e riqueza. É preciso avaliar em concreto como esses recursos se convertem em melhoria das condições e opções de vida de cada pessoa, o que varia segundo suas qualidades pessoais, o contexto socioeconômico, entre outras condições que afetam a fruição da liberdade de cada um.

A abordagem das capacidades, ao propor a consideração das condições reais de vida e se preocupar com a liberdade substancial, traz importantes consequências sobre a forma de conceber e implementar as políticas públicas estatais.[106] Essa perspectiva implica especial consideração sobre as condições de vida das pessoas incapacitadas e marginalizadas, cujas capacidades são sensivelmente inferiores e afetadas por seu estado pessoal. Por esse motivo, devem receber atenção especial da sociedade e do Estado. Abre-se caminho, portanto, para uma distribuição dos recursos sociais com especial consideração para as pessoas que sofrem privações ou têm incapacidades, impondo-se a remoção das barreiras para o efetivo exercício das potencialidades e da autonomia. Isso implica, inclusive, o maior emprego de recursos nas políticas públicas voltadas para essas populações.[107]

A abordagem das capacidades, portanto, serve de base para políticas públicas redistributivas e que tenham por foco a efetivação de direitos fundamentais nas áreas da socialidade com o escopo de assegurar condições materiais para a autonomia. Nessa linha, para Martha Nussbaum, há certas capacidades básicas que são indispensáveis para a vida com dignidade. A garantia de acesso a cuidados de saúde e à educação, ao menos nos níveis primário e secundário, por exemplo, é de fundamental importância para a democracia. Assim, ao contrário de Amartya Sen, que não apresenta um elenco de capacidades básicas ou fundamentais, Martha Nussbaum relaciona 10 capacidades que

---

[106] Para Jennifer Prah Ruger, as políticas públicas devem ter por foco contribuir para que as pessoas possam realizar os "funcionamentos": "(...) individuals' ability to function, rather than resources, should be the primary goal of public policy." RUGER, Jennifer Prah. *Toward a Theory of a right to health*: capability and incompletely theorized agreement, cit., p. 293.

[107] NUSSBAUM, Martha. *Capabilities and social justice*, cit., p. 127.

devem ser promovidas, a fim de que possam ser objeto de pauta para ação política.[108]

Percebe-se, portanto, que a consideração das capacidades serve de fundamento para uma agenda de realização dos direitos fundamentais das variadas gerações ou dimensões, na medida em que todos têm um papel importante para o exercício da autonomia, desde evitar indevidas ingerências ao exercício das liberdades e da participação à promoção de condições materiais para a vida com dignidade. Assim, as capacidades e os direitos fundamentais podem ser considerados parentes próximos.[109]

A ênfase na consideração das capacidades, portanto, tem importância direta para a apreciação da saúde como bem social a ser fruído por cada um e direito tutelado pelo ordenamento jurídico. Isso porque a realização dos projetos que se têm por valiosos e a oportunidade de se escolher entre várias possibilidades de vida a partir do conjunto de capacidades de que se dispõe passam pelo estado de saúde. O dever social de possibilitar as condições para a liberdade substancial, a realização dos projetos de vida considerados valiosos e o desenvolvimento humano (*human flourishing*) dependem da possibilidade de alcançar um bom estado de saúde.

A capacidade para a realização daquilo que cada pessoa tem razão para valorizar não é possível quando se tem condições de saúde precárias, inaptidões ou deficiências que impeçam o desenvolvimento. Em sociedades com baixa expectativa de vida, elevada mortalidade precoce e alta incidência de doenças evitáveis (já erradicadas nos países desenvolvidos), certamente as pessoas possuem menos oportunidades de vida e suas escolhas são reduzidas quando comparadas a pessoas que vivem em outros contextos socioeconômicos. Para Martha Nussbaum, entre as capacidades centrais encontra-se a aptidão para uma vida com duração normal, sem morte prematura. Além disso, as pessoas devem

---

[108] "Producing capabilities requires material and institutional support, and the approach thus takes issue with the facile distinction of rights as 'firstgeneration' (political and civil) and 'second-generation' (economic and social). All rights, understood as entitlements to capabilities, have material and social preconditions, and all require government action. The Capability Approach has pushed forward the analysis of women's human rights, the rights of the poor, and, more recently, the rights of people with disabilities. At the same time, we have been arguing for the crucial importance of material redistribution across national boundaries." NUSSBAUM, Martha. Human rights and human capabilities. *Harvard human rights journal*, cit., p. 21.

[109] VIZARD, Polly; FUKUDA-PARR, Sakiko; ELSON, Diane. Introduction: The Capability Approach and Human Rights. *Journal of human development and capabilities: a multi-disciplinary journal for people-centered development*, v. 12, n. 1, p. 3, Feb. 2013.

ser aptas a ter bom nível de saúde, incluindo a saúde reprodutiva, e ter acesso a condições adequadas de nutrição e moradia.[110] Em termos de saúde, portanto, as capacidades básicas consistem em evitar a morte prematura e o adoecimento evitável.[111]

O enfoque baseado nas capacidades é uma ferramenta importante para a análise da saúde e das políticas de saúde. Como já se pontuou, por um lado, a saúde é integrante do conjunto de capacidades necessárias para a realização dos objetivos que cada um tem por valiosos. Assim, deve ser considerada no bojo das demais atividades do Estado e das políticas públicas desenvolvidas para a realização da liberdade. Portanto, a alocação dos recursos públicos requer a consideração das despesas em saúde em conjunto com as demais áreas do Estado – notadamente as áreas da socialidade.

Por outro lado, a par de influenciar o exercício de outras capacidades e do próprio desenvolvimento humano, a saúde é influenciada por uma miríade de fatores, tanto relacionados ao setor da saúde em si quanto oriundos de outros setores da vida social.[112] Trata-se de tema que deve ser considerado transversal para a atuação da sociedade e do Estado.

Tradicionalmente, conceitua-se saúde a partir da definição proposta na Constituição da Organização Mundial da Saúde – OMS, segundo a qual "a saúde é um estado de completo bem-estar físico, mental e social, e não consiste apenas na ausência de doença ou de enfermidade". Trata-se de um conceito ampliado, que tem o mérito de reconhecer que a saúde é dependente de uma pluralidade de fatores que não podem ser reduzidos apenas à influência biológica e à perspectiva individual.

---

[110] NUSSBAUM, Martha. *Human rights and human capabilities*, cit., p. 23.

[111] RUGER, Jennifer Prah. Health and social justice. *The Lancet* [em linha], v. 364, p. 1.076, set. 2004. Acesso em: 30 maio 2020. Disponível em: https://www.thelancet.com/action/showPdf?pii=S0140-6736%2804%2917064-5. RUGER, Jennifer Prah. *Health, capability, and justice*: toward a new paradigm of health ethics, policy and law, cit., p. 403-482.

[112] No Brasil, a influência de fatores determinantes sobre o estado de saúde da população foi reconhecida pelo ordenamento jurídico. Nesse sentido, o art. 3º da Lei nº 8.080/90 (lei orgânica da saúde) dispõe que "os níveis de saúde expressam a organização social e econômica do País, tendo a saúde como determinantes e condicionantes, entre outros, a alimentação, a moradia, o saneamento básico, o meio ambiente, o trabalho, a renda, a educação, a atividade física, o transporte, o lazer e o acesso aos bens e serviços essenciais". BRASIL. Lei nº 8.080, de 19 de setembro de 1990 [em linha]. Acesso em: 30 maio 2020. Disponível em: http://www.planalto.gov.br/ccivil_03/leis/l8080.htm.

Nada obstante, essa compreensão da saúde é considerada vaga ou uma "imagem-horizonte" que chega a se confundir com a ideia de felicidade. Essa abstração do conceito é bastante criticada pela sua falta de operacionalidade e, ademais, pela possibilidade de legitimar demandas ilimitadas por serviços médicos.[113]

Segundo a abordagem das capacidades, mostra-se necessário considerar as possibilidades que cada um tem para alcançar um bom estado de saúde. Nessa linha, as políticas públicas devem se orientar pelas necessidades de saúde, considerando as privações que as pessoas sofrem em concreto e limitam suas oportunidades de vida. A realização das capacidades em saúde deve concretizar-se nas oportunidades individuais de se atingir boa saúde e estar livre da mortalidade precoce e das doenças evitáveis.[114]

A abordagem das capacidades, ao reconhecer a importância da liberdade substancial, que depende do conjunto de capacidades e funcionamento a que cada um está apto a realizar, sustenta políticas de saúde voltadas para a remoção das barreiras a essas realizações por meio da satisfação das necessidades em saúde. O acesso aos recursos para satisfação dessas necessidades deve ocorrer independentemente da possibilidade de pagamento de cada um.[115]

A definição de saúde proposta pela agência regional da OMS na Europa aproxima-se da abordagem das capacidades. Ao invés do conceito tradicional de saúde presente na Constituição da OMS, Barbara Starfield realça que o órgão conceitua saúde como "a medida em que um indivíduo é capaz, por um lado, de realizar aspirações e satisfazer necessidades e, por outro, de lidar com o meio ambiente".[116] Para Sridhar Venkatapuram, saúde é a aptidão para realizar um conjunto de

---

[113] JUŠKEVIČIUS, Jonas; BALSIENĖ, Janina. Human rights in healthcare: some remarks on the limits of the right to healthcare. *Jurisprudencija* [em linha], v. 4, issue 122, p. 104, 2010. Acesso em: 30 maio 2020. Disponível em: https://www.mruni.eu/upload/iblock/5f1/5_Juskevicius_Balsiene.pdf. Para esses autores: "Widening physical health to the psychological and the social dimensions was conceptually important; however, it has no direct operational value." "(...) a state of complete physical, mental, and social well-being corresponds much more closely to happiness than to health" (...) "This legitimizes an unlimited demand for health services."

[114] RUGER, Jennifer Prah. *Health and social justice*, cit., p. 1.076.

[115] RUGER, Jennifer Prah. *Health, capability, and justice*: toward a new paradigm of health ethics, policy and law, cit.

[116] STARFIELD, Barbara. *Atenção primária*: equilíbrio entre necessidades de saúde, serviços e tecnologia [em linha]. Brasília: UNESCO, Ministério da Saúde, 2002. Acesso em: 29 jun. 2016. Disponível em: http://unesdoc.unesco.org/images/0013/001308/130805por.pdf, p. 21.

atividades humanas básicas ou capacidades, baseado na compreensão de vida humana com igual dignidade. Dessa forma, a saúde pode ser compreendida como uma metacapacidade, pressuposto para o alcance de estados e ações básicas, indispensáveis para a autonomia.[117]

A compreensão da saúde no âmbito da abordagem das capacidades traz outras importantes implicações para as políticas públicas, como realça Jennifer Prah Ruger. Primeiramente, não sendo o serviço de saúde o único fator determinante para a melhoria das condições de saúde individuais e coletivas, as despesas desse setor devem ser consideradas em conjunto com as demais despesas públicas, sobretudo aquelas das áreas sociais.[118] No entanto, ainda assim, os serviços de saúde têm importância e relevância para a saúde das pessoas e devem estar disponíveis e acessíveis conforme as necessidades e não a capacidade de pagamento. A relação de serviços disponíveis deve ser objeto de processo democrático, observados procedimento adequado e princípios substanciais de justiça.[119] Esses serviços devem ser suficientes para atender às necessidades de saúde das pessoas, dentro de um quadro de escassez de recursos financeiros e segundo as possibilidades de cada sociedade. Propõe-se que o financiamento das ações de saúde ocorra previamente, conforme a capacidade de contribuição de cada pessoa, a fim de evitar barreiras de acesso decorrentes da impossibilidade de pagamento.[120] Enfim, o acesso aos serviços de saúde deve ocorrer sempre que necessário e não pode estar dependente da capacidade de pagamento.

---

[117] VENKATAPURAM, Sridhar. *Health, vital goals and human capabilities*, cit., p. 272. GAMEIRO, Ian Pimentel. A saúde como metacapacidade: redefinindo o bem jurídico. *Quaestio Iuris* [em linha], v. 10, n. 4, p. 2.248, 2017. Acesso em: 30 maio 2020. Disponível em: https://doi.org/10.12957/rqi.2017.21899.

[118] Norman Daniels destaca o alto custo de oportunidade das despesas com cuidados de saúde, uma vez que os recursos podem ser eficientemente utilizados em políticas públicas que impactam outros determinantes de saúde (educação, nutrição, moradia, por exemplo) e com isso gerar bons resultados em favor da saúde da população. Ver DANIELS, Norman. Justice and Access to Health Care. *In:* ZALTA, Eduard N. (Ed.). *The Stanford Encyclopedia of Philosophy* [em linha], 2013. Acesso em: 25 abr. 2017. Disponível em: https://plato.stanford.edu/archives/spr2013/entries/justice-healthcareaccess/.

[119] A alocação de recursos do Estado, a definição de prioridades e a especificação de seu espectro de atuação devem ser definidas em um processo aberto à participação social informada. Nesse sentido, a adoção de políticas de austeridade e ajustes nas despesas do Estado deve ser alvo de debate público, permitindo-se que a população decida sobre a necessidade de investimentos na incorporação de tecnologias em saúde, ampliação da rede de atenção primária, despesas com ações militares ou financiamento de campanhas eleitorais. Nessa linha, ver SEN, Amartya. *Health in development*, cit., p. 619.

[120] RUGER, Jennifer Prah. *Health and social justice*, cit., p. 1.076 e seguintes.

Por outro lado, a compreensão da saúde como direito sob o prisma das capacidades impõe que se assegure às pessoas os "funcionamentos" e a promoção de suas capacidades por meio da satisfação das necessidades de saúde.[121]

A realização do direito à saúde por meio da satisfação das necessidades que permitem às pessoas estarem aptas a realizarem o que entendem por valioso, com isso conferindo-lhe um leque de opções de vida e liberdade substancial, implica a garantia de liberdades (direito de defesa) e o acesso a prestações materiais. Assim, tem como contrapartida deveres de realização com impactos individuais e coletivos para a promoção à saúde, prevenção de doenças, cura e reabilitação. O direito à saúde, como se demonstrará ao longo deste trabalho, tem uma estrutura normativa complexa, que abrange obrigações de respeito, proteção e realização, orientadas para um amplo espectro de atividades que ultrapassam, e muito, a simples disponibilidade de serviços curativos, sobretudo de serviços médicos.

A abordagem das capacidades em saúde – utilizada como orientação deste trabalho –, contudo, não propõe identificar um conjunto ou uma "cesta" fechada de ações ou serviços que devem ser prestados pelos Estados ou se encontrar disponíveis aos indivíduos. Com efeito, entre as capacidades que devem ser asseguradas e promovidas está a participação na vida social e na definição das políticas estatais, razão pela qual a definição do conteúdo das políticas públicas deve ocorrer em um processo deliberativo aberto à participação da sociedade. Abre-se a possibilidade para a realização de acordos parciais, no nível da execução das políticas públicas e das ações estatais, sem necessidade de concordância sobre princípios abstratos de justiça.

Partindo de um procedimento democrático, participativo, informado pelas evidências disponíveis pela ciência, deve-se atender às necessidades de saúde, isto é, carências ou privações que devem ser supridas para se atingir o estado de bem-estar e a realização substancial da autonomia. São social e historicamente condicionadas e não se limitam às necessidades de serviços de saúde, haja vista a compreensão ampliada da saúde e de seus determinantes multissetoriais.

---

[121] Para Jennifer Prah Ruger, as políticas públicas devem orientar-se para as aptidões e privações para os funcionamentos por meio da satisfação das necessidades em saúde. RUGER, Jennifer Prah. *Health and social justice*, cit. p. 1.075.

Dessa forma, não se pode limitar o bem jurídico saúde e o correspondente direito ao acesso a cuidados médicos. Como visto, desde o conceito ampliado de saúde proposto pela OMS, reconhece-se que a saúde é dependente de múltiplos condicionantes, dentre os quais os cuidados de saúde (saúde curativa). Embora essa limitação traga conforto e segurança em termos operacionais, trata-se de uma indevida redução da complexidade que é inerente à realidade normativa do direito à saúde, que decorre do bem jurídico tutelado.

Além disso, ao mesmo tempo em que se preocupa com a efetividade das capacidades básicas (prevenir a morte prematura e os agravos e doenças evitáveis), considera-se a saúde no âmbito das demais áreas da socialidade e, dessa forma, a alocação de recursos tem alto custo de oportunidade, devendo, portanto, ser enfatizada a visão ampliada e contextualizada no bojo das demais políticas públicas.

Assim sendo, o direito à saúde corresponde à satisfação das necessidades no contexto da escassez de recursos. Nesse sentido, abrange o acesso a prestações que sejam necessárias e apropriadas, a um custo que seja acessível, individual ou coletivamente.

Partindo do conteúdo do art. 12º do Pacto Internacional de Direitos Econômicos, Sociais e Culturais e dos documentos que o seguiram,[122] mostra-se necessário criar condições de acesso a cuidados tecnicamente necessários e apropriados para a promoção da saúde, prevenção, diagnóstico e tratamento de doenças e outros agravos, que possam gerar mortalidade precoce ou deficiências evitáveis.[123]

Dessa forma, o direito à saúde não implica o dever de assegurar o estado saudável e impedir o adoecimento.[124] Igualmente, não abrange

---

[122] Refere-se, em especial, à declaração de Alma-Ata sobre atenção primária e demais relatórios da OMS, como o Relatório Mundial de Saúde de 2008. DECLARAÇÃO de Alma-Ata [em linha]. Conferência Internacional sobre Cuidados Primários de Saúde, Alma-Ata, URSS, 6 a 12 de setembro de 1978. Acesso em: 30 maio 2020. Disponível em: https://opas.org.br/declaracao-de-alma-ata/. ORGANIZAÇÃO MUNDIAL DA SAÚDE. *Relatório mundial de saúde 2008. Cuidados de saúde primários: agora mais que nunca* [em linha]. Trad. Maria Cristina Moniz Pereira, Fátima Hipólito, Paulo Ferrinho. Lisboa: Alto Comissariado da Saúde, 2008. Acesso em: 29 jun. 2016. Disponível em: http://www.who.int/whr/2008/whr08_pr.pdf.

[123] RUGER, Jennifer Prah. *Health, capability, and justice*: toward a new paradigm of health ethics, policy and law, cit., p. 162.

[124] "Mais uma vez é importante recordar que ao Estado não é dado garantir a própria saúde ou uma proteção absoluta contra a ocorrência de doenças ou enfermidades; sua tarefa como entidade política limita-se tão somente à garantia pública de meios de proteção, significando isto que dele não se poderá exigir, pelo menos judicialmente, além do que este conteúdo nuclear comporta." GAMEIRO, Ian Pimentel. *A saúde como metacapacidade*: redefinindo o bem jurídico, cit., p. 2254.

o acesso a todas as terapias, procedimentos e insumos disponíveis no mercado. Há que se reconhecer aqui uma margem de concretização do direito aberta ao legislador e ao administrador público, com possibilidade de participação da sociedade, para identificar, dentre as opções disponíveis, aquelas que atendam eficientemente às necessidades da população, gerem maiores benefícios e tenham um custo acessível individual ou coletivamente.[125]

A consideração das capacidades e das necessidades deve conduzir à especial atenção na alocação de recursos, de forma a prestigiar a implementação de serviços e a incorporação de tecnologias que melhor impactem os indicadores de saúde da população e, portanto, gerem maiores benefícios sociais. Ainda nessa linha, deve-se dar maior ênfase e atenção às populações mais vulneráveis e mais pobres, que, regra geral, adoecem mais e sofrem os maiores impactos do adoecimento.

Grande importância deve ser conferida à proteção aos encargos financeiros e às incertezas que podem decorrer do processo de adoecimento. Assim, há que se adotar estratégias para evitar que os ônus financeiros e o endividamento configurem barreiras de acesso às terapias necessárias à saúde das pessoas.

Sob o aspecto objetivo, o direito à saúde gera a obrigação de criar condições para a cobertura universal de ações e serviços de saúde necessários para o alcance da liberdade substancial. Deve-se garantir igualdade de oportunidades para se atingir o melhor estado de saúde possível e, dessa forma, escolher e realizar as opções de vida que se entende por valiosas.

Para tanto, há que se criar condições para o acesso às ações e serviços que satisfaçam as necessidades da população. Esses serviços devem estar disponíveis para a população, ser acessíveis a todos, sem discriminação, e inclusive para os mais vulneráveis. A acessibilidade deve ser também geográfica e física, econômica (possibilidade de custeio individual ou coletivo) e incluir a disponibilidade de informações sobre o serviço e a condição de saúde de cada um. Os serviços devem ser

---

[125] Essa margem de discricionariedade decorre da característica dos direitos sociais e dos deveres de promoção e de realização. Isso porque, se a violação ou agravo a um bem jurídico é vedada, qualquer conduta nesse sentido viola o dever de abstenção. Por outro lado, os deveres de promoção e de realização voltados para a tutela de um bem jurídico permitem que se alcance a mesma finalidade por mais de um meio. Essa discricionariedade é também o fator que traz maiores dificuldades para a exigibilidade dos direitos sociais em juízo, segundo Alexy. Conferir ALEXY, Robert. *Teoria dos direitos fundamentais*. Tradução: Virgílio Afonso da Silva. São Paulo: Malheiros, 2008, p. 462.

aceitáveis, com isso significando o respeito às normas de ética médica e às características culturais locais. Finalmente, os serviços de saúde devem ser de qualidade, prestados por profissionais com formação e treinamento adequados e em conformidade com as atuais evidências científicas.

1.2.2 A atenção primária à saúde como estratégia de universalização do acesso à saúde

Iniciou-se a introdução expondo-se a contradição entre o deslumbramento causado pelos avanços proporcionados pela Medicina e demais Ciências da Saúde e a chocante realidade de populações e grupos sociais sem acesso a serviços de saúde (os indigentes sanitários). O consenso em torno da saúde como direito fundamental e integrante do conjunto de capacidades básicas necessárias para o desenvolvimento das potencialidades individuais e alcance da liberdade substancial requer que os Estados adotem estratégias que permitam aos seus cidadãos acessar ações e serviços de saúde que satisfaçam suas necessidades individuais e coletivas.

Não se propõe aqui a defesa de um modelo específico de sistema de saúde, muito menos no que se refere aos arranjos adotados para viabilizar o acesso aos serviços (livre mercado, seguro social, sistema universal), mas se parte da premissa de que a garantia da dignidade humana depende da fruição do direito fundamental à saúde. Propõe-se que os Estados promovam políticas públicas que viabilizem a cobertura universal – disponibilidade de acesso – segundo a necessidade e, portanto, com proteção financeira para o cidadão sem possibilidade de pagamento pelos serviços.[126]

---

[126] A cobertura universal é definida pela Organização Mundial da Saúde como disponibilidade de cuidados de saúde para todas as pessoas, segundo suas necessidades, sem exposição ao risco financeiro decorrente do pagamento pelos serviços. Isso não assegura todos os serviços possíveis, mas um conjunto de serviços necessários, alinhados com outros objetivos sociais. OTTERSEN, Trygve et al. *Making fair choices on the path to universal health coverage. Final report of the WHO consultative group on equity and universal health coverage* [em linha]. Genebra: WHO Press, 2014. Acesso em: 29 jun. 2016. Disponível em: http://apps.who.int/iris/bitstream/10665/112671/1/9789241507158_eng.pdf. No Brasil, o termo gerou controvérsia sobre um possível incentivo ao mercado por meio de seguros de saúde, o que poderia gerar desigualdade na qualidade dos cuidados entre ricos e pobres. Além disso, a expressão cobertura universal, em substituição a acesso universal, conduziria a uma possibilidade de uso de serviços, afastando-se preocupação com seu uso em concreto. Ver, por exemplo, NORONHA, José Carvalho. Cobertura universal de saúde: como misturar

Trata-se de um desafio que, no contexto de reformulação do Estado social, exige, no nível da política pública, o uso de estratégias que compatibilizem os custos da proteção social com o atendimento da população. No plano jurídico, é preciso contribuir para uma dogmática jurídica que seja capaz de proteger e assegurar força normativa ao direito à saúde sem, contudo, dissociar-se do quadro econômico-financeiro e das melhores evidências científicas disponíveis.[127] Não se trata de curvar o Direito à Economia ou a outras ciências, mas de compreendê-lo na sua dimensão interdisciplinar no contexto da regulação de um setor em que ocorre a interseção entre Direito, Economia, Ciência Política e Ciências da Saúde.

Como se destacou inicialmente, os avanços das Ciências da Saúde causam um deslumbramento na população e uma medicalização da vida que põem, no imaginário social, o médico como detentor de um saber incontestável e o hospital como lugar de excelência para a realização da saúde. Acredita-se que, quanto maior o grau de especialização e sofisticação técnica envolvida na atenção à saúde, melhor o cuidado e melhores são os resultados para a população.

Essa forma de promover políticas de saúde é classificada no Brasil como hospitalocêntrica (centrada no hospital) e se volta ao atendimento de condições agudas, quais sejam, aquelas relacionadas a agravos que

---

conceitos, confundir objetivos, abandonar princípios. *Cadernos de saúde pública*, v. 29, n. 5, p. 847-849, maio 2013.

[127] A proposta da Medicina Baseada em Evidências ou Saúde Baseada em Evidências consiste em orientar a tomada de decisões em saúde no nível individual ou das políticas públicas através da demonstração, por meio de estudos científicos, de que certo recurso terapêutico é eficaz, seguro, tem qualidade e é custo-efetivo. Não se trata, no entanto, de invadir a autonomia do profissional de saúde. Para Antônio Alberto Lopes, "MBE [Medicina Baseada em Evidências] se traduz pela prática da medicina em um contexto em que a experiência clínica é integrada com a capacidade de analisar criticamente e aplicar de forma racional a informação científica de forma a melhorar a qualidade da assistência médica". LOPES, Antônio Alberto da Silva. Medicina baseada em evidências: a arte de aplicar o conhecimento científico na prática clínica. *Revista da Associação Médica Brasileira*, v. 46, n. 3, p. 285, jul./set. 2000. Na mesma linha, o pesquisador e o operador do Direito, ao examinarem o conteúdo do direito à saúde, as prerrogativas e deveres que dele podem ser extraídos, devem conferir especial relevo a essa perspectiva. No Brasil, o tema da Medicina Baseada em Evidências já ganhou os tribunais. Em seus votos no julgamento do Recurso Extraordinário nº 566.471 (não concluído), os Ministros Luís Roberto Barros e Luiz Edson Fachin afirmaram que o fornecimento de medicamentos não contemplados nos elencos oficiais depende da comprovação de sua eficácia e necessidade "à luz da medicina baseada em evidência". BRASIL. Supremo Tribunal Federal. *Informativo nº 969* [em linha]. Brasília: Supremo Tribunal Federal, 9 a 13 de março de 2020. Acesso em: 30 maio 2020. Disponível em: http://www.stf.jus.br/arquivo/informativo/documento/informativo969.htm#Direito%20%C3%A0%20sa%C3%BAde%20e%20dever%20de%20o%20Estado%20fornecer%20medicamento%20%E2%80%93%203. Essa noção será mais bem apreciada no capítulo 3.

requerem uma resposta rápida do sistema de saúde e cujo desfecho é a cura ou a morte. A ênfase na atenção hospitalar consome elevados recursos em razão do alto custo e também porque a incorporação de tecnologias em saúde não costuma ser substitutiva, mas meramente agregadora de recursos. Assim, novas opções de exames de imagem, por exemplo, não excluem do sistema as tecnologias anteriores, isto é, normalmente, incorporação não gera desincorporação. Nessa linha, é possível, ainda, identificar grande desperdício de recursos nos sistemas de saúde por meio da incorporação de drogas e procedimentos que não têm sua efetividade comprovada em termos populacionais.[128]

Há aqui uma grande preocupação com a capacidade de resposta dos sistemas de saúde, sua eficácia e a eficiência dos serviços. Por um lado, deve-se pensar nas melhores estratégias para assegurar a todos o acesso a cuidados de saúde com qualidade. Por outro, é necessário otimizar e potencializar a aplicação dos recursos do Estado, uma vez que, para a liberdade substancial, as pessoas precisam dispor de condições materiais que ampliem suas capacidades em setores variados da vida. Ao mesmo tempo em que a saúde é condição para o exercício de vários direitos e, portanto, pode ser considerada uma metacapacidade, por outro, também é influenciada por variados fatores determinantes ou condicionantes relacionados à fruição de outros direitos. Na linguagem popular, costuma-se dizer que saúde não tem preço, assim justificando a realização de gastos elevados para a compra de medicamentos e a realização de procedimentos. No entanto, a área da saúde tem custo e este deve ser considerado individual e coletivamente no contexto das variadas necessidades que devem ser satisfeitas.

Obviamente, o esforço social na alocação de recursos para o sistema de saúde é importante para que as políticas públicas disponibilizem

---

[128] DEATON, Angus. *The great escape:* health, wealth, and the origins of inequality, cit., p. 145 e seguintes. Em se tratando de medicamentos, o registro de novos fármacos requer a realização de estudos pelos laboratórios farmacêuticos requerentes, a fim de comprovar que são seguros, têm qualidade e são eficazes. No entanto, tratando-se de substâncias novas, embora se possa afirmar a eficácia do princípio ativo, não se sabe se, uma vez em uso por largos contingentes populacionais, com características genéticas, de idade, hábitos culturais, alimentares e outros bastante diversos, haverá efetividade no tratamento da doença. A par disso, o conflito de interesses presente na realização desses estudos levanta outras suspeitas, notadamente de caráter metodológico, sobretudo no que se refere à seleção das pessoas que participam. normalmente jovens. e às bases de comparação. os novos fármacos são comparados com placebos e não com outros medicamentos já disponíveis. A esse respeito, conferir ANGELL, Marcia. *A verdade sobre os laboratórios farmacêuticos:* como somos enganados e o que podemos fazer a respeito, cit., p. 124.

acesso a serviços com grau satisfatório de qualidade. Todavia, o investimento, por si só, não garante o sucesso da política pública em termos populacionais.

Prova disso é que os Estados Unidos são o país que mais investe recursos no sistema de saúde quando se analisam as despesas *per capita*. No entanto, não dispõem de sistema universal, nem de seguro social acessível a todos. Como se demonstrará no curso deste trabalho, o Estado organiza serviços de saúde para populações específicas, como idosos, pessoas carentes e veteranos de guerra. Nesse sentido, Angus Deaton aponta para a ineficiência do sistema americano, o que se reflete na expectativa de vida ao nascer de sua população, que é inferior à de países como Chile e Costa Rica, cuja renda *per capita* é de cerca de um quarto e as despesas *per capita* com saúde de aproximadamente 12% daquelas feitas pelos norte-americanos.[129][130]

Nos países em desenvolvimento, a alta mortalidade infantil e a baixa expectativa de vida em grande parte das vezes resultam do adoecimento e morte por doenças cujos mecanismos de prevenção e de cura estão disponíveis. São doenças que causaram a morte de populações na Europa nos séculos XVII e XVIII, como infecções intestinais e respiratórias, malária, entre outras, já erradicadas nos países desenvolvidos. Muitas delas podem ser prevenidas por vacinas ou outras medidas de custo baixo e que possuem forma de tratamento já estabelecida e disponível em muitos países.[131]

Por outro lado, nos países desenvolvidos, a erradicação das doenças infecciosas e transmissíveis contribuiu muito para o aumento da expectativa de vida ao nascer. A melhora da expectativa de vida, decorrente da queda da taxa de mortalidade, associada à baixa taxa de natalidade, desencadeou uma transição demográfica que acarretou o envelhecimento populacional.[132] Para os sistemas de proteção social, a base de contribuintes reduziu ao tempo em que o universo de beneficiários cresceu.

---

[129] DEATON, Angus. *The great escape:* health, wealth, and the origins of inequality, cit., p. 35.

[130] O mau desempenho relacionado à expectativa de vida da população, nos Estados Unidos, para Joseph Stiglitz, reflete as péssimas condições de vida da população mais pobre. Segundo o autor, "os pobres nos Estados Unidos têm uma esperança média de vida quase 10% mais baixa que os do topo". STIGLITZ, Joseph. *O preço da desigualdade*, cit., p. 73.

[131] DEATON, Angus. *The great escape:* health, wealth, and the origins of inequality, cit., p. 102.

[132] WESTERNHOUT, Ed. Population ageing and health care expenditure growth. *In:* HARPER, Sarah; HAMBLIN, Kate. *International handbook on ageing and public policy*. Cheltenham: Edward Elgar, 2014, p. 179.

No que se refere à saúde, a transição demográfica também desencadeou uma transição epidemiológica. Isso porque, na atualidade, crescem as doenças relacionadas ao envelhecimento, sobretudo aquelas consideradas crônicas e que não têm cura, mas requerem acompanhamento e cuidados contínuos, além de acesso à atenção multidisciplinar e a medicamentos, normalmente, de custo elevado.[133] É o caso dos diversos tipos de câncer, doenças cardíacas e vasculares, doenças respiratórias crônicas e diabetes mellitus, que estão entre as principais causas de incapacidade e morte em muitos países.[134] Mesmo em países em desenvolvimento, a incidência dessas doenças tem crescido, tornando ainda maior o desafio para os sistemas de saúde: enfrentar simultaneamente as condições agudas, decorrentes das doenças infecciosas e transmissíveis, e as doenças crônicas.

Além disso, os novos hábitos sociais também têm grande impacto no adoecimento e na mortalidade das populações. O hábito de fumar, por exemplo, é responsável por numerosos casos de câncer de pulmão, doenças respiratórias e doenças cardiovasculares[135], razão pela qual os países devem se organizar para desestimular o tabagismo por meio de um conjunto de estratégias que devem envolver desde a tributação à educação em saúde, passando, ainda, pela restrição ao uso de cigarros, charutos e outros produtos que utilizam tabaco em locais públicos. Novamente, percebe-se a interseção entre Direito, Economia e Ciências da Saúde.

Dessa forma, contribuir para a melhoria de hábitos de vida e prevenir o adoecimento por doenças crônicas são um grande desafio dos sistemas de saúde atuais. O aumento da expectativa de vida após os 60 anos dependerá, no momento atual, da resposta adequada para as pessoas com condições crônicas, o que, ademais disso, contribui para a melhoria da qualidade de vida.

Em se tratando de saúde, as capacidades centrais são prevenir a mortalidade prematura e o adoecimento evitável, o que deve ser alvo de

---

[133] VRIJHOEF, Bert; ELISSEN, Arianne. Developing appropriate and effective care for people with chronic disease. *In*: HARPER, Sarah; HAMBLIN, Kate. *International handbook on ageing and public policy*. Cheltenham: Edward Elgar, 2014, p. 192. Essas mudanças – envelhecimento e aumento das doenças crônicas – requerem ajustes nos sistemas de saúde. Conferir: L, Mark. *In: search of the perfect health system*, cit.

[134] VRIJHOEF, Bert; ELISSEN, Arianne. *Developing appropriate and effective care for people with chronic disease*, cit., p. 191.

[135] DEATON, Angus. *The great escape*: health, wealth, and the origins of inequality, cit., p. 131-135.

prioridade no âmbito das políticas públicas para lhes conferir justiça e efetividade.[136] Esses objetivos devem ter precedência em relação a outras capacidades relacionadas à área de saúde, ainda que as decisões sobre a alocação de recursos devam ser submetidas ao processo democrático, o qual, portanto, precisa ser adequadamente informado.

Percebe-se, assim, que é preciso organizar as políticas públicas segundo as necessidades das populações, de forma a enfrentar os problemas de saúde que são mais frequentes e potencializar o emprego de recursos públicos. Deve-se organizar o sistema de saúde para que as pessoas possam ter acesso aos bens e serviços tecnicamente adequados e apropriados para atender às suas necessidades, evitando o desperdício de recursos com tecnologias cujo resultado não seja comprovado.[137]

Para o adequado enfrentamento das doenças crônicas, a OMS propõe a redução dos fatores de risco para o adoecimento e a criação de um ambiente de promoção da saúde com ênfase na educação em saúde visando a melhoria da nutrição, a realização de atividades físicas, redução do consumo de álcool e tabaco e a regulação da publicidade de alimentos e bebidas não saudáveis. Além disso, sugere-se o fortalecimento das políticas e dos sistemas de saúde com cobertura universal e cuidados abrangentes, custo-efetivos, suportados pela estratégia de atenção primária à saúde para atendimento das necessidades de saúde mais comuns da população. Propõe-se, ainda, a cooperação internacional para troca de experiências sobre as melhores práticas, legislação e regulação em saúde, treinamento de pessoal e desenvolvimento de infraestrutura para cuidados em saúde.[138]

Nesse contexto, cresce em importância a atenção primária à saúde como estratégia para, de um lado, disponibilizar o acesso à saúde para as condições de saúde mais comuns e que atingem os maiores contingentes populacionais e, por outro lado, ser mais eficiente e eficaz nas despesas públicas, com isso contribuindo para a sustentabilidade do Estado Social.

Isso porque a atenção primária à saúde constitui um nível de atenção que busca ser o primeiro contato dos usuários com os sistemas de saúde. Seu objetivo é assegurar recursos para a promoção da saúde,

---

[136] RUGER, Jennifer Prah. *Health and social justice*. Oxford: Oxford University Press, 2012, p. 61.
[137] RUGER, Jennifer Prah. *Health and social justice*, cit., p. 129.
[138] VRIJHOEF, Bert; ELISSEN, Arianne. *Developing appropriate and effective care for people with chronic disease*, cit., p. 193.

prevenção, cura e reabilitação para as condições mais comuns, com estratégias individuais e coletivas. Pretende-se a criação de vínculos entre os profissionais de saúde e os usuários, sendo aqueles responsáveis pelo acompanhamento destes ao longo da vida, com isso permitindo o conhecimento da história de vida das pessoas e comunidades, assim como dos fatores condicionantes que influenciam no adoecimento. A atenção primária à saúde deve responder à maior parte das necessidades de saúde da população e exercer a função de filtro para os demais níveis de atenção do sistema de saúde, racionalizando o uso de outras tecnologias.[139] Ainda, para sua efetividade e melhor resultado clínico, a atenção primária à saúde deve coordenar a atenção dispensada para as pessoas, sendo responsável pelo acompanhamento de doentes crônicos que tenham diagnóstico e recebam atendimento especializado.[140, 141]

A atenção primária à saúde tem papel estratégico para os sistemas de saúde na medida em que são estruturantes e organizadores de toda a atenção. Há evidências, que serão expostas adiante, especialmente no capítulo 5, que apontam vantagens comparativas, em termos de eficácia e eficiência para a atenção primária à saúde. A capacidade de resolução das necessidades (resolutividade) da atenção primária à saúde tem importância primordial para a solução das demandas mais comuns da sociedade e para racionalizar o uso de recursos especializados, que têm custos mais elevados. Nesse sentido, no sistema de saúde inglês (NHS), a atenção primária à saúde é dispensada pelos *General*

---

[139] O manejo das condições crônicas por meio da atenção primária tem o poder de reduzir a necessidade de encaminhamento dos pacientes para outros níveis de atenção, o que requer, entretanto, o desenvolvimento de estratégias voltadas para os profissionais e prestadores de serviço do nível primário e hospitalar para incentivar essa mudança de comportamento. BRITNELL, Mark. *In search of the perfect health system*, cit., p. 212.

[140] Evidencia-se a importância do desenvolvimento das ações voltadas para a atenção primária à saúde, que são aquelas que atendem às necessidades mais comuns das populações, com ênfase na atenção ambulatorial, de base comunitária e atenção prolongada no tempo. Por seu maior impacto em benefício da população, deve ser priorizado em relação aos cuidados hospitalares e especializados, que empregam tecnologias pesadas e de alto custo, que são utilizadas em menor escala. "(...) investments should not disproportionately favor expensive curative health services which are often accessible only to a small, privileged fraction of the population, rather than primary and preventive health care benefiting a far larger part of the population." UNITED NATIONS. Office of the High Commissioner for Human Rights. *General Comment No.14: The Right to the Highest Attainable Standard of Health (Art. 12)* [em linha]. Geneva: Office of The High Commissioner for Human Rights, 2000. Acesso em: 20 out. 2017. Disponível em: http://www.ohchr.org/EN/AboutUs/Pages/ContactUs.aspx.

[141] Um estudo clássico sobre o tema da atenção primária foi desenvolvido por Barbara Starfield. Conferir STARFIELD, Barbara. *Atenção primária*: equilíbrio entre necessidades de saúde, serviços e tecnologia, cit.

Practitioners – GPs, que são responsáveis pelo acompanhamento dos usuários a eles vinculados ao longo da vida. Ademais, os cuidados primários exercem a função de "porta de entrada e filtro para a atenção especializada".[142]

A atenção primária à saúde diferencia-se daqueles cuidados ofertados por serviços de média e de alta complexidade. A média complexidade abrange o domínio das especialidades e dos serviços de apoio ao diagnóstico (exames), cujo acesso, como regra, deve ocorrer por meio da atenção primária à saúde, que fazem a função de "filtro" dessa demanda. Por outro lado, a alta complexidade abrange serviços de ainda maior especialização e que empregam tecnologias duras, de alto custo, tendo o hospital como seu local de atenção à saúde.[143]

A ênfase na atenção primária à saúde corresponde à orientação da abordagem das capacidades, notadamente na linha proposta por Jennifer Prah Ruger, uma vez que enfatiza o atendimento das necessidades da população, a remoção dos entraves para se alcançar as potencialidades individuais e, portanto, contribui para a realização dos funcionamentos, rompendo os obstáculos para o desenvolvimento das aptidões pessoais. Realiza-se, ainda, o propósito de justiça distributiva com prioridade para as pessoas privadas das melhores condições de saúde, como idosos, doentes crônicos, pessoas com deficiência, entre outras.

A atenção primária é a estratégia proposta para se avançar em direção ao acesso ou à cobertura universal de serviços de saúde em razão de sua capacidade em contribuir para melhorar a resposta adequada dos sistemas de saúde às necessidades da população e racionalizar o uso de tecnologias e de recursos públicos. Nesse sentido, constitui um dos pilares dos sistemas universais, como o sistema inglês, os sistemas de saúde de Portugal e do Brasil.

O modelo brasileiro de atenção primária à saúde é exemplo da importância e da eficácia desses serviços para a melhoria dos níveis de saúde. Nesse sentido, estudo publicado no *The New England Journal of*

---

[142] GIOVANELLA, Lígia; MENDONÇA, Maria Helena Magalhães de. Atenção primária à saúde. *In*: GIOVANELLA, Lígia *et al*. *Políticas e sistema de saúde no Brasil*. Rio de Janeiro: Editora Fiocruz, 2009, p. 591.

[143] A atenção primária tem pontos de interface com a rede de cuidados continuados organizada pelo Serviço Nacional de Saúde – SNS – em Portugal. No entanto, desta se diferencia, uma vez que esta busca atender pessoas com dependência funcional, doenças crônicas e/ou estado avançado de idade, visando sua recuperação e reinserção social, assim como o envelhecimento ativo. Os cuidados continuados articulam políticas de saúde e de assistência social, com o apoio da rede de atenção primária (cuidados primários).

Medicine apontou evidências de que o modelo adotado no Brasil, por meio da Estratégia Saúde da Família – ESF, melhorou o acesso e a qualidade dos serviços; impactou positivamente os indicadores de saúde infantil; está associado à redução da mortalidade por doenças cardiovasculares e cerebrovasculares, bem como à redução de internações por causas sensíveis à atenção primária à saúde, sobretudo complicações de doenças crônicas; ampliou o acesso para casos de doenças tropicais negligenciadas e contribuiu para a redução de iniquidades.[144] Outros estudos têm confirmado que a atenção primária desempenha um importante papel na consolidação da cobertura universal de saúde no Brasil e melhoria dos resultados de saúde, como a redução da mortalidade por causas evitáveis, com investimentos baixos.[145]

Em Portugal, os cuidados primários foram um dos eixos para as reformas promovidas no Serviço Nacional de Saúde – SNS.[146] Os cuidados primários devem compreender a atenção de primeiro contato, voltada para "a abordagem dos principais problemas de saúde de uma comunidade, através da promoção e prevenção da saúde e do tratamento e reabilitação dos doentes".[147] O médico com formação em Medicina geral e familiar atuando no nível primário deve funcionar como controlador e distribuidor (*gatekeeper* e *signpost*) para os cuidados de saúde secundários e terciários. Estima-se que esse profissional esteja habilitado a resolver entre 85% e 90% das condições de saúde decorrentes do adoecimento da população. Assim, os cuidados primários devem desempenhar, como já dito, o papel de filtro e racionalizar a procura de cuidados hospitalares, que deve se limitar a cerca de 10% a 15% dos

---

[144] MACINKO, James; HARRIS, Matthew J. Brazil's Family Health Strategy. Delivering community-based primary care in a universal health system. *The New England Journal of Medicine* [em linha], n. 372, p. 2.177-2.181, Jun. 2015. Acesso em: 30 jun. 2015. Disponível em: http://www.nejm.org/doi/pdf/10.1056/nejmp1501140.

[145] "Consistent with previous literature we found that primary health care played an essential role in reducing deaths amenable to health care in Brazil. This further highlights the importance of investing in primary health care to achieve universal health coverage and improve health outcomes in low and middle-income settings. The health gains demonstrated can be achieved at low cost, with states and municipalities combined spending approximately US$90 per person per year on ESF in 2010." HONE, Thomas *et al*. Large reductions in amenable mortality associated with Brazil's primary care expansion and strong health governance. *Health Affairs*, v. 36, n. 1, p. 156, fev. 2017.

[146] Refere-se aqui, especialmente, às alterações ocorridas a partir de meados dos anos 2000, como descreve Rui Nunes. NUNES, Rui. *Regulação da saúde*. 3. ed. Porto: Vida Econômica, 2014, p. 75 e seguintes.

[147] NUNES, Rui. *Regulação da saúde*, cit., p. 77.

casos.[148] Os cuidados primários podem, ademais, reduzir os impactos nos serviços de urgência e emergência, uma vez que o cuidado orientado e contínuo, sobretudo das pessoas com condições crônicas, contribui para evitar o agravamento da doença e os episódios de crise.[149]

Angus Deaton, com suporte em relatórios de economistas do Banco Mundial, ressalta que, a despeito da importância e da efetividade da atenção primária, mesmo nos países pobres, boa parte dos recursos é absorvida pela atenção hospitalar. Hospitais com equipes médicas caras e que empregam tecnologias de alto custo consomem boa parte do orçamento público, ainda que se limitem a apresentar respostas para condições específicas das populações urbanas. Por outro lado, grandes contingentes de crianças morrem por doenças que poderiam ser tratadas ao custo de poucos centavos de dólar ou evitadas por meio de boas práticas de higiene e medidas sanitárias.[150]

No contexto de sociedades desiguais e da privação de acesso a recursos necessários para o alcance das capacidades básicas em saúde – prevenir a morte prematura e o adoecimento evitável – mostra-se necessário desenvolver uma dogmática jurídica que confira suporte à atenção primária à saúde, partindo de sua fundamentação jusnormativa à construção principiológica. Abrem-se, aqui, caminhos para que os profissionais do Direito possam contribuir para a efetividade do direito à saúde, redução das desigualdades e proteção da dignidade humana sem desconhecer os limites financeiros do Estado e a necessidade de organização de políticas públicas mais eficientes e eficazes.

1.3 Do plano de trabalho

Esta obra está estruturada a partir dos fundamentos teóricos propostos pela abordagem das capacidades, desenvolvida por Amartya Sen e Martha Nussbaum, com aprofundamentos produzidos, entre outros autores, por Jennifer Prah Ruger e Sridhar Venkatapuram.

---

[148] NUNES, Rui. *Regulação da saúde*, cit., p. 80 e seguintes.

[149] A busca por maior responsividade e eficiência dos sistemas de saúde pode, ainda, envolver estratégias de gestão para melhorar o desempenho da atenção primária. Nessa linha, já se avaliam os impactos das estratégias de pagamento por performance de profissionais e unidades de saúde na Inglaterra e em Portugal. Conferir PERELMAN, Julian e outros. *Pagamento pelo desempenho nos cuidados de saúde primários*: experiências cruzadas. Coimbra: Almedina, 2016.

[150] DEATON, Angus. *The great escape*: health, wealth, and the origins of inequality, cit., p. 310-311.

Entende-se que a promoção de condições que permitam a fruição da liberdade substancial deve ser um compromisso social que se alinha com a defesa da dignidade da pessoa humana. A partir desse suporte teórico, propõe-se, ao longo do trabalho de pesquisa, estudar a estrutura normativa dos direitos fundamentais em geral, dos direitos econômicos, sociais e culturais e do direito à saúde em particular, com o objetivo de esclarecer se a atenção primária à saúde integra o conteúdo jurídico do direito fundamental à saúde naquilo que é seu traço mais característico, ou seja, seu núcleo essencial.

Para o cumprimento desse objetivo, pretende-se identificar e propor critérios normativos que permitam aferir se a atenção primária à saúde compõe o núcleo essencial do direito à saúde, a partir da matriz constante do artigo 12º do Pacto Internacional de Direitos Econômicos, Sociais e Culturais. Com base nesses critérios, prossegue-se com a análise das possibilidades e dos limites de vinculação dos poderes públicos à promoção da atenção primária à saúde como integrante do dever de promoção de prestações fáticas voltadas para a concretização do direito à saúde no contexto de ajuste do Estado social, com isso compondo uma dogmática jurídica adequada ao quadro econômico de escassez relativa de recursos.

Sendo assim, após a exposição teórica feita nesta introdução, no capítulo 2, passa-se à análise da dogmática dos direitos fundamentais, com especial atenção para o estudo da eficácia dos direitos sociais e dos critérios desenvolvidos doutrinária e jurisprudencialmente para aferição do cumprimento dos deveres estatais de proteção e de realização ou promoção desses direitos. Esse estudo é realizado buscando conciliar a efetivação dos direitos sociais sem perder de vista o quadro de escassez de recursos.

Em seguida, no capítulo 3, procede-se ao estudo do processo saúde-doença ao longo da história da humanidade com a apreciação do fenômeno à luz dos diversos paradigmas e modelos que se seguiram desde a Antiguidade até os tempos atuais. Busca-se compreender o sentido atual da noção de saúde para que esta possa ser juridicizada no momento da compreensão do conteúdo, objeto e características do direito à saúde. Quanto a este, analisam-se, também, as possibilidades e os limites de sua eficácia normativa. Ao final, expõe-se como as políticas de saúde são organizadas nos modelos ideais de sistemas de saúde existentes no mundo.

No capítulo 4, são apresentadas as concepções, a definição e as características da atenção primária à saúde, ao tempo em que se demonstra como elas compõem um dos níveis de atenção à saúde. Ademais, é apresentado um panorama da atenção primária à saúde em alguns países do mundo.

No capítulo 5, diante de todo o arcabouço teórico exposto na pesquisa, procede-se à construção de uma dogmática jurídica da atenção primária à saúde a abranger desde a demonstração de sua inserção no âmbito do núcleo essencial do direito à saúde e no conjunto de prestações que integram o mínimo existencial até a exposição dos princípios normativos que os orientam.

Ao final, expõe-se a conclusão da pesquisa, buscando responder à questão inicial (se a atenção primária à saúde integra o núcleo essencial do direito à saúde) e demonstrar o alcance dos objetivos inicialmente propostos.

Propõe-se neste trabalho uma abordagem interdisciplinar, com a articulação de conceitos e conteúdos da Economia, das Ciências da Saúde e do Direito em razão da natureza do direito à saúde, do objeto por ele juridicizado e da abrangência e dos efeitos sistêmicos das políticas de saúde.[151]

Finalmente, esclarece-se que as consultas realizadas para a elaboração deste estudo foram concluídas no mês de julho de 2020.

---

[151] O Direito Sanitário, sem descurar de sua natureza jurídico-normativa, é um campo que não pode prescindir da interdisciplinariedade em suas pesquisas: "Sin embargo, la ciencia del Derecho en la sociedad contemporánea se ha enfrentado con las innegables intersecciones entre los conocimientos, y verificó que la mera lectura de los elementos normativos no parece capaz de captar la producción de conocimiento compatible con nuestra actual y compleja realidad.
Así, ha establecido un diálogo progresivo, multi e interdisciplinario, con el intercambio de métodos, modelos y conceptos, lo que permite la creación de nuevas disciplinas dentro del amplio campo de la ciencia jurídica. Entre esas disciplinas, se encuentran el Derecho Sanitario". DELDUQUE, Maria Célia *et al.* Bases conceptuales del derecho a la salud: del derecho a la salud al derecho sanitario. *In:* DELDUQUE, Maria Célia *et al. El Derecho desde la calle:* Introducción Crítica al Derecho a la Salud. Brasília: FUB, CEAD, 2012, p. 45.

CAPÍTULO 2

DIREITOS FUNDAMENTAIS E SUA EFICÁCIA NORMATIVA

2.1 A busca de fundamentos para os direitos fundamentais: o princípio da dignidade da pessoa humana

O desenvolvimento de uma dogmática jurídica da atenção primária à saúde no âmbito normativo do direito à saúde deve ter como ponto de partida a contextualização deste último dentro da teoria dos direitos fundamentais. Nesta, encontram-se os alicerces da justificação positiva e material e os vetores interpretativos que orientam o direito à saúde no quadro de um subsistema jurídico orientado para a relatividade, historicidade,[152] acumulação, variedade e abertura.[153]

Como será exposto a seguir, os direitos fundamentais não se positivaram de uma só vez, nem de uma vez por todas. Trata-se de uma construção que partiu da afirmação do Estado de Direito e do constitucionalismo, sob a égide do modelo de Estado liberal, e que continua ainda nos dias atuais. Nessa linha, sob os influxos de movimentos sociais e variadas compreensões teórico-filosóficas, novos bens e valores foram incorporados aos elencos de direitos fundamentais ao mesmo

---

[152] A relatividade e a historicidade dos direitos fundamentais são acentuadas pela maioria da doutrina, grande parte dela influenciada pela obra de Norberto Bobbio. BOBBIO, Norberto. *A era dos direitos*. Trad. Carlos Nelson Coutinho. São Paulo: Campus Elsevier, 2004.

[153] Quanto aos aspectos da acumulação, variedade e abertura, conferir ANDRADE, José Carlos Vieira de. *Os direitos fundamentais na Constituição portuguesa de 1976*. 5. ed. Coimbra: Almedina, 2012, p. 67.

tempo em que direitos positivados anteriormente foram ressignificados. Além disso, os tribunais e cortes constitucionais no âmbito dos países, nomeadamente no exercício da jurisdição constitucional, têm contribuído para a definição do sentido e do objeto dos direitos fundamentais, assim como para indicar-lhes a eficácia.

Como já se antecipou, os direitos fundamentais têm como traços característicos, entre outros, a historicidade, a relatividade, a acumulação, a pluralidade, a variedade e a abertura, tudo isso a demonstrar que consagram ideias e valores por vezes conflituosos entre si.

Ainda assim, é possível identificar um conceito orientador, que assegura uma unidade de sentido para os direitos fundamentais, que é a proteção da dignidade da pessoa humana, desde logo considerada fundamento e fim da sociedade e do Estado.[154] Segundo José Carlos Vieira de Andrade, a proteção da dignidade da pessoa contra os perigos decorrentes das estruturas de poder na sociedade é "um momento comum, característico e caracterizador da ideia dos direitos fundamentais ao longo dos tempos".[155] Trata-se de um conceito basilar para a construção de uma ética pública laica nas sociedades democráticas.[156]

A positivação do princípio da dignidade da pessoa humana confere um sentido axiológico para a ordem jurídica. Abre-se uma porta para que a moral se invista de conteúdo normativo[157] na medida em que se impõe ao Estado deveres de respeito e proteção à pessoa, assim como de promoção de condições para uma vida digna.[158] Exercendo o papel de fonte dos direitos fundamentais,[159] o princípio da dignidade humana contribui para a abertura da ordem jurídica a novos direitos em decorrência da ressignificação do conceito ao longo do tempo. Além disso, como vetor interpretativo, serve de parâmetro para a identificação do núcleo essencial dos direitos fundamentais, como traço caracterizador

---

[154] MIRANDA, Jorge. *Manual de direito constitucional*, cit., p. 243.
[155] ANDRADE, José Carlos Vieira de. *Os direitos fundamentais na Constituição portuguesa de 1976*, cit., p. 68.
[156] PECES-BARBA MARTÍNEZ, Gregorio. *La dignidad de la persona desde la filosofía del derecho*. Madrid: Dykinson, 2002, p. 14.
[157] HABERMAS, Jürgen. The concept of human dignity and the realistic utopia of human rights. *Metaphilosophy*, v. 41, n. 4, p. 469, jul. 2010.
[158] Refere-se aqui a um conjunto de prestações materiais configuradoras do mínimo existencial. Esse tema será objeto de exposição mais detida a seguir.
[159] HABERMAS, Jürgen. *The concept of human dignity and the realistic utopia of human rights*, cit., p. 464.

desses direitos.¹⁶⁰ O respeito à igual dignidade implica o reconhecimento da indivisibilidade das variadas categorias de direitos fundamentais por serem todos eles necessários para a proteção das pessoas.

A unidade de sentido conferida pelo princípio da dignidade da pessoa humana, contudo, não implica uma uniformização redutora das especificidades dos diversos direitos fundamentais a uma só concepção teórico-filosófica, nem que o conteúdo e a eficácia desses direitos devam ser submetidos ao mesmo regime jurídico, ignorando seus traços distintivos e as características de cada ordenamento jurídico. A unidade de sentido a que se refere implica reconhecer a dignidade da pessoa humana como fundamento dos direitos fundamentais cujo sentido é conferido a partir de uma compreensão situada cultural e espacialmente. A unidade de sentido que o princípio da dignidade da pessoa humana confere aos direitos fundamentais é, portanto, consagradora de uma ordem pluralista situada a partir de sua positivação em dada realidade cultural e histórica.¹⁶¹

As raízes da compreensão contemporânea de dignidade humana podem ser identificadas ainda no pensamento clássico e especificamente entre os estoicos, sendo o conceito incorporado posteriormente à doutrina cristã. Refere-se, aqui, à compreensão de que todos os seres humanos têm um valor intrínseco que os distingue dos demais seres vivos e que os eleva à condição de fim em si mesmo.

Gregorio Peces-Barba Martínez encontra em autores orientais da Antiguidade como Lao-Tse e Confúcio argumentos que posteriormente integraram o conceito de dignidade humana construído no ocidente, sobretudo a partir do Iluminismo. Nessa linha, destaca que, na tradição oriental, já se reconhecia o homem como ser soberano e superior, dotado de razão, o que o diferencia dos demais animais.¹⁶²

---

[160] ANDRADE, José Carlos Vieira de. *Os direitos fundamentais na Constituição portuguesa de 1976*, cit., p. 165.

[161] ANDRADE, José Carlos Vieira de. *Os direitos fundamentais na Constituição portuguesa de 1976*, cit., p. 101-106. Habermas ressalta que a proteção da dignidade humana requer a afirmação de um Estado Constitucional: "It is not unimportant in this context that this status can be established only within the framework of a constitutional state, something that never emerges of its own accord. Rather, this framework must be created by the citizens themselves using the means of positive law and must be protected and developed under historically changing conditions. As a modern legal concept, human dignity is associated with the status that citizens assume in the self-created political order". HABERMAS, Jürgen. *The concept of human dignity and the realistic utopia of human rights*, cit., p. 473.

[162] PECES-BARBA MARTÍNEZ, Gregorio. *La dignidad de la persona desde la filosofía del derecho*, cit., p. 21-22.

Na Antiguidade clássica, a par do reconhecimento da dignidade como traço distintivo do ser humano, também se refere ao conceito para relacioná-lo à posição social que se ocupa e "seu grau de reconhecimento pelos demais membros da comunidade".[163] Dessa forma, conclui Ingo Sarlet, era possível, neste segundo sentido, graduar a dignidade e indicar pessoas mais ou menos dignas.[164]

A construção do sentido de dignidade como valor intrínseco no período romano recebeu grande influência do pensamento de Marco Túlio Cícero. Para este, o ser humano, por sua racionalidade, recebeu do Deus supremo uma condição intrínseca e distintiva das demais espécies e seres vivos.[165]

A ideia de dignidade humana está presente na tradição cristã, que influenciou a evolução do conceito ao longo dos tempos. Para os cristãos, a dignidade humana decorre da afirmação contida no livro de Gênesis de que os homens foram criados à imagem e semelhança de Deus.[166] Na doutrina de Tomás de Aquino, a dignidade é reafirmada, ressaltando-se, ademais, a capacidade de autodeterminação e livre-arbítrio do ser

---

[163] SARLET, Ingo Wolfgang. *Dignidade da pessoa humana e direitos fundamentais na Constituição Federal de 1988*, cit., p. 34.

[164] SARLET, Ingo Wolfgang. *Dignidade da pessoa humana e direitos fundamentais na Constituição Federal de 1988*, cit., p. 34-35. Na Idade Média, durante o antigo regime, dá-se o mesmo, na medida em que se vive em uma sociedade estamental: "Desde luego bajo el Antiguo Régimen la sociedad era estamental, y los estamentos forzaban a que los que estaban insertados en ellos dispusieran de una dignidad mayor o menor: la dignitas era ante todo una secuela de una situación socialmente reconocida". CARPINTERO, Francisco. La dignidad humana en Tomás de Aquino. *Persona y Derecho*, v. 74, (2016), p. 100.

[165] Nas palavras de Marco Túlio Cícero: "Sua opinião nos leva a isto: que o animal que chamamos homem, dotado de presciência e inteligência rápida, complexo, perspicaz, dotado de memória, cheio de razão e prudência, recebeu certa condição distinta do Deus supremo que o criou; porque ele é o único entre tantas espécies e variedades diferentes de seres vivos que tem uma porção de razão e pensamento, ao passo que todo o restante é privado disso. Mas o que é mais divino, não direi apenas no homem, mas sim em todo céu e terra, do que a razão? E a razão, quando é madura e perfeita, é corretamente chamada de sabedoria. Por conseguinte, como não existe nada melhor do que a razão, e como ela existe tanto no homem como em Deus, a primeira posse comum do homem e de Deus é a razão. Mas aqueles que possuem razão em comum também devem ter a razão correta em comum. E como a razão correta é a Lei, devemos acreditar que os homens têm a Lei em comum com os deuses". CÍCERO. Leis. In: MORRIS, Clarence (Org.). *Os grandes filósofos do direito*: leituras escolhidas em direito. Trad. Reinaldo Guarany. São Paulo: Martins Fontes, 2002, p. 37.

[166] "E disse Deus: Façamos o homem à nossa imagem, conforme a nossa semelhança (...)" BIBLIA SAGRADA. Trad. João Ferreira de Almeida. 2. ed. Barueri: Sociedade Bíblica do Brasil, 1993, p. 3.

humano.[167][168] Para Tomás de Aquino, a dignidade também se justifica a partir da figura de Cristo, que, a um só tempo, foi homem e Deus.[169]

Na Idade Média, a dignidade foi compreendida sempre a partir de um elemento externo. A dignidade do homem não decorre de sua própria condição, mas do fato de ter sido feito à imagem e semelhança de Deus. Assim, é a dignidade divina que se projeta no homem e, por isso, Peces-Barba a denomina de heterônoma ou derivada.[170] Por outro lado, dado que a sociedade é hierarquizada, estamental, fala-se também em dignidade como honra, cargo ou título, isto é, posição social. Assim, nesta acepção, não se pode falar em uma igual dignidade das pessoas.[171]

A compreensão da dignidade humana, que, na Idade Média, esteve "entrelaçada com a religião",[172] desta se descolou e sofreu um processo de laicização, que teve início no Renascimento e se completou no Iluminismo. No Renascimento, Pico della Mirandola, tendo por base a racionalidade, defendeu que a dignidade e o livre-arbítrio dela decorrente permitem ao homem "construir de forma livre e independente sua própria existência e seu próprio destino".[173] Peces-Barba também destaca o pensamento de Giordano Bruno, que afirma a superioridade do homem em relação aos demais animais, sua capacidade de razão e o exercício da autonomia, traço fundamental para a afirmação da dignidade.[174]

---

[167] SARLET, Ingo Wolfgang. *Dignidade da pessoa humana e direitos fundamentais na Constituição Federal de 1988*, cit., p. 37.

[168] Francisco Carpintero expõe a importância do livre-arbítrio e da liberdade para o conceito tomista de dignidade humana: "Nuestro momento tiende a pensar que el hombre es persona, y por tanto un ser digno, si tiene libertad para trazarse su propio plan de vida y seguir, con rectitud de intención, las exigencias de ese plan que se ha trazado personalmente. (...) Las ideas de cada hombre como fin en sí mismo o auto-fin (Selbstzweck) y de respeto incondicional a las reglas crean la dignidad humana". CARPINTERO, Francisco. *La dignidad humana en Tomás de Aquino*, cit., p. 101.

[169] CARPINTERO, Francisco. *La dignidad humana en Tomás de Aquino*, cit., p. 100.

[170] "La dignidad medieval de origen externo, heterónoma o derivada no es propiamente dignidad humana porque no es autónoma, ni impulsa el desarrollo individual de la condición humana, y no arranca del propio individuo." PECES-BARBA MARTÍNEZ, Gregorio. *La dignidad de la persona desde la filosofía del derecho*, cit., p. 27.

[171] PECES-BARBA MARTÍNEZ, Gregorio. *La dignidad de la persona desde la filosofía del derecho*, cit., p. 27.

[172] BARROSO, Luís Roberto. *A dignidade da pessoa humana no direito constitucional contemporâneo: a construção de um conceito à luz da jurisprudência mundial*, cit., p. 85.

[173] SARLET, Ingo Wolfgang. *Dignidade da pessoa humana e direitos fundamentais na Constituição Federal de 1988*, cit., p. 37.

[174] PECES-BARBA MARTÍNEZ, Gregorio. *La dignidad de la persona desde la filosofía del derecho*, cit., p. 32.

A contribuição de Francisco de Vitória, no século XVI, para a construção do conceito de dignidade humana é destacada por Ingo Sarlet, uma vez que aquele autor, durante o período de colonização espanhola, com fundamento no pensamento estoico e cristão, afirmou que os indígenas eram livres e iguais, como decorrência de sua humanidade e do Direito natural.[175]

O Iluminismo é apontado pela doutrina como marco filosófico da moderna compreensão de dignidade humana[176] que influenciou as declarações de direitos e o movimento de afirmação dos direitos humanos, sobretudo a partir da segunda metade do século XX. Desde os precursores do movimento iluminista como Samuel Pufendorf e Christian Wolff, ressalta-se a centralidade do ser humano e de sua dignidade como pressupostos de uma ética pública e orientadores do sistema jurídico. Wolff destaca que a natureza humana é comum a todos os homens, do que se deduz o caráter universal do Direito natural e a igual dignidade, que tem assento na liberdade, na razão e na capacidade de formular conceitos gerais.[177]

Dentre os filósofos iluministas, sem dúvida, a matriz da compreensão contemporânea de dignidade humana pode ser identificada a partir da obra de Kant. Em *Fundamentação da metafísica dos costumes e outros escritos*, Kant afirma que cada coisa na natureza é regida por certas leis, mas apenas os seres racionais podem agir segundo a representação dessas leis, ou seja, conforme uma vontade. Essas leis objetivas influenciam a vontade dos seres racionais por meio de princípios da razão, que são representados por mandamentos, expressos sob a fórmula de imperativos.[178]

Os imperativos são exteriorizados na forma de deveres objetivos, que são válidos para todos os seres racionais. Os imperativos ordenam condutas hipotética ou categoricamente. Os imperativos hipotéticos

---

[175] SARLET, Ingo Wolfgang. *Dignidade da pessoa humana e direitos fundamentais na Constituição Federal de 1988*, cit., p. 38. Também o Padre Antônio Vieira fazia críticas à escravidão indígena no território brasileiro. Em linguagem metafórica, convém conferir o texto do Sermão de Santo Antônio. VEIRA, Antônio. *Sermão de Santo Antônio* [em linha]. Belém: Unama. Acesso em: 21 jun. 2020. Disponível em: http://www.dominiopublico.gov.br/download/texto/ua000257.pdf.

[176] BARROSO, Luís Roberto. *A dignidade da pessoa humana no direito constitucional contemporâneo*: a construção de um conceito à luz da jurisprudência mundial, cit., p. 18.

[177] PECES-BARBA MARTÍNEZ, Gregorio. *La dignidad de la persona desde la filosofía del derecho*, cit., p. 41-45.

[178] KANT, Immanuel. *Fundamentação da metafísica dos costumes e outros escritos*, cit., p. 43-44.

exprimem condutas que devem ser realizadas como meios para se alcançar algo. De outro lado, o imperativo categórico representa uma ação que vale por si. "No caso de a ação ser boa como meio para qualquer outra coisa, o imperativo é hipotético; se a ação é representada como boa em si [..] então o imperativo é categórico".[179]

O imperativo categórico constitui um mandamento absoluto e é afirmado por Kant pela expressão: "age só segundo máxima tal que possas ao mesmo tempo querer que ela se torne lei universal", ou, de outro modo, "age como se a máxima da tua ação devesse se tornar, pela tua vontade, lei universal da natureza".[180]

Ao especular sobre a existência de algo que tenha um valor absoluto e que possa ser o fundamento para um imperativo categórico, Kant afirma que "o homem – e, de uma maneira geral, todo o ser racional – existe como fim em si mesmo, e não apenas como meio para o uso arbitrário desta ou daquela vontade".[181] Para o filósofo "os seres, cuja existência não assenta em nossa vontade, mas na natureza, têm, contudo, se são seres irracionais, um valor meramente relativo, como meios, e por isso denominam-se *coisas*".[182] Por outro lado, em continuidade ao seu raciocínio, assevera que "os seres racionais denominam-se *pessoas*, porque a sua natureza os distingue já como fins em si mesmos, ou seja, como algo que não pode ser empregado como simples meio e que, portanto, nessa medida, limita todo o arbítrio".[183] Assim, o homem, por ser um fim em si próprio, não pode ter um valor relativo ou um preço, mas um valor intrínseco ou uma dignidade.

Para Kant, "a autonomia é, pois, o fundamento da dignidade da natureza humana e de toda natureza racional".[184] Assim, a concepção kantiana, ressalta Peces-Barba, ao fundamentar a dignidade na autonomia como postulado da razão, conecta as noções de dignidade, liberdade, autonomia e moralidade para construir o conceito de dignidade humana.[185]

---

[179] KANT, Immanuel. *Fundamentação da metafísica dos costumes e outros escritos*, cit., p. 45.
[180] KANT, Immanuel. *Fundamentação da metafísica dos costumes e outros escritos*, cit., p. 51-52.
[181] KANT, Immanuel. *Fundamentação da metafísica dos costumes e outros escritos*, cit., p. 58.
[182] KANT, Immanuel. *Fundamentação da metafísica dos costumes e outros escritos*, cit., p. 59.
[183] KANT, Immanuel. *Fundamentação da metafísica dos costumes e outros escritos*, cit., p. 59.
[184] KANT, Immanuel. *Fundamentação da metafísica dos costumes e outros escritos*, cit., p. 66.
[185] PECES-BARBA MARTÍNEZ, Gregorio. *La dignidad de la persona desde la filosofía del derecho*, cit., p. 56.

A partir do século XX, sobretudo após as guerras mundiais, o conceito de dignidade da pessoa humana ganhou maior destaque e penetração no Direito, seja na ordem internacional ou nos ordenamentos jurídicos de diversos países. Nessa linha, a Declaração Universal dos Direitos Humanos, de 1948, abre seu preâmbulo reconhecendo a dignidade inerente a todos os seres humanos.[186] O Pacto Internacional de Direito Civis e Políticos[187] e o Pacto Internacional de Direitos Econômicos, Sociais e Culturais,[188] ambos de 1969, reafirmam o princípio da dignidade da pessoa humana, que constitui fundamento para a liberdade, a justiça e a paz no mundo. Diversos outros documentos e convenções sobre direitos humanos também dispõem sobre o dever de respeito à dignidade humana, como, por exemplo, a Convenção sobre Direitos da Criança, de 1989.[189]

Entre os textos constitucionais promulgados no século XX e que preveem a dignidade da pessoa humana como princípio normativo, destaca-se a Lei Fundamental alemã, de 1949, que afirma o dever de respeito do Poder Público (artigo 1º, (1)). A Constituição portuguesa, de 1976 (art. 1º), e a Constituição espanhola, de 1978 (art. 10º, 1), preveem a dignidade da pessoa humana como fundamento da ordem social. A Constituição brasileira, de 1988, estabelece a dignidade da pessoa humana como fundamento da república (art. 1º, III).

A compreensão contemporânea de dignidade humana tem como fundamento teórico o pensamento de Kant. Dessa forma, inicialmente, a afirmação da dignidade da pessoa humana implica o reconhecimento da singularidade e do valor intrínseco do ser humano como fim em si mesmo que, dessa forma, não pode ser utilizado como meio para o alcance de qualquer outra finalidade, ainda que legítima ou socialmente

---

[186] ORGANIZAÇÃO DAS NAÇÕES UNIDAS. Declaração Universal dos Direitos Humanos [em linha]. Assembleia-Geral das Nações Unidas, 10 de dezembro de 1948. Acesso em: 31 maio 2020. Disponível em: https://www.ohchr.org/EN/UDHR/Documents/UDHR_Translations/por.pdf.

[187] ORGANIZAÇÃO DAS NAÇÕES UNIDAS. Pacto Internacional de Direitos Civis e Políticos [em linha]. Assembleia-Geral das Nações Unidas, 16 de dezembro de 1966. Acesso em: 31 maio 2020. Disponível em: http://www.planalto.gov.br/ccivil_03/decreto/1990-1994/d0592.htm

[188] ORGANIZAÇÃO DAS NAÇÕES UNIDAS. Pacto Internacional de Direitos Econômicos, Sociais e Culturais [em linha]. Assembleia-Geral das Nações Unidas, 19 de dezembro de 1966. Acesso em: 31 maio 2020. Disponível em: http://www.planalto.gov.br/ccivil_03/decreto/1990-1994/d0591.htm

[189] ORGANIZAÇÃO DAS NAÇÕES UNIDAS. Convenção sobre os Direitos da Criança [em linha]. Assembleia-Geral das Nações Unidas, 20 de novembro de 1989. Acesso em: 31 maio 2020. Disponível em: https://www.unicef.org/brazil/convencao-sobre-os-direitos-da-crianca.

desejável. Trata-se de condição que não pode ser atribuída pelo Direito, nem por este é constituída. Cabe ao Direito reconhecer a dignidade humana e conferir-lhe contornos normativos, tornando-a fundamento e fim da ordem jurídica.[190]

Por outro lado, o princípio da dignidade da pessoa humana implica o respeito à autonomia individual decorrente da racionalidade de que goza o homem e, com isso, acarreta a liberdade para fazer escolhas ao longo de sua vida. Diz respeito, portanto, à liberdade em suas diversas manifestações, como liberdade de locomoção, de pensamento, expressão, crença ou religião, entre outras.

Na atualidade, para além do valor intrínseco do ser humano e da tutela da autonomia individual, a afirmação do princípio da dignidade humana implica a proteção das liberdades clássicas, assim como a promoção de efetivas condições para o exercício dessas liberdades. Como afirma Luís Roberto Barroso, "a autonomia não pode existir onde as escolhas são ditadas apenas por necessidades pessoais".[191] "A exclusão social é fator de indignidade" como bem conclui Cármen Lúcia Antunes Rocha.[192]

Nessa linha, a realização de uma ordem social justa exige a redistribuição da riqueza[193] produzida por meio da realização de direitos sociais.[194] Há, para o Estado, um dever de promoção de condições de

---

[190] "O sistema normativo de direito não constitui, pois, por óbvio, a dignidade da pessoa humana. O que ele pode é tão somente reconhecê-la como dado essencial da construção jurídico-normativa, princípio do ordenamento e matriz de toda organização social, protegendo o homem e criando garantias institucionais postas à disposição de pessoas a fim de que elas possam garantir a sua eficácia e o respeito à sua estatuição. A dignidade é mais um dado jurídico que uma construção acabada no direito, porque se firma e se afirma no sentimento de justiça que domina o pensamento e a busca de cada povo em sua busca de realizar as suas vocações e necessidades." ROCHA, Carmen Lúcia Antunes. O princípio da dignidade da pessoa humana e a exclusão social. *Revista do Instituto Brasileiro de Direitos Humanos*, v. 2. n. 2, p. 51, 2001.

[191] BARROSO, Luís Roberto. *A dignidade da pessoa humana no direito constitucional contemporâneo*: a construção de um conceito à luz da jurisprudência mundial, cit., p. 85.

[192] ROCHA, Cármen Lúcia Antunes. *O princípio da dignidade da pessoa humana e a exclusão social*, cit., p. 62.

[193] A Constituição brasileira, de 1988, estabelece que a ordem econômica tem por fim assegurar a todos uma existência digna. A partir desse dispositivo, Eros Roberto Grau conclui que, no Brasil, o princípio da dignidade da pessoa humana é conformador da atividade econômica, dessa forma vinculando tanto o setor público quanto o setor privado. GRAU, Eros Roberto. *A ordem econômica na Constituição de 1988*. 15. ed. São Paulo: Malheiros, 2012, p. 194-195.

[194] Gilmar Ferreira Mendes e Paulo Gustavo Gonet Branco destacam a função redistributiva dos direitos sociais a prestações, matéria esta que está sujeita às influências do quadro político de cada momento. MENDES, Gilmar Ferreira; BRANCO, Paulo Gustavo Gonet. *Curso de Direito Constitucional*. 12. ed. São Paulo: Saraiva, 2017, p. 160.

vida dignas para além dos tradicionais deveres de respeito e proteção, especialmente voltados para as liberdades clássicas e para os aspectos menos típicos dos direitos econômicos, sociais e culturais.

Hodiernamente, contudo, essa redistribuição deve observar não apenas as vulnerabilidades decorrentes da carência de recursos financeiros, desemprego, doença e necessidade de cuidados de saúde. Na realidade, deve-se buscar a devida justiça com as novas e futuras gerações, sob pena de a generosidade na concessão de direitos para as gerações atuais onerar sobremaneira as próximas, assim comprometendo, para o futuro, a proteção da dignidade humana.[195] Com efeito, a maximização de prestações sociais para as gerações presentes não pode ocorrer à custa do endividamento e da oneração das gerações vindouras.

Em tempos em que a escassez é realçada, não se pode desprezar o alerta de João Loureiro, que aponta para uma igual escassez de dogmática, na medida em que não se tem considerado, com a necessária profundidade, as implicações jurídicas da defasagem entre as possibilidades disponíveis para a satisfação dos desejos humanos e a capacidade econômica do Estado.[196] Seguindo essa linha, as categorias jurídicas tradicionais, nestas incluídas o princípio da dignidade humana, precisam ser novamente contextualizadas, a fim de se compatibilizar o atendimento das diversas necessidades individuais e coletivas.

Por outro lado, sem se afastar dos pressupostos da concepção kantiana de dignidade – valor intrínseco e autonomia – há que se destacar a dimensão da responsabilidade individual e coletiva advinda do exercício da liberdade e das escolhas individuais e sociais. Ainda nessa linha, a responsabilidade na gestão dos recursos sociais visando à garantia da dignidade humana requer sempre a consideração da

---

[195] A preocupação com a realização de uma devida justiça distributiva entre as gerações, evitando, assim, a criação de novas desigualdades é exposta por Vieira de Andrade, Suzana Tavares da Silva e Ana Raquel Moniz. Uma análise mais profunda pode ser encontrada em ANDRADE, José Carlos Vieira de. O papel do Estado na sociedade e na socialidade, cit.; SILVA, Suzana Tavares. *Direitos fundamentais na arena global*, cit.; MONIZ, Ana Raquel Gonçalves. Socialidade, solidariedade e sustentabilidade: esboços de um retrato jurisprudencial. *In*: LOUREIRO, João Carlos; SILVA, Suzana Tavares. *A economia social e civil: Estudos*. Coimbra: Instituto Jurídico da Faculdade de Direito da Universidade de Coimbra, 2015.

[196] LOUREIRO, João Carlos. A *"porta da memória"*: (pós?) constitucionalismo, estado (pós?) social, (pós?) democracia e (pós?) capitalismo: contributos para uma "dogmática da escassez", cit., p. 118 e seguintes.

sustentabilidade, vista por Ana Raquel Moniz como "dimensão ínsita ao princípio da dignidade humana".[197]

Em resumo, o princípio da dignidade da pessoa humana é reconhecido, na atualidade, como fundamento e fim do Direito. Além de ser fonte dos direitos humanos e dos direitos fundamentais, a estes confere uma unidade de sentido na medida em que são destinados à proteção da pessoa e de seu valor intrínseco em suas variadas dimensões.

Por implicar a proteção da autonomia, sobretudo em uma acepção substancial, a proteção da dignidade humana aproxima-se e alinha-se à abordagem das capacidades proposta por Amartya Sen e Martha Nussbaum e que se utiliza como ponto de partida deste estudo.[198] A abordagem das capacidades realça a necessidade de correção das situações concretas de injustiça e propõe o compromisso social com o florescimento das pessoas, ou seja, propõe dispensar condições para a liberdade substancial, consubstanciada na livre escolha entre opções de vida que se tem razão para valorizar. Dessa forma, a abordagem das capacidades, que busca a ampliação das possibilidades individuais em conjunto com o enfrentamento das limitações, privações e deficiências, coaduna-se com uma política de promoção dos direitos humanos e dos direitos fundamentais orientada para a efetiva realização da dignidade humana.

---

[197] MONIZ, Ana Raquel Gonçalves. *Socialidade, solidariedade e sustentabilidade*: esboços de um retrato jurisprudencial, cit., p. 65.

[198] SEN, Amartya. *A ideia de Justiça*, cit., p. 287. Martha Nussbaum, por sua vez, deixa ainda mais explícita essa conexão entre a abordagem das capacidades e a dignidade humana: "Human beings have a dignity that deserves respect from laws and social institutions. This idea has many origins in many traditions; by now it is at the core of modern democratic thought and practice all over the world. The idea of human dignity is usually taken to involve an idea of equal worth: rich and poor, rural and urban, female and male, all are equally deserving of respect, just in virtue of being human, and this respect should not be abridged on account of a characteristic that is distributed by the whims of fortune. Often, too, this idea of equal worth is connected to ideas of freedom and opportunity: to respect the equal worth of persons is, among other things, to promote their ability to fashion a life in accordance with their own view of what is deepest and most important". NUSSBAUM, Martha. Women and equality: The capabilities approach. *International Labour Review*, v. 138, n. 3, p. 227, 1999. Em outro trabalho, a autora afirma: "At one extreme, we may judge that the absence of capability for a central function is so acute that the person isn't really a human being at all, or any longer – as in the case of certain very severe forms of mental disability, or senile dementia. But I am less interested in that boundary (important though it is for medical ethics) than in a higher one, the level at which a person's capability is 'truly human,' that is, worthy of a human being. The idea thus contains a notion of human worth or dignity". NUSSBAUM, Martha. *Capabilities and social justice*, cit., p. 130.

2.2 Histórico da afirmação dos direitos fundamentais: as gerações ou dimensões dos direitos fundamentais

A afirmação dos direitos humanos e dos direitos fundamentais remonta a processos históricos que revelam lutas sociais pela conquista de direitos sob a influência de variadas tradições jurídico-filosóficas. Consequentemente, os direitos humanos e os direitos fundamentais têm por característica a historicidade,[199] de maneira que ganham sentido em um contexto temporal determinado,[200] em que se mostra possível isolar as principais ideias e matrizes teóricas informadoras.

Antes de adentrar, contudo, o processo histórico de afirmação dos direitos fundamentais, mostra-se necessário precisar terminologicamente o termo, a fim de evitar possíveis incompreensões. Com efeito, não se pode utilizar indistintamente as expressões direitos do homem, direitos humanos e direitos fundamentais, embora estas possam ser consideradas próximas e possuam pontos de contato, sobretudo no que tange aos direitos humanos e direitos fundamentais, nomeadamente seu caráter histórico e a mútua influência. Assim, ao se tratar de direitos do homem, faz-se referência à tradição jusnaturalista, que admite a existência de direitos a-históricos, que antecedem o Estado e outras formas de organização jurídico-social.[201] Por serem inerentes à condição humana, limitam o exercício do poder e constituem barreiras até mesmo para o poder constituinte originário. Desta forma, o estudo sobre direitos positivados, juridicamente vinculantes, seja no âmbito internacional ou nacional, deve utilizar outra definição, embora não se possa negar a influência do jusnaturalismo para teoria dos direitos humanos e dos direitos fundamentais, sobretudo sob o paradigma do Estado Liberal.

Nada obstante, considerando os direitos sob a perspectiva jurídico-positiva, deve-se tomar os conceitos de direitos humanos e de direitos fundamentais. No primeiro caso, trata-se de bens e interesses cuja tutela está afirmada na ordem internacional, com pretensão de observância universal, em relação aos quais há consenso em determinado período histórico. Por outro lado, os direitos fundamentais consagram aqueles valores afirmados na ordem jurídica de cada país como elementos

---

[199] BOBBIO, Norberto. *A era dos direitos*, cit., p. 33.
[200] PÉREZ LUÑO, Antonio-Enrique. Las generaciones de derechos fundamentales. *Revista del Centro de Estudios Constitucionales*, n. 10, p. 205, sept./dic. 1991.
[201] SARLET, Ingo Wolfgang. *A eficácia dos direitos fundamentais*. 3. ed. Porto Alegre: Livraria do Advogado, 2003.

fundantes, legitimadores e orientadores do Direito e das instituições estatais.²⁰² Dessa forma, por vezes, os direitos fundamentais sofrem grande influência e tornam-se projeções dos direitos humanos afirmados na ordem internacional no âmbito interno dos países.

Por refletirem valores fundantes e orientadores da ordem jurídica, os direitos fundamentais estabelecem uma conexão entre o Direito e a moral. Os direitos fundamentais contêm normas que protegem bens jurídicos essenciais, assim considerados por determinada sociedade em certo momento histórico. Assim, essas normas refletem o conteúdo axiológico das decisões tomadas no exercício do poder constituinte. Com isso, por se revestirem de juridicidade, passam a ter caráter vinculante para os poderes públicos e para a sociedade e sua violação pode ser objeto de tutela pelo Poder Judiciário. Em outas palavras, os direitos fundamentais têm origem na moral, mas se revestem de imperatividade como expressão do poder e contribuem para que este seja exercido com limites e de forma legítima.²⁰³

Dada a importância dos direitos fundamentais, o constituinte usualmente os submete a regime jurídico diferenciado, inclusive no que se refere à reforma ou revisão constitucional. Nesse sentido, os "direitos fundamentais são posições que são tão importantes que a decisão sobre garanti-las ou não garanti-las não pode ser simplesmente deixada para a maioria parlamentar simples".²⁰⁴ Trata-se, portanto, de normas de competência negativa para o legislador e que, dessa forma, limitam a amplitude das decisões que podem ser tomadas pelas maiorias. Para alguns, esse aspecto dos direitos fundamentais provoca uma tensão com o princípio democrático.²⁰⁵

---

[202] SARLET, Ingo Wolfgang. *A eficácia dos direitos fundamentais*. 3. ed. Porto Alegre: Livraria do Advogado, 2003.
[203] PECES-BARBA MARTÍNEZ, Gregorio. Fundamental rights: between morals and politics. *Ratio Juris*, v. 14, n. 1, p. 64-74, Mar. 2001.
[204] ALEXY, Robert. *Teoria dos direitos fundamentais*, cit., p. 447.
[205] ALEXY, Robert. *Teoria dos direitos fundamentais*, cit., p. 447. A tensão entre os direitos fundamentais e o princípio democrático é reforçada quando se trata de sua tutela judicial. A ampliação da jurisdição constitucional, nomeadamente o maior acesso a mecanismos de tutela dos direitos fundamentais, tem desencadeado um grande debate sobre as possibilidades e limites da atuação do Poder Judiciário. A discordância razoável sobre a compreensão das normas constitucionais leva alguns autores a questionarem qual poder deve ser responsável por afirmar a compatibilidade de uma norma com o texto constitucional, razão pela qual o modelo de revisão judicial forte (*strong-form judicial review*), em que as decisões definitivas são tomadas pelo Poder Judiciário, vem sendo questionado em contraste com sistemas que adotam a revisão judicial fraca (*weak-form judicial review*), em que as decisões judiciais em matéria de controle de constitucionalidade podem ser revistas. Para um aprofundamento

Por outro lado, a função contramajoritária dos direitos fundamentais contribui para a preservação de bens e valores de alta relevância e para a proteção de interesses de minorias que poderiam ser oprimidas pelo princípio majoritário. Assim, Jorge Reis Novais afirma que os direitos fundamentais funcionam como "trunfos contra a maioria".[206]

Contudo, a nosso aviso, a proteção dos direitos fundamentais é perfeitamente conciliável com o jogo democrático, seja por refletirem decisões sociais originárias, seja em razão da necessidade de promoção do bem de todos em uma sociedade pluralista.

Em síntese, os direitos fundamentais revelam as decisões primárias e basilares de uma sociedade no momento da fundação de uma ordem jurídica. Ainda que deles se possa extrair uma unidade de sentido, estão longe de caracterizar um todo homogêneo. Ao contrário, a tutela de valores por vezes contraditórios revela a efervescência do momento histórico de exercício do poder constituinte e a necessidade de tutela e conciliação de valores dos diversos grupos sociais.

A heterogeneidade dos direitos fundamentais e a sua correspondência ao ideário prevalente em certo momento histórico demonstram a impossibilidade de se identificar um fundamento absoluto para a justificativa e a validade desses direitos. O traço de historicidade dos direitos fundamentais nos permite identificar conjuntos de direitos humanos e de direitos fundamentais que compartilham da mesma matriz teórico-filosófica, assim como de características normativas que influenciam sua aplicabilidade e eficácia. Fala-se, dessa forma, em gerações de direitos fundamentais.[207]

As diversas matrizes teórico-filosóficas que informam as sucessivas gerações de direitos fundamentais, apesar de não implicarem a superação das conquistas anteriores, como numa sucessão *mortis causa*,[208] acarretam sua ressignificação, alterando seus significados e contornos.

---

sobre o tema, conferir TUSHNET, Mark. *Weak courts, Strong rights*: judicial review and social welfare rights in comparative constitutional law. Princeton: Princeton University Press, 2009.

[206] NOVAIS, Jorge Reis. *Direitos sociais*: teoria jurídica dos direitos sociais enquanto direitos fundamentais, cit., p. 20.

[207] A expressão gerações de direitos é atribuída originariamente a Karel Vasak, que a empregou em conferência realizada em 1979, no Instituto Internacional de Direitos Humanos, em Estrasburgo (*Pour une troisième génération des droits de l'homme*), como apontam, entre outros, Ingo Wolfgang Sarlet, Luiz Guilherme Marinoni e Daniel Mitidiero. SARLET, Ingo Wolfgang; MARINONI, Luiz Guilherme; MITIDIERO, Daniel. *Curso de Direito Constitucional*. São Paulo: RT, 2012, p. 258.

[208] ANDRADE, José Carlos Vieira de. *Os direitos fundamentais na Constituição portuguesa de 1976*, cit., p. 68.

Assim, ao mesmo tempo em que novos direitos são incorporados ao catálogo existente, em resposta às novas necessidades e aos movimentos de luta por sua afirmação, também ocorre a redefinição de direitos já positivados, que são adaptados à nova realidade social.[209] Nessa linha, Jorge Miranda pontua que a incorporação das novas gerações de direitos fundamentais não leva a um simples somatório, mas implica "uma interpenetração mútua, com a consequente necessidade de harmonia e concordância prática".[210] Para o autor, "os direitos vindos de certa época recebem o influxo dos novos direitos, tal como estes não podem deixar de ser entendidos em conjugação com os anteriormente consagrados".[211] A compreensão do sentido dos direitos fundamentais a partir de sua mútua implicação é que permitirá ao intérprete aplicá-los e efetivá-los coerentemente, garantindo uma unidade de sentido ao ordenamento jurídico.[212]

O termo "geração de direitos", não obstante, vem sendo alvo de crítica por boa parte da doutrina especializada, que entende ser ele indutor de uma concepção de superação ou substituição dos direitos das gerações anteriores pelas novas gerações. Nessa linha, Ingo Sarlet,[213] dentre outros autores, prefere o termo "dimensões de direitos fundamentais" por compreender ser dotada de um maior grau de precisão. Destinatário de boa parte das críticas, por sua pioneira defesa de uma terceira geração de direitos humanos, Karel Vasak ressalta que nunca propôs o abandono dos direitos civis e políticos (primeira geração) ou dos direitos econômicos, sociais e culturais (segunda geração) em virtude da positivação dos direitos de terceira geração.[214] Na verdade, o recorte dos direitos fundamentais – e, igualmente, dos direitos humanos – em gerações serve ao propósito de demonstrar sua

---

[209] PÉREZ LUÑO, Antonio-Enrique. Las generaciones de derechos fundamentales, cit., p. 217.
[210] MIRANDA, Jorge. *Manual de direito constitucional*, cit., p. 32.
[211] MIRANDA, Jorge. *Manual de direito constitucional*, cit., p. 32.
[212] PÉREZ LUÑO, Antonio-Enrique. Dogmática de los derechos fundamentales y transformaciones del sistema constitucional. *Teoría y Realidad Constitucional*, n. 20, p. 497, 2007. Ingo Sarlet e outros acrescentam a unidade e a indivisibilidade dos direitos fundamentais: "Assim sendo, a 'teoria dimensional' dos direitos fundamentais não aponta, tão somente, para o caráter cumulativo do processo evolutivo e para a natureza complementar de todos os direitos fundamentais, mas afirma, para além disso, sua unidade e indivisibilidade no contexto do direito constitucional interno e, de modo especial, na esfera do moderno 'Direito Internacional dos Direitos Humanos'". SARLET, Ingo Wolfgang; MARINONI, Luiz Guilherme; MITIDIERO, Daniel. *Curso de Direito Constitucional*, cit., p. 259.
[213] SARLET, Ingo Wolfgang. *A eficácia dos direitos fundamentais*.
[214] VASAK, Karel. Revisiter la troisième génération des droits de l'homme avant leur codification, cit., p. 1.664.

historicidade e as principais ideias orientadoras dos diversos grupos de direitos, assim como ressaltar o caráter sempre provisório do catálogo de direitos fundamentais, os quais não se afirmam de uma só vez, nem de uma vez por todas.

A história dos direitos fundamentais como limites ao exercício do poder, constituindo, portanto, normas de competência negativa para os poderes constituídos, tem sua origem ligada, intrinsecamente, ao constitucionalismo e à afirmação do Estado de Direito como forma de organização político-administrativa em que a separação dos poderes, o princípio da legalidade, o devido processo legal e a consideração de direitos individuais são condições para a atuação lícita do Poder Público. Fez-se necessário o reconhecimento de que o poder tem limites estabelecidos pelo Direito para que possam ser afirmados e respeitados direitos fundamentais.

Os direitos fundamentais, portanto, foram concebidos como limitações ao poder do Estado. Seu surgimento está atrelado ao advento do Estado de Direito em oposição ao Estado absolutista do *Ancien Régime*. Como produtos das revoluções liberais do século XVIII foram promulgadas declarações de direitos cujo objetivo era resguardar a autonomia individual diante do Estado.

Nesse contexto histórico, o Direito sofreu as influências do liberalismo político e econômico. A tradição jurídica liberal, portanto, enfatiza a proteção do indivíduo e dos direitos que integram seu espaço de liberdade por meio de disposições com elevada abstração e pretensão de validade universal.[215] Nesse sentido, as liberdades (de locomoção, contratual, de manifestação do pensamento, de exercício da atividade econômica, entre outras) e a propriedade são postas a salvo da intervenção estatal, que não deve criar empecilhos ao exercício dos direitos. Assegurava-se a liberdade formal perante a lei em contraponto aos privilégios da aristocracia do *Ancien Régime*. Incumbia ao Estado, ainda, exercer o papel de polícia e garantir a segurança para a livre fruição de direitos. Em resumo, o papel primordial do Estado liberal era assegurar liberdade, propriedade e segurança aos cidadãos.[216]

Às transformações decorrentes do constitucionalismo moderno somaram-se as exigências de democratização do Estado e participação

---

[215] DAVIS, D. M. Socio-economic rights. *In*: ROSENFELD, Michel; SAJÓ, András. *The Oxford handbook of comparative constitutional law*. Oxford: Oxford University Press, 2012.

[216] ANDRADE, José Carlos Vieira de. *Os direitos fundamentais na Constituição portuguesa de 1976*, cit., p. 52-53. MIRANDA, Jorge. *Manual de direito constitucional*, cit., p. 30

na vontade política. Em virtude disso, as instituições estatais tiveram de ser ajustadas às possibilidades de uma democracia representativa, que caminhou, desde as limitadas possibilidades de um voto censitário masculino, para a progressiva expansão do sufrágio até a sua universalização. Esse movimento desenvolveu-se durante o século XIX e culminou com a consagração dos direitos de participação política, cabendo ao Estado um dever de produção normativa e de organização das instituições necessárias para viabilizar a participação popular em um modelo de democracia representativa. O regime democrático passou a ser reconhecido como uma das condições para efetividade dos direitos fundamentais.[217]

Para parte da doutrina, os direitos afirmados na passagem do Estado absolutista para o Estado de Direito formam uma primeira geração de direitos fundamentais, cujo traço característico é a pretensão de abstenção, sobretudo do Estado, da interferência na autonomia individual. Trata-se de direitos que têm como reverso um dever de respeito das instituições ou, tratando em termos jurídico-processuais, implicam uma obrigação de não fazer. São conhecidos como direitos de defesa. Por sua vez, os direitos políticos integrariam uma segunda geração de direitos fundamentais por configurarem direitos de participação e acarretarem a intervenção na vida do Estado, que deve prever as instituições necessárias para que a participação seja levada a cabo.[218] Nada obstante, muitos autores consideram que os direitos civis e políticos, tributários da tradição liberal, consagram a tutela da liberdade e do indivíduo. Assim, por serem típicos do modelo de Estado liberal, integram uma só geração de direitos fundamentais.[219]

---

[217] ANDRADE, José Carlos Vieira de. *Os direitos fundamentais na Constituição portuguesa de 1976*, cit., p. 54.

[218] ANDRADE, José Carlos Vieira de. *Os direitos fundamentais na Constituição portuguesa de 1976*, cit., p. 54. MIRANDA, Jorge. *Manual de direito constitucional*, cit., p. 32.

[219] J.J. Gomes Canotilho noticia a controvérsia em torno do número de gerações ou dimensões de direitos fundamentais, embora pareça alinhar-se à tese de que os direitos civis e políticos integram uma só geração de direitos fundamentais. CANOTILHO, J. J. Gomes. *Direito Constitucional e Teoria da Constituição*. 7. ed. Coimbra: Almedina, 2003, p. 386. Karel Vasak, o primeiro a tratar de uma nova geração de direitos fundamentais após os direitos econômicos, sociais e culturais, também considera que os direitos civis e políticos integram uma primeira geração de direitos fundamentais. VASAK, Karel. Revisiter la troisième génération des droits de l'homme avant leur codification, cit., p. 1654. No mesmo sentido: PÉREZ LUÑO, Antonio-Enrique. Las generaciones de derechos fundamentales, cit., p. 205. BONAVIDES, Paulo. *Curso de direito constitucional*. 22. ed. São Paulo: Malheiros, 2008, p. 563. SARLET, Ingo Wolfgang; MARINONI, Luiz Guilherme; MITIDIERO, Daniel. *Curso de Direito Constitucional*, cit., p. 260. Andrew Altman afirma que a distinção teve lugar no

A consagração das liberdades e dos direitos políticos, no entanto, não foi suficiente para atender às necessidades expostas pelos movimentos operários nas revoluções do século XIX. O desenvolvimento da atividade econômica no contexto do liberalismo, regida pela mera igualdade perante a lei, contribuiu para produzir um quadro de exclusão social, grande concentração da riqueza e perversa distribuição da renda, marcada pela alta remuneração do capital (patrimônio) em detrimento do trabalho.[220]

Ao lado da riqueza de pequena parcela da população, o capitalismo gerou uma massa de operários vindos do campo para as grandes cidades que prestava serviços em jornadas extenuantes, mal remuneradas e em más condições de salubridade e segurança. O rápido crescimento das cidades também tornou precárias as condições de vida e conduziu à proliferação de grandes epidemias de doenças infecciosas e transmissíveis, como tuberculose, tifo e cólera.[221]

Esse contexto econômico, social e político abriu caminho para importantes transformações na atividade estatal e no Direito, com consequências diversas nos diferentes países. A chamada *questão social* levou à revisão do papel do Estado, do qual foi exigido, para além da manutenção da ordem pública e garantia dos direitos individuais, a apresentação de respostas para as demandas decorrentes da pobreza de grande parcela da população.[222]

---

contexto em que apenas parcela da população (homens adultos) podia exercer os direitos políticos. No entanto, tornou-se insustentável no contexto democrático em que todos os cidadãos devem ter a possibilidade de exercer os direitos políticos. ALTMAN, Andrew. Civil Rights. *In*: ZALTA, Edward N. (Ed.) *The Stanford Encyclopedia of Philosophy* [em linha], 2017. Acesso em: 28 jul. 2019. Disponível em: https://plato.stanford.edu/archives/win2017/entries/civil-rights/.

[220] A sociedade europeia da *Belle Époque* é retratada por Thomas Piketty como uma das mais injustas e desiguais de que se tem notícia em razão da concentração patrimonial e dos baixos rendimentos oriundos dos salários pagos à maioria da população. Segundo o autor, "os níveis de vida que se podia alcançar chegando ao topo da hierarquia dos patrimônios herdados eram bem mais elevados do que os correspondentes aos topos da hierarquia das rendas do trabalho. (...) o fato central é que na França do início do século XIX, como em outros lugares durante a Belle Époque, o trabalho e os estudos não permitiam que se chegasse ao mesmo nível de vida que a herança e as rendas do patrimônio". PIKETTY, Thomas. *O capital no século XXI*, cit., p. 236. Em outra passagem, o autor conclui que "todas as sociedades europeias na Belle Époque pareciam se caracterizar por uma fortíssima concentração da riqueza". PIKETTY, Thomas. *O capital no século XXI*, cit., p. 337.

[221] FRASER, Derek. *The evolution of the British Welfare State*. A history of social policy since the Industrial Revolution. 4th ed. London: Palgrave Macmillan, 2009, p. 70-74.

[222] HECLO, Hugh. *The social question*, cit., p. 666-667.

A revisão do modelo de Estado liberal conduziu, após a Revolução Russa de 1918, à apresentação de uma alternativa radicalmente diversa, tendo como um dos fundamentos a extinção da propriedade privada. A declaração de direitos apresentada à época substituía a concepção de direitos fundamentais abstratos em *face do* Estado, asseguradores da autonomia individual, por outra que enfatizava os direitos sociais, realizáveis *através* do Estado, administrado pelos trabalhadores, como meio de transição para o socialismo e para o comunismo.[223]

Em outra perspectiva, a reformulação do Estado conduziu a uma revisão do papel dos poderes públicos sem com isso significar uma ruptura com o paradigma anterior. Nessa linha, como forma de combater a ameaça socialista, a Alemanha organizou sistemas de proteção social, inclusive com previsão de rendas mínimas de apoio.[224] De seu turno, a Igreja Católica exerceu importante influência para a construção de uma via alternativa ao socialismo e ao comunismo que pudesse reconciliar patrões e empregados, sem abrir mão do direito à propriedade privada, nem deixar de reconhecer a importância das demandas dos trabalhadores. Nesse sentido, a Encíclica *Rerum Novarum*, do Papa Leão XIII, destacou a condição de miséria e de infortúnio dos operários e exaltou o dever de solidariedade dos cristãos. Propôs ainda que os patrões devem pagar um salário justo aos empregados, os quais fazem jus a uma jornada de trabalho compatível com suas forças e condição pessoal (sobretudo de mulheres e crianças), assim como a um descanso semanal. Esse conjunto de ideias, que compõe o que se passou a chamar de doutrina social da Igreja, foi reiterado pelo Papa Pio XI, que, na Encíclica Quadragesimo Anno (1931), reafirmou o compromisso da Igreja com as questões sociais.[225]

Assim, no ocidente, o Estado Liberal deu lugar ao modelo de Estado Social de Direito. No conjunto de alterações, em primeiro lugar, a ideia de liberdade foi revisitada para o fim de abrigar a liberdade de associação, de sindicalização e o direito de greve, entre outros, que

---

[223] NOVAIS, Jorge Reis. *Direitos sociais*: teoria jurídica dos direitos sociais enquanto direitos fundamentais, cit., p. 18. TUSHNET, Mark. Social and economic rights: historical origins and contemporary issues. *E-publica – Revista Eletrónica de Direito Público* [em linha], n. 3, p. 11, 2014. Acesso em: 31 maio 2020. Disponível em: http://www.scielo.mec.pt/pdf/epub/v1n3/v1n3a02.pdf.

[224] TUSHNET, Mark. *Social and economic rights*: historical origins and contemporary issues, p. 11.

[225] TUSHNET, Mark. *Social and economic rights*: historical origins and contemporary issues, p. 11.

compõem as chamadas liberdades sociais. Trata-se de novas formas de proteção da autonomia individual, especialmente consideradas as características de certas camadas sociais: os trabalhadores.[226] Além disso, a revisão de outras formas de manifestação da liberdade, como a liberdade de contratar, repercutiu no Direito com uma produção normativa que teve por objetivo assegurar ao trabalhador determinadas garantias na relação jurídica que mantinha com o empregador.

Nesse mesmo contexto histórico, que se iniciou no fim do século XIX e avançou em especial no período pós-guerras, diversos Estados reconheceram um conjunto de direitos voltados para a proteção social que implicam o acesso a prestações em áreas como previdência e assistência social, saúde e educação como forma de acomodação da *questão social* e tentativa de conciliar crescimento econômico, autonomia e bem-estar.[227] Dessa forma, o modelo de Estado social, ao invés de pretender a superação da tutela dos direitos fundamentais da tradição liberal, reconheceu os direitos sociais e revisou o conteúdo dos demais direitos, conferindo-lhes novos significados sob o influxo das influências dos partidos socialistas, da social democracia e da doutrina social da Igreja.[228]

Embora a passagem do modelo de Estado Liberal para o Estado Social não tenha ocorrido de forma linear e homogênea nos diversos países, reconhecem-se como marcos jurídicos dessa transição a Constituição mexicana, de 1917, e a Constituição de Weimar, de 1919.[229] A primeira enfatiza a tutela dos direitos dos trabalhadores, ao passo que a segunda prevê para o Estado deveres de prestação de serviços voltados para a realização da socialidade.[230] Para Mark Tushnet, os

---

[226] ANDRADE, José Carlos Vieira de. *Os direitos fundamentais na Constituição portuguesa de 1976*, cit., p. 59-60.

[227] HECLO, Hugh. *The social question*, cit., p. 666 e seguintes.

[228] NOVAIS, Jorge Reis. *Direitos sociais*: teoria jurídica dos direitos sociais enquanto direitos fundamentais, cit., p. 20. MIRANDA, Jorge. *Manual de direito constitucional*, cit., p. 32.

[229] STEINER, Henry J.; ALSTON, Philip; GOODMAN, Ryan. *International human rights in context* – law, politics, morals, cit.

[230] O reconhecimento da Constituição mexicana, de 1917, e da Constituição alemã, de 1919, como marcos do modelo de Estado Social não significa dizer que apenas a partir de então o Estado promoveu atividades que se ocupavam das condições de vida da população. Na verdade, busca-se pontuar uma "virada" na forma de se compreender o papel do Estado e indicar uma maior organização nas prestações sociais. A doutrina aponta manifestações iniciais dos direitos sociais em contextos anteriores, como por exemplo: "In the eighteenth century in Bavaria and Prussia, the state was viewed as an 'agent of social happiness' responsible for caring for the needy and for the provision of work for those who lacked the means and opportunities to support themselves. Similarly, the French Constitution

princípios orientadores da política social constantes da Constituição Irlandesa, de 1937, também tiveram grande influência para a afirmação dos direitos sociais por refletirem a doutrina social da Igreja Católica como expressão de uma compreensão da dignidade humana.[231]

Os direitos sociais, portanto, consolidaram-se na consciência coletiva no contexto de afirmação do Estado Social, a partir do consenso de que o Estado deveria ocupar-se das consequências da pobreza e promover a inclusão. Para além disso, mostrava-se necessário assegurar as pessoas contra a incerteza e eventos que poderiam ter impacto em sua condição socioeconômica (desemprego, doença, velhice).

No conjunto de direitos que integram essa segunda geração – os direitos sociais ou direitos econômicos, sociais e culturais – é necessário distinguir duas realidades distintas, com implicações para a eficácia e os deveres que deles podem ser extraídos. Nesse sentido, as liberdades sociais, assim como os direitos de primeira geração, têm por consequência a imposição de limites ao poder do Estado e implicam, tipicamente, deveres de abstenção, não intervenção ou obrigações de não fazer. Dessa forma, sua eficácia e aplicabilidade imediatas não geram maiores debates e problemas dogmáticos.

Por sua vez, os direitos sociais em sentido estrito (prestacionais) têm por objeto o acesso a bens econômicos, sociais ou culturais, como auxílios financeiros e serviços de saúde e de educação.[232] Dessa forma, ao Estado incumbe assegurar prestações fáticas – concretizadas por meio de benefícios econômicos ou de ações e serviços –, ou seja, a esses direitos corresponde, tipicamente, o dever de realizar. Intrinsecamente

---

of 1.793 included the obligation on the state to provide public assistance for the needy". DAVIS, D. M. *Socio-economic rights*, cit., p. 1.021. Ingo Sarlet lembra que houve direitos sociais contemplados embrionariamente nas Constituições francesas, de 1793 e 1848, na Constituição brasileira, de 1824, e na Constituição alemã, de 1849, que não entrou em vigor. SARLET, Ingo Wolfgang. *A eficácia dos direitos fundamentais*, cit., p. 52. Para Jorge Miranda, dentre os textos precursores dos direitos sociais no século XIX, o mais significativo é a Constituição francesa de 1848. O autor ressalta que o "art. 13º prescrevia que se favorecesse o desenvolvimento trabalho, designadamente pela igualdade das relações entre o patrão e o operário e pelas instituições de previdência e de crédito". MIRANDA, Jorge. *Manual de direito constitucional*, cit., p. p. 30-31.

[231] TUSHNET, Mark. *Social and economic rights: historical origins and contemporary issues*, p. 12.

[232] "Diremos, então, tendo em conta a natureza especial comum a esses vários direitos, que, de entre a multiplicidade de normas constitucionais jusfundamentais, respeitam a direitos sociais aquelas que, na sua dimensão objectiva principal, impõem ao Estado deveres de garantia aos particulares de bens econômicos, sociais ou culturais fundamentais a que só se acede mediante contraprestação financeira não negligenciável". NOVAIS, Jorge Reis. *Direitos sociais*: teoria jurídica dos direitos sociais enquanto direitos fundamentais, cit., p. 41-42.

relacionados às prestações materiais e necessários para o desempenho destas, os direitos sociais implicam deveres de proteção, que requerem a organização de instituições voltadas para implementar políticas públicas para a prestação das ações e serviços. Ademais, os direitos sociais prestacionais encerram prerrogativas de defesa e de (igual) participação, embora de caráter instrumental e com teor diverso de seu conteúdo típico.[233] Todavia, é inegavelmente na medida em que sua efetividade depende do acesso a prestações materiais que a eficácia dos direitos econômicos, sociais e culturais sofre maiores objeções, sobretudo no que se relaciona com sua sindicabilidade ou exigibilidade judicial como direitos subjetivos originários.[234]

Há que se registrar que a positivação de direitos sociais nas constituições do início do século XX não causava, *a priori*, maiores dificuldades ao Poder Público, uma vez que as normas constitucionais e sobretudo os direitos sociais eram vistos como meras proclamações, destituídas da imperatividade típica das normas jurídicas.[235] Os problemas passaram a ficar evidentes a partir do período pós-guerras

---

[233] ANDRADE, José Carlos Vieira de. *Os direitos fundamentais na Constituição portuguesa de 1976*, cit., p. 357. Desde logo, cabe a bem colocada advertência de Stephen Holmes e Cass Sunstein à precipitada afirmação de que os direitos de liberdade se distinguem dos direitos sociais porque os primeiros, por encerrarem deveres de abstenção, não geram custos, ao passo que os segundos, por acarretarem a realização de prestações fáticas, implicam o dispêndio de recursos financeiros. Na verdade, só se pode falar de direitos fundamentais e de sua efetiva garantia perante terceiros no contexto do Estado e de instituições que tenham como papel velar pela sua garantia, prevenindo ameaças e recompondo as eventuais lesões. Essas instituições, como aquelas que compõem o sistema de justiça, empregam recursos materiais e humanos que têm elevados custos para o Estado. Dessa forma, a distinção entre direitos de liberdade e direitos sociais como direitos negativos e direitos positivos só é pertinente a partir das obrigações que se pode impor especificamente aos destinatários das normas jurídicas. Contudo, todos os direitos fundamentais são garantidos pela manifestação do poder, o qual se exerce por meio de instituições estatais que dependem da arrecadação e da alocação de recursos. HOLMES, Stephen; SUNSTEIN, Cass R. *The cost of rights*: why liberty depends on taxes, cit.

[234] As controvérsias em torno dos direitos sociais fazem com que se possa identificar três modelos de tutela dos direitos sociais, segundo aponta Ingo Sarlet:
1. Negativa de constitucionalização, como ocorre nos Estados Unidos;
2. Constitucionalização da cláusula geral do Estado Social, sem catálogo discriminando os direitos sociais (é o caso da Alemanha e, de certa forma, da Espanha);
3. Reconhecimento dos direitos fundamentais, com variações quanto ao regime jurídico aplicável. Conferir SARLET, Ingo. *Los derechos sociales en el constitucionalismo contemporáneo*: algunos problemas y desafíos. cit., p. 42-44.

[235] Como noticia Paulo Bonavides, os direitos sociais "passaram primeiro por um ciclo de baixa normatividade ou tiveram eficácia duvidosa, em virtude de sua própria natureza de direitos que exigem do Estado determinadas prestações materiais nem sempre resgatáveis por exiguidade, carência ou limitação essencial de meios e recursos". BONAVIDES, Paulo. *Curso de direito constitucional*, cit., p. 564.

com a difusão dos direitos sociais nos textos constitucionais sob forte influência das concepções sociais democratas. Paralelamente, um novo constitucionalismo emergiu como resultado de um conjunto de mudanças, dentre as quais, segundo destaca Luís Roberto Barroso, a consolidação do Estado Constitucional de Direito; a afirmação do pós-positivismo jurídico e a ênfase na compreensão do Direito tendo como referencial os direitos fundamentais, aproximando Direito e Ética; a afirmação da força normativa da Constituição, a expansão da jurisdição constitucional e a proposta de uma nova dogmática de interpretação da Constituição voltada para a efetividade de suas normas.[236]

A par das duas primeiras gerações de direitos fundamentais, a partir da década de 1970, o Direito passou a sofrer o influxo de novas ideias que defendem a positivação de direitos cuja titularidade é coletiva ou difusa. Trata-se de interesses cuja realização, tal qual ocorre com os direitos sociais, depende de uma postura ativa do Estado, mas só podem ser realizados pela conjugação de esforços dos diversos atores sociais, quais sejam, os indivíduos, os Estados e os poderes públicos, assim como a sociedade organizada e a comunidade internacional.[237] Por essa característica, são considerados direitos de solidariedade ou fraternidade, assim consolidando, ao lado dos direitos civis e políticos e dos direitos sociais, o lema da Revolução Francesa: liberdade, igualdade e fraternidade. Karel Vasak, que pioneiramente defendeu a existência de direitos de terceira geração, considera que integram esse elenco o direito à paz, ao desenvolvimento, ao meio ambiente, à assistência humanitária e ao patrimônio comum da humanidade.[238]

---

[236] BARROSO, Luís Roberto. *Neoconstitucionalismo e constitucionalização do Direito*: o triunfo tardio do Direito Constitucional, cit., p. 129-173. João Loureiro critica o que chama de constitucionalismo neojoaquimita, que propõe uma leitura maximalista dos direitos econômicos, sociais e culturais, a despeito do quadro de escassez e de crise do Estado social. LOUREIRO, João Carlos. Fiat constitutio, pereat mundus? Neojoaquimismo, Constitucionalismo e Escassez. *Revista Portuguesa de Filosofia*, n. 70, fasc. 2-3, p. 231-260, 2014.

[237] VASAK, Karel. Revisiter la troisième génération des droits de l'homme avant leur codification, cit., p. 1.654. No mesmo sentido, Pérez Luño afirma: "Los nuevos derechos humanos [terceira geração] se hallan unidos entre sí por su incidencia universal en la vida de todos los hombres y exigen para su realización la comunidad de esfuerzos y responsabilidades a escala planetaria. Sólo mediante un espíritu solidario de sinergia, es decir, de cooperación y sacrificio voluntario y altruista de los intereses egoístas será posible satisfacer plenamente las necesidades y aspiraciones globales comunes relativas a la paz, a la calidad de vida, o a la libertad informática". PÉREZ LUÑO, Antonio-Enrique. Las generaciones de derechos fundamentales, cit., p. 210-211.

[238] VASAK, Karel. Revisiter la troisième génération des droits de l'homme avant leur codification, cit., p. 1654.

Registra-se, ainda, por sua importância para a consolidação da doutrina dos direitos fundamentais no Brasil, que Paulo Bonavides reconhece uma quarta e uma quinta gerações de direitos fundamentais. No primeiro grupo, inclui os direitos à democracia, à informação e ao pluralismo, de forma a contribuir para uma sociedade aberta para o futuro e que permita maior integração e convivência entre os povos.[239] Por fim, confere autonomia à tutela da paz como direito de quinta geração.[240]

Deve-se advertir que o reconhecimento das gerações de direitos fundamentais não implica que a afirmação dos direitos humanos e dos direitos fundamentais ao longo do tempo tenha ocorrido de forma linear e homogênea. Na verdade, por refletir processos históricos complexos e matrizes teórico-filosóficas que concorrem entre si, a história de afirmação de direitos fundamentais é composta de avanços e retrocessos. Dessa forma, a evolução dos direitos fundamentais deve ser contextualizada também espacialmente, uma vez que sofre influências das tradições e valores de cada país.[241]

Há que se reconhecer, na esteira do que propõe a Declaração de Viena em relação aos direitos humanos, a unidade e a interdependência dos direitos fundamentais consagrados ao longo da história nas diversas gerações antes mencionadas. Com efeito, a efetiva proteção da dignidade humana e a promoção de condições para o florescimento e a ampliação das capacidades das pessoas requer a garantia dos diversos direitos fundamentais. Ainda nessa linha, a violação de um direito fundamental pode comprometer o exercício dos outros direitos fundamentais.[242]

---

[239] BONAVIDES, Paulo. *Curso de direito constitucional*, cit., p. 571.

[240] BONAVIDES, Paulo. *Curso de direito constitucional*, cit., p. 579 e seguintes. Também Jorge Miranda reconhece quatro ou cinco gerações de direitos fundamentais: "a dos direitos de liberdade; a dos direitos políticos; a dos direitos sociais; a dos direitos ao ambiente, à autodeterminação, aos recursos naturais e ao desenvolvimento; e, ainda, a dos direitos relativos à bioética, à engenharia genética, à informática e a outras utilizações das modernas tecnologias, ligadas à sociedade de informação e à sociedade de risco". MIRANDA, Jorge. *Manual de direito constitucional*, cit., p. 32.

[241] "Conviene advertir, al enfilar el último tramo de estas reflexiones, que las generaciones de derechos humanos no entrañan un proceso meramente cronológico y lineal. En el curso de su trayectoria se producen constantes avances, retrocesos y contradicciones que configuran ese despliegue como un proceso dialéctico." PÉREZ LUÑO, Antonio-Enrique. *Las generaciones de derechos fundamentales*, cit., p. 217.

[242] "5. Todos os Direitos do homem são universais, indivisíveis, interdependentes e inter-relacionados. A comunidade internacional tem de considerar globalmente os Direitos do homem, de forma justa e equitativa e com igual ênfase. Embora se devam ter sempre presente o significado das especificidades nacionais e regionais e os antecedentes históricos, culturais e religiosos, compete aos Estados, independentemente dos seus sistemas político, econômico

2.3 Direitos fundamentais como direitos de defesa, participação e acesso a prestações

A historicidade, a acumulação e a variedade dos direitos fundamentais, como se deixou demonstrado no item anterior, revelam que esses direitos têm características e influências filosóficas distintas. Constata-se que as gerações ou dimensões de direitos fundamentais surgem sob o influxo de tradições jurídico-políticas diversas como as matrizes liberal (direitos civis), democrática (direitos políticos) e socialista/social democrata e social cristã (direitos sociais),[243] muito embora possa se verificar uma mútua influência responsável por desencadear sua ressignificação,[244] como já foi anotado.

Contudo, a indicação das tradições jurídicas e filosóficas que inspiraram esses direitos fundamentais pouco efeito tem em termos dogmáticos. Por outro lado, com o objetivo de sistematizar os direitos fundamentais, a partir da posição jurídico-subjetiva do titular, a doutrina tem apontado a existência de direitos de defesa, direitos de participação e direitos a prestações.[245]

Os direitos de defesa têm por objeto resguardar o espaço de liberdade individual e, dessa forma, impõem um dever geral de não interferência.[246] Assim, fundamentam pretensões de abstenção ou suspensão de atividades que possam causar prejuízo a bens individuais

---

e cultural, promover e proteger todos os Direitos do homem e liberdades fundamentais." DECLARAÇÃO de Viena e programa de acção [em linha]. Conferência Mundial sobre os Direitos do Homem, 2, Áustria, 14 a 25 de junho de 1993. Acesso em: 29 set. 2018. Disponível em: http://www.dhnet.org.br/direitos/anthist/viena/viena.html.

[243] ANDRADE, José Carlos Vieira de. *Os direitos fundamentais na Constituição portuguesa de 1976*, cit., p. 167.

[244] MIRANDA, Jorge. *Manual de direito constitucional*, cit., p. 32. PÉREZ LUÑO, Antonio-Enrique. Dogmática de los derechos fundamentales y transformaciones del sistema constitucional, cit., p. 497

[245] Por todos, ANDRADE, José Carlos Vieira de. *Os direitos fundamentais na Constituição portuguesa de 1976*, cit., p. 168. Ver também SARLET, Ingo. Los derechos sociales en el constitucionalismo contemporáneo: algunos problemas y desafíos, cit., p. 48.

[246] ANDRADE, José Carlos Vieira de. *Os direitos fundamentais na Constituição portuguesa de 1976*, cit., p. 168. MENDES, Gilmar Ferreira; BRANCO, Paulo Gustavo Gonet. *Curso de Direito Constitucional*, cit., p. 155. Segundo J.J. Gomes Canotilho, "Os direitos fundamentais cumprem a função de direitos de defesa dos cidadãos sob uma dupla perspectiva: (1) constituem, num plano jurídico-objectivo, normas de competência negativa para os poderes públicos, proibindo fundamentalmente as ingerências destes na esfera jurídica individual; (2) implicam, num plano jurídico-subjectivo, o poder de exercer positivamente direitos fundamentais (liberdade positiva) e de exigir omissões dos poderes públicos, de forma a evitar agressões lesivas por parte dos mesmos (liberdade negativa)." CANOTILHO, J. J. GOMES. *Direito Constitucional e Teoria da Constituição*, cit., p. 408.

juridicamente protegidos. Uma vez violados, os direitos de defesa também permitem que sejam deduzidas pretensões para a reparação dos danos sofridos.[247]

Para J. J. Gomes Canotilho, os direitos fundamentais como direitos a ações negativas do Estado contemplam três aspectos a se considerar, quais sejam, asseguram a realização de determinados atos, sendo vedado ao Poder Público impedi-los (realização de reunião); garantem posições jurídico-subjetivas que não podem sofrer intervenção estatal (proibição de ingerência do Poder Público nas correspondências e telecomunicações, inviolabilidade do domicílio); proibição de eliminação de posições jurídicas (direito de propriedade).[248]

Os direitos à participação dizem respeito, inicialmente, às possibilidades de contribuir para a formação da vontade política do Estado,[249] ou seja, relacionam-se com o exercício do sufrágio e à possibilidade de acesso a cargos públicos. Implicam, não só, a previsão da possibilidade de participação em eleições como também a regulação destas mediante previsão de instituições e de procedimentos, assim como a proteção do livre exercício do voto contra intervenções de terceiros. Diferentemente dos direitos de defesa, estão ligados ao *status activus* do cidadão.[250] Konrad Hesse afirma que os direitos fundamentais, nessa perspectiva, "normalizam o *status* dos cidadãos, que não meramente devem se proteger, em uma esfera de discricionariedade privada, contra o 'Estado', mas que devem, livre e autorresponsavelmente, configurar sua vida e cooperar nos assuntos da coletividade".[251]

No contexto atual, sob o enfoque do Estado Democrático de Direito, a participação do cidadão na gestão de interesses públicos tem ganhado ênfase. Dessa forma, a participação não deve ser resumida ao exercício periódico do voto e ao acesso a cargos públicos.[252] Na verdade,

---

[247] MENDES, Gilmar Ferreira; BRANCO, Paulo Gustavo Gonet. *Curso de Direito Constitucional*, cit., p. 156.
[248] CANOTILHO, J. J. GOMES. *Direito Constitucional e Teoria da Constituição*, cit., p. 1.258-1.259.
[249] ANDRADE, José Carlos Vieira de. *Os direitos fundamentais na Constituição portuguesa de 1976*, cit., p. 168.
[250] CANOTILHO, J. J. GOMES. *Direito Constitucional e Teoria da Constituição*, cit., p. 395.
[251] HESSE, Konrad. *Elementos de Direito Constitucional da República Federal da Alemanha*, cit., p. 177.
[252] Segundo Peter Häberle, "a democracia não se resolve apenas no contexto de delegação de responsabilidade formal do Povo para os órgãos estatais (legitimação mediante eleições)", ou seja, "'Povo' não é apenas um referencial quantitativo que se manifesta no dia da eleição e que, enquanto tal, confere legitimidade democrática ao processo de decisão". Para o autor, a democracia requer outros elementos: "Numa sociedade aberta, ela [a democracia]

tem-se buscado incrementar a participação para contemplar, ademais, a deliberação sobre a concepção, a execução e a prestação de contas sobre políticas públicas por meio de conselhos, audiências públicas, entre outros instrumentos, assim como para fomentar a participação privada – do setor empresarial e de economia social (terceiro setor) – na prestação de serviços públicos por meio de delegações, parcerias público-privadas, entre outros instrumentos.

Finalmente, os direitos a prestações impõem ao Estado o dever de garantir o acesso a bens e serviços essenciais, necessários para o florescimento e plena proteção da dignidade humana. São direitos que, sob o aspecto da relação jurídica, implicam uma obrigação de dar ou de fazer.[253] Para Robert Alexy, os direitos a prestações abrangem direitos à proteção, direitos à organização e procedimento e direitos a prestações em sentido estrito.[254] Em relação ao primeiro aspecto, o autor refere-se à criação de instrumentos para impedir que terceiros possam atentar contra interesses juridicamente protegidos.[255] [256] Por outro lado, os direitos à organização e procedimento podem ser referidos como direitos a prestações normativas, ou seja, à previsão de normas e instituições que

---

se desenvolve também por meio de formas refinadas de mediação do processo público e pluralista da política e da práxis cotidiana, especialmente mediante a realização dos Direitos Fundamentais (Grundrechtsverwirklichung), tema muitas vezes referido sob a epígrafe do 'aspecto democrático' dos Direitos Fundamentais". HÄBERLE, Peter. *Hermenêutica Constitucional*: a sociedade aberta dos intérpretes da Constituição: contribuição para a interpretação pluralista e 'procedimental' da Constituição. Trad. Gilmar Ferreira Mendes. Porto Alegre: Sérgio Antônio Fabris, 1997, reimp. 2002, p. 36-37.

[253] MENDES, Gilmar Ferreira; BRANCO, Paulo Gustavo Gonet. *Curso de Direito Constitucional*, cit., p. 158.

[254] ALEXY, Robert. *Teoria dos direitos fundamentais*, cit., p. 444.

[255] ALEXY, Robert. *Teoria dos direitos fundamentais*, cit., p. 450.

[256] Peter Häberle trata conjuntamente os direitos à organização e procedimento e os direitos à proteção. Para ele a ideia de *status activus processualis* reflete o dever do Estado de garantir os direitos fundamentais por meio de instituições e procedimentos, colocando-os a salvo de transgressões. "(...) la teoría de los derechos fundamentales deben salir de la sombra de los grandes clásicos, manifestarse, salir a luz y transformar su propio rol, como un camino inverso de un post-glosador al menos al de un glosador. La doctrina del *status activus processualis* representa un intento alemán en esa dirección. La palabra clave tutela de los derechos mediante la organización y los procedimientos ha encontrado ahora plena afirmación. A ella se ha plegado la idea que en los derechos fundamentales se encuentran obligaciones de protección a cargo del Estado. Esta también es una composición del Estado interventor y de sus prestaciones sociales y asocia los derechos fundamentales a la idea de los fines del Estado." HÄBERLE, Peter. Recientes aportes sobre los Derechos Fundamentales en Alemania. *Pensamiento Constitucional*, v. 1, n. 1, p. 52, 1994.

contribuam para a efetividade dos direitos fundamentais.[257] Por sua vez, os direitos a prestações em sentido estrito são os direitos a prestações materiais propriamente ditas, ou seja, bens e serviços disponíveis no mercado, que, por sua essencialidade, devem ser garantidos diretamente pelo Estado ou por meio de terceiros, em razão da necessidade e não da capacidade de pagamento das pessoas.[258]

Costuma-se apontar que os direitos a prestações visam assegurar condições materiais para o exercício das liberdades, daí por que têm relação íntima com estas últimas e devem ser objeto de atenção do Estado. Nessa linha, como já se expôs, a Declaração de Viena põe em relevo a indivisibilidade, interdependência e inter-relação entre os direitos fundamentais, razão pela qual, por vezes, a efetividade de um direito depende da realização de outro e, por outro lado, a violação de um direito implica a violação de um direito com ele relacionado.[259] Essas características dos direitos fundamentais e a relevância dos direitos a prestações para a proteção de outros direitos há que ser levada em conta sobretudo ao se tratar de sua eficácia, como se destacará mais adiante.

Além disso, por meio de sua realização progressiva, por buscarem a satisfação das necessidades de grupos mais vulneráveis, os direitos a prestações contribuem para a realização da igualdade material. Trata-se de direitos, portanto, que propõem a realização da igualdade no "ponto de chegada".[260]

Ainda que a classificação apontada tenha relevância – sobretudo quando se trata da eficácia de pretensões específicas de direitos fundamentais –, não se pode utilizá-la de forma rigorosa e ortodoxa. Isso porque os direitos fundamentais, longe de contemplarem uma unidade homogênea de conteúdo, formam "um feixe de faculdades ou poderes

---

[257] "(...) um direito àquelas medidas estatais, também de caráter organizacional, que sejam imprescindíveis para a proteção de sua esfera de liberdade constitucionalmente protegida". ALEXY, Robert. *Teoria dos direitos fundamentais*, cit., p. 476.

[258] ALEXY, Robert. *Teoria dos direitos fundamentais*, cit., p. 499.

[259] FIGUEIREDO, Mariana Filchtiner. *Direito Fundamental à saúde*: parâmetros para sua eficácia e efetividade. Porto Alegre: Livraria do Advogado: 2007, p. 32-33. SARLET, Ingo. Los derechos sociales en el constitucionalismo contemporáneo: algunos problemas y desafíos, cit., p. 36.

[260] Gilmar Ferreira Mendes e Paulo Gustavo Gonet Branco afirmam: "Os direitos a prestação material, como visto, conectam-se ao propósito de atenuar desigualdades fáticas de oportunidades. Têm que ver, assim, com a distribuição da riqueza na sociedade". MENDES, Gilmar Ferreira; BRANCO, Paulo Gustavo Gonet. *Curso de Direito Constitucional*, cit., p. 158. Na mesma linha, José Afonso da Silva afirma que os direitos sociais são "direitos que tendem a realizar a igualização de situações sociais desiguais". SILVA, José Afonso da. *Curso de Direito Constitucional positivo*. 27. ed. São Paulo: Malheiros, 2006, p. 286.

de tipo diferente e diverso alcance, apontados para direções distintas".[261] Como destacam Ingo Sarlet, Luiz Guilherme Marinoni e Daniel Mitidiero "os direitos fundamentais constituem posições jurídicas complexas, no sentido de poderem conter direitos, liberdades, pretensões e poderes da mais diversa natureza e até mesmo pelo fato de poderem dirigir-se contra diferentes destinatários".[262] Dessa forma, um mesmo direito fundamental, como é o caso do direito à saúde, objeto mais direto desta pesquisa, tem características típicas e faculdades e poderes acessórios de natureza diversa. No caso da saúde, embora seus traços mais típicos estejam relacionados ao aspecto prestacional, como acesso a bens e serviços necessários para a promoção da saúde, prevenção e cura de doenças, bem como a reabilitação de doentes, a completa tutela do bem jurídico requer a abstenção de práticas pelo Estado e por terceiros que possam causar prejuízos para a saúde (atividades poluidoras públicas e privadas, por exemplo), a abertura de canais para a participação da comunidade na gestão das políticas de saúde, assim como a expedição de normas jurídicas que regulem atividades econômicas, estabeleçam repressão civil e penal de condutas ilícitas, assim como de reparação para o caso de violação do bem jurídico.[263]

Com efeito, pode-se afirmar – como melhor se esclarecerá no item 2.6.2 – que os direitos fundamentais têm um núcleo essencial caracterizador e que representa a projeção do princípio da dignidade da pessoa humana.[264] No entanto, neles podem ser encontrados aspectos

---

[261] ANDRADE, José Carlos Vieira de. *Os direitos fundamentais na Constituição portuguesa de 1976*, cit., p. 163.

[262] SARLET, Ingo Wolfgang; MARINONI, Luiz Guilherme; MITIDIERO, Daniel. *Curso de Direito Constitucional*, cit., p. 294.

[263] Aoife Nolan, Bruce Porter e Malcolm Langford também criticam a associação que se faz entre direitos civis e políticos como direitos negativos (defesa) e direitos econômicos, sociais e culturais como direitos positivos (a prestações). Segundo os autores, "civil and political rights have been recognised by international, regional and domestic judicial bodies as imposing many positive duties on the state, while social and economic rights held to give rise to many negatives ones." NOLAN, Aoife; PORTER, Bruce; LANGFORD, Malcolm. The justiciability of social and economic rights: an updated appraisal. *CHRGJ Working Paper* [em linha], n. 15, p. 10, Jul. 2009. Acesso em: 3 ago. 2019. Disponível em: https://ssrn.com/abstract=1434944.

[264] Como anota José Carlos Vieira de Andrade: "Há a considerar, desde logo, relativamente a cada direito, a existência de um conteúdo principal, que abrange as faculdades ou garantias específicas de cada hipótese normativa, e de um conteúdo instrumental, que incluirá outras faculdades ou deveres, que, não constituindo o programa normativo do direito em si, decorrem diretamente da necessidade da sua efetivação, visando assegurar o seu respeito, a sua proteção ou a sua promoção". ANDRADE, José Carlos Vieira de. *Os direitos fundamentais na Constituição portuguesa de 1976*, cit., p. 165.

menos típicos e características instrumentais, motivo pelo qual a sistematização proposta diz respeito aos aspectos mais típicos de cada direito.[265] Por outro lado, como ressalta Jorge Reis Novais, ao se tratar da eficácia dos direitos fundamentais, age-se mais acertadamente ao se analisar cada pretensão em concreto e não se tratando o direito como um todo, exatamente em razão de sua complexidade estrutural.[266]

2.4 A dupla dimensão dos direitos fundamentais: direitos fundamentais em sentido subjetivo e objetivo

Os direitos fundamentais, como se tem visto, asseguram bens jurídicos fruíveis por indivíduos ou grupos de pessoas. Podem fundamentar, portanto, posições jurídicas subjetivas, independentemente da geração a que pertençam, como ocorre com os direitos de liberdade de locomoção e pensamento, reunião e propriedade; direito ao voto e acesso a cargos públicos; direito à saúde e à educação;[267] direito a um meio ambiente ecologicamente equilibrado, etc.

No entanto, por seu caráter fundante e estruturador da ordem jurídica, os direitos fundamentais refletem também os valores que são compartilhados por uma sociedade. É possível dizer que os direitos fundamentais expõem certa compreensão do princípio da dignidade da pessoa humana projetada nos diversos domínios do Estado e da

---

[265] Novamente, expõe-se a visão de José Carlos Vieira de Andrade, para quem, a despeito de eventuais limitações, a classificação exposta, com as ressalvas feitas, tem utilidade: "É com este sentido e com estas prevenções que mantemos na exposição subsequente a tradicional classificação tripartida – direitos de defesa (como direitos primariamente dirigidos a uma abstenção), direitos a prestações (como direitos a prestações de facto positivo) e direitos de participação (como paradigma dos direitos-poderes) – a qual permite, apesar de tudo, descrever e distinguir o conteúdo nuclear típico dos diversos direitos." ANDRADE, José Carlos Vieira de – Os direitos fundamentais na Constituição portuguesa de 1976, cit., p. 171-172.

[266] "(...) apesar da referência comum ao direito social à proteção da saúde considerado como um todo, cada um dos direitos concretamente invocados nas situações enunciadas apresenta ou pode apresentar uma natureza diferenciada que exige enquadramento e respostas constitucionais igualmente diferenciadas. Todavia, a atitude mais comum tende a ignorar essas diferenças e a enquadrar a solução jurídica do problema em análise através de considerações e tomadas de posição genéricas e abstractas sobre os direitos sociais ou sobre o direito social visto como um todo." NOVAIS, Jorge Reis. Direitos sociais: teoria jurídica dos direitos sociais enquanto direitos fundamentais, cit., p. 35.

[267] Ainda que quanto aos direitos sociais prestacionais se discuta sobre a aplicabilidade imediata e a necessidade de intermediação legislativa (direitos a prestações derivadas).

sociedade. Nessa linha, Konrad Hesse afirma que "eles são elementos fundamentais da ordem objetiva da coletividade".[268]

Sob esse aspecto, os direitos fundamentais, para além da sua dimensão subjetiva, têm um aspecto objetivo, decorrente de sua expressão como valores que devem orientar a ordem jurídica[269] e, por isso, a conformam, limitando o poder do Estado, assim como o exercício de outros direitos fundamentais. Fala-se, assim, em um duplo caráter dos direitos fundamentais.[270]

Paulo Bonavides associa a teoria objetiva dos direitos fundamentais à afirmação dos direitos sociais. Para ele, estes últimos "fizeram nascer a consciência de que tão importante quanto salvaguardar o indivíduo (...) era proteger a instituição".[271] A compreensão objetiva dos direitos fundamentais, portanto, está relacionada com a afirmação das garantias institucionais, proposta por Carl Schmitt. Trata-se de normas que, ao restringirem a discricionariedade do Estado, protegem o cidadão contra ingerências desproporcionais.[272]

Na Alemanha, o reconhecimento da dimensão objetiva dos direitos fundamentais e o seu correspondente desenvolvimento teórico contaram com o trabalho de Konrad Hesse e de Peter Häberle. Conforme este último, "los derechos fundamentales están y operan en un plano objetivo, por encima de las personas, a saber, las directivas constitucionales y los principios para la actuación legislativa del Estado".[273] Konrad Hesse, a par de comungar desse entendimento, ressalta que o Tribunal Constitucional expôs a compreensão da dimensão objetiva a partir do julgamento do Caso Lüth, em 1958. Segundo Hesse, conforme esse julgado, os direitos fundamentais, a par de se destinarem "a assegurar a esfera de liberdade do indivíduo frente a intromissões do Poder

---

[268] HESSE, Konrad. *Elementos de Direito Constitucional da República Federal da Alemanha*, cit., p. 228.

[269] Para Paulo Bonavides: "Não se pode deixar de reconhecer aqui o nascimento de um novo conceito de direitos fundamentais, vinculado materialmente a uma liberdade 'objetivada', atada a vínculos normativos e institucionais, a valores sociais que demandam realização concreta e cujos pressupostos devem ser 'criados', fazendo assim do Estado um artífice e um agente de suma importância para que se concretizem os direitos fundamentais de segunda geração". BONAVIDES, Paulo. *Curso de direito constitucional*, cit., p. 567.

[270] HESSE, Konrad. Significado dos direitos fundamentais. Trad. Carlos dos Santos Almeida. *In*: HESSE, Konrad. *Temas fundamentais de direito constitucional*. São Paulo: Saraiva, 2009, p. 34.

[271] BONAVIDES, Paulo. *Curso de direito constitucional*, cit., p. 565.

[272] CANOTILHO, J. J. GOMES. *Direito Constitucional e Teoria da Constituição*, cit., p. 1.171.

[273] HÄBERLE, Peter. Recientes aportes sobre los Derechos Fundamentales en Alemania, cit., p. 49.

Público",[274] também conformam "uma ordem axiológico-objetiva, e nela se expressa, com valor de princípio, um robustecimento da força normativa dos direitos fundamentais".[275]

Diretamente da dimensão objetiva dos direitos fundamentais podem ser extraídas relevantes consequências, com implicações práticas para a sua eficácia e aplicação em concreto. Nesse sentido, os direitos fundamentais limitam a esfera de discricionariedade do legislador[276] e do administrador público na concepção e na disciplina das atividades do Estado, ou seja, operam como "limite do poder e como diretriz para a sua ação".[277] Assim, transcendem o aspecto individualista e servem ao interesse coletivo, tendo como propósito harmonizar os diversos interesses tutelados, assim como as variadas normas do ordenamento jurídico.[278]

Ingo Sarlet, Luiz Guilherme Marinoni e Daniel Mitidiero, ao tratarem do aspecto objetivo dos direitos fundamentais, apontam como

---

[274] HESSE, Konrad. Significado dos direitos fundamentais, cit., p. 38.

[275] HESSE, Konrad. Significado dos direitos fundamentais, cit., p. 38. O julgado em questão é um dos mais célebres do Tribunal Constitucional Alemão. Trata-se do julgamento de um recurso em face de decisão de tribunal estadual que havia condenado o recorrente, Erich Lüth, a abster-se de incitar o boicote a filmes do diretor de cinema Veit Harlan, que havia produzido um filme antissemita em 1940. A decisão recorrida baseou-se no Código Civil alemão e considerou que a conduta de Erich Lüth era contrária à moral e aos bons costumes. O recurso pretendia a reforma da decisão com base no direito fundamental à liberdade de expressão. O Tribunal Constitucional reformou a decisão recorrida e reconheceu que os direitos fundamentais, para além de sua função de defesa do indivíduo em face do Poder Público, integram uma ordem objetiva de valores que gera efeitos nas atividades legislativa, administrativa e judicial. Dessa forma, influenciam, também, a aplicação do Direito Privado. "(...) the Constitution erects an objective system of values in its section on basic rights, and thus expresses and reinforces the validity of the basic rights [references]. This system of values, centring on the freedom of the human being to develop in society, must apply as a constitutional axiom throughout the whole legal system: it must direct and inform legislation, administration, and judicial decision. It naturally influences private law as well; no rule of private law may conflict with it, and all such rules must be construed in accordance with its spirit." GERMANY. Federal Constitutional Court – BVerfGE 7, 198 [em linha], 15 jan. 1958. Trad. Tony Weir. Acesso em: 22 set. 2019. Disponível em https://germanlawarchive.iuscomp.org/?p=51.

[276] BACHOF, Otto. Jueces y Constitución. Trad. Rodrigo Bercovitz Rodríguez-Cano. Madrid: Editorial Civitas, 1985, p. 40.

[277] MENDES, Gilmar Ferreira; BRANCO, Paulo Gustavo Gonet. Curso de Direito Constitucional, cit., p. 166.

[278] Segundo Mariana Filchtiner Figueiredo, "Em sentido estrito, a dimensão objetiva dos direitos fundamentais alcança apenas aqueles efeitos que complementam ou transcendem o âmbito específico da noção de 'direito subjetivo', que não tenham correspectividade em prestações individuais – permanecendo o direito subjetivo como a dimensão principal dos direitos fundamentais, abrangente de todas as faculdades suscetíveis de referência individual". FIGUEIREDO, Mariana Filchtiner. Direito Fundamental à saúde: parâmetros para sua eficácia e efetividade, cit., p. 45.

uma das principais consequências o reconhecimento de uma eficácia irradiante[279] das normas que dispõem sobre os direitos fundamentais, assim orientando a interpretação e a aplicação das demais normas do ordenamento jurídico. Esse fenômeno implica uma constitucionalização do Direito, uma vez que a aplicação de normas legais e infralegais, consequentemente, passa a sofrer os influxos da Constituição, acarretando, indiretamente, a aplicação desta. A eficácia objetiva dos direitos fundamentais implica deveres de proteção para o Estado,[280] ao qual é defeso não apenas interferir indevidamente nos direitos fundamentais como também dispensar "uma proteção manifestamente insuficiente".[281] Além disso, para os autores, é da eficácia objetiva que se extrai a função organizatória e procedimental, de forma a auxiliar na efetiva proteção aos direitos fundamentais.[282]

2.5 Eficácia dos direitos fundamentais: os direitos sociais

A eficácia dos direitos fundamentais é tema ao qual a doutrina tem se dedicado fortemente ao longo dos anos com o objetivo de identificar a extensão dos seus efeitos em relação aos poderes do Estado (Executivo, Legislativo e Judiciário) e aos particulares. Além disso, muito se tem debatido sobre as possíveis diferenças na aplicação das normas que disciplinam direitos civis e políticos e direitos econômicos, sociais e culturais.

Adotando-se como ponto de partida a positivação dos direitos humanos na ordem internacional, que influencia a produção normativa no âmbito interno, inclusive os institutos e as instituições voltados para assegurar sua efetividade, cumpre destacar que a Declaração Universal de Direitos Humanos prevê tanto direitos civis e políticos quanto direitos econômicos, sociais e culturais. Assim, se por um lado são assegurados o direito à vida, liberdade, propriedade e devido processo legal, por

---

[279] Na mesma linha, MENDES, Gilmar Ferreira; BRANCO, Paulo Gustavo Gonet. *Curso de Direito Constitucional*, cit., p. 167.

[280] Igualmente, Gilmar Ferreira Mendes e Paulo Gustavo Gonet Branco para os quais "o Estado deve adotar medidas – até mesmo de ordem penal – que protejam efetivamente os direitos fundamentais". MENDES, Gilmar Ferreira; BRANCO, Paulo Gustavo Gonet. *Curso de Direito Constitucional*, cit., p. 166.

[281] SARLET, Ingo Wolfgang; MARINONI, Luiz Guilherme; MITIDIERO, Daniel. *Curso de Direito Constitucional*, cit., p. 297.

[282] SARLET, Ingo Wolfgang; MARINONI, Luiz Guilherme; MITIDIERO, Daniel. *Curso de Direito Constitucional*, cit., p. 298.

exemplo, também se prevê o direito ao trabalho e a um padrão de vida suficiente para assegurar para cada pessoa e respectiva família saúde e bem-estar, inclusive, alimentação, vestuário, moradia, assistência médica, etc.

Posteriormente, o Pacto Internacional de Direitos Civis e Políticos e o Pacto Internacional de Direitos Econômicos, Sociais e Culturais atribuíram regimes jurídicos diversos a esses grupos de direitos, assim estabelecendo em relação à eficácia normativa uma dicotomia correspondente às tradições jurídico-filosóficas que inspiraram a concepção desses direitos. Com efeito, por um lado, o Pacto Internacional de Direitos Civis e Políticos estabeleceu que os direitos ali previstos devem ser assegurados imediatamente pelos Estado signatários. Nessa linha, estabelece-se que "os Estados Partes do presente pacto comprometem-se a respeitar e garantir a todos os indivíduos que se achem em seu território e que estejam sujeitos a sua jurisdição os direitos reconhecidos no presente Pacto" (art. 2, nº 1). Por outro lado, o Pacto Internacional de Direitos Econômicos, Sociais e Culturais prevê para os Estados a obrigação de "adotar medidas (...) até o máximo de seus recursos disponíveis" para assegurar, *progressivamente*, o exercício dos direitos econômicos, sociais e culturais. Diferentemente, portanto, estes direitos, embora reconhecidos, não podem ser exigidos imediatamente pelos cidadãos, nem se pode afirmar sua violação pelos Estados signatários, desde que estes comprovem seus esforços em prol da realização. Com isso, por muitos anos, os organismos internacionais estiveram preocupados com as violações de direitos civis e políticos e os direitos sociais foram relegados a um plano secundário, tanto na ordem internacional como no âmbito interno de muitos países.[283]

Esse regime jurídico distinto na ordem internacional, juntamente com a correspondente produção doutrinária e jurisprudencial da época e que se intensificou em sequência, influenciou a produção normativa e jurisprudencial nas ordens internas, inclusive os textos constitucionais que se seguiram ao final da 2ª Guerra Mundial.

Levando em consideração esse movimento de reconhecimento dos direitos econômicos, sociais e culturais ao longo do século XX, Ingo Sarlet identifica três modelos relativamente à afirmação desses direitos

---

[283] BARAK-EREZ, Daphne; GROSS, Aeyal M. Introduction: Do we need social rights? Questions in the era of globalization, privatisation, and the diminished Welfare States. *In*: BARAK-EREZ, Daphne; GROSS, Aeyal M. *Exploring social rights*: between theory and practice. Oxford e Portland, Oregon: Hart Publishing, 2011, p. 4.

internamente, como direitos fundamentais e nos textos das constituições. Primeiramente, o autor aponta que há países onde, embora contem com normas legais que assegurem alguns direitos sociais – sobretudo no que se refere à regulação das relações trabalhistas –, estes não possuem previsão constitucional. É o que ocorre nos EUA, em que há disciplina normativa sobre direitos trabalhistas e seguridade social, porém, sem reconhecimento no âmbito constitucional como direitos fundamentais.[284]

Por outro lado, a Lei Fundamental da Alemanha estabelece que o país é um Estado federal, democrático e social. No entanto, não há um catálogo de direitos fundamentais que consagre as liberdades sociais ou os direitos prestacionais.[285] Ainda assim, com base na cláusula geral do Estado social, a doutrina e a jurisprudência alemãs construíram uma consistente proteção para os direitos sociais. O princípio do Estado social é concebido como um fundamento e um dever para que os poderes Executivo e Legislativo estabeleçam uma ordem social por meio da criação de redes de serviços voltadas para a realização de prestações sociais.[286] Todavia, a norma do Estado social não fundamenta pretensões individuais a prestações concretas. De forma semelhante, a Constituição espanhola contém uma norma que prevê o Estado Social e princípios gerais para a socialidade. No entanto, não vai além da previsão de algumas liberdades sociais e do direito à educação.[287]

O terceiro modelo constitucional de garantia dos direitos econômicos, sociais e culturais corresponde à sua previsão como direitos fundamentais no texto da Constituição, como ocorre em Portugal e no Brasil. A Constituição portuguesa acolheu a distinção estabelecida na ordem internacional entre direitos civis e políticos e direitos econômicos, sociais e culturais. Nessa linha, conta-se com um regime jurídico

---

[284] SARLET, Ingo. *Los derechos sociales en el constitucionalismo contemporáneo*: algunos problemas y desafíos, cit., p. 42.

[285] "A Lei Fundamental restringe suas garantias jurídico-fundamentais no essencial aos direitos do homem clássicos, ao lado dos quais se colocam algumas garantias e regulações de princípios especiais (por exemplo, artigo 5º, alínea 3, artigo 6º, 7). Em comparação com isso, ela renuncia aos 'direitos fundamentais sociais', como eles estão contidos em várias constituições estaduais." HESSE, Konrad. *Elementos de Direito Constitucional da República Federal da Alemanha*, cit., p. 170.

[286] "Today one can say that the avowal of the social state is both an authorisation and a mandate primarily to the legislator, but also to government, to shape social order." STERN, Klaus. A society based on the rule of law and social justice: constitutional model of the Federal Republic of Germany. *Journal of South African Law*, v. 1981, n. 3, p. 247, 1981. HESSE, Konrad. *Elementos de Direito Constitucional da República Federal da Alemanha*, cit., p. 175-176.

[287] SARLET, Ingo. *Los derechos sociales en el constitucionalismo contemporáneo*: algunos problemas y desafíos, cit., p. 43.

para os direitos, liberdades e garantias, assim como para os direitos fundamentais de natureza análoga (art. 17 da Constituição portuguesa) e outro, diverso, para os direitos sociais.

Para José Carlos Vieira de Andrade, pode-se reunir entre os direitos, liberdades e garantias e os direitos de natureza análoga "todos os direitos herdados da tradição liberal e depois desenvolvidos (...), os principais direitos de participação política e ainda as liberdades dos trabalhadores".[288] Para ele, esses direitos caracterizam-se "por terem uma função primária de defesa". Assim, estariam excluídos desse grupo todos os direitos a prestações estatais positivas.[289] Aos direitos, liberdades e garantias, a Constituição portuguesa assegurou aplicabilidade direta (art. 18, n. 1), ou seja, independentemente de intermediação legislativa. Consequentemente, os direitos, liberdades e garantias "não são meras normas para a produção de outras normas, mas sim normas diretamente reguladoras de relações jurídico-materiais", como esclarece J. J. Gomes Canotilho.[290]

Por outro lado, os direitos econômicos, sociais e culturais, cujo núcleo essencial se caracteriza por serem direitos a prestações materiais, têm sua aplicabilidade sujeita à conformação político-legislativa.[291] Dessa forma, não permitem que sejam pleiteadas prestações individuais com fundamento direto na norma constitucional.

Mesmo diante do tratamento assegurado pela Constituição portuguesa aos direitos fundamentais, Jorge Reis Novais critica posições que façam uma correlação automática e prevejam uma identidade entre direitos, liberdades e garantias como direitos civis e políticos, sendo assim direitos "negativos", de aplicabilidade imediata, e direitos econômicos, sociais e culturais como direitos "positivos", sempre sujeitos à conformação legislativa e, portanto, não justiciáveis. Para o autor, o equívoco está em tratar os direitos em bloco e não concretamente, conforme as pretensões especificamente apresentadas. Isso porque, dada a complexidade estrutural dos direitos fundamentais, é perfeitamente

---

[288] ANDRADE, José Carlos Vieira de. *Os direitos fundamentais na Constituição portuguesa de 1976*, cit., p. 173.
[289] ANDRADE, José Carlos Vieira de. *Os direitos fundamentais na Constituição portuguesa de 1976*, cit., p. 174.
[290] CANOTILHO, J. J. GOMES. *Direito Constitucional e Teoria da Constituição*, cit., p. 438.
[291] ANDRADE, José Carlos Vieira de. *Os direitos fundamentais na Constituição portuguesa de 1976*, cit., p. 357.

possível identificar dimensões imediatamente exigíveis de quaisquer direitos, independentemente de sua classificação.[292]

Essa posição parece-nos bastante coerente e, na verdade, passível de conciliação com a exposição de Vieira de Andrade, podendo-se reconhecer a aplicabilidade imediata às pretensões que representem direitos de defesa e a exigibilidade dependente de intermediação legislativa para as pretensões a prestações materiais.

De todo modo, a distinção de regime jurídico entre direitos civis e políticos e direitos sociais não se faz presente no Brasil. A Constituição brasileira reconheceu os direitos fundamentais no título II, abrangendo direitos individuais e coletivos, direitos sociais, direitos relacionados à nacionalidade e direitos políticos. O art. 5º, §1º, da Constituição brasileira assegura aplicabilidade imediata aos direitos e garantias fundamentais. Embora o dispositivo esteja topograficamente situado no artigo que dispõe sobre os direitos e garantias individuais, a doutrina e a jurisprudência brasileiras reconhecem uma identidade de regime jurídico para os direitos fundamentais, independentemente da sua classificação e de sua localização no texto constitucional. Com isso, admite-se, para os direitos sociais, a aplicabilidade imediata das normas que os preveem na Constituição brasileira, ainda que não se conte com disciplina legislativa, assim como sua justiciabilidade. Dentro de certos parâmetros, reconhecem-se direitos a prestações subjetivas originárias.[293]

Embora os direitos sociais encontrem previsão, sob diversas formas, em vários países, há ainda argumentos contrários ao seu reconhecimento como direitos fundamentais ou à sua exigibilidade perante o Poder Judiciário.[294] Dentre as razões apresentadas, afirma-se

---

[292] NOVAIS, Jorge Reis. *Direitos sociais:* teoria jurídica dos direitos sociais enquanto direitos fundamentais, cit., p. 130.

[293] É o que afirmam Ingo Sarlet, Luiz Guilherme Marinoni e Daniel Mitidiero: "(...) constata-se, no caso brasileiro, uma forte tendência doutrinária e jurisprudencial (com destaque aqui para a jurisprudência do STF) no sentido do reconhecimento de um direito subjetivo definitivo (portanto, gerador de uma obrigação de prestação por parte do destinatário) pelo menos no plano do mínimo existencial, concebido como garantia (fundamental) das condições materiais mínimas para uma vida com dignidade, o que, em termos de maior incidência, se verifica especialmente nos casos do direito à saúde e à educação." SARLET, Ingo Wolfgang; MARINONI, Luiz Guilherme; MITIDIERO, Daniel – *Curso de Direito Constitucional*, cit., p. 551.

[294] Já tivemos a oportunidade de discorrer sobre o tema da judicialização das políticas públicas em geral e da saúde em particular. Conferir OLIVEIRA, Luciano Moreira de – *Ministério Público e políticas de saúde*. Rio de Janeiro: Lumen Juris, 2016, p. 63 e seguintes.

que os direitos sociais são vagos,²⁹⁵ não contam com suficiente definição no nível constitucional e que sua imposição pelo Poder Judiciário implica uma interferência indevida em decisões governamentais sobre políticas sociais e econômicas, com repercussões orçamentárias, para o que lhe falta legitimidade,²⁹⁶ já que o tema deve ser reservado aos representantes eleitos no âmbito do Poder Legislativo. Nessa linha, afirma-se também que o reconhecimento de direitos sociais pelo Poder Judiciário implica violação ao princípio da separação de poderes, posto que a implementação desses direitos é tarefa típica dos poderes Executivo e Legislativo. Ademais, argumenta-se que o Poder Judiciário não foi concebido para tratar de conflitos com efeitos sistêmicos,²⁹⁷ que transbordam o âmbito individual e impactam na implementação de políticas públicas, seja em razão da acumulação das decisões judiciais em casos individuais, seja diretamente decorrente da tutela coletiva. Alega-se também que falta ao Poder Judiciário como instituição e ao processo como instrumento utilizado para a solução de litígios a capacidade para conhecer todos os aspectos que envolvem conflitos complexos e assegurar a participação de todos os segmentos interessados na demanda.²⁹⁸

---

[295] Esta crítica foi muito bem analisada por J.J. Gomes Canotilho, que destaca que a dogmática sobre os direitos sociais tem recebido a crítica de "fuzzysmo" pela sua indeterminação e imprecisão metodológica. Segundo o autor, "con todo su radicalismo, la censura de fuzzysmo lanzada a los juristas significa básicamente que ellos no saben de qué están hablando cuando abordan los complejos problemas de los derechos económicos, sociales y culturales." CANOTILHO, José Joaquim Gomes. Metodología "fuzzy" y "camaleones normativos" en la problemática actual de los derechos económicos, sociales y culturales. *Derechos y libertades: revista del Instituto Bartolomé de las Casas*, n. 6, ano III, (fev. 1998), p. 37-39. No mesmo trabalho, J.J. Gomes Canotilhos afirma que esta indeterminação do conteúdo normativo dos direitos sociais também os converteria em verdadeiros camaleões normativos.

[296] Aoife Nolan, Bruce Porter e Malcolm Langford, ao tratarem da justiciabilidade dos direitos sociais, lembram as objeções propostas: "(...) the 'legitimacy' concern, that is not the role of courts to deal with social and economic problems and that to do so would be an inappropriate use of judicial powers. (...) the competency concern, that courts lack the institutional capacity to deal with social and economic rights violations". NOLAN, Aoife; PORTER, Bruce; LANGFORD, Malcolm. The justiciability of social and economic rights: an updated appraisal, cit., p. 6. DAVIS, D. M. Socio-economic rights, cit., p. 1023.

[297] Além das despesas imprevistas no orçamento que as demandas judiciais decorrentes de direitos sociais podem gerar, também se destaca o efeito desorganizador de políticas públicas, notadamente aquelas que contam com critérios para acesso a prestações e definição de prioridades, razão pela qual decisões judiciais individuais podem ter um efeito de "fura-fila". NOLAN, Aoife; PORTER, Bruce; LANGFORD, Malcolm. The justiciability of social and economic rights: an updated appraisal, cit., p. 18.

[298] Essas objeções à justiciabilidade dos direitos sociais foram bem analisadas nos trabalhos de NOLAN, Aoife; PORTER, Bruce; LANGFORD, Malcolm. The justiciability of social and economic rights: an updated appraisal, cit., p. 3-20. GARGARELLA, Roberto. Dialogic Justice in the enforcement of social rights: some initial arguments. *In*: YAMIN, Ely; GLOPPEN, Siri. *Litigating health rights*: can courts bring more justice to health? Cambridge: Harvard

Neste ponto, ainda que reconhecidas as dificuldades existentes para implementação dos direitos sociais por meio da atuação do Poder Judiciário, é necessário que as violações de direitos fundamentais possam ser apreciadas por algum órgão ou instituição, a fim de garantir imperatividade a essas normas. Como afirmam Aoife Nolan, Bruce Porter e Malcolm Langford, "there must be somewhere to go to be heard and there must be an effective remedy provided if a right has been violated".[299] Não se trata de substituir os poderes Executivo e Legislativo em seus papéis de conceber e implementar políticas públicas necessárias para a realização dos direitos sociais, mas de reconhecer que estes, em certos aspectos e em alguma medida, podem ser realizados pelo Poder Judiciário.[300] Assim, a judicialização é um instrumento para garantir a observância dos direitos sociais, assim como um canal para o acesso de minorias excluídas do debate legislativo e cujos direitos são negligenciados.[301]

Como propõe Jorge Reis Novais, as possibilidades de atuação do Poder Judiciário para a efetivação dos direitos fundamentais não devem ser apreciadas a partir da distinção entre direitos civis e políticos *versus* direitos sociais, mas sim após análise da pretensão em concreto. Com efeito, dada a complexidade estrutural desses grupos de direitos, ambos os grupos de direitos têm aspectos prestacionais e de defesa e são dependentes de recursos para sua implementação, como realçam, por todos, Holmes e Sunstein.[302] Ainda, tanto as normas de direitos civis e políticos como as normas de direitos sociais contêm conceitos indeterminados, que são especificados no caso concreto.[303] Por isso,

---

University Press, 2011, p. 232-236. DAVIS, D. M. Socio-economic rights, cit., p. 1.023-1.024. Na doutrina brasileira, conferir, por todos, o seguinte artigo de Luís Roberto Barroso: BARROSO, Luís Roberto. Constituição, democracia e supremacia judicial: direito e política no Brasil contemporâneo. *Jus*, ano 42, n. 25, p. 135-137, jul./dez. 2011.

[299] NOLAN, Aoife; PORTER, Bruce; LANGFORD, Malcolm. The justiciability of social and economic rights: an updated appraisal, cit., p. 6.

[300] "(...) dada su compleja estructura, no existe derecho económico, social o cultural que no presente *al menos alguna* característica o faceta que permita su exigibilidad judicial en caso de violación." ABRAMOVICH, Víctor; COURTIS, Christian. *Los derechos sociales como derechos exigibles*. 2. ed. 1ª reimp. Madrid: Editorial Trotta, 2014, p. 47.

[301] "(...) justiciability of social and economic rights facilitates the hearing of previously silenced voices". NOLAN, Aoife; PORTER, Bruce; LANGFORD, Malcolm. The justiciability of social and economic rights: an updated appraisal, cit., p. 7.

[302] HOLMES, Stephen; SUNSTEIN, Cass R. *The cost of rights*: why liberty depends on taxes, cit.

[303] Nessa linha são os argumentos de ABRAMOVICH, Víctor; COURTIS, Christian. *Los derechos sociales como derechos exigibles*, cit., p. 125-126.

esta não é uma distinção que possa justificar a diferença de tratamento relativa ao regime jurídico.[304]

O caráter antidemocrático das decisões judiciais que afirmam direitos sociais assim como a objeção de violação ao princípio da separação de poderes são argumentos que devem ser analisados após a necessária contextualização dos conceitos de democracia e de separação dos poderes. Nessa linha, Roberto Gargarella ressalta não só a compatibilidade como também a necessidade da revisão judicial e da participação do Poder Judiciário no processo de garantia dos direitos sociais no contexto de uma democracia deliberativa.[305] Para o autor, nos regimes democráticos, as decisões devem ser tomadas após um processo de ampla discussão coletiva. Além disso, o processo de deliberação deve assegurar a participação de todos os segmentos potencialmente afetados pelas decisões públicas.[306] Dessa forma, a revisão judicial das decisões do governo permite que sejam corrigidas violações aos direitos dos grupos minoritários que não acessam o debate político e cujos interesses sequer integram a agenda governamental.[307] Assegura-se, portanto, que

---

[304] NOLAN, Aoife; PORTER, Bruce; LANGFORD, Malcolm. The justiciability of social and economic rights: an updated appraisal, cit., p. 11.

[305] Luís Roberto Barroso também defende o caráter democrático das decisões judiciais, sobretudo quando devidamente respeitadas as legítimas opções do legislador: "Pois este é o grande papel de um tribunal constitucional, do Supremo Tribunal Federal, no caso brasileiro: proteger e promover os direitos fundamentais, bem como resguardar as regras do jogo democrático. Eventual atuação contramajoritária do Judiciário em defesa dos elementos essenciais da Constituição se dará a favor e não contra a democracia.
Nas demais situações – isto é, quando não estejam em jogo os direitos fundamentais ou os procedimentos democráticos –, juízes e tribunais devem acatar as escolhas legítimas feitas pelo legislador, assim como ser deferentes com o exercício razoável de discricionariedade pelo administrador, abstendo-se de sobrepor-lhes sua própria valoração política". BARROSO, Luís Roberto. Constituição, democracia e supremacia judicial: direito e política no Brasil contemporâneo, cit., p. 138.

[306] GARGARELLA, Roberto. Dialogic Justice in the enforcement of social rights: some initial arguments, cit., p. 236-237.

[307] "The democratic legitimacy of such review is derived from the need to ensure that the rights of minorities or of politically powerless groups are not violated by majoritarian decision-making. Decisions about social and economic programs or policies may have fiscal consequences in areas that were historically defended as the preserve of elected branches of government, but they are also those in which the most disadvantaged and politically marginalized groups will often have the most at stake in terms of personal security and dignity." NOLAN, Aoife; PORTER, Bruce; LANGFORD, Malcolm. The justiciability of social and economic rights: an updated appraisal, cit., p. 13. O caso das pessoas com doenças raras, também designadas doenças órfãs, é particularmente relevante para o debate da justiciabilidade dos direitos sociais, designadamente do direito à saúde. Isso porque se trata de doenças com baixa prevalência na população, muitas vezes com consequências sérias – morte ainda na juventude ou incapacitação –, com tratamentos caros. Esses pequenos grupos de doentes têm pouca representatividade populacional e, por esse motivo, têm

as políticas públicas sejam resultado de um efetivo debate coletivo. Por outro lado, os tribunais podem analisar argumentos consistentes, relacionados à violação de valores socialmente relevantes, como a não discriminação de grupos e pessoas nas políticas públicas.[308] No que se refere às complexas demandas relacionadas à efetivação de direitos sociais prestacionais, como saúde, educação e moradia, o Poder Judiciário pode fixar os limites da discricionariedade legislativa e propor prazos para a adoção de medidas que visem sanar graves violações de direitos fundamentais, sem adentrar o campo das escolhas discricionárias dos poderes Executivo e Legislativo na concepção das políticas públicas.[309]

Por outro lado, a violação ao princípio da separação de poderes baseia-se em uma concepção rígida e estrita da divisão de funções entre os poderes do Estado.[310] Essa concepção, na realidade, não tem lugar nos dias atuais em que se adota uma compreensão baseada na premissa de freios e contrapesos (*checks and balances*).[311] Dessa forma, o equilíbrio necessário para o exercício do poder no Estado – com o objetivo de evitar que um órgão possa se exceder no exercício de suas

---

dificuldade para acessar o debate político e mobilizar recursos para o convencimento dos tomadores de decisão e das lideranças políticas visando à concepção e implementação de políticas públicas de seu interesse. Ainda que seus tratamentos sejam custosos, essas pessoas gozam da mesma dignidade que as demais, razão pela qual a via judicial surge como opção para acesso a prestações para a satisfação de suas necessidades, assim como para mobilizar o Poder Público para a concepção de políticas que os contemplem. João Arriscado Nunes chama atenção para a existência de grupos populacionais que precisam ver reconhecida sua condição de doentes para que possam gozar da atenção à saúde e fruir serviços dispensados por outras políticas públicas. Para o autor, existe aqui uma luta pela Justiça sanitária: "os homens e mulheres que se encontram neste tipo de situações são impelidos/as a tornar-se 'praticantes' competentes de doenças reconhecidas para que possam ser reconhecidos/as como doentes e aceder, assim, aos direitos associados a essa condição". NUNES, João Arriscado. Saúde, direito à saúde e justiça sanitária. *Revista Crítica de Ciências Sociais* [em linha], v. 87, p. 158, dez. 2009. Acesso em: 28 dez. 2019. Disponível em: https://journals.openedition.org/rccs/1588.
[308] GARGARELLA, Roberto. Dialogic Justice in the enforcement of social rights: some initial arguments, p. 239.
[309] GARGARELLA, Roberto. Dialogic Justice in the enforcement of social rights: some initial arguments, p. 239-242.
[310] Como esclarece Otto Bachof, o princípio da separação de poderes não tem uma forma única e predeterminada: "No existe ningún esquema patentado de división de poderes que pueda funcionar en todas las épocas y bajo los más diversos supuestos sociales. El sentido de la división de poderes es impedir la concentración de poder y, con ello, un posible abuso del mismo. Depende de las condiciones sociales y políticas concretas de una época y de un pueblo el que se pueda alcanzar mejor ese fin mediante una estricta separación y división de poderes o mediante un engranaje y una sujeción recíproca de los titulares de los mismos". BACHOF, Otto – *Jueces y Constitución*, cit., p. 58.
[311] GARGARELLA, Roberto. Dialogic Justice in the enforcement of social rights: some initial arguments, cit., p. 233-234.

prerrogativas e cometer abusos – implica interferências recíprocas, dentre as quais se encontra a revisão das decisões governamentais pelo Poder Judiciário, ainda que possam ser adotadas fórmulas fortes *(strong-form judicial review)* ou fracas *(weak-form judicial review)*.[312] Além disso, o princípio da separação de poderes precisa ser harmonizado com outros princípios constitucionais, como o Estado de Direito e a supremacia da Constituição.[313]

As críticas feitas à falta de capacidade institucional do Poder Judiciário para lidar com demandas sistêmicas e às limitações do processo como forma de solução de litígios, dado seu caráter adversarial e as restrições à produção de prova, embora tenham pertinência e recomendem prudência, não podem ser obstáculo absoluto à garantia dos direitos sociais. Primeiramente, como destacam Aoife Nolan, Bruce Porter e Malcolm Langford, em regra, nas demandas que tratam de direitos sociais, o Poder Judiciário não irá conceber políticas públicas, mas verificar a compatibilidade das medidas propostas pelos poderes Executivo e Legislativo às demais normas do ordenamento jurídico. No contexto do processo, as partes, peritos, testemunhas e *amicus curiae* dispõem de poderes para trazerem aos autos elementos necessários para orientar os magistrados na tomada de decisões e, ademais, alertarem para os efeitos sistêmicos e os custos decorrentes das decisões judiciais, sobretudo no contexto de escassez. Por outro lado, em muitas jurisdições, o processo tem sido aperfeiçoado para permitir a obtenção de informações por vias não tradicionais, notadamente por meio de audiências públicas. Assim, a revisão judicial poderá, até mesmo, trazer elementos novos, não conhecidos na ocasião da tomada de decisão pelos poderes Executivo e Legislativo.[314]

---

[312] A respeito do tema, pode-se conferir: TUSHNET, Mark. *Weak courts, Strong rights:* judicial review and social welfare rights in comparative constitutional law, cit.

[313] "While the separation of powers doctrine is a significant doctrine, it must be applied consistently with other principles, such as the rule of law and, in the case of constitutional democracies, constitutional supremacy. Under the principle of the rule of law, courts must ensure that all rights are subject to effective remedy and that governments are not exempted from the responsibility to uphold and respect rights. According to the principle of constitutional supremacy, the courts are obliged to ensure that the constitution is upheld, and that other branches of government respect and fulfil their constitutional obligations, including those in relation to social and economic rights." NOLAN, Aoife; PORTER, Bruce; LANGFORD, Malcolm. The justiciability of social and economic rights: an updated appraisal, cit., p. 14.

[314] NOLAN, Aoife; PORTER, Bruce; LANGFORD, Malcolm. The justiciability of social and economic rights: an updated appraisal, cit., p. 16-20. No Brasil, a primeira audiência pública realizada no procedimento de controle concentrado de constitucionalidade pelo Supremo

Há que se ressaltar, por fim, que, reconhecidas a indivisibilidade e a interdependência dos direitos fundamentais, as violações de direitos sociais repercutem diretamente na fruição de direitos civis e políticos, tradicionalmente aplicados imediatamente sem maiores questionamentos.[315] Dessa forma, a garantia de realização dos direitos sociais tem uma relevância que transborda sua própria eficácia.

Assim, acredita-se que a garantia da eficácia dos direitos econômicos, sociais e culturais, inclusive por meio da atuação do Poder Judiciário, tem uma grande relevância, sobretudo em países em que se vivenciam violações cotidianas a esses direitos. Reconhece-se que a efetiva proteção dos direitos sociais depende muito mais de um compromisso dos governos com a agenda dos direitos fundamentais que do exercício da jurisdição, porém, esta pode ter um papel de relevo e contribuir para assegurar a imperatividade das normas que definem os direitos sociais. Não se propõe aqui um governo dos juízes em substituição ao legislador e ao administrador público, nem mesmo uma aplicação ortodoxa das constituições, desconhecendo-se a realidade social, mas sim a afirmação, inclusive judicial, de direitos sociais, ainda que de alguns de seus aspectos, dentro de parâmetros que respeitem as prerrogativas dos poderes Executivo e Legislativo e sejam responsáveis com a sustentabilidade do Estado.[316]

Tribunal Federal ocorreu para o julgamento de demanda relacionada à judicialização da saúde no processo do Agravo Regimental na Suspensão de Tutela Antecipada nº 175. Na ocasião, diversos profissionais do Direito e das Ciências da Saúde foram ouvidos, em três dias de audiência, antes de ser julgado o feito. Conferir: BRASIL. Supremo Tribunal Federal – Agravo Regimental em Suspensão de Tutela Antecipada nº 175. Relator: Min. Gilmar Mendes [em linha]. Diário de Justiça Eletrônico, Brasília, 24 mar. 2010. Acesso em: 01 jun. 2020. Disponível em: http://www.stf.jus.br/arquivo/cms/noticianoticiastf/anexo/sta175.pdf.

[315] "Denying judicial protection to social and economic rights does not simply exclude one category of rights. It excludes a critical dimension of all human rights, and has vast implications for the extent to which civil and political rights, such as the right to equality, will be protected by the courts, particularly for the most disadvantaged groups in society." NOLAN, Aoife; PORTER, Bruce; LANGFORD, Malcolm. The justiciability of social and economic rights: an updated appraisal, cit., p. 7.

[316] Víctor Abramovich e Christian Courtis ressaltam que o amplo leque de obrigações que são abrangidas pelos direitos sociais não permite que se excluam, *a priori*, as possibilidades de realização pela via judicial: "Como puede verse, el complejo de obligaciones que puede abarcar un derecho es sumamente variado. Los derechos económicos, sociales y culturales se caracterizan justamente por involucrar un espectro amplio de obligaciones estatales. Consecuentemente, es falso que las posibilidades de justicialidad de estos derechos sean escasas: cada tipo de obligación ofrece un abanico de acciones posibles, que van desde la denuncia de incumplimiento de obligaciones negativas, pasando por diversas formas de control del cumplimiento de obligaciones negativas y positivas, hasta llegar a la exigencia de cumplimiento de obligaciones positivas incumplidas." ABRAMOVICH, Víctor; COURTIS, Christian – *Los derechos sociales como derechos exigibles*, cit., p. 36.

Nessa linha, uma compreensão abrangente da cidadania, na esteira do que propõe T.H. Marshall,[317] assim como a consideração da dignidade da pessoa humana e do dever de se promover condições para o exercício substancial da autonomia não deixam dúvidas quanto à necessidade de se reconhecer os direitos sociais como direitos fundamentais a serem assegurados pelo Estado. Esse *status* das normas que disciplinam os direitos sociais implica, desde logo, no que tange à sua eficácia, a revogação dos atos normativos anteriores e contrários ao conteúdo da norma definidora de direito fundamental.[318] Além disso, constituem imposições ao legislador, que deve disciplinar as políticas públicas previstas no texto constitucional para o exercício dos direitos sociais dentro de parâmetros preestabelecidos pelo constituinte.[319] Assim, limitam a discricionariedade do Estado, inclusive quanto à disposição orçamentária.[320] As normas de direitos fundamentais são fundamento para o controle de constitucionalidade dos atos normativos, assim como parâmetro para interpretação das demais normas do ordenamento jurídico.[321] Seu aspecto objetivo, como reflexo dos valores normativamente protegidos, como já visto, implica uma eficácia irradiante, que conduz à constitucionalização das demais normas do ordenamento jurídico e seu ajustamento aos direitos fundamentais.[322] Essa dimensão objetiva também fundamenta a restrição ou a limitação de outros direitos fundamentais.[323] Quanto ao âmbito subjetivo, embora os direitos sociais muitas vezes necessitem de disciplina legislativa, ou seja, de concretização por normas infraconstitucionais, admite-se a proteção estatal, ao menos no que se refere à tutela de prestações que realizem o mínimo para uma existência condigna ou protejam o núcleo essencial dos direitos fundamentais, mesmo que não necessariamente se trate da

---

[317] MARSHALL, T. H.; BOTTOMORE, Tom. *Citizenship and Social Class*. London: Pluto Press, 1992, p. 10.
[318] SARLET, Ingo Wolfgang. *A eficácia dos direitos fundamentais*, cit., p. 291.
[319] SARLET, Ingo Wolfgang. *A eficácia dos direitos fundamentais*, cit., p. 291. ANDRADE, José Carlos Vieira de. *Os direitos fundamentais na Constituição portuguesa de 1976*, cit., p. 364.
[320] ABRAMOVICH, Víctor; COURTIS, Christian. *Los derechos sociales como derechos exigibles*, cit., p. 37.
[321] SARLET, Ingo Wolfgang. *A eficácia dos direitos fundamentais*, cit., p. 291. ANDRADE, José Carlos Vieira de. *Os direitos fundamentais na Constituição portuguesa de 1976*, cit., p. 364.
[322] ANDRADE, José Carlos Vieira de. *Os direitos fundamentais na Constituição portuguesa de 1976*, cit., p. 365.
[323] ANDRADE, José Carlos Vieira de. *Os direitos fundamentais na Constituição portuguesa de 1976*, cit., p. 364.

possibilidade de adjudicação de prestações fruíveis individualmente.[324] A despeito da controvérsia gerada pelo tema, pode-se afirmar, dentro de certos parâmetros a serem expostos logo a seguir, uma eficácia negativa, apta a proteger o grau de efetivação dos direitos sociais já conquistados.[325]

O Tribunal Constitucional alemão, ao apreciar o direito ao mínimo existencial no contexto da disciplina normativa do benefício de renda mínima, afirmou que o dever do Estado de assegurar condições materiais para a existência condigna não está sob a livre disposição do legislador. Ao contrário, este recebeu uma imposição para concretizar o mandamento constitucional e atualizar o(s) benefício(s) regularmente. Tais obrigações decorrem, a um só tempo, do princípio do Estado de Direito e do princípio democrático. Além disso, por mais que se reconheça ao legislador uma margem para a legítima apreciação do tema, a regulamentação está sujeita à apreciação do Tribunal Constitucional, notadamente quando os benefícios são manifestamente insuficientes.[326]

Tratando do mesmo tema, o Tribunal Constitucional português reconheceu a inconstitucionalidade de legislação que, alterando o regramento de benefício assistencial de renda mínima, deixou a descoberto parte dos beneficiários do regime anterior. Na ocasião, entendeu-se que, havendo na Constituição portuguesa uma ordem precisa e concreta para o legislador, este só poderá retroceder no nível de concretização alcançado quando isso não implicar uma inconstitucionalidade por omissão, ou seja, quando não atingido o núcleo essencial do direito fundamental, nem se comprometer o conjunto de prestações necessárias para a garantia do mínimo existencial, sem a apresentação de esquemas

---

[324] Há diversas possibilidades de proteção dos aspectos subjetivos dos direitos sociais, sobretudo no que se refere aos aspectos de defesa e preservação de condições mínimas para a sobrevivência. No item 2.6, será feita uma exposição mais pormenorizada do tema.
[325] SARLET, Ingo Wolfgang. *A eficácia dos direitos fundamentais*, cit., p. 291.
[326] GERMANY. Federal Constitutional Court – 1 BvL 1/09 [em linha]. (09 feb. 2010). Acesso em: 09 maio 2020. Disponível em: http://www.bverfg.de/e/ls20100209_1bvl000109en.html. Otto Bachof afirma que a Lei Fundamental conferiu ao Poder Judiciário uma função de controle dos demais poderes, permitindo-lhe aferir se observam não apenas a lei (controle de legalidade), mas também a Constituição e notadamente o sistema de valores que ela consagra por meio dos direitos fundamentais. "El control de legalidad de la Administración significa hoy, al mismo tiempo, control de constitucionalidad de la Administración; significa que también se controla a la Administración sobre el cumplimiento del sistema de valores de la Constitución." BACHOF, Otto. *Jueces y Constitución*, cit., p. 43. Os direitos fundamentais, portanto, impõem deveres ao Estado e limitam a discricionariedade da administração pública e do legislador. Trata-se, assim, de um importante aspecto da eficácia dos direitos fundamentais, inclusive sociais, reconhecido no ordenamento jurídico alemão.

alternativos de proteção. Em comentário ao acórdão, José Carlos Vieira de Andrade pontua, entretanto, que há "um espaço para conformação legislativa, por não haver *uma medida certa* nem *uma forma única* de cumprimento do imperativo constitucional (...) por não haver um *conteúdo fixo* do direito a um mínimo para uma existência condigna".[327]

Sem deixar de assegurar imperatividade às normas que dispõem sobre direitos sociais, a Corte Constitucional da África do Sul tem adotado uma postura de diálogo interinstitucional e de consideração da realidade social no julgamento das demandas apresentadas.[328] No caso *Government of the Republic of South Africa vs. Irene Grootboom and others*, a corte consignou que os direitos sociais estão previstos expressamente na declaração de direitos e, portanto, devem ter efetividade. O julgamento apreciou a situação de pessoas desalojadas de suas residências em ocupações irregulares onde já viviam em condições precárias e insalubres e que, portanto, tinham violados direitos básicos como moradia (e mesmo a um abrigo temporário), acesso à água, rede de esgotos e saúde. Na ocasião, reconheceu-se que o Estado tem o dever de realizar os direitos sociais, que se desdobra em obrigação de adotar medidas legislativas e de outras naturezas e promover progressivamente os direitos dentro dos recursos disponíveis. A corte sul-africana, ademais, demonstrou especial consideração pelos efeitos sistêmicos de suas decisões, uma vez que, embora a situação dos demandantes fosse grave, era idêntica à de milhares de outras pessoas no país.[329] Por esse motivo, afirmou que especial atenção e primazia devem ser dadas às políticas públicas de habitação. Estas políticas devem abranger medidas voltadas para o

---

[327] ANDRADE, José Carlos Vieira de. O "direito ao mínimo de existência condigna" como direito fundamental a prestações estaduais positivas – uma decisão singular do Tribunal Constitucional (Anotação ao acórdão do Tribunal Constitucional nº 509/02. *Jurisprudência Constitucional*, n. 1, p. 27, jan./mar. 2004).

[328] "Interpreting a right in its context requires the consideration of two types of context. On the one hand, rights must be understood in their textual setting. This will require a consideration of Chapter 2 and the Constitution as a whole. On the other hand, rights must also be understood in their social and historical context." SOUTH AFRICA. Constitutional Court of South Africa – Case CCT 11/00, Government of the Republic of South Africa and Others v. Grootboom and Others [em linha]. 04 Oct. 2000. Acesso em: 01 jun. 2020. Disponível em: http://www.saflii.org/za/cases/ZACC/2000/19.html.

[329] "Although the conditions in which the respondents lived in Wallacedene were admittedly intolerable and although it is difficult to level any criticism against them for leaving the Wallacedene shack settlement, it is a painful reality that their circumstances were no worse than those of thousands of other people, including young children, who remained at Wallacedene". SOUTH AFRICA. Constitutional Court of South Africa – Case CCT 11/00, Government of the Republic of South Africa and Others v. Grootboom and Others, cit.

atendimento de pessoas em situação de grave urgência. Em conclusão do julgamento, reconheceu-se que o Estado deveria conceber, financiar, implementar e avaliar programas voltados para aliviar a situação de pessoas em condições de grave e urgente necessidade.[330] A implementação das medidas determinadas deveria ser acompanhada pela Comissão de Direitos Humanos das Nações Unidas, que se habilitou no processo como *amicus curiae*.

Tratando do direito à saúde, dois casos julgados pela Corte da África do Sul merecem destaque: *Thiagraj Soobramoney vs. Minister of Health* e *Minister of Health vs. Treatment Action Campaign*. Em ambas as decisões, a Corte Constitucional da África do Sul demonstrou especial consideração pelos aspectos coletivos e os reflexos sistêmicos de suas decisões. No primeiro caso, o apelante se tratava de pessoa com insuficiência renal crônica que teve negado o acesso à hemodiálise. Por esse motivo, pleiteou que o tratamento fosse disponibilizado com base nos dispositivos constitucionais que previam que "a ninguém deve ser recusado tratamento médico de urgência" e "todos têm direito à vida". Dada a escassez de recursos e o elevado número de doentes, o Addington Hospital, onde o interessado pretendia se tratar, estabeleceu um protocolo para o acesso à hemodiálise. Em primeiro lugar, eram contempladas pessoas com insuficiência renal aguda e que poderiam ser tratadas e curadas com o tratamento. Por outro lado, os pacientes com insuficiência renal crônica teriam acesso quando fossem elegíveis para

---

[330] "J. The Order
The following order is made:
1. The appeal is allowed in part.
2. The order of the Cape of Good Hope High Court is set aside and the following is substituted for it:
It is declared that:
(a) Section 26(2) of the Constitution requires the state to devise and implement within its available resources a comprehensive and coordinated programme progressively to realise the right of access to adequate housing.
(b) The programme must include reasonable measures such as, but not necessarily limited to, those contemplated in the Accelerated Managed Land Settlement Programme, to provide relief for people who have no access to land, no roof over their heads, and who are living in intolerable conditions or crisis situations.
(c) As at the date of the launch of this application, the state housing programme in the area of the Cape Metropolitan Council fell short of compliance with the requirements in paragraph (b), in that it failed to make reasonable provision within its available resources for people in the Cape Metropolitan area with no access to land, no roof over their heads, and who were living in intolerable conditions or crisis situations.
3. There is no order as to costs." SOUTH AFRICA. Constitutional Court of South Africa – Case CCT 11/00, Government of the Republic of South Africa and Others v. Grootboom and Others, cit.

um transplante de rim, o que não era o caso do autor, por ter apresentado doenças cardíaca e cerebrovascular. Assim, o tribunal, reconhecendo a limitação de recursos (equipamentos) disponíveis, afirmou a licitude do protocolo estabelecido para o acesso à hemodiálise e sua razoabilidade. Para a corte, os direitos sociais – inclusive do direito à saúde – estão sujeitos à realização progressiva, razão pela qual cabe ao Estado fazer escolhas e definir prioridades. Com isso, entendeu-se que o pedido do autor não estava amparado pelos dispositivos constitucionais invocados e, portanto, foi julgado improcedente.[331]

No julgamento *Minister of Health vs. Treatment Action Campaign*, a Corte Constitucional da África do Sul afirmou que os dispositivos constitucionais que dispõem sobre o direito à saúde e outros direitos sociais[332] impõem ao governo, em conformidade com os recursos disponíveis, a concepção e implementação de um programa compreensivo voltado para o combate da transmissão do vírus HIV de mãe para filho. Esse programa, conforme pleiteado na ação, deve contemplar a disponibilidade do medicamento nevirapina.[333] Para o tribunal, ao não disponibilizar o acesso ao medicamento, a política pública deixava de cumprir o mandamento constitucional.[334]

---

[331] SOUTH AFRICA. Constitutional Court of South Africa – Case CCT 32/97, Thiagraj Soobramoney v. Minister of Health (Kwazulu-Natal) [em linha]. 27 Nov. 1997. Acesso em: 01 jun. 2020. Disponível em: http://www.saflii.org/za/cases/ZACC/1997/17.html.

[332] "27. Health care, food, water and social security
(1) Everyone has the right to have access to –
(a) health care services, including reproductive health care;
(b) sufficient food and water; and
(c) social security, including, if they are unable to support themselves and their dependants, appropriate social assistance.
(2) The state must take reasonable legislative and other measures, within its available resources, to achieve the progressive realisation of each of these rights." SOUTH AFRICA. Constitutional Court of South Africa – Case CCT 8/02, Minister of Health and Others v. Treatment Action Campaign and Others [em linha]. 05 Jul. 2002. Acesso em: 01 jun. 2020. Disponível em: http://www.saflii.org/za/cases/ZACC/2002/15.pdf.

[333] SOUTH AFRICA. Constitutional Court of South Africa – Case CCT 8/02, Minister of Health and Others v. Treatment Action Campaign and Others, cit.

[334] "In the present case we have identified aspects of government policy that are inconsistent with the Constitution. The decision not to make nevirapine available at hospitals and clinics other than the research and training sites is central to the entire policy. Once that restriction is removed, government will be able to devise and implement a more comprehensive policy that will give access to health care services to HIV-positive mothers and their newborn children, and will include the administration of nevirapine where that is appropriate. The policy as reformulated must meet the constitutional requirement of providing reasonable measures within available resources for the progressive realisation of the rights of such women and newborn children. This may also require, where that is necessary, that counsellors at places other than at the research and training sites be trained in counselling for the use

A Corte Constitucional da Colômbia também tem se notabilizado por decisões que buscam a efetividade de direitos sociais em situações de alta complexidade, enfrentado problemas estruturais por meio da emissão de ordens flexíveis que estabelecem objetivos e metas de médio e longo prazo para diversos órgãos e entidades governamentais. Nestes casos, em que pese a determinação de cumprimento de deveres fixados judicialmente, o espaço para o exercício da função legislativa é resguardado e estimula-se o diálogo institucional para a realização dos direitos sociais.

Nessa linha, a *Sentencia* T-025/04 é um marco sobre o uso aperfeiçoado do instituto do Estado de Coisas Inconstitucional. Trata-se de julgamento em que foram apreciadas violações aos direitos fundamentais – como moradia, saúde, educação, entre outros – das populações deslocadas no território colombiano em razão da ação de grupos como as FARC – Forças Armadas Revolucionárias da Colômbia. O ordenamento jurídico e a jurisprudência colombiana, antes mesmo do julgamento em referência, já reconheciam que *los desplazados* são um grupo de pessoas em situação de especial vulnerabilidade que teria "un derecho a recibir en forma urgente un trato preferente por parte del Estado".[335] Na ocasião, a corte consolidou os requisitos para o reconhecimento de uma situação de Estado de Coisas Inconstitucional, quais sejam, (i) a violação massiva e generalizada de direitos fundamentais de um número significativo de pessoas, (ii) a prolongada omissão das autoridades no cumprimento de seus deveres voltados para a garantia dos direitos fundamentais, (iii) a adoção de práticas inconstitucionais como a exigência do exercício da ação de tutela para que o interessado tenha acesso ao seu direito, (iv) a omissão em adotar medidas legislativas, administrativas e orçamentárias necessárias para evitar a violação dos direitos, (v) a existência de um problema social complexo cuja solução depende da intervenção de várias entidades, (vi) a massificação do conflito de forma que a atuação individual de todos os interessados contribuiria para o maior congestionamento do Poder Judiciário. No caso concreto, já estavam em trâmite 108 ações de *tutela,* relativas a 1.150 núcleos familiares,

---

* of nevirapine. We will formulate a declaration to address these issues." SOUTH AFRICA. Constitutional Court of South Africa – Case CCT 8/02, Minister of Health and Others v. Treatment Action Campaign and Others, cit.

[335] COLOMBIA. Corte Constitucional – Sentencia T-025/04 [em linha]. (17 jun. 2004). Acesso em: 01 jun. 2020. Disponível em: http://www.corteconstitucional.gov.co/relatoria/2004/t-025-04.htm.

compostos principalmente por mulheres como chefes de família, idosos, crianças e adolescentes e indígenas. Ao reconhecer o Estado de Coisas Inconstitucional, a corte emitiu ordens concretas para a solução das tutelas apresentadas. Determinou que as autoridades responsáveis por lidar com o fenômeno do deslocamento forçado estabelecessem um programa de ação com cronograma preciso, destinado a corrigir as carências de capacidade institucional apresentadas à corte e que comprometiam a atenção aos deslocados. A corte colombiana ressaltou que longe de invadir a esfera de atribuição de outros poderes estava exercendo o princípio da convivência harmônica, a fim de que fossem cumpridos os compromissos assumidos pelas diversas autoridades voltados à realização dos direitos fundamentais de todos os residentes no território nacional "com seriedade, transparência e eficácia".[336]

A *Sentencia* T-760, segundo Alicia Ely Yamim, deve ser reconhecida como o "julgamento mais abrangente e significativo sobre o direito à saúde no mundo".[337] À época, a Colômbia contava com dois subsistemas de saúde: o *Plan Obligatorio de Salud Contributivo* – POS-C – e o *Plan Obligatorio de Salud Subsidiado* – POS-S –, sendo o primeiro voltado para os trabalhadores inseridos no mercado formal de trabalho e o segundo para as pessoas com trabalhos informais ou que não tinham capacidade de pagar por serviços de saúde. No entanto, o legislador já havia determinado a unificação dos regimes, assim como a adoção de medidas para que se alcançasse a cobertura universal de serviços de saúde. Ocorre que ambos os objetivos não haviam sido alcançados por ocasião do julgamento que culminou na *Sentencia* T-760. A profunda crise financeira do sistema de saúde e os muitos casos de violações ao direito à saúde desencadearam um movimento de judicialização exacerbado que deu azo a milhares de *tutelas* apresentadas ao Poder Judiciário para acesso a medicamentos e tratamentos em geral.[338] Na decisão, a corte constitucional da Colômbia adotou um enfoque estrutural com ordens diversas para vários órgãos do Estado envolvidos na realização do direito à saúde. Desde logo, afirmou que a saúde é um direito fundamental e abrange o acesso a serviços "de maneira oportuna, eficaz e com

---

[336] COLOMBIA. Corte Constitucional – Sentencia T-025/04, cit. Tradução livre do autor.
[337] YAMIN, Alicia Ely. Decision T-760 (2008) (Colom). *Max Planck Encyclopedia of Comparative Constitutional Law* [em linha], 2017. Acesso em: 17 feb. 2019. Disponível em https://oxcon.ouplaw.com/view/10.1093/law-mpeccol/law-mpeccol-e742?prd=MPECCOL.
[338] YAMIN, Alicia Ely. Decision T-760 (2008) (Colom), cit.

qualidade".³³⁹ Em seguida, determinou, entre outras providências, que se adotassem medidas para eliminar a incerteza sobre o conteúdo dos planos de benefícios, para sua atualização periódica e para unificar os planos POS e POSS, primeiramente para as crianças e, de forma progressiva, para os adultos, conforme as condições de financiamento disponíveis. Ainda, sem invadir o espaço de decisão do legislador quanto à definição do conteúdo do direito à saúde, ordenou que se buscasse, progressivamente, o alcance da cobertura universal do sistema de saúde antes de janeiro de 2010.³⁴⁰ Segundo Alicia Ely Yamim, a *Sentencia* T-760 trouxe importantes impactos para o sistema de saúde colombiano com a produção de legislação para melhor regulação das políticas públicas, assim como para assegurar a sustentabilidade fiscal e financiamento compatível. Contudo, pode-se afirmar que os benefícios da decisão estão profundamente relacionados com a emissão de ordens flexíveis, que não eliminaram a margem de discricionariedade dos poderes Executivo e Legislativo e abriram caminhos para a negociação entre todos os interessados e o diálogo institucional.³⁴¹

No Brasil, a jurisprudência tem sido bastante favorável à implementação dos direitos sociais a prestações por meio do Poder Judiciário, inclusive com o reconhecimento de direitos subjetivos originários quando se trata de saúde, educação e direitos da criança e do adolescente.³⁴² Nesses casos, verificada a omissão do Estado e o comprometimento do núcleo essencial do direito fundamental, assim como o acesso a prestações necessárias para a realização do mínimo existencial, o Poder Judiciário tem determinado ao Estado que providencie o acesso às prestações pleiteadas.³⁴³ O diálogo institucional e com outros

---

³³⁹ COLOMBIA. Corte Constitucional – Sentencia T-760/08 [em linha]. (11 nov. 2015). Acesso em: 01 jun. 2020. Disponível em: http://www.corteconstitucional.gov.co/relatoria/2008/t-760-08.htm. Tradução livre do autor.

³⁴⁰ COLOMBIA. Corte Constitucional – Sentencia T-760/08, cit. Tradução livre do autor.

³⁴¹ YAMIM, Alicia Ely. Decision T-760 (2008) (Colom), cit.

³⁴² É o que também concluem Ingo Sarlet, Luiz Guilherme Marinoni e Daniel Mitidiero como já se destacou neste trabalho de pesquisa. Conferir: SARLET, Ingo Wolfgang; MARINONI, Luiz Guilherme; MITIDIERO, Daniel. *Curso de Direito Constitucional*, cit., p. 551.

³⁴³ Importantes julgamentos do Supremo Tribunal Federal corroboram o que se vem de expor. Nessa linha, na decisão do Recurso Extraordinário nº 271.286/RS, a corte reconheceu a existência de um direito subjetivo de acesso a medicamentos para o tratamento de HIV/aids. No julgamento, ficou consignado que a apreciação de norma programática não pode se converter em promessa constitucional inconsequente "sob pena de o Poder Público, fraudando justas expectativas nele depositadas pela coletividade, substituir, de maneira ilegítima, o cumprimento de seu impostergável dever, por um gesto irresponsável de infidelidade governamental ao que determina a própria Lei Fundamental do Estado".

stakeholders tem sido estimulado no Supremo Tribunal Federal dentro do procedimento de controle concentrado de constitucionalidade por meio da realização de audiências públicas. Essa prática teve início em 2009 quando foi convocada audiência pública para debater diversos aspectos do fenômeno da "judicialização da saúde" no curso do julgamento da Suspensão de Tutela Antecipada nº 175. Destaca-se, ainda, o julgamento da medida cautelar na Arguição de Descumprimento de Preceito Fundamental nº 347, que tratou das condições do sistema carcerário brasileiro. Nesta ação, o Partido Socialismo e Liberdade requereu que fosse reconhecido o Estado de Coisas Inconstitucional em razão da violação em massa aos direitos fundamentais da população carcerária. O tribunal admitiu a situação precária do sistema prisional brasileiro e afirmou que a violação de direitos fundamentais dos presos é uma responsabilidade compartilhada pelos três poderes do Estado, assim como de todos os entes da federação. Diante da complexidade do quadro, a mudança da situação "depende de medidas abrangentes de natureza normativa, administrativa e orçamentária".[344] Ao se deferir parcialmente o pedido, determinou-se, na ocasião, que juízes e tribunais implementassem a realização de audiências de custódia, a fim de que os presos comparecessem perante a autoridade judiciária em 24 horas. Além disso, também se determinou que os juízes aplicassem, quando possível, penas alternativas à prisão "ante a circunstância de a reclusão ser sistematicamente cumprida em condições muito mais severas do

---

BRASIL. Supremo Tribunal Federal – Agravo Regimental no Recurso Extraordinário nº 271.286. Relator: Min. Celso de Mello [em linha]. Diário de Justiça, Brasília, 24 nov. 2000. Acesso em: 01 jun. 2020. Disponível em: http://redir.stf.jus.br/paginadorpub/paginador.jsp?docTP=AC&docID=335538. Mais recentemente, apreciando o direito de vaga em creche para crianças de até 5 anos de idade, o STF afirmou que o direito à educação infantil – que abrange creches e pré-escolas – impõe ao Estado um dever de criar condições objetivas de fruição do direito. Assim, ainda que ordinariamente, a implementação de políticas públicas seja atribuição dos Poderes Executivo e Legislativo, incumbe ao Poder Judiciário atuar quando se comprometer a eficácia de um direito fundamental. No caso, afirmou-se que não se mostra aplicável a cláusula da reserva do possível, sob pena de se violar um direito fundamental da cidadania, que é a educação. BRASIL. Supremo Tribunal Federal – Recurso Extraordinário nº 956.475. Relator: Min. Celso de Mello [em linha]. Diário de Justiça, Brasília, 17 maio 2016. Acesso em: 01 jun. 2020. Disponível em: http://www.stf.jus.br/arquivo/cms/noticiaNoticiaStf/anexo/RE956475RJDeciso.pdf.

[344] BRASIL. Supremo Tribunal Federal – Arguição de Descumprimento de Preceito Fundamental nº 347. Relator: Min. Marco Aurélio [em linha]. Diário de Justiça, Brasília, 11 set. 2015. Acesso em: 01 jun. 2020. Disponível em: http://redir.stf.jus.br/paginadorpub/paginador.jsp?docTP=TP&docID=10300665.

que as admitidas pelo arcabouço normativo".³⁴⁵ Por fim, determinou-se que a União libere para os Estados os saldos do Fundo Penitenciário Nacional, para utilização na finalidade para a qual foi criado – financiar e apoiar as atividades e os programas de modernização e aprimoramento do sistema penitenciário nacional³⁴⁶ –, "abstendo-se de realizar novos contingenciamentos".³⁴⁷

Os exemplos expostos demonstram que há aspectos dos direitos sociais que podem ser assegurados pela atuação dos tribunais. Ainda há que se ressaltar que a atuação dos tribunais em favor dos direitos sociais não consiste, necessariamente, na adjudicação de prestações sociais singularmente fruíveis. Embora as formas fortes de atuação da jurisdição sejam aquelas que desafiem as maiores discussões, a doutrina tem destacado outros modelos que podem contribuir para a efetividade dos direitos sociais por meio de um maior diálogo entre os poderes, evitando a queixa de que o Poder Judiciário está interferindo nas atividades típicas dos poderes Executivo e Legislativo.

Nesse sentido, Mark Tushnet chama atenção para o fato de que a inconstitucionalidade de uma norma ou a violação de um direito social podem ser objeto de dúvida razoável, o que, portanto, põe em causa a legitimidade do controle realizado tradicionalmente pelo Poder Judiciário sobre os atos dos poderes Executivo e Legislativo, na medida em que se atribui àquele a competência para "dar a última palavra" sobre a controvérsia.³⁴⁸ Assim, formas fracas de atuação da jurisdição para a garantia dos direitos sociais minimizam o debate sobre a legitimidade da atuação do Poder Judiciário, sua falta de capacidade institucional para lidar com os conflitos que têm efeitos sistêmicos e a violação à cláusula da separação de poderes. São exemplos dessa forma de atuação as decisões declaratórias de violação de direitos fundamentais que geram uma notificação para que o Poder Legislativo revise certo ato normativo

---

[345] BRASIL. Supremo Tribunal Federal – Arguição de Descumprimento de Preceito Fundamental nº 347, cit.

[346] BRASIL – Lei complementar nº 79, de 7 de janeiro de 1994 [em linha]. Acesso em: 01 jun. 2020. Disponível em: http://www.planalto.gov.br/ccivil_03/LEIS/LCP/Lcp79.htm.

[347] BRASIL. Supremo Tribunal Federal – Arguição de Descumprimento de Preceito Fundamental nº 347, cit.

[348] "(...) it should be clear that the interpretations proffered by any current Supreme Court majority are not the only reasonable ones available, because such interpretations are often met with dissent on the court itself, offered by otherwise apparently reasonable people." TUSHNET, Mark. *Weak courts, Strong rights*: judicial review and social welfare rights in comparative constitutional law, cit., p. 23.

e corrija a norma impugnada. Além destas, são exemplos as ordens para que os poderes Executivo e Legislativo promovam políticas públicas para assegurarem a realização dos direitos sociais na maior proporção possível, como ocorreu, em especial, no caso *Grootboom*, julgado pela Corte Constitucional da África do Sul, e na declaração de Estado de Coisas Inconstitucional pela corte colombiana. Muitas vezes, as formas fracas de jurisdição têm por característica a promoção do diálogo pelos diversos atores interessados.[349]

Por sua vez, D. M. Davis propõe que o Poder Judiciário não deve se colocar como primeira instituição de realização dos direitos sociais. Para o autor, cabe ao Poder Judiciário atuar em um segundo momento, assegurando a observância de procedimento justo para a alocação de recursos, e apreciar as justificativas apresentadas para as escolhas realizadas na realização dos direitos sociais.[350]

Assim, reconhece-se que a justiciabilidade dos direitos sociais depende, sobretudo, da forma como o direito é disciplinado no ordenamento jurídico de cada país, assim como das garantias processuais disponíveis para o acesso ao Poder Judiciário. A avaliação também deve considerar a pretensão singularmente apresentada e não o direito em abstrato. Contudo, não se pode negar, *a priori*, a possibilidade de

---

[349] TUSHNET, Mark. *Weak courts, Strong rights*: judicial review and social welfare rights in comparative constitutional law, cit., p. 248.

[350] DAVIS, D. M. Socio-economic rights, cit., p. 1.026. Ao defender formas fracas de atuação da jurisdição, o autor afirma: "The court's role, instead of directly implementing the rights, is rather to inform the government on how the later must fulfil its duty by assuming the role of a partner in a dialogic relationship with the legislature and the executive". A necessidade de diálogo institucional entre os diversos atores envolvidos na efetivação dos direitos sociais é ressaltada por Ingo Sarlet, Luiz Guilherme Marinoni e Daniel Mitidiero, tratando da realidade brasileira, como forma de conciliar os papéis das diversas instituições e suprir as limitações do sistema de justiça: "Dentre os demais aspectos apontados no campo da realização dos direitos a prestações, situa-se a (alegada) necessidade de um 'diálogo institucional', fundado, por um lado, na noção de um déficit em termos de capacidade institucional (técnica) por parte do Poder Judiciário (o mesmo se aplica aos demais agentes da esfera jurídica, como é o caso do Ministério Público, da Defensoria Pública, entre outros) no sentido de lidar de forma proficiente com certas demandas, mas que também pode, além disso, ser também reconduzido à noção de uma necessidade de cooperação produtiva entre os órgãos (poderes) estatais. Por outro lado, ainda na perspectiva dos instrumentos (mecanismos) de realização dos direitos fundamentais, aqui com destaque para os direitos sociais, importa saudar uma crescente aposta nos deveres de informação, transparência das ações dos órgãos estatais e nos mecanismos de controle social das políticas públicas, do orçamento e dos investimentos estatais, medidas que, embora também envolvam, por um lado, intervenção pela via judicial, de longo a ela não se restringem e apontam para uma perspectiva mais ampla da própria noção de exigibilidade dos direitos sociais". SARLET, Ingo Wolfgang; MARINONI, Luiz Guilherme; MITIDIERO, Daniel. *Curso de Direito Constitucional*, cit., p. 566.

realização judicial dos direitos sociais, ainda que de alguns de seus aspectos.[351]

2.6 Em busca de critérios jurídicos para a efetivação dos direitos fundamentais

2.6.1 Os deveres de respeito, proteção e promoção

A já referida complexidade estrutural dos direitos fundamentais – que será melhor debatida quando se tratar do núcleo essencial – implica, por outro lado, um conjunto de responsabilidades de natureza variada para os Estados que os reconhecem e que se comprometem com sua realização. Embora se afirme, apressadamente, que os direitos civis e políticos têm aplicabilidade imediata em contraposição aos direitos econômicos, sociais e culturais, cuja realização subordina-se a um dever de progressividade,[352] o exame detalhado dos deveres que lhes são correspondentes permite uma análise mais adequada do problema.

Assim, pelo lado da titularidade do direito, é possível identificar um conjunto de poderes, faculdades e prerrogativas de natureza diversa e eficácia variada.[353] Por outro lado, considerando-se o papel do Estado na implementação dos direitos fundamentais, notadamente no que se refere aos direitos sociais, identificam-se obrigações de respeito (*respect*), proteção (*protect*) e de realização ou promoção (*fulfil*).

---

[351] Abramovich e Courtis ressaltam que a denominação direitos sociais refere-se a uma certa concepção jurídico-política, mas não é capaz de definir os traços típicos desses direitos: "(...) el uso de la categoría de derechos sociales apenas informa sobre la correspondencia de una solución jurídico-política a un modelo jurídico-político, pero no mucho más. El valor informativo del término no pasa de señalar un cierto aire de familia, pero difícilmente sirva para esclarecer la estructura deóntica de un variopinto conjunto de construcciones jurídicas muy distintas entre sí". ABRAMOVICH, Víctor; COURTIS, Christian. *Los derechos sociales como derechos exigibles*, cit., p. 57. Assim, a definição sobre a possibilidade de realização judicial de prestações desses direitos não pode fundamentar-se, simplesmente, nessa classificação.

[352] O Pacto Internacional de Direitos Econômicos, Sociais e Culturais estabelece a obrigação de adotar medidas "até o máximo de seus recursos disponíveis". Segundo a Comissão Internacional de Direitos Humanos, trata-se de medidas legislativas, administrativas, financeiras, educacionais, sociais e outras, o que implica, ao menos, a satisfação de obrigações mínimas voltadas para a realização dos direitos. UNITED NATIONS. Office of The High Commissioner for Human Rights – *CESCR General Comment nº 3: The Nature of States Parties' Obligations (Art. 2, Para. 1, of the Covenant)* [em linha]. Geneva: Office of The High Commissioner for Human Rights, 1990. Acesso em: 28 mar. 2019. Disponível em https://www.refworld.org/pdfid/4538838e10.pdf.

[353] ANDRADE, José Carlos Vieira de. *Os direitos fundamentais na Constituição portuguesa de 1976*, cit., p. 163.

A obrigação de respeito consiste em um dever jurídico de abstenção de medidas que possam violar os direitos sociais. A obrigação de proteção, por seu turno, requer a adoção de medidas que previnam que terceiros possam, direta ou indiretamente, interferir na fruição de direitos.[354] É dessa natureza, por exemplo, a previsão de normas penais no ordenamento jurídico para os casos de graves violações aos bens jurídicos protegidos. Finalmente, a obrigação de realizar direitos sociais implica a adoção de medidas legislativas, administrativas, orçamentárias, financeiras, judiciais, promocionais e de outras naturezas visando à plena realização dos direitos fundamentais.[355]

Desde logo, é possível perceber que a obrigação de respeito corresponde a não fazer (*non facere*) – o que se afirma considerando a relação jurídica concreta e não obrigações acessórias correspondentes à promoção de políticas públicas –, ao passo que as obrigações do Estado de proteção e de realização ou promoção implicam um *facere*.

No caso do dever de respeito, a exigência de abstenção do Estado em criar embaraços à fruição do direito torna mais fácil a identificação de violações, posto que estas decorrerão da ação estatal. Também é simples a determinação da medida de reparação.[356] Mesmo que esta implique o dispêndio de elevado montante de recursos, não se discute a legitimidade do papel exercido pelo Poder Judiciário, que atua no desempenho de suas funções ordinárias.

---

[354] Sobre a questão, assim se manifesta Konrad Hesse: "O ponto de partida foi a teoria dos direitos fundamentais como princípios objetivos que obrigam o Estado a pôr de sua parte os meios necessários para torná-los efetivos. Por conseguinte, dos direitos fundamentais pode resultar diretamente uma obrigação estatal de preservar um bem jurídico protegido mediante os direitos fundamentais contra lesões e ameaças provenientes de terceiros, sobretudo de caráter privado, porém, também, por outros Estados, isto é, de pessoas e poderes que não são destinatários de direitos fundamentais". HESSE, Konrad. Significado dos direitos fundamentais, cit., p. 56.

[355] "The right to health, like all human rights, imposes three types or levels of obligations on States parties: the obligations to respect, protect and fulfil. In turn, the obligation to fulfil contains obligations to facilitate, provide and promote. The obligation to respect requires States to refrain from interfering directly or indirectly with the enjoyment of the right to health. The obligation to protect requires States to take measures that prevent third parties from interfering with article 12 guarantees. Finally, the obligation to fulfil requires States to adopt appropriate legislative, administrative, budgetary, judicial, promotional and other measures towards the full realization of the right to health." (p. 11) UNITED NATIONS. Office of the High Commissioner for Human Rights – *General Comment nº 14*: The Right to the Highest Attainable Standard of Health (Art. 12), cit. JUŠKEVIČIUS, Jonas; BALSIENĖ, Janina. Human rights in healthcare: some remarks on the limits of the right to healthcare, cit., p. 102.

[356] NOVAIS, Jorge Reis. *Direitos sociais*: teoria jurídica dos direitos sociais enquanto direitos fundamentais, cit., p. 125.

Contudo, no que se refere aos deveres de proteção e de promoção, a identificação da transgressão ao direito assim como a definição da medida a ser adotada implicam maior margem de subjetividade. Em ambos os casos, abre-se a oportunidade para a definição das estratégias para o alcance dos objetivos estabelecidos na Constituição. Como esclarece Robert Alexy:

> Se é *proibido* destruir ou afetar negativamente algo, então, *toda e qualquer* ação que represente ou produza destruição ou afetação negativa é proibida. De outro lado, se é *obrigatório* proteger ou fomentar algo, *nem toda* ação que represente ou produza uma proteção ou um fomento será obrigatória. Assim é que a proibição de matar implica, ao menos *prima facie*, a proibição de qualquer ação de matar; já a obrigação de salvar não implica toda e qualquer ação de salvar. Se é possível salvar alguém que está se afogando seja nadando até ele, seja atirando uma boia, seja com o auxílio de um barco, de nenhuma forma serão as três ações simultaneamente obrigatórias. Ao contrário, obrigatória é *ou* a primeira, *ou* a segunda *ou* a terceira ação. Mas isso significa que, se não houver motivos restritivos adicionais, o destinatário do dever de salvar tem uma *discricionariedade*, no interior da qual ele pode escolher como pretende realizar seu dever.[357]

Dada a complexidade normativa dos direitos fundamentais em geral, o que se vem de dizer quanto à pluralidade de obrigações estatais correspondentes aos direitos sociais também se aplica aos direitos civis e políticos, muito embora as obrigações de proteção e de promoção quanto a estes possam ser consideradas, via de regra, acessórias.

As objeções à eficácia dos direitos fundamentais também variam conforme a espécie de obrigação estatal correspondente à pretensão apresentada. Nessa linha, como esclarece Jorge Reis Novais, a obrigação de respeito está sujeita a uma reserva geral de ponderação.[358] Com efeito, os direitos fundamentais são relativos e a pluralidade de valores consagrados na Constituição pode levá-los a entrar em rota de colisão.

---

[357] ALEXY, Robert. *Teoria dos direitos fundamentais*, cit., p. 461-462.
[358] "(...) a generalidade dos direitos fundamentais, incluindo designadamente os direitos de liberdade, também está sujeita a uma reserva geral de compatibilização com outros bens, no sentido de que, apesar da sua natureza material jusfundamental e da sua força constitucional em sentido formal, os direitos fundamentais podem ceder sempre que, através de uma ponderação de bens racionalmente fundamentável, tal seja necessário para garantir outros bens, direitos e interesses que, no caso concreto, mereçam por parte do Estado uma protecção jurídica que obrigue àquela cedência." NOVAIS, Jorge Reis. *Direitos sociais*: teoria jurídica dos direitos sociais enquanto direitos fundamentais, cit., p. 125.

A natureza principiológica das normas que os definem permite sua harmonização em concreto, mediante procedimento de ponderação.[359] Neste caso, o Poder Judiciário exerce o papel de controlar as restrições feitas aos direitos fundamentais e avaliar sua proporcionalidade e razoabilidade.

Por outro lado, as obrigações de proteção e de realização sofrem os efeitos, respectivamente, das reservas do politicamente adequado ou oportuno e da reserva do possível. Em ambos os casos, são objeções opostas em vista da natureza desses deveres estatais, que correspondem, como já dito, a obrigações de fazer, o que implica o reconhecimento de alternativas diversas, muitas vezes igualmente eficazes, para o alcance da finalidade constitucional perseguida. Dessa forma, há que se admitir que ao administrador público e ao legislador incumbem, em primeira linha, a definição da melhor alternativa para a satisfação dos interesses e necessidades coletivas. Ademais, as escolhas realizadas implicam custos que precisam ser sopesados não apenas em face da política pública ou direito concretamente realizado, mas no contexto das atividades gerais do Estado, o que primariamente deve ficar a cargo dos poderes Executivo e Legislativo.

Assim, relativamente ao dever de proteção, o legislador dispõe de uma margem de discricionariedade para definir a disciplina normativa para tutelar os bens jurídicos elevados à condição de direitos fundamentais. Independentemente da existência de custos financeiros, deve-se reconhecer aqui, na esteira do que afirma Jorge Reis Novais, uma reserva do politicamente adequado ou oportuno, na medida em que a decisão deve ficar a cargo do legislador democraticamente eleito.[360]

Por outro lado, no que se refere aos direitos cuja dimensão principal é prestacional, admite-se que sua realização seja gradual e dependente das circunstâncias fáticas. Por esse motivo, há necessidade de previsão dos recursos a serem investidos para que estejam à disposição do administrador público. Assim, a apreciação do dever de promoção deve considerar a reserva do possível – tema a ser examinado logo a

---

[359] Refere-se, aqui, à construção dogmática de Robert Alexy, que faz a distinção entre regras e princípios como espécies normativas, sendo aquelas modalidades deônticas que determinam *definitivamente* que algo deve ser, ao passo que os princípios estabelecem que algo deve ser dentro das possibilidades fáticas e jurídicas, como mandamentos de otimização. Retornar-se-á ao tema ao se tratar do princípio da proporcionalidade e do núcleo essencial dos direitos fundamentais.

[360] NOVAIS, Jorge Reis. *Direitos sociais*: teoria jurídica dos direitos sociais enquanto direitos fundamentais, cit., p. 132.

seguir – e que tem relação com a existência dos recursos necessários para atendimento às pretensões apresentadas e com a possibilidade jurídica de sua utilização.[361]

2.6.2 Critérios para aferição do cumprimento dos deveres sociais de proteção e promoção: o princípio da proporcionalidade, o mínimo existencial, o núcleo essencial dos direitos fundamentais e o princípio da vedação ao retrocesso social

a) A escassez como obstáculo à efetividade dos direitos sociais: a sustentabilidade do Estado e a objeção da reserva do possível

O Estado social e os direitos econômicos, sociais e culturais desenvolveram-se especialmente a partir do período pós-guerras até a crise decorrente da elevação dos preços do petróleo no mercado internacional, na década de 1970, tendo como pressuposto o consenso social na existência de um dever do Estado em garantir condições materiais mínimas para a vida digna, assim como a crença na manutenção de um crescimento econômico elevado e constante mantido até então. Esse crescimento econômico, que, a partir de então, tornou-se intermitente, é fundamental para gerar arrecadação e financiar o Estado social, assim como para criar empregos e evitar a pressão sobre as finanças públicas decorrente da fruição de benefícios assistenciais e previdenciários.

Reportando-nos à definição de João Loureiro, o Estado social tem como característica a garantia de condições materiais para a vida condigna por meio, principalmente, mas não exclusivamente, da realização de direitos fundamentais.[362] O Estado social, portanto, preocupa-se com a realização da justiça social e com a promoção de condições para o florescimento das pessoas e a liberdade substancial. Nesse contexto,

---

[361] "A diferença [relativa à eficácia dos direitos fundamentais] é que quanto à reserva geral imanente de ponderação, podendo na respectiva concretização participar os vários ramos do poder estatal, a última palavra é do juiz. Já quanto à reserva geral imanente do financeiramente possível que afecta os direitos sociais, e na medida em que os afecte, podendo na respectiva concretização participar os vários ramos do poder estatal, a última palavra é, em princípio, dos titulares do poder político, designadamente do legislador." NOVAIS, Jorge Reis. *Direitos sociais*: teoria jurídica dos direitos sociais enquanto direitos fundamentais, cit., p. 108.

[362] LOUREIRO, João Carlos. *Adeus ao Estado Social?* A segurança social entre o crocodilo da economia e a medusa da ideologia dos "direitos adquiridos", cit., p. 73.

os direitos sociais têm papel central. Como já se apontou, são direitos que surgem como resposta e forma de acomodação das demandas dos movimentos sociais – notadamente operários – de fins do século XIX que ocorreram na Europa, para contribuir para a melhoria das condições de vida e trabalho das classes trabalhadoras. Sob influência da social democracia e da doutrina social cristã, não deixam de ser uma forma de conciliar capitalismo e proteção social para evitar o avanço do socialismo e do comunismo.[363]

Sob o rótulo dos direitos sociais está reunido um conjunto nada homogêneo de direitos, ou seja, direitos que implicam deveres de respeito, mas também de proteção e de promoção. Assim, são considerados a um só tempo direitos sociais as chamadas liberdades sociais, como os direitos de sindicalização e de greve, e direitos prestacionais como os direitos à assistência, previdência social, saúde e educação.[364] Nada obstante, são estes últimos que geram os maiores debates quanto aos custos financeiros[365] e aos limites à sua implementação pelo Estado.

Pode-se objetar, como destacam Stephen Holmes e Cass Sunstein, que não apenas os direitos sociais têm custos, já que tanto direitos civis e políticos quanto direitos econômicos, sociais e culturais têm uma repercussão econômica decorrente do financiamento das atividades administrativas do Estado necessárias para assegurar a sua imperatividade.[366] No entanto, os direitos sociais à prestação trazem uma maior preocupação relativamente ao emprego de recursos, uma vez que implicam a fruição de bens e serviços disponíveis no mercado, que devem ser prestados ou garantidos pelo Estado e usufruídos

---

[363] TUSHNET, Mark. Social and economic rights: historical origins and contemporary issues, p. 11.
[364] SARLET, Ingo Wolfgang; MARINONI, Luiz Guilherme; MITIDIERO, Daniel. *Curso de Direito Constitucional*, cit., p. 262.
[365] "Justamente pelo fato de os direitos sociais prestacionais terem por objeto prestações do Estado diretamente vinculadas à destinação, distribuição (e redistribuição), bem como à criação de bens materiais, aponta-se, com propriedade, para sua dimensão economicamente relevante." SARLET, Ingo Wolfgang. *A eficácia dos direitos fundamentais*, cit., p. 274.
[366] HOLMES, Stephen; SUNSTEIN, Cass R. *The cost of rights:* why liberty depends on taxes, cit., p. 47-48. Na mesma linha, refletindo a doutrina portuguesa, Casalta Nabais afirma que "(...) não tem a menor base real a separação tradicional entre, de um lado, os direitos negativos, que seriam alheios a custos comunitários e, de outro lado, os direitos positivos, que desencadeariam sobretudo custos comunitários". NABAIS, José Casalta. A face oculta dos direitos fundamentais: os deveres e os custos dos direitos, cit., p. 177.

individualmente pelos cidadãos.³⁶⁷ Por isso, a doutrina destaca que a limitação de recursos afeta os direitos sociais intrinsecamente.³⁶⁸

Dessa forma, como afirmam, novamente, Stephen Holmes e Cass Sunstein, "levar os direitos a sério significa levar a escassez a sério".³⁶⁹ Sem prejuízo de uma interpretação constitucional comprometida com "a ótima concretização da norma"³⁷⁰ e, notadamente, com a máxima eficácia das normas que estabelecem os direitos fundamentais,³⁷¹ mostra-se necessário que o operador do Direito tome em conta a realidade constitucional. Em resumo, "um texto constitucional não pode ser lido desconsiderando o contexto; ou, se quisermos, utilizando outra linguagem, a constituição não pode ignorar a realidade constitucional".³⁷²

Faz-se esse alerta, pois a crise econômica mundial que eclodiu a partir de 2008 obrigou-nos a despertar para o fato de que a manutenção do Estado social – que se reconhece fundamental para assegurar a dignidade humana e o florescimento das pessoas – exige que se tenha em consideração a escassez e a limitação dos recursos disponíveis.³⁷³

---

[367] Segundo Robert Alexy, os "direitos a prestação em sentido estrito são direitos do indivíduo, em face do Estado, a algo que o indivíduo, se dispusesse de meios financeiros suficientes e se houvesse uma oferta suficiente no mercado, poderia também obter de particulares". ALEXY, Robert. *Teoria dos direitos fundamentais*, cit., p. 499.

[368] NOVAIS, Jorge Reis. *Direitos sociais*: teoria jurídica dos direitos sociais enquanto direitos fundamentais, cit., p. 103.

[369] HOLMES, Stephen; SUNSTEIN, Cass R. *The cost of rights*: why liberty depends on taxes, cit., p. 94. Tradução livre do autor.

[370] HESSE, Konrad. *A força normativa da Constituição*. Trad. Gilmar Ferreira Mendes. Porto Alegre: Sérgio Antônio Fabris, 1991, p. 22.

[371] SARLET, Ingo Wolfgang. *A eficácia dos direitos fundamentais*, cit., p. 398.

[372] LOUREIRO, João Carlos. *Adeus ao Estado Social?* A segurança social entre o crocodilo da economia e a medusa da ideologia dos "direitos adquiridos", cit., p. 61.

[373] Trata-se da escassez aqui na perspectiva defendida por João Loureiro, ou seja, "o aumento exponencial do horizonte de possibilidades fácticas contrasta com a diminuição da capacidade do Estado para obter os meios necessários para fazer face ao acréscimo de pretensões, enunciadas em termos de direitos". LOUREIRO, João Carlos. Pauperização e prestações sociais na "idade da austeridade": a questão dos três Ds (dívida, desemprego, demografia) e algumas medidas em tempo de crise(s), cit., p. 640. Esse fenômeno é percebido, sobretudo, na área da saúde, em que os avanços tecnológicos geram sobre o Estado uma pressão pela incorporação de equipamentos e de insumos, como medicamentos, com custos elevados, nem sempre com maior benefício para a população. Ainda, no que se refere às tecnologias, notadamente aquelas voltadas para diagnósticos, a incorporação de novos equipamentos não é substitutiva dos antigos, o que também contribui para a elevação dos custos do setor da saúde. É importante mencionar, contudo, a perspectiva crítica descrita por Avelãs Nunes, que trata o problema da escassez relativa no contexto das escolhas que devem ser realizadas com os meios disponíveis. Dessa forma, a problemática da escassez envolve uma questão de opção entre os usos alternativos dos meios disponíveis. NUNES, António José Avelãs. Noção e objecto da Economia Política. *Boletim de Ciências Econômicas*, v. XXXVII, p. 237-240, 1994. Trata-se de uma perspectiva relevante quando se tem em conta a análise de

Mais que um fato pontual a crise tornou-se uma oportunidade para a reflexão sistêmica sobre o Estado e a necessidade de ajustes no âmbito da socialidade. Dessa forma, Suzana Tavares da Silva ressalta a necessidade de uma revisão da socialidade no contexto de uma reconstrução do Estado social. Essa tarefa deve ser orientada por diretrizes como a racionalização das prestações dispensadas em atenção "às novas regras demográficas (aumento da esperança média de vida), geográficas (internacionalização das empresas e do trabalho) e sociológicas (novas famílias)".[374] Além disso, propõe a revisão dos modelos de prestação baseados em parcerias público-privadas, com ênfase na concorrência e na previsão de mecanismos que assegurem a efetiva prestação de serviços. Finalmente, a autora defende a revisão do financiamento das prestações a "partir da repartição justa e equitativa da conta entre os beneficiários das prestações, os utentes dos sistemas e os contribuintes".[375]

Não se pode prosseguir, portanto, sob a crença de uma sociedade de abundância que se afirme capaz de assegurar direitos sem perspectiva de financiamento suficiente ao longo do tempo. Assim agindo, ao invés de se proteger direitos fundamentais, pode-se levar à ruptura da ordem jurídica pela falta de possibilidades materiais de realização. Portanto, a interpretação e a aplicação das normas constitucionais, notadamente, no que se refere à realização dos direitos sociais prestacionais, requerem a consideração da realidade constitucional, da escassez de recursos, da sustentabilidade do Estado e da reserva do possível.[376]

Embora possa encontrar outros fundamentos, a consideração da realidade constitucional e da escassez para a aplicação das normas

---

políticas públicas e da necessidade de se decidir sobre a alocação de recursos conforme as orientações políticas – vez por outra não muito republicanas – dos grupos que se encontram no poder.

[374] SILVA, Suzana Tavares. *Direitos fundamentais na arena global*, cit., p. 231.
[375] SILVA, Suzana Tavares. *Direitos fundamentais na arena global*, cit., p. 231.
[376] Não se propõe que a consideração da escassez venha a negar a natureza jusfundamental dos direitos sociais, nem que se torne argumento apto a impedir, como regra geral, a sua eficácia. Os direitos fundamentais de todas as suas naturezas e gerações constrangem o legislador e o administrador público ao impor-lhes um programa cuja realização, ainda que possa ser diferida no tempo, exige o efetivo empenho do Estado. Assim, concorda-se com Víctor Abramovich e Christian Courtis para os quais "(...) aun en un contexto de relativa escasez económica, la asunción de obligaciones de este tipo supone una autolimitación de la discrecionalidad del Estado en materia de disposición presupuestaria. Nuestra intención es la de señalar la necesidad de implementación de formas concretas de exigir el complimiento de esta autolimitación por parte del sujeto obligado (el Estado) y por iniciativa de los sujetos beneficiarios (las personas)". ABRAMOVICH, Víctor; COURTIS, Christian. *Los derechos sociales como derechos exigibles*, cit., p. 37.

constitucionais torna relevante a análise do princípio da sustentabilidade na concepção, na execução e no controle das políticas públicas e ações estatais. A sustentabilidade exige do legislador e do administrador público o planejamento e o compromisso com interesses coletivos de longo prazo, ou seja, para além do período que abrange o mandato.[377] Para J. J. Gomes Canotilho, a sustentabilidade é um elemento estrutural típico do estado constitucional atual.[378] Na prática, faz emergir deveres para as gerações atuais em face das gerações futuras, a fim de assegurar a estas, ao menos, a vida em iguais condições de dignidade que as gerações atuais. Para Carla Magalhães, a sustentabilidade é "a garantia de uma possibilidade de realização da Constituição e da dignidade da pessoa humana (no tempo)".[379]

Percebe-se, pois, que as preocupações com a sustentabilidade conduzem à promoção de políticas públicas com efeito de longo prazo. Assim, para além de uma leitura restrita que muito tem influenciado o Direito Ambiental, a sustentabilidade abrange preocupações com a utilização dos recursos naturais e sua disponibilidade para as próximas gerações – sustentabilidade ambiental –; com o excessivo endividamento do Estado que possa comprometer as finanças públicas e onerar excessivamente as futuras gerações – sustentabilidade econômica ou fiscal –; assim como com a organização da socialidade, sobretudo diante dos novos desafios demográficos decorrentes do envelhecimento populacional e aumento da expectativa de vida, com impacto na previdência social e na saúde – sustentabilidade social.[380]

O princípio da sustentabilidade, portanto, impõe ao operador do Direito a reapreciação das categorias jurídicas clássicas levando em conta a escassez de recursos e o custo de oportunidade de sua alocação, já que o investimento em uma área, por vezes pode levar à carência de

---

[377] JAKAB, Andras. Sustainability in European Constitutional Law. *Max Planck Institute for Comparative Public Law & International Law (MPIL) Research Paper* [em linha], n. 16, p. 2, July 2016. Acesso em: 21 jul. 2019. Disponível em: https://ssrn.com/abstract=2803304 or http://dx.doi.org/10.2139/ssrn.2803304.

[378] CANOTILHO, J. J. Gomes. O Princípio da sustentabilidade como Princípio estruturante do Direito Constitucional. *Revista de Estudos Politécnicos*, v. VIII, n. 13, p. 8, 2010.

[379] MAGALHÃES, Carla Sofia Dantas. O Estado regulador de garantia: Justiça para com os netos e para com os bisnetos. In: LOUREIRO, João Calos et al. *Diálogos sobre Pensar a Justiça entre as Gerações, de Axel Gosseries*. Coimbra: Instituto Jurídico, 2016, p. 77.

[380] Para se aprofundar no tema, recomendam-se os seguintes artigos, já citados: CANOTILHO, J. J. Gomes. O Princípio da sustentabilidade como Princípio estruturante do Direito Constitucional, cit. JAKAB, Andras. Sustainability in European Constitutional Law, cit.

investimentos em outra.[381] Acarreta, ainda, uma preocupação de longo prazo, voltada para a realização de princípios constitucionais como isonomia e igualdade (sob o signo da não discriminação) e dignidade da pessoa humana não apenas no tempo presente, mas também no futuro.

No entanto, os aspectos relacionados à escassez que encontram maior desenvolvimento no âmbito da doutrina jurídica são as implicações à eficácia dos direitos fundamentais – notadamente dos direitos fundamentais sociais – provocadas pela cláusula da reserva do possível.

A partir da constatação de que o acesso aos direitos fundamentais sociais, em especial, aqueles de caráter prestacional, exige a previsão e o emprego de recursos do Estado e são efetivados progressivamente, segundo as condições fáticas e jurídicas, afirma-se que "são direitos «sob reserva do possível»".[382]

A chamada cláusula da reserva do possível é um argumento que surgiu na doutrina alemã na década de 1970 como uma objeção à eficácia dos direitos sociais prestacionais. O argumento consiste em afirmar que a efetivação de prestações demandadas ao Estado exige, a um só tempo, a razoabilidade da demanda apresentada, assim como a disponibilidade financeira e jurídica dos recursos. Quanto ao primeiro aspecto, a pretensão apresentada deve corresponder a um objeto cujo custeio o indivíduo possa razoavelmente exigir da sociedade. Não se deve onerar a coletividade em demasia para buscar o acesso a algo que represente mero conforto e que não seja necessário para a vida com dignidade. Por outro lado, há que se verificar se o Estado tem autorização legal para dispor do recurso, isto é, se conta com previsão orçamentária para realizar a despesa pública. Embora muitos enxerguem este obstáculo

---

[381] "Social and economic rights adjudication may also involve complex policy choices with far-reaching social and economic ramifications. (…) in order for courts to adjudicate social and economic rights effectively, they must be sensitive to the issue of competing needs and claims on resources." NOLAN, Aoife; PORTER, Bruce; LANGFORD, Malcolm. The justiciability of social and economic rights: an updated appraisal, cit., p. 18.

[382] ANDRADE, José Carlos Vieira de. *Os direitos fundamentais na Constituição portuguesa de 1976*, cit., p. 180. J. J. Gomes Canotilho, tratando da eficácia dos direitos sociais e das mitigações impostas pela reserva do possível afirma que "Parece inequívoco que la realización de los derechos económicos, sociales y culturales se caracteriza: (1) por la *gradualidad* de su realización; (2) por la *dependencia financiera* del presupuesto del Estado; (3) por la *tendencial libertad de conformación del legislador* en cuanto a las políticas de realización de estos derechos; (4) por la *insusceptibilidad de control jurisdiccional* de los programas político-legislativos, a no ser cuando éstos se manifiestan en clara contradicción con las normas constitucionales o cuando, manifiestamente, soportan dimensiones poco razonables." CANOTILHO, José Joaquim Gomes. Metodología "fuzzy" y "camaleones normativos" en la problemática actual de los derechos económicos, sociales y culturales, cit., p. 44-45, grifos no original.

como superável[383] – e, de fato, acreditamos que, sob determinadas condições, realmente é –, não se pode banalizar a importância do ciclo orçamentário como instrumento para a racionalização da aplicação dos recursos públicos por meio da participação dos representantes do povo. Por fim, a reserva do possível envolve, ainda, a efetiva disponibilidade dos valores necessários para custear a prestação. Essa objeção deve ser analisada, sobretudo, à luz dos princípios da igualdade e da não discriminação, considerando, portanto, não apenas o custeio do pleito individualmente considerado, mas a possibilidade de universalização da prestação pleiteada.[384]

O argumento da reserva do possível expõe a angústia do gestor público, uma vez que, embora múltiplas e relevantes as diversas finalidades do Estado, os recursos são escassos. Dessa forma, como já dito, o investimento em uma área pode implicar o desinvestimento em outra. Além disso, coloca em evidência, sob a perspectiva financeira, o dilema entre a garantia das prestações individuais e o custeio de direitos para a coletividade, a exigir, portanto, a necessária racionalização dos serviços públicos pelo Estado.

No Brasil, o tema da cláusula da reserva do possível foi especialmente apreciado no julgamento da Arguição de Descumprimento de Preceito Fundamental nº 45, de 2004, pelo Supremo Tribunal Federal,

---

[383] Saulo Lindorfer Pivetta, à luz do Direito brasileiro, pontua, quanto à eficácia dos direitos sociais diante da cláusula da reserva do possível, inclusive no que se refere à justiciabilidade: "esclarece-se, de antemão, que a reserva do financeiramente possível e do politicamente oportuno ou adequado, embora constituam óbices que podem limitar as possibilidades do julgador, não representam barreira intransponível". PIVETTA, Saulo Lindorfer. *Direito fundamental à saúde*: regime jurídico, políticas públicas e controle judicial. São Paulo: Revista dos Tribunais, 2014, p. 223.

[384] SARLET, Ingo Wolfgang. *A eficácia dos direitos fundamentais*, cit., p. 276. O argumento foi utilizado pela Corte Constitucional da África do Sul no caso *Soobramoney v. Minister of Health*. Na ocasião uma pessoa com doença renal crônica pleiteou o tratamento de hemodiálise que afirmava não ter condições para custear no hospital de Durban, tendo por fundamento o direito a um tratamento médico emergencial e o direito à vida, ambos previstos na Constituição daquele país. O acesso à hemodiálise havia sido negado pelo hospital, que, em razão da limitação de recursos, estabeleceu um protocolo por meio do qual o tratamento era assegurado apenas para pacientes com doença renal aguda e que poderiam ser tratados e curados com a hemodiálise, assim como para aqueles que poderiam ser transplantados. A Corte rejeitou o pedido do requerente sob o fundamento de que se tratava de uma condição crônica, irreversível, e que os recursos disponíveis já estavam sobreutilizados para o programa de hemodiálise. Caso todas as pessoas na mesma condição do requerente fossem admitidas ao serviço, haveria o colapso do programa, com prejuízo à coletividade ("if everyone in the same condition as the appellant were to be admitted the carefully tailored programme would collapse and no one would benefit from that"). SOUTH AFRICA. Constitutional Court of South Africa – Case CCT 32/97, Thiagraj Soobramoney v. Minister of Health (Kwazulu-Natal), cit.

ao tratar da eficácia do direito à saúde. Na ocasião, o relator, Ministro Celso de Melo, afirmou os requisitos de razoabilidade da pretensão e disponibilidade orçamentária e financeira do Estado para o custeio do direito social pleiteado. Ressaltou, contudo, o ônus do Estado em demonstrar a falta de recursos públicos e censurou a "indevida manipulação de sua atividade financeira e/ou político-administrativa" com o objetivo de se "criar obstáculo artificial que revele o ilegítimo, arbitrário e censurável propósito de fraudar, de frustrar e de inviabilizar o estabelecimento e a preservação, em favor da pessoa e dos cidadãos, de condições materiais mínimas de existência".[385]

O argumento da reserva do possível, portanto, exige demonstração idônea pelo Estado da incapacidade de custeio da prestação e o seu empenho na realização do direito fundamental relacionado à prestação pleiteada. Além disso, a reserva do possível não pode, a nosso aviso, constituir óbice intransponível para a realização de prestações que sejam necessárias para assegurar condições materiais de vida condigna no âmbito do mínimo existencial e do núcleo essencial de direitos fundamentais, como se demonstrará a seguir.[386]

Em ritmo de encerramento desta seção, conclui-se que a cláusula da reserva do possível é um argumento de objeção à eficácia dos direitos sociais prestacionais e os afeta intrinsecamente na medida em que seu objeto são bens e serviços que devem ser prestados pelo Estado diretamente, mediante empenho de seus recursos financeiros, materiais e humanos, ou contratados no mercado. Diversamente ocorre com os direitos civis e políticos em relação aos quais a escassez os afeta indiretamente, ou seja, quanto à sua imperatividade e garantia.[387] Ainda,

---

[385] BRASIL. Supremo Tribunal Federal – Medida Cautelar na Arguição de Descumprimento de Preceito Fundamental nº 45. Relator: Ministro Celso de Mello [em linha]. Diário de Justiça da União, Brasília, 4 maio 2004. Acesso em: 5 jun. 2020. Disponível em: https://jurisprudencia.stf.jus.br/pages/search/despacho120879/false.

[386] Nessa linha, Maria João Estorninho e Tiago Macieirinha afirmam que "a chamada reserva do possível apenas é operativa para lá do conteúdo constitucionalmente determinado dos direitos sociais". ESTORNINHO, Maria João; MACIEIRINHA, Tiago. *Direito da saúde*. Lisboa: Universidade Católica Editora, 2014, p. 47.

[387] Apoiamos nossa convicção nos argumentos de Jorge Reis Novais: "Tomados como um todo, encontramos nos dois tipos de direitos modalidades de afectação pela reserva do financeiramente possível. Há, no entanto, uma diferença possível. Enquanto os bens de liberdade e de autonomia jusfundamentalmente protegidos pelos direitos de liberdade não custam (...), então, em princípio, a reserva do financeiramente possível não os afecta intrinsecamente; só os afecta relativamente aos deveres estatais destinados a promover o acesso individual a esses bens ou a garantir a sua efectividade prática através da criação de institutos, procedimentos, serviços, apoios ou compensações. Diferentemente, como os

é necessário destacar que o reconhecimento da cláusula da reserva do possível e a negativa de acesso a certa prestação no âmbito de direitos econômicos, sociais e culturais em razão da ausência de previsão e da carência de recursos estatais não nega a natureza jusfundamental dos direitos sociais, que fica preservada, embora em concreto, a específica prestação pleiteada não possa ser atendida pelo Estado.[388]

b) Princípio ou máxima da proporcionalidade

O princípio da proporcionalidade é, na atualidade, um importante *standard* para interpretação das normas constitucionais, sobretudo no que se refere à apreciação de conflitos entre bens jurídicos, interesses e valores, e das medidas de limitação aos direitos fundamentais. Na primeira hipótese, sob a veste de concordância prática, Konrad Hesse aponta sua importância para contribuir para a unidade da Constituição como um sistema normativo.[389] Por essa razão, a harmonização de normas em colisão deve buscar a eficácia ótima dos preceitos constitucionais.[390] Por outro lado, empregado para a apreciação das limitações

---

bens jusfundamentalmente protegidos pelos direitos sociais são bens escassos, custosos, procuráveis no mercado, então a reserva do financeiramente possível, em geral, afecta-os intrinsecamente; só não os afecta relativamente aos deveres estatais de respeito e não impedimento do acesso a esses bens por parte dos particulares que dispõem, por si mesmos, dos correspondentes recursos próprios para garantir o acesso." NOVAIS, Jorge Reis. *Direitos sociais*: teoria jurídica dos direitos sociais enquanto direitos fundamentais, cit., p. 103.

[388] É o que afirma mais uma vez Jorge Reis Novais, para quem "(...) a existência de uma 'reserva do possível' afectando os direitos sociais, nos termos analisados, não colocaria em causa a natureza jusfundamental deste tipo de direitos". NOVAIS, Jorge Reis. *Direitos sociais*: teoria jurídica dos direitos sociais enquanto direitos fundamentais, cit., p. 103. Quanto ao direito à saúde, Marlon Alberto Weichert é enfático: "É de suma importância compreender que a insuficiência de verba não altera nem restringe o conteúdo do direito fundamental à saúde. No máximo, tratar-se-ia de uma situação fática que traz um insuperável empecilho à implementação do direito. O reconhecimento da existência da reserva do possível dispensa o Poder Público da responsabilidade pelo inadimplemento do direito fundamental social, mas não impede de reconhecer sua frustração. Seria uma cláusula de inexigibilidade de cumprimento do dever constitucional". WEICHERT, Marlon Alberto. O direito à saúde e o princípio da integralidade. *In*: SANTOS, Lenir (Org.). *Direito da Saúde no Brasil*. Campinas: Saberes, 2010, p. 127.

[389] HESSE, Konrad. *Elementos de Direito Constitucional da República Federal da Alemanha*, cit., p. 66. Ingo Sarlet, ao tratar da eficácia dos direitos fundamentais à luz da Constituição brasileira, propõe que, para contribuir para a unidade da Constituição, a tarefa de harmonização dos bens, valores ou interesses em conflito deve reconduzir a solução adotada à proteção do princípio da dignidade da pessoa humana, eixo orientador dos ordenamentos jurídicos dos regimes democráticos atuais. SARLET, Ingo Wolfgang. *A eficácia dos direitos fundamentais*, cit., p. 369.

[390] HESSE, Konrad. *Elementos de Direito Constitucional da República Federal da Alemanha*, cit., p. 66.

aos direitos fundamentais, o princípio da proporcionalidade é um importante instrumento de proteção e de garantia de eficácia. Assim, como proibição de excesso, é utilizado para o controle de atos do Poder Público.[391]

O princípio da proporcionalidade tem suas origens no Direito Administrativo, ainda no século XIX, quando surgiu para a apreciação das restrições impostas pelo Poder Público à liberdade individual no exercício de suas prerrogativas decorrentes do poder de polícia.[392] À doutrina e à jurisprudência alemãs devem ser conferidos créditos pela sua transposição para o Direito em geral e notadamente para o âmbito do Direito Constitucional.[393] Na atualidade, compreende-se o princípio da proporcionalidade como um princípio geral do Direito.[394]

É possível identificar fundamentos variados para o princípio da proporcionalidade. Há autores que afirmam que ele decorre da natureza dos direitos fundamentais,[395] outros apontam que ele advém da afirmação do Estado de Direito[396] e há quem indique que o princípio da proporcionalidade encontra fundamento em uma compreensão material ou substancial do princípio do devido processo legal.[397] Parece mais clara, a nosso aviso, a vinculação do princípio da proporcionalidade à noção de

---

[391] CANOTILHO, J. J. GOMES. *Direito Constitucional e Teoria da Constituição*, cit., p. 268.

[392] SCHOLLER, Heinrich. O princípio da proporcionalidade no direito constitucional e administrativo da Alemanha. *Interesse Público*, ano 1, n. 2, (1999), p. 93. CANOTILHO, J. J. GOMES. *Direito Constitucional e Teoria da Constituição*, cit., p. 266. BONAVIDES, Paulo. *Curso de direito constitucional*, cit., p. 398.

[393] O caso Lüth, já descrito na nota 276, é considerado um precedente fundamental sobre a utilização do princípio da proporcionalidade para a tarefa de solução de conflitos entre bens ou interesses em tensão. Na decisão, o Tribunal Constitucional afirmou que as normas gerais que limitam direitos fundamentais devem ser estabelecidas de maneira a preservar a eficácia daqueles. "(...) general laws which have the effect of limiting a basic right must be read in the light of its significance and always be construed so as to preserve the special value of this right". GERMANY. Federal Constitutional Court – BVerfGE 7, 198, cit. O Tribunal Constitucional, na ocasião, afirmou a necessidade de se proceder a um "balanceamento" entre os interesses em conflito. Em Portugal, o princípio da proporcionalidade encontra acolhimento no art. 18º, n. 2, da Constituição, que estabelece que "a lei só pode restringir os direitos, liberdades e garantias nos casos expressamente previstos na Constituição, devendo as restrições limitar-se ao necessário para salvaguardar outros direitos ou interesses constitucionalmente protegidos".

[394] BONAVIDES, Paulo. *Curso de direito constitucional*, cit., p. 399. OTERO, Paulo. *Manual de Direito Administrativo*. V. I. Coimbra: Almedina, 2014, p. 370.

[395] ALEXY, Robert. *Teoria dos direitos fundamentais*, cit., p. 116.

[396] HESSE, Konrad. *Elementos de Direito Constitucional da República Federal da Alemanha*, cit., p. 158.

[397] CUNHA JÚNIOR, Dirley da. *Curso de Direito Constitucional*. 4. ed. Salvador: Juspodivm, 2010, p. 227. SARLET, Ingo Wolfgang; MARINONI, Luiz Guilherme; MITIDIERO, Daniel. *Curso de Direito Constitucional*, cit., p. 213.

Estado de Direito, o que implica para o Poder Público um dever de atuar não apenas nos limites da legalidade, mas conforme a Constituição.[398] Com isso, seus poderes e prerrogativas estão subordinados não apenas a uma reserva legal, mas à reserva de lei proporcional.[399] Em resumo, exige-se do Estado, nas suas atividades em geral, uma atuação ponderada, equilibrada, sopesando os meios empregados – notadamente as restrições aos direitos fundamentais – diante dos fins almejados.[400]

Embora a expressão princípio da proporcionalidade seja bastante difundida, Robert Alexy afirma que não se trata, em verdade, de um princípio na acepção em que trata do tema. Com efeito, para o autor, "os princípios são mandamentos de otimização em face das possibilidades jurídicas e fáticas",[401] o que ocorre, em boa parte, com as normas que disciplinam direitos fundamentais e, em especial, direitos sociais. O princípio ou máxima da proporcionalidade, utilizado como instrumento para a harmonização de conflitos normativos ou para o controle das ações do Estado em face dos direitos fundamentais, é um método de operar o Direito cujos critérios que propõe e serão expostos a seguir, na realidade, podem ser compreendidos como regras.[402]

A aplicação do princípio da proporcionalidade requer sua decomposição em três subprincípios ou máximas. O emprego dessas máximas permite que o processo de tomada de decisão ocorra de forma racional e metodologicamente orientada. Assim, propõe-se a análise em três níveis, em sequência, por meio da avaliação da adequação ou idoneidade da medida, necessidade e proporcionalidade em sentido estrito.

---

[398] BACHOF, Otto. *Jueces y Constitución*, cit., p. 43.

[399] SCHOLLER, Heinrich. O princípio da proporcionalidade no direito constitucional e administrativo da Alemanha, cit., p. 94. MENDES, Gilmar Ferreira; BRANCO, Paulo Gustavo Gonet. *Curso de Direito Constitucional*, cit., p. 225.

[400] "Poder-se-á enfim dizer, a esta altura, que o princípio da proporcionalidade é hoje axioma do Direito Constitucional, corolário da constitucionalidade e cânone do Estado de direito, bem como regra que tolhe toda a ação ilimitada do poder do Estado no quadro de juridicidade de cada sistema legítimo de autoridade." BONAVIDES, Paulo. *Curso de direito constitucional*, cit., p. 436.

[401] ALEXY, Robert. *Teoria dos direitos fundamentais*, cit., p. 117.

[402] "A máxima da proporcionalidade é com frequência denominada 'princípio da proporcionalidade'. Nesse caso, no entanto, não se trata de um princípio no sentido aqui empregado. A adequação, a necessidade e a proporcionalidade em sentido estrito não são sopesadas contra algo. Não se pode dizer que elas às vezes tenham precedência, e às vezes não. O que se indaga é, na verdade, se as máximas parciais foram satisfeitas ou não, e sua não-satisfação tem como consequência uma ilegalidade. As três máximas parciais devem ser, portanto, consideradas como regras." ALEXY, Robert. *Teoria dos direitos fundamentais*, cit., p. 117.

Primeiramente, há que se avaliar se a medida que restringe o direito fundamental é idônea a alcançar o fim proposto. Com efeito, não há razão para mitigar a eficácia de bem, valor, interesse ou norma se não se busca um fim legítimo e se a medida não é apta a atingir esse fim. Uma conclusão negativa, de imediato, acarreta um juízo de desproporcionalidade. Ao contrário, uma avaliação positiva permite a progressão para o segundo estágio, que é de aferição da necessidade da via eleita. Neste momento, há que se analisar se o meio proposto para alcançar o fim colimado é aquele menos gravoso à disposição para se realizar o fim desejado. Com efeito, se está disponível alternativa que possa causar menos prejuízo a direitos fundamentais, a medida utilizada deve ser considerada transgressora do princípio da proporcionalidade. Assim, dado o caráter sequencial do procedimento de aplicação do princípio da proporcionalidade, uma medida, ainda que adequada, pode não ser necessária, dada a existência de via menos gravosa. Não obstante, o contrário não é possível, ou seja, identificar medida necessária, mas não adequada, já que esta avaliação – da adequação ou da idoneidade – precede àquela.[403] Registra-se, por fim, que as avaliações da adequação e da necessidade têm em consideração a aplicação ótima das normas sobre direitos fundamentais diante das possibilidades fáticas.[404]

Identificada que a medida proposta é adequada e necessária, aprecia-se se é proporcional em sentido estrito. Neste ponto, procede-se à aferição específica do equilíbrio entre meios e fins, isto é, deve-se "pesar as desvantagens dos meios em relação às vantagens do fim".[405] Como pontua Paulo Otero, trata-se de um método a ser empregado no processo decisório para "construir, por via argumentativa e mediante fundamentação adequada, decisões jurídicas de prioridades alicerçadas em bens, interesses ou valores conflitantes".[406] Nesta fase, segundo Robert Alexy, a eficácia dos direitos fundamentais é analisada conforme as possibilidades jurídicas, ou seja, em face da medida conflitante.[407]

Para a atividade de ponderação, Paulo Otero propõe que se proceda, inicialmente, à identificação das realidades em conflito. Há que se ter especial cautela neste momento a fim de evitar erro na

---

[403] ALEXY, Robert. *Teoria dos direitos fundamentais*, cit., p. 118 e seguintes.
[404] ALEXY, Robert. *Teoria dos direitos fundamentais*, cit., p. 118.
[405] CANOTILHO, J. J. Gomes. *Direito Constitucional e Teoria da Constituição*, cit., p. 270.
[406] OTERO, Paulo. *Manual de Direito Administrativo*, cit., p. 432.
[407] ALEXY, Robert. *Teoria dos direitos fundamentais*, cit., p. 118.

avaliação das realidades. Conhecido o contexto, deve-se atribuir o peso correspondente aos bens, interesses, valores ou normas em conflito, com o emprego de argumentação racional. Finalmente, há que se decidir sobre a prevalência entre as realidades em colisão.[408] Com tudo isso, o tomador de decisão deve harmonizá-las e assegurar eficácia ótima aos preceitos constitucionais, assim como reconduzir a solução ao sistema a fim de contribuir para a unidade da Constituição.[409] Ressalta-se que, quanto maior a afetação de um direito fundamental, maior deverá ser o ônus argumentativo e a importância da satisfação do outro interesse que está em colisão.[410]

Os excessos na atividade no Poder Público podem ser aferidos tanto em relação à atividade legislativa como administrativa. Dessa forma, o princípio da proporcionalidade torna mais estreitas as margens de discricionariedade do legislador e do administrador público e protege a eficácia dos direitos fundamentais. É preciso, contudo, que o controle da medida adotada, mormente quando realizado pelo Poder Judiciário, seja feito com parcimônia e considere as condições do juízo feito ao tempo da realização do ato, evitando, nas palavras de Heinrich Scholler, "uma espécie de prognose póstuma".[411]

A par da aferição da proporcionalidade das medidas de afetação aos direitos fundamentais, o princípio da proporcionalidade implica também um dever de proteção suficiente.[412] Trata-se de norma que, portanto, possui dupla face e pode ser utilizada "para o controle da omissão ou atuação insuficiente do Estado no cumprimento dos seus deveres de proteção".[413] Em razão do princípio da proporcionalidade sob o enfoque de proteção suficiente, defende-se que as normas legais que disciplinam direitos fundamentais formam com estes uma "unidade

---

[408] OTERO, Paulo. *Manual de Direito Administrativo*, cit., p. 445-447.
[409] HESSE, Konrad. *Elementos de Direito Constitucional da República Federal da Alemanha*, cit., p. 66. QUEIROZ, Cristin. *O tribunal Constitucional e os direitos sociais*, cit., p. 66.
[410] ALEXY, Robert. *Teoria dos direitos fundamentais*, cit., p. 167 e seguintes.
[411] SCHOLLER, Heinrich. *O princípio da proporcionalidade no direito constitucional e administrativo da Alemanha*, cit., p. 98.
[412] Fala-se, também, em princípio da proibição de proteção insuficiente. Ver MENDES, Gilmar Ferreira; BRANCO, Paulo Gustavo Gonet. *Curso de Direito Constitucional*, cit., p. 226.
[413] SARLET, Ingo Wolfgang; MARINONI, Luiz Guilherme; MITIDIERO, Daniel. *Curso de Direito Constitucional*, cit., p. 338.

sistêmica" e, na medida em que se revelem necessárias para viabilizar o gozo dos direitos, são retiradas à livre disposição do legislador.[414]

c) Mínimo existencial

Ainda que a complexidade estrutural dos direitos sociais a prestações consagre outras dimensões normativas, sua característica típica é promover o acesso a bens de natureza económica, social e cultural absolutamente indispensáveis a uma vida digna, como destaca Jorge Reis Novais.[415] É possível afirmar, nessa linha, que, como resposta à questão social envolvendo os trabalhadores no final do século XIX e início do século XX, assim como à destruição das estruturas sociais decorrente das duas guerras mundiais, a fruição de direitos sociais assumiu relevância coletiva, o que levou diversos países a adotar o modelo de Estado Social e a atribuir a este a incumbência de promover as condições para a satisfação das necessidades básicas da população.

Nessa linha, a existência de situações de grave privação no mundo atual ao mesmo tempo em que significativa parte da população desfruta de boas rendas, além de bens materiais e serviços para sua comodidade e conforto, atenta contra o sentido de justiça. É necessário olhar para as pessoas que foram deixadas para trás no processo de desenvolvimento dos países, como afirma Angus Deaton, e não apenas para os resultados gerais de caráter econômico, sobretudo informações sobre a evolução da economia mundial.[416] Como pontua Amartya Sen, presentes situações de injusta privação, há um imperativo ético e um forte argumento social para a mobilização de recursos e a correção dessas injustiças.[417]

O reconhecimento dos direitos sociais e o desenvolvimento do modelo do Estado social estão associados à compreensão de que o Estado deve cuidar da socialidade e velar pela melhoria das condições de vida e bem-estar da população. Essa decisão repercute no Direito

---

[414] QUEIROZ, Cristina. *O Tribunal Constitucional e os direitos sociais*, cit., p. 68. A existência de um princípio de proibição do retrocesso social será mais bem discutida em tópico à frente.

[415] NOVAIS, Jorge Reis. *Direitos sociais*: teoria jurídica dos direitos sociais enquanto direitos fundamentais, cit., p. 20.

[416] DEATON, Angus. *The great escape:* health, wealth, and the origins of inequality, cit., p. 5-6.

[417] SEN, Amartya. *A ideia de justiça*, cit., p. 239. Um pouco mais adiante, o autor reafirma: "(...) se alguma ação que pode ser livremente empreendida está ao alcance de uma pessoa (o que a torna factível), e se essa pessoa avalia que empreender a ação vai criar uma situação mais justa no mundo (o que a torna reforçadora da justiça), então esse é um argumento suficiente para que a pessoa considere seriamente o que deve fazer tendo em conta esse reconhecimento". SEN, Amartya. *A ideia de justiça*, cit., p. 240.

e, portanto, as situações de privação de condições materiais passam a reclamar, também, respostas jurídico-normativas.

Assim, costuma-se apontar que a iniciativa de propor a existência de um dever jurídico do Estado de prover condições mínimas para a vida com dignidade, correspondente, sob o ponto de vista subjetivo, a um direito social a prestações, partiu de Otto Bachof, publicista alemão, em obra publicada no início da década de 1950. Poucos anos depois, em 1954, o direito a um mínimo existencial foi reconhecido em decisão do Tribunal Administrativo Federal e, mais tarde, em 1975, pelo Tribunal Constitucional Federal.[418]

Nada obstante, Daniel Sarmento identifica na obra de Pontes de Miranda, em 1933, referência ao direito a um mínimo vital que seria devido pelo Estado.[419] Seja como for, a partir da formulação da doutrina alemã e do reconhecimento pelos tribunais germânicos, o direito ao mínimo existencial encontrou eco em tribunais de outros países, dentre os quais, Portugal e Brasil.[420]

O direito ao mínimo existencial ou mínimo para existência condigna consiste no acesso a um conjunto de prestações materiais para a satisfação das necessidades básicas e para assegurar a vida com dignidade, abrangendo alimentação, educação, saúde, moradia, vestuário, higiene, entre outras. Segundo a compreensão que predomina atualmente, não se trata de um direito a um mínimo vital, essencial para a manutenção da sobrevivência biológica do organismo, mas vai além para viabilizar que a pessoa tenha condições de se manter com autonomia e participar da vida social.[421]

Como afirma Daniel Sarmento, não é possível estabelecer, *a priori*, um conjunto definido de prestações que devem configurar o

---

[418] SARLET, Ingo Wolfgang. *A eficácia dos direitos fundamentais*, cit., p. 310. SARLET, Ingo Wolfgang; FIGUEIREDO, Mariana Filchtiner. Reserva do possível, mínimo existencial e direito à saúde: algumas aproximações. *In*: SARLET, Ingo Wolfgang; TIMM, Luciano Benetti (Org.). *Direitos fundamentais*: orçamento e reserva do possível. Porto Alegre: Livraria do Advogado, 2008, p. 19.

[419] SARMENTO, Daniel. O mínimo existencial. *Revista de Direito da Cidade*, v. 8, n. 4, p. 1.646.

[420] A esse respeito, é possível citar, não por seu pioneirismo, mas por seu caráter paradigmático e grande repercussão a decisão do Acórdão 509/02, do Tribunal Constitucional Português, e a decisão do Supremo Tribunal Federal na Arguição de Descumprimento de Preceito Fundamental nº 45/04. PORTUGAL. Tribunal Constitucional – Acórdão nº 509/02. Relator: Cons. Luís Nunes de Almeida [em linha]. (19 dez. 2002). Acesso em: 06 jun. 2020. Disponível em: http://www.tribunalconstitucional.pt/tc/acordaos/20020509.html. BRASIL. Supremo Tribunal Federal – Medida Cautelar na Arguição de Descumprimento de Preceito Fundamental nº 45, cit.

[421] SARMENTO, Daniel. O mínimo existencial, cit., p. 1.662.

mínimo existencial.⁴²² Uma vez que este direito não corresponde à mera manutenção da sobrevivência, há que ser determinado em concreto e conforme a realidade social e cultural em que se está inserido, razão pela qual pode variar de país para país e de pessoa para pessoa.⁴²³ Ainda, o direito ao mínimo existencial deixa em aberto o catálogo de direitos sociais para permitir que sejam asseguradas prestações sequer previstas nos textos constitucionais, mas que possam ter conexão com a garantia da dignidade humana.⁴²⁴

Por outro lado, ainda que a assistência social e as políticas de renda mínima sejam relevantes para a garantia do mínimo existencial, não se pode estabelecer uma identificação entre ambas. A disponibilidade de renda mínima, de fato, é um recurso importante para permitir que as pessoas tenham acesso a condições mínimas de bem-estar, porém, como destaca Amartya Sen, consiste em um meio para se alcançar os bens da vida.⁴²⁵ Dessa forma, são voltadas para a realização do mínimo existencial as políticas públicas que asseguram direitos sociais, posto que atendem, *in natura*, às necessidades pessoais por meio da prestação de serviços públicos. Ainda assim, é importante registrar que o direito ao mínimo existencial, embora seja efetivado em boa parte pelo acesso às prestações decorrentes de outros direitos fundamentais, constitui uma categoria jurídica autônoma, inclusive, inconfundível com a proteção do núcleo essencial dos direitos fundamentais.⁴²⁶

---

[422] SARMENTO, Daniel. O mínimo existencial, cit., p. 1.663.
[423] Angus Deaton faz uma interessante análise sobre a satisfação das necessidades pessoais nos EUA e na Índia ao analisar criticamente o conceito e o papel das linhas de definição de pobreza. Conferir em DEATON, Angus. *The great escape*: health, wealth, and the origins of inequality, cit., p. 256-257.
[424] SARMENTO, Daniel. O mínimo existencial, cit., p. 1663.
[425] "A utilidade da riqueza está nas coisas que ela nos permite fazer – as liberdades substantivas que ela nos ajuda a obter." SEN, Amartya. *Desenvolvimento como liberdade*, cit., p. 28.
[426] SARLET, Ingo Wolfgang; FIGUEIREDO, Mariana Filchtiner. Reserva do possível, mínimo existencial e direito à saúde: algumas aproximações, cit., p. 25. SARMENTO, Daniel. O mínimo existencial, cit., p. 1.662-1.663. Ricardo Lobo Torres aponta diferenças quanto à eficácia das normas que dispõem sobre direitos fundamentais e o mínimo existencial: "Uma diferença importante entre o mínimo existencial e os direitos econômicos e sociais: enquanto aquele pode prescindir da lei ordinária, os direitos econômicos e sociais dependem integralmente da concessão do legislador, que pode ser orçamentária". TORRES, Ricardo Lobo. O mínimo existencial, os direitos sociais e os desafios de natureza orçamentária. *In*: SARLET, Ingo Wolfgang; TIMM, Luciano Benetti. *Direitos fundamentais*: orçamento e "reserva do possível". Porto Alegre: Livraria do Advogado, 2008, p. 80. Luís Roberto Barroso diverge dessa posição. Para ele, o mínimo existencial está compreendido no núcleo essencial dos direitos fundamentais: "O mínimo existencial, portanto, está no núcleo essencial dos direitos sociais e econômicos, cuja existência como direitos realmente fundamentais – e não como meros privilégios dependentes do processo político – é bastante controvertida em alguns

Dada a abertura e fluidez do direito ao mínimo existencial, deve-se reconhecer que compete, inicialmente, ao legislador e ao administrador público, dentro do jogo político-democrático,[427] a valoração do conceito, a definição das prestações materiais e serviços necessários para a vida com dignidade e sua forma de acesso, resguardada a possibilidade de controle judicial *a posteriori*, segundo o desenho constitucional de cada país. Com razão, como já se apontou, José Carlos Vieira de Andrade destaca a existência de um "espaço para conformação legislativa", pois não há "uma medida certa nem uma fórmula única"[428] para se assegurar as prestações mínimas necessárias para a existência condigna. Para ele, "o legislador tem de fazer opções técnicas e sobretudo políticas, que devem ser avaliadas em função de um princípio de realidade ou de substancialidade".[429]

É possível identificar fundamentos para um direito ao mínimo existencial desde a Declaração Universal dos Direitos Humanos, de 1948. Neste documento, propõe-se, no art. 25º, que "toda pessoa tem direito a um nível de vida suficiente para lhe assegurar e à sua família a saúde e o bem-estar, principalmente quanto à alimentação, ao vestuário, ao alojamento, à assistência médica".[430] Afirma-se, ademais, o "direito à segurança no desemprego, na doença, na invalidez, na viuvez, na velhice ou noutros casos de perda de meios de subsistência por circunstâncias independentes da sua vontade".[431]

No Direito alemão, os fundamentos para o direito ao mínimo existencial partiram da conjugação do princípio da dignidade da pessoa

---

países." BARROSO, Luís Roberto. *A dignidade da pessoa humana no direito constitucional contemporâneo*: a construção de um conceito à luz da jurisprudência mundial, cit., p. 85.

[427] Konrad Hesse ressalta que a concretização do princípio do Estado social abre às "forças sociais e políticas" a possibilidade de contribuir para os critérios de valoração, por meio da participação na formação da vontade política. HESSE, Konrad. *Elementos de Direito Constitucional da República Federal da Alemanha*, cit., p. 177. O autor reafirma sua compreensão em outro escrito: "O mandato geral que contém a cláusula de Estado social de Direito fundamenta a obrigação dos órgãos estatais de buscar uma ordem social justa; no entanto, confia os objetivos concretos e sua prática à decisão que se adote no processo democrático." HESSE, Konrad. Significado dos direitos fundamentais, p. 50.

[428] ANDRADE, José Carlos Vieira de. O "direito ao mínimo de existência condigna" como direito fundamental a prestações estaduais positivas – uma decisão singular do Tribunal Constitucional (Anotação ao acórdão do Tribunal Constitucional nº 509/02, cit., p. 27).

[429] ANDRADE, José Carlos Vieira de. O "direito ao mínimo de existência condigna" como direito fundamental a prestações estaduais positivas – uma decisão singular do Tribunal Constitucional (Anotação ao acórdão do Tribunal Constitucional nº 509/02, cit., p. 27).

[430] ORGANIZAÇÃO DAS NAÇÕES UNIDAS – Declaração Universal dos Direitos Humanos, cit.

[431] ORGANIZAÇÃO DAS NAÇÕES UNIDAS – Declaração Universal dos Direitos Humanos, cit.

humana, da proteção dos direitos à vida e à liberdade e do princípio do Estado Social, já que o país não contém rol expresso de direitos sociais.[432] Compreende-se que o objetivo do Estado Social é viabilizar, pelo menos, o alcance de condições materiais mínimas para a efetividade da proteção à dignidade da pessoa humana.[433] No entanto, com o desenvolvimento doutrinário e jurisprudencial do conceito por variados doutrinadores e em diversas ordens jurídicas, outras raízes foram apontadas.

Nesse contexto, Daniel Sarmento analisa que as doutrinas sobre o mínimo existencial podem reconhecer fundamentos instrumentais ou independentes para a justificação desse direito. No primeiro caso, o mínimo existencial decorre de princípios consagrados tradicionalmente nas ordens jurídicas como a liberdade e a democracia. Por outro lado, o autor filia-se à corrente que afirma que o acesso ao mínimo existencial, embora seja, de fato, relevante para a promoção da liberdade e da democracia, deve ser protegido por sua relevância em si, decorrente do dever ético que emerge da "satisfação das necessidades materiais básicas de pessoas que não tenham condições de fazê-lo por si próprias".[434]

Para Robert Alexy, os direitos fundamentais, inclusive os direitos sociais, têm por objetivo "o livre desenvolvimento da personalidade humana". Dessa forma, a par de assegurarem a liberdade jurídica

---

[432] "The fundamental right to the guarantee of a subsistence minimum that is in line with human dignity from Article 1.1 of the Basic Law (Grundgesetz – GG) in conjunction with the principle of the social welfare state contained in Article 20.1 of the Basic Law ensures to each person in need of assistance the material prerequisites which are indispensable for his or her physical existence and for a minimum of participation in social, cultural and political life." GERMANY. Federal Constitutional Court – 1 BvL 1/09, cit. Para Klaus Stern, o princípio do Estado Social é, a um só tempo, uma autorização e uma determinação ao legislador e ao governo para proverem serviços voltados para a promoção do bem-estar social em geral: "Today one can say that the avowal of the social state is both an authorisation and a mandate primarily to the legislator, but also to government, to shape social order. This interpretation of the enabling character of the social-state principle became the prevailing view. It confers upon the state the power to provide services, to grant benefits and assistance, in other words to forge the welfare state in general. This is borne out by one of the very first decisions of constitutional court. That body stressed the point that the state has a constitutional duty to undertake social activity in order to ensure a tolerable balance of conflicting interests and create bereable living conditions for people in need". STERN, Klaus. A society based on the rule of law and social justice: constitutional model of the Federal Republic of Germany, cit., p. 247.

[433] COURTIS, Christian. The right to food as a justiciable right: challenges and strategies. *Max Planck yearbook of United Nations Law*, v. 11, (2017), p. 330. Para o autor, o reconhecimento de um direito ao mínimo existencial é uma forma de tutela do direito à alimentação utilizada no contexto do Direito alemão e reconhecida, igualmente, pelo Tribunal Federal Suíço ao afirmar o direito de três pessoas apátridas ao acesso a "todas as necessidades humanas básicas, como alimentação, vestuário e moradia" (tradução livre do autor).

[434] SARMENTO, Daniel. O mínimo existencial, cit., p. 1.648-1.657.

– conceituada pelo autor como "permissão jurídica de se fazer ou deixar de fazer algo" – também devem assegurar a liberdade fática ou real, ou seja, "a possibilidade fática de escolher entre as alternativas permitidas".[435] Está aqui, portanto, o fundamento para o direito ao mínimo existencial.

Na mesma linha, Ricardo Lobo Torres, pioneiro no Brasil a tratar do tema, também reconhece a liberdade como fundamento para o direito ao mínimo existencial. Para ele, "sem o mínimo necessário à existência cessa a possibilidade de sobrevivência do homem e desaparecem as condições iniciais da liberdade".[436] Mais adiante, conclui que o direito ao mínimo existencial tem por fundamento as "condições para o exercício da liberdade, que alguns autores incluem na liberdade real, na liberdade positiva ou até na liberdade para, ao fito de diferenciá-las da liberdade que é mera ausência da constrição".[437]

Boa parte da doutrina identifica na proteção da dignidade da pessoa humana o fundamento para o direito ao mínimo existencial. Nessa linha, José Carlos Vieira de Andrade afirma que "a matriz jusfundamental da dignidade humana no quadro do Estado Social implica, como regra absoluta, a garantia do mínimo para uma existência condigna".[438] Na mesma linha, Jorge Miranda aduz que a dignidade da pessoa humana implica assegurar "condições adequadas de vida material".[439] Para Canotilho, "esta garantia do mínimo social resulta já do dever indeclinável dos poderes públicos de garantir a dignidade da pessoa humana e não de qualquer densificação jurídico-constitucional de direitos sociais".[440] Seguindo o mesmo caminho, Ingo Sarlet destaca o aspecto prestacional da proteção da dignidade humana no sentido de assegurar as "necessidades existenciais básicas", ainda que a ação do Estado esteja sujeita ao princípio da subsidiariedade.[441]

Como já se destacou, desde a modernidade aos tempos atuais, a compreensão da dignidade da pessoa humana é fortemente influenciada

---

[435] ALEXY, Robert. *Teoria dos direitos fundamentais*, cit., p. 503-506.
[436] TORRES, Ricardo Lobo. O mínimo existencial e os direitos fundamentais. *Revista de Direito Administrativo*, Rio de Janeiro, n. 177, p. 30, jul./set. 1989.
[437] TORRES, Ricardo Lobo. O mínimo existencial e os direitos fundamentais, cit., p. 30.
[438] ANDRADE, José Carlos Vieira de. O papel do Estado na sociedade e na socialidade, cit., p. 32.
[439] MIRANDA, Jorge. *Manual de direito constitucional*, cit., p. 246.
[440] CANOTILHO, J. J. Gomes. *Direito Constitucional e Teoria da Constituição*, cit., p. 481.
[441] SARLET, Ingo Wolfgang. *Dignidade da pessoa humana e direitos fundamentais na Constituição Federal de 1988*, cit., p. 58.

por Kant, que reconhece o valor intrínseco do ser humano como um fim em si mesmo, diferentemente dos demais objetos e bens, que possuem um valor relativo e se destinam ao alcance de fins. Para ele, o fundamento da dignidade humana repousa na autonomia do homem como ser racional.[442]

Contudo, uma compreensão atual da autonomia deve ultrapassar a simples ausência de coerção e a liberdade de consentir e decidir. No contexto das sociedades democráticas, a autonomia se realiza com a possibilidade de integração e participação social. Dessa forma, a autonomia deve ser analisada segundo as possibilidades reais de que a pessoa dispõe, as quais podem ser limitadas por procedimentos injustos ou pela privação de capacidades para a realização de projetos de vida que as pessoas teriam razões para valorizar em decorrência da carência, da morte prematura, do adoecimento evitável, da fome ou da falta de acesso à educação, por exemplo.[443]

Por outro lado, ainda que a apreciação da autonomia se limite ao livre consentimento, este pode estar prejudicado quando ausentes condições materiais para a vida condigna. Nessa linha, como destaca Michael Sandel, a decisão de um camponês de vender um rim ou uma córnea no mercado ilegal para alimentar sua família não é de fato voluntária, mas sim uma opção determinada pela situação de privação.[444]

---

[442] KANT, Immanuel. *Fundamentação da metafísica dos costumes e outros escritos*, cit., p. 66.

[443] SEN, Amartya. *Desenvolvimento como liberdade*, cit., p. 32.

[444] O autor questiona a adequação dos mecanismos de mercado e o acesso a determinados bens e expõe aquela que denomina de objeção de equanimidade: "A objeção da equanimidade lembra a injustiça que pode estar sendo praticada quando alguém compra e vende algo em condições de desigualdade ou grave necessidade econômica. De acordo com aqueles que fazem essa objeção, as alterações operadas no mercado nem sempre são tão voluntárias quanto querem fazer crer os entusiastas do mercado. Um camponês pode decidir vender o rim ou a córnea para alimentar a família, mas essa concordância talvez não seja de fato voluntária. Ele pode, na verdade, estar sendo injustamente coagido por uma situação de privação.
(...)
O argumento da equanimidade volta-se para o ideal do consentimento, ou, mais precisamente, para esse ideal em contexto justo. Um dos principais argumentos em favor do uso dos mercados para da distribuição dos bens é que respeitam a liberdade de escolha. Permitem que cada um escolha por si mesmo se quer vender este ou aquele bem por determinado preço. Mas a objeção da equanimidade chama a atenção para o fato de que algumas dessas escolhas não são realmente voluntárias. As escolhas de mercado não são livres se determinadas pessoas estão em situação de pobreza desesperadora ou sem condições de barganhar em termos justos. Assim, para saber se uma escolha de mercado é de fato livre, devemos questionar quais as condições de desigualdade do contexto social que comprometem um real consentimento. Em que momento as desigualdades do poder de barganha coagem os que estão em desvantagem e põem em risco a justiça dos acordos?". SANDEL, Michael. *O que o dinheiro não compra: os limites morais do mercado*, cit., p. 110-111.

Dessa forma, compreende-se que o direito ao mínimo existencial tem por fundamento a dignidade humana, uma vez que incumbe ao Estado, para além de respeitar a autonomia das pessoas e protegê-la das ações de terceiros, promover condições para a satisfação das necessidades materiais básicas para a sobrevivência e para o exercício da liberdade real. Como bem pontua Luís Roberto Barroso, "a autonomia não pode existir onde as escolhas são ditadas apenas por necessidades pessoais".[445]

O direito ao mínimo existencial comunga da complexidade normativa dos demais direitos fundamentais, sobretudo dos direitos sociais, e é composto por um feixe de posições jurídicas de que dispõe o titular. Em primeiro lugar, o direito ao mínimo existencial caracteriza-se por uma dimensão negativa que protege os recursos mínimos de que cada um dispõe para a vida com dignidade. Trata-se de direito que impõe a abstenção do Estado e de terceiros de condutas que possam prejudicar o acesso às condições necessárias para a vida condigna.

Nesse sentido, a referência ao direito ao mínimo existencial pode ser utilizada para evitar a tributação do rendimento utilizado para a satisfação das necessidades pessoais, como aponta José Carlos Vieira de Andrade. Para ele, nesta dimensão negativa, o direito ao mínimo para existência condigna aproxima-se estruturalmente dos direitos de liberdade e poderia ser invocado pelo Poder Judiciário, independentemente de disciplina legislativa.[446] Com semelhante perspectiva, Ricardo Lobo Torres afirma que o direito ao mínimo existencial tem destacada importância no campo tributário, onde se efetiva por meio das imunidades fiscais. Para ele, "o poder de imposição do Estado não pode invadir a esfera da liberdade mínima do cidadão representada pelo direito à subsistência".[447]

Além disso, ainda em sua dimensão negativa, o mínimo existencial já foi utilizado pelo Tribunal Constitucional português como parâmetro para declarar a inconstitucionalidade de normas que permitiam a penhora de rendimentos necessários para a existência condigna.[448] Daniel Sarmento, embora concorde com a impenhorabilidade de certos

---

[445] BARROSO, Luís Roberto. *A dignidade da pessoa humana no direito constitucional contemporâneo*: a construção de um conceito à luz da jurisprudência mundial, cit., p. 87.
[446] ANDRADE, José Carlos Vieira de. *Os direitos fundamentais na Constituição portuguesa de 1976*, cit. p. 374-375.
[447] TORRES, Ricardo Lobo. O mínimo existencial e os direitos fundamentais, cit., p. 35.
[448] ANDRADE, José Carlos Vieira de. *Os direitos fundamentais na Constituição portuguesa de 1976*, cit. p. 375. Para exemplificar, registra-se que, no Acórdão 318/99, o Tribunal Constitucional declarou a inconstitucionalidade de norma que, aplicada em concreto, permitia a penhora

bens e rendimentos necessários para a vida com dignidade, registra a necessidade de se agir com cautela, pois "é preciso cuidado para não inflacionar o mínimo existencial".[449] De fato, é necessário redobrar os cuidados para que não ocorra o esvaziamento do conceito e também para evitar que, nesta dimensão negativa, haja prejuízo injustificado para satisfação dos interesses dos credores, com efeitos sistêmicos na economia, como o encarecimento do crédito, assim prejudicando os mais necessitados.[450]

Por outro lado, o direito ao mínimo existencial manifesta-se como direito às prestações necessárias para a vida com dignidade, do que decorre um dever de promoção para o Estado, que deve implementar políticas públicas de acesso ao emprego – a permitir a satisfação das necessidades básicas diretamente pelas pessoas –, assim como criar condições para fruição de prestações na área da seguridade social – saúde, previdência e assistência social –, bem como de outros direitos econômicos, sociais e culturais. Compreendido o direito ao mínimo existencial para além da garantia da sobrevivência, especial importância deve ser atribuída às políticas de educação e capacitação profissional, que têm por efeito permitir o acesso a oportunidades sociais, melhora dos rendimentos do trabalho e redução das desigualdades.[451]

---

de 1/3 de pensão cujo valor não superava um salário mínimo. No acórdão, ficou consignado o seguinte:
"Porém, assim como o salário mínimo nacional contém em si a ideia de que é a remuneração básica estritamente indispensável para satisfazer as necessidades impostas pela sobrevivência digna do trabalhador e que por ter sido concebido como o 'mínimo dos mínimos' não pode ser, de todo em todo, reduzido, qualquer que seja o motivo, assim também, uma pensão por invalidez, doença, velhice ou viuvez, cujo montante não seja superior ao salário mínimo nacional não pode deixar de conter em si a ideia de que a sua atribuição corresponde ao montante mínimo considerado necessário para uma subsistência digna do respectivo beneficiário.
Em tais hipóteses, o encurtamento através da penhora, mesmo de uma parte dessas pensões – parte essa que em outras circunstâncias seria perfeitamente razoável, como no caso de pensões de valor bem acima do salário mínimo nacional –, constitui um sacrifício excessivo e desproporcionado do direito do devedor e pensionista, na medida em que este vê o seu nível de subsistência básico descer abaixo do mínimo considerado necessário para uma existência com a dignidade humana que a Constituição garante". PORTUGAL. Tribunal Constitucional – Acórdão nº 318/99. Relator: Cons. Vítor Nunes de Almeida [em linha]. (26 maio 1999). Acesso em: 6 jun. 2020. Disponível em: http://www.tribunalconstitucional.pt/tc/acordaos/19990318.html.

[449] SARMENTO, Daniel. O mínimo existencial, cit., p. 1.667.
[450] SARMENTO, Daniel. O mínimo existencial, cit., p. 1.667-1.668.
[451] Thomas Piketty conclui que o investimento em formação é a melhor forma de melhorar rendimentos e reduzir a desigualdade: "No longo prazo, a melhor maneira de reduzir as desigualdades do trabalho, além de aumentar a produtividade média da mão de obra e o crescimento global da economia, é sem dúvida investir em formação. Se o poder de compra

O Tribunal Constitucional português, no Acórdão nº 509/02, ao afirmar a inconstitucionalidade de lei que afastou a garantia a um rendimento social de inserção para jovens entre 18 e 25 anos, sem criar um benefício ou sistema de proteção alternativo, concluiu que a medida atingia "o conteúdo mínimo do direito a um mínimo de existência condigna, postulado, em primeira linha, pelo princípio do respeito pela dignidade humana". Com isso, o Tribunal Constitucional assegurou a manutenção de benefício para a satisfação de necessidades pessoais aos jovens de 18 a 25 anos. Assim, a decisão implicou a imposição de uma obrigação de realizar, prestar ou promover, tutelando, dessa forma, a face prestacional do direito ao mínimo para a existência condigna.[452]

No Brasil, a jurisprudência tende a reconhecer o direito às prestações necessárias para a vida com dignidade, inclusive, como direito prestacional originário, decorrente diretamente do princípio da dignidade da pessoa humana.[453] Assim, sobretudo no que se refere à tutela do direito à saúde, a jurisprudência do Supremo Tribunal Federal, desde o final da década de 1990 até os dias atuais, reconhece o dever do Estado de assegurar o acesso a bens e serviços de saúde singularmente fruíveis. Contudo, há que se ressaltar que a decisão paradigmática sobre o tema da efetivação de políticas públicas pelo Poder Judiciário, a objeção da reserva do possível à eficácia dos direitos fundamentais sociais e a garantia do mínimo existencial foi proferida na Arguição de Descumprimento de Preceito Fundamental nº 45/04. Trata-se de decisão que apreciou o veto do Presidente da República a dispositivo de lei que definia o conceito de ações e serviços públicos de saúde e, com isso, funcionava como critério para se aferir os investimentos mínimos no setor estabelecidos em lei. Na decisão, afirmou-se:

---

dos salários multiplicou-se por cinco em um século, foi porque a progressão das qualificações e as mudanças tecnológicas permitiram que a produção por assalariado quintuplicasse. No longo prazo, é evidente que as forças da educação e da tecnologia são determinantes para a constituição dos salários". PIKETTY, Thomas. *O capital no século XXI*, cit., p. 298.

[452] No que se refere ao acesso a rendimentos mínimos para a satisfação das necessidades básicas, Jorge Miranda assim resume o direito ao mínimo existencial: "Daí, em suma, o direito das pessoas a uma existência condigna [art. 59.º, nº 2, alínea a), *in fine*], o que implica, pelo menos, a garantia de subsistência, numa dupla dimensão: negativa – garantia de salário, impenhorabilidade do salário mínimo ou de parte do salário e da pensão que afete a subsistência, não sujeição a imposto sobre o rendimento pessoal de quem tenha rendimento mínimo; e dimensão positiva – atribuição de prestações pecuniárias a quem esteja abaixo do mínimo de subsistência". MIRANDA, Jorge. *Manual de direito constitucional*, cit., p. 262.

[453] É o que destacam Ingo Sarlet, Luiz Guilherme Marinoni e Daniel Mitidiero, conforme consta de SARLET, Ingo Wolfgang; MARINONI, Luiz Guilherme; MITIDIERO, Daniel. *Curso de Direito Constitucional*, cit., p. 551.

(...) não se mostrará lícito, no entanto, ao Poder Público, em tal hipótese – mediante indevida manipulação de sua atividade financeira e/ou político-administrativa – criar obstáculo artificial que revele o ilegítimo, arbitrário e censurável propósito de fraudar, de frustrar e de inviabilizar o estabelecimento e a preservação, em favor da pessoa e dos cidadãos, de condições materiais mínimas de existência.[454]

A decisão do Supremo Tribunal Federal do Brasil evidenciou uma importante função do conceito de mínimo existencial para os direitos fundamentais proposta pela doutrina e pela jurisprudência em diversos países. Com efeito, a par da autonomia de que goza a categoria, funciona também como parâmetro para aferição da eficácia de outros direitos fundamentais.[455] A constatação de que a prestação em discussão faz parte do conjunto de bens necessários para a vida com dignidade serve como argumento de reforço para se afirmar, no caso, a eficácia da norma de direito fundamental e a existência de um dever à abstenção de sua mitigação ou aniquilamento ou de promoção ou realização da prestação.

No contexto de colisão de direitos fundamentais entre si ou com outros princípios constitucionais, a realização do mínimo existencial funciona como limite para a ponderação do legislador na sua atividade de disciplina legislativa, assim como para o Poder Judiciário na aplicação do Direito ao caso concreto. Com efeito, ainda diante da objeção da reserva do possível, o direito ao mínimo existencial impede a negativa de efetivação do direito fundamental seja diante de obstáculos de natureza orçamentária (reserva do possível jurídica) ou de alegada carência de recursos (reserva do possível fática). Nessa linha, José Carlos Vieira de Andrade pontua:

> (...) a circunstância de se tratar de condições mínimas, estritamente associadas à dignidade da pessoa, implica uma maior vinculação constitucional do legislador democrático, comprimindo a ideia da reserva do possível, mesmo em termos financeiros, que só tem verdadeiramente sentido no que exceda esse mínimo.[456]

---

[454] BRASIL. Supremo Tribunal Federal – Medida Cautelar na Arguição de Descumprimento de Preceito Fundamental nº 45, cit.

[455] SARMENTO, Daniel. O mínimo existencial, cit., p. 1.658-1.649. SARLET, Ingo Wolfgang; MARINONI, Luiz Guilherme; MITIDIERO, Daniel. *Curso de Direito Constitucional*, cit., p. 564.

[456] ANDRADE, José Carlos Vieira de. O "direito ao mínimo de existência condigna" como direito fundamental a prestações estaduais positivas – uma decisão singular do Tribunal

Embora inicialmente seja possível afirmar que a conclusão tende a ignorar a escassez, na verdade, trata-se de uma posição que busca valorizar o papel dos direitos fundamentais como alicerces e orientadores da ordem jurídica e da atividade administrativa do Estado ao propor que cabe ao gestor público ajustar a máquina pública à implementação das condições mínimas necessárias para a vida com dignidade e não a constranger para o atendimento de outros objetivos de menor importância social.[457] Mesmo em um contexto de escassez, o dever de realização dos direitos sociais implica uma "autolimitação da discricionariedade do Estado em matéria de provisão orçamentária".[458]

É necessário esclarecer, por fim, que o mínimo existencial, utilizado como parâmetro de eficácia das normas que asseguram direitos fundamentais funciona, tão somente, como orientador de um piso e, dessa forma, não constitui fator de limitação da eficácia normativa e social, sobretudo diante de decisões diversas do legislador na disciplina dos direitos fundamentais que possam ir além desse mínimo.[459]

Constitucional (Anotação ao acórdão do Tribunal Constitucional nº 509/02), cit., p. 27. No mesmo sentido, Jorge Reis Novais também entende que a reserva do financeiramente possível não pode ser invocada em situações nas quais a carência de condições materiais acaba, na prática, por esvaziar até mesmo o conteúdo dos direitos de liberdade. NOVAIS, Jorge Reis. *Direitos sociais:* teoria jurídica dos direitos sociais enquanto direitos fundamentais, cit., p. 20.

[457] Ingo Sarlet e Mariana Figueiredo posicionam-se no sentido de que a objeção da reserva do possível não tem lugar quando se trata de assegurar o acesso a prestações necessárias ao atendimento das necessidades básicas e que asseguram o mínimo para uma existência condigna. Segundo os autores, "as objeções atreladas à reserva do possível não poderão prevalecer nesta hipótese [de garantia do mínimo existencial], exigíveis, portanto, providências que assegurem, no caso concreto, a prevalência da vida e da dignidade da pessoa, inclusive o cogente direcionamento ou redirecionamento de prioridades em matéria de alocação de recursos, pois é disso que no fundo se está a tratar". SARLET, Ingo Wolfgang; FIGUEIREDO, Mariana Filchtiner. Reserva do possível, mínimo existencial e direito à saúde: algumas aproximações, cit., p. 37. Daniel Sarmento, contudo, diverge dessa posição, embora reconheça uma forte prioridade para a efetivação do mínimo existencial. SARMENTO, Daniel. O mínimo existencial, cit., p. 1.672-1.673.

[458] ABRAMOVICH, Víctor; COURTIS, Christian. *Los derechos sociales como derechos exigibles*, cit., p. 37. Tradução livre do autor.

[459] SARMENTO, Daniel. O mínimo existencial, cit., p. 1658. Suzana Tavares da Silva pontua que o acesso aos direitos que integram a socialidade não precisa ser proporcionado diretamente pelo Estado, a quem incumbe assegurar prestações até o limite do mínimo existencial. A posição, contudo, que se preocupa com a subsidiariedade na atuação do Estado no terreno da solidariedade não parece conflitar com o que se expôs, na medida em que se defende que, segundo o jogo democrático, o Estado poderá decidir ir além do mínimo existencial. SILVA, Suzana Tavares. *Direitos fundamentais na arena global*, cit., p. 190.

d) Núcleo essencial

A complexidade das normas que disciplinam os direitos fundamentais implica a incidência de um feixe de posições jurídicas ativas e passivas com consequências bastante diversas. Por um lado, os direitos fundamentais contemplam liberdades, faculdades e pretensões de diferentes naturezas. Por outro, têm por consequência deveres de respeito, proteção e promoção sujeitos a regimes jurídicos diferentes.[460]

A despeito dessa complexidade e das variações na eficácia normativa das diferentes posições jurídicas que se mantêm em relação aos direitos fundamentais, reconhece-se a natureza principiológica das normas que disciplinam a matéria. Com isso, as normas de direitos fundamentais devem ser consideradas mandamentos de otimização cuja realização deve ocorrer na maior proporção possível, segundo as circunstâncias fáticas e jurídicas.[461] Opõem-se, portanto, às regras, posto que, neste caso, uma vez ocorrido o suporte fático previsto no preceito primário (hipótese de incidência), necessariamente, serão desencadeados os efeitos previstos em seu preceito secundário.[462]

As constituições e, de forma geral, os ordenamentos jurídicos são sistemas híbridos, compostos por regras e por princípios jurídicos que tutelam bens e valores considerados socialmente relevantes ainda que não referentes à mesma matriz ideológica. Assim ocorre porque, desde o processo constituinte, as diversas forças sociais se manifestam, propõem suas agendas e mobilizam recursos por meio da ação política para obterem proteção jurídico-constitucional para os ideais e valores que defendem, o que implica contemplar e proteger bens jurídicos e normas de conteúdo conflituoso e que entram em tensão no momento de sua aplicação. Não se trata de contradições, mas de frutos do processo

---

[460] José Carlos Vieira de Andrade chama atenção para a complexidade estrutural dos direitos fundamentais: "Quando se fala de um direito subjetivo fundamental não se pode, pois, pensar num singular poder ou pretensão jurídica unidimensional ou unidirecional, antes a representação mais adequada é a de um feixe de faculdades ou poderes de tipo diferente e diverso alcance, apontados para direções distintas". ANDRADE, José Carlos Vieira de. *Os direitos fundamentais na Constituição portuguesa de 1976*, cit., p. 163. Ingo Wolfgang Sarlet, Luiz Guilherme Marinoni e Daniel Mitidiero também destacam a variedade de posições jurídicas que emergem dos direitos fundamentais: "(...) os direitos fundamentais constituem posições jurídicas complexas, no sentido de poderem conter direitos, liberdades, pretensões e poderes da mais diversa natureza e até mesmo pelo fato de poderem dirigir-se contra diferentes destinatários". SARLET, Ingo Wolfgang; MARINONI, Luiz Guilherme; MITIDIERO, Daniel – *Curso de Direito Constitucional*, cit., p. 294.

[461] ALEXY, Robert. *Teoria dos direitos fundamentais*, cit., p. 90.

[462] ALEXY, Robert. *Teoria dos direitos fundamentais*, cit., p. 91.

democrático nas sociedades plurais.[463] De todo modo, diante dessa realidade, uma Constituição composta apenas por regras certamente conteria antinomias normativas.

A natureza principiológica das normas que consagram os direitos fundamentais permite que valores como livre-iniciativa e proteção ao meio ambiente recebam idêntica tutela constitucional, mas sejam harmonizados conforme posterior disciplina legislativa e aplicação em concreto pelos operadores do Direito.[464] Tratando-se de normas principiológicas, características comumente presentes nessa espécie normativa, nomeadamente na prescrição dos direitos sociais, como falta de clareza, fluidez e abstração, implicam a necessidade de especificação de seu conteúdo por via legislativa ou no momento de sua aplicação em concreto.

De todo modo, seja em decorrência da disciplina legal ou da aplicação das normas constitucionais em concreto, há que se resguardar um conteúdo típico mais íntimo e caracterizador dos direitos fundamentais. É que a complexidade normativa dos direitos fundamentais faz com que sejam compostos de um conteúdo principal e de um conteúdo instrumental, como esclarece José Carlos Vieira de Andrade. No primeiro caso, trata-se das "faculdades ou garantias específicas de cada hipótese normativa", enquanto que, no segundo, refere-se a "faculdades ou deveres, que, não constituindo o programa normativo do direito em si, decorrem diretamente da necessidade da sua efetivação, visando assegurar o seu respeito, a sua proteção ou a sua promoção".[465]

---

[463] Como lembra Peter Häberle, os direitos fundamentais têm efeitos para além da relação Estado-indivíduo e operam em um plano objetivo. Nessa linha, mesmo as liberdades individuais têm uma dimensão pública, que legitima sua limitação em favor da coletividade e do regime democrático. HÄBERLE, Peter. Recientes aportes sobre los derechos fundamentales en Alemania, cit., p. 49-50.

[464] A natureza principiológica das normas de direitos fundamentais está em coerência com a *relatividade* destes últimos. Com efeito, os direitos fundamentais, independentemente de sua natureza, estão sujeitos à regulamentação e a limitações com vistas a viabilizar sua convivência com outros princípios e valores constantes do ordenamento jurídico. A aplicação em concreto, no caso de conflitos entre direitos fundamentais, ocorre pelo conhecido processo de ponderação, utilizando-se o princípio da proporcionalidade e os seus subprincípios da adequação (idoneidade da via eleita para atingir o fim pretendido), necessidade (a alternativa utilizada é a menos gravosa entre aquelas disponíveis) e proporcionalidade em sentido estrito (relação de adequação entre meios e fins que implica um ônus argumentativo tanto maior quanto maior for a restrição do direito fundamental). Sobre o tema, conferir ALEXY, Robert. *Teoria dos direitos fundamentais*, cit., p. 116 e seguintes.

[465] ANDRADE, José Carlos Vieira de. *Os direitos fundamentais na Constituição portuguesa de 1976*, cit., p. 165.

No conteúdo principal dos direitos fundamentais, a par de camadas envolventes, a doutrina identifica um núcleo essencial, que contempla os traços mais típicos e característicos do direito fundamental, que podem corresponder a projeções específicas do princípio da dignidade da pessoa humana na tutela do bem jurídico concreto, e que, portanto, goza de especial proteção constitucional.[466] É, ainda, o limite de mínima eficácia do direito fundamental, sem a qual perde usa identidade enquanto tal.[467]

O núcleo essencial, dessa forma, é compreendido como limite às limitações que os direitos fundamentais podem sofrer, sejam elas decorrentes do processo legislativo ou de sua aplicabilidade em concreto para harmonização com os demais direitos fundamentais. Em resumo, a proteção do núcleo essencial "destina-se a evitar o esvaziamento do conteúdo do direito fundamental decorrente de restrições descabidas, desmesuradas ou desproporcionais".[468]

A apreciação do núcleo essencial divide a doutrina em duas correntes: as teorias absolutas e as teorias relativas. No primeiro caso, o núcleo essencial é conhecido *ex ante* e não pode ser restringido pela ação do legislador ou do operador do Direito. No segundo caso, o núcleo essencial seria identificado em concreto como resultado do processo de ponderação realizado por meio da aplicação do princípio da proporcionalidade para a solução de colisões de direitos fundamentais.[469]

A posição de Robert Alexy parece inclinar-se em favor das teorias relativas. Nesse sentido, o autor afirma que a proteção do núcleo essencial dos direitos fundamentais "não cria, em relação à máxima da proporcionalidade, nenhum limite adicional à restringibilidade

---

[466] ANDRADE, José Carlos Vieira de. *Os direitos fundamentais na Constituição portuguesa de 1976*, cit., p. 165. Para Ingo Sarlet, o núcleo essencial dos direitos fundamentais não pode ser identificado a partir da projeção do princípio da dignidade da pessoa humana, posto que há direitos que, apenas formalmente, podem ser considerados fundamentais e, dessa forma, não podem ser reconduzidos a esse conceito. Conferir SARLET, Ingo Wolfgang. *Dignidade da pessoa humana e direitos fundamentais*, cit., p. 159. SARLET, Ingo Wolfgang; MARINONI, Luiz Guilherme; MITIDIERO, Daniel. *Curso de Direito Constitucional*, cit., p. 346.

[467] SARLET, Ingo Wolfgang; MARINONI, Luiz Guilherme; MITIDIERO, Daniel. *Curso de Direito Constitucional*, cit., p. 294. ANDRADE, José Carlos Vieira de. *Os direitos fundamentais na Constituição portuguesa de 1976*, cit., p. 167.

[468] MENDES, Gilmar Ferreira; BRANCO, Paulo Gustavo Gonet. *Curso de Direito Constitucional*, cit., p. 211.

[469] ALEXY, Robert. *Teoria dos direitos fundamentais*, cit., p. 297-298. MENDES, Gilmar Ferreira; BRANCO, Paulo Gustavo Gonet. *Curso de Direito Constitucional*, cit., p. 211.

dos direitos fundamentais".[470] Heinrich Scholler considera o princípio da proporcionalidade conjuntamente com a proteção da dignidade da pessoa humana. Para ele, "restrições desproporcionais ao âmbito de proteção dos direitos fundamentais referidos podem ser tidas como ofensivas ao princípio da dignidade da pessoa humana".[471]

A nosso aviso, contudo, há que se identificar, em relação a cada direito fundamental, um conteúdo normativo mínimo, "a salvo de eventual decisão legislativa"[472] ou da ação de operadores do Direito na solução de conflitos entre direitos fundamentais sem exceções.[473] Trata-se de um limite que antecipadamente se impõe à aplicação da máxima da proporcionalidade[474] e, em especial, à proporcionalidade em sentido estrito, uma vez que, independentemente do peso das razões para fazer prevalecer um direito fundamental, conduzindo à restrição de outro, não se poderá invadir o conteúdo e a eficácia mínima da proteção do núcleo essencial. Por outro lado, assiste ao Estado não só abster-se de se imiscuir no núcleo essencial dos direitos fundamentais, assim como assegurar-lhe proteção contra as ações de terceiros e promover a sua realização, sob pena de insuficiência da ação estatal.[475] Dessa forma, apesar de ter nascido para a proteção dos direitos de liberdade (primeira geração de direitos fundamentais), compreende-se que a proteção do núcleo essencial dos direitos fundamentais deve ser concebida como parâmetro de eficácia da prerrogativa de defesa e dos deveres

---

[470] ALEXY, Robert. *Teoria dos direitos fundamentais*, cit., p. 301.
[471] SCHOLLER, Heinrich. *O princípio da proporcionalidade no direito constitucional e administrativo da Alemanha*, cit., p. 96.
[472] MENDES, Gilmar Ferreira; BRANCO, Paulo Gustavo Gonet. *Curso de Direito Constitucional*, cit., p. 211.
[473] "(...) los derechos fundamentales de Bonn están en su mayoría legalmente fijados y, en cuanto son limitables por ley, aparecen especificados el fin y la medida de tal limitación; asimismo están asegurados en su núcleo institucional mediante la inviolabilidad sin excepciones de su contenido sustancial." BACHOF, Otto. *Jueces y Constitución*, cit., p. 41.
[474] Essa posição é compartilhada por María Dalli, que expressamente se posiciona a favor das teorias absolutas. DALLI, María. El derecho a la salud y la prohibición de regresividad: ¿infringen las restricciones para inmigrantes el contenido esencial? *Revista Telemática de Filosofía del Derecho*, n. 21, p. 237, 2018.
[475] Como visto, o princípio da proporcionalidade, que decorre diretamente da concepção do Estado de Direito, abrange tanto a proibição de excesso como de proteção insuficiente. "(...) o princípio da proporcionalidade possui como que uma dupla face, atuando simultaneamente como critério para o controle da legitimidade constitucional de medidas restritivas do âmbito de proteção de direitos fundamentais, bem como para o controle da omissão ou atuação insuficiente do Estado no cumprimento dos seus deveres de proteção". SARLET, Ingo Wolfgang; MARINONI, Luiz Guilherme; MITIDIERO, Daniel. *Curso de Direito Constitucional*, cit., p. 338. Assim, a atividade de ponderação não pode comprometer o núcleo essencial dos direitos, cuja proteção se converte em uma garantia mínima de eficácia.

de abstenção, assim como dos aspectos prestacionais e dos correlatos deveres do Estado.[476]

A proteção do núcleo essencial pode ser identificada desde o Pacto Internacional de Direitos Econômicos, Sociais e Culturais. Com efeito, o documento estabelece um dever de progressividade na efetivação dos direitos que exige dos países signatários o empenho do "máximo de seus recursos disponíveis" (art. 2º, n. 1, com destaques). Por outro lado, no art. 4º, estabelece que os Estados Partes só podem submeter os direitos ali previstos às limitações estabelecidas pela lei, *"na medida compatível com a natureza desses direitos* e exclusivamente com o fim de promover o bem-estar geral numa sociedade democrática" (grifou-se). No Direito positivo interno, verifica-se que a proteção do núcleo essencial dos direitos fundamentais está assegurada, por exemplo, no texto da Lei Fundamental alemã, de 1949, e das Constituições de Portugal, de 1976, da Espanha, de 1978, e da África do Sul, de 1993. Segundo a Lei Fundamental alemã, embora admissível, a restrição de um direito fundamental em nenhum caso poderá comprometer sua essência (art. 19, §2º). Para Konrad Hesse, a norma constante da Constituição alemã funciona como uma barreira às limitações desproporcionais e excessivas de direitos fundamentais.[477]

---

[476] Mariana Filchtiner Figueiredo, apoiada nas lições de Martínez-Pujalte, afirma que "a cláusula de proteção do conteúdo essencial serve para realçar o *status* jurídico dirigente dos direitos fundamentais no sistema constitucional, qual seja, operarem não apenas como limites à atuação dos Poderes Públicos, mas como critérios orientadores da ação política. Dessa forma, o conteúdo essencial consolida um mandado de adequado desenvolvimento dos direitos fundamentais pelos Poderes Públicos". FIGUEIREDO, Mariana Filchtiner. *Direito Fundamental à saúde*: parâmetros para sua eficácia e efetividade, cit., p. 182. Por sua vez, em relação aos direitos sociais, J.J. Gomes Canotilho reconhece que as normas infraconstitucionais efetivadoras de direitos fundamentais naquilo em que se ligam ao núcleo essencial estão também asseguradas e protegidas de alterações legislativas posteriores quando não se estabeleça compensação ou alternativa para a fruição dos direitos. "(...) o núcleo essencial dos direitos sociais já realizado e efectivado através de medidas legislativas (...) deve considerar-se constitucionalmente garantido, sendo inconstitucionais quaisquer medidas estaduais que, sem a criação de outros esquemas alternativos ou compensatórios, se traduzam, na prática, numa 'anulação', 'revogação' ou 'aniquilação' pura e simples desse núcleo essencial." CANOTILHO, J. J. GOMES. *Direito Constitucional e Teoria da Constituição*, cit., p. 340. O tema será retomado quando se analisar o princípio da vedação do retrocesso social como parâmetro de eficácia dos direitos fundamentais.

[477] "A uma escavação de direitos fundamentais por limitações excessivas, a Lei Fundamental procura opor-se pela barreira material da *garantia do conteúdo essencial do artigo 19, alínea 2*, da Lei Fundamental. Ela indica nada mais que as barreiras da limitação de direitos fundamentais acima [..] expostas, resultantes da tarefa de concordância prática. Excedidas são essas barreiras, onde um direito fundamental é limitado com motivo insuficiente, porque uma tal limitação não pode ser proporcional. Elas são de todo desprezadas, onde uma limitação conduz a isto, que o direito fundamental limitado não mais pode desenvolver eficácia na

A Constituição portuguesa, de 1976, estabelece que "as leis restritivas de direitos, liberdades e garantias têm de revestir carácter geral e abstrato e não podem ter efeito retroativo nem diminuir a extensão e o alcance do conteúdo essencial dos preceitos constitucionais" (art. 18, n. 3).[478] Por sua vez, a Constituição espanhola, de 1978, prevê que apenas por lei se pode regular os direitos fundamentais, respeitando-se, de toda forma, o teor de seu núcleo essencial.[479] A Constituição da África do Sul, de 1993, também admite a restrição de direitos fundamentais desde que, entre outras condições, seja respeitado o conteúdo essencial do direito (art. 33, n.1, 'b").

No Brasil, a Constituição de 1988 não contém fórmula similar, muito embora, ao disciplinar o exercício do poder de reforma do texto constitucional, o art. 60, §4º, IV estabeleça que "não será objeto de deliberação a proposta de emenda *tendente* a abolir [...] os direitos e garantias fundamentais" (grifou-se). Na opinião de Gilmar Mendes e Paulo Gustavo Gonet Branco, o dispositivo reforça a ideia de um limite aos limites impostos pelo legislador.[480]

Ainda que sem fórmula expressa no texto constitucional, admite-se que a proteção do núcleo essencial está assegurada pela Constituição brasileira, de 1988, conforme já reconheceu o Supremo Tribunal Federal na Ação Direta de Inconstitucionalidade nº 2.024/07, como lembram

---

vida da coletividade. Aqui a limitação é, não só, em medida especial, desproporcional, mas ela suspende, simultaneamente, uma garantia constitucional conforme o objeto, um resultado que ao legislador ordinário é negado causar. Em ambos os casos, a limitação do direito fundamental viola o seu 'conteúdo essencial'". HESSE, Konrad. *Elementos de Direito Constitucional da República Federal da Alemanha*, cit., p. 266-267. Para Klaus Stern, a proteção do núcleo essencial é um dos institutos previstos na Constituição que asseguram e caracterizam o Estado de Direito na Alemanha. STERN, Klaus. A society based on the rule of law and social justice: constitutional model of the Federal Republic of Germany, cit., p. 242-243 e 245.

[478] PORTUGAL – Constituição da República Portuguesa, de 2 de abril de 1976 [em linha]. Acesso em: 11 jun. 2020. Disponível em: https://www.parlamento.pt/Legislacao/Paginas/ConstituicaoRepublicaPortuguesa.aspx.

[479] "Los derechos y libertades reconocidos en el Capítulo Segundo del presente Título vinculan a todos los poderes públicos. Sólo por ley, que en todo caso deberá respetar su contenido esencial, podrá regularse el ejercicio de tales derechos y libertades, que se tutelarán de acuerdo con lo previsto en el artículo 161, 1, a). (Cf. art. 53, n.1, da Constituição da Espanha). ESPAÑA – Constitución Española, de 27 dec. 1978 [em linha]. Acesso em: 06 jun. 2020. Disponível em: https://www.boe.es/legislacion/documentos/ConstitucionCASTELLANO.pdf.

[480] MENDES, Gilmar Ferreira; BRANCO, Paulo Gustavo Gonet. *Curso de Direito Constitucional*, cit., p. 213.

Ingo Sarlet, Luiz Guilherme Marinoni e Daniel Mitidiero.[481] Na ocasião, o Supremo Tribunal Federal afirmou que as limitações materiais ao poder constituinte derivado não implicam "a intangibilidade literal da respectiva disciplina na Constituição originária, mas apenas a proteção do *núcleo essencial* dos princípios e institutos cuja preservação nelas se protege".[482]

De todo modo, conte ou não com previsão expressa no ordenamento jurídico, compreende-se que a proteção do núcleo essencial dos direitos fundamentais deve servir como parâmetro para sua eficácia, independentemente de se tratar de direitos civis e políticos ou direitos econômicos, sociais e culturais.

e) Princípio da vedação ao retrocesso social ou não reversibilidade dos direitos sociais

A positivação dos direitos humanos na ordem internacional conduziu à publicação de dois instrumentos: o Pacto Internacional de Direitos Civis e Políticos e o Pacto Internacional de Direitos Econômicos, Sociais e Culturais. No caso dos direitos civis e políticos, o pacto prevê que os Estados signatários devem garantir desde logo os direitos ali reconhecidos, conferindo a eles exigibilidade imediata (art. 2º). Por outro lado, no que se refere aos direitos econômicos, sociais e culturais, reconheceu-se um dever de progressividade, cabendo aos Estados empenhar o máximo de recursos disponíveis para a sua gradual efetivação (art. 2º, n.1).

Essa distinção influenciou o processo de positivação dos direitos humanos no âmbito dos diversos países e, ademais, boa parte da construção doutrinária e jurisprudencial sobre a eficácia dos direitos fundamentais. Para o que importa no momento, deve-se ressaltar que os direitos econômicos, sociais e culturais impõem aos Estados uma obrigação de progressividade. Com efeito, se por um lado se reconhece que a promoção de condições sociais necessárias para a vida com dignidade não é alcançável de imediato e de uma vez por todas,

---

[481] SARLET, Ingo Wolfgang; MARINONI, Luiz Guilherme; MITIDIERO, Daniel. *Curso de Direito Constitucional*, cit., p. 346.
[482] BRASIL. Supremo Tribunal Federal – Ação Direta de Inconstitucionalidade nº 2024. Relator: Min. Sepúlveda Pertence [em linha]. Diário do Judiciário Eletrônico, 21 jun. 2007. Acesso em: 6 jun. 2020. Disponível em: http://redir.stf.jus.br/paginadorpub/paginador.jsp?docTP=AC&docID=466214.

por outro, também se estabelece um dever de avançar nos níveis de concretização de direitos já alcançados.[483]

O dever de melhorar o gozo e o exercício dos direitos sociais estabelecido no Pacto Internacional de Direitos Econômicos, Sociais e Culturais é a fonte primeira para a proposta de um princípio da vedação ao retrocesso social ou da não reversibilidade dos direitos fundamentais.[484] Assim, defende-se que o dever de progresso tem como consequência uma obrigação de não regressividade e a proibição de reduzir os níveis de proteção vigentes para os direitos sociais.[485] Todavia, também são indicados como fundamentos para um princípio da vedação ao retrocesso social o princípio da segurança jurídica, os princípios do Estado de Direito democrático e social, a proteção da confiança, o princípio da máxima efetividade dos direitos fundamentais e o aspecto defensivo (de respeito) do princípio da dignidade da pessoa humana. Esses fundamentos apontam para a necessidade de se resguardar a estabilidade das relações jurídicas e preservar o núcleo essencial dos direitos sociais.[486]

O princípio da vedação ao retrocesso social constitui mais uma forma de limitação da discricionariedade do legislador na disciplina dos direitos sociais. Por isso, há quem aponte sua tensão com a prerrogativa de autorrevisibilidade das opções legislativas e o princípio democrático.[487] Por outro lado, João Loureiro ressalta que, em sua formulação mais rígida, a aplicação do princípio da vedação ao retrocesso social ignora as situações fáticas de escassez de recursos, sobretudo durante crises econômicas que levam a quadros de reversibilidade fática. Para o autor, em sua formulação mais fraca, voltada para a proteção do

---

[483] ABRAMOVICH, Víctor; COURTIS, Christian. *Los derechos sociales como derechos exigibles*, cit., p. 93.

[484] SARLET, Ingo Wolfgang; MARINONI, Luiz Guilherme; MITIDIERO, Daniel. *Curso de Direito Constitucional*, cit., p. 568. Também nessa linha, Aeyal Gross, afirma que "we can derive from the principle of progressive realization a significant constraint on the states' power to take retrogressive measures which impair progress in realizing the right". GROSS, Aeyal M. The right to health in an era of privatisation and globalisation: national and international perspectives. *In*: GROSS, Aeyal M.; BARAK-EREZ, Daphne. *Exploring social rights*: between theory and practice. Oxford and Portland: Hart Publishing, 2011, p. 297.

[485] ABRAMOVICH, Víctor; COURTIS, Christian. *Los derechos sociales como derechos exigibles*, cit., p. 94.

[486] SARLET, Ingo Wolfgang; MARINONI, Luiz Guilherme; MITIDIERO, Daniel. *Curso de Direito Constitucional*, cit., p. 568.

[487] Uma detalhada exposição dessas opções é feita por Cristina Queiroz. Conferir: QUEIROZ, Cristina. *O princípio da não reversibilidade dos direitos fundamentais sociais*: princípios dogmáticos e prática jurisprudencial. Coimbra: Coimbra Editora, 2006, p. 76-81.

núcleo essencial dos direitos fundamentais ou de condições mínimas para a existência condigna, o princípio de vedação ao retrocesso social é supérfluo, já que outras categorias dogmáticas podem ser utilizadas para se alcançar o mesmo objetivo.[488]

De todo modo, pacificou-se para boa parte da doutrina a compreensão de que, embora os direitos sociais estejam sujeitos a uma concretização gradual, "uma vez obtido um determinado grau de realização, passam a constituir, simultaneamente, uma garantia institucional e um direito subjectivo".[489] Neste aspecto, os direitos sociais, que, tipicamente, são caracterizados por se tratar de direitos a prestações positivas, normativas ou fáticas, assumem uma eficácia defensiva,[490] de modo que eventual regressão do grau de concretização alcançado pode ser sancionada não como uma inconstitucionalidade por omissão, mas como uma inconstitucionalidade por ação.[491]

O princípio em apreço tem importância, sobretudo, para evitar que a disciplina normativa de direitos fundamentais que especifique seu conteúdo e condições de fruição seja arbitrariamente revogada, prejudicando, assim, a fruição de direitos sociais. Dessa forma, afirma-se que "o princípio da 'proibição do retrocesso social' determina, de um lado, que, uma vez consagradas legalmente as 'prestações sociais', o legislador não poderá depois eliminá-las sem alternativas ou compensações".[492]

O princípio da vedação ao retrocesso social emerge, assim, como parâmetro de limite aos limites postos pelo legislador aos direitos fundamentais.[493] Para Víctor Abramovich e Christian Courtis, o princípio é um *standard* para aferição da razoabilidade das medidas restritivas aplicadas aos direitos fundamentais. A regressividade gera uma

---

[488] LOUREIRO, João Carlos. Pauperização e prestações sociais na "idade da austeridade": a questão dos três Ds (dívida, desemprego, demografia) e algumas medidas em tempo de crise(s), cit., p. 641-643.

[489] CANOTILHO, J. J. GOMES. *Direito Constitucional e Teoria da Constituição*, cit., p. 340.

[490] SARLET, Ingo Wolfgang. *A eficácia dos direitos fundamentais*, cit., p. 291. MENDES, Gilmar Ferreira; BRANCO, Paulo Gustavo Gonet. *Curso de Direito Constitucional*, cit., p. 162.

[491] "A violação do núcleo essencial efectivado justificará a sanção de inconstitucionalidade relativamente a normas manifestamente aniquiladoras da chamada justiça social". CANOTILHO, J. J. GOMES. *Direito Constitucional e Teoria da Constituição*, cit., p. 340.

[492] QUEIROZ, Cristina. *O princípio da não reversibilidade dos direitos fundamentais sociais*: princípios dogmáticos e prática jurisprudencial, cit., p. 116.

[493] SARLET, Ingo Wolfgang; MARINONI, Luiz Guilherme; MITIDIERO, Daniel. *Curso de Direito Constitucional*, cit., p. 336.

presunção de invalidez da medida adotada e, com isso, transfere para o Estado o ônus de provar a necessidade e a racionalidade da sua ação.[494] É necessário ponderar, contudo, que a proteção contra o retrocesso na concretização dos direitos sociais não pode converter-se em uma camisa de força para o legislador, a fim de impedir o ajuste dos regimes jurídicos que compõem a socialidade, sobretudo no contexto de crises econômicas e ante o reconhecimento de que o crescimento econômico elevado e contínuo que sustentou os Estados sociais especialmente entre as décadas de 1950 e 1970 já não se mantém.[495] Para José Carlos Vieira de Andrade, a garantia do grau de concretização dos direitos sociais tem um limite mínimo, que impede a pura e simples revisão de situações já concretizadas quando se comprometer "o nível de realização do direito exigido pela dignidade da pessoa humana". Em seu patamar máximo, põe a salvo as "concretizações legais [que] devam ser consideradas *materialmente constitucionais*". E finalmente, no nível intermediário, está ligada à "*proteção da confiança* ou à *necessidade de fundamentação* dos atos legislativos «retrocedentes» num valor constitucional que no caso revele mais forte".[496]

Dessa forma, mostra-se necessário aferir, em concreto, se a mudança legislativa implica regressividade no nível de realização do direito considerado; se esquemas alternativos de proteção social foram propostos; se a alteração legislativa implica transgressão a outros *standards* de interpretação das normas constitucionais de direitos

---

[494] ABRAMOVICH, Víctor; COURTIS, Christian. *Los derechos sociales como derechos exigibles*, cit., p. 102.

[495] O próprio J. J. Gomes Canotilho, um dos pioneiros a tratar do tema em Portugal, revendo posições anteriores que propunham uma versão mais rígida do princípio da vedação do retrocesso social, afirma: "El rígido principio de no reversibilidad o, en una formulación marcadamente ideológica, el principio de prohibición de evolución reaccionaria presuponía un progreso, una dirección y una meta emancipatoria y unilateralmente definida: el aumento continuo de las prestaciones sociales. No obstante, debe relativizarse este discurso que, nosotros mismos, enfatizamos en nuestros trabajos". CANOTILHO, José Joaquim Gomes. Metodología "fuzzy" y "camaleones normativos" en la problemática actual de los derechos económicos, sociales y culturales, cit., p. 47. Também José Carlos Vieira de Andrade afirma que é necessário um "entendimento razoável e desideologizado sobre a força normativa dos direitos sociais a prestações", inclusive quanto ao princípio da proibição do retrocesso social. ANDRADE, José Carlos Vieira. O papel do Estado na sociedade e na socialidade, cit., p. 37.

[496] ANDRADE, José Carlos Vieira de. *Os direitos fundamentais na Constituição portuguesa de 1976*, cit., p. 378.

fundamentais, como o princípio da segurança jurídica e da proteção da confiança.[497]

A regressividade pode ser identificada quando limitar, restringir ou reduzir a extensão ou o sentido de um direito social ou impuser ao seu exercício condições que anteriormente não existiam.[498] Contudo, a revisão de políticas sociais mostra-se admissível, inclusive para a revisão de esquemas de acesso a direitos fundamentais, quando forem propostas alternativas para os beneficiários.

Como já destacado, o Tribunal Constitucional português, no Acórdão nº 509/02, apreciou a constitucionalidade de norma que, ao criar o rendimento social de inserção, destinado à satisfação de necessidades essenciais, revogava o rendimento mínimo garantido. Contudo, este último contemplava pessoas com idade igual ou superior a 18 anos, ao passo que o novo benefício estava previsto apenas para pessoas com idade igual ou superior a 25 anos. Assim, foram deixados a descoberto, sem alternativa compensatória, os jovens entre 18 e 25 anos, situação que foi reconhecida como inconstitucional pela corte. Na ocasião, ao tratar do princípio da proibição do retrocesso social, o Tribunal Constitucional afirmou que este terá lugar quando, não havendo esquemas compensatórios, for atingido o "núcleo essencial da existência mínima inerente ao respeito pela dignidade da pessoa humana". Ainda, a indevida reversibilidade dos direitos sociais ficará caracterizada quando implicar "violação do princípio da igualdade ou do princípio da protecção da confiança" ou ainda "quando se atinja o conteúdo de um direito social cujos contornos se hajam iniludivelmente enraizado ou sedimentado no seio da sociedade".[499]

Ao fim e ao cabo, deve-se pontuar que, longe de configurar um indevido cerceamento à liberdade do legislador, o princípio da vedação ao retrocesso social erige-se como forma de proteção do núcleo essencial dos direitos fundamentais sociais que tenha sido disciplinado normativamente.[500] A legislação regulamentadora, que estabelece o

---

[497] MONIZ, Ana Raquel. Socialidade, solidariedade e sustentabilidade: esboços de um retrato jurisprudencial, cit., p. 68.
[498] ABRAMOVICH, Víctor; COURTIS, Christian. *Los derechos sociales como derechos exigibles*, cit., p. 112.
[499] PORTUGAL. Tribunal Constitucional – Acórdão nº 509/02, cit.
[500] "(...) o núcleo essencial dos direitos sociais já realizado e efectivado através de medidas legislativas (...) deve considerar-se constitucionalmente garantido, sendo inconstitucionais quaisquer medidas estaduais que, sem a criação de outros esquemas alternativos ou compensatórios, se traduzam, na prática, numa 'anulação', 'revogação' ou 'aniquilação'

conteúdo do direito e as condições para o seu exercício, embora não passe a gozar do *status* constitucional, passa a formar com o direito fundamental "uma unidade de sistema"[501] e converte-se em condição para a eficácia da Constituição. Assim, não pode o Estado, uma vez cumprido seu dever de prestação normativa, por ação, revogar legislação que seja necessária para viabilizar o gozo e o exercício de direitos sociais no que se refere ao seu núcleo essencial.

---

pura e simples desse núcleo essencial." CANOTILHO, J. J. GOMES. *Direito Constitucional e Teoria da Constituição*, cit., p. 340.

[501] MIRANDA, Jorge. *Manual de direito constitucional*, cit., p. 571.

CAPÍTULO 3

SAÚDE, DOENÇA E DIREITO À SAÚDE: A RELEVÂNCIA INDIVIDUAL E COLETIVA DAS POLÍTICAS DE SAÚDE

3.1 O processo saúde-doença e a conformação da saúde pública

3.1.1 Antiguidade: a saúde como equilíbrio

Os registros sobre a saúde e a doença feitos pelas civilizações antigas revelam uma compreensão mágica[502] e sobrenatural[503] desses fenômenos. Essa forma de pensar foi preponderante até a Idade Média, mas permaneceu presente mesmo com a secularização da Medicina e o exercício da prática médica pelos leigos desde o Renascimento até a era epidemiológica da teoria dos germes. Ainda hoje, resquícios dessa compreensão podem ser identificados tanto em comunidades tradicionais como no imaginário coletivo e na sabedoria popular por meio de crenças e práticas repassadas por gerações.[504]

---

[502] SCLIAR, Moacyr. *Do mágico ao social*: trajetória da saúde pública. 2. ed. São Paulo: SENAC, 2005, p. 14. SEVALHO, Gil. Uma Abordagem Histórica das Representações Sociais de Saúde e Doença. *Cadernos de Saúde Pública* [em linha], v. 9, p. 352, n. 3, jul./set. Acesso em: 6 jun. 2020. Disponível em: https://www.scielosp.org/pdf/csp/1993.v9n3/349-363/pt. PEREIRA, Iara Cristina; OLIVEIRA, Maria Amélia de Campos. *Atenção primária, promoção da saúde e o Sistema Único de Saúde:* um diálogo necessário [em linha]. São Paulo: Escola de Enfermagem da Universidade de São Paulo, 2014, p. 17. Acesso em: 6 jun. 2020. Disponível em: http://www.livrosabertos.sibi.usp.br/portaldelivrosUSP/catalog/view/59/52/247-1.

[503] ROSEN, George. *Uma história da saúde pública*. Trad. Marcos Fernandes da Silva Moreira e José Ruben de Alcântara Bonfim. 3. ed. São Paulo: Hucitec, 2006, p. 34.

[504] "Hoje, em todo o mundo, os xamãs continuam exercendo sua função, realizando curas através de rituais, expulsando coisas e espíritos que invadem os corpos das vítimas e os sacerdotes ainda exorcizam os demônios. Muito a propósito, portanto, vêm as observações

Entre os povos primitivos, acreditava-se que as doenças seriam provocadas por demônios e espíritos malignos que poderiam ser mobilizados por inimigos. A causa, portanto, era considerada externa ao corpo da pessoa doente[505] e se buscava a cura junto a feiticeiros, curandeiros ou xamãs. Estes promoviam a cura por meio do uso de cânticos, danças, ervas, substâncias alucinógenas e rituais para exorcizar os espíritos causadores de doenças ou para evocar outros capazes de curar.[506] Essa compreensão das doenças estava presente em civilizações da Mesopotâmia, como sumérios, assírios e babilônios, que acreditavam que eram "os demônios que se apossavam dos corpos, provocavam as doenças e deviam ser exorcizados".[507]

Entre os antigos hebreus a visão mágica da doença permaneceu. Porém, esta já não era necessariamente causada por demônios, mas estava relacionada ao humor divino. Assim, poderia representar a consequência pelo descumprimento de mandamentos.[508] São concepções que tratam a doença como maldição ou punição pelo comportamento humano.[509] A visão da doença como consequência do pecado conduziu a práticas de saúde como o isolamento dos doentes, notadamente dos leprosos, que foram extremamente estigmatizados ao longo da história da humanidade. Na mesma linha, pode-se afirmar que certos aspectos

---

de Gonçalves (1990), quando chama a atenção para o fato de que as expressões *manifestações clínicas* e *entidades mórbidas*, de inspiração notadamente sobrenatural, integram o jargão médico moderno, referindo-se aos sintomas e doenças." SEVALHO, Gil. Uma Abordagem Histórica das Representações Sociais de Saúde e Doença, cit., p. 352. Portanto, o avanço do conhecimento e as mudanças culturais não implicam uma sucessão linear das visões sobre a saúde e a doença. Como ressalta Moacyr Scliar, "o surgimento de uma nova concepção do fenômeno saúde-enfermidade não implica necessariamente o desaparecimento de concepções anteriores. O temor à doença e o desejo de evitá-la é algo profundamente arraigado no ser humano, gerando ideias e evocando fantasias que persistem ao longo do tempo, coexistindo numa mesma época, numa mesma sociedade e às vezes numa mesma pessoa". SCLIAR, Moacyr. O nascimento da saúde pública. *Revista da Sociedade Brasileira de Medicina Tropical* [em linha], v. 21, n. 2, p. 87, abr./jun. 1988. Acesso em: 6 jun. 2020. Disponível em: https://www.scielo.br/scielo.php?script=sci_arttext&pid=S0037-86821988000200014.

[505] BARATA, Rita de Cássia Barradas. A historicidade do conceito de causa. *In*: ASSOCIAÇÃO BRASILEIRA DE PÓS-GRADUAÇÃO EM SAÚDE COLETIVA; ESCOLA NACIONAL DE SAÚDE PÚBLICA. *Textos de apoio*: epidemiologia. Rio de Janeiro: Escola Nacional de Saúde Pública, 1985, p. 13.

[506] SCLIAR, Moacyr. *Do mágico ao social*: trajetória da saúde pública, cit., p. 14-15. PEREIRA, Iara Cristina; OLIVEIRA, Maria Amélia de Campos. *Atenção primária, promoção da saúde e o Sistema Único de Saúde*: um diálogo necessário, cit., p. 17.

[507] SEVALHO, Gil. Uma Abordagem Histórica das Representações Sociais de Saúde e Doença, cit., p. 352.

[508] SCLIAR, Moacyr. *Do mágico ao social*: trajetória da saúde pública, cit., p. 17.

[509] SEVALHO, Gil. Uma Abordagem Histórica das Representações Sociais de Saúde e Doença, cit., p. 352.

dessa forma de compreender a doença ainda se fazem presentes e explicam preconceitos morais presentes no tratamento de pessoas com doenças sexualmente transmissíveis, como sífilis e aids, por exemplo.[510]

Na Grécia, a visão sobrenatural e religiosa pode ser constatada por meio do culto de deuses da religião politeísta como Hygeia, a saúde, e Panacea, a cura.[511] Segundo Gil Sevalho, "o termo *pharmakon* do grego arcaico significava sacrifícios feitos aos deuses em busca de curas".[512]

Sob influência das civilizações egípcias, introduziu-se na Grécia uma visão naturalizada da saúde em contraposição aos processos sobrenaturais. Nesse processo, destaca-se a figura de Hipócrates, que viveu a partir do ano 460 a.C. Os variados escritos que lhe são atribuídos formam o chamado *Corpus Hipocraticus*. Nesse contexto, a saúde passou a ser associada à ideia de equilíbrio ou isonomia da pessoa e desta com o meio ambiente. A doença é o estado de disnomia.[513]

A Medicina hipocrática caracterizava-se pela observação empírica dos fenômenos relacionados à saúde e às doenças. Nos escritos de Hipócrates, sua atenção é direcionada para doenças mais comuns (endêmicas) na população: gripes, resfriados, pneumonias, febres maláricas e outras não identificadas.[514] Para Hipócrates, o organismo humano é formado por quatro humores fundamentais: sangue, linfa, bile amarela e bile negra. Estes têm correspondência com elementos naturais: fogo, ar, terra e água. O desequilíbrio desses humores é causado por fatores externos e a cura consiste no restabelecimento do equilíbrio, por exemplo, por meio de banhos.[515] Trata-se de uma

---

[510] SEVALHO, Gil. Uma Abordagem Histórica das Representações Sociais de Saúde e Doença, cit., p. 352.
[511] SCLIAR, Moacyr. *Do mágico ao social*: trajetória da saúde pública, cit., p. 21.
[512] SEVALHO, Gil. Uma Abordagem Histórica das Representações Sociais de Saúde e Doença, cit., p. 353.
[513] BARATA, Rita de Cássia Barradas. A historicidade do conceito de causa, cit., p. 14-15. A autora esclarece ainda que a associação da saúde ao equilíbrio é uma noção que está presente também nos princípios da Medicina hindu e chinesa. A doença é sinal de desequilíbrio, cuja causa é buscada em elementos do ambiente físico, como a influência dos astros e do clima. O restabelecimento da saúde depende da retomada do equilíbrio. Moacyr Scliar, por sua vez, retrata com clareza a concepção de saúde dos gregos: "O ser humano ideal era uma criatura equilibrada no corpo e na mente, e de proporções definitivamente harmoniosas – não esqueçamos que essa era uma época de grandes artistas, sobretudo na escultura. Para manter a beleza corporal, os gregos praticavam o exercício físico." SCLIAR, Moacyr. *Do mágico ao social*: trajetória da saúde pública, cit., p. 21-22.
[514] SCLIAR, Moacyr. *Do mágico ao social*: trajetória da saúde pública, cit., p. 35.
[515] MORENO-MARTÍNEZ, Francisco José; GARCÍA, Carmen Isabel Gómez; HERNÁNDEZ-SUSARTE, Ana María. Evolución histórica de la higiene corporal: desde la edad antigua a las

proposta de causalidade complexa e elaborada, como afirma Rita de Cássia Barradas Barata.[516]

A passagem da compreensão mágica para a visão natural das doenças fez com que o ambiente físico passasse a ter grande importância no processo de adoecimento. Essa concepção é retratada no livro *Ares, Águas e Lugares*. Neste, está presente um esforço para demonstrar a relação de causalidade entre os elementos físicos e as doenças.[517] Também se distinguem as doenças endêmicas das doenças epidêmicas, sendo aquelas as habitualmente presentes em uma população e estas as doenças que surgem episodicamente com casos que crescem em demasia.[518] Ainda que não se tivesse acesso ao método científico e ao conhecimento sobre a existência de microorganismos, a civilização greco-romana atribuía o adoecimento aos maus ares de excrementos, materiais em putrefação e regiões pantanosas, do que é exemplo, neste último caso, a malária.[519]

Para George Rosen, os romanos não inovaram na prática clínica em relação aos gregos. No entanto, "como engenheiros e administradores, construtores de sistemas de esgotos e de banhos, e de suprimentos de água e outras instalações sanitárias, ofereceram exemplo ao mundo".[520] Nesse sentido, a civilização romana já esboçava uma administração sanitária com leis que dispunham sobre a inspeção de alimentos, por exemplo.[521]

Cuidados direcionados para as condições de habitação e salubridade, contudo, já estavam presentes, por exemplo, em civilizações egípcias milhares de anos antes de Cristo. Em escavações na Índia (4000 a.C.) e no Egito (entre 2100 e 1700 a.C.) foram encontrados banheiros e esgotos. Na mesma linha, cidades com ruas largas e esgotamento para água pluvial também são medidas que trouxeram benefícios para a

---

sociedades modernas actuales. *Cultura de los cuidados*, año XX, n. 46, p. 119, 3ᵉʳ Cuatrimestre 2016.

[516] BARATA, Rita de Cássia Barradas. A historicidade do conceito de causa, cit., p. 16.
[517] PINTO JÚNIOR, Vítor Laerte. Introdução ao Pensamento Epidemiológico. *Revista de Medicina e Saúde de Brasília*, v. 7, n. 1, p. 162, 2018.
[518] ROSEN, George. *Uma história da saúde pública*, cit., p. 37.
[519] ROSEN, George. *Uma história da saúde pública*, cit., p. 36. Segundo Moacyr Scliar, o substantivo malária tem origem latina e reconduz à ideia de "maus ares". SCLIAR, Moacyr. *Do mágico ao social:* trajetória da saúde pública, cit., p. 25.
[520] ROSEN, George. *Uma história da saúde pública*, cit., p. 40.
[521] SEVALHO, Gil. Uma Abordagem Histórica das Representações Sociais de Saúde e Doença, cit., p. 353.

saúde dessas comunidades. Sistemas de abastecimento de água e de esgoto foram encontrados na cidade de Troia.[522]

As medidas adotadas em Roma, contudo, têm especial importância em razão do legado deixado por essa civilização para os povos ocidentais. No que se refere à saúde pública, por meio do desenvolvimento de sistemas de aquedutos, obtinha-se o suprimento de água para abastecimento da cidade. A água era destinada para fontes, banheiros e outras estruturas públicas. Apenas pessoas prósperas, capazes de pagar pela água, tinham suprimento privado. Em Atenas e em Roma, já existiam sistemas de esgoto por meio de canos, sob as ruas, para eliminação de água das chuvas e dos esgotos.

A associação dos pântanos às doenças, como já se referiu, gerava a preocupação com a edificação nessas áreas e suas imediações. Assim, medidas de drenagem foram estimuladas.

A despeito das importantes realizações do Império Romano, é necessário lembrar que Roma sofreu com doenças endêmicas e com epidemias. Boa parte das medidas de saúde pública, inclusive os sistemas de água e esgoto, não alcançou os cidadãos mais pobres.[523]

Os romanos também associaram condições de trabalho ao adoecimento. Galeno, um dos médicos mais conhecidos do período romano, relatou as péssimas condições de trabalho dos mineiros, o que teria constatado *in loco*.[524] Ainda assim, não são encontradas medidas para mitigar os problemas decorrentes das condições de trabalho dos mineiros.

3.1.2 Idade Média: a influência do cristianismo e da religiosidade na compreensão da saúde

Durante a Idade Média, período que vai do ano 476 d.C. até 1492 d.C., a influência da Igreja Católica fez com que a compreensão do processo saúde-doença e a prática da Medicina se revestissem de

---

[522] ROSEN, George. *Uma história da saúde pública*, cit., p. 31-32.
[523] SCLIAR, Moacyr. O nascimento da saúde pública, cit., p. 87. O relato de George Rosen também é bastante significativo das condições de vida de parte da população: "Nos quarteirões mais pobres, no entanto, as ruas fediam por causa do conteúdo dos urinóis, esvaziados dos andares superiores das casas e de cômodos. Apesar das conquistas dos romanos, não se deve negligenciar os lados sombrios da saúde pública, visíveis nos apinhados cortiços; nem sempre se permitia às massas usufruir das instalações higiênicas." ROSEN, George. *Uma história da saúde pública*, cit., p. 43.
[524] SCLIAR, Moacyr. *Do mágico ao social: trajetória da saúde pública*, cit., p. 27. ROSEN, George. *Uma história da saúde pública*, cit., p. 45-46.

caráter religioso.⁵²⁵ Os princípios hipocráticos permaneceram no nível teórico e a prática clínica foi abandonada.⁵²⁶ A principal preocupação no período feudal era com a salvação do espírito.⁵²⁷

Os conhecimentos da Medicina greco-romana, abandonados na Europa com a queda do império romano, foram preservados em Constantinopla e dali difundidos para os árabes e outros povos. Em parte, esses conhecimentos também foram conservados por religiosos nos mosteiros. Nestes, eram adotadas práticas higiênicas como o uso de água encanada, latrinas, aquecimento e ventilação das instalações.⁵²⁸

O domínio cultural da Igreja Católica conduziu ao predomínio das explicações religiosas sobre as doenças. Estas poderiam ser atribuídas a punições pelo pecado, resultar da possessão pelo diabo ou da feitiçaria praticada por inimigos.⁵²⁹ Por este motivo, durante a Idade Média, ocorreu a perseguição de judeus acusados de causarem a peste negra, muito embora, paradoxalmente, fossem tão vítimas da doença quanto os cristãos.⁵³⁰ Em razão da compreensão mística ou religiosa das doenças, que foi predominante no período medieval, as enfermidades e o sofrimento eram vistos como processos de purificação para se alcançar a graça divina que se manifestava pela cura.⁵³¹

Durante a Idade Média, as doenças infecciosas transmissíveis, notadamente a peste bubônica e a lepra, foram responsáveis pela mortalidade de grandes contingentes populacionais.⁵³² A importância dessas doenças como causas de morte e de adoecimento fez com que

---

⁵²⁵ SEVALHO, Gil. Uma Abordagem Histórica das Representações Sociais de Saúde e Doença, cit., p. 354.
⁵²⁶ BARATA, Rita de Cássia Barradas. A historicidade do conceito de causa, cit., p. 16.
⁵²⁷ PEREIRA, Iara Cristina; OLIVEIRA, Maria Amélia de Campos. *Atenção primária, promoção da saúde e o Sistema Único de Saúde:* um diálogo necessário, cit., p. 19.
⁵²⁸ ROSEN, George. *Uma história da saúde pública*, cit., p. 52-53.
⁵²⁹ ROSEN, George. *Uma história da saúde pública*, cit., p. 52-53.
⁵³⁰ PEREIRA, Iara Cristina; OLIVEIRA, Maria Amélia de Campos. *Atenção primária, promoção da saúde e o Sistema Único de Saúde:* um diálogo necessário, cit., p. 19. SCLIAR, Moacyr. *Do mágico ao social:* trajetória da saúde pública, cit., p. 30.
⁵³¹ PEREIRA, Iara Cristina; OLIVEIRA, Maria Amélia de Campos. *Atenção primária, promoção da saúde e o Sistema Único de Saúde:* um diálogo necessário, cit., p. 19. SCLIAR, Moacyr. *Do mágico ao social:* trajetória da saúde pública, cit., p. 30. Nessa linha, anota Gil Sevalho, a autoflagelação foi praticada durante a epidemia de peste do século XIV. SEVALHO, Gil. Uma Abordagem Histórica das Representações Sociais de Saúde e Doença, cit., p. 354.
⁵³² Aponta-se que a pandemia de peste que atingiu a Europa durante o século XIV teria causado a morte de 2/3 da população. PINTO JÚNIOR, Vítor Laerte. Introdução ao Pensamento Epidemiológico, cit., p. 163.

fossem extremamente temidas pelas pessoas, que delas buscavam se distanciar.

A prática da caridade proposta pelo Cristianismo deu lugar ao hospital como lugar de acolhimento de doentes e de viajantes. Na Idade Média, os hospitais, mantidos por ordens religiosas, espalharam-se pela Europa. É necessário destacar, contudo, que a concepção de hospitais resultou não só de ações de caridade: de certa forma, os hospitais também são uma espécie de isolamento.[533] A hospitalização do doente é uma medida que o distancia e que mantém longe do olhar da sociedade o sofrimento e a decadência causados pelas doenças. Nesse período, também se acreditava que as doenças, de alguma forma, poderiam ser transmitidas por contágio do doente para as pessoas sadias.[534] Não à toa os leprosos, quando não segregados em leprosários, eram expulsos das suas comunidades e ficavam condenados a vagarem com vestes características. Estavam proibidos de entrarem em mercados, hospedarias ou tavernas e deveriam anunciar sua presença nas cidades com uso de instrumentos como sinos, cornetas ou matracas.[535]

Algumas características da vida durante a Idade Média certamente contribuíram para a disseminação de doenças, assim como para as ondas de epidemias que atingiram a Europa. Primeiramente, a necessidade de se manter as cidades entre os muros de fortificações para a defesa de inimigos levou à aglomeração de pessoas na medida em que as populações dessas cidades iam crescendo. Nesses ambientes, onde o espaço era restrito, pessoas conviviam com criações de animais de pequeno e grande porte. Acumulavam-se nas ruas refugos, lixo e toda sorte de imundícies. A pavimentação das ruas tornou-se uma medida necessária com o objetivo de que fossem mantidas limpas.[536] Por outro lado, as cruzadas e as navegações, que foram intensificadas no fim do período medieval, contribuíram para que doenças de regiões endêmicas, ou seja, aquelas onde a presença das enfermidades era habitual, fossem propagadas para as tripulações dos navios e destas para

---

[533] Segundo Gil Sevalho, "Os hospitais do Ocidente cristão, por exemplo, não eram recursos terapêuticos como os do final do século XVIII, onde Foucault (1977) percebeu o nascimento da clínica moderna. Eram casas de assistência aos pobres, abrigos de viajantes e peregrinos, mas também instrumentos de separação e exclusão quando serviam para isolar os doentes do restante da população". SEVALHO, Gil. Uma Abordagem Histórica das Representações Sociais de Saúde e Doença, cit., p. 354.

[534] BARATA, Rita de Cássia Barradas. A historicidade do conceito de causa, cit., p. 16.

[535] ROSEN, George. *Uma história da saúde pública*, cit., p. 60.

[536] ROSEN, George. *Uma história da saúde pública*, cit., p. 53-55.

as populações europeias. Assim, mesmo sem conhecimento científico sobre a transmissão das doenças, por se acreditar que a peste seria contagiosa, a prática da quarentena começou aplicada às tripulações dos navios em Veneza, a partir de 1348.[537]

No fim da Idade Média, a Medicina leiga começou a desenvolver-se. A Escola de Salerno foi exemplo desse movimento e já antecipava parte das mudanças que seriam intensificadas com Renascimento. Na obra "Regimento da Escola de Salerno", propunha-se que fosse evitado o estresse, recomendava-se a moderação com o vinho e a alimentação, não reter as "necessidades da natureza" e usar três médicos: o Doutor Descanso, o Doutor Alegria e o Doutor Dieta.[538]

3.1.3 A saúde na transição para a modernidade

O Renascimento deve ser considerado um período de importantes mudanças culturais, políticas, econômicas e sociais, que ocorreram de forma lenta e desigual, em um processo de transição da sociedade feudal para a modernidade.[539] Essa transição se completou na sociedade europeia com o movimento iluminista.

Nesse período, o pensamento científico emergente convivia com práticas esotéricas.[540] Assim, no que se refere à saúde, as explicações para a causalidade das doenças e as intervenções terapêuticas eram impregnadas de um sincretismo mágico-científico.

No contexto das transformações ocorridas durante a Renascença, o declínio do modo de produção feudal abriu caminho para o fortalecimento dos Estados nacionais. No campo econômico, as navegações contribuíram para a intensificação do comércio[541] e o surgimento de uma classe burguesa ávida por afirmar seu poder político. Progressivamente, as tradições feudais e a Igreja perderam parte de sua importância.[542]

---

[537] ROSEN, George. *Uma história da saúde pública*, cit., p. 62.
[538] ROSEN, George. *Uma história da saúde pública*, cit., p. 62. SCLIAR, Moacyr. *Do mágico ao social: trajetória da saúde pública*, cit., p. 32.
[539] ROSEN, George. *Uma história da saúde pública*, cit., p. 62. SCLIAR, Moacyr. *Do mágico ao social:* trajetória da saúde pública, cit., p. 73.
[540] SCLIAR, Moacyr. *Do mágico ao social:* trajetória da saúde pública, cit., p. 39.
[541] A intensificação do comércio permitiu o contato com os conhecimentos de Hipócrates e de Galeno, que foram preservados pelos árabes. SEVALHO, Gil. Uma Abordagem Histórica das Representações Sociais de Saúde e Doença, cit., p. 355. SCLIAR, Moacyr. O nascimento da saúde pública, cit., p. 88.
[542] SEVALHO, Gil. Uma Abordagem Histórica das Representações Sociais de Saúde e Doença, cit., p. 355.

De modo geral, o Renascimento pode ser caracterizado como um período em que as artes e a produção de conhecimento foram orientadas por uma visão humanista, centralizada no indivíduo, assim como pela observação, descrição e classificação dos objetos estudados.[543] Descartes propunha a solução dos problemas de forma racional, por meio da sua decomposição. Francis Bacon, de seu turno, destacava a necessidade de um método para o conhecimento dos fenômenos, e, sobretudo, de formulação de hipóteses para a produção de conhecimento.[544]

A secularização do conhecimento, com a perda gradativa do controle da Igreja Católica sobre a ciência, pouco a pouco, trouxe benefícios para a área da saúde.[545] Nessa linha, as observações anatômicas passaram a ser realizadas por estudiosos e por artistas da época, como Leonardo da Vinci. Andreas Vesalius avançou nos estudos da anatomia humana por meio da dissecação de cadáveres de criminosos executados, pois se recusava a estudar o tema de forma exclusivamente teórica.[546] Assim, em 1543, publicou um trabalho sobre anatomia do corpo humano.[547] Em 1628, William Harvey contribuiu para o progresso da ciência médica com a descoberta da circulação sanguínea, o que deu início ao estudo da fisiologia humana.[548]

Girolamo Fracastoro, no século XVI, desenvolveu uma teoria sobre o contágio das doenças que foi publicada em seu tratado *De Contagione, Contagiosis Morbis et Eorum Curatione*. Mesmo sem o conhecimento sobre a existência de micro-organismos, por meio da observação de várias doenças epidêmicas da época como peste, tifo e sífilis, o estudioso propôs uma teoria sobre a transmissão das doenças em que a infecção seria a causa e não a consequência das enfermidades.[549] Para ele, os *seminaria* ou sementes seriam agentes, que, penetrando no corpo, causariam doenças.[550] O contágio poderia ocorrer diretamente, de pessoa

---

[543] PEREIRA, Iara Cristina; OLIVEIRA, Maria Amélia de Campos. *Atenção primária, promoção da saúde e o Sistema Único de Saúde:* um diálogo necessário, cit., p. 20.
[544] PINTO JÚNIOR, Vítor Laerte. Introdução ao Pensamento Epidemiológico, cit., p. 163-164. SCLIAR, Moacyr. *Do mágico ao social:* trajetória da saúde pública, cit., p. 39.
[545] PEREIRA, Iara Cristina; OLIVEIRA, Maria Amélia de Campos. *Atenção primária, promoção da saúde e o Sistema Único de Saúde:* um diálogo necessário, cit., p. 21.
[546] SCLIAR, Moacyr. *Do mágico ao social:* trajetória da saúde pública, cit., p. 44. ROSEN, George. *Uma história da saúde pública*, cit., p. 62.
[547] PINTO JÚNIOR, Vítor Laerte. Introdução ao Pensamento Epidemiológico, cit., p. 163.
[548] PINTO JÚNIOR, Vítor Laerte. Introdução ao Pensamento Epidemiológico, cit., p. 163.
[549] ROSEN, George. *Uma história da saúde pública*, cit., p. 89.
[550] BARATA, Rita de Cássia Barradas. A historicidade do conceito de causa, cit., p. 17.

para pessoa; indiretamente, por meio de objetos contaminados, ou a distância, através do ar.[551]

Posteriormente, com o avanço das lentes e dos microscópios, Antony von Leeuwenhoek descreveu formas de vida hoje conhecidas como cocos, bacilos e espirilos. Embora tenha comunicado a descoberta para a Real Sociedade de Londres em 9 de outubro de 1676, Leeuwenhoek não atribuiu a esses seres microscópios a causalidade de doenças.[552]

A despeito do avanço indicado, durante a Renascença a sociedade europeia enfrentou um conjunto de doenças infecciosas responsável pelo adoecimento e morte de grandes contingentes de pessoas. Várias dessas enfermidades foram descritas pela primeira vez nesse período como o suor inglês (provavelmente alguma forma de influenza), o tifo, o escorbuto, a escarlatina e a varicela.[553] Contudo, as doenças que mais amedrontavam a população eram a sífilis e a peste bubônica. Além disso, as cidades ainda tinham precárias condições de salubridade em razão de dificuldades sanitárias, como carência de redes de esgoto e suprimento de água potável.[554]

A primeira epidemia de sífilis no continente europeu de que se tem conhecimento ocorreu no século XV. A doença, de transmissão sexual reconhecida desde 1530, é bastante associada ao espírito libertário e individualista do Renascimento.[555] Como a tolerância sexual marcou o período que vai do Renascimento ao século XVIII, a sífilis não causava estigma nas pessoas doentes, o que permitiu difundir o conhecimento sobre seus sintomas e tratamento. Medidas de controle envolveram a expulsão de prostitutas e de pessoas infectadas das cidades, a proibição de entrada em hospedarias, assim como a obrigatoriedade de tratamento em hospitais.[556] Segundo Moacyr Scliar, enquanto a sífilis era concebida como um problema individual, "a peste constituía-se em flagelo coletivo,

---

[551] ROSEN, George. *Uma história da saúde pública*, cit., p. 89-90.
[552] ROSEN, George. *Uma história da saúde pública*, cit., p. 90.
[553] ROSEN, George. *Uma história da saúde pública*, cit., p. 62. SCLIAR, Moacyr. *Do mágico ao social:* trajetória da saúde pública, cit., p. 76.
[554] ROSEN, George. *Uma história da saúde pública*, cit., p. 99-102.
[555] SCLIAR, Moacyr. *Do mágico ao social:* trajetória da saúde pública, cit., p. 44. ROSEN, George. *Uma história da saúde pública*, cit., p. 33-34.
[556] ROSEN, George. *Uma história da saúde pública*, cit., p. 84.

a resposta para a qual era coletiva".⁵⁵⁷ Dessa forma, "a sífilis anunciava a modernidade; a peste evocava os tempos bíblicos".⁵⁵⁸

A intensificação do comércio, o crescimento das cidades e a organização dos Estados modernos conduziram à necessidade de serem feitos levantamentos de dados sobre as populações, inclusive a descrição, classificação das doenças e das causas de morte, o que se desenvolveu pioneiramente na Renascença em Veneza e em Florença.⁵⁵⁹ Embora o uso das informações, em um primeiro momento, tenha sido limitado, pode-se afirmar que esses levantamentos iniciais são o embrião de uma futura saúde pública.

Seguindo essa linha, no século XVII, William Petty defendia a coleta de dados sobre população, educação, doenças, rendas, entre outros. Em seus estudos, foi o primeiro a propor um método para quantificar os custos da mortalidade.⁵⁶⁰ O autor criou o termo *aritmética política* e o atribuiu aos estudos quantitativos sobre as populações.⁵⁶¹ Contudo, coube a John Graunt, em Londres, um melhor desenvolvimento do tema, o que culminou com uma série de publicações sobre causas das mortes individuais. Por meio do tratamento dos dados coletados, o estudioso se dedicou a compreender a distribuição social da mortalidade em Londres.⁵⁶² Assim, criou taxas para comparação das diferentes causas, que foram estratificadas por variáveis como idade, sexo, espaço e tempo. Em sua obra, já se encontram princípios do método estatístico de análise. Pela relevância do seu trabalho, é considerado o fundador da demografia médica.⁵⁶³ Como consequência das evoluções desse olhar

---

⁵⁵⁷ SCLIAR, Moacyr. *Do mágico ao social:* trajetória da saúde pública, cit., p. 44. ROSEN, George. *Uma história da saúde pública*, cit., p. 34.

⁵⁵⁸ SCLIAR, Moacyr. *Do mágico ao social:* trajetória da saúde pública, cit., p. 44. ROSEN, George. *Uma história da saúde pública*, cit., p. 35.

⁵⁵⁹ SEVALHO, Gil. Uma Abordagem Histórica das Representações Sociais de Saúde e Doença, cit., p. 357. ROSEN, George. *Uma história da saúde pública*, cit., p. 93.

⁵⁶⁰ SUSSER, Mervyn; SUSSER, Ezra. Choosing a Future for Epidemiology: I. Eras and Paradigms. *American Journal of Public Health*, v. 86, n. 5, p. 668, May 1996.

⁵⁶¹ ROSEN, George. *Uma história da saúde pública*, cit., p. 93.

⁵⁶² SUSSER, Mervyn; SUSSER, Ezra. Choosing a Future for Epidemiology: I. Eras and Paradigms, cit., p. 668.

⁵⁶³ PINTO JÚNIOR, Vítor Laerte. Introdução ao Pensamento Epidemiológico, cit., p. 164. ROSEN, George. *Uma história da saúde pública*, cit., p. 93.

contábil[564] para a saúde, já no século XIX, em 1838, William Farr criou o sistema de registro de causa de morte na Inglaterra.[565]

A consolidação do Estado moderno dependia de medidas que contribuíssem para o fortalecimento do poder central, o que influenciou a forma de olhar para a saúde da população e as medidas de intervenção adotadas. Como destaca Moacyr Scliar, a certa altura, consagrou-se um olhar autoritário[566] marcado pelo tratamento dos temas da saúde como *questões de Estado*. Assim, no século XVIII, surgiu no território da atual Alemanha, de forma pioneira, o conceito de polícia médica ou sanitária, com enfoque regulador e disciplinador das práticas sociais, que deu azo à publicação de leis e regulamentos com medidas voltadas para a prevenção de doenças, higiene pré-natal, cuidados no parto, qualidade do alimento, limpeza das ruas, pureza do ar, assistência médica e combate ao charlatanismo.[567] Por sua vez, a Medicina urbana francesa, nesse contexto, destacou-se pelas medidas de intervenção voltadas para o saneamento das cidades. Em sintonia com esses movimentos, a Medicina da força de trabalho inglesa, no contexto de uma produção industrial crescente, tratou o corpo como força de produção. Esses três movimentos – polícia médica alemã, Medicina urbana francesa e Medicina da força de trabalho inglesa – contribuíram para o posterior surgimento do movimento da Medicina social.[568]

Também a forma de enfrentar a loucura foi influenciada por esse olhar autoritário. A partir do século XVII, propagou-se a prática da institucionalização da pessoa com transtornos mentais em hospícios. Medidas como isolamento, contenção física, banhos frios ou gelados,

---

[564] A expressão é utilizada por Moacyr Scliar. SCLIAR, Moacyr. *Do mágico ao social*: trajetória da saúde pública, cit., p. 59.

[565] PINTO JÚNIOR, Vítor Laerte. Introdução ao Pensamento Epidemiológico, cit., p. 164.

[566] SCLIAR, Moacyr. *Do mágico ao social*: trajetória da saúde pública, cit., p. 49.

[567] SCLIAR, Moacyr. *Do mágico ao social*: trajetória da saúde pública, cit., p. 52-53. ROSEN, George. *Uma história da saúde pública*, cit., p. 93. O movimento higienista, que se desenvolveu no século XIX, partiu dos pressupostos higiênicos para regular a vida das pessoas, famílias e grupos sociais de forma ampla, valendo-se, especialmente, da influência da família e da escola para fortalecer essa disciplina. MORENO-MARTÍNEZ, Francisco José; GARCÍA, Carmen Isabel Gómez; HERNÁNDEZ-SUSARTE, Ana María. Evolución histórica de la higiene corporal: desde la edad antigua a las sociedades modernas actuales, cit., p. 121.

[568] NUNES, Everardo Duarte. Saúde coletiva: uma história recente de um passado remoto. *In*: CAMPOS, Gastão Wagner de Sousa *et al*. *Tratado de saúde coletiva*. 2. ed. São Paulo: Hucitec Editora, 2014, p. 17. SEVALHO, Gil. Uma Abordagem Histórica das Representações Sociais de Saúde e Doença, cit., p. 357. PEREIRA, Iara Cristina; OLIVEIRA, Maria Amélia de Campos. *Atenção primária, promoção da saúde e o Sistema Único de Saúde*: um diálogo necessário, cit., p. 24-25.

entre outras, eram utilizadas como formas para a contenção das emoções, que deveriam ser dominadas. Embora se reconheçam os esforços de Philippe Pinel, na França, entre meados do século XVIII e início do século XIX, para a humanização do tratamento ao paciente com transtornos mentais, apenas nas últimas décadas do século XX, de fato, foram empenhados maiores esforços para a revisão das práticas psiquiátricas, com a descoberta da psicanálise, de novos medicamentos e o estabelecimento de um forte movimento reformista.[569]

3.1.4 O paradigma miasmático

A consolidação do Estado moderno sob a influência do liberalismo político e econômico foi seguida de um período de fortes transformações na forma de organização das atividades econômicas, especificamente nos processos de produção. As atividades artesanais, progressivamente, foram sendo mecanizadas, levando à substituição do homem pela máquina, redução da mão de obra empregada nas atividades econômicas e ao aumento da produção.

A Revolução Industrial desencadeou um conjunto de modificações nas condições econômicas, sociais, demográficas e sanitárias, entre outras. O crescimento da atividade econômica industrial levou a um massivo deslocamento das populações do campo para as cidades, tendo estas crescido em um ritmo absolutamente acelerado. Esse intenso crescimento populacional contribuiu decisivamente para uma série de problemas sociais.[570]

Na Inglaterra, no início do século XIX, Londres contava com cerca 800.000 habitantes e apenas 13 cidades tinham mais de 25.000 habitantes. Na década de 1840, a população de Londres atingiu cerca de 1.800.000 pessoas e havia 40 cidades com mais de 25.000 pessoas. Nesse mesmo período, as populações de Liverpool e de Manchester saltaram de 82.000 e 75.000 habitantes para 444.000 e 339.000 habitantes, respectivamente.[571]

Nesse contexto, as condições de habitação nas cidades tornaram-se absolutamente precárias. Os mais variados compartimentos dos imóveis,

---

[569] SCLIAR, Moacyr. *Do mágico ao social*: trajetória da saúde pública, cit., p. 56-57.
[570] FRASER, Derek. *The evolution of the British Welfare State. A history of social policy since the Industrial Revolution*, cit., p. 70.
[571] FRASER, Derek. *The evolution of the British Welfare State. A history of social policy since the Industrial Revolution*, cit., p. 70-71.

incluindo sótãos e porões, foram ocupados como moradias.[572] Nesses locais estavam ausentes serviços básicos como drenagem, esgotamento e fornecimento de água. Em condições como essas, apinhados de pessoas, esses ambientes eram ideais para a propagação de doenças contagiosas.

Nos Estados Unidos, na primeira metade do século XIX, as populações das cidades também cresceram rapidamente. A título de ilustração, em 1805, a população de Nova York era de 75.770 pessoas, mas chegou a 123.000, em 1820, e 515.000, em 1850.[573]

Nesse mesmo período, um grande fluxo de imigrantes europeus empobrecidos impactou, em especial, cidades litorâneas como Nova York e Boston. A carência de imóveis para acolher essas pessoas fez com que espaços como armazéns e galpões se tornassem habitações. Posteriormente, prédios com múltiplos apartamentos para aluguel foram construídos para acolher essas populações pobres. Com precárias condições sanitárias, essas edificações deram origem aos cortiços, que acumulavam problemas sanitários e sociais.[574]

O princípio do século XIX, nos Estados Unidos, também ficou marcado pela ocorrência de vários surtos epidêmicos de doenças infecciosas transmissíveis, como febre amarela, cólera, varíola, febre tifoide e tifo exantemático, que vitimavam em especial as populações pobres.[575]

Na França e na Alemanha, ainda que a industrialização e a urbanização tenham ocorrido em ritmos e com características diferentes, os impactos decorrentes da migração de pessoas do campo para as cidades e o rápido crescimento destas, igualmente, trouxeram os mesmos problemas sanitários vivenciados na Inglaterra. Vale mencionar que, na Alemanha, esses fenômenos – industrialização e urbanização – ocorreram tardiamente e no contexto histórico de um país ainda em processo de unificação dos Estados germânicos.[576]

Embora já existissem vozes que defendiam que as doenças poderiam ser causadas por seres microscópicos e propagadas por diferentes formas de contágio, a teoria dominante sobre a causalidade das doenças era a teoria miasmática. Acreditava-se que os miasmas,

---

[572] FRASER, Derek. *The evolution of the British Welfare State. A history of social policy since the Industrial Revolution*, cit., p. 71.
[573] ROSEN, George. *Uma história da saúde pública*, cit., p. 179.
[574] ROSEN, George. *Uma história da saúde pública*, cit., p. 178-179.
[575] ROSEN, George. *Uma história da saúde pública*, cit., p. 180.
[576] ROSEN, George. *Uma história da saúde pública*, cit., p. 188-190.

emanações oriundas dos solos, das águas e do ar em condições pútridas, causavam o adoecimento das pessoas.[577]

Essa compreensão sobre o processo saúde-doença não era nova. Na civilização greco-romana, como já registrado, acreditava-se que a malária era causada pelos "maus ares" de regiões pantanosas. Da mesma forma, nos séculos XVI e XVII, os miasmas eram apontados como causa das epidemias de doenças transmissíveis que assolavam a Europa.[578]

Fato é que a teoria miasmática tinha como consequência um olhar mais amplo sobre o fenômeno da saúde e do adoecimento das pessoas. O olhar dos pesquisadores voltava-se para o ambiente, onde se buscavam as causas das doenças.[579] Ao mesmo tempo, o avanço das metodologias estatísticas permitia correlacionar os fatores ambientais ao adoecimento e à mortalidade, embora de maneira geral e indiferenciada.[580]

O olhar para o ambiente proposto pela teoria miasmática, consequentemente, fez com que os cientistas da época considerassem as condições de vida e trabalho das classes trabalhadoras como fatores correlacionados ao processo de adoecimento, conformando, assim, um olhar social para a ciência médica cujas origens remontam à polícia médica alemã, à Medicina urbana francesa e à Medicina da força de trabalho inglesa.[581] Para Edwin Chadwick, sanitarista inglês do século XIX, as precárias condições do ambiente desencadeavam doenças que, por consequência, causavam o empobrecimento das pessoas. Friedrich Engels, por sua vez, compreendia que a pobreza era a causa e não a consequência das doenças.[582] Rudolf Virchow, na Alemanha, "procurou estabelecer um nexo entre epidemias e desigualdades sociais".[583] Para

---

[577] SUSSER, Mervyn; SUSSER, Ezra. Choosing a Future for Epidemiology: I. Eras and Paradigms, cit., p. 669. BARATA, Rita de Cássia Barradas. A historicidade do conceito de causa, cit., p. 17-18.

[578] ROSEN, George. *Uma história da saúde pública*, cit., p. 88-99.

[579] CARVALHO, Antônio Ivo; BUSS, Paulo Marchiori. Determinantes Sociais na Saúde, na Doença e na Intervenção. In: GIOVANELLA, Lígia et al. *Políticas e sistema de saúde no Brasil*. Rio de Janeiro: Editora Fiocruz, 2009, p. 143.

[580] "The environmental causes were thought to have broad and multiple manifestations in morbidity and mortality, and the sanitary statistics that were collected as evidence were largely undifferentiated; that is, they were related more to overall morbidity and mortality than to specific diseases." SUSSER, Mervyn; SUSSER, Ezra. Choosing a Future for Epidemiology: I. Eras and Paradigms, cit., p. 669.

[581] NUNES, Everardo Duarte. Saúde coletiva: uma história recente de um passado remoto, cit., p. 18.

[582] SUSSER, Mervyn; SUSSER, Ezra. Choosing a Future for Epidemiology: I. Eras and Paradigms, cit., p. 669.

[583] SCLIAR, Moacyr. Do mágico ao social: trajetória da saúde pública, cit., p. 67.

ele, as doenças epidêmicas refletiam um "desajustamento social e cultural".[584] Em outro estudo, destacou "a necessidade de democracia, educação, liberdade e prosperidade".[585] Na França, o médico Louis René Villermé, em 1826, publicou um estudo sobre a mortalidade em diferentes regiões de Paris e apontou a relação entre a pobreza e as doenças.[586] Na América, John Griscom, ao estudar as condições de saúde da população de Nova York, abordou aspectos sanitários e outros próprios do modo de organização social. Em seu trabalho *A Condição Sanitária da População Trabalhadora de Nova York*, Griscom propôs princípios que orientariam a reforma sanitária nos anos seguintes. Em sua obra, afirmou que "existe um grande volume de enfermidades, incapacidades físicas e mortalidade prematura entre as classes mais pobres"; "essas enfermidades são, em grande medida, desnecessárias, pois resultam de causas que podem ser evitadas"; "esses males físicos produzem males morais de grande magnitude e em grande número, que, se considerados apenas de um ponto de vista pecuniário, deveriam levar o governo e os indivíduos a pensar nos melhores meios de os aliviar e prevenir"; deve-se "sugerir meios de aliviar esses males e de prevenir sua ocorrência em tão grande extensão".[587]

A par de todos esses estudos, corroborando o avanço do uso da estatística nas pesquisas sobre a saúde no início do século XIX, é importante destacar o trabalho de John Snow, médico inglês, ao analisar a epidemia de cólera em Londres. Snow acreditava que a doença era transmitida pela água ingerida pelas pessoas, captada do rio Tâmisa, à época, por diferentes companhias privadas. Ele percebeu que a mortalidade das pessoas se distribuía de maneira desigual e conforme as empresas fornecedoras, que tinham diferentes pontos de captação de água no rio. Os achados de John Snow revelaram que a taxa de mortalidade por cólera das pessoas que recebiam água da *Lambeth Company* era menor que daquelas que consumiam água de outras empresas, sendo que a *Lambeth Company* captava água em

---

[584] ROSEN, George. *Uma história da saúde pública*, cit., p. 76.
[585] SCLIAR, Moacyr. Do mágico ao social: trajetória da saúde pública, cit., p. 67.
[586] PEREIRA, Iara Cristina; OLIVEIRA, Maria Amélia de Campos. *Atenção primária, promoção da saúde e o Sistema Único de Saúde:* um diálogo necessário, cit., p. 23.
[587] GRISCOM, John C. *The sanitary condition of the Laboring Population of New York. Apud* ROSEN, George. *Uma história da saúde pública*, cit., p. 180.

trecho mais à montante do rio e, consequentemente, menos poluído.[588] Diante dos resultados de seus estudos, John Snow contrapunha-se à teoria miasmática. Porém, suas pesquisas também conduziam a uma intervenção sobre o ambiente em benefício da saúde.

As respostas ao adoecimento das pessoas que resultaram de uma abordagem da teoria miasmática e da teoria social da Medicina implicavam intervenções como a drenagem de pântanos, a limpeza das ruas e coleta de lixo, a criação de sistemas fechados de esgotos e o suprimento de água potável para as pessoas.[589] Além disso, as condições de trabalho no setor fabril também deveriam ser enfrentadas. Com efeito, a ausência de regulação sobre o exercício do trabalho decorrente de uma concepção liberal, que também influenciou o Direito, levou ao exercício de atividades em condições extenuantes e insalubres, inclusive, por mulheres e crianças. Assim, os já referidos estudos de Louis René Villermé, na França, levaram à publicação de legislação que limitava o trabalho de crianças em 1841.[590]

De maneira geral, pode-se dizer que o discurso sanitarista da primeira metade do século XIX baseava-se na essencialidade da saúde pública, que deveria ser concebida como matéria de interesse coletivo[591] na medida em que os indivíduos estão expostos a "condições nocivas sobre as quais não têm controle".[592] Propunha-se que os estudos e pesquisas sobre saúde e doença deveriam se basear em um método estatístico de análise. Afirmava-se que os problemas de saúde seriam influenciados por condições sociais e econômicas. Por consequência, acreditava-se que as medidas de proteção da saúde perpassam pela criação de uma legislação sanitária, a realização de obras de engenharia civil voltadas para o suprimento de água potável, drenagem e esgotamento.[593]

---

[588] GORDIS, Leon. *Epidemiologia*. 4. ed. Trad. Paulo Cauhy Petry. Rio de Janeiro: Revinter, 2010, p. 14. PINTO JÚNIOR, Vítor Laerte. Introdução ao Pensamento Epidemiológico, cit., p. 165. SCLIAR, Moacyr. Do mágico ao social: trajetória da saúde pública, cit., p. 70. ROSEN, George. *Uma história da saúde pública*, cit., p. 209-210.

[589] SUSSER, Mervyn; SUSSER, Ezra. Choosing a Future for Epidemiology: I. Eras and Paradigms, cit., p. 669.

[590] ROSEN, George. *Uma história da saúde pública*, cit., p. 189.

[591] NUNES, Everardo Duarte. Saúde coletiva: uma história recente de um passado remoto, cit., p. 18.

[592] É o que propunha Lorenz von Stein, segundo George Rosen. ROSEN, George. *Uma história da saúde pública*, cit., p. 192.

[593] "Public health reform essentially comprised three elements: the medical and statistical analysis of diseases and mortality rates; the creation of a legislative and administrative sanitary framework; and the building of a civil engineering infrastructure of water supply,

As medidas de intervenção sobre o ambiente necessárias para a redução do adoecimento e da mortalidade das pessoas precisavam, no entanto, de autoridades capazes de promover medidas coercitivas e que, em boa parte, limitavam a liberdade das pessoas. Esse problema, presente nos diversos países aqui mencionados, trazia dificuldades para os reformadores. Nessa linha, Edwin Chadwick, no contexto inglês, convencido sobre a necessidade das medidas ambientais para a prevenção das doenças, propôs medidas legislativas que visavam fortalecer uma autoridade sanitária central. No entanto, encontrou forte oposição nas forças políticas que viam suas propostas como limitadoras das autoridades locais, restritivas das liberdades individuais e geradoras de custos elevados para as pessoas.[594]

A derrota dos movimentos revolucionários do século XIX impactou diretamente as propostas reformistas oriundas da Medicina social, que propunham intervenções sobre condições mais amplas que influenciam no processo de saúde e adoecimento, como as condições de vida e de trabalho. É fato que parte das medidas veio a ser acolhida por governos conservadores da época, como foi o caso de Bismarck, na Alemanha. Contudo, a derrota dos revolucionários associada às descobertas bacteriológicas das últimas décadas do século XIX conduziram a outro olhar sobre a saúde, com repercussão para as medidas propostas para a saúde pública.[595]

Como destacam Mervyn Susser e Ezra Susser, uma ironia da história da saúde pública é que, embora a maioria dos reformistas do século XIX estivesse equivocada sobre as causas e a forma de transmissão

---

drainage and sewerage". FRASER, Derek. *The evolution of the British Welfare State. A history of social policy since the Industrial Revolution*, cit., p. 93.

[594] É o que noticia Derek Fraser: "The whole question of property rights and how far they could be invaded in the public interest was relevant here. Building regulations enforcing sewerage, for instance, involved infringements on individual liberty, which many would not accept on ideological grounds." FRASER, Derek. *The evolution of the British Welfare State. A history of social policy since the Industrial Revolution*, cit., p. 81. Mais além, o autor reforça o conflito individual *versus* coletivo, que envolvia a propostas de Chadwick: "Individual liberty was reinforced by self-interest, for those who were loudest in defense of property rights were often the owners of property which needed sanitary improvement. Deference to an individualist ideology was sometimes, therefore, a rationalization of economic self-interest and an excuse for inaction". Para além da oposição ideológica, Chadwick esbarrou, como já dito, nas repercussões financeiras das suas propostas: "Because of the size of the problem the costs were inevitably going to be great and there were serious *financial* aspects involved. Resources for social utilities are always scarce and sewerage was not a popular subject." FRASER, Derek. *The evolution of the British Welfare State. A history of social policy since the Industrial Revolution*, cit., p. 80.

[595] BARATA, Rita de Cássia Barradas. A historicidade do conceito de causa, cit., p. 20.

das doenças, por adotarem a teoria miasmática, as medidas por eles propostas, de fato, são aquelas capazes de causar os maiores benefícios em prol da saúde das pessoas.[596]

3.1.5 A unicausalidade e o "contagionismo" (paradigma bacteriológico)

O desenvolvimento do microscópio permitiu que os micro-organismos, cuja existência já havia sido suposta em diversos momentos na história da humanidade, começassem a ser vistos e documentados. A despeito do pioneirismo de Antony von Leeuwenhoek no século XVII, a era bacteriológica na saúde pública apenas teve lugar a partir da segunda metade do século XIX, quando foram anunciadas as descobertas de Pasteur, Koch, entre outros.

Em meio às controvérsias entre os defensores da teoria miasmática e os contagionistas, na década de 1840, Jacob Henle, valendo-se de estudos anteriores, defendeu uma teoria que propunha que as doenças infectocontagiosas são causadas por organismos vivos.[597] O pesquisador afirmou que a identificação das causas das doenças exigia do pesquisador observação dos fenômenos e experimentação. Para se comprovar a relação de causalidade entre o micro-organismo e a doença, Henle propunha um método – posteriormente adotado por Koch – que abrange a demonstração da presença constante do parasita, isolamento em meio externo e reprodução da doença a partir do organismo isolado.[598]

Louis Pasteur, nos anos 1850, foi convidado por um produtor de vinho a estudar o processo de fermentação. Desde tempos remotos, a humanidade realizava o processo de fermentação para a produção de bebidas como vinho e cerveja. No entanto, não se sabia por qual motivo parte da produção estragava sem causa aparente. Pasteur, que já se dedicava ao estudo da fermentação lática, percebeu a presença de micro-organismos durante a fermentação do vinho, sendo que parte

---

[596] "An irony of the history of public health is that, while the sanitarians were mistaken in their causal theory of foul emanations, they nonetheless demonstrated how and where to conduct the search for causes in terms of the clustering of morbidity and mortality. The reforms they helped to achieve in drainage, sewage, water supplies, and sanitation generally brought major improvements in health. Their mistake lay in the specifics of biology rather than in the broad attribution of cause to environment." SUSSER, Mervyn; SUSSER, Ezra. Choosing a Future for Epidemiology: I. Eras and Paradigms, cit., p. 669.

[597] SUSSER, Mervyn; SUSSER, Ezra. Choosing a Future for Epidemiology: I. Eras and Paradigms, cit., p. 669.

[598] ROSEN, George. *Uma história da saúde pública*, cit., p. 221-222.

deles produzia outras substâncias que não o álcool. Com isso, concluiu que a deterioração do produto era devida à sua contaminação durante o processo. Dessa forma, além de descobrir a causa do problema, propôs uma forma de intervenção que prevenisse que a produção estragasse: o aquecimento do vinho, a certa temperatura, por curto período de tempo. A esse processo se denominou pasteurização.[599]

Após seus achados sobre o processo de fermentação, Pasteur dedicou-se ao estudo de uma doença que acometia o bicho da seda e que, por esse motivo, estava causando prejuízos econômicos para a indústria têxtil. Embora não tivesse se dedicado ao tema até então, por meio da observação do fenômeno, Pasteur conduziu estudos que apontaram os micro-organismos causadores das doenças do bicho da seda e também as formas de prevenção.[600]

As contribuições de Robert Koch para microbiologia começaram a ser expostas a partir de 1876. O cientista, que já desenvolvia estudos sobre a causa do antraz, publicou um artigo em que afirmou a origem microbiana das doenças.[601] Poucos anos após, em 1882, Robert Koch descobriu o bacilo causador da tuberculose e, em 1883, o vibrião colérico, bactéria responsável pelo cólera.[602] Com seus estudos, Koch também estabeleceu os fundamentos da teoria dos germes. Como salienta Moacyr Scliar, Koch afirmou que para cada doença há que se identificar um específico agente etiológico. Segundo os postulados da teoria microbiana, o agente:

> (...) teria de ser demonstrado em cada caso da doença por isolamento em cultura pura; não poderia ser encontrado em nenhuma outra doença; uma vez isolado, deveria ser capaz de reproduzir a doença em animais de experimentação; deveria ser recuperado dos animais nos quais a doença fosse produzida.[603]

---

[599] ROSEN, George. *Uma história da saúde pública*, cit., p. 226-227.
[600] ROSEN, George. *Uma história da saúde pública*, cit., p. 228. SUSSER, Mervyn; SUSSER, Ezra. Choosing a Future for Epidemiology: I. Eras and Paradigms, cit., p. 669.
[601] ROSEN, George. *Uma história da saúde pública*, cit., p. 230.
[602] SUSSER, Mervyn; SUSSER, Ezra. Choosing a Future for Epidemiology: I. Eras and Paradigms, cit., p. 669. ROSEN, George. *Uma história da saúde pública*, cit., p. 232.
[603] SCLIAR, Moacyr. *Do mágico ao social:* trajetória da saúde pública, cit., p. 76.

Para a comprovação de seus achados, Koch aproveitou-se, na percepção de Gil Sevalho, não apenas do desenvolvimento do microscópio, mas também da evolução da fotografia.[604]

Nas últimas décadas do século XIX, as descobertas de microorganismos causadores de doenças sucederam-se com rapidez. Assim, foram conhecidos os agentes responsáveis pela febre tifoide, hanseníase, malária, difteria, tétano, botulismo, entre outros.[605] Essa sucessão de descobertas foi responsável pela consolidação da chamada teoria dos germes e a consequente superação da teoria miasmática.

Como consequência da afirmação da teoria dos germes, estabeleceu-se a lógica da unicausalidade, isto é, para cada doença deve-se identificar um agente etiológico e combatê-lo.[606] Embora John Snow, Robert Koch, Jacob Henle e Louis Pasteur manifestassem preocupações com a saúde pública de forma mais ampla, os estudos sobre o processo saúde-doença afastaram-se das concepções que buscavam a compreensão da causalidade nos determinantes ambientais e sociais mais amplos. Com efeito, embora as descobertas sobre os agentes causadores das doenças infecciosas tenham legado para a humanidade um conhecimento fundamental para a prevenção e o tratamento de diversas enfermidades, por outro lado, conduziram a uma visão mais estreita da saúde, com ênfase nas pesquisas laboratoriais e distanciamento dos estudos de caráter mais social.[607]

Sob o paradigma bacteriológico, a prevenção por meio das vacinas, o isolamento dos indivíduos doentes em quarentena e o tratamento com o uso de antibióticos tornaram-se as principais respostas para as

---

[604] "O interesse de Koch pela fotografia e a oportunidade que teve de utilizar os aperfeiçoamentos da microscopia, possibilitaram a comprovação categórica da teoria dos germes e o afastamento do centro do cenário das discussões sociais dos anticontagionistas revolucionários de meados do século XIX. Afinal, não se poderia fotografar um miasma ou uma influência." SEVALHO, Gil. Uma Abordagem Histórica das Representações Sociais de Saúde e Doença, cit., p. 360.
[605] ROSEN, George. *Uma história da saúde pública*, cit., p. 232.
[606] BARATA, Rita de Cássia Barradas. A historicidade do conceito de causa, cit., p. 20.
[607] "Snow and Koch faced directly the most acute public health problems of the time. (...) Henle and Pasteur] they too declared and shared a public health perspective on the prevention of disease. Despite these origins, the new paradigm of disease that followed from their work, the germ theory, led in the end to the narrow laboratory perspective of a specific cause model – namely, single agents relating one to one to specific diseases." SUSSER, Mervyn; SUSSER, Ezra. Choosing a Future for Epidemiology: I. Eras and Paradigms, cit., p. 670. BARATA, Rita de Cássia Barradas. A historicidade do conceito de causa, cit., p. 20.

doenças.⁶⁰⁸ Em 1892, em Nova York, estabeleceu-se, de forma pioneira, uma divisão de bacteriologia e desinfecção no departamento de saúde pública, o que abrangia um laboratório para diagnóstico. A partir de então, nos EUA, outros departamentos e laboratórios de saúde pública foram implantados visando colocar em prática as recentes descobertas dos micro-organismos, o que veio a ser replicado anos após em países europeus.⁶⁰⁹

3.1.6 O modelo biomédico de saúde

A sucessão de descobertas de agentes etiológicos de doenças infectocontagiosas no final do século XIX e no início do século XX, seguida da consequente consolidação do paradigma bacteriológico e do modelo unicausal para a explicação do processo saúde-doenças, teve profundas consequências no campo da saúde pública. Com efeito, a busca de causas mais gerais para as doenças e o olhar para os fatores ambientais e sociais que influenciam sua ocorrência deram lugar à procura de agentes etiológicos específicos para as enfermidades. Com isso, as propostas de intervenções sobre o ambiente e as relações socioeconômicas foram colocadas em segundo plano em detrimento da aplicação de medidas como vacinação, isolamento de doentes e uso de antibióticos.⁶¹⁰

Nesse contexto, o primado da ciência e o desenvolvimento do capitalismo promoveram uma transformação nas Ciências da Saúde e sobretudo na Medicina. A associação do conhecimento científico ao desenvolvimento industrial estimulou uma abordagem dos problemas de saúde baseada no cuidado médico, emprego de medicamentos no tratamento das pessoas, uso de equipamentos e reconhecimento do hospital como ambiente de solução dos problemas de saúde. Trata-se de uma visão da saúde que se tornou hegemônica e orientou boa parte das políticas públicas ao longo do século XX.

---

⁶⁰⁸ SUSSER, Mervyn; SUSSER, Ezra. Choosing a Future for Epidemiology: I. Eras and Paradigms, cit., p. 670. BARATA, Rita de Cássia Barradas. A historicidade do conceito de causa, cit., p. 20.
⁶⁰⁹ ROSEN, George. *Uma história da saúde pública*, cit., p. 244-245.
⁶¹⁰ Mervyn Susser e Ezra Susser ressaltam que, nas suas origens, os pesquisadores da era bacteriológica demonstravam preocupação com a saúde pública e com a prevenção das doenças. Porém, a evolução da teoria dos germes conduziu a uma abordagem mais estreita, com ênfase nos estudos laboratoriais. SUSSER, Mervyn; SUSSER, Ezra. Choosing a Future for Epidemiology: I. Eras and Paradigms, cit., p. 670.

Aponta-se como marco do modelo de Medicina científica ou modelo biomédico de atenção à saúde o relatório Flexner, de 1910. O documento, elaborado por Abraham Flexner, avaliou a educação médica nos Estados Unidos e no Canadá, recomendou o fechamento de 124 das 155 escolas médicas americanas e propôs, dentre outras medidas, a ampliação da duração dos cursos de Medicina para quatro anos; a introdução do ensino laboratorial; a expansão do ensino clínico, com ênfase no cuidado hospitalar; a ênfase na pesquisa biológica e a especialização da formação médica.[611]

Analisando o modelo biomédico, Aluísio Gomes da Silva Júnior indica como elementos característicos da prática médica sob esse paradigma o mecanicismo, que conduz a uma compreensão do corpo como máquina; o biologismo, que implica a apreciação das doenças com ênfase na identificação de agentes etiológicos e seu tratamento, afastando-se da apreciação de determinantes econômicos e sociais mais amplos; o individualismo; a especialização do cuidado; a exclusão de práticas alternativas e tradicionais no tratamento; a tecnificação do cuidado, com emprego de equipamentos e insumos novos; a ênfase na Medicina curativa e a concentração de recursos em centros de maior densidade populacional.[612]

Ao longo do século XX, com o crescimento da incidência das doenças crônicas, as limitações do modelo unicausal foram se tornando evidentes. Para muitas doenças não é possível identificar um agente etiológico específico que possa ser prevenido ou tratado. A complexidade dos mecanismos de causalidade tornou-se cada vez mais clara e revelou a influência de outros fatores para a ocorrência das doenças além da interação agente-hospedeiro. Importante marco dessa mudança de compreensão da causalidade das doenças foram os estudos sobre a influência do tabaco para o câncer de pulmão. A despeito da demonstração de que o hábito de fumar aumenta o risco de desenvolvimento da doença, as pesquisas revelaram que os postulados da teoria dos germes não encontravam aplicação exata nesse estudo, já que os experimentos

---

[611] SILVA JÚNIOR, Aluísio Gomes da. *Modelos tecnoassistenciais em saúde*: o debate no campo da saúde coletiva. São Paulo: Hucitec, 1997, p. 44.
[612] SILVA JÚNIOR, Aluísio Gomes da. *Modelos tecnoassistenciais em saúde*: o debate no campo da saúde coletiva, cit., p. 45-48.

em animais só permitiram demonstrar o mecanismo de causalidade de forma indireta por meio da aplicação de substâncias na pele de ratos.[613]

Fato é que a epidemiologia se viu forçada a enfrentar um cenário complexo em que a visão de unicausalidade deveria ser substituída pela determinação multifatorial, de uma causalidade em rede.[614] A ciência estava apta para demonstrar a influência de fatores na ocorrência das doenças. No entanto, a forma como esses fatores interagem dando causa aos processos patogênicos, na maioria das vezes, não é clara. Por esse motivo, a epidemiologia das doenças crônicas é também chamada de epidemiologia da caixa preta. Nesse contexto, nenhum fator, isoladamente, é necessário ou suficiente para causar doenças.[615]

Essa nova visão da causalidade acrescentou outras medidas para a prevenção de doenças. A política pública deveria, também, dedicar-se ao controle dos fatores de risco para a ocorrência de doenças por meio de mudanças no estilo de vida, como a alteração dos hábitos alimentares, realização de exercícios físicos, não fumar, entre outros.[616]

Mesmo com enfoque multicausal, diversos modelos de causalidade sucederam-se ao longo do século XX. Contudo, a predominância dos aspectos biológicos individuais e do ambiente físico na explicação das doenças manteve em segundo plano as condicionantes de caráter social.[617] Dessa forma, boa parte dos modelos multicausais do século XX, como o modelo ecológico, não conduziu a uma retomada da ênfase nos aspectos sociais para a demonstração das doenças.

Assim, o desenvolvimento de modelos multicausais para explicar a ocorrência de doenças não abalou o avanço do modelo biomédico de atenção à saúde. Com efeito, o desenvolvimento científico e tecnológico, a descoberta de novos fármacos para o tratamento de doenças e o desenvolvimento econômico contribuíram para o crescimento do prestígio da classe médica e do hospital, que passou a ocupar um lugar central no imaginário coletivo quando se trata de pensar em soluções para problemas de saúde.

---

[613] SUSSER, Mervyn; SUSSER, Ezra. Choosing a Future for Epidemiology: I. Eras and Paradigms, cit., p. 671.
[614] SUSSER, Mervyn; SUSSER, Ezra. Choosing a Future for Epidemiology: I. Eras and Paradigms, cit., p. 671.
[615] SUSSER, Mervyn; SUSSER, Ezra. Choosing a Future for Epidemiology: I. Eras and Paradigms, cit., p. 670.
[616] SUSSER, Mervyn; SUSSER, Ezra. Choosing a Future for Epidemiology: I. Eras and Paradigms, cit., p. 669.
[617] BARATA, Rita de Cássia Barradas. A historicidade do conceito de causa, cit., p. 21.

O modelo econômico que se tornou dominante nas sociedades ocidentais no século XX influenciou profundamente a forma de abordar os problemas de saúde. O desenvolvimento de uma cultura que estimula a produção de bens e o ato de consumo levou a uma prática médica que valoriza as tecnologias novas, a sofisticação e o consumo de drogas (medicamentos), o que para o paciente não deixa de ser uma forma de distinção social.[618] Assim, o modelo biomédico implica o consumo de grande volume de recursos em medidas assistenciais, notadamente despesas hospitalares e assistência farmacêutica, mesmo em países onde problemas como a melhoria das condições ambientais, de habitação, nutrição, imunizações da população, entre outros, ainda não foram solucionados.[619]

A ênfase no investimento em tecnologias duras, na especialização profissional e no cuidado hospitalar leva a uma grande elevação dos custos em saúde. Isso porque, na saúde, a incorporação tecnológica, como acentuam Aluísio Gomes da Silva Júnior e Carla Almeida Alves, "não é

---

[618] "De fato, vivemos hoje numa sociedade científica de consumo, isto é, numa sociedade regida por dois grandes princípios articulados: pelo princípio do consumo, que postula que o grande objetivo dos seres humanos é entrar na posse e fazer uso de produtos e serviços que poderão satisfazer suas necessidades e resolver todos seus problemas; e pelo princípio da C&T, que postula que o conhecimento científico materializado em tecnologia é a grande base da validade, eficiência e eficácia dos produtos e serviços que consumimos." LEFEVRE, Fernando. Medicamento, lógica de mercado e interesse público. *Revista de Direito Sanitário*, v. 3, n. 3, p. 37, nov. 2002. Por outro lado, as sociedades industriais também se veem às voltas com enfermidades que eclodiram como consequência do próprio modo de vida que propõem, como analisa Jeni Vaitsman: "O desenvolvimento industrial, embora tenha solucionado muitos problemas, criou outros, que foram sendo enfrentados de diferentes modos pela evolução social e política da sociedade contemporânea. O corpo de cada indivíduo responde, à sua maneira, ao modo como ele age no mundo e experimenta este mesmo mundo. Nas sociedades de consumo de massas ricas do século XX, as doenças que mais matam são as doenças da civilização, ou da abundância, como o câncer e as cardiopatias, ligadas ao modo de vida industrial; a vida estressante, e ao mesmo tempo sedentária, a poluição do meio ambiente no trabalho e no lazer, a contaminação do ar, da água e dos alimentos seja por despejos industriais, nucleares ou por agrotóxicos, o consumo de drogas e até mesmo a ingestão de proteínas em excesso. E ainda os acidentes de trânsito e os problemas de saúde mental, agravados no contexto das megalópoles e do desenraizamento social". VAITSMAN, Jeni. Saúde, cultura e necessidades. *In*: FLEURY, Sônia. *Saúde: Coletiva?* Questionando a onipotência do social. Rio de Janeiro: Relume-Dumará, 1992, p. 167. Segundo a autora, a área da saúde é particularmente reveladora desses paradoxos: "A melhoria de certas condições de saúde se deu par a par com a medicalização da sociedade e a hegemonização de uma medicina tecnificada, reducionista, que está sempre correndo para dar alguma resposta a enfermidades muitas vezes produzidas pela própria organização social e pelo modo de viver." VAITSMAN, Jeni. Saúde, cultura e necessidades, cit., p. 167.

[619] VAITSMAN, Jeni. Saúde, cultura e necessidades, cit., p. 169.

substitutiva e nem poupadora de mão de obra".[620] Novos equipamentos e novos especialistas são introduzidos nos sistemas de saúde sem a exclusão dos meios já existentes. Ademais, novos equipamentos trazem consigo a demanda por profissionais capazes de operá-los, mais uma vez, onerando o sistema.

Não se trata de desprezar o avanço tecnológico, de abandonar o uso de novos recursos terapêuticos ou de impedir a incorporação de novos procedimentos aos sistemas de saúde e a atualização de seu parque tecnológico. Propõe-se a canalização dos investimentos para atividades prioritárias, que atendam a maior parte das necessidades em saúde da população e sejam custo-efetivas, isto é, potencializem os resultados dos recursos empregados. Com efeito, a priorização da atenção médica especializada, de caráter curativo, com ênfase nos cuidados hospitalares, por implicar uma inversão de prioridades e resultar em cuidados de custo elevado, conduz a uma assistência de difícil universalização e, portanto, geradora de iniquidades.[621] A incorporação tecnológica deve ocorrer de forma racional e motivada, sem se deixar pautar pelos interesses de mercado, com prejuízo para as atividades prioritárias.[622]

---

[620] SILVA JÚNIOR, Aluísio Gomes da; ALVES, Carla Almeida. Modelos assistenciais em saúde: desafios e perspectivas. *In:* MOROSINI, Márcia Valéria G. C; CORBO, Anamaria D'Andrea. *Modelos de atenção e a saúde da família*. Rio de Janeiro: Fiocruz, 2007, p. 30.

[621] "Outro ponto que evidencia os limites da biomedicina é que quanto mais cara maior é a dificuldade de acesso para as populações com condições econômicas precárias, cujas demandas são as maiores dos serviços de saúde. Chamamos a isso de iniquidade na distribuição da oferta e dos benefícios do sistema de saúde." SILVA JÚNIOR, Aluísio Gomes da; ALVES, Carla Almeida. Modelos assistenciais em saúde: desafios e perspectivas, cit., p. 30. SILVA, Telma Terezinha Ribeiro. Modelos Assistenciais em Saúde. *In:* VILARTA, Roberto (Org.). *Saúde Coletiva e Atividade Física:* conceitos e aplicações dirigidos à graduação em educação física. V. 1 [em linha]. Campinas: IPES Editorial, 2007, p. 46. Acesso em: 21 dez. 2019. Disponível em: https://www.fef.unicamp.br/fef/sites/uploads/deafa/qvaf/saude_coletiva_cap6.pdf.

[622] "A Medicina Científica articula-se no processo de industrialização da sociedade e passa a ser conduzida para os interesses de um mercado lucrativo nem sempre voltado para os interesses da maioria da população em proteção de suas vidas, promoção e recuperação de suas saúdes.
Seus custos progressivos e nem sempre racionais constituem importante barreira ao oferecimento universal dos benefícios produzidos pela tecnologia médica, gerando uma iniquidade com consequências terríveis, pois quem mais precisa dos serviços de saúde é a parcela da população que menos recursos econômicos tem." SILVA JÚNIOR, Aluísio Gomes da. *Modelos tecnoassistenciais em saúde*: o debate no campo da saúde coletiva, cit., p. 50.

3.1.7 A ênfase nos determinantes sociais da saúde como contraponto ao modelo hegemônico

A tensão entre abordagens que enfatizam fatores biológicos, sejam eles individuais ou do ambiente, e concepções que ressaltam a influência dos aspectos sociais para a incidência e a distribuição das doenças está presente na história da saúde pública desde suas origens.[623] As diferentes propostas de explicação do processo saúde-doença e as medidas de intervenção para prevenir e tratar as enfermidades refletem essa disputa que se trava no campo teórico, mas também político.

A partir da década de 1970, novos modelos de causalidade foram propostos como forma de revalorização dos aspectos sociais na explicação do processo saúde-doença. Defende-se que a manutenção da saúde e a incidência de enfermidades são influenciadas pelas relações sociais e de produção, que interferem na relação do homem com o meio que o cerca.[624] São enfatizados os determinantes sociais da saúde.

Entendem-se como determinantes sociais da saúde "as condições de vida e trabalho dos indivíduos e grupos da população".[625] Para os modelos de causalidade que levam em conta os determinantes sociais, as doenças não acontecem num plano a-histórico,[626] deslocado dos fatores sociais, econômicos, culturais, étnico/raciais, psicológicos e comportamentais.[627] Na realidade, os fatores biológicos e individuais interagem com essas circunstâncias sociais, o que interfere na ocorrência das doenças.

Dentre os aspectos que influenciam a ocorrência de doenças em uma população, como apontam Antonio Ivo de Carvalho e Paulo Marchiori Buss, estão as desigualdades sociais. Com efeito, as iniquidades sociais comprometem o acesso a bens, serviços e direitos e, por

---

[623] BUSS, Paulo Marchiori; PELLEGRINI FILHO, Alberto. A saúde e seus Determinantes Sociais. *Physus: Revista de Saúde Coletiva* [em linha], v. 17, n. 1, p. 80, 2007. Acesso em: 22 dez. 2019. Disponível em: http://www.scielo.br/pdf/physis/v17n1/v17n1a06.pdf.

[624] BARATA, Rita de Cássia Barradas. A historicidade do conceito de causa, cit., p. 24.

[625] BUSS, Paulo Marchiori; PELLEGRINI FILHO, Alberto. A saúde e seus Determinantes Sociais, cit., p. 78.

[626] As críticas de Rita de Cássia Barradas Barata a essas compreensões estão presentes em diversos momentos ao longo de seu texto já referido em diversas oportunidades. Vale a pena conferir, em especial, a partir da página 20. BARATA, Rita de Cássia Barradas. A historicidade do conceito de causa, cit., p. 20-25.

[627] Esses fatores estão compreendidos entre os determinantes sociais conforme a visão da Comissão Nacional sobre os Determinantes Sociais da Saúde do Brasil, segundo Paulo Marchiori Buss e Alberto Pellegrini Filho. BUSS, Paulo Marchiori; PELLEGRINI FILHO, Alberto. A saúde e seus Determinantes Sociais, cit., p. 78.

isso, privam as pessoas do pleno exercício de sua cidadania. No campo da saúde, as iniquidades e as privações dela decorrentes limitam os benefícios dos avanços econômicos sobre os indicadores da condição de saúde. Isso demonstra porque, atingido certo padrão, o crescimento econômico refletido em indicadores como PIB *per capita* não impacta na saúde das pessoas. Aqui, mais que o crescimento econômico, importa a forma como a riqueza é distribuída. Assim, "a desigualdade na distribuição de renda não é somente prejudicial à saúde dos grupos mais pobres, mas é também prejudicial à saúde da sociedade em seu conjunto".[628] A desigualdade na distribuição da renda afeta o capital social, compreendido como as "relações de solidariedade e confiança entre pessoas e grupos".[629]

Atualmente, um dos modelos causais mais influentes para a explicação das determinações do processo saúde-doença foi proposto por Dahlgren e Whitehead, como noticiam Paulo Marchiori Buss e Alberto Pellegrini Filho. Nesse modelo, como demonstra a representação gráfica a seguir, as condições que interferem na ocorrência das doenças estão dispostas em camadas. Assim, são considerados fatores que vão do nível biológico e individual aos macrodeterminantes.[630]

---

[628] CARVALHO, Antonio Ivo de; BUSS, Paulo Marchiori. Determinantes Sociais na Saúde, na Doença e na Intervenção, cit., p. 159. Na mesma linha, Naomar de Almeida Filho e Jairnilson Silva Paim afirmam que "determinantes sociais e econômicos da saúde são poderosos. Não somente pobreza ou privação determina problemas de saúde mediante precárias condições de vida ou pouco acesso a serviços de saúde; desigualdades econômicas ou iniquidades sociais constituem importante fator de risco para a maioria das doenças conhecidas". ALMEIDA-FILHO, Naomar; PAIM, Jairnilson Silva. Conceitos de Saúde: Atualização do Debate Teórico-Metodológico. *In:* ALMEIDA-FILHO, Naomar; PAIM, Jairnilson Silva. *Saúde coletiva*: teoria e prática. Rio de Janeiro: MedBook, 2014, p. 19.
[629] BUSS, Paulo Marchiori; PELLEGRINI FILHO, Alberto. A saúde e seus Determinantes Sociais, cit., p. 82.
[630] BUSS, Paulo Marchiori; PELLEGRINI FILHO, Alberto. A saúde e seus Determinantes Sociais, cit., p. 83.

Figura 1 – Modelo de determinantes sociais
de Dahlgren e Whitehead.[631]

A retomada dos aspectos sociais para análise das causas que interferem na ocorrência e na distribuição das doenças implica a necessidade de se considerar intervenções para a melhoria das condições de saúde das populações que vão do nível individual ao coletivo,[632] em especial, ações de promoção da saúde e de prevenção de doenças.[633] Além disso, essas intervenções não se limitam às ações próprias dos sistemas de saúde, mas devem abranger medidas que interfiram "nas condições socioeconômicas, ambientais e culturais por meio de políticas públicas intersetoriais", em especial, "políticas de desenvolvimento,

---

[631] CARVALHO, Antonio Ivo de; BUSS, Paulo Marchiori. Determinantes Sociais na Saúde, na Doença e na Intervenção, cit., p. 160.

[632] "These two approaches to aetiology – the individual and population-based – have their counterparts in prevention. In the first, preventive strategy seeks to identify high-risk susceptible individuals and to offer them some individual protection. In contrast 'population strategy' seeks to control de determinants of incidence in the population as whole." ROSE, Geoffrey. Sick individuals and sick populations. *International Journal of Epidemilogy*, v. 3, issue 3, p. 429, 2001.

[633] "O que caracteriza a promoção da saúde modernamente é considerar como foco da ação sanitária os determinantes gerais sobre a saúde. Saúde é assim entendida como produto de um amplo espectro de fatores relacionados à qualidade de vida, como padrões adequados de alimentação e nutrição, habitação e saneamento, trabalho, educação, ambiente físico limpo, ambiente social de apoio a famílias e indivíduos, estilo de vida responsável e um espectro adequado de cuidados de saúde." CARVALHO, Antonio Ivo de; BUSS, Paulo Marchiori. Determinantes Sociais na Saúde, na Doença e na Intervenção, cit., p. 154.

voltadas para a distribuição mais equânime dos recursos socialmente produzidos".[634]

Tomemos o exemplo apontado por Marvyn Susser e Ezra Susser da infeção pelo vírus HIV e desenvolvimento da aids. No nível molecular, os estudos da biologia molecular são importantes para se compreender o mecanismo de transmissão e descobrir formas de sua interrupção. Por outro lado, em um nível intermediário, no plano do comportamento individual, é possível orientar comportamentos sexuais e outros que previnem a contaminação pelo vírus HIV. No nível populacional, os estudos epidemiológicos podem indicar padrões de comportamento populacionais que contribuam ou protejam populações contra o desenvolvimento da aids e que auxiliem na prevenção e combate à doença em seus aspectos endêmico e epidêmico, como padrões de relacionamento sexual, amamentação, nutrição, prevalência de outras doenças sexualmente transmissíveis, entre outros. Finalmente, no nível global, a compreensão das relações entre sociedades também pode auxiliar no desenvolvimento de medidas que contribuam para o combate à aids em escala populacional.[635]

As Ciências da Saúde, portanto, estão diante de um desafio complexo: a explicação da causalidade das doenças abrangendo desde os componentes biológicos individuais às relações sociais, de vida e de trabalho, cuja alteração, em boa parte, não está ao alcance dos indivíduos. Para além da "caixa-preta" reconhecida a partir do incremento das doenças crônicas, afirma-se, agora, um paradigma de "caixas chinesas" (*chinese boxes*), que se reflete a partir do reconhecimento de relações entre fatores determinantes do processo saúde-doença em diferentes níveis.[636] Nesse contexto, as respostas dos sistemas de saúde para a melhoria das condições de saúde das pessoas – incluindo os aspectos jurídicos – devem ser abrangentes e extrapolar sua esfera típica de atuação, compreendendo, sobretudo, medidas intersetoriais.[637]

---

[634] CARVALHO, Antonio Ivo de; BUSS, Paulo Marchiori. Determinantes Sociais na Saúde, na Doença e na Intervenção, cit., p. 160.

[635] SUSSER, Mervyn; SUSSER, Ezra. Choosing a Future for Epidemiology: II. From Black Box to Chineses Boxes and Eco-Epidemiology. *American Journal of Public Health*, v. 86, n. 5, p. 674-675, May 1996.

[636] SUSSER, Mervyn; SUSSER, Ezra. Choosing a Future for Epidemiology: II. From Black Box to Chineses Boxes and Eco-Epidemiology, cit., p. 675.

[637] Apontam-se como exemplo as medidas antitabagismo e de combate ao abuso de bebidas alcoólicas, notadamente, seu uso precoce, na adolescência. A orientação no nível individual, com foco na demonstração dos males causados por ambos os hábitos, visando a mudança

3.1.8 Por uma compreensão holística ou ampliada da saúde

Nas páginas anteriores, descreveu-se o longo percurso e as transformações pelas quais passaram as compreensões sobre os fenômenos da saúde e da doença com implicações diretas para as respostas científicas e/ou sociais a essas realidades. Como já se registrou, as diferentes visões revelam uma competição subliminar ou por vezes explícita entre visões mais estreitas, com ênfase nos aspectos biológicos e ambientais, e outras com enfoque mais amplo e reconhecedoras da influência dos fatores sociais *lato sensu*.

Neste momento, é necessário destacar que a definição de direito à saúde e sua caracterização, assim como a consequente construção de uma dogmática da atenção primária à saúde, não pode prescindir, em sede preliminar, de uma apreciação das definições de saúde. Isso porque as repercussões jurídicas do reconhecimento da saúde como direito dependem dos limites de sua compreensão como objeto de tutela normativa.[638]

A par da sua relevância para o Direito, o conceito de saúde também tem destacada importância para as Ciências da Saúde e as políticas públicas do setor.[639] Em ambos os casos, o fim último da produção científica, assim como das *policies*, é a concepção e a proposta

---

de comportamentos individuais tem relevância, mas seu alcance é limitado. Por outro lado, a vedação do fumo em espaços públicos como restaurantes, meios de transporte, cinemas e teatros reduz os estímulos ao tabagismo. Por outro lado, as restrições à propaganda de cigarros e de bebidas alcoólicas, reduz o poder de sedução da indústria notadamente sobre os segmentos populacionais mais jovens, já que, não raramente, seus anúncios ligavam atletas e artistas bem-sucedidos ao fumo e ao álcool, atribuindo grande glamour a ambos. Nesse sentido, Paulo Marchiori Buss e Alberto Pellegrini Filho afirmam: "Atuando-se exclusivamente sobre os indivíduos, às vezes se consegue que alguns deles mudem de comportamento, mas logo eles são substituídos por outros. Para atuar nesse nível [dos comportamentos de risco] de maneira eficaz, são necessárias políticas de abrangência populacional que promovam mudanças de comportamento através de programas educativos, comunicação social, acesso facilitado a alimentos saudáveis, criação de espaços públicos para a prática de esportes e exercícios físicos, bem como proibição à propaganda do tabaco e do álcool em todas as suas formas." BUSS, Paulo Marchiori; PELLEGRINI FILHO, Alberto. A saúde e seus Determinantes Sociais, cit., p. 86.

[638] GAMEIRO, Ian Pimentel. A saúde como metacapacidade: redefinindo o bem jurídico, cit., p. 2236.

[639] "While living matter is more complex than the concepts that endeavor to explain it, operative interventions are made possible through concepts. There is no way of producing alternative forms of health care that do not seek to operationalize concepts of health and disease." CZERESNIA, Dina. The concept of health and the difference between prevention and promotion. *Cadernos de Saúde Pública*, v. 15, n. 4, p. 705-706, 1999.

de ações que melhorem a saúde das pessoas e das sociedades. No entanto, paradoxalmente, a evolução histórica apresentada indica que a conceituação de saúde nunca foi objeto de grandes preocupações filosóficas ou científicas. Na verdade, a história da saúde pública revela que o foco dos estudos e das medidas de intervenção orientou-se para enfermidades específicas.[640]

É possível identificar, contudo, dois caminhos principais para a definição de saúde. Por um lado, encontram-se as definições negativas de saúde em que esta é analisada como estado oposto à doença. Nesse contexto, compreende-se que a situação de normalidade corresponde ao funcionamento fisiológico do organismo de forma regular, estatisticamente típica. A doença está presente quando há o comprometimento de alguma das funções biológicas. Assim, a saúde e o estado saudável consistem na ausência de patologia.[641]

Essa forma de compreensão da saúde resulta de uma abordagem limitada aos aspectos biológicos e, portanto, dissocia as pessoas das relações sociais e do ambiente onde vivem, muito embora seja nestes locais e de forma social e culturalmente ajustada que as doenças ocorram.[642] Trata-se de uma visão da saúde alinhada com o modelo biomédico e o paradigma da Medicina científica, o que implica uma redução no conceito de saúde em relação às compreensões abrangentes que serão expostas mais adiante.

---

[640] Dina Czeresnia destaca esse grande paradoxo da saúde pública: "One issue is that public health defines itself as responsible for promoting health, while its practices are organized around disease concepts". CZERESNIA, Dina. The concept of health and the difference between prevention and promotion, cit., p. 703. Essa também é a visão de Sérgio Arouca: "O conhecimento científico dedicou-se ao estudo de doenças específicas e pouco debateu, como entidades próprias, os conceitos de saúde e de doença. A saúde surge como um conceito negativo, um estado que se afirma pela ausência de doença". AROUCA, Antônio Sérgio da Silva. *O dilema preventivista*: contribuição para a compreensão e crítica da medicina preventiva. 1975. [Em linha]. Tese de Doutoramento apresentada à Faculdade de Ciências Médicas da Universidade Estadual de Campinas. Acessível na Universidade Estadual de Campinas, Campinas, Brasil, p. 115. Acesso em: 28 dez. 2019. Disponível em: https://teses.icict.fiocruz.br/pdf/aroucaass.pdf.

[641] PAIM, Jairnilson Silva; ALMEIDA-FILHO, Naomar. Conceitos de saúde: atualização do debate teórico-metodológico, cit., p. 17-18.

[642] "The concept of disease was built on a reduction of the human body, based on morphological and functional constants defined by such sciences as anatomy and physiology. 'Disease' is conceived as endowed with its own external reality, prior to concrete alterations in the bodies of the sick. The body is thus disconnected from the whole set of relationships that constitute the meaning of its life (MENDES-GONÇALVES, 1994), even though medical practice enters into contact with concrete human beings and not just with their organs and functions (CANGUILHEM, 1978)." CZERESNIA, Dina. The concept of health and the difference between prevention and promotion, cit., p. 702.

As concepções mais estreitas sobre a saúde, alinhadas com o paradigma biomédico hegemônico, têm contribuído, ademais, para um modelo de análise classificado por João Arriscado Nunes como "imperativo da saúde". Trata-se, como visto em itens anteriores, de enfatizar os fatores de risco individuais para a ocorrência de doença e, por consequência, a responsabilidade individual. Essa visão, legitimada pela autoridade dos especialistas, tem por consequência o excessivo consumo de tecnologias, que é reforçado também por uma moral conservadora que estigmatiza certos comportamentos ainda que os Estados se mostrem pouco comprometidos e eficientes na regulação de práticas que prejudicam a saúde humana como a poluição ambiental e ações de publicidade que induzem maus hábitos de vida, como o consumo de álcool e de tabaco.[643]

Por outro lado, para Sérgio Arouca, a saúde e a doença devem ser reconhecidas como "dois objetos distintos e qualitativamente diferentes".[644] Dessa forma, uma revisão das práticas de saúde passa pela assunção desta como um fenômeno próprio, um conceito positivo e merecedor de atenção da ciência.

Dentre as concepções positivas, que buscam afirmar um conceito que toma a saúde como objeto próprio de investigação, pode-se afirmar que a mais conhecida é aquela que consta da Constituição da Organização Mundial da Saúde, de 1946, qual seja, "a saúde é um estado de completo bem-estar físico, mental e social, e não consiste apenas na ausência de doença ou de enfermidade".[645] Essa definição deve ser reconhecida como um marco importante para a saúde pública, já que, além de se tratar de um conceito positivo, também tem o mérito de contemplar as dimensões biológica, psíquica e social. Assim, reconhece-se a saúde como um estado resultante de múltiplos determinantes de variada ordem.[646]

---

[643] NUNES, João Arriscado. Saúde, direito à saúde e justiça sanitária, cit., p. 146-149.
[644] AROUCA, Antônio Sérgio da Silva. O dilema preventivista: contribuição para a compreensão e crítica da medicina preventiva, cit., p. 114.
[645] ORGANIZAÇÃO MUNDIAL DA SAÚDE – Constituição da Organização Mundial da Saúde [em linha]. Assembleia-Geral das Nações Unidas, 22 de julho de 1946. Acesso em: 7 jun. 2020. Disponível em: http://www.direitoshumanos.usp.br/index.php/OMS-Organiza%C3%A7%C3%A3o-Mundial-da-Sa%C3%BAde/constituicao-da-organizacao-mundial-da-saude-omswho.html.
[646] Pode-se afirmar que o direito posteriormente afirmado na Declaração Universal dos Direitos Humanos de 1948 guardou sintonia com a definição proposta pela OMS. Com efeito, o documento prevê, no art. XXV, que "todo ser humano tem direito a um padrão de vida capaz de assegurar-lhe, e a sua família, *saúde e bem-estar*, inclusive alimentação, vestuário, habitação, cuidados médicos e os serviços sociais indispensáveis, e direito à segurança em

Há, contudo, críticas à definição de saúde proposta pela OMS. Afirma-se que se trata de um conceito muito amplo e que, por isso, cria dificuldades para ser operacionalizado na prática. Ao se conjugar a dimensão biopsicossocial associada ao adjetivo completo referente ao substantivo bem-estar, o conceito seria correspondente, na realidade, à definição de felicidade. "É antes uma 'imagem-horizonte' do que um alvo concreto",[647] na percepção de Moacyr Scliar.

Por sua vez, Jonas Juškevičius e Janina Balsienė,[648] assim como Machteld Huber e outros,[649] afirmam que, ainda que, não intencionalmente, a definição de saúde proposta pela OMS induz à medicalização da sociedade e ao excessivo consumo de insumos e tecnologias, inclusive para condições que não são propriamente doenças, na busca do estado de bem-estar completo. Para estes últimos, com a maior prevalência das doenças crônicas, cada vez mais um grande contingente de pessoas

---

caso de desemprego, doença, invalidez, viuvez, velhice ou outros casos de perda dos meios de subsistência em circunstâncias fora de seu controle". ORGANIZAÇÃO DAS NAÇÕES UNIDAS – Declaração Universal dos Direitos Humanos, cit. (grifou-se).

[647] SCLIAR, Moacyr. *Do mágico ao social:* trajetória da saúde pública, cit., p. 94.

[648] "Widening physical health to the psychological and the social dimensions was conceptually important; however, it has no direct operational value. (...) a state of complete physical, mental, and social well-being corresponds much more closely to happiness than to health. Unclear distinction between health and happiness threatens to the practical implementation of the right to healthcare. Firstly, any, even minimal, disturbance to happiness may come to be seen as a health problem. Secondly, because the quest for happiness is essentially boundless, the quest for health also becomes boundless. *This legitimizes an unlimited demand for health services.* Thirdly, the distinction between health and happiness is crucially relevant in terms of rights requiring societal actions to ensure that they effectively and fully materialize. It seems impossible to construct an argument that happiness is a subject-matter of social right simply because the prescriptive view of happiness cannot be introduced in the democratic society. Finally, trying to guarantee the unattainable happiness for every citizen will inevitably subtract resources and jeopardize the chances of guaranteeing the gradually attainable justice and equity in health." JUŠKEVIČIUS, Jonas; BALSIENĖ, Janina. Human rights in healthcare: some remarks on the limits of the right to healthcare, cit., p. 102 (grifou-se).

[649] "Most criticism of the WHO definition concerns the absoluteness of the word 'complete' in relation to wellbeing. The first problem is that it unintentionally contributes to the medicalization of society. The requirement for complete health 'would leave most of us unhealthy most of the time.' It therefore supports the tendencies of the medical technology and drug industries, in association with professional organizations, to redefine diseases, expanding the scope of the healthcare system. New screening technologies detect abnormalities at levels that might never cause illness and pharmaceutical companies produce drugs for 'conditions' not previously defined as health problems. Thresholds for intervention tend to be lowered – for example, with blood pressure, lipids, and sugar. The persistent emphasis on complete physical wellbeing could lead to large groups of people becoming eligible for screening or for expensive interventions even when only one person might benefit, and it might result in higher levels of medical dependency and risk." HUBER, Machteld et al. How should we define health? *British Medical Journal*, n. 343, p. 1, 2011.

convive por vários anos com doenças que não têm cura, mas se adaptam a estas condições e permanecem como indivíduos autônomos e participativos em suas comunidades.[650] Também por esse motivo, concluem pela necessidade de revisão do conceito de saúde.

Em razão das deficiências que apontam ao conceito de saúde proposto pela OMS, Jonas Juškevičius e Janina Balsienė afirmam que a saúde deve ser concebida a partir de uma visão biomédica, tal como se extrai da Convenção Europeia sobre Direitos Humanos e Biomedicina.[651] Por sua vez, Machteld Huber e outros tratam a saúde como aptidão para se adaptar e exercer a autonomia diante dos desafios sociais, físicos e emocionais.[652]

Em defesa do conceito proposto pela OMS, Antônio Joaquim Schellenberger Fernandes ressalta que não se pode negar a evolução que aquele representou para a saúde pública na medida em que foi além da lógica higienista que governava a visão da Sociedade das Nações, entidade que antecedeu a ONU.[653] Por sua vez, o autor destaca a necessidade de uma compreensão ampliada da saúde e reconhece, ademais, a dimensão espiritual da saúde, negada pelo saber hegemônico.[654] Essa inclusão do aspecto espiritual da saúde foi admitida pela

---

[650] HUBER, Machteld et al. How should we define health?, cit., p. 1-2.

[651] "Probably, due to the mentioned problems, the Biomedicine Convention carefully avoids the employment of the WHO definition of health in its text. The Biomedicine Convention makes no reference to any WHO document, and its Explanatory Report provides a rather narrow definition of the concept of health indirectly attributing only the biomedical meaning to it. This could be deducted from the definition of 'healthcare': 'the services offering diagnostic, preventive, therapeutic and rehabilitative interventions, designed to maintain or improve a person's state of health or alleviate a person's suffering. This care must be of a fitting standard in the light of scientific progress and be subject to a continuous quality assessment'." JUŠKEVIČIUS, Jonas; BALSIENĖ, Janina. Human rights in healthcare: some remarks on the limits of the right to healthcare, cit., p. 105.

[652] HUBER, Machteld et al. How should we define health?, cit., p. 1 e 3.

[653] FERNANDES, Antônio Joaquim Schellenberger. *Direito à saúde*: tutela coletiva e mediação sanitária. Belo Horizonte D'Plácido Editora, 2016, p. 71.

[654] "Independentemente da adoção de visão teísta, ou ateísta, em relação à saúde, a dimensão espiritual é bastante significativa quando apreciamos os processos culturais e os confrontamos com processos ideológicos. O pensamento hegemônico utiliza a racionalidade científica para sua justificação, e desenvolve enormes esforços para desqualificar elementos religiosos, místicos ou esotéricos associados à saúde e à doença. Apesar disso, o monopólio da cura não se transferiu completamente da igreja para o hospital. Diante da doença, o apelo a rezas, benzeduras e recursos semelhantes, tidos como 'alternativos', é utilizado por considerável parcela da população, embora proscrito pelas políticas oficiais. A revisão da bibliografia sobre o tema mostra que a medicina tradicional, com sua dimensão espiritual, sempre foi combatida de forma obsessiva pela medicina científica, sem sucesso. O mercado se incomoda com aspectos que fogem de seu controle". FERNANDES, Antônio Joaquim Schellenberger. *Direito à saúde*: tutela coletiva e mediação sanitária, cit., p. 72.

OMS na Resolução EB101.R2, que propõe: *"Health is a dynamic state of complete physical, mental, spiritual and social well-being and not merely the absence of disease or infirmity"*.[655]

Como já se adiantou na introdução deste livro, a abordagem das capacidades também oferece um modelo teórico que permite apreciar o estado de saúde e propor um conceito para a orientação das práticas em saúde.

A abordagem das capacidades propostas por Amartya Sen e Martha Nussbaum revela uma compreensão da justiça que tem por base a ideia de liberdade. Nesse sentido, Amartya Sen aponta as contradições do mundo contemporâneo, onde o crescimento econômico convive, a um só tempo, com oportunidades e possibilidades para o bem-viver nunca antes imaginadas, mas também com a manutenção de situações de exclusão social, de privações e de opressões inaceitáveis. Dessa forma, o autor compreende que "a expansão da liberdade é vista, por essa abordagem, como o principal fim e o principal meio do desenvolvimento".[656] Por sua, vez, "o desenvolvimento consiste na eliminação das privações de liberdade que limitam as escolhas e as oportunidades das pessoas de exercer ponderadamente sua condição de agente".[657]

A liberdade defendida pela abordagem das capacidades, contudo, não corresponde à noção proposta pelo liberalismo político e econômico, que implica mera abstenção do Estado e de terceiros na autodeterminação do indivíduo. Ainda que a ausência de constrangimentos para o exercício das liberdades clássicas e dos direitos políticos seja essencial, propõe-se uma compreensão substancial da liberdade, que implica que sejam conferidas oportunidades para o florescimento das pessoas, o que abrange a escolha das opções de vida que têm razão para valorizarem.[658]

Com efeito, o foco direciona-se para as possibilidades de vida de que as pessoas dispõem, as quais podem ser realizadas efetivamente ou não conforme suas escolhas pessoais. No entanto, quando as privações resultam de fatores que não estão sob seu controle e não resultam das escolhas feitas pelos indivíduos, a situação é de injustiça e há um dever

---

[655] WORLD HEALTH ORGANIZATION – *Review of The Constitution of The World Health Organization: report of the Executive Board special group* [em linha]. Resolution EB 101.R2, Eighth meeting, 22 jan. 1998. Acesso em: 16 maio 2020. Disponível em: https://apps.who.int/iris/bitstream/handle/10665/79503/angr2.pdf?sequence=1&isAllowed=y.
[656] SEN, Amartya. *Desenvolvimento como liberdade*, cit., p. 10.
[657] SEN, Amartya. *Desenvolvimento como liberdade*, cit., p. 10.
[658] RUGER, Jennifer Prah. *Health and social justice*, cit., p. 54.

ético para que sejam corrigidas.⁶⁵⁹ O conjunto de capacidades de cada pessoa é aquilo que dá a dimensão de sua liberdade na prática.

À abordagem das capacidades proposta por Amartya Sen, Martha Nussbaum acrescenta que há certas funções que são fundamentais para a vida humana. Por isso, sua presença ou ausência são decisivas para a vida humana e sobretudo – acrescenta-se – a vida com autonomia e dignidade.⁶⁶⁰ Nessa linha, a autora propõe um conjunto de capacidades básicas, essenciais para se alcançar a liberdade substancial, dentre as quais se destacam, pela conexão mais estreita com o tema desta tese, a aptidão para viver uma vida com duração regular, livre da morte prematura, estar apto a ter boa saúde, incluindo saúde reprodutiva, ser bem nutrido e ter habitação adequada.⁶⁶¹

Por sua vez, Jennifer Prah Ruger aplica a abordagem das capacidades diretamente à apreciação da saúde e das políticas de saúde. Para ela, entre o variado conjunto de capacidades de que as pessoas dispõem, há algumas que são centrais porque, na sua ausência, várias outras são inacessíveis.⁶⁶² Essa ideia é aplicada pela autora às políticas de saúde, o que confere operacionalidade prática ao seu modelo. Assim, as capacidades centrais em saúde envolvem evitar a morte prematura e prevenir o adoecimento evitável, já que estas têm uma importância intrínseca e são decisivas para se realizar as demais atividades que cada pessoa tem razão para valorizar. Por isso, as políticas públicas voltadas para a promoção dessas capacidades devem ser priorizadas pelos Estados e sociedades, o que se alcança por meio da satisfação das necessidades em saúde: carências ou privações que devem ser supridas para se alcançar o melhor estado de saúde possível.⁶⁶³

---

[659] HICK, Rod; BURCHARDT, Tania. Capability deprivation, cit., p. 75-92.

[660] "(...) the intuitive idea behind my version of the capabilities approach is twofold: first, that there are certain functions that are particularly central in human life, in the sense that their presence or absence is typically understood to be a mark of the presence or absence of human life. Second, and this is what Marx found in Aristotle, that there is something that it is to do these functions in a truly human way, not a merely animal way. (...) The core idea seems to be that of the human being as a dignified free being who shapes his or her own life, rather than being passively shaped or pushed around by the world in the manner of a flock or herd animal." NUSSBAUM, Martha. Capabilities and social justice, cit., p. 130.

[661] NUSSBAUM, Martha. Women and equality: The capabilities approach, cit., p. 235.

[662] RUGER, Jennifer Prah. *Health and social justice*, cit., p. 57.

[663] "(...) the process aspect of decision-making bears particularly on health policy due to the role of agreement on individuals' capabilities and functionings and the necessary requirements for a flourishing life. Developing institutions to maintain and improve health should reflect the influence of the public participating in social choice and decision-making. Applying this to health, health policies would be evaluated by their impact on individuals' health

Para Jennifer Prah Ruger há necessidade de um conceito de saúde que se situe entre as definições mais estreitas e limitadas e os conceitos mais amplos e gerais e propõe:

> 1. *The state of the organism when it functions optimally without evidence of disease or abnormality.*
> 2. *A state of dynamic balance In: which an individual's or group's capacity to cope with all the circumstances of living is at an optimum level.*
> 3. *A state characterized by anatomic, physiologic, and psycologic integrity, ability to perform personally valued family, work, and community roles; ability to deal with physical biologic, psycologic, and social stress; a feeling of well being, and freedom from the risk of disease and untimely death.*[664]

Em seu modelo teórico, a autora reconhece que a saúde é uma construção multidimensional, que resulta da influência de uma variada ordem de fatores, inclusive sociais: *"humans are biological organisms living In: social environments"*.[665]

Dada a sua centralidade para a realização das demais capacidades, Sridhar Venkatapuram defende que a saúde deve ser reconhecida como uma metacapacidade. Na sua visão, deve ser compreendida como a aptidão para atingir ou exercer um conjunto de atividades humanas básicas, notadamente, aquelas consideradas centrais por Martha Nussbaum.[666]

---

capabilities and health functionings, selected and rated according to generally standards (...)" RUGER, Jennifer Prah. *Health and social justice*, cit., p. 62.

[664] RUGER, Jennifer Prah. *Health and social justice*, cit., p. 85-86.
[665] RUGER, Jennifer Prah. *Health and social justice*, cit., p. 86.
[666] VENKATAPURAM, Sridhar. Health, vital goals and human capabilities, cit., p. 276. Para Martha Nussbaum, as capacidades humanas centrais são as seguintes:
"Central human functional capabilities
1. Life. Being able to live to the end of a human life of normal length; not dying prematurely, or before one's life is so diminished as to be not worth living.
2. Bodily health. Being able to have good health, including reproductive health; to be adequately nourished; to have adequate shelter.
3. Bodily integrity. Being able to move freely from place to place; to be secure against violent assault, including sexual assault and domestic violence; having opportunities for sexual satisfaction and for choice in matters of reproduction.
4. Senses, imagination and thought. Being able to use the senses, to imagine, think and reason Ð and to do these things in a truly human way, a way informed and cultivated by an adequate education, including, but by no means limited to, literacy and basic mathematical and scientific training. Being able to use imagination and thought in connection with experiencing and producing works and events of one's own choice, religious, literary, musical, and so forth. Being able to use one's mind in ways protected by guarantees of freedom of expression with respect to both political and artistic speech, and freedom of religious exercise. Being able to have pleasurable experiences, and to avoid non-necessary pain.

Em resumo, para Sridhar Venkatapuram, como bem conclui Ian Pimentel Gameiro, saudável é a pessoa que "possui a oportunidade real de poder realizar concretamente todas as dez capacidades humanas centrais".[667] Por outro lado, considera-se doente quem "não possui nem a oportunidade real de poder realizar de modo concreto as dez capacidades humanas centrais nem a oportunidade de poder aprender a superar tal limitação em sua liberdade".[668] Assim, define-se saúde de forma positiva e se constrói um conceito que ultrapassa o plano exclusivamente biológico.[669]

De tudo o que se veio de expor, está claro que a saúde, como um fenômeno ou uma situação de fato complexa, não admite reduções

---

5. Emotions. Being able to have attachments to things and people outside ourselves; to love those who love and care for us, to grieve at their absence; in general, to love, to grieve, to experience longing, gratitude, and justified anger. Not having one's emotional development blighted by fear and anxiety (Supporting this capability means supporting forms of human association that can be shown to be crucial in people's development).
6. Practical reason. Being able to form a conception of the good and to engage in critical reflection about the planning of one's life (which entails protection for the liberty of conscience).
7. Affiliation.
A. Being able to live with and toward others, to recognize and show concern for other human beings, to engage in various forms of social interaction; to be able to imagine the situation of another and to have compassion for that situation; to have the capability for both justice and friendship. (Protecting this capability means protecting institutions that constitute and nourish such forms of affiliation, and also protecting the freedom of assembly and political speech).
B. Having the social bases of self-respect and non-humiliation; being able to be treated as a dignified being whose worth is equal to that of others. This entails protections against discrimination on the basis of race, sex, sexual orientation, religion, caste, ethnicity, or national origin.
8. Other species. Being able to live with concern for and in relation to animals, plants and the world of nature.
9. Play. Being able to laugh, to play, to enjoy recreational activities.
10. Control over one's environment.
A. Political. Being able to participate effectively in political choices that govern one's life; having the right of political participation, protections of free speech and association.
B. Material. Being able to hold property (both land and movable goods); having the right to seek employment on an equal basis with others; having freedom from unwarranted search and seizure. In work, being able to work as a human being, exercising practical reason and entering into meaningful relationships of mutual recognition with other workers". NUSSBAUM, Martha. Women and equality: The capabilities approach, cit., p. 235.

[667] GAMEIRO, Ian Pimentel. A saúde como metacapacidade: redefinindo o bem jurídico, cit., p. 2.246.

[668] GAMEIRO, Ian Pimentel. A saúde como metacapacidade: redefinindo o bem jurídico, cit., p. 2.246.

[669] "The theory presented here clearly moves the concept of health away from a central focus on disease or what is typical or most frequent functioning of internal biological parts and processes. It advances health as a person's capability to achieve or exercise some basic capabilities and functionings in the contemporary world." VENKATAPURAM, Sridhar. Health, vital goals and human capabilities, cit., p. 278.

arbitrárias que venham a limitar suas múltiplas manifestações. Trata-se de uma realidade que resulta da influência dos aspectos biológicos e psicológicos individuais, dos estilos de vida e de trabalho, e que também é determinada por fatores socioeconômicos, culturais e ambientais gerais, que atuam no nível populacional.[670]

Assim, uma teoria do direito à saúde que se proponha a evitar, tanto quanto possível, a redução arbitrária da complexidade do fenômeno da saúde precisa estar ancorada em um conceito ampliado.[671]

Propõe-se que o bem jurídico saúde seja disciplinado normativamente com base em uma definição abrangente, à luz da abordagem das capacidades. Isso abre caminho para reconhecer a política de saúde no contexto das demais políticas públicas, notadamente no espectro da socialidade, local onde tem ampla interface e interdependência com outras demandas apresentadas ao Estado. Nesse contexto, impõe-se a necessidade de serem concebidas políticas públicas "saudáveis" – ou afirmar a saúde em todas as políticas[672] –, isto é, que interfiram positivamente em fatores determinantes da saúde, como renda, emprego, educação, habitação, saneamento, mobilidade urbana, entre outros. A população deve ser chamada a participar do processo de definição das políticas de saúde e os serviços disponíveis devem ser, prioritariamente,

---

[670] Corroborando o que se vem de dizer, ao abordar o tema da equidade em saúde, Amartya Sen afirma: "Health equity cannot be concerned only with health, seen in isolation. Rather it must come to grips with the larger issue of fairness and justice in social arrangements, including economic allocations, paying appropriate attention to the role of health in human life and freedom." SEN, Amartya. Why health equity? *Health economics*, v. 11, n. 8, p. 659, nov. 2002.

[671] "Pensar saúde hoje passa então por pensar o indivíduo em sua organização da vida cotidiana, tal como esta se expressa não só através do trabalho, mas também do lazer – ou da sua ausência, por exemplo – do afeto, da sexualidade, das relações com o meio ambiente. Uma concepção ampliada de saúde passaria então por pensar a recriação da vida sobre novas bases, onde a instituição da sociedade pudesse atender o mais plenamente à atenção das diferentes e singulares necessidades humanas." VAITSMAN, Jeni. Saúde, cultura e necessidades, cit., p. 171.

[672] Essa proposta vem sendo defendida como forma de enfrentar os determinantes sociais da saúde. Mais recentemente, a Declaração de Astana, aprovada na Conferência Global sobre Cuidados de Saúde Primários de 2018, reafirmou o conceito: "We commit to: IV. Make bold political choices for health across all sectors: We reaffirm the primary role and responsibility of Governments at all levels in promoting and protecting the right of everyone to the enjoyment of the highest attainable standard of health. We will promote multisectoral action and UHC, engaging relevant stakeholders and empowering local communities to strengthen PHC. We will address economic, social and environmental determinants of health and aim to reduce risk factors by mainstreaming a Health in All Policies approach." DECLARATION of Astana [em linha]. Global Conference on Primary Health Care, Astana, Cazaquistão, 25 a 26 de outubro de 2018. Acesso em: 30 dez. 2019. Disponível em: https://www.who.int/docs/default-source/primary-health/declaration/gcphc-declaration.pdf.

aqueles que atendam às necessidades da população, como é o caso dos cuidados primários, cujas evidências serão expostas em capítulos a seguir. Mais que combater doenças, mostra-se necessário promover a saúde, ou seja, propor e executar políticas públicas que contribuam para o bem-estar das pessoas.[673] Dado que o acesso aos serviços de saúde deve se dar conforme as necessidades, deve-se prestigiar o financiamento prévio, a fim de evitar a necessidade de desembolso direto e a privação.[674]

3.2 A afirmação do direito à saúde

3.2.1 Antecedentes dos sistemas de saúde

Os sistemas de saúde consolidaram-se ao longo do século XX como resposta estatal organizada para prover medidas para satisfação das necessidades gerais e individuais. Sua abrangência, como será exposto no item 3.3, vai das políticas amplas de saúde pública, voltadas para a promoção da saúde, a prevenção e o combate a doenças endêmicas e epidêmicas, à disponibilidade de serviços individualmente fruíveis.

Nada obstante, antes da organização de sistemas de saúde, que teve o pioneirismo de Bismarck, na Alemanha, outras formas de respostas coletivas aos adoecimentos e demais agravos à saúde foram

---

[673] "Traditionally, health promotion is defined more broadly than prevention, since it relates to measures that 'are not directed to a given disease or disorder, but serve to increase overall health and well-being' (LEAVELL & CLARCK, 1976: 19). Promotion strategies emphasize changing the conditions of people's lives and work, which form the structure underlying health problems, calling for an inter-sectoral approach (TERRIS, 1990)." CZERESNIA, Dina. The concept of health and the difference between prevention and promotion, cit., p. 705.

[674] Sérgio Arouca, que propõe em sua tese um conceito ampliado de saúde, afirma que este deve levar às seguintes condições práticas:
"1º) O atendimento hospitalar e de consultório representam apenas alguns dos pontos onde se pode impedir a evolução da doença como processo, e por certo, os piores lugares para prevenir a gênese das mesmas. Prega-se, portanto, uma medicina que seja familiar, comunitária e também hospitalar. Propõe-se, pois, o reencontro da medicina com a gênese e evolução da doença no espaço social, medicina que se liberta do hospital, mantendo-se presa a ele.
2º) A difusão da medicina no espaço social leva a uma ampliação da clientela, que passa teoricamente a ser todo e qualquer indivíduo, em todos os momentos de sua vida, portanto, propõe-se o reencontro da medicina com a vida em sua totalidade, libertando-se do episódio, porém mantendo-se presa a ele.
3º) No encontro da Clínica com a Epidemiologia, a Medicina Preventiva propõe o encontro dos indivíduos com os grupos e com a sociedade, em uma experiência pacífica entre o político e o existencial." AROUCA, Antônio Sérgio da Silva. *O dilema preventivista*: contribuição para a compreensão e crítica da medicina preventiva, cit., p. 116-117.

concebidas pelas sociedades e pelos Estados. Como se expôs no item 3.1, a atenção à saúde na Antiguidade e na Idade Média esteve bastante relacionada ao exercício da caridade. Neste período, a Igreja teve papel crucial na instituição de hospitais e outros estabelecimentos de saúde.[675]

Já na modernidade, a par da presença da Igreja, pouco a pouco o Estado e as estruturas locais conceberam instituições para responderem às demandas de saúde, notadamente aquelas mais urgentes e com maior repercussão coletiva. Nessa linha, Richard Freeman e Heinz Rothgang destacam, a partir dos séculos XVI e XVII, a instituição de leis dos pobres com propostas de proteção social, inclusive de saúde, para populações carentes.[676] No século XVII, iniciaram-se os levantamentos populacionais, que incluíram informações sobre o adoecimento e morte das pessoas. Esse conhecimento – a aritmética política – abriu caminho para outras iniciativas, como a polícia médica alemã, a Medicina urbana francesa e a Medicina da força de trabalho inglesa,[677] que foram precursoras da saúde pública.

Já no século XVIII, na Baviera e na Prússia, o Estado era visto como o responsável por cuidar, de forma ampla, das pessoas necessitadas, como pontua D. M. Davis. Na mesma linha, esclarece o autor, a Constituição Francesa, de 1793, impunha ao Estado a obrigação de prover assistência para os necessitados.[678]

João Loureiro lembra que a expressão Direito Sanitário esteve relacionada, em Portugal e no Brasil, a medidas relativas à polícia sanitária propostas pelo Estado. Nessa linha, aponta que "já no reinado de D. Manuel I ficava a Câmara de Lisboa obrigada a providenciar casa de saúde para pessoas contagiadas".[679] Além disso, destaca que séculos

---

[675] ROSEN, George. *Uma história da saúde pública*, cit., p. 65-66. SEVALHO, Gil. Uma Abordagem Histórica das Representações Sociais de Saúde e Doença, cit., p. 354.

[676] "In the modern era, public responsibility for health was first expressed in church and charitable hospitals and foundations, complemented from the sixteenth and seventeenth centuries by statutory Poor Law institutions and then by local public health regulation, including sanitation and vaccination as well as quarantine (PORTER, 1999)." FREEMAN, Richard; ROTHGANG, Heinz. Health. *In:* CASTLES, Francis G. *et al.* *The Oxford handbook of The Welfare State.* Oxford: Oxford University Press, 2010, p. 368.

[677] NUNES, Everardo Duarte. Saúde coletiva: uma história recente de um passado remoto, cit., p. 18. Para mais detalhes sobre esses movimentos, conferir os itens 3.1.3 e 3.1.4 deste trabalho.

[678] DAVIS, D. M. Socio-economic rights, cit., p. 1021.

[679] LOUREIRO, João Carlos. Em busca de um direito da saúde em tempos de risco(s) e cuidado(s): sobre a incerteza do(s) nome(s) e da(s) coisas. *In:* LOUREIRO, João Carlos; DIAS, André; BARBOSA, Carla. *Direito da saúde:* estudos em homenagem ao Prof. Doutor Guilherme de Oliveira. V. 1 – Objeto, redes e sujeitos. Coimbra: Almedina, 2016, p. 19.

antes da consagração da saúde como direito na ordem internacional e nos ordenamentos de vários países, acompanhando o movimento Europeu, "tinha sido desenvolvida uma verdadeira rede de cuidados médicos e farmacêuticos".[680] Assim, "os monarcas vieram a obrigar os municípios a custear, através de um sistema de bolsas, a formação de alunos em Medicina na Universidade de Coimbra e também de boticários".[681]

Embora não se possa afirmar, antes do século XX, o reconhecimento da saúde como direito humano ou direito fundamental, é possível identificar formas embrionárias de prestação de serviços para as populações carenciadas, assim como medidas voltadas para o enfrentamento das doenças infecciosas que constituíam verdadeiros flagelos sociais. Por isso, desde esses tempos mais remotos, a saúde não era um tema desconhecido pelo Direito, embora essas relações tenham se intensificado, sobretudo, a partir das iniciativas de polícia médica, que implicavam a necessidade de regulação de atividades econômicas e de condutas das pessoas. Curiosamente, em razão da pandemia causada pelo novo coronavírus, esse aspecto disciplinador das condutas humanas e das práticas econômicas e sociais está novamente em destaque, o que tem gerado debates intensos sobre as limitações impostas às liberdades individuais.[682]

---

[680] LOUREIRO, João Carlos. Em busca de um direito da saúde em tempos de risco(s) e cuidado(s): sobre a incerteza do(s) nome(s) e da(s) coisas, cit., p. 19.

[681] LOUREIRO, João Carlos. Em busca de um direito da saúde em tempos de risco(s) e cuidado(s): sobre a incerteza do(s) nome(s) e da(s) coisas, cit., p. 19-20.

[682] O distanciamento social tem sido apontado, ao longo da pandemia, como a medida mais eficaz e com menor custo para reduzir a incidência de casos de contágio pelo novo coronavírus, assim como de óbitos. Nessa linha, Barbara Nussbaumer-Streit e outros, em revisão sistemática realizada sobre o tema, verificaram que medidas de quarentena podem reduzir entre 44% e 81% a incidência de casos e entre 31% a 63% o número de mortes quando se compara a diferentes cenários de não adoção de medidas de distanciamento social. NUSSBAUMER-STREIT, Barbara *et al.* Quarantine alone or in combination with other public health measures to control COVID-19: a rapid review. *Cochrane Database of Systematic Reviews* [em linha], issue 4, n. CD013574, (2020). Acesso em: 16 maio 2020. Disponível em: https://www.cochranelibrary.com/cdsr/doi/10.1002/14651858.CD013574/epdf/full. Giorgio Agamben, em artigo publicado em 26 de fevereiro de 2020, questionou, contudo, as medidas adotadas na Itália. Na sua visão, o clima de medo instaurado conduziu a um próprio e verdadeiro estado de exceção. AGAMBEN, Giorgio. Lo stato d'eccezione provocato da un'emergenza immotivata. *Il manifesto* [em linha], 26 jan. 2020. Acesso em: 16 maio 2020. Disponível em: https://ilmanifesto.it/lo-stato-deccezione-provocato-da-unemergenza-immotivata. Há versão traduzida para o português: AGAMBEN, Giorgio. O estado de exceção provocado por uma emergência imotivada. *Revista IHU on-line* [em linha], 27 fev. 2020. Acesso em: 16 maio 2020. Disponível em: http://www.ihu.unisinos.br/78-noticias/596584-o-estado-de-excecao-provocado-por-uma-emergencia-imotivada.

3.2.2 A saúde no alvorecer do Estado Social: Constituição mexicana, de 1917, e Constituição alemã, de 1919

Já se descreveu, em local próprio deste livro, o ambiente social, político e econômico que contribuiu para a "virada" da concepção liberal de Estado para o Estado Social, cujos marcos jurídicos apontados pela doutrina são a Constituição mexicana, de 1917, e a Constituição alemã, de 1919.[683] Em ambas, de formas diversas, encontra-se um tratamento normativo da saúde.

No primeiro caso, a importância da Constituição mexicana para a afirmação do modelo de Estado Social decorre da previsão de normas que orientam a regulação da relação de trabalho. É nesse sentido que se encontra uma abordagem da saúde. Assim, o art. 123, II, proibiu jornadas de trabalho insalubres e perigosas para mulheres e adolescentes menores de 16 anos. Em seguida, o inciso XV propôs que ao empregador cabe o dever de observar preceitos legais sobre saúde e higiene, assim como adotar medidas para a prevenção de acidentes de trabalho.[684]

Por outro lado, a Constituição alemã em tela, no art. 7, n. 8, previu a competência do *Reich* para legislar sobre cuidados de saúde. Por sua vez, o art. 161 dispôs que o Estado estabeleceria um sistema compreensivo de seguros, baseado em contribuições dos segurados, com o objetivo de manter a saúde, a capacidade de trabalhar, proteger a maternidade e evitar as consequências econômicas do envelhecimento, das fragilidades e demais vicissitudes da vida.[685] Assim, confere-se

---

[683] Remete-se o leitor, em especial, para o item 2.2 do capítulo anterior. De todo modo, por sintetizar os aspectos nucleares da concepção de Estado Social, colaciona-se a definição de João Loureiro: "(...) o Estado social é aquele em que, sem prejuízo do reconhecimento do papel essencial da economia de mercado, assume com tarefa garantir condições materiais para uma existência condigna, afirmando um conjunto de prestações, produzidas ou não pelo Estado, com a marca da deverosidade jurídica, hoje especialmente, mas não exclusivamente, na veste de direitos fundamentais, que respondem, a partir de mecanismos de solidariedade, fraca ou forte, a necessidades que se conexionam com bens básicos ou fundamentais (v.g., saúde, segurança social) cujo acesso não deve estar dependente da capacidade de poder pagar, ou não um preço". LOUREIRO, João. Pauperização e prestações sociais na "idade da austeridade": a questão dos três D's (dívida, desemprego, demografia) e algumas medidas em tempo de crise(s), cit., p. 636.

[684] MÉXICO. Constitución Política de los Estados Unidos Mexicanos, de 31 en. 1917 [em linha]. Acesso em: 8 jun. 2020. Disponível em: http://www.ordenjuridico.gob.mx/Constitucion/1917.pdf.

[685] "In order to maintain health and the ability to work, in order to protect motherhood and to prevent economic consequences of age, weakness and to protect against the vicissitudes of life the Reich establishes a comprehensive system of insurances, based on the critical contrivution of the insured." GERMANY. The Reich Constitution, of August 11th, 1919

previsão constitucional ao sistema de seguro-doença, estabelecido de forma pioneira em 1883.[686]

Ainda que esses textos constitucionais tenham disposto de forma sintética sobre a saúde – e, no caso da Constituição mexicana, sequer se tenha previsto um sistema de prestação de serviços de saúde –, é relevante notar que o tema foi abordado de forma coerente com o respectivo contexto histórico e social. Trata-se de uma primeira fase do Estado Social, que abriu caminho para o aprofundamento das políticas públicas na área da socialidade, o que veio a ocorrer principalmente a partir da segunda metade do século XX. Contudo, a experiência alemã inspirou uma onda de legislações que propuseram sistemas de proteção social – abrangendo, portanto, a saúde – baseados na lógica do seguro social.

3.2.3 A afirmação da saúde como direito humano no cenário internacional

A constatação da relevância individual e coletiva da saúde conduziu ao seu progressivo reconhecimento como direito na ordem internacional, o que veio a inspirar, na sequência, os ordenamentos jurídicos de diversos países.[687]

[em linha]. Acesso em: 8 jun. 2020. Disponível em: https://www.zum.de/psm/weimar/weimar_vve.php.

[686] CAMPOS, António Correia de; SIMÕES, Jorge. *O percurso da saúde:* Portugal na Europa. Coimbra: Almedina, 2011, p. 39.

[687] A abordagem das capacidades possui pontos de interface e de interseção com a proteção dos direitos humanos. Nessa linha, Martha Nussbaum afirma: "The Capability Approach, as I have developed it, is a species of human rights approach. It makes clear, however, that the pertinent goal is to make people able to function in a variety of areas of central importance". NUSSBAUM, Martha. Human rights and human capabilities, p. 21. Mais adiante, a autora chama atenção para a interdependência entre os direitos humanos, já que tanto as liberdades quanto os direitos que visam assegurar condições materiais de existência são necessários para a ampliação das capacidades das pessoas: "Producing capabilities requires material and institutional support, and the approach thus takes issue with the facile distinction of rights as 'firstgeneration' (political and civil) and 'second-generation' (economic and social). All rights, understood as entitlements to capabilities, have material and social preconditions, and all require government action". NUSSBAUM, Martha. Human rights and human capabilities, p. 21. A interdependência e a indivisibilidade dos direitos humanos são destacadas pela Declaração de Viena, de 1993, o que corrobora a aproximação entre a abordagem de Martha Nussbaum e o discurso dos direitos humanos: "Todos os Direitos do homem são universais, indivisíveis, interdependentes e interrelacionados. A comunidade internacional tem de considerar globalmente os Direitos do homem, de forma justa e equitativa e com igual ênfase". DECLARAÇÃO de Viena e programa de acção, cit. Comungando do entendimento de Martha Nussbaum, Polly Vizard, Sakiko Fukuda-Parr e Diane Elson indicam as correspondências entre a abordagem das capacidades e a proteção

Em primeiro lugar, merece referência a Constituição da OMS, de 1946, que reconhece que "gozar do melhor estado de saúde que é possível atingir constitui um dos direitos fundamentais de todo o ser humano, sem distinção de raça, de religião, de credo político, de condição econômica ou social".[688] Trata-se de disposição que está em sintonia com uma concepção ampliada de saúde, defendida pela própria entidade, e que propõe o acesso universal a serviços que satisfaçam as necessidades das pessoas, sem discriminações de quaisquer naturezas.

Logo em seguida, a Declaração Universal dos Direitos do Homem, de 1948, dispôs novamente sobre o direito à saúde de maneira abrangente. Nessa linha, o art. 25 dispõe:

> Todo ser humano tem direito a um padrão de vida capaz de assegurar-lhe, e a sua família, saúde e bem-estar, inclusive alimentação, vestuário, habitação, cuidados médicos e os serviços sociais indispensáveis, e direito à segurança em caso de desemprego, doença, invalidez, viuvez, velhice ou outros casos de perda dos meios de subsistência em circunstâncias fora de seu controle.[689]

Novamente, promove-se uma disciplina jurídica da saúde que abrange fatores determinantes do processo saúde-doença (alimentação, vestuário e habitação), assim como a previsão de serviços curativos (cuidados médicos). Ao tratar sobre o conjunto de ações voltadas para a tutela da socialidade, constata-se a preocupação com eventos que podem impactar na qualidade de vida das pessoas (desemprego, doença,

---

internacional dos direitos humanos: "The correspondences between a capability based understanding of human rights and international human rights law and practice include: recognition of a broad class of human rights (covering economic and social rights and women's rights); recognition of positive obligations to defend and support human rights (as well as negative obligations of non-violation); and emphasis on international obligations of result as well international obligations of conduct and the de facto (as well as the de jure) human rights position of individuals and groups." VIZARD, Polly; FUKUDA-PARR, Sakiko; ELSON, Diane. Introduction: The Capability Approach and Human Rights, cit., p. 2. No contexto específico da proteção da saúde e das políticas de saúde, George J. Annas e Wendy K. Mariner ressaltam que os objetivos da saúde pública e dos direitos humanos são promover o florescimento, como propõe a abordagem das capacidades: "(...) the goals of public health and human rights are the same: to promote human flourishing". ANNAS, George J.; MARINER, Wendy K. (Public) health and human rights in practice. *Journal of health politics, policy and law*, v. 41, n. 1, p. 136, Feb. 2016.

[688] ORGANIZAÇÃO MUNDIAL DA SAÚDE. Constituição da Organização Mundial da Saúde, cit.
[689] ORGANIZAÇÃO DAS NAÇÕES UNIDAS. Declaração Universal dos Direitos Humanos, cit.

invalidez, viuvez e velhice), razão pela qual há que se promover sistemas de proteção que assegurem condições mínimas de vida condigna.

Em 1966, o sistema internacional de proteção aos direitos humanos contou com a aprovação do Pacto Internacional de Direitos Civis e Políticos e do Pacto Internacional de Direitos Econômicos, Sociais e Culturais. No primeiro caso, embora não se estabeleça uma disciplina normativa da saúde, encontra-se o reconhecimento dos efeitos de sua proteção jurídica como fator de limitação de direitos de primeira geração em um eventual juízo de ponderação. Entre outros, é o caso do direito de reunião, que é amplo, mas poderá sofrer restrições quando for necessário para a proteção da saúde (art. 21).

Contudo, a disciplina normativa da saúde como direito humano está presente, de forma detalhada, no Pacto Internacional de Direitos Econômicos, Sociais e Culturais. No documento, está estabelecido o seguinte:

> ARTIGO 12
> 1. Os Estados Partes do presente Pacto reconhecem o direito de toda pessoa de desfrutar o mais elevado nível possível de saúde física e mental.
> 2. As medidas que os Estados Partes do presente Pacto deverão adotar com o fim de assegurar o pleno exercício desse direito incluirão as medidas que se façam necessárias para assegurar:
> a) A diminuição da mortinatalidade e da mortalidade infantil, bem como o desenvolvimento sadio das crianças;
> b) A melhoria de todos os aspectos de higiene do trabalho e do meio ambiente;
> c) A prevenção e o tratamento das doenças epidêmicas, endêmicas, profissionais e outras, bem como a luta contra essas doenças;
> d) A criação de condições que assegurem a todos assistência médica e serviços médicos em caso de enfermidade.[690]

Encontra-se, aqui, uma disciplina do direito à saúde coerente com as previsões da Declaração Universal dos Direitos do Homem e a Constituição da OMS. O texto contempla a proteção da saúde de forma holística (abrangendo as dimensões biológica e psíquica) e ampla, posto que aborda aspectos da prevenção das doenças até a cura.[691]

---

[690] ORGANIZAÇÃO DAS NAÇÕES UNIDAS. Pacto Internacional de Direitos Econômicos, Sociais e Culturais, cit.

[691] Na visão do Comitê de Direitos Econômicos, Sociais e Culturais das Nações Unidas, a proteção à saúde prevista no art. 12 abrange os determinantes sociais do processo saúde-doença: "(...)

A Declaração de Alma-Ata sobre cuidados de saúde primários (nomenclatura usada para a atenção primária à saúde internacionalmente e em Portugal) é também um relevante documento sobre o direito à saúde. Nele se propõe a universalização do acesso à saúde por meio da implementação dos cuidados primários. A declaração reconhece a saúde como *direito humano fundamental*, "cuja realização requer a ação de muitos outros setores sociais e econômicos, além do setor saúde".[692]

No âmbito do direito comunitário, a Carta Social Europeia estabelece que os Estados Partes reconheçam o direito das pessoas de se beneficiarem das medidas que lhes permitam gozar do melhor estado de saúde que possam atingir (Parte I, n. 11). Mais adiante, trata da proteção da saúde no âmbito do trabalho (Parte II, art. 3º, n. 1) e reconhece um direito à proteção da saúde, que contempla medidas que abrangem da prevenção das doenças à cura dos doentes (art. 11º).[693]

Os documentos mencionados, sem embargo de outros, notadamente aqueles que reconhecem direitos de grupos específicos (crianças e adolescentes,[694] mulheres,[695] pessoas com deficiências[696]), não deixam dúvidas quanto ao reconhecimento da saúde como direito humano na ordem internacional. Além disso, é necessário destacar que, de maneira geral, os dispositivos apontados revelam uma disciplina abrangente da saúde, em conformidade com uma visão ampla do bem jurídico tutelado, posto que reconhecem que a proteção da saúde vai além dos cuidados médicos e requer a adoção de medidas que impactem os

---

the drafting history and the express wording of article 12.2 acknowledge that the right to health embraces a wide range of socio-economic factors that promote conditions in which people can lead a healthy life, and extends to the underlying determinants of health, such as food and nutrition, housing, access to safe and potable water and adequate sanitation, safe and healthy working conditions, and a healthy environment". UNITED NATIONS. Office of The High Commissioner for Human Rights. *General Comment No. 14:* The Right to the Highest Attainable Standard of Health (Art. 12), cit., n. 4.

[692] DECLARAÇÃO de Alma-Ata, cit.

[693] CONSELHO DA EUROPA – Carta Social Europeia (revista), de 3 maio de 1996 [em linha]. Acesso em: 6 jun. 2020. Disponível em: https://rm.coe.int/CoERMPublicCommonSearchServices/DisplayDCTMContent?documentId=090000168047e171.

[694] ORGANIZAÇÃO DAS NAÇÕES UNIDAS – Convenção sobre os Direitos da Criança, cit.

[695] UNITED NATIONS – Convention on the Elimination of All Forms of Discrimination against Women [em linha]. General Assembly, December the 18th 1979. Acesso em: 8 jun. 2020. Disponível em: https://www.un.org/womenwatch/daw/cedaw/text/econvention.htm#intro

[696] UNITED NATIONS – Convention on the Rights of Persons with Disabilities [em linha]. General Assembly, March the 30th 2008. Acesso em: 8 jun. 2020. Disponível em: https://www.un.org/disabilities/documents/convention/convoptprot-e.pdf.

fatores determinantes sociais, como alimentação, habitação, vestuário, ambiente do trabalho, entre outros.

A despeito dessa disciplina abrangente, é importante mencionar a crítica de Gorik Ooms e Rachel Hammonds, que afirmam que as políticas internacionais têm se concentrado, limitadamente, nas medidas de controle de doenças infecciosas, quando poderiam contemplar outras voltadas para a plena concretização do direito à saúde.[697]

É preciso, portanto, reconciliar a prática à teoria para que seja possível contribuir para a melhoria da saúde das pessoas em todos os países.

3.2.4 Afirmação e consolidação do direito à saúde no Estado Social

A iniciativa alemã, de conceber um sistema de saúde compreensivo, que coloca à disposição da população um conjunto de serviços voltados para a proteção da saúde, influenciou diversos países e provocou, como já foi indicado, uma onda de legislações que estabeleceram sistemas de saúde segundo o modelo de seguro social.[698] Há, aqui, uma coincidência com o que se poderia chamar de primeira fase do Estado social, que coincide com a afirmação desse modelo a partir da mudança de compreensão sobre o papel do Estado nas áreas política, econômica, social e jurídica. Contudo, razão assiste a António

---

[697] "However, the core content of the right to health is more comprehensive than infectious disease control. Thus, when international cooperation, or policy, developed by the global institutions at the core of the global health governance architecture, is primarily concerned with infectious disease control this cooperation or policy contributes only partially, and selectively, to the realisation of the right to health." OOMS, Gorik; HAMMONDS, Rachel. Global constitutionalism, applied to global health governance: uncovering legitimacy deficits and suggesting remedies. *Globalization and health*, n. 84, p. 5, 2016.

[698] Lenaura de Vasconcelos Costa Lobato e Ligia Giovanella identificam três ondas de legislações voltadas para a concretização de sistemas de proteção social e promoção de serviços de saúde na Europa. Inicialmente, os Estados fomentaram as sociedades mútuas – entidades de trabalhadores que, por meio de contribuições dos pares, prestavam serviços aos associados – por meio de subsídios no final do século XIX. Em seguida, no início do século XX, disseminou-se a iniciativa de criação de seguros sociais de doença de caráter compulsório pelos Estados, seguindo o modelo bismarckiano. Após a 2ª Guerra Mundial, a terceira onda de legislações levou à implementação de sistemas de saúde de acesso universal, seguindo a pioneira experiência inglesa. LOBATO, Lenaura de Vasconcelos Costa; GIOVANELLA, Ligia. Sistemas de saúde: origens, componentes e dinâmica. *In*: GIOVANELLA, Lígia *et al. Políticas e sistema de saúde no Brasil.* Rio de Janeiro: Editora Fiocruz, 2009, p. 116.

Correa de Campos e Jorge Simões, que afirmam que "a saúde como tema de políticas públicas é coisa recente".[699]

Neste primeiro momento, em que pese a assunção da tarefa de promoção de políticas públicas na área da saúde pelo Estado, não se teve, como contrapartida, o reconhecimento de direitos subjetivos nesse campo. Para além disso, pode-se dizer que os sistemas de saúde de seguro social, objeto de exposição logo adiante,[700] não tratam a saúde como consectário da noção de cidadania, uma vez que há um acesso regulado à rede de serviços, que depende da comprovação da condição de segurado do sistema de previdência social.[701]

O período de desenvolvimento e de pujança do Estado Social, quando houve maiores investimentos na socialidade, ocorreu a partir da segunda metade do século XX, após a 2ª Guerra Mundial. Essa época foi marcada pela convergência e consenso político sobre a importância da proteção social com destaque para a atuação dos grupos democrata-cristãos e social-democratas. Aliado a esse reconhecimento da necessidade de proteção social, o crescimento econômico elevado e constante que se manteve até meados da década de 1970, possibilitou uma considerável arrecadação fiscal pelos Estados, que permitiu financiar uma ampla rede de proteção social.[702]

---

[699] CAMPOS, António Correia de; SIMÕES, Jorge. *O percurso da saúde*: Portugal na Europa, cit., p. 19.

[700] Conferir item 3.3.2.

[701] Sônia Fleury e Assis Mafort Ouverney, com base em trabalho de Wanderley Guilherme dos Santos, utilizam a expressão cidadania regulada para se referirem à necessidade de comprovação da condição de trabalhador formal e de segurado para fruição dos serviços de saúde. FLEURY, Sônia; OUVERNEY; Assis Mafort. Política de saúde: uma política social. *In*: GIOVANELLA, Lígia et el. *Políticas e sistema de saúde no Brasil*. Rio de Janeiro: Editora Fiocruz, 2009, p. 35.

[702] O cenário político e econômico do período de consolidação do Estado social, conhecido como *Golden Age* ou os 30 Gloriosos, é assim descrito por Filipe Carreira da Silva: "Com efeito, a experiência da Segunda Guerra Mundial no que respeita à expansão dos poderes e das competências dos executivos, a criação de novas formas de assistência social e, sobretudo, a experiência coletiva de se viver num ambiente de intensa austeridade econômica e em que as vidas de muitos estavam em jogo levou a um aumento significativo do apoio popular a reformas sociais. O caso inglês é paradigmático. O famoso Relatório Beveridge, em que se determinam as linhas mestras do que viria a ser o Estado-Providência britânico do pós-guerra, é o produto acabado desta experiência. E o mesmo sucede um pouco por todo o Ocidente após 1945, o alvor de uma época que viria a ficar conhecida como a «Era Dourada do Estado-Providência e que se estende até meados dos anos 70. Em traços gerais, esta é uma época marcada por reformas políticas orientadas para a criação de um Estado Social que chegue a todas as pessoas, Estado Social este fundado sobre os princípios da «cidadania social, isto é, uma cidadania alicerçada sobre os direitos sociais agora de carácter tendencialmente universal. É também um período em que se verifica um generalizado apoio popular ao aumento do financiamento que tal expansão pronunciada da despesa

No campo da saúde, a reforma do sistema de saúde inglês e o estabelecimento de um serviço nacional de saúde, de acesso universal devem ser considerados um importante marco histórico, político e jurídico. Esse modelo levou a uma nova onda de legislações que propunham sistemas de saúde de acesso universal,[703] com isso afastando a necessidade de comprovação de pré-requisitos (condição de segurado, situação de pobreza, entre outros) para se utilizar os serviços públicos. Assim, reconhece-se o acesso à saúde como integrante do *status* de cidadão,[704] o que abre caminho para sua consagração como direito.

Segundo José Afonso da Silva,[705] a Constituição da Itália, de 1948, foi a primeira a estabelecer a saúde como direito fundamental, seguida das constituições de Portugal, Espanha e Guatemala. Em seu art. 32, a Constituição italiana assegura a saúde como direito fundamental individual e interesse da coletividade, assim como garante cuidados médicos gratuitos aos necessitados.[706]

A mobilização internacional também exerceu importante influência sobre os países para que estes reconhecessem a saúde como direito fundamental em seus respectivos ordenamentos jurídicos. A Constituição da OMS, a Declaração Universal dos Direitos Humanos, o Pacto Internacional de Direitos Econômicos, Sociais e Culturais e a Declaração de Alma-Ata levaram à mobilização dos países para a promoção de políticas públicas voltadas para o bem-estar e a garantia do direito à saúde.[707]

---

social acarreta. E, por último, é uma época caracterizada pelo consenso político em torno destas soluções (pleno emprego, economia mista, sistema generoso de assistência social), um consenso frequentemente orquestrado por partidos democrata-cristãos que viriam a dominar a cena política durante as décadas seguintes com os seus pares sociais-democratas e, em certos casos, liberais". SILVA, Filipe Carreira da. *O futuro do Estado social*, cit., p. 22.

[703] LOBATO, Lenaura de Vasconcelos Costa; GIOVANELLA, Ligia. Sistemas de saúde: origens, componentes e dinâmica, cit., p. 116.

[704] Refere-se à concepção complexa de cidadania proposta por Marshal, que abrange os elementos civil, político e social. MARSHALL, T. H.; BOTTOMORE, Tom. *Citizenship and Social Class*, cit., p. 10.

[705] SILVA, José Afonso da. *Curso de Direito Constitucional positivo*, cit., p. 309. O autor destaca que as quatro constituições mencionadas relacionam o direito à saúde com a ordem social.

[706] ITALY – Constitution of the Italian Republic, of December 27th, 1947 [em linha]. Acesso em: 8 jun. 2020. Disponível em: https://www.senato.it/documenti/repository/istituzione/costituzione_inglese.pdf.

[707] Colleen M. Flood e Aeyal Gross discutem sobre os benefícios da utilização do discurso sobre os direitos humanos para a saúde. Para os autores, por um lado, o argumento contribui para a defesa das políticas públicas que asseguram o acesso universal, independentemente da capacidade de pagamento. No entanto, em alguns contextos, pode fortalecer a tutela individual, como direito subjetivo, prejudicando as políticas públicas redistributivas e

Uma das ideias fundamentais que justificam a previsão de um direito à saúde é o reconhecimento de que o adoecimento é um evento incerto quanto à sua ocorrência (quando alguém ficará doente e de qual doença a pessoa será acometida), assim como em relação ao desfecho (tempo de duração da doença, cura, incapacitação). Não à toa, a OMS estabeleceu que os sistemas de saúde devem se orientar para a gestão racional da incerteza.[708] O dado da incerteza somado à relevância da saúde para a autonomia e a fruição de outros direitos fundamentais conduzem à necessidade de promoção de políticas públicas para a proteção desse bem jurídico para tornar efetivo o exercício da liberdade, como defende Pavlos Eleftheriadis:

> (...) the key idea is the equal liberty of persons conceived as citizens. If we are to live as equal members *In:* a political community, then our institutions need to institute processes by which we are protected from the risk of suffering and vulnerability that would make it impossible for us to live as equal members.[709]

Essa concepção ampliada da liberdade, que vai dos processos e instituições estatais necessários para o exercício do livre-arbítrio à necessidade de proteção social em razão dos riscos decorrentes do nosso modo de vida e da vulnerabilidade da condição humana, tem uma intrínseca relação com a visão da abordagem das capacidades[710] e está na base da proposta do Estado Social por ser aquele que visa assegurar condições de vida condignas por meio de direitos fundamentais. Dessa forma, o advento e a consolidação do Estado Social foram um momento

---

subvertendo o princípio da equidade. Sobre a existência de um direito aos cuidados de saúde, afirmam: "In addition, we need to consider that the recognition of a right to health care may result in an undue emphasis on medicalization over social determinants of health, such as education, nutrition, and housing, which can have a far greater impact on health." FLOOD, Colleen Marion; GROSS, Aeyal. Conclusion: Contexts for the Promise and Peril of the Right to Health, cit., p. 453-454.

[708] ORGANIZAÇÃO MUNDIAL DA SAÚDE – *Relatório Mundial de Saúde, 2008*: Cuidados de saúde primários – agora mais que nunca, cit., p. XVI.

[709] ELEFTHERIADIS, Pavlos. A Right to Health Care. *Journal of law, medicine & ethics*, v. 40, issue 2, p. 282, 2012.

[710] "The concept of capability provides an important entry-point for defending the validity of a broad class of human rights concerns, covering, for example, economic and social rights, such as the human right to an adequate standard of living, including adequate food and shelter, and the human right to health; as well civil and political rights, such as freedom from arbitrary interference, freedom from torture and cruel and inhuman treatment, and the right to a fair trial." VIZARD, Polly; FUKUDA-PARR, Sakiko; ELSON, Diane. Introduction: The Capability Approach and Human Rights, cit., p. 2.

oportuno para o reconhecimento da saúde como direito humano na ordem internacional e direito fundamental em diversos países.

3.2.5 Definição, conteúdo, características e princípios que orientam o direito à saúde: direito à saúde, direito de proteção à saúde ou direito a cuidados de saúde?

O histórico de consagração da saúde como direito nos ordenamentos jurídicos de diversos países, assim como na ordem internacional, revela que seu surgimento está atrelado a um conjunto de medidas adotadas como respostas a demandas populares por proteção social em sentido amplo (saúde, previdência social e assistência social, por exemplo). Trata-se de medidas de amparo em decorrência de fenômenos capazes de causar grande impacto nas vidas das pessoas, como o envelhecimento, o desemprego, os acidentes de trabalho e o adoecimento.

A tutela jurídica da saúde, portanto, está associada à consciência social de sua relevância como bem coletivo que demanda a concepção e implementação de políticas públicas voltadas para a sua promoção, proteção e recuperação. Desde logo se percebe, pois, que se trata de um direito cujo traço mais característico é proporcionar o acesso a prestações materiais, sejam elas voltadas para a coletividade ou para a fruição dos indivíduos.

A revisão da literatura e dos textos normativos que tratam da matéria em exame, como se expõe a seguir, mostrou a utilização das expressões direito a gozar ou fruir do melhor estado de saúde que é possível atingir, direito à saúde, direito de proteção à saúde e direito a cuidados de saúde. Trata-se de nomenclaturas que refletem diferentes visões do bem jurídico tutelado, assim como das faculdades, prerrogativas e deveres que estão abrangidos.

A Constituição da OMS reconhece um direito fundamental a "gozar do melhor estado de saúde que é possível atingir" (*"the enjoyment of the highest attainable standard of health"*), o que também consta do Pacto Internacional de Direitos Econômicos, Sociais e Culturais. Trata-se de uma visão coerente com a definição de saúde ampla proposta pela OMS, correspondente ao estado de completo bem-estar físico, mental e social. Nessa linha, o Comitê de Direitos Econômicos, Sociais e Culturais das Nações Unidas reconhece que o direito previsto no art. 12.1 do Pacto tem objeto amplo, *"as an inclusive right extending not only to timely and appropriate health care but also to the underlying determinants of health*".[711] Além disso, esse direito implica a participação popular nos processos de tomada de decisão em matéria de saúde.[712]

No Brasil e em boa parte dos estudos consultados em língua inglesa, a expressão mais utilizada é direito à saúde.[713] Ainda que o significado atribuído pelos diversos autores possa variar, direito à saúde é expressão que se usa de forma ampla com referência a uma concepção abrangente de saúde que engloba as políticas públicas voltadas para a tutela dos interesses coletivos, que impactam os determinantes sociais de caráter geral, assim como a implementação de um sistema de saúde.

---

[711] ORGANIZAÇÃO DAS NAÇÕES UNIDAS – Pacto Internacional de Direitos Econômicos, Sociais e Culturais, cit.

[712] UNITED NATIONS. Office of the High Commissioner for Human Rights – *General Comment No. 14: The Right to the Highest Attainable Standard of Health (Art. 12)*, cit., n. 11.

[713] A título de exemplos, refere-se aos seguintes autores e obras: SEN, Amartya. Why and how is health a human right? *The Lancet*, v. 372, p. 2010, Dec. 2008. OOMS, Gorik; HAMMONDS, Rachel. Global constitutionalism, applied to global health governance: uncovering legitimacy deficits and suggesting remedies, *cit.*, p. 1-14. GROSS, Aeyal M. The right to health in an era of privatisation and globalisation: national and international perspectives, cit. RUGER, Jennifer Prah. *Health and social justice*, cit. RUGER, Jennifer Prah. Toward a Theory of a right to health: capability and incompletely theorized agreement, cit. FORMAN, Lisa *et al.* What Do Core Obligations under the Right to Health Bring to Universal Health Coverage *Health and Human Rights Journal*, v. 18, n. 2, p. 28, Dec. 2016. ANNAS, George J.; MARINER, Wendy K. (Public) health and human rights in practice, cit., p. 130-137. TOMAŠEVSKI, Katarina. Health rights. *In*: EIDE, Asbjørn; KRAUSE, Catarina; ROSAS, Allan. *Economic, social and cultural rights*: a textbook. Dordrecht: Martinus Nihoff Publishers, 1995. VIZARD, Polly; FUKUDA-PARR, Sakiko; ELSON, Diane. Introduction: The Capability Approach and Human Rights, cit.
No Brasil, a expressão direito à saúde consta dos trabalhos de Ingo Sarlet, dentre os quais se aponta SARLET, Ingo Wolfgang. Algumas considerações em torno do conteúdo, eficácia e efetividade do direito à saúde na Constituição de 1988. *Direito e Democracia* [em linha], v. 3, n. 1, 2002. Acesso em: 18 jun. 2020. Disponível em: http://www.periodicos.ulbra.br/index. php/direito/article/view/2433. Entre outros trabalhos, destacam-se: BARROSO, Luís Roberto. Da falta de efetividade à judicialização excessiva: direito à saúde, fornecimento gratuito de medicamentos e parâmetros para a atuação judicial. *Revista Interesse Público* [em linha], n. 46, (2007), p. 31-62. Acesso em: 1 maio 2009. Disponível em: http://www.lrbarroso.com. br/pt/noticias/medicamentos.pdf. FIGUEIREDO, Mariana Filchtiner. *Direito Fundamental à saúde*: parâmetros para sua eficácia e efetividade, cit. PINTO, Élida Graziane. *Financiamento dos direitos à saúde e à educação*: uma perspectiva constitucional. Belo Horizonte: Fórum, 2015. SANTOS, Lenir. Direito à saúde e qualidade de vida: um mundo de corresponsabilidades e fazeres. *In*: SANTOS, Lenir (Org.). *Direito da Saúde no Brasil*. Campinas: Saberes, 2010. LIMA, Ricardo Seibel de Freitas. Direito à saúde e critérios de aplicação. *In*: SARLET, Ingo Wolfgang; TIMM, Luciano Benetti (Org.). *Direitos fundamentais*: orçamento e reserva do possível. Porto Alegre: Livraria do Advogado, 2008, p. 265-283; OLIVEIRA, Fábio César dos Santos. Direito de proteção à saúde: efetividade e limites à intervenção do Poder Judiciário. *Revista dos Tribunais*, v. 96, n. 865, p. 54-84, nov. 2007; RAMOS, Marcelene Carvalho da Silva. O direito fundamental à saúde na perspectiva da Constituição Federal. *Revista de Direito Administrativo*, v. 22, p. 147-165, out./dez. 2005. Na doutrina espanhola, destacamos DALLI, María. *Acceso a la asistencia sanitaria y derecho a la salud*. Valencia: Tirant lo Blanch, 2019.

Além disso, fala-se em direito à saúde quando se trata da dimensão individual, como direito subjetivo que encerra um feixe de abstenções e de prestações jurídicas e materiais.

A Constituição portuguesa reconhece o direito à proteção da saúde. Essa previsão consta do art. 64º, que dispõe diretamente sobre a saúde, assim como do art. 60º, que trata dos direitos dos consumidores. A nosso aviso, a expressão utilizada põe em destaque a importância das medidas de prevenção, o dever estatal de proteção do bem jurídico e a eficácia negativa da saúde no que se refere à pretensão oponível pelos titulares em face do Estado e de terceiros para a abstenção de medidas que possam impactar negativamente a saúde.[714] No entanto, ao se examinar o teor do texto constitucional português, constata-se a proteção jurídica ampla da saúde, que abrange os aspectos individuais e coletivos, assim como as dimensões relacionadas tanto às políticas públicas que impactam os determinantes sociais do processo saúde-doença quanto à disponibilidade de um serviço nacional de saúde que promova ações de saúde preventivas, de tratamento e de reabilitação.[715]

Quando se fala de direito a cuidados de saúde, trata-se, na essência, da pretensão de acesso a serviços, sobretudo de caráter curativo e individualmente fruíveis. A expressão direito a cuidados de saúde (*right to health care*) está associada a uma visão biomédica da saúde, muitas vezes justificada, como já se destacou, por uma alegada amplitude e falta de clareza das definições abrangentes, como a que

---

[714] Para Juan José Bestard Perelló, direito à proteção da saúde se distingue de direito à saúde. Segundo o autor, enquanto a proteção da saúde se refere a medidas destinadas a evitar danos decorrentes dos fatores determinantes, a expressão direito à saúde é comumente utilizada como correspondente à noção de direito subjetivo. "(...) la expresión derecho a la protección de la salud nada tiene que ver con el derecho a la salud como derecho subjetivo o derecho exigible, sino que a lo sumo puede tener que ver con todo un elenco de medidas encaminadas a acciones de protección del bien jurídico llamado salud. El derecho a la protección de algo no implica necesariamente el derecho a lo que se protege sino el derecho a que esta cosa sea protegida, el derecho a que los poderes públicos actúen protegiendo a las personas de los ataques evitables que pueden perjudicar a su salud." PERELLÓ, Juan José Bestard. *La asistencia sanitaria pública: seguro de salud o servicio público – derecho a la protección de la salud*. Madrid: Diaz de Santos, 2015, p. 74.

[715] Em que pese o tratamento constitucional, os constitucionalistas portugueses Gomes Canotilho e Vieira de Andrade, em suas obras de destaque, referem-se a um direito à saúde. Conforme CANOTILHO, J. J. GOMES. *Direito Constitucional e Teoria da Constituição*, cit., p. 478; ANDRADE, José Carlos Vieira de. *Os direitos fundamentais na Constituição portuguesa de 1976*, cit., p. 59. Por sua vez, Jorge Reis Novais usa tanto a expressão direito à proteção da saúde como direito à saúde. Ver NOVAIS, Jorge Reis. *Direitos sociais: teoria jurídica dos direitos sociais enquanto direitos fundamentais*, cit., p. 35 (direito à proteção da saúde) e 118 (direito à saúde).

propõe a OMS.[716] Nessa linha, para Norman Daniels, não se pode afirmar uma violação ao direito à saúde quando se trata de atividades relacionadas aos fatores determinantes e condicionantes da saúde.[717]

Por sua maior difusão e por não restringir a tutela jurídica da saúde, utiliza-se neste trabalho a expressão direito à saúde. Compreende-se que o direito à saúde, como os demais direitos humanos e direitos fundamentais, é um complexo abrangente de posições jurídicas ativas e passivas que contempla poderes, faculdades e deveres de natureza e alcance diversos.[718] Assim, tem uma dimensão individual e subje-

---

[716] "The WHO definition of health as a state of complete physical, mental, and social well-being corresponds to happiness rather than to health. Such a subjective category may legitimize an unlimited demand for health services. These are compelling reasons to call for narrowing the concept of the right to healthcare by choosing the biomedical definition of health as a basis. Therefore, the core purpose of the social right to healthcare is to strike a balance between health needs and available resources and to ensure 'equitable access'." JUŠKEVIČIUS, Jonas; BALSIENĖ, Janina. Human rights in healthcare: some remarks on the limits of the right to healthcare, cit., p. 107.

[717] "If health needs are broader than needs for health care, should we try to make sense of a right to health? We face an immediate and serious objection. The expression 'right to health' appears to embody confusion about the kind of thing that can be the object of a right claim. Health is an inappropriate object, whereas health care is. If our poor health is not the result of anyone's doing, or failing to do, something for us or to us that might have prevented, or might cure, our condition, then it is hard to see how any right of ours is violated." Mais além, retoma o tema da violação do direito: "They want, and reasonably so, the right to imply that there are obligations to perform a broad range of actions that affect health, even if these actions are not normally construed as health care services and even if they involve factors outside the health sector, however broadly construed. The gloss makes it clear, however, that a right to health, so understood, is not violated when there has been a just distribution of the socially controllable factors affecting health, yet health fails anyway. We do not have to denounce as confused those who claim a right to have the full range of their health needs met." DANIELS, Norman. Justice and Access to Health Care, cit., p. 21-22. Pelo que se depreende da visão do autor, a carência de condições adequadas de alimentação, saneamento básico, educação, moradia, entre outros fatores determinantes do processo saúde-doença, não configura violação do direito à saúde.

[718] ANDRADE, José Carlos Vieira de. *Os direitos fundamentais na Constituição portuguesa de 1976*, cit., p. 163. Na mesma linha, Víctor Abramovich e Christian Courtis destacam que "tanto los derechos civiles y políticos como los económicos, sociales y culturales constituyen un complejo de obligaciones positivas y negativas". ABRAMOVICH, Víctor; COURTIS, Christian. *Los derechos sociales como derechos exigibles*, cit., p. 32. É possível afirmar, ainda, que o direito à saúde pode ser desdobrado em uma série de direitos mais específicos correspondentes às pretensões que são formuladas em concreto. "Por otra parte, el derecho a la salud abarca varios componentes, sin agotarse en el derecho a la asistencia sanitaria. Este derecho pude entenderse como un 'derecho-racimo', esto es, se presenta como un 'microcosmo' cuyos componentes, como ha explicado Laporta, son 'sub-derechos' en forma de libertades, derechos de prestación, derechos a estatus legales o derechos a bienes públicos en distintas proporciones." DALLI, María. *Acceso a la asistencia sanitaria y derecho a la salud*, p. 48-49. Na mesma linha, Jorge Reis Novais chama atenção para o fato de que a resposta normativa poderá ser diversa em cada caso concreto: "(...) apesar da referência comum ao direito social à proteção da saúde considerado como um todo, cada um dos direitos concretamente invocados nas situações enunciadas apresenta ou pode apresentar

tiva,[719] cuja eficácia e exigibilidade variam conforme a ordem jurídica em que é invocado. Sob este aspecto, levando em conta a relação jurídica estabelecida, consiste em pretensões de não fazer (abstenções),[720] assim como prestações materiais – sua condição mais típica. Por outro lado, o direito à saúde tem um relevante aspecto coletivo, que impõe aos Estados a promoção de políticas públicas voltadas para a promoção da saúde, prevenção de doenças, cura de doentes e sua reabilitação. Por isso, não se limita à disponibilidade de serviços curativos ou sequer às políticas públicas típicas do setor da saúde, mas abrange medidas que repercutam sobre fatores condicionantes da saúde como renda, alimentação, moradia, educação, entre outros.[721] Ainda em termos normativos, ao lado do aspecto subjetivo, reconhece-se, ademais, a dimensão objetiva do direito à saúde como norma jurídica consagradora

---

uma natureza diferenciada que exige enquadramento e respostas constitucionais igualmente diferenciadas". NOVAIS, Jorge Reis. *Direitos sociais:* teoria jurídica dos direitos sociais enquanto direitos fundamentais, cit., p. 35.

[719] "(...) si las consecuencias relacionadas con el ámbito de la salud son padecidas a nivel individual, se hace posible considerar el derecho a la salud como un derecho subjetivo. Se trata de analizar si la dimensión individual o subjetiva del derecho a la salud puede revestir de juridicidad y de obligatoriedad en el sentido de dar lugar a deberes u obligaciones." DALLI, María. *Acceso a la asistencia sanitaria y derecho a la salud,* p. 51.

[720] A eficácia negativa do direito à saúde também é invocada para se defender a existência de um princípio de vedação ao retrocesso social, como se descreveu no item 2.6.2 deste livro em relação à generalidade dos direitos econômicos, sociais e culturais. Com efeito, o dever de progressividade a que estão sujeitos faz presumir que medidas que impliquem o retrocesso na implementação do direito são indevidas e devem ser reconhecidas como inválidas. Impõe-se um pesado ônus argumentativo para os governos para justificarem a necessidade de medidas regressivas. Segundo o Comitê de Direitos Econômicos, Sociais e Culturais das Nações Unidas, "As with all other rights in the Covenant, there is a strong presumption that retrogressive measures taken in relation to the right to health are not permissible. If any deliberately retrogressive measures are taken, the State party has the burden of proving that they have been introduced after the most careful consideration of all alternatives and that they are duly justified by reference to the totality of the rights provided for in the Covenant in the context of the full use of the State party's maximum available resources." UNITED NATIONS. Office of The High Commissioner for Human Rights – *General Comment No. 14: The Right to the Highest Attainable Standard of Health (Art. 12),* cit., n. 32. Nessa linha: ABRAMOVICH, Víctor; COURTIS, Christian. *Los derechos sociales como derechos exigibles,* cit., p. 94 e seguintes.

[721] "(...) il crée une obligation de mettre en oeuvre, dans tous les domaines, un contexte social favorable à l'épanouissement de la santé de chacun." MATHIEU, Bertrand. La protection du droit à la santé par le juge constitutionnel: a propos et à partir de la décision de la Cour constitutionnelle italienne nº 185 du mai 1998. *Cahiers du Conseil Constitutionnel,* n. 6, p. 61, jan. 1999.

de valores fundantes e orientadores do Estado e da sociedade,[722] com eficácia, inclusive, nas relações privadas (eficácia horizontal).[723]

Dada a complexidade normativa do direito à saúde, percebe-se que este abarca pretensões que podem se comportar como as liberdades clássicas na medida em que têm por consequência obrigações de abstenções por parte de terceiros. Nestes casos, submete-se, pois, à mesma eficácia das liberdades.[724] Para além dessa dimensão, tal qual os direitos sociais a prestações, o direito à saúde também tem por consequência a prerrogativa de acesso a ações e serviços para a prevenção, tratamento e reabilitação das doenças, que devem estar disponíveis para as pessoas. Não se trata de um direito a estar saudável, já que, neste caso, não poderia ser assegurado pelo Estado ou por terceiros.[725]

O direito à saúde, como os demais direitos sociais, acarreta para o Estado deveres de respeito, proteção e realização.[726] A obrigação de respeito, já referida anteriormente, é decorrente da eficácia negativa do direito à saúde. Por outro lado, os deveres de proteção e de realização decorrem do reconhecimento da saúde como direito a prestações

---

[722] HESSE, Konrad. *Elementos de Direito Constitucional da República Federal da Alemanha*, cit., p. 239-240. HESSE, Konrad. Significado dos direitos fundamentais, cit., p. 38.

[723] CANOTILHO, J. J. Gomes. *Direito Constitucional e Teoria da Constituição*, cit., p. 483. ANDRADE, José Carlos Vieira de. *Os direitos fundamentais na Constituição portuguesa de 1976*, cit., p. 137.

[724] Nessa linha, quanto à exigibilidade e justiciabilidade dessas pretensões, conferir NOVAIS, Jorge Reis. *Direitos sociais*: teoria jurídica dos direitos sociais enquanto direitos fundamentais, cit., p. 134. ABRAMOVICH, Víctor; COURTIS, Christian. *Los derechos sociales como derechos exigibles*, cit., p. 41.

[725] "The right to health is not to be understood as a right to be healthy. The right to health contains both freedoms and entitlements. The freedoms include the right to control one's health and body, including sexual and reproductive freedom, and the right to be free from interference, such as the right to be free from torture, non-consensual medical treatment and experimentation. By contrast, the entitlements include the right to a system of health protection which provides equality of opportunity for people to enjoy the highest attainable level of health." UNITED NATIONS. Office of The High Commissioner for Human Rights – *General Comment No. 14: The Right to the Highest Attainable Standard of Health (Art. 12)*, cit., n.8. GROSS, Aeyal M. The right to health in an era of privatisation and globalisation: national and international perspectives, cit., p. 300. ABRAMOVICH, Víctor; COURTIS, Christian. *Los derechos sociales como derechos exigibles*, cit., p. 32.

[726] "The right to health, like all human rights, imposes three types or levels of obligations on States parties: the obligations to respect, protect and fulfil. In turn, the obligation to fulfil contains obligations to facilitate, provide and promote. The obligation to respect requires States to refrain from interfering directly or indirectly with the enjoyment of the right to health. The obligation to protect requires States to take measures that prevent third parties from interfering with article 12 guarantees. Finally, the obligation to fulfil requires States to adopt appropriate legislative, administrative, budgetary, judicial, promotional and other measures towards the full realization of the right to health." UNITED NATIONS. Office of the High Commissioner for Human Rights – *General Comment No. 14: The Right to the Highest Attainable Standard of Health (Art. 12)*, cit., n. 33.

jurídicas e fáticas. No primeiro caso, impõe-se a regulamentação de condutas públicas e privadas (limitação de direitos de terceiros) para se evitar violações à saúde. Refere-se ao exercício do poder de polícia, disciplinando-se, por exemplo, a importação, produção e comercialização de alimentos, bebidas e medicamentos, entre outros produtos, assim como a prestação de serviços de interesse da saúde. Além disso, como forma de proteção contra agressões por terceiros, o direito à saúde implica a previsão de sanções administrativas, civis e penais em razão de condutas ou atividades que possam causar prejuízos para a saúde. Ainda no que tange às prestações jurídicas, incumbe ao Estado estabelecer as instituições necessárias para a proteção da saúde, como ministérios, órgãos oficiais, agências reguladoras, entre outros, e os procedimentos para a fruição de serviços, seja por meio de rede própria, contratada ou disponibilizando subsídios para contratação da iniciativa privada.[727]

O dever de realização implica a implementação de políticas públicas que proporcionem que as pessoas tenham acesso a uma rede de serviços que satisfaçam, na integralidade, suas diversas necessidades de saúde. Não se avança, aqui, no formato que deve ser utilizado pelo Estado, isto é, se deve organizar rede própria, contratada ou oferecer subsídios para a compra de bens e serviços na rede privada, entre outros arranjos. Embora seja possível discutir as vantagens e desvantagens dos diversos modelos, tanto do ponto de vista sanitário quanto jurídico, não é isso o que se propõe aqui. Na realidade, entende-se que o dever de realização está atendido na medida em que a população esteja coberta por serviços que satisfaçam suas necessidades, independentemente da capacidade de pagamento.

O Comitê de Direitos Econômicos, Sociais e Culturais das Nações Unidas, ao interpretar o art. 12 do Pacto Internacional de Direitos Econômicos, Sociais e Culturais, propõe algumas condições que devem ser atendidas para que os Estados se desincumbam satisfatoriamente de seu dever de realização. Trata-se de princípios que devem orientar a dispensação dos serviços de saúde:

    a) Disponibilidade: os serviços e insumos devem estar à disposição da população em qualidade e em quantidades suficientes. A abrangência vai de insumos e serviços próprios do setor saúde (unidades de saúde, atendimentos, medicamentos,

---

[727] ABRAMOVICH, Víctor; COURTIS, Christian. *Los derechos sociales como derechos exigibles*, cit., p. 33-36.

pessoal devidamente capacitado) a outros que atingem fatores determinantes como água e alimentação adequadas.

b) Acessibilidade: as políticas públicas não devem criar obstáculos injustificados para a sua fruição, o que implica a não discriminação dos beneficiários; a acessibilidade física dos serviços (tanto em termos geográficos no que se refere à distância do domicílio ou local de trabalho das pessoas quanto à remoção ou redução das barreiras arquitetônicas); acessibilidade econômica, que implica a ampliação da oferta de serviços públicos, previamente financiados, evitando-se o desembolso direto e as despesas catastróficas com saúde pelas famílias; e acesso à informação.

c) Aceitabilidade: as ações e os serviços de saúde devem respeitar preceitos éticos e ser culturalmente apropriados. Assim, devem levar em conta as peculiaridades locais, respeitar as práticas de saúde tradicionais, que podem ser integradas ao sistema oficial, bem como reconhecer os interesses de minorias e grupos vulneráveis (populações pobres, idosos, imigrantes, pessoas com doenças raras, entre outros).

d) Qualidade: os serviços de saúde devem ser prestados por médicos e demais profissionais de saúde devidamente formados e capacitados, cujas práticas devem se orientar pelas evidências científicas.[728]

Na confluência da dimensão subjetiva do direito à saúde com o dever de promoção ou realização (*fulfill*) oponível ao Estado encontra-se o debate sobre o conjunto de prestações que o Estado deve dispor para a população como forma de concretizar o direito à saúde. Trata-se de tema conflituoso e que leva à judicialização de muitas demandas que tratam do direito à saúde.

---

[728] UNITED NATIONS. Office of The High Commissioner for Human Rights – *General Comment No. 14: The Right to the Highest Attainable Standard of Health (Art. 12)*, cit., n.12. Para Lisa Forman e outros, a interpretação proposta pelo Comitê de Direitos Econômicos, Sociais e Culturais das Nações Unidas contribui para uma visão mais procedimental e estrutural do acesso à saúde em substituição a uma visão substantiva. FORMAN, Lisa *et al*. What Do Core Obligations under the Right to Health Bring to Universal Health Coverage?, cit., p. 28. Dessa forma, compreende-se que a definição em concreto das prestações deve ficar a cargo de cada país, segundo procedimentos que permitam a imprescindível participação da população, o que é coerente com a abordagem das capacidades aplicada à saúde como proposto por Jennifer Prah Ruger, que exploraremos a seguir.

Para analisar o tema, utiliza-se, neste trabalho, uma visão do direito à saúde construída a partir da abordagem das capacidades proposta por Amartya Sen[729] e Martha Nussbaum,[730] em especial, com as contribuições de Jennifer Prah Ruger,[731] que empregou a teoria no estudo da saúde e do direito à saúde.

A abordagem das capacidades propõe que, ao invés de se preocupar com a concepção de instituições abstratas para lidar com os problemas sociais, as teorias da justiça devem se ocupar das condições concretas de vida das pessoas para que possam corrigir as situações de injustiça. Para essa linha de pensamento, o Estado e a sociedade devem contribuir para que as pessoas possam desenvolver suas potencialidades e florescer, isto é, ter condições para que possam exercer sua plena autonomia e, assim, poder escolher entre diversas opções de vida. O florescimento e a medida da autonomia que as pessoas de fato possuem dependem do conjunto de capacidades de que dispõem nas diversas áreas da vida, ou seja, capacidade para estar sadio, bem nutrido, instruído, participar da vida social, entre outras. Essas capacidades, por sua vez, dependem de processos que permitam o exercício desses direitos (procedimentos para exercício do direito de voto, ausência de constrição para o exercício das liberdades de locomoção, manifestação do pensamento, de credo religioso, entre outras, sistema de justiça que assegure o devido processo legal, etc.), mas também têm um aspecto substantivo essencial, qual seja, a aptidão para realizar, ou não, atividades que se tem razão para valorizar, designadas como funcionamentos.[732]

---

[729] As obras pesquisadas para a elaboração desta tese foram SEN, Amartya. *Desenvolvimento como liberdade*, cit. SEN, Amartya. *A ideia de justiça*, cit. SEN, Amartya. *Commodities and capabilities*, cit. SEN, Amartya. Capability and well-being, cit. SEN, Amartya. Human rights and the limits of law. *Cardozo Law Review*, n. 27, p. 2913-2927, Apr. 2006. SEN, Amartya. Why and how is health a human right?, cit. SEN, Amartya. Why health equity?, cit. SEN, Amartya. Health in development, cit.

[730] NUSSBAUM, Martha. Creating capabilities: the human development approach and its implementation, cit. NUSSBAUM, Martha. Capabilities and social justice, cit. NUSSBAUM, Martha. Introduction: aspiration and the capabilities list, cit. NUSSBAUM, Martha. Human rights and human capabilities, cit.

[731] RUGER, Jennifer Prah. *Health and social justice*, cit. RUGER, Jennifer Prah. Health and social justice, cit. RUGER, Jennifer Prah. Health, capability, and justice: toward a new paradigm of health ethics, policy and law. *Cornell Journal of Law and Public Policy*, v. 15, issue 2, (spring 2006), p. 403-482. RUGER, Jennifer Prah. Toward a Theory of a right to health: capability and incompletely theorized agreement, cit.

[732] "Deve ter ficado claro, com a discussão precedente, que a visão da liberdade aqui adotada envolve tanto os processos que permitem a liberdade de ações e decisões como as *oportunidades* reais que as pessoas têm, dadas as suas circunstâncias pessoais e sociais. A privação da liberdade pode surgir em razão de processos inadequados (como a violação do direito

Dessa forma, a liberdade de locomoção depende, por um lado, da presença de regimes democráticos que permitam o livre trânsito das pessoas no território, que atuem no combate às diversas formas de criminalidade, mas também de condições materiais que permitam às pessoas se deslocar, como a disponibilidade de transporte público que seja acessível, inclusive, financeiramente. Neste caso, presentes essas condições, as pessoas podem optar entre se deslocar ou não e, portanto, dispõem dessa capacidade.

A abordagem das capacidades propõe a ênfase na liberdade ou autonomia substancial, que se alcança com o florescimento. Aplicada à atividade estatal, implica a promoção de políticas públicas que criem condições para que as pessoas possam estar aptas a decidir pela realização de diversos funcionamentos, o que aumenta sua capacidade em diversas áreas da vida.

A análise das condições de vida das pessoas deve observar, portanto, não o que elas de fato fazem, mas a aptidão para executarem condições alternativas de funcionamentos, pois aqui está a verdadeira liberdade. Por exemplo, como menciona Amartya Sen, optar por fazer jejum é diferente de deixar de se alimentar por falta de alimento. Em ambos os casos, o resultado é o mesmo, qual seja, a ausência de ingestão de alimentos. Porém, apenas na primeira hipótese se está diante do exercício de uma liberdade (*rectius*, capacidade).[733]

Como o foco da atividade estatal deve ser criar as condições para a realização das atividades que se tem razão para valorizar, ressalta-se a importância relativa dos bens, como renda e patrimônio. Estes, como afirma Amartya Sen, têm relevância na medida em que contribuem para permitir os funcionamentos. Assim, o desenvolvimento deve ter por foco e ter sua importância medida na proporção em que contribui para a liberdade.[734]

No contexto da saúde e do direito à saúde, Jennifer Prah Ruger põe em destaque duas capacidades básicas: evitar a morte prematura e o adoecimento por condições que são possíveis de prevenir. De maneira geral, mas em especial em momentos de crises econômicas e

---

ao voto ou de outros direitos políticos ou civis), ou de oportunidades inadequadas que algumas pessoas têm para realizar o mínimo do que gostariam (incluindo a ausência de oportunidades elementares como a capacidade de escapar de morte prematura, morbidez evitável ou fome involuntária)." SEN, Amartya. *Desenvolvimento como liberdade*, cit., p. 32.

[733] SEN, Amartya. *Desenvolvimento como liberdade*, cit., p. 105.

[734] SEN, Amartya. *A ideia de Justiça*, cit., p. 260.

de escassez de recursos, sejam eles públicos ou privados, as políticas públicas devem priorizar ações e serviços que permitam que as pessoas possam ter uma vida longa e saudável. Trata-se de pressupostos para o exercício das demais capacidades e direitos fundamentais, ou seja, de uma metacapacidade.[735]

Assim sendo, para contribuírem para a realização das capacidades centrais, as políticas públicas devem satisfazer as necessidades de saúde das pessoas.[736] Para conhecer essas necessidades, é preciso reunir informações a partir das condições locais, de caráter social, cultural, econômico, entre outras, que se referem às carências e privações que as pessoas sofrem em concreto e limitam suas oportunidades de vida. As necessidades de saúde, portanto, são social e historicamente condicionadas e não se limitam às necessidades de serviços de saúde, haja vista a compreensão ampliada da saúde, que reconhece fatores determinantes multissetoriais.[737]

É relevante destacar que, dada a sua imprescindibilidade para as capacidades de saúde centrais, o acesso às ações e serviços para a satisfação das necessidades não deve depender da capacidade de pagamento. O direito à saúde não pode ser tratado como uma mercadoria.[738] Com efeito, como propõe a OMS,[739] há que se conceber

---

[735] VENKATAPURAM, Sridhar. Health, vital goals and human capabilities, cit., p. 276. GAMEIRO, Ian Pimentel. A saúde como metacapacidade: redefinindo o bem jurídico, cit., p. 2246.

[736] "Meeting the health needs and health agency deficits associated with central health capabilities must precede addressing other health capabilities; the selection and weights among non-central health capabilities can await further specification (selection and weighting) through social agreement (RUGER 1998, p. 108-12) at the next stage." RUGER, Jennifer Prah. *Health and social justice*, cit. p. 76. Em outro trabalho, Jennifer Prah Ruger enfatiza a estreita relação entre a satisfação das necessidades em saúde com a melhoria dos funcionamentos e o incremento da capacidade em saúde:
"In an account of capability and health, *health needs map directly to health functionings, which in turn relate to health capabilities*. Thus, health needs are objective measures of our success in improving health capabilities. The task, then, is to specify health needs as they relate to health functionings and health capabilities. The concept of medical necessity and medical appropriateness must also be considered." RUGER, Jennifer Prah. Toward a Theory of a right to health: capability and incompletely theorized agreement, cit., p. 314 (grifou-se).

[737] VAITSMAN, Jeni. Saúde, cultura e necessidades, cit., p. 171.

[738] Sobre o tema, Aeyal Gross destaca que o acesso aos recursos para promoção da saúde, prevenção e cura de doenças, assim como reabilitação de doentes, deve ocorrer com base na necessidade e não aptidão para pagamento: "(...) access to health care should occur on the basis of need as opposed to ability to pay." (...) "Health cannot and should not be treated as a commodity given a few factors: its 'overriding importance' and its nature as a pre-condition to our participation in democratic, economic, and civil life, as well as it being 'fundamental to our feelings of wellbeing, security, comfort and ultimately happiness'; the fact that inequalities in health constitute inequalities in people's capability to function, in

sistemas que proporcionem a prévia arrecadação de recursos para que, no momento da doença, não haja um ônus excessivo sobre o doente e, até mesmo, a privação de medidas preventivas, de tratamento e de recuperação por falta de condições de pagamento.[740]

Em seu modelo teórico, Jennifer Prah Ruger vale-se, também, da noção de acordos parciais – *incompletely theorized agreements* – desenvolvida por Cass Sunstein. Segundo a autora, grandes temas discutidos pela sociedade geram debates intensos e discussões que impedem, em abstrato, a obtenção de consensos entre as várias partes interessadas (*stakeholders*). No entanto, no nível concreto das ações desenvolvidas, é possível ter acordos parciais entre esses atores sociais que permitam avanços relevantes, em benefício da população.[741]

Em resumo, Jennifer Prah Ruger propõe:

> Flourishing is critical to the human condition and health sustains other aspects of human flourishing because, without being alive, no other human functionings are possible, including agency, the ability to lead a life one has reason to value. Public policy should therefore focus on the ability to function, and health policy should aim to maintaIn: and improve this ability by meeting health needs and ensuring the conditions for health agency. This view values health intrinsically and more directly than solely "instrumental" social goods such as income or health care.

---

a way that makes health care different than other goods; the uncertainty about our needs, combined with the inelastic nature of the demand, and with the information asymmetry between health providers and patients; and finally the fact that given the link between social inequalities and health, then generally the poorer we are the sicker we are, and thus our health care needs are bigger." GROSS, Aeyal M. Is there a human right to private health care? *Journal of law, medicine & ethics*, v. 41, issue 1, p. 139, 2013.

[739] ORGANIZAÇÃO MUNDIAL DA SAÚDE – *Relatório Mundial de Saúde, 2008: Cuidados de saúde primários – agora mais que nunca*, cit., p. 27.

[740] A proteção financeira é um fator decisivo para assegurar acesso à saúde com equidade, como enfatiza Lisa Forman e outos: "It urged member states 'to ensure that health-financing systems include a method for prepayment of financial contributions for health care, with a view to sharing risk among the population and avoiding catastrophic health-care expenditure and impoverishment of individuals as a result of seeking care'". FORMAN, Lisa *et al.* What Do Core Obligations under the Right to Health Bring to Universal Health Coverage?, cit., p. 25

[741] "Incomplete theorization is usefully applied to health ethics, policy and law because it provides a model for understanding collective decision-making on human goods that are plural and fuzzy, such as health and inequality. It also enables people to take different paths to common, often partial, agreements. Incomplete theorization describes how people with divergent, even opposing, views on health, equity, health policy and law might agree in specific situations, and thus, generate decisions that are legitimate, stable and mutually respectful." RUGER, Jennifer Prah. Health, capability, and justice: toward a new paradigm of health ethics, policy and law, cit., p. 140.

It gives special moral importance to what I call health capability; an individual's ability to achieve good health and thus avoid preventable morbidity and premature death. A capability and health account also considers human agency. Permitting people to exercise their agency enables them to value and prioritize health domains (e.g. to trade-off quality and quantity of life) and health services.[742]

Estabelecido que as políticas de saúde devem se orientar para a satisfação das necessidades de saúde das pessoas, permanece, no entanto, a dúvida sobre quais insumos e serviços o Estado deve colocar à disposição das pessoas. Trata-se, aqui, de perquirir sobre o conteúdo das prestações.

Mesmo em ordenamentos jurídicos e sistemas de saúde que sejam norteados pelo princípio de acesso geral ou integral, há que se reconhecer que está disponível no mercado um grande conjunto de produtos e de serviços que se anunciam benéficos para a saúde. A abordagem das capacidades, como afirma Jennifer Prah Ruger, não propõe um elenco ou uma cesta de referência de procedimentos, medicamentos e outros insumos que devem estar acessíveis para a população. Com efeito, retomando a noção de que as necessidades são, social e historicamente, condicionadas e reafirmando que a participação social é uma relevante capacidade, que possui impacto direto no alcance da autonomia substancial, propõe-se que a definição do elenco de bens e serviços deve ocorrer após procedimentos que permitam a livre, consciente e informada participação social.[743]

Dentro do universo de recursos disponíveis no mercado, para Jennifer Prah Ruger, deve-se dispensar aqueles que sejam tecnicamente adequados e que possam satisfazer as necessidades das pessoas.[744] Embora adote outro modelo teórico, Norman Daniels também destaca

---

[742] RUGER, Jennifer Prah. Health, capability, and justice: toward a new paradigm of health ethics, policy and law, cit., p. 136-137.

[743] "(...) a capability view of health does not specify which type of health care (eg, a list or basic benefits package) should be guaranteed and to what level. Rather, it recognizes the need for further specification through a democratic process that combines both procedural and substantive principles." RUGER, Jennifer Prah. Health and social justice, cit. p. 1077. Na mesma linha, o Comitê de Direitos Econômicos Sociais e Culturais realça a necessidade de participação social em todos os assuntos relacionados à saúde, seja no nível, local, nacioanl ou internacional. UNITED NATIONS. Office of The High Commissioner for Human Rights – *General Comment No. 14: The Right to the Highest Attainable Standard of Health (Art. 12)*, cit., n. 11.

[744] "(...) every individual should be entitled to medically necessary and medically appropriate resources needed to reach a medically determined level of health functioning." RUGER,

que a definição do conjunto de insumos e serviços disponíveis deve levar em conta a efetividade, a disponibilidade de recursos financeiros e as prioridades socialmente estabelecidas.[745] Não é possível, portanto, admitir que terapias que não tenham sua eficácia e efetividade comprovadas por sólidas evidências científicas, sejam socialmente custeadas. Também é importante ter um olhar direcionado para as prioridades, que estão relacionadas com a prevenção da mortalidade e do adoecimento. Nesse contexto, como demonstraremos adiante, sobreleva a importância da atenção primária à saúde, dado seu foco nas necessidades de saúde e nas atividades de promoção e de prevenção.

É importante destacar uma vez mais que o conjunto de recursos aos quais as pessoas devem ter acesso não pode se limitar a cuidados de saúde, em especial, cuidados médicos.[746] Com efeito, há que se ter em vista a compreensão ampliada de saúde, proposta anteriormente, para proporcionar a satisfação integral das necessidades e a proteção completa da saúde.

De todo modo, presente a necessidade de uso racional dos meios, de se assegurar o acesso das pessoas a recursos tecnicamente apropriados e necessários, é oportuno realçar a importância das evidências científicas para a informação e a tomada de decisões sobre a saúde individual e as políticas de caráter coletivo. Duas noções se mostram aplicáveis aqui:

Jennifer Prah. Health, capability, and justice: toward a new paradigm of health ethics, policy and law, cit., p. 144.

[745] "On the opportunity-based view, justice requires that we protect people's shares of the normal opportunity range by treating illness when it occurs, by reducing the risk of disease and disability before they occur, and by distributing those risks equitably. Within the medical system, this means we must give all people access to a *reasonable array of services* that promote and restore normal functioning and we must not neglect measures in favor of curative ones." Mais além, ressalta que: "*That reasonable array in turn depends on what we know is effective, what resources we have, and what priority should be given to meeting his need compared to that of others.* If pancreas transplants are of unproven efficacy, or if their cost or cost-effectiveness makes including them in a benefit package unreasonable, given what else it would be better to include, then coverage for such transplants may be denied for Jack and others. Although a moral right to health is grounded in the general idea that we have obligations to protect opportunity by promoting normal functioning, its specific content is in this fundamental way system-relative." DANIELS, Norman. Justice and Access to Health Care, cit., p. 18-22 (grifou-se).

[746] "In discussing the right to health, we must not focus only on the health services in the state providing those services, for the right is not limited to the right to health services. (...) the right to health can and should encompass an array of factors that are likely to affect a person's health. Such factors can include, for example, improvements in water, sanitation, nutrition, or other elements no less vital for ensuring health than medical care." GROSS, Aeyal M. The right to health in an era of privatisation and globalisation: national and international perspectives, cit., p. 295.

Medicina Baseada em Evidências e Saúde Baseada em Evidências. No primeiro caso, a Medicina Baseada em Evidências consiste na integração da informação científica, analisada de forma racional e crítica, à prática clínica para melhorar a assistência médica.[747] Por outro lado, a Saúde Baseada em Evidências corresponde à tomada de decisões sobre as políticas públicas voltadas para grupos ou populações orientadas por informações científicas robustas em substituição a processos decisórios que se baseiam em opiniões prevalentes, considerações eleitorais, preferências dos gestores ou posicionamentos ideológicos.[748]

Embora tenham interfaces e pontos de contato, a Medicina Baseada em Evidências e a Saúde Baseada em Evidências são práticas distintas. No primeiro caso, como esclarece Eugênio Vilaça Mendes, o objeto é a atividade clínica, ou seja, os indivíduos. Por outro lado, "a atenção à saúde baseada em evidência tem seu foco nos processos decisórios mais gerais e, por consequência, centra-se numa população ou em grupos populacionais".[749] Essa distinção faz toda diferença, já que indivíduos e grupos comportam-se de maneiras diferentes e as estratégias de intervenção do sistema de saúde são diversas em um e em outro caso.[750] Para o processo decisório orientado pela Saúde Baseada em Evidências é relevante o uso da epidemiologia, ciência que estuda as causas e os fatores que interferem na distribuição das doenças e eventos relacionados à saúde.[751]

---

[747] LOPES, Antônio Alberto da Silva. Medicina baseada em evidências: a arte de aplicar o conhecimento científico na prática clínica, cit., p. 285. Como já destacamos em outro momento desta obra, o conceito de Medicina Baseada em Evidências já tem sido usado pelo Poder Judiciário no Brasil na apreciação das demandas sobre direito à saúde. Merece especial referência o julgamento pelo STF do Recurso Extraordinário nº 566.471 (não concluído), no qual os Ministros Luís Roberto Barroso e Luiz Edson Fachin fizeram menção em seus votos. Para o Ministro Luís Roberto Barroso, em demandas judiciais, é requisito para o fornecimento de medicamentos não incorporados no SUS "a comprovação de eficácia do medicamento pleiteado à luz da medicina baseada em evidências". BRASIL. Supremo Tribunal Federal – Informativo nº 969, cit.

[748] MENDES, Eugênio Vilaça. *As redes de atenção à saúde*. Belo Horizonte: ESP/MG, 2009, p. 42-43.

[749] MENDES, Eugênio Vilaça. *As redes de atenção à saúde*, cit., p. 42.

[750] ROSE, Geoffrey. Sick individuals and sick populations, cit., p. 429.

[751] Dentre as obrigações mínimas para os Estados visando a realização do direito à saúde, o Comitê de Direitos Econômicos, Sociais e Culturais, propõe: "To adopt and implement a national public health strategy and plan of action, *on the basis of epidemiological evidence*, addressing the health concerns of the whole population". UNITED NATIONS. Office of The High Commissioner for Human Rights – *General Comment No. 14: The Right to the Highest Attainable Standard of Health (Art. 12)*, cit., n. 43 (grifou-se).

Os conceitos de Medicina Baseada em Evidências e de Saúde Baseada em Evidências devem ser utilizados tanto para se orientar a dimensão do dever de realização assim como para estabelecer limites para o aspecto prestacional do direito à saúde. Mais uma vez, conforme a abordagem das capacidades, é relevante que o acesso aos cuidados de saúde ocorra com base nas necessidades. Nem todos os cuidados devem ser custeados pelos sistemas de saúde, dada a falta de evidências quanto à segurança, eficácia, efetividade e qualidade, como reconhece Jennifer Prah Ruger: "*Not all health care is medically necessary or medically appropriate. A lot of what health care has to offer is only marginally effective; it might extend life for just a few weeks or months or have a very low probability (less than 5-10 per cent) of success*".[752] Assim, o uso das evidências científicas pode contribuir para a utilização racional dos recursos financeiros disponíveis e proporcionar equidade na atenção à saúde.[753]

Se uma visão do direito à saúde orientada pela abordagem das capacidades não pretende avançar até a especificação da cesta de recursos que devem estar disponíveis para as pessoas, por outro lado, contribui com orientações procedimentais e substanciais. Nessa linha, reconhece-se que a participação comunitária é essencial para a alocação dos recursos aplicados na área da saúde e a definição das medidas que devem ser custeadas. Essa participação deve ocorrer de maneira informada, segundo procedimento adequado, que proporcione que a sociedade defina as prestações que, naquele contexto histórico e social, melhor satisfaçam as necessidades das pessoas. Há que se priorizar a satisfação das capacidades centrais em saúde, quais sejam, evitar que as pessoas morram ou adoeçam por causas que poderiam ser prevenidas.[754] Assim, conquanto se reconheça o caráter progressivo da realização dos

---

[752] RUGER, Jennifer Prah. *Health and social justice*, cit. p. 129. De forma enfática, Rui Nunes afirma que "(...) se um tratamento não tem efetividade clínica comprovada, não só não é legítima a sua utilização no plano ético como não existe motivo válido para o incluir na prestação básica de cuidados de saúde (VETTER, 2000)". NUNES, Rui. Regulação da saúde, cit., p. 59.

[753] NUNES, Rui. *Regulação da saúde*, cit., p. 59.

[754] "The ethic proposed here involves a joint scientific and deliberative process, integrating substantive and procedural principles, as a resource allocation framework. This public process combines the evidence base of medicine and public health with input from individuals and physician and public health experts to assess the value of treatments, medications and other health care and public health interventions. Under this view, health care and public health are special (and therefore socially guaranteed) because they play a dominant role among determinants of health capability. Consequently, it is important to assess both the necessity and the appropriateness of a health intervention." RUGER, Jennifer Prah. Health, capability, and justice: toward a new paradigm of health ethics, policy and law, cit., p. 156.

direitos sociais, inclusive do direito à saúde, não se pode abdicar, desde logo, do cumprimento de obrigações mínimas, tendentes a concretizar o núcleo do direito à saúde, o exercício da autonomia e, em última análise, a proteção da dignidade humana.[755]

Após toda a exposição realizada pode-se afirmar que o direito à saúde se insere entre os direitos econômicos, sociais e culturais. Embora majoritariamente denominado direito à saúde, não corresponde à garantia do estado saudável. Trata-se de um direito que encerra um feixe de posições jurídicas, ativas e passivas, individuais e coletivas, que compreende prerrogativas, faculdades e deveres, correspondentes a abstenções (obrigações de não fazer), assim como prestações jurídicas e fáticas. Ademais, tem eficácia objetiva por consagrar um valor fundante e orientador do pacto social. A partir da matriz constante do Pacto Internacional de Direitos Econômicos Sociais e Culturais, implica para os Estados deveres de respeito, proteção e promoção. Seu objeto não corresponde apenas aos cuidados de saúde, mas compreende atividades que tenham impacto nos determinantes gerais do processo saúde-doença, motivo pelo qual implica a concepção e implementação de políticas públicas de promoção da saúde, prevenção e tratamento de doenças e

---

[755] O Comitê de Direitos Econômicos, Sociais e Culturais estipula um conjunto de obrigações centrais, mínimas, que devem ser cumpridas pelos Estados para a proteção do direito à saúde:
"Core obligations:
(a) To ensure the right of access to health facilities, goods and services on a non-discriminatory basis, especially for vulnerable or marginalized groups;
(b) To ensure access to the minimum essential food which is nutritionally adequate and safe, to ensure freedom from hunger to everyone;
(c) To ensure access to basic shelter, housing and sanitation, and an adequate supply of safe and potable water;
(d) To provide essential drugs, as from time to time defined under the WHO Action Programme on Essential Drugs;
(e) To ensure equitable distribution of all health facilities, goods and services;
(f) To adopt and implement a national public health strategy and plan of action, on the basis of epidemiological evidence, addressing the health concerns of the whole population;
44. The Committee also confirms that the following are obligations of comparable priority:
(a) To ensure reproductive, maternal (prenatal as well as post-natal) and child health care;
(b) To provide immunization against the major infectious diseases occurring In: the community;
(c) To take measures to prevent, treat and control epidemic and endemic diseases;
(d) To provide education and access to information concerning the main: health problems in the community, including methods of preventing and controlling them;
(e) To provide appropriate training for health personnel, including education on health and human rights." UNITED NATIONS. Office of The High Commissioner for Human Rights – *General Comment No. 14: The Right to the Highest Attainable Standard of Health (Art. 12)*, cit., n.43.

reabilitação dos doentes. Essas políticas públicas devem orientar-se pelos princípios da disponibilidade, acessibilidade, aceitabilidade e qualidade, podendo ser fruídas por todas as pessoas, segundo suas necessidades e independentemente da capacidade de pagamento.[756] Mesmo baseado em uma compreensão abrangente do bem jurídico tutelado, não implica a prerrogativa de acesso a todos os recursos disponíveis, mas àqueles necessários e tecnicamente adequados para a satisfação das necessidades das pessoas, o que se identifica conforme o contexto histórico e social. A definição dessas ações deve ocorrer com efetiva participação social, devidamente informada, do que resulta imprescindível a colheita das mais robustas evidências científicas disponíveis para orientar o processo de tomada de decisão.[757] Finalmente, o direito à saúde vincula o Estado, desde logo, a cumprir obrigações mínimas, imprescindíveis para a satisfação das necessidades básicas (manutenção da vida e da saúde) e proteção da dignidade humana.[758]

3.2.6 Estratégias de efetivação jurídica do direito à saúde: juridicização e judicialização da saúde

Estudos[759] realizados sobre direitos econômicos, sociais e culturais em diversos países têm apontado um crescente protagonismo do

---

[756] "This account does not divorce the equity implications of access to health care from the equity implications of its financing. Rather, it stipulates that resources be allocated on the basis of medical necessity and medical appropriateness (discussed below), rather than ability to pay." RUGER, Jennifer Prah. Health, capability, and justice: toward a new paradigm of health ethics, policy and law, cit., p. 139. O acesso universal e a proteção abrangente da saúde são os pontos centrais da definição de direito à saúde para João Arriscado Nunes: "A consagração da saúde como direito está, em geral, associada a duas ideias-chave: a sua universalidade – a saúde é um direito de todos os cidadãos – e a de que a saúde – conforme a conhecida definição da ORGANIZAÇÃO MUNDIAL DA SAÚDE – não deve ser considerada simplesmente como ausência de doença, mas como um estado geral de bem-estar, cuja realização e protecção dependem de um conjunto de condições económicas, sociais e políticas que transcendem o domínio circunscrito das políticas de saúde e dos cuidados de saúde." NUNES, João Arriscado. Saúde, direito à saúde e justiça sanitária, cit., p. 152.

[757] Na mesma linha aqui defendida, Norman Daniels que afirma que "(...) the specific entitlements it involves cannot be determined except through a fair deliberative process." DANIELS, Norman. Justice and Access to Health Care, cit., p. 21.

[758] "(...) the government-guaranteed benefits package would cover appropriate and necessary care to prevent, diagnose, or treat illness, disease, injury, disability, or other medical conditions associated with escapable morbidity or premature mortality." RUGER, Jennifer Prah. Health, capability, and justice: toward a new paradigm of health ethics, policy and law, cit., p. 162.

[759] Sem querer esgotar as referências bibliográficas, nem mesmo classificar alguns estudos como mais relevantes que outros, remete-se o leitor para a consulta aos seguintes trabalhos sobre

sistema de justiça[760] como instrumento para acesso e garantia de efetividade das normas que disciplinam esses direitos fundamentais, com destaque para a judicialização do direito à saúde. Não se verifica consenso sobre as causas deste fenômeno, que podem estar relacionadas, entre outras razões, à tensão entre a garantia abstrata do direito e a carência de efetividade,[761] o que se verifica notadamente nos países

---

a judicialização do direito à saúde: FLOOD, Colleen Marion; GROSS, Aeyal. Conclusion: Contexts for the Promise and Peril of the Right to Health, cit., p. 451-480. GARGARELLA, Roberto. Dialogic Justice in the enforcement of social rights: some initial arguments, cit., p. 232-245. MÆSTAD, Ottar; RAKNER, Lise; FERRAZ, Octávio Luiz Motta. Assessing the Impact of Health Rights Litigation: A Comparative Analysis of Argentina, Brazil, Colombia, Costa Rica, India, and South Africa. In: YAMIN, Ely; GLOPPEN, Siri. Litigating health rights: can courts bring more justice to health? Cambridge: Harvard University Press, 2011, p. 273-303. YAMIN, Alicia Ely. Decision T-760 (2008) (Colom), cit. CUBILLOS, Leonardo et al. Universal health coverage and litigation in Latin America. Journal of health organization and management, v. 26, n. 3, 2012, p. 390-406. MANFREDI, Christopher P.; MAIONI, Antonia. Courts and health policy: judicial policy making and publicly funded health care in Canada. Journal of health politics, policy and law, v. 27, n. 2, p. 213-240, Apr. 2002. CAMPOS NETO, Orozimbo Henriques. Médicos, advogados e indústria farmacêutica na judicialização da saúde em Minas Gerais, Brasil. Revista de Saúde Pública, v. 46, n. 5, p.784-790, 2012. CHIEFFI, Ana Luiza; BARATA, Rita de Cássia Barradas. Judicialização da política de assistência farmacêutica e equidade. Cadernos de Saúde Pública, v. 25, n. 8, p. 1.839-1.849, ago. 2009. MACHADO, Marina Amaral de Ávila et al. Judicialização do acesso a medicamentos no Estado de Minas Gerais, Brasil. Revista de Saúde Pública, v. 45, n. 3, p. 590-598, abr. 2011. LIMA, Ricardo Seibel de Freitas. Direito à saúde e critérios de aplicação, cit. SARLET, Ingo Wolfgang; FIGUEIREDO, Mariana Filchtiner. Reserva do possível, mínimo existencial e direito à saúde: algumas aproximações, p. 11-53.

[760] Utiliza-se a expressão sistema de justiça com o objetivo de abranger não só o Poder Judiciário como também outras instituições voltadas para a solução de conflitos que têm atuação judicial e extrajudicial.

[761] Nessa linha: ASENSI, Felipe Dutra. Indo além da judicialização: o Ministério Público e a saúde no Brasil. Rio de Janeiro: FGV, 2010, p. 183. FLEURY, Sônia. A Judicialização pode salvar o SUS. Saúde em debate, v. 36, n. 93, p. 159, abr./jun. 2012. MACHADO, Felipe Rangel de Souza. Contribuições ao debate da judicialização da saúde no Brasil. Revista de Direito Sanitário, v. 9, n. 2, p. 75, jul./out. 2008. Colleen M. Flood e Aeyal Gross, em estudo sobre a judicialização do direito à saúde, classificaram os países estudados em três grupos, quais sejam, países com sistema universal e financiamento público (Canadá, Reino Unido, Suécia e Nova Zelândia), países com sistema de saúde de seguro social (Colômbia, Taiwan, Israel, Holanda e Hungria) e países com sistemas público e privado, referindo-se, quanto a este último grupo, a países em que o financiamento do sistema público é inferior ao privado (Estados Unidos, China, África do Sul, Índia, Brasil, Nigéria e Venezuela). Segundo os autores, nos países de sistema universal considerados, há um maior comprometimento com a realização de políticas públicas voltadas para a redução das desigualdades. As medidas de racionalização propostas em razão da transição demográfica, dos avanços tecnológicos e das pressões pelo custeio de tratamentos decorrentes de novas tecnologias são objeto de questionamento pela via judicial e política. No entanto, os tribunais não tendem a assegurar direitos subjetivos prestacionais em razão da ausência de reconhecimento constitucional do direito à saúde. Por outro lado, os modelos de seguro social, por contarem com cestas de benefícios, são mais propícios à revisão judicial que o grupo anterior. Por fim, nos países com sistemas de saúde público/privado, observou-se um processo mais intenso de judicialização. Via de regra, as decisões favoráveis em casos individuais são mais frequentes

em desenvolvimento; ao uso da via judicial por indivíduos e grupos minoritários que não participam do processo de tomada de decisão como recurso para acesso e para inserir seus pleitos na agenda dos governantes;[762] à influência da indústria farmacêutica e de insumos para a saúde sobre profissionais e pacientes como forma de forçar a incorporação de produtos e procedimentos pelos sistemas de saúde.[763]

Fato é que as instituições que integram o sistema de justiça têm se defrontado com demandas individuais e coletivas e situações de violações de direitos, dentro de suas competências funcionais, que deflagram sua ação. Essa atuação tem gerado conflitos e debates sobre a legitimidade, a capacidade técnica e a competência das instituições envolvidas, assim como sobre a eficiência das medidas, seus efeitos sobre a alocação dos recursos, a equidade no acesso aos serviços de saúde e sobre o estado geral de saúde da população. Embora, de certa forma, o debate acerca da realização das normas jurídicas que dispõem sobre a saúde replique aquele relacionado aos direitos sociais em geral, há especificidades próprias do campo[764] e um maior apelo pela procedência

---

que nas ações estruturantes que abordam as políticas públicas, quando o ideal deveria ser o contrário. Ao apreciarem ações coletivas estruturantes, que abordam as políticas públicas, os tribunais tendem a se posicionar mais como escudo que como espada, ou seja, mais defendem as políticas públicas existentes que apontam eventuais correções de rota. FLOOD, Colleen Marion; GROSS, Aeyal. Conclusion: Contexts for the Promise and Peril of the Right to Health, cit., p. 451-480.

[762] MACHADO, Felipe Rangel de Souza. Contribuições ao debate da judicialização da saúde no Brasil, cit., p. 75. MÆSTAD, Ottar; RAKNER, Lise; FERRAZ, Octávio Luiz Motta. Assessing the Impact of Health Rights Litigation: A Comparative Analysis of Argentina, Brazil, Colombia, Costa Rica, India, and South Africa, cit., p. 274. Christian Courtis, em trabalho sobre o direito à alimentação, afirma que a judicialização dos direitos humanos em geral tem como aspecto positivo *"protecting the rights of minorities and disadvantaged groups against biased decisions of the political majority"*. COURTIS, Christian. The right to food as a justiciable right: challenges and strategies, cit., p. 319.

[763] MÆSTAD, Ottar; RAKNER, Lise; FERRAZ, Octávio Luiz Motta. Assessing the Impact of Health Rights Litigation: A Comparative Analysis of Argentina, Brazil, Colombia, Costa Rica, India, and South Africa, cit., p. 286. CAMPOS NETO, Orozimbo Henriques; GONÇALVES, Luiz Alberto Oliveira; ANDRADE, Eli Iola Gurgel. A judicialização da Saúde na percepção de médicos prescritores. *Interface – Comunicação, Saúde, Educação*, v. 22, n. 64, (2018), p. 165-176. CAMPOS NETO, Orozimbo Henriques. *As ações judiciais por anticorpos monoclonais em Minas Gerais, 1999-2009:* médicos, advogados e indústria farmacêutica. 2012. Dissertação de mestrado apresentada à Faculdade de Medicina da Universidade Federal de Minas Gerais. Acessível na Universidade Federal de Minas Gerais, Belo Horizonte, Brasil.
MACHADO, Marina Amaral de Ávila *et al.* Judicialização do acesso a medicamentos no Estado de Minas Gerais, Brasil, cit., p. 590-598.

[764] É o caso da já mencionada influência da indústria sobre os profissionais de saúde e pacientes para o uso de insumos, com impacto direto nos orçamentos das famílias e do Estado. De forma enfática, Orozimbo Henriques Campos Neto, em conclusão de pesquisa de mestrado sobre o tema da judicialização da saúde, afirma que "da análise apresentada emerge uma

dos pleitos quando se compara com outros direitos, o que se presume seja devido à estreita conexão da saúde com o direito à vida. Contudo, é necessário registrar que, embora muito se debata sobre o tema da judicialização do direito à saúde, pouco se discute acerca da atuação prévia, extrajudicial, das instituições do sistema de Justiça voltadas para a efetivação do direito à saúde. No Brasil, o tema tem ganhado destaque e sido objeto de estudos desde os anos 2000 tomando em consideração a atuação do Ministério Público a partir de seu perfil institucional, que foi redefinido pela Constituição de 1988.

Nessa linha, com a utilização de instrumentos que foram aperfeiçoados ou conferidos aos membros do Ministério Público pela Constituição de 1988 e pelas leis orgânicas que a seguiram – notadamente, o inquérito civil,[765] as audiências públicas,[766] as recomendações[767]

---

questão substantiva a ser debatida no processo de implementação da Política de Assistência Farmacêutica no país. Refere-se à constatação de que interesses diversos aos da população, que necessita e tem direito a uma assistência farmacêutica de qualidade, têm permeado a relação da indústria farmacêutica com os profissionais de saúde e do direito. Os profissionais que deveriam exercer suas atividades, pautados pela ética e bem-estar de seus pacientes e clientes, têm procurado induzir o consumo desnecessário de fármacos, preocupando-se com o lucro em detrimento da saúde da população. Esses interesses escusos têm sido denunciados na literatura e estão, em grande parte, relacionados com a comercialização de medicamentos de alto custo, inacessíveis a uma expressiva parcela da população." CAMPOS NETO, Orozimbo Henriques. *As ações judiciais por anticorpos monoclonais em Minas Gerais, 1999-2009*: médicos, advogados e indústria farmacêutica, cit., p. 64-65.

[765] "Em suma, é o inquérito civil um procedimento investigatório prévio, instaurado, presidido e eventualmente arquivado pelo Ministério Público, tendo como escopo a coleta de elementos de convicção necessários para embasar a ação civil pública ou viabilizar outas formas de atuação a seu cargo.
O objeto do inquérito civil consiste na investigação de danos a interesses transindividuais (como o meio ambiente, o consumidor, etc.), ao patrimônio público e social, ao interesse público e a outros interesses que ao Ministério Público incumba defender." MAZZILLI, Hugo Nigro. *Regime Jurídico do Ministério Público*. 6. ed. São Paulo: Saraiva, 2007, p. 317.

[766] A Resolução nº 82, de 29 de fevereiro de 2012, do Conselho Nacional do Ministério Público, dispõe em seu art. 1º, §1º, que "as audiências públicas serão realizadas na forma de reuniões organizadas, abertas a qualquer cidadão, representantes dos setores público, privado, da sociedade civil organizada e da comunidade, para discussão de situações das quais decorra ou possa decorrer lesão a interesses difusos, coletivos e individuais homogêneos, e terão por finalidade coletar, junto à sociedade e ao Poder Público, elementos que embasem a decisão do órgão do Ministério Público quanto à matéria objeto da convocação ou para prestar contas de atividades desenvolvidas". BRASIL. Conselho Nacional do Ministério Público – Resolução nº 82, de 29 de fevereiro de 2012 [em linha]. Acesso em: 9 jun. 2020. Disponível em: https://www.cnmp.mp.br/portal/images/Resolucoes/Resolu%C3%A7%C3%A3o-0822.pdf.

[767] A Resolução nº 164, de 28 de março de 2017, do Conselho Nacional do Ministério Público, dispõe em seu art. 1º que "a recomendação é instrumento de atuação extrajudicial do Ministério Público por intermédio do qual este expõe, em ato formal, razões fáticas e jurídicas sobre determinada questão, com o objetivo de persuadir o destinatário a praticar ou deixar de praticar determinados atos em benefício da melhoria dos serviços públicos e de relevância

e o compromisso de ajustamento de conduta[768] – tem se verificado forte ênfase no trabalho extrajudicial em que Promotores de Justiça e Procuradores da República atuam verdadeiramente como agentes políticos e mediadores de complexos problemas sociais com o objetivo de promover a efetividade dos direitos sociais, notadamente, do direito à saúde.[769]

---

pública ou do respeito aos interesses, direitos e bens defendidos pela instituição, atuando, assim, como instrumento de prevenção de responsabilidades ou correção de condutas." BRASIL. Conselho Nacional do Ministério Público – Resolução nº 164, de 28 de março de 2017 [em linha]. Acesso em: 9 jun. 2020. Disponível em: https://www.cnmp.mp.br/portal/images/Resolucoes/Resolu%C3%A7%C3%A3o-164.pdf.

[768] O compromisso de ajustamento de conduta está previsto no art. 5º, §6º, da Lei nº 7.347/85, com redação determinada pela Lei nº 8.078/90. Trata-se de documento que tem a eficácia de título executivo extrajudicial, que pode ser celebrado por todos os legitimados à propositura da ação civil pública, que materializa acordo celebrado para a prevenção ou reparação de danos a interesses coletivos *lato sensu*. BRASIL. Lei nº 7.347, de 24 de julho de 1985 [em linha]. Acesso em: 9 jun. 2020. Disponível em: http://www.planalto.gov.br/ccivil_03/leis/l7347orig.htm.

[769] O Ministério Público brasileiro possui um perfil institucional bastante singular, que foi sendo forjado a partir da década de 1980 com o advento da Lei nº 6.938/81, que dispôs sobre a Política Nacional do Meio Ambiente e previu a legitimidade do Ministério Público para ações para promoção da responsabilidade civil e penal por danos ao meio ambiente, da Lei Complementar nº 40/81, que assegurou à instituição a propositura da ação civil pública, e da Lei nº 7.347/85, que dispõe sobre a ação civil pública para a proteção do meio ambiente, do consumidor, de bens e direitos de valor artístico, estético, histórico, turístico e paisagístico. Conferir: BRASIL. Lei nº 6.938, de 31 de agosto de 1981 [em linha]. Acesso em: 9 jun. 2020. Disponível em: http://www.planalto.gov.br/ccivil_03/Leis/L6938.htm. BRASIL. Lei Complementar nº 40, de 14 de dezembro de 1981 [em linha]. Acesso em: 9 jun. 2020. Disponível em: http://www.planalto.gov.br/ccivil_03/leis/lcp/lcp40.htm. Esse perfil foi consolidado com a promulgação da Constituição de 1988. Assim, para além da atuação criminal e de proteção a grupos vulneráveis – refere-se aqui à atuação como autor ou interveniente nas ações que envolvem interesses de incapazes –, no Brasil, a instituição possui importantes instrumentos para velar por interesses transindividuais como a saúde, o meio ambiente, a defesa do consumidor, a probidade administrativa, a proteção do patrimônio público e do patrimônio cultural, entre outros. BRASIL. Constituição da República Federativa do Brasil, de 05 de outubro de 1988 [em linha]. Acesso em: 9 jun. 2020. Disponível em: http://www.planalto.gov.br/ccivil_03/constituicao/constituicao.htm. Além disso, tem se verificado o fenômeno de uma atuação resolutiva, independentemente do uso do processo e do trabalho perante o Poder Judiciário para a solução dos conflitos. Cátia Aida Silva chama atenção para a atuação de membros do Ministério Público que vai até mesmo além da esfera jurídica, os quais, no contato com as comunidades, valem-se de formas não tradicionais para a realização de direitos. Neste caso, percebe-se a "tendência de alargamento das funções dos promotores para muito além da esfera jurídica, tornando-os verdadeiros articuladores políticos nas comunidades em que trabalham". Nesse cenário, "as novas atribuições constitucionais do Ministério Público são percebidas como fonte de poder a ser usado na 'transformação da sociedade'". SILVA, Cátia Aida. Promotores de Justiça e novas formas de atuação em defesa de interesses sociais e coletivos. *Revista Brasileira de Ciências Sociais*, v. 16, n. 45, p. 140, fev. 2001. Sobre esse tema, é interessante conferir, ainda, os seguintes trabalhos: GOULART, Marcelo Pedroso. *Ministério Público e democracia*: teoria e práxis. Leme: LED – Editora de Direito, 1998. RODRIGUES, João Gaspar. *Ministério Público resolutivo*: um novo perfil institucional. Porto Alegre: Sérgio Antônio Fabris Editor, 2012.

Em relação ao direito à saúde, o tema foi objeto de estudo por Felipe Dutra Asensi, que constatou que boa parte das demandas sociais sobre direito à saúde é apresentada aos membros do Ministério Público. Estes, no exercício de suas atribuições, privilegiando o diálogo, tratam os conflitos sob a perspectiva jurídica, *juridicizando* as relações sociais, porém, sem necessariamente promover demandas perante o Poder Judiciário (*judicialização*). Assim, nos inquéritos civis instaurados, os diversos *stakeholders* têm a possibilidade de expor suas necessidades e os entraves para a efetivação dos direitos, assim como de negociar e construir soluções compartilhadas com maior flexibilidade quando se compara com o uso do processo judicial. Como ressalta Felipe Asensi, "num contexto de *juridicização* se observa uma maior porosidade à pluralidade de atores e instituições no processo de interpretação constitucional",[770] reconhecendo-se, como já acentuou Peter Häberle, que essa interpretação não é exclusividade dos juristas.[771]

Atualmente, estão em vigor, no Brasil, diversas normas que fomentam a utilização de métodos consensuais de solução de conflitos,[772] o que abre caminho para que os interessados e, notadamente, advogados

---

SADEK, Maria Tereza. A construção de um novo Ministério Público resolutivo. *De Jure: Revista Jurídica do Ministério Público de Minas Gerais*, n. 12, p. 130-139, jan./jul. 2009.

[770] ASENSI, Felipe Dutra. *Indo além da judicialização*: o Ministério Público e a saúde no Brasil, cit., p. 98. O tema também foi objeto de pesquisa pelo autor desta tese no seguinte trabalho: OLIVEIRA, Luciano Moreira de. *Ministério Público e políticas de saúde*, cit. O Ministério Público do Estado de Minas Gerais instituiu a estratégia de mediação sanitária, que visa contribuir para a solução extrajudicial de demandas sanitárias complexas, de caráter coletivo, por meio da criação de um espaço democrático compartilhado pelos diversos *stakeholders*. Sobre a estratégia, Antônio Joaquim Schellenberger Fernandes afirma: "Na atuação extrajudicial, em iniciativa pioneira do Ministério Público do Estado de Minas Gerais, a hipótese de que o direito coletivo à saúde deve ser inventado concretiza-se por meio de ações de Mediação Sanitária, metodologia de trabalho que cria espaços nos quais os interessados se reúnem e deliberam, participando da democratização dos processos decisórios que interferem nas políticas públicas de saúde. Cabe ao mediador a tarefa de criar espaços culturais onde todos e todas possam desfrutar das mesmas condições sociais, econômicas, políticas e culturais para fazer valer suas propostas. O ideal é criar condições para que a 'vontade do encontro' esteja presente, movida pela disposição de criar algo novo". FERNANDES, Antônio Joaquim Schellenberger. *Direito à saúde*: tutela coletiva e mediação sanitária, cit., p. 445.

[771] "Todo aquele que vive no contexto regulado por uma norma e que vive com este contexto é, indireta ou, até mesmo diretamente, um intérprete dessa norma. O destinatário da norma é participante ativo, muito mais ativo do que se pode supor tradicionalmente, do processo hermenêutico. Como não são apenas os intérpretes jurídicos da Constituição que vivem a norma, não detêm eles o monopólio da interpretação da Constituição." HÄBERLE, Peter. *Hermenêutica Constitucional:* a sociedade aberta dos intérpretes da Constituição: contribuição para a interpretação pluralista e 'procedimental' da Constituição, cit., p. 15.

[772] A Lei nº 13.140, de 2015, disciplina a autocomposição como forma de solução de conflitos, inclusive, no âmbito da Administração Pública. BRASIL. Lei nº 13.140, de 26 de junho de 2015 [em linha]. Acesso em: 9 jun. 2020. Disponível em: http://www.planalto.gov.br/

e defensores públicos, a exemplo do que faz o Ministério Público, busquem a autocomposição para acesso aos serviços de saúde, extrajudicialmente, assegurando a eficácia do direito fundamental. Tais práticas podem, a um só tempo, dar maior efetividade às normas que dispõem sobre o direito fundamental, sem incorrer nas objeções que são opostas à judicialização dos direitos sociais em geral e ao direito à saúde em particular.

É inquestionável, no entanto, que o maior debate se trava em relação à possibilidade e aos limites de realização do direito à saúde pela via judicial. Sônia Fleury resume o fenômeno como sendo o "uso do recurso judicial como forma de exigibilidade do direito, denegado na prática das instituições responsáveis".[773] Luiz Roberto Barroso, a partir da observação do fenômeno no Brasil, pontua que a judicialização das políticas públicas, como ocorre com as demandas que versam sobre o direito à saúde, não é uma escolha do Poder Judiciário, já que este é provocado para se pronunciar sobre as pretensões que são apresentadas.[774]

Ainda que a face mais característica do direito à saúde se revele a partir do acesso a prestações fáticas, à fruição de bens e de serviços, é necessário retomar a noção de que, como direito fundamental, possui uma estrutura complexa e contempla um feixe de posições jurídicas de natureza variada. Portanto, não se pode reduzir o fenômeno da judicialização do direito à saúde às demandas prestacionais, notadamente individuais, embora em muitos países estas sejam as mais comuns, aquelas que causam maiores debates e que sofrem as maiores objeções.

Assim, desde logo e mais uma vez se alinha à posição de Jorge Reis Novais, que destaca a inviabilidade de se considerar um direito em bloco para avaliar a possibilidade de sua realização judicial.

---

ccivil_03/_Ato2015-2018/2015/Lei/L13140.htm. Na mesma linha, o art. 3º da Lei nº 13.105/15, novo Código de Processo Civil, assim dispõe:
"Art. 3º Não se excluirá da apreciação jurisdicional ameaça ou lesão a direito.
§1º É permitida a arbitragem, na forma da lei.
§2º O Estado promoverá, sempre que possível, a solução consensual dos conflitos.
§3º A conciliação, a mediação e outros métodos de solução consensual de conflitos deverão ser estimulados por juízes, advogados, defensores públicos e membros do Ministério Público, inclusive no curso do processo judicial". BRASIL – Lei nº 13.105, de 16 de março de 2015 [em linha]. Acesso em: 9 jun. 2020. Disponível em: http://www.planalto.gov.br/ccivil_03/_Ato2015-2018/2015/Lei/L13105.htm.

[773] FLEURY, Sônia. A Judicialização pode salvar o SUS, cit., p. 159.

[774] BARROSO, Luís Roberto. Constituição, democracia e supremacia judicial – Direito e política no Brasil contemporâneo, cit., p. 132.

Ao contrário, há que se considerar cada pretensão singularmente apresentada para apreciação do Poder Judiciário.[775] Com isso, por um lado, a judicialização do direito à saúde pode envolver pretensões de tutela de direitos coletivos relacionadas à regularização de serviços públicos a parâmetros normativos sanitários (contratação de pessoal para alcançar quantitativos mínimos, adequação de instalações físicas), garantia de igualdade no tratamento dos usuários,[776] fiscalização de investimentos mínimos e da execução orçamentária.[777] Por outro lado, em decorrência da complexidade normativa do direito à saúde, não se pode concluir, genericamente e *a priori*, sobre as possibilidades e os limites para o acesso à saúde pela via judicial.[778]

Ainda assim, muitas objeções são opostas à atuação do Poder Judiciário com vistas à realização do direito à saúde, notadamente, no que se refere às pretensões que têm por objetivo o acesso a prestações materiais como medicamentos e outros insumos, exames e procedimentos cirúrgicos, por exemplo. Dentre os argumentos contrários à judicialização do direito à saúde, costuma-se afirmar que as decisões judiciais interferem indevidamente nas políticas públicas, seja porque o Poder Judiciário não possui legitimidade para rever as decisões do Poder Executivo e do Poder Legislativo,[779] seja porque não possui capacidade técnica para lidar com temas que possuem repercussão sistêmica já que sua atuação típica se refere a conflitos individuais.[780] Dessa forma, haveria

---

[775] NOVAIS, Jorge Reis. *Direitos sociais*: teoria jurídica dos direitos sociais enquanto direitos fundamentais, cit., p. 35.

[776] Refere-se ao *Eldridge case* em que a Suprema Corte do Canadá reconheceu o dever do Estado de providenciar intérpretes de linguagem de sinais em serviços de saúde para viabilizar a comunicação dos profissionais de saúde com surdos. Conferir: MANFREDI, Christopher P.; MAIONI, Antonia. Courts and health policy: judicial policy making and publicly funded health care in Canada, cit., especialmente, p. 225 e seguintes. NOLAN, Aoife; PORTER, Bruce; LANGFORD, Malcolm. The justiciability of social and economic rights: an updated appraisal, cit., p. 28.

[777] No Brasil, a Lei Complementar nº 141/12 prevê o dever-poder do Ministério Público para a "adoção das providências legais, no sentido de determinar a imediata devolução dos referidos recursos ao Fundo de Saúde do ente da Federação beneficiário" quando indevidamente utilizados em finalidade distinta do custeio de ações e serviços públicos de saúde. BRASIL – Lei Complementar nº 141, de 13 de janeiro de 2012 [em linha]. Acesso em: 9 jun. 2020. Disponível em: http://www.planalto.gov.br/ccivil_03/leis/lcp/lcp141.htm.

[778] ABRAMOVICH, Víctor; COURTIS, Christian. *Los derechos sociales como derechos exigibles*, cit., p. 33-36.

[779] GARGARELLA, Roberto. Dialogic Justice in the enforcement of social rights: some initial arguments, p. 232-233.

[780] "(…) courts routinely neglect the population perspective, overlooking the interests of society as a whole." WILEY, Lindsay F. From patient rights to health justice: securing the public's interest in affordable, high-quality health care. *Cardozo Law Review*, v. 37, issue 3, p. 847,

uma indevida intromissão na esfera de atribuição de outros poderes e violação ao princípio da separação de funções. Por outro lado, o discurso dos direitos fundamentais e a estrutura processual não são flexíveis e limitam as alternativas disponíveis para as políticas públicas.[781] Além disso, a estrutura adversarial do processo não admite ampla participação dos interessados, assim como o acesso ao conjunto das informações relevantes sobre um determinado tema.[782] Ainda, afirma-se que as decisões judiciais provocam iniquidades na distribuição dos recursos e no acesso ao sistema de saúde e não contribuem para a correção das desigualdades nos níveis de saúde.[783] É relevante mencionar, também, que há estudos que apontam o excesso de ações judiciais individuais que pleiteiam medicamentos novos, caros, sob influência do *marketing* das indústrias farmacêuticas.[784]

Para análise do tema, uma vez mais se retoma o fio condutor deste trabalho, qual seja, o alinhamento à abordagem das capacidades, desenvolvida por Amartya Sen e Martha Nussbaum, sobretudo sob o enfoque conferido por Jennifer Prah Ruger, o que impõe reconhecer que o direito à saúde implica a satisfação das necessidades individuais e coletivas das pessoas, com prioridade para aquelas relacionadas às

---

2016. "O processo judicial é um espaço limitado e inadequado para considerar decisões a respeito dos direitos sociais, pois elas são complexas e abordam questões coletivas e não individuais como a maioria das demandas judiciais." CHIEFFI, Ana Luiza; BARATA, Rita de Cássia Barradas. Judicialização da política de assistência farmacêutica e equidade, cit., p. 1.847.

[781] "Unlike politics, which is a bargaining process that relies on exchange to accommodate conflicting interests and is characterized by flexibility, dynamism, and powers, adjudication resolves conflicts through the authoritative articulation of norms." MANFREDI, Christopher P.; MAIONI, Antonia. Courts and health policy: judicial policy making and publicly funded health care in Canada, cit., p. 216.

[782] MANFREDI, Christopher P.; MAIONI, Antonia. Courts and health policy: judicial policy making and publicly funded health care in Canada, cit., p. 215.

[783] Essas iniquidades, no caso brasileiro, estão, ao menos em parte, relacionadas às desigualdades no acesso à justiça, o que faz com o que, segundo alguns autores, a judicialização seja uma estratégia utilizada por pessoas de classes média e alta: "(...) o acolhimento dessas demandas, no mais das vezes significa o estabelecimento de privilégios para aqueles indivíduos com poder aquisitivo para contratar um advogado e acionar o Estado". CHIEFFI, Ana Luiza; BARATA, Rita de Cássia Barradas. Judicialização da política de assistência farmacêutica e equidade, cit., p. 1.840.

[784] "There is some evidence, though not systematic, that pharmaceutical companies in several of the Latin American countries have lobbied doctors to increase the market for brand-name drugs and other medicines with little or no value added and that courts, have often concurred, inadvertently, by granting these drugs via judgments". MÆSTAD, Ottar; RAKNER, Lise; FERRAZ, Octávio Luiz Motta. Assessing the Impact of Health Rights Litigation: A Comparative Analysis of Argentina, Brazil, Colombia, Costa Rica, India, and South Africa, cit., p. 286.

capacidades centrais em saúde: evitar a morte prematura e o adoecimento por causas evitáveis.

Orientado por essa premissa, propõe-se que o ponto de partida para análise do tema da judicialização do direito à saúde é avaliar se a pretensão está amparada por política pública disciplinada legalmente e regulada por normas administrativas, com respectiva previsão, ademais, de custeio na legislação orçamentária. Nestes casos, os argumentos fundados na ausência de legitimidade do Poder Judiciário para tratar de políticas públicas, na violação ao princípio da separação de poderes, na interferência na definição das prioridades orçamentárias e na alocação de recursos, assim como aqueles que dizem respeito às limitações do processo como forma de solução de litígios e à carência de competência técnica dos magistrados vão por água abaixo. Com efeito, em hipóteses tais, o Poder Judiciário não está criando política pública, nem interferindo nas atividades de outros poderes, mas apenas determinando o cumprimento de políticas públicas constantes de normas legais que já foram objeto de regulamentação pela Administração Pública. Neste caso, tanto as ações coletivas que envolvam o funcionamento dos serviços públicos como as demandas coletivas e individuais por prestações contêm exigências que não são surpresa para o Estado e cuja repercussão financeira conta com previsão orçamentária.[785] Nesse contexto, Ottar Mæstad, Lise Rakner e Octávio Luiz Motta Ferraz avaliam que as ações que buscam o fornecimento de produtos e serviços já contemplados nas políticas públicas de saúde – o que apontam como característica da judicialização na Colômbia – contribuem para o acesso às pessoas em necessidade, embora o instrumento tenha limitações.[786]

---

[785] No Brasil, no julgamento da Suspensão de Tutela Antecipada nº 175, o STF considerou que, em demandas por prestações já contempladas em políticas públicas de saúde, seria possível afirmar, com maior segurança, a existência de direitos: "Ao deferir uma prestação de saúde incluída entre as políticas sociais e econômicas formuladas pelo Sistema Único de Saúde (SUS), o Judiciário não está criando política pública, mas apenas determinando o seu cumprimento. Nesses casos, a existência de um direito subjetivo público a determinada política pública de saúde parece ser evidente". BRASIL. Supremo Tribunal Federal – Agravo Regimental em Suspensão de Tutela Antecipada nº 175, cit.

[786] "In Colombia, for instance, most litigation has addressed the nonprovision of services already included in the national health plan and already provided to certain sectors of the population. These cases, at least on the face of it, appear to contribute to more equal access for equal need. The need to file *tutelas* again and again for the same type of services shows, however, that litigation has been unable to resolve the issue of equal access on a more permanent basis." MÆSTAD, Ottar; RAKNER, Lise; FERRAZ, Octávio Luiz Motta. Assessing the Impact of Health Rights Litigation: A Comparative Analysis of Argentina, Brazil, Colombia, Costa Rica, India, and South Africa, cit., p. 296.

Maiores cautelas são necessárias na análise de demandas que implicam a revisão de políticas públicas ou que pleiteiam prestações que não estão contempladas nessas políticas. Nesses casos, há que se ter como premissa que, de fato, o local ideal para a concepção de políticas públicas são os poderes Executivo e Legislativo. Trata-se dos órgãos tipicamente atribuídos para o diálogo com a sociedade, para eleger prioridades, para alocar e gerir os recursos disponíveis. O processo de construção das políticas públicas no Poder Executivo e no Poder Legislativo, realmente, é mais permeável à participação popular e flexível para permitir a acomodação dos interesses dos diversos atores sociais, a elaboração de planos e o estabelecimento de programas e metas para alcance dos objetivos sociais que o processo judicial. Neste, a lógica binária de decisão e as limitações à modulação dos efeitos das decisões – o que apenas costuma ocorrer no controle concentrado de constitucionalidade – trazem uma rigidez que dificulta a solução de demandas complexas. Ainda, reconhece-se que a gestão pode considerar melhor os custos de oportunidade das decisões e alocar os recursos de forma mais eficiente para a redução das desigualdades e garantia das prestações necessárias para a vida digna.

Reconhecidas as vantagens dos poderes Legislativo e Executivo para a concepção e a implementação de políticas públicas que concretizem o direito à saúde, faz-se necessário destacar que as possibilidades e os limites para a judicialização dependem dos arranjos normativos de cada ordenamento jurídico. Há que se avaliar, por exemplo, se a saúde está reconhecida como direito pela ordem jurídica, seja no nível constitucional ou legal, qual o regime jurídico a que o eventual direito está submetido – aplicabilidade imediata ou dependente de intermediação legislativa –, assim como os instrumentos disponíveis para o acesso à justiça e os efeitos das decisões judiciais, por exemplo, se o sistema é de *civil law* ou *common law*, assim como se há mecanismos de revisão judicial forte ou fraca (*strong-form judicial review* vs *weak-form judicial review*).[787]

É importante destacar, contudo, como aponta Roberto Gargarella, que o Poder Judiciário tem uma importante função de controle dos demais poderes, inclusive para assegurar a observância do devido

---

[787] Tratou-se do tema no item 2.5 desta obra.

processo legislativo com a indispensável participação popular.[788] Como destacam Aoife Nolan, Bruce Porter e Malcolm Langford à luz do Pacto Internacional de Direitos Econômicos Sociais e Culturais e da interpretação que lhe confere o Comitê de Direitos Econômicos, Sociais e Culturais das Nações Unidas, há que se ter um instrumento adequado e um órgão ao qual se possa recorrer nos casos de violações de direitos.[789]

Em relação aos deveres de respeito e obrigações de abstenção, como destacam Víctor Abramovich e Christian Courtis,[790] há um amplo conjunto de possibilidades de tutela judicial do direito à saúde. Neste caso, não se trata de imposição de obrigações de promoção e de realização para as quais, na concretização dos direitos sociais, reconhece-se ao gestor e ao legislador uma margem de discricionariedade.[791]

Nessa linha, em decisão paradigmática, o Tribunal Constitucional português, no Acórdão nº 39/84, declarou a inconstitucionalidade do artigo 17.º do Decreto-Lei nº 254/82, na parte em que revogou os artigos 18.º a 61.º e 64.º a 65.º da Lei nº 56/79, que instituiu o SNS com vistas a prover serviços de forma universal e geral, gratuitos, necessários para a proteção da saúde.[792] Na prática, a revogação equivalia à extinção do SNS. No julgamento, o Tribunal Constitucional afirmou que, ao instituir o SNS, o Estado cumpriu o mandamento constitucional presente no art. 64º, n. 2, "a". Dessa forma, a instituição do serviço de saúde português deve ser reconhecida como um instrumento de realização do direito

---

[788] Para Roberto Gargarella: "A court's institutional mission is not only compatible with basic democratic ideals but also required by them. We need to ensure that our norms are the product of a collective and inclusive discussion rather than the imposition of a few voices, and courts are in an excellent position for helping us achieve that objective.
For those who share this view, judges can help us in the decision-making process by revising the way in which legal norms are created and applied; that is, they can ensure that the process through which those norms have been enacted has fulfilled its basic deliberative requirements and that the norms are applied in a manner compatible with our equal moral status." GARGARELLA, Roberto. Dialogic Justice in the enforcement of social rights: some initial arguments, p. 237-238.

[789] NOLAN, Aoife; PORTER, Bruce; LANGFORD, Malcolm. The justiciability of social and economic rights: an updated appraisal, cit., p. 6.

[790] "(...) resulta útil recordar que uno de los principios liminares establecidos en materia de derechos económicos, sociales y culturales es la obligación estatal de no discriminar en el ejercicio de estos derechos (cf. art. 2.2 PIDESC), que de hecho establece importantes obligaciones negativas para el Estado. Este tipo de violaciones abre un enorme campo de justiciabilidad para los derechos económicos, sociales y culturales, cuyo reconocimiento pasa a constituir un límite y por ende un estándar de impugnación de la actividad estatal no respetuosa de dichos derechos." ABRAMOVICH, Víctor; COURTIS, Christian. Los derechos sociales como derechos exigibles, cit., p. 41.

[791] ALEXY, Robert. Teoria dos direitos fundamentais, cit., p. 462.

[792] No item 3.3 será feita uma exposição detalhada sobre o SNS.

à saúde e sua garantia. Por isso, o SNS recebe proteção constitucional e está assegurado por uma obrigação negativa, de não intervenção:

> Quer isto dizer que, a partir do momento em que o Estado cumpre (total ou parcialmente) as tarefas constitucionalmente impostas para realizar um direito social, o respeito constitucional deste deixa de consistir (ou deixa de consistir apenas) numa obrigação, positiva, para se transformar (ou passar também a ser uma obrigação negativa). O Estado, que estava obrigado a actuar para dar satisfação ao direito social, passa a estar obrigado a abster-se de atentar contra a realização dada ao direito social. (...) ao extinguir o Serviço Nacional de Saúde, o Governo incorreu numa acção inconstitucional, cujo resultado pode e deve ser impedido em sede de fiscalização da constitucionalidade. A obrigação que impunha ao Estado a constituição do Serviço Nacional de Saúde transcende-se em obrigação de o não extinguir. Ao fazê-lo, o Estado viola, por acção, esta obrigação constitucional.[793]

No que se refere aos deveres de proteção e de promoção, que abrangem obrigações normativas e fáticas, há que se ter maior cautela ao debater o tema, o que, no entanto, não afasta, por completo, as possibilidades de atuação do Poder Judiciário, resguardadas, conforme já se disse, as características do ordenamento jurídico de cada país. É relevante pontuar desde logo que, em se tratando dos deveres de proteção e de promoção, a atuação do Poder Judiciário não necessariamente substituirá os poderes Executivo e Legislativo nas suas atividades típicas de concepção e disciplina de políticas públicas, nem mesmo quando houver a adjudicação de prestações singularmente fruíveis. É possível, por exemplo, proferir decisões declaratórias de omissão de implementação dos comandos constitucionais, que são aptas a fixar a mora dos poderes, assim como a criar constrangimentos político-institucionais que mobilizem essas estruturas para a concretização do direito à saúde.[794] É certo, portanto, que há caminhos que podem ser construídos para se fortalecer o diálogo institucional, dentro de uma

---

[793] PORTUGAL. Tribunal Constitucional – Acórdão nº 39/84. Relator: Cons. Vital Moreira [em linha]. (11 de abril de 1984). Acesso em: 9 jun. 2020. Disponível em: https://dre.pt/home/-/dre/384993/details/maximized.

[794] "(...) las sentencias obtenidas pueden constituir importantes vehículos para canalizar hacia los poderes políticos las necesidades de la agenda pública, expresadas en términos de afectación de derechos, y no meramente de reclamo efectuado, por ejemplo, a través de actividades de lobby o demanda político-partidaria." ABRAMOVICH, Víctor; COURTIS, Christian. *Los derechos sociales como derechos exigibles*, cit., p. 44.

convivência harmônica dos poderes, com benefícios à concretização do direito à saúde.

Por outro lado, como destacam Ottar Mæstad, Lise Rakner e Octávio Luiz Motta Ferraz, a judicialização pode funcionar como uma estratégia paralela a outras formas utilizadas para a efetivação do direito à saúde, o que fortalece os efeitos e a importância prática das decisões declaratórias:[795]

> Out-of-court settlements, threatened litigation, or even lost cases may also trigger a response at this level. This may come about if litigants experience an enhanced bargaining position in the "shadow" of litigation; if litigious processes facilitate political mobilization or produce "blaming and shaming" effects or changes in public opinion that alter policy makers' strategic calculi; or if such processes cause policy makers' rights consciousness to change as new issues are perceived as rights violations.[796]

Finalmente, há que se avaliar as possibilidades de judicialização do direito à saúde cujo objeto são prestações não contempladas nas políticas públicas. Nesses casos, deve-se produzir "prova científica robusta que embase a postulação feita", como enfatizam Mariana Filchtiner Figueiredo e Ingo Wolfgang Sarlet.[797] É necessário evitar que, a partir de decisões que determinem o fornecimento de itens não contemplados nas políticas públicas, haja um deslocamento de recursos orçamentários de atividades relevantes, com impacto coletivo na saúde

---

[795] Os autores apontam a interação entre as variadas iniciativas que podem ser adotadas para a realização do direito à saúde, ou seja, a judicialização pode contribuir para o êxito das mobilizações sociais e vice-versa: "(...) litigation is one among a number of strategies through which individuals and social groups can promote their interests." (...) "In some cases, these strategies can be substitutes for litigation; if the legal option is not pursued, other channels may produce a similar outcome. In other cases, these alternative channels can complement a litigation strategy; they may increase the probability of winning a case in court, or litigation may be a means of generating publicity around an issue that can ultimately be resolved through political channels only. In some cases, the mere threat of litigation may be enough to lead to change". MÆSTAD, Ottar; RAKNER, Lise; FERRAZ, Octávio Luiz Motta. Assessing the Impact of Health Rights Litigation: A Comparative Analysis of Argentina, Brazil, Colombia, Costa Rica, India, and South Africa, cit., p. 277 e 278.

[796] MÆSTAD, Ottar; RAKNER, Lise; FERRAZ, Octávio Luiz Motta. Assessing the Impact of Health Rights Litigation: A Comparative Analysis of Argentina, Brazil, Colombia, Costa Rica, India, and South Africa, cit., p. 276.

[797] SARLET, Ingo Wolfgang; FIGUEIREDO, Mariana Filchtiner. Reserva do possível, mínimo existencial e direito à saúde: algumas aproximações, cit., p. 48.

da população, para o custeio de tratamentos, em especial fármacos cujo custo-efetividade[798] não esteja bem estabelecido.

Essa preocupação se justifica a partir de análises comparadas sobre o fenômeno da judicialização da saúde. Ottar Mæstad, Lise Rakner e Octávio Luiz Motta Ferraz apontam a predominância de ações individuais em países da América Latina, a partir de pesquisas realizadas na Argentina, Brasil, Colômbia, Costa Rica.[799] Nesse universo, as ações que pleiteiam medicamentos em boa parte referem-se a produtos novos, caros e não incluídos nos elencos oficiais.[800]

O mesmo padrão é indicado por Leonardo Cubillos e outros ao apreciarem o fenômeno da judicialização da saúde em sete países da América Latina (Argentina, Brasil, Chile, Colômbia, Costa Rica, Peru e Uruguai), isto é, prevalecem ações individuais que pleiteiam medidas curativas.[801] As demandas por novos medicamentos, em especial, nas

---

[798] A análise de custo-efetividade é um método de avaliação de tecnologias em saúde que apura a eficiência de certa terapia, que é utilizado, sobretudo, nos casos de decidir sobre a incorporação de novas tecnologias aos sistemas de saúde. "O conceito custo-efetividade na saúde surgiu em países desenvolvidos, no final dos anos de 1970. A ACE é uma metodologia de síntese em que os custos são confrontados com desfechos clínicos. O objetivo da ACE é avaliar o impacto de distintas alternativas, que visem identificá-las com melhores efeitos do tratamento, geralmente, em troca de menor custo. Portanto, uma característica importante é que os estudos de ACE são sempre comparativos e explícitos e se destinam a selecionar a melhor opção para atingir a eficiência.
Nesse tipo de análise, os custos são medidos em unidades monetárias e os desfechos em unidades clínicas, tais como mortalidade ou hospitalizações evitadas – uma vantagem importante, tendo em vista que esses desfechos, frequentemente, são de uso corrente pelos clínicos. Os resultados da ACE são expressos por um quociente, em que o numerador é o custo e o denominador a efetividade (custo/efetividade). Desse modo, a ACE é expressa em termos do custo por unidades clínicas de sucesso. Por exemplo, custo por anos de vida ganhos, ou por mortes evitadas, ou por dias sem dor, ou por ausência de complicação, ou ainda por hospitalizações evitadas". SECOLI, Silvia Regina *et al*. Avaliação de tecnologia em saúde. II. A análise de custo-efetividade. *Arquivos de Gastroenterologia* [em linha], v. 47, n. 4, p. 330, out./dez. 2010. Acesso em: 5 mar. 2020. Disponível em: http://www.scielo.br/pdf/ag/v47n4/v47n4a02.pdf. "A análise custo-efetividade mede as consequências das diversas alternativas numa medida física que faça sentido no problema que se esteja a estudar (por exemplo, se for hipertensão, a medida seria pressão sanguínea; ou casos corretamente diagnosticados ou anos de vida ganhos). Não é feita qualquer tentativa de dar valor monetário a este objectivo físico. Implicitamente, admite-se que vale sempre a pena obter esses resultados (o que pode ser uma questão prévia ao estudo)." BARROS, Pedro Pita. *Economia da saúde: conceitos e comportamentos*. 3. ed. Coimbra: Almedina, 2013, p. 446.

[799] MÆSTAD, Ottar; RAKNER, Lise; FERRAZ, Octávio Luiz Motta. Assessing the Impact of Health Rights Litigation: A Comparative Analysis of Argentina, Brazil, Colombia, Costa Rica, India, and South Africa, cit., p. 282.

[800] MÆSTAD, Ottar; RAKNER, Lise; FERRAZ, Octávio Luiz Motta. Assessing the Impact of Health Rights Litigation: A Comparative Analysis of Argentina, Brazil, Colombia, Costa Rica, India, and South Africa, cit., p. 284-285.

[801] CUBILLOS, Leonardo *et al*. Universal health coverage and litigation in Latin America, cit., p. 395.

áreas de oncologia, doenças autoimunes, diabetes e doenças órfãs, que têm grande impacto financeiro, estão entre as mais frequentes distribuídas ao Poder Judiciário.[802]

A prevalência de ações individuais que pleiteiam inovações terapêuticas desperta grandes preocupações sobre os impactos da judicialização para a equidade nos resultados de saúde. Muitos estudos têm indicado que a desigualdade no acesso à justiça faz com que os autores dessas ações individuais sejam, em boa parte, oriundos das classes médias e altas as quais já têm melhores níveis de saúde que as populações mais pobres, o que fortalece as iniquidades.[803]

Ana Luiza Chieffi e Rita de Cássia Barradas Barata, ao avaliarem a judicialização da política de assistência farmacêutica no estado de São Paulo, afirmam, com veemência, que a procedência das ações analisadas "no mais das vezes significa o estabelecimento de privilégios para aqueles indivíduos com poder aquisitivo para contratar um advogado e acionar o Estado". Além disso, afirmam que as decisões proferidas ferem o princípio da equidade "por garantir a poucos indivíduos determinados serviços que não são oferecidos pelo SUS, beneficiando-os".[804] É necessário advertir, contudo, que as conclusões deste trabalho devem ser apreciadas criticamente, pois, durante o período analisado, o Estado de São Paulo não contava com Defensoria Pública estabelecida, o que, de fato, conduzia a um acesso desigual à justiça, em detrimento dos mais pobres, com repercussão na judicialização do direito à saúde. Trata-se, portanto, de importante viés na amostra e na condução do estudo, com prejuízo para os resultados e conclusões extraídas.

Deve-se destacar, no entanto, que ações coletivas e estruturantes podem trazer benefícios para a correção das políticas públicas e para viabilizar o acesso a tratamentos custo-efetivos, com benefícios para

---

[802] CUBILLOS, Leonardo *et al.* Universal health coverage and litigation in Latin America, cit., p. 402.

[803] "Given that in these countries, as we have seen, the better-off already enjoy superior health conditions (due, in part, to more access to private health services of considerably higher coverage and quality), these data suggest that litigation in many countries may have contribute to enhancing rather than reducing inequalities in health outcomes. And since health outcomes are typically positively correlated with income as well as other sources of welfare (Commission on Social Determinants of Health 2008), litigation also seems to have enhanced inequalities in welfare." MÆSTAD, Ottar; RAKNER, Lise; FERRAZ, Octávio Luiz Motta. Assessing the Impact of Health Rights Litigation: A Comparative Analysis of Argentina, Brazil, Colombia, Costa Rica, India, and South Africa, cit., p. 299. CUBILLOS, Leonardo *et al.* Universal health coverage and litigation in Latin America, cit., p. 402.

[804] CHIEFFI, Ana Luiza; BARATA, Rita de Cássia Barradas. Judicialização da política de assistência farmacêutica e equidade, cit., p. 1840.

a população, sem violar o princípio da equidade. Nesse contexto, merece destaque a decisão tomada pela Corte Constitucional da África do Sul no caso *Minister of Health vs. Treatment Action Campaign*.[805] O tribunal determinou ao Estado a adoção de medidas voltadas para evitar a transmissão de mãe para filho do vírus HIV, inclusive com a disponibilidade do medicamento Nevirapina. O medicamento é reconhecido como altamente custo-efetivo e estima-se que, em 2010, 19.500 infecções por HIV em crianças tenham sido evitadas na África do Sul com a introdução dos serviços de prevenção à transmissão de mãe para filho.[806] Em reforço a esse argumento, outro estudo com mães HIV-positivas em KwaZulu-Natal constatou que a mortalidade infantil caiu de 86 para 37 mortes por mil nascidos vivos entre 2001 e 2006 após a introdução da terapia antirretroviral com Nevirapina.[807]

Outra decisão estruturante reconhecida internacionalmente foi aquela tomada pela Corte Constitucional da Colômbia na Sentença T-760, já abordada neste trabalho no item 2.5. À época, milhares de ações individuais (*tutelas*) versando sobre direito à saúde tramitavam no Poder Judiciário na Colômbia. Na prática, o tribunal constatou que os órgãos do governo responsáveis pela regulação do sistema de saúde não tomaram medidas que assegurassem a fruição do direito à saúde, o qual apenas era garantido com o ajuizamento de uma ação de tutela. Essa realidade fez com que o tribunal tivesse uma abordagem estrutural aos problemas do sistema de saúde e emanasse um conjunto de ordens para o Estado como, por exemplo, as obrigações de "adoptar medidas para unificar los planes de beneficios (POS y POSS), primero en el caso de los niños y, luego, progresivamente en el caso de los adultos teniendo en cuenta su adecuada financiación"; "adoptar medidas para evitar que se rechace o se demore la prestación de los servicios médicos que sí se encuentran incluidos en el POS" e "adoptar medidas para que progresivamente se alcance la cobertura universal del Sistema antes de enero de 2010".[808]

---

[805] SOUTH AFRICA. Constitutional Court of South Africa – Case CCT 8/02, Minister of Health and Others v. Treatment Action Campaign and Others, cit.

[806] MÆSTAD, Ottar; RAKNER, Lise; FERRAZ, Octávio Luiz Motta. Assessing the Impact of Health Rights Litigation: A Comparative Analysis of Argentina, Brazil, Colombia, Costa Rica, India, and South Africa, cit., p. 285.

[807] MÆSTAD, Ottar; RAKNER, Lise; FERRAZ, Octávio Luiz Motta. Assessing the Impact of Health Rights Litigation: A Comparative Analysis of Argentina, Brazil, Colombia, Costa Rica, India, and South Africa, cit., p. 299.

[808] COLOMBIA. Corte Constitucional – Sentencia T-760/08, cit.

As ordens proferidas pela Corte Constitucional da Colômbia não indicaram, especificamente, quais deveriam ser as providências e os procedimentos adotados pelo Poder Público, assegurando, destarte, flexibilidade aos demais poderes. A decisão também previu um procedimento para o monitoramento, essencial para o êxito dessa realização dialógica do direito à saúde.[809] A decisão teve importante impacto na disciplina do direito à saúde na Colômbia com a unificação dos planos de benefícios entre outras diversas medidas.

Vê-se, portanto, que os efeitos da judicialização do direito à saúde dependem de muitas variáveis. Especialmente em ações coletivas e estruturantes, é possível contribuir para a imperatividade do direito fundamental sem invadir as prerrogativas dos poderes Executivo e Legislativo, nem gerar desigualdades no acesso aos serviços.[810] Lamentavelmente, contudo, essas ações encontram maiores desafios para serem julgadas procedentes junto ao Poder Judiciário,[811] o que não deixa de ser paradoxal quando se avaliam os efeitos cumulativos das ações individuais, sobretudo aquelas que pleiteiam inovações terapêuticas de custo elevado.

Como conclui Sônia Fleury, "ao invés de combater a judicialização, deve-se evitar que ela se transforme em fonte adicional de iniquidade,

---

[809] "By not dictating the specific content of the right, and instead seeking to foster meaningful social negotiation over its parameters, the Court made use of what Roberto Gargarella describes as a 'dialogical understanding' of the system of ⊛ checks and balances (see Gargarella), allowing it to preserve its own constitutional legitimacy while attempting to catalyze dialogue with the executive and legislative branches of government regarding critical health-policy questions Although it has been criticized for its assumption of background conditions necessary for promoting such deliberative dialogue, as a judicial opinion, T-760/08 exemplifies Tushnet's notion of weak-form judicial review (see Tushnet) and Charles Sabel and William Simon's theory of 'experimentalist regulation' in that the Court established broad goals and implementation pathways, set deadlines and included the need for progress reports, but left substantive decisions and detailed outcomes to governmental agencies (see Sabel and Simon 1019)." Yamin, Alicia Ely. Decision T-760 (2008) (Colom), cit., n. 26.

[810] "In sum, the distributive impact of litigation depends on the characteristics of the litigant; the type of claim (e.g., individual versus collective and the object of litigation); the judicial system (e.g., access to courts, civil or common-law system, and interpretation of the right to health); and the health system (e.g., responsiveness to judicial decisions, funding of litigation-related expenditures, and degree of private supply of health services)." MÆSTAD, Ottar; RAKNER, Lise; FERRAZ, Octávio Luiz Motta. Assessing the Impact of Health Rights Litigation: A Comparative Analysis of Argentina, Brazil, Colombia, Costa Rica, India, and South Africa, cit., p. 300.

[811] MÆSTAD, Ottar; RAKNER, Lise; FERRAZ, Octávio Luiz Motta. Assessing the Impact of Health Rights Litigation: A Comparative Analysis of Argentina, Brazil, Colombia, Costa Rica, India, and South Africa, cit., p. 285-286

parâmetro que sustenta o direito e administração pública".[812] Há que se buscar um equilíbrio entre a imperatividade do direito à saúde e eventuais excessos decorrentes de uma interpretação equivocada, mesmo em ordenamentos jurídicos que afirmem o princípio do acesso geral ou integral. De fato, "o direito à saúde não pode ser concebido como um poder a ser exercido de forma ilimitada, irrestrita e irracional pelo indivíduo contra o Estado e em desconsideração da comunidade".[813]

No campo das demandas por procedimentos não constantes das políticas públicas já estabelecidas, retoma-se como farol que orienta este trabalho a noção de que incumbe ao Estado assegurar, com prioridade, que as pessoas gozem das capacidades básicas em saúde, que são indispensáveis para a vida com autonomia, quais sejam, evitar a morte prematura e o adoecimento evitável.

Assim sendo, resguardados os desenhos específicos de cada ordenamento jurídico, os parâmetros apontados no item 2.6.2, para aferição do cumprimento dos deveres constitucionais para a efetividade dos direitos sociais, podem ser retomados aqui. Assim, sob o aspecto metodológico, encontra aplicação o princípio da proporcionalidade, cabendo ao magistrado aferir, em concreto, se a medida pleiteada é adequada, necessária e proporcional em sentido estrito. No campo da saúde, essa avalição deve ser orientada tecnicamente, com base em evidências científicas que demonstrem a eficácia/efetividade do tratamento proposto, a insuficiência de alternativas acaso disponíveis e o custo-efetividade das terapias, de forma que a decisão não traga impactos econômicos que não possam ser socialmente suportados. É necessário lembrar, ainda, que o princípio da proporcionalidade abrange a vedação de proteção insuficiente, que, atrelada ao dever de progressividade para a realização dos direitos sociais, implica que os argumentos econômicos e a objeção da reserva do possível sejam

---

[812] FLEURY, Sônia. A Judicialização pode salvar o SUS, cit., p. 160.
[813] LIMA, Ricardo Seibel de Freitas. Direito à saúde e critérios de aplicação, cit., p. 269. A esse respeito, Fabiola Sulpino Vieira e outros afirmam, à luz da judicialização da saúde no Brasil, que "(...) existe, por vezes, uma interpretação equivocada sobre o que venha a ser assistência terapêutica integral e, nesse caso, o esforço dos gestores da saúde acaba sendo pouco considerado". VIEIRA, Fabíola Sulpino *et al*. Assistência farmacêutica e ações judiciais: propostas para melhorar o acesso e o uso de medicamentos. *Revista de Administração em Saúde*, v. 12, n. 47, p. 80, abr./jun. 2010.

devidamente comprovados, atribuído o ônus de provar sua veracidade ao Poder Público.[814]

Não se pode esquecer, por outro lado, que há um conjunto de prestações materiais necessárias para a vida com dignidade, dentre as quais estão inseridas as prestações sanitárias. Além disso, os direitos fundamentais contêm um conjunto de prerrogativas típicas que os caracterizam e conformam sua eficácia mínima, sem a qual é possível considerar que não foram efetivados. Assim, a realização do mínimo existencial e a proteção do núcleo essencial do direito à saúde são critérios essenciais para se julgar as ações judiciais.

3.2.7 Direito à saúde como compromisso coletivo: saúde e solidariedade[815]

A disciplina jurídica das atividades relacionadas à saúde intensificou-se na medida em que o Estado passou a promover medidas em benefício das condições de saúde da população, inicialmente com foco nas atividades de polícia e posteriormente com a disposição de redes de serviços singularmente fruíveis. Contudo, essa presença estatal na disciplina e prestação de serviços relacionados à saúde somente avançou na medida em que se conscientizou da relevância coletiva da saúde para a comunidade, como destacam Maria João Estorninho e Tiago Macieirinha.[816] Com efeito, ainda que os sinais e os sintomas das

---

[814] SARLET, Ingo Wolfgang; FIGUEIREDO, Mariana Filchtiner. Reserva do possível, mínimo existencial e direito à saúde: algumas aproximações, cit., p. 32. No que se refere à avaliação dos impactos econômicos, Ricardo Seibel de Freitas Lima propõe que seja verificado se as prestações podem ser universalizadas entre potenciais beneficiários. Com isso, pode-se prevenir o efeito financeiro acumulado das múltiplas decisões judiciais ou mesmo da organização de política pública pelo Estado para acesso a pessoas em situações similares. LIMA, Ricardo Seibel de Freitas. Direito à saúde e critérios de aplicação, cit., p. 277. Em um cenário de mobilização estatal para essa finalidade, seria possível estabelecer protocolos de acesso, com critérios de inclusão e exclusão para os tratamentos baseados em evidências científicas, o que pode racionalizar o uso e assegurar equidade.

[815] A solidariedade é um dos elementos fundamentais dos Estados democráticos contemporâneos e permite a convivência entre diferentes grupos sociais, como defende Jean-Marie Clément: "Les sociétés démocratiques ont pour fondement la solidarité entre leurs membres, solidarité entre les générations, solidarité entre les riches et les pauvres, solidarité entre les bien portants et les malades ou les handicapés". Mais adiante, de forma enfática, o autor afirma: "Cette solidarité est un ciment social et sociétal d'une très grande importance". CLÉMENT, Jean-Marie. Les grands principes du droit de la santé. Bordeaux: Les Études Hospitlières, 2005, p. 101.

[816] ESTORNINHO, Maria João; MACIEIRINHA, Tiago. Direito da saúde, cit., p. 10.

doenças e dos agravos à saúde se manifestem nos indivíduos, as doenças são influenciadas por aspectos gerais e repercutem coletivamente.

É necessário lembrar ademais que a doença é um evento cuja ocorrência e suas consequências são incertas. Não se sabe quando as pessoas irão adoecer, qual doença ou agravo ocorrerá e qual será seu desfecho, que pode variar da recuperação da saúde (cura) à incapacitação ou morte.[817] Por outro lado, os impactos econômicos do adoecimento não se limitam às (elevadas) despesas com insumos e serviços de saúde, mas incluem a redução ou perda de capacidade de auferir renda, assim como o envolvimento de terceiros no cuidado, com consequente repercussão na renda da família ou do grupo. Essas características, em parte comuns a outras áreas da socialidade, exigem respostas coletivas que devem se basear em um sólido pacto social de promoção do bem comum.[818] Nessa linha, Amartya Sen realça que o compromisso social está na base do direito à saúde: *"in seeing health as a right, we acknowledge the need for a strong social commitment to good health. There are few things as important as that in the contemporary world"*.[819]

Em consequência, os sistemas comprometidos com a melhoria da saúde da população e com a redução das desigualdades precisam contar com uma base sólida e ampla de financiamento que incida de forma geral sobre pessoas jovens e idosas, ricas e pobres, saudáveis e doentes, que permita repartir os custos financeiros e os ônus das doenças

---

[817] ARROW, Kenneth J. Uncertainty and the welfare economics of medical care, cit., p. 145.

[818] Michael Marmot chama atenção para o fato de que as desigualdades sociais, inclusive as desigualdades em saúde, são um fator que prejudica a coesão social e ameaça a vida em sociedade. Para o autor, cuidados de saúde universais são importantes por contribuírem para a coesão social: "it is a very tangible expression of the cohesion of that society". MARMOT, Michael. Why should the rich care about the health of the poor?, cit., p. 1231.

[819] SEN, Amartya. Why and how is health a human right?, cit., p. 2010. Javier Padilla destaca a característica da saúde como bem coletivo e comum: "Sin embargo, se hace necesario un abordaje que piense la salud con un bien colectivo de cuyo cuidado también ha de responsabilizarse a dicha colectividad (a la que podemos llamar comunidad, sociedad...). Esta visión de colectividad sí que se ha desarrollado a la hora de pensar en qué políticas e intervenciones son las que tienen mayor capacidad para mejorar la salud de los individuos y las poblaciones, pero también la han aplicado las grandes industrias fabricantes de productos nocivos para la salud (tabacaleras, industria de alimentación ultraprocesada...) en su intento de actuar a nivel poblacional vendiendo una idea prefabricada y totalmente uniformizada de individualidad y originalidad". PADILLA, Javier. ¿A quién vamos a dejar morir? Madrid: Capitán Swing, 2019, p. 19.

de forma justa.[820] Como defende a OMS, a proteção financeira é um fator fundamental para o acesso e a equidade em saúde.[821]

Além de se tratar de uma necessidade que é pressuposto para o exercício de outros direitos fundamentais – como já referido, uma metacapacidade –, o acesso a ações e serviços de saúde, notadamente às políticas de promoção à saúde e de prevenção às doenças, é economicamente eficiente e socialmente importante. O acesso a medidas preventivas reduz os custos sociais no futuro. Por isso, a segmentação não é a melhor alternativa, inclusive sob a perspectiva estritamente econômica. Por um lado, no que se refere às doenças crônicas, o acesso aos serviços sem restrições, permite prevenir e tratar doenças de forma a evitar a ocorrência de crises e a necessidade de intervenções especializadas e de maior custo. Por outro lado, no que se refere às doenças infectocontagiosas, a interação social evidencia a interdependência de todos e a repercussão coletiva dos agravos à saúde, que devem ser alvo de medidas de alcance geral.[822]

---

[820] A Constituição portuguesa prevê que "para assegurar o direito à proteção da saúde, incumbe prioritariamente ao Estado (...) orientar a sua ação para a socialização dos custos dos cuidados médicos e medicamentosos" (art. 64º, n. 3, "c"). PORTUGAL. Constituição da República Portuguesa, de 2 de abril de 1976, cit. Aqui reside a importância das políticas de solidariedade, como pontua Francine Demichel: "Les politiques de solidarité compenseront l'arbitraire de la nature et du destin ainsi que l'inegalité originelle des talents: comme l'ont remarqué des sociologues, les talents ne seront plus alors considérés seulement comme des atouts individuels mais come um bien commun, une ressource commune, à partager, et le droit garantira la mise em commun des avantajes dus au hasard". DEMICHEL, Francine. Le droit public, un droit de solidarité pour la santé. *Revue générale de droit médical*, n. 48, (sep. 2013), p. 225.

[821] ORGANIZAÇÃO MUNDIAL DA SAÚDE. *Relatório Mundial de Saúde, 2008: Cuidados de saúde primários – agora mais que nunca*, cit., p. 30. Jennifer Prah Ruger também destaca a necessidade de compromisso social, que encontra amparo na abordagem das capacidades: "The high costs of health care mean that fostering health capability for all will require a new commitment among the healthier and wealthier to help the less fortunate. Thus, the health capability paradigm may require a redistribution of income over different groups to pay for health care". RUGER, Jennifer Prah. *Health and social justice*, cit. p. XVI.

[822] Nessa linha, Lindsay Wiley afirma: "'[t]here is also mutual benefit in the spillover of positive externalities that accrue to population health and thus to participants collectively.' The strengthening of our health care system and assurance of more universal access to it serve public health goals. With regard to non-communicable diseases like heart disease and diabetes, the hope is that access to care and improved disease management will reduce costs that would otherwise overwhelm our economy. Our interdependence is particularly unavoidable with regard to infectious disease threats. The emergence and proliferation of drug-resistant strains of infectious diseases such as tuberculosis and gonorrhea; diminishing community or 'herd' immunity for vaccine-preventable diseases like measles and pertussis; and the emergence of new threats, such as Ebola virus, for which effective medical countermeasures are not available – have caused us to look at our health care system in new ways". WILEY, Lindsay F. From patient rights to health justice: securing the public's interest in affordable, high-quality health care, cit., p. 861.

Essa característica de interdependência dos estados de saúde das pessoas ficou particularmente evidenciada durante a pandemia causada pelo novo coronavírus. Do total de infectados, cerca de 80% a 85% das pessoas desenvolvem formas leves, ao passo que 5% delas apresentam os sintomas mais graves e precisam de tratamento em leitos de Unidade de Terapia Intensiva – UTI.[823] No entanto, a fácil disseminação do novo coronavírus levou a um rápido crescimento de casos em muitos países como China, Itália, Espanha, Reino Unido e Estados Unidos, que passaram por situações críticas em seus sistemas de saúde. Por isso, a demanda por recursos materiais e humanos como leitos de unidade de terapia intensiva, médicos, pessoal de enfermagem, entre outros, impactou duramente os sistemas de saúde, provocando óbitos, muitas vezes, pela falta de acesso aos serviços de saúde, sejam eles públicos ou privados, uma vez que outras doenças não deixaram de atingir as populações durante a pandemia.[824]

A efetividade do direito à saúde depende, portanto, de seu reconhecimento como um bem comum, como um interesse transindividual, que diz respeito a todos e é fundamental para a convivência coletiva, não só nacional,[825] como internacionalmente.[826] Sob essa perspectiva, é necessário construir uma disciplina jurídica fraterna, que contemple

---

[823] GUAN, Wei-jie *et al.* Clinical Characteristics of Coronavirus Disease 2019 *In:* China. *The New England Journal of Medicine*, (Apr. 2020), p. 1.708-1.720.

[824] Kenji Mizumoto e Gerardo Chowell, avaliando os dados da China de janeiro a fevereiro, concluíram que a taxa de mortalidade pelo novo coronavírus foi maior na cidade de Wuhan, província de Hubei, que em outras localidades na China, em razão dos impactos que a doença causou no sistema de saúde. MIZUMOTO, Kenji; CHOWELL, Gerardo. Estimating Risk for Death from 2019 Novel Coronavirus Disease, China, January – February 2020. *Emerging Infectious Diseases* [em linha], v. 26, n. 6, Jun. 2020. Acesso em: 11 jun. 2020. Disponível em: https://doi.org/10.3201/eid2606.200233. Sobre a pandemia causada pelo novo coronavírus, pode-se conferir: LANA, Raquel Martins. Emergência do novo coronavírus (SARS-CoV-2) e o papel de uma vigilância nacional em saúde oportuna e efetiva. *Cadernos de Saúde Pública* [em linha], v. 36, n. 3, p. 4-5, fev. 2020. Acesso em: 17 mar. 2020. Disponível em : https://doi.org/10.1590/0102-311X00019620.

[825] "En matière de santé publique, il faut tenir un discours qui tienne compte à la fois de la liberté de chacun, des risques assumés et des contraintes sociales. La santé est une réalité sociale à construire pour créer le désir d'une vie collective, chalereuse et généreuse." DEMICHEL, Francine. Le droit public, un droit de solidarité pour la santé, cit., p. 224.

[826] "(…) ya reflexionamos acerca de la dificultad de superar esta barrera de la soberanía; sin embargo, cuando pensamos a respecto de la efectividad del derecho a la salud, esta cuestión precisa ser revista, pues no podemos pensar que las enfermedades y sus agentes transmisores respeten a los límites territoriales. Las grandes epidemias ya señalan para esta cuestión, desde hace mucho; basta con pensar en las grandes *pestes* que cometieron la humanidad." VIAL, Sandra Regina Martini. El Derecho a la salud en Brasil: su efectividad a través del postulado de la fraternidad. *In:* URBINA, Jorge Tomillo; CUEVAS, Joaquín Cayón (Dir.). *Estudios sobre Derecho de la Salud*. Navarra: Editorial Aranzadi, 2011, p. 807.

os interesses de todos e de cada um, tendo por base mecanismos que proporcionem efetiva participação social, com disponibilidade de cuidados para todos, sem barreiras financeiras e com ênfase na redução das desigualdades, a fim de se assegurar que todos possam fruir, ao menos, das capacidades básicas de estar livre do adoecimento evitável e da morte prematura.[827]

3.3 Saúde como política pública: sistemas de saúde e princípios que os orientam

A compreensão da saúde como necessidade coletiva,[828] sobretudo a partir de uma concepção holística ou abrangente, implica a organização de políticas sociais e econômicas destinadas a implementar ações e serviços para a promoção da saúde, prevenção e cura de doenças, assim como a reabilitação de doentes. Para isso são estruturados os sistemas de saúde.[829]

---

[827] "Los desafíos de la sociedad actual colocan en tela de juicio la forma como las organizaciones públicas y privadas vienen atendiendo (o no) a las demandas sociales. Vivimos una situación altamente paradojal en la cual morimos de hambre donde tenemos abundancia de alimentos, morimos de sed donde tenemos abundancia de agua. Esta sed y hambre pueden ser vistas bajo los más diversos ángulos simbólicos y reales. La cuestión que continuamos exponiendo es quién y cómo se muere en nuestra sociedad y, con eso, cuestionamos cómo vivimos y qué significa vivir. La salud aparece como una cuestión fundamental para la vida en sociedad; desde los primeros tiempos siempre buscamos alternativas para tratar y prevenir las enfermedades. A lo largo del proceso de evolución social vimos que la salud sobrepasa los límites, la mera ausencia de enfermedad, y dice respecto a la forma como nos relacionamos en sociedad; por eso, la salud es un bien común, porque está relacionada al territorio con alternativas no siempre venidas del sistema formal y oficial de salud." VIAL, Sandra Regina Martini. El Derecho a la salud en Brasil: su efectividad a través del postulado de la fraternidad, p. 825-826. A solidariedade mostra-se especialmente importante quando presentes as limitações financeiras que impactam no conjunto de prestações disponíveis para a sociedade, como pontua Rui Nunes: "Isto é, partindo do pressuposto que os recursos são limitados e que os custos com os cuidados de saúde tendem a crescer exponencialmente, uma sociedade justa e democrática deve estabelecer, de acordo com regras predefinidas e consensuais, os métodos de inclusão e de exclusão de determinadas intervenções no pacote básico de saúde (National Health Committee, 2004). Trata-se da concretização do axioma anglo-saxônico *some healthcare for all versus all healthcare for some*". NUNES, Rui. *Regulação da saúde*, cit., p. 51.

[828] ESTORNINHO, Maria João; MACIEIRINHA, Tiago. *Direito da saúde*, cit., p. 11.

[829] Pavlos Eleftheriadis destaca a relevância dos sistemas de saúde como resposta social a eventos de ocorrência imprevisível (doenças e agravos à saúde): "We cannot determine who will or will not be ill, but we can determine the pattern of distribution of health care. We must do so by means of a public system of distribution of health care in the domestic case. In a society of autonomous but vulnerable human beings, this must be one of the natural duties of justice, since without it we are all exposed to intolerable inequalities between the lucky and the unlucky. Systems of health care ensure not simply that we look after the

Os sistemas de saúde, como instituídos atualmente, são estruturas recentes na história da humanidade e se consolidaram em meados do século XX.[830] Trata-se de um conjunto de normas, instituições, serviços, recursos materiais e humanos organizados segundo uma racionalidade própria e princípios orientadores, com o objetivo de melhorar a saúde de uma população e reduzir as suas desigualdades. As ações e serviços de saúde que integram os sistemas podem abranger desde as medidas preventivas às curativas e reabilitadoras.[831]

Os sistemas de saúde surgiram no final do século XIX por influência de diversos fatores, dentre os quais é possível destacar a necessidade de fazer face às demandas dos trabalhadores, vítimas de doenças transmissíveis muito prevalentes na época e de acidentes de trabalho. A par das necessidades pessoais, tratava-se, também, de medida para evitar ou mitigar a perda da produtividade dos trabalhadores, em prejuízo de um nascente, mas já poderoso, setor industrial.[832] Além disso, a organização de ações de saúde mostrou-se necessária para reduzir o impacto das doenças nas guerras, já que aquelas, por vezes, vitimavam mais soldados que as próprias ações militares. Por fim, o estabelecimento de políticas de saúde pelo Estado também representou uma importante estratégia política. Isso porque, até então, muitos sindicatos geriam

---

needy but also that all members of our political society can take our place in a society of equals." ELEFTHERIADIS, Pavlos. A Right to Health Care, cit., p. 281.

[830] LOBATO, Lenaura de Vasconcelos Costa; GIOVANELLA, Ligia. Sistemas de saúde: origens, componentes e dinâmica, cit., p. 107.

[831] Nessa linha, a Lei de Bases de Saúde de Portugal deixa claro que o sistema de saúde português não se limita ao Serviço Nacional de Saúde, embora este, obviamente, seja uma de suas principais instituições: "o sistema de saúde é constituído pelo Serviço Nacional de Saúde e por todas as entidades públicas que desenvolvam atividades de promoção, prevenção e tratamento na área da saúde, bem como por todas as entidades privadas e por todos os profissionais livres que acordem com a primeira a prestação de todas ou de algumas daquelas atividades" (Base XII, n. 1). PORTUGAL – Lei nº 48, de 31 de julho de 1990 [em linha]. Acesso em: 12 jun. 2020. Disponível em: https://dre.pt/web/guest/legislacao-consolidada/-/lc/57483775/201905162352/57494528/exportPdf/maximized/1/cacheLevelPage?rp=diploma. Luis Vale compartilha de uma compreensão ampliada de sistema de saúde ao afirmar que este compreende "todos quantos prestam cuidados de saúde, os fluxos de dinheiro que financiam esses cuidados, os intermediários financeiros, as actividades daqueles que fornecem *inputs* especializados ao processo dos cuidados de saúde e as actividades das organizações que fornecem serviços preventivos". VALE, Luís António Malheiro Meneses do. *Racionamento e racionalização no acesso à saúde*: contributo para uma perspectiva jurídico-constitucional. 2007. v. II. Dissertação de mestrado em ciências jurídico-políticas apresentada à Faculdade de Direito da Universidade de Coimbra. Acessível na Biblioteca da Faculdade de Direito da Universidade de Coimbra, Coimbra, Portugal, p. 256.

[832] MARTINS, Licínio Lopes. *Tratado de Direito Administrativo especial, vol. III: Direito Administrativo da saúde*. Coimbra: Almedina, 2010, p. 226.

as sociedades mútuas, que dispensavam benefícios sociais, inclusive assistência médica para os trabalhadores, o que fortalecia a estrutura sindical em um momento de efervescência dos movimentos operários. Nesse contexto, para enfrentar a questão social, Otto von Bismarck criou, em 1883, o primeiro sistema nacional de saúde baseado em um seguro-doença.[833]

Embora a intensidade da regulação estatal dos sistemas de saúde varie entre os países, há uma dimensão normativa clara que passa muitas vezes por normas constitucionais e legais que abrangem desde a concepção do financiamento, as relações jurídicas mantidas entre o sistema de saúde, prestadores e usuários, a definição do acesso e da abrangência (pacote de serviços e insumos cobertos). A partir dessa perspectiva, constata-se o interesse do fenômeno para o Direito.

Por outro lado, os sistemas de saúde conformam uma arena política[834] com intensa disputa de poder que envolve interesses dos usuários, profissionais de saúde, prestadores de serviço e Estado, entre outros atores. Esses atores sociais travam disputas pelos recursos que são movimentados pelo setor, que influenciam os princípios orientadores do sistema público, notadamente a opção por valores mais liberais, corporativos ou universalistas.

Ainda, os sistemas de saúde movimentam um relevante setor da atividade econômica, responsável pela produção e comercialização de bens e insumos para a saúde, como medicamentos, equipamentos, tecnologias, entre outros.[835] Em geral, as despesas em saúde correspondem a altos percentuais do PIB dos países,[836] assim como dos gastos das famílias e indivíduos. A par disso, dada a amplitude e a capilaridade dos serviços, o setor da saúde também tem um importante papel na geração de emprego e renda, razão pela qual o investimento ou desinvestimento no setor tem impacto direto na atividade econômica do país. Por fim, o setor da saúde também impacta diretamente na

---

[833] CAMPOS, António Correia de; SIMÕES, Jorge. *O percurso da saúde:* Portugal na Europa, cit., p. 38-39.
[834] LOBATO, Lenaura de Vasconcelos Costa; GIOVANELLA, Ligia. Sistemas de saúde: origens, componentes e dinâmica, cit., p. 109.
[835] LOBATO, Lenaura de Vasconcelos Costa; GIOVANELLA, Ligia. Sistemas de saúde: origens, componentes e dinâmica, cit., p. 109.
[836] ORGANISATION FOR ECONOMIC CO-OPERATION AND DEVELOPMENT – OECD. Stat [em linha]. Paris: OECD, atual. 2020. Acesso em: 28 jun. 2020. Disponível em https://stats.oecd.org/index.aspx?DataSetCode=HEALTH_STAT.

economia por contribuir para a disponibilidade de mão de obra mais sadia e protegida dos riscos do adoecimento.

Para a OMS, os sistemas de saúde buscam melhorar a saúde da população e, ademais, reduzir as desigualdades entre os variados grupos populacionais, com isso contribuindo para uma maior estabilidade e redução dos conflitos sociais.[837] Com efeito, a realização da cidadania, que se relaciona com a fruição de direitos e deveres por meio de vínculo jurídico e político com o Estado, requer a participação efetiva das pessoas na gestão dos interesses coletivos,[838] o que se alcança por meio do exercício de direitos fundamentais. Como nos lembra Marshall, as desigualdades sociais são aceitáveis desde que haja uma igualdade de cidadania[839] e, nesta, está incluído o acesso a ações e serviços de saúde, sobretudo aqueles essenciais.

A forma como os sistemas de saúde se consolidam em cada país resulta de processos históricos, políticos e econômicos que se desenvolvem ao longo do tempo. A organização dos sistemas de saúde, portanto, reflete um conjunto de ideias políticas e econômicas, assim como a compreensão sobre a cidadania, a saúde e o papel do Estado na socialidade.

Assim, a classificação dos sistemas de saúde tem por objetivo identificar tipos ideais – que não necessariamente se realizam, *ipsis litteris*, na prática – e as racionalidades inerentes a cada forma de organização do conjunto de políticas públicas, ações, serviços, instituições e recursos materiais e humanos voltados para promoção da saúde, prevenção de doenças, tratamento e reabilitação das pessoas.

Ainda que seja possível identificar diferentes modelos de sistemas de saúde, Sônia Fleury e Assis Mafort Ouverney destacam que a existência de um Estado nacional forte, com instituições consolidadas, é imprescindível para que se possa assegurar direitos fundamentais, como é o caso do direito à saúde.[840] A par disso, o desenvolvimento econômico

---

[837] ORGANIZAÇÃO MUNDIAL DA SAÚDE. *Relatório Mundial de Saúde, 2008*: Cuidados de saúde primários – agora mais que nunca, cit.

[838] FLEURY, SÔNIA; OUVERNEY; Assis Mafort. Política de saúde: uma política social, cit., p. 24.

[839] "In other words, the inequality of the social class system may be acceptable provided the equality of citizenship is recognised." MARSHALL, T.H.; BOTTOMORE, Tom. *Citizenship and Social Class*, cit., p. 19.

[840] FLEURY, SÔNIA; OUVERNEY; Assis Mafort. Política de saúde: uma política social, cit., p. 36. De forma similar, como já se destacou neste trabalho, Stephen Holmes e Cass Sunstein realçam a necessidade das instituições estatais para assegurar a eficácia dos direitos fundamentais,

e a formalização das atividades, inclusive da mão de obra, são necessários para que haja geração de receita tributária para o financiamento dos serviços. Nessa linha, nos contextos de crises econômicas, a queda da atividade produtiva, o desemprego e o adoecimento das pessoas pressiona e criam desafios para o Estado na medida em que mais benefícios são demandados do setor da saúde e das demais áreas de socialidade, ao mesmo tempo em que há menos recursos disponíveis.

Os tipos ideais de sistemas de saúde que são expostos a seguir apresentam distintas orientações sobre três dimensões essenciais: o financiamento, o acesso e a regulação estatal. A partir de diferentes articulações dessas três dimensões, classificam-se os sistemas de saúde como sistemas de proteção residual, seguro social e universais.

3.3.1 Sistemas de saúde de proteção residual

Os sistemas de saúde de proteção residual estruturam-se a partir da compreensão de que o acesso às ações e aos serviços é, primordialmente, responsabilidade individual. Com isso, cabe ao cidadão contratar no mercado os produtos e serviços de que necessita. O acesso aos serviços de saúde depende, em grande parte, da capacidade de pagamento.

Trata-se de países em que o setor da saúde é amplamente explorado pela iniciativa privada, sob fraca regulação estatal, já que a saúde não é compreendida como um direito fundamental, pressuposto para o exercício pleno da cidadania.

Nesse contexto, as despesas com saúde tendem a ser elevadas, sobretudo os gastos privados das famílias, não raramente realizados mediante desembolso direto no momento da assistência ou por meio de planos ou seguros de saúde.

O Estado é responsável pelas chamadas ações de saúde pública, ou seja, aquelas medidas de caráter preventivo, voltadas para a coletividade, com o objetivo de gerar bem-estar e condições para a vida mais saudável.

---

independentemente de se tratar de direitos, liberdades e garantias ou de direitos sociais. HOLMES, Stephen; SUNSTEIN, Cass R. *The cost of rights*: why liberty depends on taxes, cit., p. 44. Angus Deaton, por sua vez, conclui que um dos obstáculos para que países em desenvolvimento possam combater a pobreza com crescimento econômico e melhoria das condições sociais é a carência de instituições estatais consolidadas e eficientes, como estrutura administrativa, sistema de arrecadação tributária, segurança e estabilidade das relações jurídicas. DEATON, Angus. *The great escape*: health, wealth, and the origins of inequality, cit., p. 234 e 294, por exemplo.

São exemplos dessas políticas públicas as medidas sanitárias voltadas para o saneamento e a qualidade da água, vigilância em saúde, vacinação e combate a epidemias.[841]

Para além disso, no que se refere à assistência à saúde, o Estado atua de forma subsidiária e residual. Dessa forma, desenvolve políticas públicas focalizadas, voltadas ao atendimento de populações específicas, normalmente, grupos vulneráveis e marginalizados, como a população de baixa renda.[842] Por vezes, esses esquemas de atenção à saúde preveem pacotes de serviços limitados e com baixa resolutividade. Trata-se de uma política pública orientada segundo a lógica da assistência social, ou seja, o acesso aos serviços públicos está associado à incapacidade de sua contratação no mercado.

Muitos problemas decorrem da opção pelos sistemas de saúde de proteção residual. Inicialmente, registra-se que, nos sistemas de proteção residual, a iniciativa privada tende a realizar a maior parte dos investimentos na atenção hospitalar, com ênfase nos cuidados que empregam elevada tecnologia e altos custos. Essa prática torna a atenção à saúde mais cara e de acesso mais restrito.

Nos sistemas de proteção residual, as políticas públicas voltadas para a organização de serviços de saúde para grupos populacionais específicos levam a uma fragmentação dos cuidados[843] e a uma perda da continuidade da relação entre prevenção e atenção curativa. Com isso, o fluxo das informações entre os serviços de saúde fica prejudicado, sendo certo que uma melhor comunicação poderia contribuir para a racionalidade de ambas as políticas públicas.

Os sistemas de saúde de proteção residual enfrentam, ademais, dificuldades para a realização de princípios de justiça e a redução das desigualdades. O pagamento por desembolso direto, além de criar uma dificuldade para o acesso, tem caráter regressivo, posto que tende a onerar mais as pessoas mais pobres, já que não se baseia nas rendas

---

[841] WILEY, Lindsay F. From patient rights to health justice: securing the public's interest *In:* affordable, high-quality health care, cit., p. 866.

[842] FLEURY, SÔNIA; OUVERNEY; Assis Mafort. Política de saúde: uma política social, cit., p. 33. Como afirma Esping-Adersen, "o Estado só assume a responsabilidade quando a família ou o mercado são insuficientes; procura limitar sua prática a grupos sociais marginais e merecedores". ESPING-ANDERSEN, Gosta. As três economias do Welfare State. *Lua Nova: Revista de Cultura e Política.* São Paulo, n. 24, p. 100, set. 1991.

[843] FLEURY, Sônia; OUVERNEY; Assis Mafort. Política de saúde: uma política social, cit., p. 33.

das pessoas, e porque essa população tende a apresentar um maior adoecimento.[844]

Ainda, o mercado de produtos e serviços para a saúde tem características que o tornam imperfeito e que geram problemas para os consumidores. Dentre essas singularidades, identificam-se a assimetria de informação, seleção adversa, risco moral (*moral hazard*) e exclusão de doenças e condições preexistentes.[845] A assimetria de informações aponta para o fato de que o usuário de serviços de saúde tem pouco conhecimento sobre os produtos e serviços que utiliza, ao contrário dos prescritores e prestadores de serviços. Assim, consome os produtos que lhe são prescritos pelos profissionais de saúde, sobretudo, por seus médicos assistentes.[846] A seleção adversa ocorre porque os usuários que mais necessitam dos serviços de saúde, pela possibilidade de terem tratamentos mais onerosos, tendem a ser desprezados ou ter os custos dos seguros e planos de saúde mais elevados. O risco moral advém da maior utilização dos serviços por aqueles que possuem seguro ou plano de saúde, o que tem impacto nos custos. Por fim, a exclusão de coberturas por doenças preexistentes é uma das maiores barreiras de acesso impostas àqueles que necessitam de serviços de saúde e é um dos principais problemas que foram enfrentados pelo *Affordable Care Act* – ACA – nos Estados Unidos. Essas imperfeições do mercado de produtos de saúde apontam para a necessidade de uma regulação estatal mais intensa, a fim de compatibilizar os interesses privados com os interesses coletivos, sobretudo, a disponibilidade de acesso a ações e serviços de saúde.

Entre os países desenvolvidos, poucos mantêm sistemas de saúde de proteção residual. Esse é o caso dos Estados Unidos e da Suíça. Ambos contam com sistemas de saúde que se organizam a partir da

---

[844] "The study found private insurance and out-of-pocket payments even more regressive than social insurance because the former are not necessarily based on earnings. Out-of-pocket payments are even more regressive because they are not typically income-adjusted and because the poor typically have greater rates of illness than the more affluent." RUGER, Jennifer Prah. Health, capability, and justice: toward a new paradigm of health ethics, policy and law, cit., p. 153.

[845] RUGER, Jennifer Prah. Health, capability, and justice: toward a new paradigm of health ethics, policy and law, cit., p. 155.

[846] Augusto Afonso Guerra Júnior e Francisco de Assis Acúrcio, acerca do mercado farmacêutico, afirmam: "Uma das características que marcam o mercado farmacêutico apresenta uma dualidade. Quem paga pelo consumo do produto é o paciente, que sabe pouco ou nada sobre a qualidade, segurança e eficácia, mas quem decide o que de fato será consumido são os prescritores". GUERRA JÚNIOR, Augusto Afonso; ACURCIO, Francisco de Assis. Política de medicamentos e assistência farmacêutica, cit., p. 29.

prestação de serviços pela iniciativa privada, custeados por meio de planos e seguros de saúde particulares ou por desembolso direto, o que acarreta despesas elevadas na área. No caso da Suíça, o sistema de saúde se estrutura a partir de seguros privados voluntários,[847] mas há subsídios do governo federal e dos cantões em favor de indivíduos e famílias de baixa renda para a contratação dos seguros de saúde. Trata-se de um sistema de saúde caro, mas bem avaliado pela população.[848] Tentativas de implantação de um seguro social fracassaram em várias oportunidades ao longo do século XX em razão de um complexo sistema legislativo para a tomada de decisões, que permitiu que a ação política de certos grupos de interesse – como os médicos, contrários à regulação estatal mais intensa no campo da saúde e interessados na manutenção da ampla liberdade econômica no exercício de sua atividade – criasse obstáculos para a aprovação de leis com esse objetivo.[849]

Os Estados Unidos, a despeito de terem a economia mais forte do planeta e serem o país que mais investe recursos em saúde, deixam a descoberto significativa parcela da população que está fora dos critérios de cobertura dos programas governamentais e, por outro lado, não dispõe de condições financeiras para contratar planos ou seguros saúde.

Estima-se que, em 2017, as despesas totais em saúde dos Estados Unidos alcançaram 17,2% do PIB. Os recursos totais investidos em saúde foram da ordem de US$ 8.949,00 *per capita* em 2018,[850] segundo a medida de paridade por poder de compra. Por outro lado, a expectativa de vida ao nascer para ambos os sexos, em 2017, era de 78,6 anos, ou seja, menor que a de diversos países que integram a OCDE, como Alemanha (81,1), França (82,6), Reino Unido (81,3) e Portugal (81,5). Na mesma linha, a taxa de mortalidade infantil, em 2017, ficou aquém dos investimentos feitos pelo país no setor e alcançou 5,9‰ (cinco, vírgula nove óbitos

---

[847] CAMPOS, António Correia de; SIMÕES, Jorge. *O percurso da saúde:* Portugal na Europa, cit., p. 43.
[848] BRITNELL, Mark. *In search of the perfect health system*, cit., p. 102-103.
[849] IMMERGUT, Ellen M. As regras do jogo: a lógica da política de saúde na França, na Suíça e na Suécia [em linha]. *Revista brasileira de Ciências Sociais*, v. 11 n. 30, fev. 1996. Acesso em: 12 jun. 2020. Disponível em: https://edisciplinas.usp.br/pluginfile.php/4096921/mod_resource/content/1/Immergut_sistemas%20de%20saude.pdf.
[850] As despesas estatais foram de US$ 5.139,00. WORLD HEALTH ORGANIZATION – *The Global Health Observatory* [em linha]. Geneva: WHO, atual. 2020. Acesso em: 17 maio 2020. Disponível em: https://www.who.int/data/gho/data/indicators/indicator-details/GHO/domestic-general-government-health-expenditure-(gghe-d)-per-capita-in-ppp-int.

por mil nascidos vivos), sendo superior à de países como a Hungria (3,5‰) e a Eslováquia (4,5‰).[851]

Entre as políticas públicas voltadas para a assistência à saúde, o *Medicare* é um programa estatal destinado a assegurar acesso a serviços de saúde para pessoas idosas, com mais de 65 (sessenta e cinco) anos, que tenham contribuído ou cujos cônjuges tenham contribuído por mais de 10 (dez) anos. Além disso, também podem ser cobertos grupos de pessoas com incapacidades e em fase terminal de doença renal crônica que precisam de hemodiálise ou transplante de rim.[852] Trata-se de um seguro administrado pelo governo federal e operado por seguradoras privadas.[853]

O *Medicare* é dividido em partes que dispensam serviços específicos. Assim, a parte A é destinada a custear cuidados hospitalares. A parte B é voltada para a cobertura de serviços ambulatoriais e de caráter preventivo. A cobertura C é nominada *Medicare Advantage* e seus beneficiários podem se inscrever em um plano privado autorizado pelo *Medicare*, coberto pelas partes A e B. Finalmente, a parte D contempla o custeio de medicamentos prescritos.[854]

Segundo informação disponível na página oficial do *Medicare*, em 2017, o programa cobriu mais de 58 milhões de pessoas. O total de recursos atingiu US$ 705,9 bilhões, oriundos dos fundos de financiamento do *Medicare*.[855]

---

[851] ORGANISATION FOR ECONOMIC CO-OPERATION AND DEVELOPMENT – *OECD. Stat* [em linha]. Paris: OECD, atual. 2020. Acesso em: 16 maio 2020. Disponível em https://stats.oecd.org/index.aspx?DataSetCode=HEALTH_STAT. Segundo dados da OMS para 2016, a expectativa de anos de vida saudáveis em 2016 era de 68,5 anos. WORLD HEALTH ORGANIZATION – *The Global Health Observatory* [em linha]. Geneva: WHO, atual. 2020. Acesso em: 16 maio 2020. Disponível em: http://apps.who.int/gho/data/view.main.HALEXv?lang=en.

[852] UNITED STATES OF AMERICA. Centers for Medicare & Medicaid Services – *Medicare.gov* [em linha]. Baltimore: CMS, atual. 2020. Acesso em: 12 jun. 2020. Disponível em: https://www.medicare.gov/what-medicare-covers/your-medicare-coverage-choices/whats-medicare.

[853] NORONHA, José Carvalho; GIOVANELLA, Ligia; CONNIL, Eleonor Minho. Sistemas de saúde da Alemanha, do Canadá e dos Estados Unidos: uma visão comparada. *In*: PAIM, Jairnilson Silva; ALMEIDA-FILHO, Naomar de. *Saúde coletiva*: teoria e prática. Rio de Janeiro: Medbook, 2014, p. 167.

[854] NORONHA, José Carvalho; GIOVANELLA, Ligia; CONNIL, Eleonor Minho. Sistemas de saúde da Alemanha, do Canadá e dos Estados Unidos: uma visão comparada, cit., p. 167. UNITED STATES OF AMERICA. Centers for Medicare & Medicaid Services – *Medicare.gov*, cit.

[855] UNITED STATES OF AMERICA. Centers for Medicare & Medicaid Services – *Medicare.gov* [em linha]. Baltimore: CMS, atual. 2020. Acesso em: 12 jun. 2020. Disponível em: https://www.medicare.gov/about-us/how-is-medicare-funded.

O *Medicaid* é um programa com financiamento partilhado entre o Governo Federal e os Estados, administrado por estes últimos, que tem por objetivo cobrir os cuidados de saúde da população de baixa renda. A partir dos parâmetros estabelecidos em nível federal, os Estados gozam de liberdade para definir a população coberta, o pacote de serviços e os valores pagos aos prestadores de serviços.[856]

Além de atender ao critério de renda, a pessoa deve fazer parte de um dos grupos elegíveis, que abrangem, entre outros, crianças, gestantes, adultos com dependentes, pessoas com incapacidades e idosos.[857] Os Estados podem optar por cobrir outros grupos de pessoas, desde que assegurada a cobertura mínima federal. Em janeiro de 2020, 63.920.268 de pessoas estavam inscritas no *Medicaid*.[858]

Como forma de complementar o *Medicaid*, o *Children's Health Insurance Program* – CHIP – foi criado em 1997 e tem o papel de estender a cobertura para crianças de baixa e média renda não cobertas pelo *Medicaid* e que não têm condições financeiras de contratar um seguro saúde. Segundo informações do programa, cerca de 6.791910 crianças estavam inscritas no CHIP.[859] Esse programa contribuiu para a redução do percentual de crianças sem cobertura de seguro-saúde, que caiu de 15% (quinze por cento) em 1997 para 9% (nove por cento) em 2012.[860]

---

[856] NORONHA, José Carvalho; GIOVANELLA, Ligia; CONNIL, Eleonor Minho. Sistemas de saúde da Alemanha, do Canadá e dos Estados Unidos: uma visão comparada, cit., p. 167. UNITED STATES OF AMERICA. Centers for Medicare & Medicaid Services – *Medicaid.gov* [em linha]. Baltimore: CMS, atual. 2020. Acesso em: 12. jun. 2020]. Disponível em: https://www.medicaid.gov/medicaid/index.html.

[857] NORONHA, José Carvalho; GIOVANELLA, Ligia; CONNIL, Eleonor Minho. Sistemas de saúde da Alemanha, do Canadá e dos Estados Unidos: uma visão comparada, cit., p. 167. UNITED STATES OF AMERICA. Centers for Medicare & Medicaid Services – *Medicaid.gov* [em linha]. Baltimore: CMS, atual. 2020. Acesso em: 12. jun. 2020. Disponível em: https://www.medicaid.gov/medicaid/eligibility/index.html.

[858] UNITED STATES OF AMERICA. Centers for Medicare & Medicaid Services – *Medicaid.gov* [em linha]. Baltimore: CMS, atual. 2020. Acesso em: 16 maio 2020. Disponível em: Disponível em: https://www.medicaid.gov/medicaid/program-information/medicaid-and-chip-enrollment-data/report-highlights/index.html.

[859] UNITED STATES OF AMERICA. Centers for Medicare & Medicaid Services – *Children's Health Insurance Program* [em linha]. Baltimore: CMS, atual. 2020. Acesso em: 16 maio 2020. Disponível em: https://www.medicaid.gov/chip/index.html.

[860] HARRINGTON, Mary *et al. CHIPRA Mandated Evaluation of the Children's Health Insurance Program: Final Findings. Report submitted to the Office of the Assistant Secretary for Planning and Evaluation* [em linha]. Ann Arbor: Mathematica Policy Research, 2014, p. 26. Acesso em: 12 jun. 2020. Disponível em: https://aspe.hhs.gov/system/files/pdf/77046/rpt_CHIPevaluation.pdf.

Finalmente, o VHA – *The Veterans Health Administration* – presta cuidados de saúde ambulatoriais e hospitalares para cerca de 9 milhões de veteranos de guerra e seus dependentes.[861]

Em resumo, as políticas de saúde dos Estados Unidos formam um grande mosaico composto por uma miríade de esquemas voltados para a atenção à saúde. A ênfase na prestação de serviços pelo mercado conduziu à proliferação de planos e seguros-saúde privados, sendo boa parte deles associada e cofinanciada pelas empresas. Por outro lado, o Estado presta assistência à saúde para grupos específicos, com pacotes de serviços variados. As despesas das famílias são elevadas e parte delas sofre com os pagamentos diretos. Por fim, boa parte da população fica descoberta, sobretudo a população de imigrantes em situação irregular. Essa grande fragmentação conduz a uma perda de eficiência e os indicadores de saúde da população não correspondem aos gastos realizados.

O ACA, aprovado durante o governo de Barack Obama, teve por objetivo corrigir algumas distorções no sistema de saúde estadunidense, nomeadamente a falta de cobertura para assistência à saúde para cerca de 50 milhões de pessoas ou 16,3% da população.[862] Além desse contingente de pessoas sem seguro de saúde, também preocupava o número de pessoas sem cobertura adequada por não terem condições de pagar as franquias e copagamentos exigidos pelos planos de saúde (*underinsured*).[863]

Longe de criar um sistema de saúde universal, o ACA buscou, sobretudo, ampliar a cobertura de seguros e planos de saúde para a população dos Estados Unidos. A principal e mais polêmica medida do ACA é a previsão de um dever individual (*individual mandate*) de contratar seguro-saúde para todas as pessoas que não estejam cobertas por um dos programas de saúde governamentais – *Medicare, Medicaid, CHIP* ou *VHA*. Essa medida foi tomada porque, comumente, as pessoas jovens e saudáveis não contratam planos e seguros de saúde, apenas o fazendo quando estão envelhecidas ou necessitam de cuidados

---

[861] UNITED STATES OF AMERICA. Veterans Health Administration – *Veterans Health Administration* [em linha]. Baltimore: CMS, atual. 2020. Acesso em: 16 maio 2020. Disponível em: https://www.va.gov/health/aboutVHA.asp.

[862] MCGILL, Mariah; MACNAUGHTON, Gillian. The struggle to achieve the human right to health care in the United States. *Southern California Interdisciplinary Law Journal*, v. 25, p. 627, 2016.

[863] MCGILL, Mariah; MACNAUGHTON, Gillian. The struggle to achieve the human right to health care in the United States, cit., p. 629.

médicos, o que eleva os custos em razão da maior probabilidade de uso dos serviços e geração de despesas para os seguros.[864] Com o dever de contratar, pessoas jovens e saudáveis são obrigadas a se inscrever nos planos e seguros de saúde, o que ameniza os riscos gerais e cria um mecanismo de solidariedade para a redução dos valores cobrados.

Por outro lado, estabelecido o dever individual de contratar, as seguradoras devem aceitar todos os interessados na contratação, independentemente da idade, condição de saúde e doenças preexistentes. Embora possam avaliar a pessoa conforme idade, local de moradia, composição familiar e hábitos pessoais, como o tabagismo, por exemplo, as seguradoras não podem estabelecer diferenças na cobrança em razão do sexo.[865]

O ACA previu subsídios para que famílias de baixa e média renda, não contempladas pelos programas estatais de assistência à saúde, possam contratar seguros. Para tanto, consideram-se indivíduos e famílias com rendas entre 133% e 400% do valor estabelecido para a linha da pobreza.[866]

Por outro lado, previu-se a expansão do *Medicaid* para abranger pessoas com rendas até 133% do valor considerado para a linha da pobreza. Dessa forma, deveriam ter acesso ao *Medicaid* todas as pessoas não contempladas pelos subsídios para a contratação de planos ou seguros de saúde.[867]

Outra medida relevante para ampliar a população coberta por seguros de saúde foi a garantia de manutenção do CHIP até o ano de 2019.[868] Já na administração de Donald Trump, o programa teve seu financiamento assegurado até 2027 e permanece ativo.

O ACA foi apreciado pela Suprema Corte dos Estados Unidos. No que se refere ao dever individual de contratação, questionado por violar o direito à liberdade, as disposições foram mantidas após julgamento por apertada maioria de cinco votos contra quatro. No entanto, a Suprema

---

[864] MCGILL, Mariah; MACNAUGHTON, Gillian. The struggle to achieve the human right to health care in the United States, cit., p. 637.

[865] MCGILL, Mariah; MACNAUGHTON, Gillian. The struggle to achieve the human right to health care in the United States, cit., p. 638.

[866] MCGILL, Mariah; MACNAUGHTON, Gillian. The struggle to achieve the human right to health care in the United States, cit., p. 638.

[867] MCGILL, Mariah; MACNAUGHTON, Gillian. The struggle to achieve the human right to health care in the United States, cit., p. 638.

[868] MCGILL, Mariah; MACNAUGHTON, Gillian. The struggle to achieve the human right to health care in the United States, cit., p. 639.

Corte decidiu que a extensão do *Medicaid* era facultativa para os Estados. Com isso, 24 Estados decidiram não expandir o programa.[869] Registra-se que, mais recentemente, foi aprovada legislação que reviu a obrigação de contratar seguro de saúde (*individual mandate*).[870]

A implementação do ACA não permitiu que se alcançasse a cobertura universal de serviços de saúde para a população que vive nos Estados Unidos. Imigrantes ilegais, por exemplo, não fazem jus aos serviços do *Medicaid*, nem aos subsídios para a contratação dos seguros de saúde. No entanto, a legislação buscou a expansão da cobertura de saúde e enfrentou questões relevantes, como o alto custo dos planos e seguros de saúde, as negativas de contratação e cobertura por doenças preexistentes, além de expandir a cobertura do *Medicaid*, alcançando uma maior proporção da população de baixa renda.

3.3.2 Sistemas de saúde de seguro social ("bismarckianos")

O desafio de promover políticas públicas voltadas para a proteção e a melhoria da saúde de uma população por meio da concepção de um sistema compreensivo e com ampla cobertura, como já se relatou, foi pioneiramente enfrentado no final do século XIX na Alemanha. A partir da experiência das sociedades mútuas, que disponibilizavam proteção social para seus segurados, o Estado estabeleceu um seguro social compulsório, baseado em contribuições de empregados e de empregadores.

A iniciativa alemã influenciou diversos países e gerou uma onda de legislações prevendo esquemas de seguro social como resposta às demandas dos trabalhadores, sobretudo do setor industrial. Esse modelo tem como base a criação de um regime de previdência estatal compulsória, que dispensa benefícios sociais para seus segurados, inclusive, a assistência à saúde. Há, aqui, uma estreita conexão entre o exercício de trabalho formal e o gozo de direitos sociais.

Assim sendo, o acesso às prestações sociais, inclusive aquelas relacionadas à manutenção ou recuperação da saúde, tem como requisito

---

[869] MCGILL, Mariah; MACNAUGHTON, Gillian. The struggle to achieve the human right to health care in the United States, cit., p. 639.
[870] BUSTAMANTE, Arturo Vargas; CHEN, Jie. Lower barriers to primary care after the implementation of the Affordable Care Act in the United States of America. *Revista Panamericana de Salud Pública*, n. 42, p. 3, Aug. 2018.

a comprovação da condição de segurado do seguro social oficial. Essa forma de organização do sistema de saúde, embora alcance grande parte da população, pode deixar a descoberto certos grupos populacionais, como imigrantes, pessoas desempregadas, trabalhadores informais, pequenos produtores e trabalhadores rurais para os quais o Estado deve desenvolver políticas públicas específicas.

Assim, o seguro social não representa uma resposta para a garantia do direito à saúde como integrante do *status* de cidadão, requisito para sua plena autonomia e efetiva participação social. Ainda que a cobertura das políticas públicas estatais possa ser ampla, há sempre a dependência da comprovação da condição de segurado para se fazer jus às prestações sanitárias.[871]

Os sistemas de saúde baseados no modelo de seguro social são financiados, em sua maior parte, por recursos provenientes de contribuições de empregadores e empregados. Pode haver financiamento estatal oriundo de receitas tributárias, assim como taxas moderadoras ou copagamentos feitos pelos usuários no momento de acesso à prestação (consultas, internamentos, aquisição de medicamentos, entre outros). No entanto, receitas diversas das contribuições de empregados e empregadores tendem a ser exceção.[872]

Os sistemas de seguro social são orientados por uma racionalidade corporativa – prestações sociais acessíveis segundo a ocupação –, mas também solidarista, na medida em que as contribuições são baseadas nos salários e não no risco individual de adoecimento, como ocorre com os seguros privados. Dessa forma, as contribuições de trabalhadores com melhores salários compensam aquelas de grupos com piores rendimentos. Embora os valores das contribuições sejam diversos, os benefícios (serviços de saúde) tendem a ser similares, segundo

---

[871] Nossa crítica é baseada na análise feita por Gosta Esping-Andersen dos regimes de *welfare state* bismarckianos, considerados pelo autor como conservadores e corporativistas. Segundo o autor, a dependência da condição de segurado limita a verdadeira emancipação ou "desmercadorização" dos indivíduos: "Os benefícios dependem quase inteiramente de contribuições e, assim, de trabalho e emprego. Em outras palavras, não é a mera presença de um direito social, mas regras e pré-condições correspondentes, que dita a extensão em que os programas de bem-estar social oferecerem alternativas genuínas à dependência em relação ao mercado". ESPING-ANDERSEN, Gosta. As três economias do Welfare State, cit. p. 103.

[872] Na Alemanha, segundo dados da OCDE para 2017, 75,2% dos recursos do sistema de saúde público foram provenientes das contribuições dos segurados e 16,4% vieram do orçamento. ORGANISATION FOR ECONOMIC CO-OPERATION AND DEVELOPMENT – *OECD. Stat* [em linha]. Paris: OECD, atual. 2020. Acesso em: 16 maio 2020. Disponível em: https://stats.oecd.org/index.aspx?DataSetCode=HEALTH_STAT.

a necessidade. Ainda assim, a existência de alíquotas fixas em face das remunerações torna o sistema regressivo, por não onerar mais, proporcionalmente, aquelas pessoas com maior capacidade contributiva e menos aquelas com menores rendimentos. No entanto, o modelo de seguro social é mais benéfico para o usuário que os sistemas que se baseiam no mercado privado e conferem proteções residuais a certos grupos populacionais. Isto porque, nestes casos, a par dos problemas enfrentados para a contratação dos seguros privados (seleção adversa, negativas de contratação e de cobertura, por exemplo), são comuns as despesas privadas no momento da prestação de serviços de saúde, as quais costumam ser óbices ao acesso (pessoas sem planos ou seguros de saúde tendem a evitar o comparecimento a uma unidade de saúde) e geram gastos catastróficos para as famílias.

Nos sistemas de seguro social, é comum a separação entre as ações de saúde pública, que ficam a cargo do Estado, e a atenção individual, marcadamente curativa, sob a responsabilidade das entidades que executam os programas de previdência social e seguros de saúde, que podem ser públicas ou privadas. É o que aconteceu no Brasil, desde a criação das caixas de aposentadoria e pensão, institucionalizadas ainda no período da República Velha, em 1923, pela Lei Eloy Chaves. Essas entidades foram reunidas em institutos de aposentadoria e pensão – IAPs – no período da Ditadura Vargas, e, mais adiante, em 1966, com o Instituto Nacional de Previdência Social – INPS –, a previdência social foi completamente unificada.[873] Em todo esse período, adotou-se um sistema de seguro social para a garantia de prestações na área da segurança social, inclusive de saúde. As caixas de aposentadoria e pensão e os IAPs dispensavam prestações sociais aos trabalhadores formais de determinada empresa, no caso das caixas, ou setor de atividade econômica, no caso dos IAPs. Durante o regime militar, a previdência social foi unificada no INPS, porém a lógica de assistência à saúde aos segurados do regime de previdência social – trabalhadores formais – se manteve. Com isso, as ações de saúde pública ficavam a cargo do Ministério da Saúde, com orçamento reduzido, e os serviços de saúde individual eram prestados pelo INPS e, mais tarde, pelo Instituto Nacional de Assistência Médica da Previdência Social – INAMPS –,

---

[873] PAIM, Jairnilson Silva *et al*. O sistema de saúde brasileiro: história, avanços e desafios [em linha]. *The Lancet*, série saúde no Brasil, p. 16-18, maio 2011. Acesso em: 19 fev. 2019. Disponível em: http://download.thelancet.com/flatcontentassets/pdfs/brazil/brazilpor1.pdf.

autarquia criada para prestar assistência à saúde aos segurados da previdência social em 1977.

Essa dissociação entre as ações de promoção da saúde e prevenção de doenças e a gestão dos serviços assistenciais e de reabilitação implica uma importante perda de informações entre ambos os momentos. Uma maior integração e a continuidade das políticas públicas poderiam contribuir para obter respostas mais ágeis do Estado, tornando o sistema mais responsivo, eficiente e eficaz.

Nos países em que os seguros sociais não são unificados – como no caso alemão e também no período em que havia no Brasil as caixas de aposentadoria e pensão e IAPs – é importante que o Estado proceda à regulação do setor, com definição de elenco mínimo de procedimentos e fiscalização do funcionamento das entidades. Com efeito, quando os seguros sociais são organizados por empresa, categoria profissional ou ramo de atividade econômica, as entidades que congregam categorias com melhores rendimentos ou maior poder de barganha, por exemplo, em razão do maior número de segurados, podem dispensar melhores serviços que aquelas que reúnem categorias mais frágeis, desorganizadas e com piores rendimentos, com isso dando causa a iniquidades. Mecanismos de correção do financiamento e da alocação de recursos ou subsídios provenientes de outras fontes de receita podem ser necessários para assegurar padrão aceitável de cobertura e de qualidade.

No contexto europeu, muitos países ainda organizam seus sistemas de saúde baseados no modelo bismarckiano. É o caso da Alemanha, França, Holanda e Áustria. Por ser pioneiro e referência para os demais países, examinar-se-á, com maior vagar, a organização do sistema de saúde alemão.

Na Alemanha, a proteção social à saúde é garantida pelo Seguro Social de Doença de afiliação compulsória (*Statutory Health Isurance* – SHI), dependente da participação no mercado de trabalho e contribuições solidárias de trabalhadores e empregadores proporcionais aos salários. Atualmente, cobre 89% da população aproximadamente.[874]

---

[874] GIOVANELLA, Lígia; STEGMULLER, Klaus. Crise financeira europeia e sistemas de saúde: universalidade ameaçada? Tendências das reformas de saúde na Alemanha, Reino Unido e Espanha. *Cadernos de Saúde Pública* [em linha], v. 30, n. 11, p. 3, nov. 2014. Acesso em: 27 jan. 2019. Disponível em: http://www.scielo.br/scielo.php?script=sci_arttext&pid=S0102-311X2014001102263&lng=en&nrm=iso.

Segundo dados da OCDE do ano de 2017, a expectativa de vida na Alemanha é de 81,1 anos.[875] Destes, 71,6 são anos de vida saudáveis, segundo as informações da OMS para 2016.[876] A mortalidade infantil, em 2017, foi 3,3 por mil nascidos vivos. O país investe 11,2% do seu PIB em saúde, sendo que 84,51% são de recursos públicos.[877] Atinge-se um investimento *per capita* de US$ 5.986,40, segundo o conceito de paridade por poder de compra.[878] A despesa pública é de US$ 4.600,00.[879]

A Alemanha tem uma população em intenso processo de envelhecimento, uma vez que possui expectativa de vida ao nascer elevada e uma das menores taxas de fecundidade do mundo. Neste ritmo, a Alemanha, em curto espaço de tempo, terá um alto percentual de idosos, assim causando forte pressão nas despesas com o sistema de saúde. No momento, o sistema de saúde alemão é bem avaliado por sua população e apresenta baixas filas de espera.[880]

As origens do sistema de saúde alemão remontam às associações de artesãos existentes na Idade Média. Essas associações já dispunham de uma forma primitiva de seguro de saúde baseado em um princípio de solidariedade, pois recolhiam pagamentos individuais de seus associados para dispensar auxílios para aqueles em dificuldades financeiras decorrentes de doenças.[881] Posteriormente, já no período

---

[875] ORGANISATION FOR ECONOMIC CO-OPERATION AND DEVELOPMENT – *OECD. Stat* [em linha]. Paris: OECD, atual. 2019. Acesso em: 17 fev. 2019. Disponível em: https://stats.oecd.org/index.aspx?DataSetCode=HEALTH_STAT.

[876] WORLD HEALTH ORGANIZATION – *The Global Health Observatory* [em linha]. Geneva: WHO, atual. 2019. Acesso em: 9 mar. 2019. Disponível em: http://apps.who.int/gho/data/view.main.HALEXv?lang=en.

[877] Dados de 2017. WORLD HEALTH ORGANIZATION. *The Global Health Observatory* [em linha]. Geneva: WHO, atual. 2020. Acesso em: 17 maio 2020. Disponível em: https://www.who.int/data/gho/data/indicators/indicator-details/GHO/domestic-private-health-expenditure-(pvt-d)-as-percentage-of-current-health-expenditure-(che)-(-).

[878] ORGANISATION FOR ECONOMIC CO-OPERATION AND DEVELOPMENT – *OECD. Stat* [em linha]. Paris: OECD, atual. 2019. Acesso em: 17 fev. 2019. Disponível em: https://stats.oecd.org/index.aspx?DataSetCode=HEALTH_STAT.

[879] WORLD HEALTH ORGANIZATION – *The Global Health Observatory* [em linha]. Geneva: WHO, atual. 2020. Acesso em: 17 maio 2020. Disponível em: https://www.who.int/data/gho/data/indicators/indicator-details/GHO/domestic-general-government-health-expenditure-(gghe-d)-per-capita-in-ppp-int.

[880] Estima-se que, em 2019, mais de 23% (vinte e três por cento) da população tinha mais que 65 (sessenta e cinco) anos de idade. BRITNELL, Mark. *In search of the perfect health system*, cit., p. 212.

[881] INSTITUTE FOR QUALITY AND EFFICIENCY IN: HEALTH CARE (IQWiG) – *Health Care in Germany: The German health care system* [em linha]. Cologne: (IQWiG), May 6th 2015, atual. Feb. 8th 2018. Acesso em: 12 jun. 2020. Disponível em: https://www.ncbi.nlm.nih.gov/books/NBK298834/.

de industrialização da Alemanha, as sociedades mútuas dispensavam proteção social aos trabalhadores das fábricas por meio de seguros administrados independentemente do Estado. Em um momento de mobilização política dos movimentos operários que reivindicavam melhores condições de trabalho e proteção social, o chanceler Otto von Bismarck propôs, em 1883, legislação que criou um seguro social de doença, de caráter compulsório. Além de responder às demandas dos trabalhadores e enfrentar a questão social colocada à época, a criação do seguro social foi uma forma de promover um tipo de lealdade do indivíduo em relação ao Estado.[882]

O desenvolvimento de esquemas de proteção social na Alemanha levou a doutrina jurídica a reconhecer a Constituição alemã, de 1919, como um dos marcos do Estado Social, ao lado da Constituição mexicana, de 1917, como já se destacou em outros momentos deste trabalho. Em relação à saúde, a Constituição alemã, de 1919, previu o dever de o Estado estabelecer um sistema compreensivo de seguros, financiado por meio de contribuições do segurado, para a manutenção da saúde e da aptidão para o trabalho, a proteção da maternidade e prevenir as consequências econômicas do envelhecimento e outras vicissitudes da vida (art. 161).

O seguro social obrigatório permanece sendo uma das bases do sistema de saúde alemão. O país é uma federação composta por 16 (dezesseis) Estados (*Länder*). Ao nível federal, por meio do Ministério da Saúde (BMG), competem atividades de regulação, organização e financiamento do sistema, além das políticas públicas de saúde coletiva.

Algumas entidades estão vinculadas ao Ministério da Saúde para o desempenho das atividades de regulação do sistema. O Instituto Federal para Medicamentos e Dispositivos Médicos (*Federal Institute for Drugs and Medical Devices* ou *BfArm*, em língua alemã) é responsável pelo registro de medicamentos. Ao Instituto Paul Ehrlich compete a aprovação de vacinas e derivados de sangue.[883]

---

[882] ESPING-ANDERSEN, Gosta. As três economias do Welfare State, cit. p. 105.

[883] INSTITUTE FOR QUALITY AND EFFICIENCY IN HEALTH CARE. *Health Care in Germany*: The German health care system, cit. OBERMANN, Konrad *et al*. *The German Health Care System: a concise overview* [em linha]. Mannheim: Mannheim Institute of Public Health (MIPH), Heidelberg University, 2013, p. 65. Acesso em: 12 jun. 2020. Disponível em: https://www.goinginternational.eu/newsletter/2013/nl_03/SpecialDE_EN_Understanding_the_German.pdf.

O Comitê Federal Conjunto (*Federal Joint Committee*) é a maior autoridade relacionada à regulação do sistema de saúde. O órgão possui membros de diversas categorias profissionais que atuam no setor da saúde, assim como representantes das caixas seguradoras, hospitais e pacientes. Compete ao comitê decidir sobre os serviços que serão cobertos aos segurados do seguro social de doença. Ainda, o Comitê Federal Conjunto é responsável pela garantia da qualidade dos cuidados de saúde. Em suas atividades, é assessorado pelo Instituto para a Qualidade e Eficiência em Cuidados de Saúde (*Institute for Quality and Efficiency in Health Care* ou *IQWiG*, segundo a sigla em idioma alemão), que avalia a incorporação de tecnologias e medicamentos.[884]

A responsabilidade por proporcionar assistência à saúde aos usuários é das caixas do seguro social de doença, que se organizam por profissão, ramo de atividade econômica ou região. No entanto, essas entidades não prestam diretamente os serviços de saúde, que são contratados de terceiros para serviços ambulatoriais ou hospitalares. No primeiro caso, relativo aos atendimentos ambulatoriais, os profissionais são contratados por meio das associações de médicos para o fundo social de doença. Entretanto, a obrigatoriedade de associação para prestar serviços e ser contratado por uma das caixas existentes deixou de existir recentemente, após reformas que buscaram enfatizar a competição no setor. Os hospitais, igualmente, também são contratados por intermédio de associações próprias, embora aqui as associações tenham menor relevância.[885]

Em 1993, foi aprovada lei que extinguiu a adscrição compulsória entre categorias profissionais e as caixas do seguro social de doença. Com isso, o caminho foi aberto para a livre escolha das caixas de seguro social de doença pelo interessado. O objetivo dessas reformas foi estimular a competição entre as caixas, visando à redução dos custos.[886]

---

[884] INSTITUTE FOR QUALITY AND EFFICIENCY IN HEALTH CARE. *Health Care in Germany:* The German health care system, cit. NORONHA, José Carvalho; GIOVANELLA, Ligia; CONNIL, Eleonor Minho. Sistemas de saúde da Alemanha, do Canadá e dos Estados Unidos: uma visão comparada, cit., p. 157.

[885] NORONHA, José Carvalho; GIOVANELLA, Ligia; CONNIL, Eleonor Minho. Sistemas de saúde da Alemanha, do Canadá e dos Estados Unidos: uma visão comparada, cit., p. 156. Na atenção hospitalar, 49% dos prestadores de serviços são públicos, 35% são filantrópicos e 17% são privados. Conferir GIOVANELLA, Lígia; STEGMULLER, Klaus. Crise financeira europeia e sistemas de saúde: universalidade ameaçada? Tendências das reformas de saúde na Alemanha, Reino Unido e Espanha, cit., p. 8.

[886] NORONHA, José Carvalho; GIOVANELLA, Ligia; CONNIL, Eleonor Minho. Sistemas de saúde da Alemanha, do Canadá e dos Estados Unidos: uma visão comparada, cit., p. 159.

O sistema de saúde alemão é baseado nos princípios do seguro compulsório, financiamento por contribuições, solidariedade e autonomia. Inicialmente, até determinado nível de renda, a afiliação ao seguro social é obrigatória. Pessoas com rendimentos mais elevados têm a faculdade de se inscrever no SHI ou contratar um seguro privado.[887] O financiamento é baseado em contribuições dos empregados e dos empregadores, que têm por base as remunerações. De forma complementar, também são investidos recursos decorrentes de receitas de impostos gerais.[888] A solidariedade decorre da assunção dos riscos do adoecimento pelo seguro de doença, independentemente do valor da contribuição, que varia conforme o salário. Assim, as contribuições variam conforme a renda, mas os benefícios são concedidos segundo a necessidade.[889] Embora a prestação de cuidados de saúde, a organização e o financiamento sejam regulados pelo Estado, as caixas do seguro social de doença, responsáveis por disponibilizar a assistência à saúde dos segurados, são organizadas por profissão, segmento de atividade econômica ou região. Trata-se de entidades não estatais, que gozam de autonomia administrativa. Os atendimentos ambulatoriais são prestados por profissionais liberais, representados perante o seguro social por meio de associações, e os hospitais, igualmente, gozam de grande liberdade na sua gestão, sejam eles públicos ou privados.[890]

Como já se indicou, o financiamento do sistema de saúde alemão é baseado em contribuições dos empregados e dos empregadores. As contribuições correspondem a 15,5% dos salários e, portanto, não estão relacionadas ao maior ou menor risco de adoecimento. Em 2010, rompeu-se com a paridade de contribuições: os trabalhadores custeiam o correspondente a 8,2% dos seus salários e os empregadores o percentual de 7,3%.[891]

---

[887] Acima de € 58.850,00, no ano de 2012, segundo Konrad Obermann e outros. Conferir em OBERMANN, Konrad *et al*. *The German Health Care System: a concise overview*, cit., p. 20.

[888] Cerca de 17% dos recursos totais no ano de 2016, segundo a OCDE. ORGANISATION FOR ECONOMIC CO-OPERATION AND DEVELOPMENT – *OECD.Stat* [em linha]. Paris: OECD, atual. 2019. Acesso em: 20 fev. 2019. Disponível em: https://stats.oecd.org/index.aspx?DataSetCode=HEALTH_STAT.

[889] OBERMANN, Konrad *et al*. *The German Health Care System*: a concise overview, cit., p. 23.

[890] INSTITUTE FOR QUALITY AND EFFICIENCY IN HEALTH CARE. *Health Care in Germany*: The German health care system, cit. OBERMANN, Konrad *et al*. *The German Health Care System*: a concise overview, cit.

[891] GIOVANELLA, Lígia; STEGMULLER, Klaus. Crise financeira europeia e sistemas de saúde: universalidade ameaçada? Tendências das reformas de saúde na Alemanha, Reino Unido e Espanha, cit., p. 5.

São exigidos copagamentos dos usuários como, por exemplo, de €10,00 por dia de internação hospitalar, até o máximo de 28 dias. Também são exigidos copagamentos entre €5,00 e €10,00 para fornecimento de medicamentos e transporte sanitário. Crianças e adolescentes até 18 anos e mulheres grávidas são isentas.[892]

Os recursos são arrecadados para um fundo comum do seguro social de doença e alocados paras as caixas levando-se em conta o número de afiliados e fatores como sexo, idade e prevalência de certas doenças.[893]

Ao sistema de saúde alemão está posto o desafio de manter ampla cobertura, abrangência e qualidade dos serviços, com controle dos custos, em um cenário de envelhecimento populacional, que contribui para a maior incidência de doenças crônicas, trazendo maiores despesas e redução das contribuições.

3.3.3 Sistemas de saúde universais ("beveridgeanos")

Os sistemas de saúde universais foram implementados a partir da segunda metade do século XX, tendo como exemplo a experiência pioneira do Serviço Nacional de Saúde – *National Health Service* – britânico, instituído a partir de 1948, logo após a 2ª Guerra Mundial, sob a influência do Relatório Beveridge, de 1942.

Os sistemas nacionais de saúde têm como pedra de toque e premissa orientadora o acesso às ações e serviços de saúde como um direito de cidadania. Assim, compreende-se que a realização da cidadania é dependente do elemento social,[894] que envolve a fruição de condições materiais para a vida digna, incluindo a satisfação de necessidades em saúde.

Partindo dessa premissa, a utilização de serviços de saúde é assegurada a toda a população, independentemente de se comprovar a vinculação às entidades de previdência social, demonstrar a condição

---

[892] GIOVANELLA, Lígia; STEGMULLER, Klaus. Crise financeira europeia e sistemas de saúde: universalidade ameaçada? Tendências das reformas de saúde na Alemanha, Reino Unido e Espanha, cit., p. 5.
[893] NORONHA, José Carvalho; GIOVANELLA, Ligia; CONNIL, Eleonor Minho. Sistemas de saúde da Alemanha, do Canadá e dos Estados Unidos: uma visão comparada, cit., p. 159. GIOVANELLA, Lígia; STEGMULLER, Klaus. Crise financeira europeia e sistemas de saúde: universalidade ameaçada? Tendências das reformas de saúde na Alemanha, Reino Unido e Espanha, cit., p. 6.
[894] MARSHALL, T.H.; BOTTOMORE, Tom. *Citizenship and Social Class*, cit., p. 22.

de segurado ou cumprir outros pré-requisitos, como integrar certos grupos populacionais ou auferir até certo nível de renda. O sistema de saúde deve atender a todos os grupos sociais: homens e mulheres; crianças, adultos e idosos; empregados e trabalhadores autônomos, urbanos ou rurais; ricos e pobres. Promove-se, assim, como afirma Esping-Andersen, uma igualdade de *status* entre os cidadãos.[895]

Nos países com sistemas de saúde de acesso universal, o Estado assume a responsabilidade pela promoção de políticas públicas que assegurem serviços de saúde para a população, desde as atividades de prevenção, passando pela cura e reabilitação. O restabelecimento da saúde das pessoas doentes é enfrentado como um dever do Estado, ou seja, trata-se de uma demanda coletiva e não apenas individual.[896]

Consequentemente, o acesso aos serviços de saúde deve depender tão somente da necessidade e não da capacidade de pagamento. Com isso, o financiamento dos sistemas de saúde universais, majoritariamente, é dependente de recursos provenientes do orçamento estatal, previamente arrecadados por meio de tributos. Diferentemente do sistema de seguro social, as contribuições de empregados e de empregadores correspondentes a percentuais de seus rendimentos não são as principais fontes de financiamento. Via de regra, as principais receitas são oriundas de impostos gerais, pagos conforme a capacidade contributiva de cada pessoa, o que confere, *a priori*, um caráter mais progressivo e redistributivo aos sistemas de saúde universais que aos modelos de proteção residual e de seguro social.

Normalmente, a fruição dos serviços de saúde independe de pagamentos no ponto de atenção, o que protege financeiramente a população e evita a realização de despesas catastróficas, que comprometem os orçamentos das famílias. Não se trata exatamente de gratuidade dos serviços, posto que são previamente custeados por toda a

---

[895] "Como alternativa à assistência aos comprovadamente pobres e à seguridade social corporativista, o sistema universalista promove a igualdade de *status*. Todos os cidadãos são dotados de direitos semelhantes, independentemente da classe ou da posição no mercado. Neste sentido, o sistema pretende cultivar a solidariedade entre as classes, uma solidariedade da nação." ESPING-ANDERSEN, Gosta. As três economias do Welfare State, cit. p. 106.

[896] "Restoration of a sick person to health is a duty of the State and the sick person, prior to any other consideration." BEVERIDGE, William. Social insurance and allied services. Report by Sir William Beveridge. *Bulletin: of the World Health Organization: the International Journal of Public Health* [em linha], v. 78, n. 6, p. 852, 2000. Acesso em: 7 mar. 2019. Disponível em: http://www.who.int/iris/handle/10665/57560. O texto foi extraído do relatório publicado em Londres, em 1942.

sociedade, de forma solidária, através das receitas tributárias. Contudo, em alguns países, pode haver a instituição de copagamentos ou taxas moderadoras para alguns serviços ou insumos, como medicamentos. Esses pagamentos, embora sejam uma fonte de receita para os sistemas de saúde, não costumam ser relevantes e servem mais para o controle ou organização da demanda, evitando eventuais abusos na utilização dos serviços. Nessa linha, os copagamentos não remuneram os serviços prestados e, assim, não constituem contraprestações sinalagmáticas dos usuários. Ademais, costumam ser previstas isenções para certos grupos populacionais mais vulneráveis e pessoas de baixa renda.

Os sistemas de saúde universais podem ter serviços prestados diretamente pelo Estado ou contratualizados. No primeiro caso, chamados modelos integrados, a propriedade das unidades ambulatoriais para a prestação dos cuidados primários e especializados, hospitais e outras unidades de saúde é estatal. Os trabalhadores são servidores públicos remunerados pelo Estado.[897] Por outro lado, ainda que se trate de sistema de saúde universal, a opção política pode voltar-se para a contratualização de serviços, total ou parcialmente, junto à iniciativa privada, seja por meio do setor lucrativo ou filantrópico. Dessa forma, os profissionais de saúde são autônomos ou mantêm vínculo profissional com as entidades privadas. Na verdade, a tendência, quanto à propriedade das unidades de saúde e ao vínculo dos profissionais de saúde com o sistema público, é de modelos mistos nos quais há presença tanto de serviços estatais, com servidores públicos e regidos pelo regime jurídico-administrativo, como de contratualização de serviços privados, sobretudo de forma a complementar a disponibilidade estatal,[898] ou promover maior competitividade e eficiência dos prestadores de serviço.[899] De todo modo, tanto na prestação direta dos serviços de saúde como na contratualização junto à iniciativa privada, os sistemas de saúde universais são caracterizados por uma forte regulação estatal

---

[897] MARTINS, Licínio Lopes. *Tratado de Direito Administrativo especial, vol. III: Direito Administrativo da saúde*, cit., p. 228.

[898] É o caso do sistema único de saúde do Brasil para o qual a Constituição de 1988 prevê que as instituições privadas poderão participar de forma complementar do sistema público, observados os princípios e diretrizes deste (art. 199, §1º). BRASIL – Constituição da República Federativa do Brasil, de 5 de outubro de 1988, cit.

[899] Trata-se de opção adotada no NHS britânico desde a década de 1990. Como será exposto logo a seguir, sucessivas reformas levaram à implementação de um mercado interno, promovendo-se a competição entre os prestadores de serviço. Mais recentemente, incentivou-se a participação da iniciativa privada, inclusive competindo com os serviços públicos.

por meio de leis e atos normativos infralegais, diretamente ou por entidades reguladoras autônomas, com perfil técnico.

Aponta-se que os sistemas de saúde universais são mais eficientes no uso dos recursos públicos e apresentam melhores resultados para a população, que se expressam nos seus indicadores de saúde – expectativa de vida, mortalidade infantil, entre outros.[900] Normalmente, há uma maior integração entre as ações de saúde coletiva e as de caráter individual e curativo. Enfatizam-se as medidas de promoção à saúde e de caráter preventivo, que evitam o adoecimento das pessoas. Ademais, a cobertura universal tem o efeito de combater as desigualdades,[901] já que a capacidade de pagamento não é entrave para a utilização dos serviços de saúde e há uma maior regulação do uso, como a previsão da atenção primária como porta de entrada e condição para a fruição dos serviços especializados, de maior custo.

Na Europa Ocidental, Dinamarca, Espanha, Finlândia, Grécia, Itália, Portugal, Reino Unido e Suécia têm sistemas de saúde universais.[902] O Brasil, a partir da Constituição de 1988, também previu um sistema de saúde universal, que foi institucionalizado por meio do Sistema Único de Saúde – SUS. Por seu pioneirismo e exemplo para os demais países do mundo, passaremos ao exame do sistema inglês e, em seguida, dos sistemas de saúde de Portugal e do Brasil.

Pressionado pelas reivindicações dos movimentos operários deflagrados no final no século XIX e sob a influência do modelo alemão, o Reino Unido, em 1911, implementou um sistema de seguro social de saúde – *National Health Insurance* – voltado para o atendimento de trabalhadores até certo limite de remuneração. A assistência à saúde era assegurada no nível primário.[903]

Em 1941, o governo de coalização determinou a instauração de um comitê para a análise do seguro social vigente e apresentação de

---

[900] LOBATO, Lenaura de Vasconcelos Costa; GIOVANELLA, Ligia. Sistemas de saúde: origens, componentes e dinâmica, cit., p. 111.

[901] Essa é a posição da OMS no Relatório Mundial de Saúde de 2010, no qual se afirma enfaticamente que "o passo mais fundamental que um país pode dar para fomentar a equidade em saúde é promover a cobertura universal: acesso universal a todo um leque de serviços de saúde necessários, pessoais ou não pessoais, com proteção social da saúde". ORGANIZAÇÃO MUNDIAL DA SAÚDE – *Relatório Mundial de Saúde, 2008:* Cuidados de saúde primários – agora mais que nunca, cit., p. 27.

[902] LOBATO, Lenaura de Vasconcelos Costa; GIOVANELLA, Ligia. Sistemas de saúde: origens, componentes e dinâmica, cit., p. 120.

[903] FILIPPON, Jonathan. A liberalização do Serviço Nacional de Saúde da Inglaterra: trajetória e riscos para o direito à saúde. *Cadernos de Saúde Pública*, v. 32, issue 8, p. 3, ago. 2016.

recomendações para uma reforma. Assim, o relatório *Social insurance and allied services*, elaborado por William Beveridge, inspirou o desenvolvimento do Estado Social no Reino Unido e propôs as bases para a criação e implementação do serviço nacional de saúde, NHS.

O Relatório Beveridge, de 1942, fez diversas críticas ao modelo adotado até então. No documento, ressalta-se a limitada abrangência do sistema de seguro social, que não alcançava pessoas sem trabalho formal. Embora por vezes essas pessoas sejam mais pobres que os trabalhadores segurados, não eram colhidas pelas políticas públicas oficiais.[904]

Propôs-se que o Estado estabelecesse um serviço nacional de saúde compreensivo para a prevenção e tratamento das doenças e reabilitação dos pacientes, disponível para todos os cidadãos, conforme a sua necessidade, independentemente de pagamentos. O restabelecimento da saúde das pessoas foi encarado com um dever do Estado e não apenas do indivíduo.[905] Assim, o relatório rejeitou qualquer discriminação entre

---

[904] "4. Thus limitation of compulsory insurance to persons under contract of service and below a certain remuneration if engaged on non-manual work is a serious gap. Many persons working on their own account are poorer and more in need of State insurance than employees; the remuneration limit for non-manual employees is arbitrary and takes no account of family responsibility." BEVERIDGE, William. Social insurance and allied services. Report by Sir William Beveridge, cit., p. 847.

[905] BEVERIDGE, William. Social insurance and allied services. Report by Sir William Beveridge, cit., p. 852. No trecho a seguir, encontram-se as diretrizes centrais que iriam orientar a futura criação do NHS:
"The first part of Assumption B is that a comprehensive national health service will ensure that for every citizen there is available whatever medical treatment he requires, in whatever form he requires it, domiciliary or institutional, general, specialist or consultant, and will ensure also the provision of dental, ophthalmic and surgical appliances, nursing and midwifery and rehabilitation after accidents. Whether or not payment towards the cost of health service is included in the social insurance contribution, the service itself should: (i) be organized, not by the Ministry concerned with social insurance, but by Departments responsible for the health of the people and for positive and preventive as well as curative measures;
(ii) be provided where needed without contribution conditions in any individual case. Restoration of a sick person to health is a duty of the State and the sick person, prior to any other consideration. The assumption made here is in accord with the definition of the objects of medical service as proposed in the Draft Interim report of the Medical Planning Commission of the British Medical Association.
'(a) to provide a system of medical service directed towards the achievement of positive health, of the prevention of disease, and the relief of sickness;
(b) to render available to every individual all necessary medical services, both general and specialist, and both domiciliary and institutional.'" BEVERIDGE, William. Social insurance and allied services. Report by Sir William Beveridge, cit., p. 852.

os indivíduos para fins de acesso à saúde, inclusive no que se refere aos riscos de adoecimento.[906]

Philip Musgrove considera que raramente um relatório influenciou tanto um governo como o Relatório Beveridge.[907] As recomendações constantes do documento foram as bases para a criação do *National Health Service* – NHS –, em 1946, com suas atividades iniciadas em 1948. Trata-se de um sistema de saúde de acesso universal e financiamento fiscal, com cobertura compreensiva e gratuita para toda a população no momento do atendimento.[908] Inicialmente, o NHS teve por base estrutura essencialmente pública e centralizada. Todavia, após várias reformas, o NHS foi descentralizado em 2004 para os quatro países do Reino Unido, e os atuais NHS da Inglaterra, Escócia, País de Gales e Irlanda do Norte apresentam distintas peculiaridades.[909]

Com a criação do NHS e sua implementação, houve a nacionalização dos serviços de saúde. O sistema herdou e manteve a tradicional divisão entre a atenção primária e a atenção especializada e hospitalar. A primeira, prestada pelos médicos generalistas (*General Practitioners ou GPs*), constitui a porta de entrada do sistema de saúde e somente por meio deles os especialistas podem ser consultados, quando necessário. Os GPs são profissionais autônomos, remunerados, essencialmente, com base no número de usuários inscritos.[910] Cabe aos cidadãos a inscrição junto a um GP, sendo que, atualmente, não há relação entre o local de residência e o profissional, ficando sob a livre escolha do usuário.[911]

O atendimento hospitalar se dá, majoritariamente, em hospitais públicos, nos quais os médicos são servidores remunerados pelo Estado.

---

[906] MUSGROVE, Philip. Health insurance: the influence of the Beveridge Report [em linha]. *Bulletin: of the World Health Organization: the International Journal of Public Health*, v. 78, n. 6, p. 846, 2000. Acesso em: 7 mar. 2019. Disponível em http://www.who.int/iris/handle/10665/57560.

[907] MUSGROVE, Philip. Health insurance: the influence of the Beveridge Report, cit., p. 845.

[908] LOBATO, Lenaura de Vasconcelos Costa; GIOVANELLA, Ligia. Sistemas de saúde: origens, componentes e dinâmica, cit., p. 119.

[909] GIOVANELLA, Lígia; STEGMULLER, Klaus. Crise financeira europeia e sistemas de saúde: universalidade ameaçada? Tendências das reformas de saúde na Alemanha, Reino Unido e Espanha, cit., p. 3.

[910] ALMEIDA, Célia. Reformas de sistemas de saúde: tendências internacionais, modelos e resultados. *In:* GIOVANELLA, Ligia *et al. Políticas e Sistemas de Saúde no Brasil*. Rio de Janeiro: FIOCRUZ, 2009, p. 901.

[911] FILIPPON, Jonathan. A liberalização do Serviço Nacional de Saúde da Inglaterra: trajetória e riscos para o direito à saúde, cit., p. 10.

Nessa linha, na Inglaterra,[912] 94,2% dos leitos hospitalares encontram-se em prestadores públicos.[913]

O processo de reformas do NHS iniciou-se na década de 1980, a partir do governo de Margaret Thatcher, dando início a uma progressiva liberalização com a introdução de valores de mercado no setor da saúde, tendo por objetivo aumentar sua eficiência.[914]

As reformas do NHS foram influenciadas pelos conceitos de atenção gerenciada (*managed care*) e competição administrada (*managed competition*). No primeiro caso, trata-se de uma estratégia de redução de custos e controle da utilização dos serviços, por meio da regulação do fluxo de atendimento. Dessa forma, prestigia-se a atenção primária como porta de entrada para o sistema de saúde e caminho para o acesso à atenção especializada, quando necessário. São propostos protocolos de assistência à saúde, com o objetivo de "filtrar" o uso de serviços de maior custo. Essa estratégia é orientada, conforme Célia Almeida, pela "ênfase na medicina preventiva, na atenção primária, no atendimento extra-hospitalar".[915]

A proposta de competição administrada, concebida, a princípio, para o mercado da saúde suplementar (planos e seguros de saúde), propõe "introduzir no setor saúde a ideia do mercado trilateral composto por consumidores (usuários dos serviços – demanda), planos de saúde (oferta) e responsáveis (*sponsors*), em contraposição ao mercado bilateral tradicional".[916] Entre outros efeitos, a proposta objetiva reunir a demanda e incrementar a competição entre os prestadores de serviço, que serão contratados pelos responsáveis, com isso aumentando sua eficiência.

A partir da década de 1990, as reformas do NHS foram sendo implementadas. A principal característica, presente ainda nos dias atuais, foi a separação entre as funções de comprador e provedor de serviços de saúde (*purchaser/provider split*).[917] Assim, ao contrário do que

---

[912] Considera-se o NHS inglês.
[913] GIOVANELLA, Lígia; STEGMULLER, Klaus. Crise financeira europeia e sistemas de saúde: universalidade ameaçada? Tendências das reformas de saúde na Alemanha, Reino Unido e Espanha, cit., p. 9.
[914] GREEN, Andrew; ROSS, Duncan; MIRZOEV, Tolib. Primary health care and England: The coming of age of Alma Ata? *Health policy*, v. 80, n. 1, p.14, 2007.
[915] ALMEIDA, Célia. Reformas de sistemas de saúde: tendências internacionais, modelos e resultados, cit., p. 898.
[916] ALMEIDA, Célia. Reformas de sistemas de saúde: tendências internacionais, modelos e resultados, cit., p. 898.
[917] FILIPPON, Jonathan. «A "liberalização" do Serviço Nacional de Saúde da Inglaterra: trajetória e riscos para o direito à saúde, cit., p. 6. GREEN, Andrew; ROSS, Duncan; MIRZOEV, Tolib. Primary health care and England: The coming of age of Alma Ata?, cit., p. 14.

ocorria anteriormente, ao Estado ficou reservado o papel de regulador e financiador do sistema de saúde. Organizações que reúnem os GPs passaram a receber e gerir recursos públicos e com isso promovem o planejamento e a contratação dos serviços especializados e hospitalares para o atendimento dos usuários inscritos. Assim, na década de 1990, estimulou-se a reunião dos GPs em *GP-Fundholders*, embora parte dos profissionais não tenha aderido ao modelo. Nestes casos, os serviços especializados e hospitalares eram providos pelas autoridades locais de saúde (*District Health Authorities* – DHA). Posteriormente, nos anos 2000, novas reformas reuniram todos os GPs em *Primary Care Trusts* – PCTs – e foram agrupados por área geográfica. Finalmente, desde 2013, já considerando apenas a realidade inglesa, os profissionais estão reunidos em *Clinical Commissioning Groups* – CCGs –, que são regulados pela autoridade de saúde do NHS-England.[918]

Esses agrupamentos de GPs, nos diversos modelos vigentes desde a década de 1990, são livres para contratar os serviços especializados e hospitalares para o encaminhamento de seus pacientes quando necessário. Dessa forma, promove-se uma competição entre os prestadores, com vistas à redução de custos e incremento da qualidade dos serviços prestados, assim criando o chamado mercado interno inglês, espécie de quase-mercado.[919]

Os hospitais públicos, sob a inspiração dos princípios da iniciativa privada, passaram a gozar de grande autonomia e assumiram a forma de *Foundation Trusts* (FTs). Atualmente, os hospitais públicos têm a concorrência de organizações privadas, que também podem prestar serviços ao NHS e, dessa forma, ser contratadas pelas CCGs.[920]

Ao lado das mudanças administrativas já citadas, foram introduzidos copagamentos, que atualmente são exigidos para o fornecimento de medicamentos, alguns tratamentos e próteses dentárias. Cerca de

---

[918] GIOVANELLA, Lígia; STEGMULLER, Klaus. Crise financeira europeia e sistemas de saúde: universalidade ameaçada? Tendências das reformas de saúde na Alemanha, Reino Unido e Espanha, cit., p. 8.
[919] ALMEIDA, Célia. Reformas de sistemas de saúde: tendências internacionais, modelos e resultados, cit., p. 903.
[920] FILIPPON, Jonathan. A "liberalização" do Serviço Nacional de Saúde da Inglaterra: trajetória e riscos para o direito à saúde, cit., p. 11. Christopher Newdick afirma que, a despeito das várias reformas realizadas para introduzir princípios de mercado no NHS, não houve ganhos em qualidade e eficiência. Para o autor, é necessário adotar um enfoque centrado nos usuários para a gestão do NHS. NEWDICK, Christopher. From Hipprocrates to commodities: three models of NHS governance. *Medical Law Review*, v. 22, n. 2, p. 173, 2014.

50% da população está isenta, o que abrange grupos de pessoas com mais de 60 anos, crianças, gestantes e população de baixa renda.[921] Em 2004, instituiu-se, para a remuneração das ações de atenção primária, o pagamento por desempenho (*pay for performance*), estabelecendo-se objetivos a serem alcançados pelos profissionais, que interferem na sua remuneração. Aponta-se que o modelo contribuiu para a melhoria dos cuidados.[922]

Em resumo, pode-se afirmar que as reformas do NHS promoveram o afastamento do Estado da função de provedor de serviços de saúde, que passou ao papel de financiador e regulador. Houve a descentralização dos serviços e do emprego dos recursos públicos, com estímulo da competição entre os prestadores de serviços, visando à redução de custos, aumento da eficiência e melhoria da qualidade. Todavia, o sistema permanece público, universal e orientado pelos seguintes princípios:

1. O NHS dispõe de serviços abrangentes, disponíveis para todos.
2. Acesso ao NHS é baseado nas necessidades clínicas, não na capacidade de pagamento.
3. NHS pretende ter o maior padrão de excelência e profissionalismo e disponibilizar serviços de alta qualidade.
4. O paciente é o coração das ações do NHS.
5. O NHS trabalha além das fronteiras organizacionais e em parceira com organizações de interesses de pacientes, comunidades locais e população em geral.
6. O NHS é comprometido em assegurar o melhor valor aos recursos do contribuinte e empregá-los de forma justa e sustentável.
7. O NHS é transparente ao público, comunidades e pacientes que ele serve.[923]

No ano de 2017, as despesas totais em saúde no Reino Unido alcançaram 9,63% do PIB. Deste total, 79,42% dos recursos são públicos e correspondem a 7,65% do PIB. Essas despesas públicas *per capita* são de US$ 3.445,00, segundo o conceito de paridade por poder de compra.

---

[921] GIOVANELLA, Lígia; STEGMULLER, Klaus. Crise financeira europeia e sistemas de saúde: universalidade ameaçada? Tendências das reformas de saúde na Alemanha, Reino Unido e Espanha, cit., p. 5.
[922] PERELMAN, Julian *et al*. *Pagamento pelo desempenho nos cuidados de saúde primários*: experiências cruzadas, cit., p. 18.
[923] ENGLAND. Department of Health – *The NHS Constitution*. London: Crown, 2015. Tradução livre do autor.

Em comparação com os países que são referência para os sistemas de saúde de proteção residual e de seguro social, respectivamente, Estados Unidos e Alemanha, constata-se que o Reino Unido tem despesas menores no custeio de serviços de saúde.[924]

O financiamento do NHS advém, predominantemente, dos impostos gerais. De todos os recursos empregados, 76% são de impostos gerais, 18% de tributos incidentes sobre os salários e ainda há receitas de copagamentos, já indicadas anteriormente.[925]

Por outro lado, a expectativa de vida no Reino Unido é de 81,3 anos, enquanto que a mortalidade infantil é de 3,9 por mil nascidos vivos.[926] Estima-se que expectativa de vida saudável em 2016 era de 71,9 anos.[927]

O NHS, a par de ter sido o pioneiro sistema de saúde universal, permanece sendo referência internacional para os demais países do mundo. Mesmo após as reformas realizadas desde a década de 1980 e ao longo deste século, o NHS continua assegurando acesso universal à saúde para os cidadãos, com financiamento público e, via de regra, independentemente de pagamentos no momento da assistência à saúde. O Reino Unido, que não está entre os países que mais investem em saúde pública no mundo, permanece com indicadores muito bons e seu sistema de saúde goza de boa reputação entre a população britânica.

Em Portugal, o embrião para a adoção do sistema de saúde universal surgiu com a reforma de 1971, sendo representativa a publicação do Decreto-Lei nº 413/71. Este diploma normativo estabeleceu o dever do Estado de promover uma política de saúde e de assistência social e, ademais, reconheceu o direito à saúde como direito da personalidade, com abrangência do acesso a serviços, sem restrições, salvo as decorrentes de limitações dos recursos humanos, técnicos e financeiros disponíveis (art. 2º). Além disso, antecipando-se à Declaração de Alma-Ata, o

---

[924] WORLD HEALTH ORGANIZATION – *The Global Health Observatory* [em linha]. Geneva: WHO, atual. 2020. Acesso em: 17 maio 2020. Disponível em: https://www.who.int/data/gho/data/indicators/indicator-details/GHO/domestic-general-government-health-expenditure-(gghe-d)-per-capita-in-ppp-int.

[925] BRITNELL, Mark. *In search of the perfect health system*, cit., p. 123.

[926] Informações do ano de 2017. ORGANISATION FOR ECONOMIC CO-OPERATION AND DEVELOPMENT – *OECD.Stat* [em linha]. Paris: OECD, atual. 2020. Acesso em: 12 jun. 2020. Disponível em: https://stats.oecd.org/index.aspx?DataSetCode=HEALTH_STAT.

[927] WORLD HEALTH ORGANIZATION – *The Global Health Observatory* [em linha]. Geneva: WHO, atual. 2019. Acesso em: 11 mar. 2019. Disponível em: http://apps.who.int/gho/data/view.main.HALEXv?lang=en.

legislador definiu a prioridade das ações de promoção da saúde e de prevenção das doenças (art. 3º, n. 2). Nessa linha, é relevante ressaltar, ainda, a emergência do conceito de atenção primária e criação dos primeiros centros de saúde a partir de 1971, dedicados, especialmente, às atividades de saúde preventivas.[928]

Embora seja possível identificar uma continuidade ideológica entre as propostas da reforma de 1971 e a opção política por um sistema de saúde universal, segundo o modelo beveridgeano, como afirmam António Correia de Campos e Jorge Simões,[929] o direito à saúde apenas ganhou *status* constitucional com a promulgação da Constituição de 1976.

A Constituição de 1976 reconheceu a proteção da saúde como direito fundamental entre os direitos econômicos, sociais e culturais (art. 64, n. 1) e definiu que sua realização se dá por meio de um serviço nacional universal, geral e gratuito, o que veio a ser alterado pela revisão constitucional de 1989 para se estabelecer que as prestações do Serviço Nacional de Saúde – SNS – devem ser *tendencialmente gratuitas* "tendo em conta as condições económicas e sociais dos cidadãos" (art. 64, n. 2, "a").[930]

Estabelece-se, como contrapartida ao direito fundamental dos cidadãos portugueses à proteção da saúde, o dever do Estado de assegurar o acesso de todos, independentemente do preenchimento de pré-requisitos, a cuidados preventivos, curativos e de reabilitação em todo o território nacional, com uso eficiente e racional dos recursos (art. 64, n. 3).

Em que pese a previsão constitucional, o SNS foi implementado a partir de 1979 com a publicação da Lei nº 56/79, que o criou como uma rede de órgãos e serviços vinculada atualmente ao Ministério da Saúde sob direção unificada, gestão descentralizada e democrática (art. 2º).[931] Entende-se, contudo, que o dever constitucional e legal do

---

[928] CAMPOS, António Correia de; SIMÕES, Jorge. *O percurso da saúde:* Portugal na Europa, cit., p. 117.

[929] CAMPOS, António Correia de; SIMÕES, Jorge. *O percurso da saúde:* Portugal na Europa, cit., p. 119.

[930] Já antes o Tribunal Constitucional havia admitido a constitucionalidade da cobrança de taxas moderadoras, destinadas a racionalizar o uso dos serviços públicos, como consta do Acórdão nº 330/88. PORTUGAL. Tribunal Constitucional – Acórdão nº 330/88. Relator: Cons. Cardoso da Costa [em linha]. 11 abr. 1989. Acesso em: 13 jun. 2020. Disponível em: http://www.tribunalconstitucional.pt/tc/acordaos/19990318.html.

[931] PORTUGAL – Lei nº 56, de 15 de setembro de 1979 [em linha]. Acesso em: 13 jun. 2020. Disponível em: https://dre.pt/pesquisa/-/search/369864/details/normal?p_p_auth=JqNc3epD.

Estado português de assegurar a proteção da saúde por meio do SNS não implica, necessariamente, a execução direta de serviços de saúde, segundo regime jurídico de Direito Público. Ao contrário, admite-se a contratação de terceiros, do setor privado lucrativo ou filantrópico, para prestar serviços ao SNS, assim como o emprego de formas privadas na gestão de serviços públicos de saúde,[932] desde que asseguradas as características nucleares estabelecidas pelo ordenamento jurídico português de acesso universal, generalidade e tendencial gratuidade.[933] De todo modo, a implementação do SNS implicou uma efetiva participação do Estado na área da saúde, tanto na normatização como na prestação se serviços, diferentemente do que ocorria anteriormente. Antes da criação do SNS as despesas com saúde em Portugal se limitavam a 2,8% do PIB, segundo Licínio Lopes Martins.[934]

A Lei nº 56/79, que criou o SNS, teve seus artigos 18º a 61º e 64º e 65º, que dispõem sobre a estrutura institucional e organizatória, revogados pelo Decreto-Lei nº 254/82. Com isso, na prática, promoveu-se a extinção do SNS, sem substituí-lo por outra entidade com papel

---

[932] Nessa linha, em relação à gestão dos hospitais e centros de saúde, a Lei de Bases da saúde prevê que "a gestão das unidades de saúde deve obedecer, na medida do possível, a regras de gestão empresarial e a lei pode permitir a realização de experiências inovadoras de gestão, submetidas a regras por ela fixadas" (Base XXXVI, n. 1). PORTUGAL – Lei nº 48, de 31 de julho de 1990, cit. Experiências inovadoras na gestão de hospitais do SNS têm sido experimentadas desde 1995 quando a administração do Hospital Fernando da Fonseca ou Hospital Amadora-Sintra foi entregue a uma entidade privada sob contrato de gestão. Posteriormente, outros hospitais públicos assumiram formas empresariais de gestão como noticia Licínio Lopes Martins. MARTINS, Licínio Lopes – *Tratado de Direito Administrativo especial, vol. III: Direito Administrativo da saúde*, cit., p. 230. As parcerias público-privadas no setor de saúde em Portugal, segundo informam Maria João Estorninho e Tiago Macieirinha, "têm por objeto a associação duradoura de entidades dos sectores privado e social à realização direta de prestações de saúde (no domínio dos cuidados primários, diferenciados ou continuados) ou o apoio direto ou indireto a tal realização no âmbito do serviço público de saúde assegurado pelo Serviço Nacional de Saúde [art. 2º, nº1], podendo envolver atividades de concessão, construção, financiamento, conservação e exploração dos estabelecimentos integrados ou a integrar no Serviço Nacional de Saúde, com transferência e partilha de riscos e recursos a financiamento de outras entidades [art. 2º, nº 2]". ESTORNINHO, Maria João; MACIEIRINHA, Tiago. *Direito da saúde*, cit., p. 169.

[933] Maria João Estorninho e Tiago Macieirinha afirmam que é possível concluir que "a Constituição não utilizou em relação ao direito à proteção da saúde uma fórmula que imponha, pelo menos à primeira vista, o caráter público das instituições que o levem a cabo. Por outro lado, para a Constituição o que é essencial é que o Estado garanta o acesso de todos os cidadãos, independentemente da sua condição económica, aos cuidados de medicina [art. 64º, n. 3, a)], nada aí se dizendo se esta garantia deve ser assegurada através de serviços de natureza pública." ESTORNINHO, Maria João; MACIEIRINHA, Tiago. *Direito da saúde*, cit., p. 48.

[934] MARTINS, Licínio Lopes. *Tratado de Direito Administrativo especial, vol. III: Direito Administrativo da saúde*, cit., p. 229.

correspondente. Essa medida teve a sua constitucionalidade apreciada pelo Tribunal Constitucional. A corte entendeu que a implementação do SNS é uma imposição constitucional certa e determinada e que, uma vez realizada, constitui garantia de efetividade do próprio direito fundamental. Dessa forma, a pura e simples extinção do SNS atenta contra o direito à saúde previsto no art. 64º da Constituição portuguesa e, mais que retornar a uma situação de inconstitucionalidade por omissão, converte-se em uma inconstitucionalidade por ação (Acórdão nº 39/84).[935]

O art. 7º da Lei nº 56/79 previu o pagamento de taxas moderadoras "tendentes a racionalizar a utilização das prestações"[936] ainda na vigência da redação original da Constituição portuguesa, que previu a gratuidade dos serviços de saúde do SNS. A constitucionalidade da cobrança de taxas moderadoras também foi apreciada pelo Tribunal Constitucional Português, que admitiu a cobrança desde que esta não correspondesse ao preço dos serviços, mantendo seu caráter racionalizador da demanda pelas prestações, nem comprometesse o acesso à saúde, sobretudo das pessoas carentes (Acórdão nº 330/88).[937] Após a revisão constitucional de 1989, a jurisprudência do Tribunal Constitucional manteve-se na mesma linha, admitindo a cobrança das taxas moderadoras, conforme se lê no Acórdão nº 731/95, em que a corte afirmou que aquelas apenas "são constitucionalmente ilícitas se, pelo seu montante ou por abrangerem as pessoas sem recursos, dificultarem o acesso a esses serviços".[938]

---

[935] PORTUGAL. Tribunal Constitucional – Acórdão nº 39/84, cit.
[936] PORTUGAL. Lei nº 56, de 15 de setembro de 1979, cit.
[937] PORTUGAL. Tribunal Constitucional – Acórdão nº 330/88, cit. O Tribunal Constitucional afirmou a existência de um conceito *normativo* de gratuidade, o que abriria margem para sua disciplina pelo legislador. Jorge Reis Novais critica a decisão do Tribunal Constitucional e considera que, "não obstante o esforço argumentativo, é dificilmente aceitável que se possa qualificar como gratuito algo por que tem de se pagar; pode pagar-se muito ou pouco, mais ou menos, mas, se para se obter alguma coisa se tem de pagar, qualquer que seja a justificação invocada, então essa coisa pode ser tudo o que se quiser, mas não é seguramente gratuita". NOVAIS, Jorge Reis. Constituição e Serviço Nacional de Saúde. *Direitos Fundamentais e Justiça*, n. 11, p. 93, abr./jun. 2010.
[938] PORTUGAL. Tribunal Constitucional – Acórdão nº 731/95. Relator: Cons. Alves Correia [em linha]. 14 de dezembro de 1995. Acesso em: 13 jun. 2020. Disponível em: http://www.tribunalconstitucional.pt/tc/acordaos/19950731.htm. Maria João Estorninho e Tiago Macieirinha resumem com clareza a posição definida pelo Tribunal Constitucional: "Em síntese, podemos afirmar que o Tribunal admite a cobrança de taxas pela utilização do serviço nacional de saúde, desde que estas não traduzam a transferência do custo individualizado do serviço prestado para os utentes e não inviabilizem o acesso dos cidadãos aos serviços de saúde. Numa palavra, segundo a leitura do Tribunal Constitucional, a Constituição não admite a fixação de verdadeiros preços a cobrar como contraprestação do serviço prestado". ESTORNINHO, Maria João; MACIEIRINHA, Tiago. *Direito da saúde*, cit., p. 61. Jorge Reis Novais analisa que após a alteração do texto o conteúdo da norma jurídica também se

A Lei nº 48/90, Lei de Bases da Saúde, contribuiu para a concretização dos comandos constitucionais e estabeleceu a moldura do quadro normativo do sistema de saúde português. Nela, reafirma-se o direito fundamental à saúde, de acesso universal, que se efetiva pela responsabilidade conjunta dos cidadãos, da sociedade e do Estado (Base I, n. 1). Em consonância com a racionalidade que deve orientar os sistemas nacionais de saúde, a Lei de Bases da Saúde define como diretrizes, entre outras, a prioridade das ações de promoção da saúde e prevenção das doenças, assim como a igualdade de acesso e a equidade na distribuição de recursos e utilização dos serviços (Base II, n. 1, "a" e "b").

O ordenamento jurídico português reconhece três realidades relativas às políticas de saúde e à prestação de serviços de saúde, como ressalta Licínio Lopes Martins: a) Sistema de Saúde; b) Rede Nacional de Prestação de Cuidados de Saúde; e c) Serviço Nacional de Saúde.[939]

A Lei de Bases da Saúde demonstra que, em Portugal, a compreensão de sistema de saúde vai além do SNS. Com efeito, o sistema de saúde é integrado também pelas "entidades públicas que desenvolvam actividades de promoção da saúde, prevenção e tratamento na área da saúde, bem como por todas as entidades privadas e por todos os profissionais livres que acordem com a primeira a prestação de todas ou de algumas daquelas actividades". O SNS é composto por instituições e serviços oficiais prestadores de cuidados de saúde sob dependência do Ministério da Saúde. Por fim, a rede nacional de prestação de cuidados de saúde abrange os estabelecimentos do SNS, as unidades privadas e os profissionais em regime liberal com quem sejam celebrados contratos para a prestação de cuidados para os usuários do SNS (Base XII, n. 1 a 4).

O SNS deve ter gestão descentralizada e participada, como prevê o art. 64º, n. 4 da Constituição portuguesa. Do ponto de vista estrutural, pode ser dividido entre órgãos centrais e regionais ou periféricos. Ao

---

modificou. Se para o autor, na vigência do texto original, o sentido da gratuidade impedia a cobrança de qualquer valor, por outro lado, a partir da nova redação, os serviços do SNS devem tender à gratuidade, o que admitiria não apenas a cobrança de taxas moderadoras, como também de copagamentos, com repasse de parte dos custos das prestações para os usuários, desde que apresentadas razões de relevo, não fique prejudicado o acesso aos serviços pelos usuários, quando necessário, e observadas as demais balizas normativas constantes da Constituição, notadamente, os princípios da igualdade e da proibição de excesso. NOVAIS, Jorge Reis. *Constituição e Serviço Nacional de Saúde*, cit., p. 103, 107-108.

[939] MARTINS, Licínio Lopes. *Tratado de Direito Administrativo especial, vol. III: Direito Administrativo da saúde*, cit., p. 232.

Ministério da Saúde, no nível central, compete a formulação, execução, acompanhamento e avaliação da política de saúde, assim como regulamentar, planejar, financiar, orientar, avaliar e auditar o SNS. Além disso, deve regulamentar, inspecionar e fiscalizar as atividades do setor privado, independentemente de sua participação no SNS (art. 2º do Decreto-Lei nº 124/11).[940] No Ministério da Saúde, grande importância deve ser conferida à Direção-Geral de Saúde como serviço executivo central do Ministério da Saúde, integrando a administração direta do Estado e com competência nacional.[941] Por outro lado, o SNS é composto por regiões de saúde, onde se encontram administrações regionais de saúde "responsáveis pela saúde das populações da respetiva área geográfica" (Base XXVII, da Lei de Bases da Saúde), "sujeitos ao poder de superintendência e tutela por parte do Ministério da Saúde".[942] A gestão participada se realiza por meio de órgãos que contemplam a representação da sociedade civil, que no nível central ocorre por meio do Conselho Nacional de Saúde, órgão consultivo para a definição das políticas de saúde.

O SNS deve dispensar atenção à saúde compreensiva aos seus usuários, contemplando cuidados primários (atenção primária) e diferenciados, estes abrangendo os serviços secundários ou especializados e os terciários ou hospitalares.[943] Como se demonstrará no capítulo seguinte, a atenção primária representa a porta de entrada preferencial do sistema de saúde, motivo pelo qual "o acesso aos cuidados diferenciados está condicionado a prévia observação e decisão dos serviços de cuidados primários, salvo nos casos de urgência" (art. 17º da Lei nº 56/79).[944]

O SNS é financiado com recursos do orçamento do Estado (Base XXXIII da Lei nº 48/90),[945] ou seja, baseia-se na receita tributária, auferida conforme a capacidade contributiva dos cidadãos, embora, como visto, seja admitida a cobrança de taxas moderadoras. A despesa total com saúde é da ordem de 9,1% do PIB, sendo que a parcela pública atinge 6% do PIB e corresponde a 66,5% da despesa total. O gasto público *per*

---

[940] PORTUGAL – Decreto-Lei nº 124, de 29 de dezembro de 2011 [em linha]. Acesso em: 13 jun. 2020. Disponível em: https://dre.pt/pesquisa/-/search/145186/details/maximized.
[941] ESTORNINHO, Maria João; MACIEIRINHA, Tiago. *Direito da saúde*, cit., p. 85.
[942] ESTORNINHO, Maria João; MACIEIRINHA, Tiago. *Direito da saúde*, cit., p. 96.
[943] No capítulo seguinte, ao se tratar sobre a atenção primária de saúde, serão feitos maiores esclarecimentos sobre os níveis de cuidados de saúde.
[944] PORTUGAL – Lei nº 56, de 15 de setembro de 1979, cit.
[945] PORTUGAL – Lei nº 48, de 31 de julho de 1990, cit.

capita é de US$ 1.901,80, medido segundo o conceito de paridade por poder de compra.[946]

Assim como Itália, Irlanda, Grécia e Espanha, Portugal enfrentou grandes dificuldades desde a crise econômica de 2008. Medidas de austeridade adotadas após os acordos firmados com a União Europeia e o Fundo Monetário Internacional impactaram as despesas com saúde, assim como outras políticas sociais, levando à inversão da tendência de crescimento vivenciada até então para uma redução nos gastos, sobretudo no sistema público.[947] As consequências da crise econômica desencadearam o crescimento da procura por serviços de saúde exatamente no momento em que o setor passou por políticas de contenção de despesas.[948]

Apesar das dificuldades, os indicadores de saúde da população portuguesa estão nos níveis de outras populações de países desenvolvidos da Europa, como Alemanha e Reino Unido, cujos investimentos em saúde são mais elevados, o que indica que o SNS, do ponto de vista coletivo, tem sido efetivo na proteção da saúde da população. Nessa linha, a expectativa de vida ao nascer é de 81,5 anos,[949] sendo que a esperança de anos de vida saudáveis é de 71,99 anos.[950] Por fim, verifica-se uma taxa de mortalidade infantil de 2,7‰ (mortes por mil nascidos vivos).[951]

Pode-se afirmar, portanto, que, mesmo diante das dificuldades enfrentadas em razão da crise econômica e das medidas de austeridade adotadas, o sistema de saúde português, que assegura acesso universal para a população, mantém-se como uma conquista civilizacional

---

[946] Dados para o ano de 2018. ORGANISATION FOR ECONOMIC CO-OPERATION AND DEVELOPMENT – *OECD.Stat* [em linha]. Paris: OECD, atual. 2020. Acesso em: 17 maio 2020. Disponível em: https://stats.oecd.org/index.aspx?DataSetCode=HEALTH_STAT.

[947] Em 2016, as despesas públicas foram de 66,5% das despesas totais, ao passo que em 2010 alcançavam 69,8% das despesas totais. ORGANISATION FOR ECONOMIC CO-OPERATION AND DEVELOPMENT – *OECD.Stat* [em linha]. Paris: OECD, atual. 2020. Acesso em: 13 jun. 2020. Disponível em: https://stats.oecd.org/index.aspx?DataSetCode=HEALTH_STAT.

[948] BRITNELL, Mark. *In search of the perfect health system*, cit., p. 114.

[949] Informação do ano de 2017. ORGANISATION FOR ECONOMIC CO-OPERATION AND DEVELOPMENT – *OECD.Stat* [em linha]. Paris: OECD, atual. 2020. Acesso em: 13 jun. 2020. Disponível em: https://stats.oecd.org/index.aspx?DataSetCode=HEALTH_STAT.

[950] WORLD HEALTH ORGANIZATION – *The Global Health Observatory* [em linha]. Geneva: WHO, atual. 2019. Acesso em: 11 mar. 2019. Disponível em: http://apps.who.int/gho/data/view.main.HALEXv?lang=en.

[951] Dado do ano de 2017. ORGANISATION FOR ECONOMIC CO-OPERATION AND DEVELOPMENT – *OECD.Stat* [em linha]. Paris: OECD, atual. 2020. Acesso em: 13 jun. 2020. Disponível em: https://stats.oecd.org/index.aspx?DataSetCode=HEALTH_STAT.

importante para a população portuguesa com resultados práticos expressivos.

No Brasil, até a implementação do SUS, previsto na Constituição de 1988 e institucionalizado por meio da Lei nº 8.080/90, o sistema de saúde estava orientado segundo a racionalidade do modelo de seguro social. Dessa forma, como já se adiantou no item anterior, o acesso à assistência à saúde compreensiva era garantido para os segurados da previdência social, que foi unificada no período do regime militar no INPS (1966). Em 1977, foi criada a autarquia INAMPS com o objetivo de disponibilizar assistência à saúde aos segurados da previdência social. Tanto o INPS quanto o INAMPS não contavam com uma rede de unidades de saúde próprias que pudesse fazer face à demanda dos segurados. Por esse motivo, promoviam a contratação de instituições privadas para o atendimento da sua demanda.[952]

Enquanto os serviços de atenção à saúde de caráter individual permaneciam sob a responsabilidade da previdência social, as ações de saúde pública, de caráter coletivo (vigilância epidemiológica e sanitária, imunizações, entre outras), eram desempenhadas pelo Ministério da Saúde, com orçamento, no entanto, bastante reduzido. Essa separação entre a assistência à saúde e as políticas públicas coletivas assim como o reduzido investimento em promoção da saúde e prevenção de doenças fizeram com que o sistema de saúde brasileiro se caracterizasse pela ênfase nos serviços curativos, notadamente hospitalares, o que implica custos elevados, perda de eficiência e baixo impacto nos indicadores de saúde da população.

A par da política pública da previdência social, alguns entes públicos – em especial, Estados e Municípios – prestavam outros serviços de saúde de forma isolada, fragmentada e sem coordenação. No entanto, estes serviços, assim como aqueles prestados pelas entidades filantrópicas – como as Santas Casas de *Misericórdia* – e as unidades privadas, atendiam à população não coberta pela previdência social.[953]

O modelo de sistema de saúde brasileiro deixava descoberta significativa parcela da população. Isso porque, para acesso aos serviços da previdência social, mostrava-se necessária a comprovação da condição

---

[952] ESCOREL, Sarah. História das políticas de saúde pública no Brasil de 1964 a 1990. *In:* GIOVANELLA, Ligia *et al. Políticas e Sistemas de Saúde no Brasil*. Rio de Janeiro: FIOCRUZ, 2009, p. 389-391.

[953] ESCOREL, Sarah. História das políticas de saúde pública no Brasil de 1964 a 1990, cit., p. 390.

de segurado, o que abrangia, na prática, os trabalhadores formais. Em um período em que a economia brasileira enfrentava dificuldades e que boa parte da mão de obra estava no mercado informal, muitos trabalhadores não recolhiam as contribuições previdenciárias e, assim, não eram dependentes do INPS e do INAMPS.

A falta de eficiência e de efetividade do modelo brasileiro adotado até então conduziu a uma série de questionamentos ao sistema de saúde, sobretudo por parte de movimentos sociais e também da academia, que se voltava para a compreensão da saúde coletiva e dos determinantes sociais que a influenciavam. No contexto da redemocratização do Brasil, que ainda vivia uma ditadura militar, ganhou força o movimento de reforma sanitária, que teve seu ápice na VIII Conferência Nacional de Saúde. O evento, que ocorreu no ano de 1986, reuniu cerca de 5.000 pessoas. Nele foram propostas as bases para um sistema de saúde de caráter universal, financiado com recursos públicos, compreendida a saúde como direito de cidadania, com previsão de instâncias de participação social.[954]

As propostas da VIII Conferência Nacional de Saúde orientaram a normativa que viria a constar do texto da Constituição de 1988, que disciplina o direito à saúde e as respectivas ações e serviços. Segundo o texto da Constituição brasileira, a saúde foi consagrada como direito fundamental, entre os direitos sociais (art. 6º). A par disso, entre o artigo 196 e o art. 200, a Constituição brasileira estabeleceu disciplina pormenorizada das ações e serviços de saúde, estabelecendo que "a saúde é direito de todos e dever do Estado, garantido mediante políticas sociais e econômicas que visem à redução do risco de doença e de outros agravos e ao acesso universal e igualitário às ações e serviços para sua promoção, proteção e recuperação". A par disso, previu-se que "as ações e serviços públicos de saúde integram uma rede regionalizada e hierarquizada e constituem um sistema único" (sistema único de saúde), orientado pelas diretrizes da "descentralização, com direção única em cada esfera de governo",[955] "atendimento integral, com prioridade para

---

[954] ESCOREL, Sarah. História das políticas de saúde pública no Brasil de 1964 a 1990, cit., p. 390.

[955] Refere-se ao Ministério da Saúde, no âmbito federal, e secretarias de saúde ou órgãos equivalentes nos Estados, Distrito Federal e Municípios. Com isso, as ações de saúde pública e de assistência à saúde foram unificadas em um setor apenas e não devem ser realizadas pela previdência social.

as atividades preventivas, sem prejuízo dos serviços assistenciais" e "participação da comunidade"[956] (art. 198, *caput* e incisos I a III).[957]

Assim, políticas públicas de saúde são realizadas por todos os entes da Federação (União, Estados, Distrito Federal e Municípios), sendo que a prestação de serviços de saúde deve ser realizada prioritariamente pelos Municípios, com apoio técnico e financeiro dos Estados e da União (art. 23, II, e art. 30, II, ambos da Constituição de 1988).

A Lei nº 8.080/90, considerada Lei Orgânica da Saúde, e o Decreto nº 7.508/11, que a regulamenta, tratam dos princípios e das competências do SUS, que deve se responsabilizar pelas políticas de promoção à saúde, prevenção, tratamento de doenças e reabilitação dos doentes e, dessa forma, atender às necessidades da população. A ênfase nas ações de promoção à saúde e de prevenção tem sido estimulada e realizada de forma integrada no âmbito da atenção primária em que se definiu como estratégia preferencial a saúde da família. Segundo esse modelo, equipes multidisciplinares prestam serviços à população de um território definido com apoio de agentes comunitários de saúde e promovem o encaminhamento da população a serviços especializados e hospitalares, quando necessário. Após o atendimento especializado, o usuário deve prosseguir seu acompanhamento pela equipe de saúde da família, mantendo vínculo duradouro com esta.[958]

Cerca de 98% das unidades de saúde destinadas à atenção primária são públicas. No entanto, o SUS é extremamente dependente da iniciativa privada para a prestação de cuidados secundários e terciários. Neste último caso, apenas 31,9% dos hospitais são públicos.[959]

A Agência Nacional de Vigilância Sanitária – ANVISA – é responsável por coordenar o sistema nacional de vigilância sanitária

---

[956] A participação da comunidade está disciplinada pela Lei nº 8.142/90, que prevê a realização de conferências de saúde em cada esfera da federação, a cada quatro anos, com o objetivo de fazer diagnóstico e propor objetivos, metas e prioridades no respectivo plano de saúde. Além disso, prevê conselhos de saúde, em cada esfera da federação, como órgãos permanentes, de caráter deliberativo, que têm por função acompanhar a execução da política de saúde e fiscalizar sua execução. BRASIL – Lei nº 8.142, de 28 de dezembro de 1990 [em linha]. Acesso em: 13 jun. 2020. Disponível em: http://www.planalto.gov.br/ccivil_03/leis/L8142.htm. Ainda, a Lei Complementar nº 141/12 prevê A prestação de contas quadrimestral pelo gestor de saúde de cada esfera da federação ao conselho de saúde e também em audiência pública na respectiva casa legislativa. BRASIL – Lei Complementar nº 141, de 13 de janeiro de 2012, cit.

[957] BRASIL – Constituição da República Federativa do Brasil, de 5 de outubro de 1988, cit.

[958] Os serviços de atenção primária, inclusive aqueles dispensados pelo SUS, serão objeto de análise mais profunda no capítulo seguinte.

[959] PAIM, Jairnilson Silva *et al.* O sistema de saúde brasileiro: história, avanços e desafios, cit.

e realizar as atividades de normatização, registro e fiscalização de produtos e serviços de interesse da saúde, inclusive de medicamentos, equipamentos e materiais médico-hospitalares, alimentos, cosméticos e agrotóxicos utilizados no Brasil (Lei nº 9.782/99).[960] Trata-se de autarquia especial, com ampla autonomia, vinculada ao Ministério da Saúde.

A par do sistema público, institucionalizado por meio do SUS, a iniciativa privada é livre para atuar no setor da saúde, o que ocorre, essencialmente, para as demandas de assistência à saúde. Há, no Brasil, um subsistema de saúde suplementar, baseado em planos e seguros de saúde privados, paralelo ao SUS, que atende A 23% da população.[961] A saúde suplementar é regulada pela Agência Nacional de Saúde Suplementar – ANS –, que também é uma autarquia especial sob tutela do Ministério da Saúde, que goza de autonomia administrativa para tomar decisões com perfil técnico para o setor.

O SUS é financiado com recursos do orçamento da União, dos Estados, do Distrito Federal e dos Municípios. Assim, no momento da prestação dos serviços assistenciais, não há cobrança de copagamentos ou taxas dos usuários. A Constituição brasileira prevê o emprego de recursos mínimos para as ações e serviços públicos de saúde desde a promulgação da Emenda Constitucional nº 29/00, que foi regulamentada pela Lei Complementar nº 141/12.[962] Contudo, ao longo dos anos, percebe-se a redução, em termos reais, dos investimentos da União[963] e um crescimento dos recursos investidos pelos Municípios, no âmbito local, que podem alcançar, em alguns casos, 30% do orçamento.

---

[960] BRASIL – Lei nº 9.782, de 26 de janeiro de 1999 [em linha]. Acesso em: 13 jun. 2020. Disponível em: http://www.planalto.gov.br/ccivil_03/leis/l9782.htm.

[961] Em janeiro de 2019, corresponde a 47,3 milhões de pessoas, segundo informações da ANS. BRASIL. Agência Nacional de Saúde Suplementar – *Agência Nacional de Saúde Suplementar: a agência reguladora de planos de saúde do Brasil* [em linha]. Acesso em: 10 mar. 2019. Disponível em: http://www.ans.gov.br/aans/noticias-ans/numeros-do-setor/4881-ans-disponibiliza-numeros-do-setor-relativos-a-janeiro-2.

[962] Atualmente, os Municípios devem investir 15% das receitas próprias em ações e serviços públicos de saúde (art. 7º da Lei Complementar nº 141/12) e os Estados 12% (art. 6º da Lei Complementar nº 141/2012). BRASIL – Lei Complementar nº 141, de 13 de janeiro de 2012, cit. A União deve investir 15% da receita corrente líquida em ações e serviços públicos de saúde (art. 198, §2º, I, da Constituição, redação dada pela Emenda Constitucional nº 86/2015). Todavia, a Emenda Constitucional nº 95/16, que instituiu o novo regime fiscal, definiu que, por vinte exercícios financeiros, a despesa pública com saúde será aquela realizada no exercício financeiro de 2017, correspondente a 15% da receita corrente líquida, corrigida pela variação da inflação. BRASIL – Constituição da República Federativa do Brasil, de 5 de outubro de 1988, cit.

[963] PAIM, Jairnilson Silva *et al*. O sistema de saúde brasileiro: história, avanços e desafios, cit., p. 21.

Os investimentos públicos em saúde realizados no Brasil têm sido historicamente insuficientes, sobretudo quando se considera que o país possui um sistema público de acesso universal. As despesas totais em saúde alcançaram 9,47% do PIB em 2017. Todavia, apenas 41,5% desses recursos são públicos, ou seja, contraditoriamente, embora o Brasil tenha um sistema público de acesso universal, responsável por atividades de promoção à saúde, prevenção de doenças e assistência à saúde de mais de 75% da população – visto que apenas 23% possuem planos ou seguros de saúde voluntários –, menos da metade das despesas com saúde são de origem pública. Assim, a par de contribuírem para o financiamento do sistema por meio do pagamento de tributos, as famílias e indivíduos são, na prática, substancialmente onerados com despesas de saúde em decorrência das falhas do sistema público (qualidade insatisfatória dos serviços, longas listas de espera para a realização de procedimentos eletivos, ausência de medicamentos essenciais disponíveis, entre outros). Os investimentos públicos em saúde em 2017 totalizaram US$ 616,60 *per capita*, segundo o conceito de paridade por poder de compra, o que coloca o Brasil atrás de outros países da América da Sul, como Argentina (US$ 1.388,00), Chile (US$ 1.116,00) e Uruguai (US$ 1.489,00).[964]

A população brasileira tem expectativa de vida de 75,14 anos (em 2016), sendo que a esperança de vida saudável é de 66,04 anos (em 2016). A mortalidade infantil em 2018 atingiu 12,82‰ (mortes por mil nascidos vivos).[965]

Em resumo, pode-se afirmar que a universalização do acesso à saúde constituiu um importante avanço para a população brasileira, na medida em que grande parte da população que não era colhida pelas políticas de saúde da previdência social passou a ser amparada pelo SUS. O sistema universal contribuiu para a melhoria das condições de saúde da população brasileira. Não obstante, o país ainda convive com dificuldades para oferecer atenção à saúde com qualidade para a população, o que é dificultado pelo subfinanciamento histórico do setor, que se reflete em um percentual de despesas públicas inferior ao de despesas privadas. A crise econômica que atingiu o país sobretudo

---

[964] WORLD HEALTH ORGANIZATION – *The Global Health Observatory* [em linha]. Geneva: WHO, atual. 2020. Acesso em: 17 maio 2020. Disponível em: https://www.who.int/data/gho/data/themes/topics/health-financing.

[965] Informações da OMS para o ano de 2018. WORLD HEALTH ORGANIZATION – *The Global Health Observatory* [em linha]. Geneva: WHO, atual. 2020. Acesso em: 17 maio 2020. Disponível em: https://www.who.int/data/gho/data/indicators.

a partir de 2014 ainda desencadeou políticas de austeridade fiscal que provocaram o congelamento das despesas com direitos sociais, inclusive saúde pública, por vinte anos, que serão corrigidas apenas pela taxa de inflação aferida.[966] Todas essas dificuldades são sentidas agora, quando o país enfrenta a pandemia causada pelo novo coronavírus.

---

[966] Trata-se da Emenda Constitucional nº 95/16, que instituiu o Novo Regime Fiscal. Élida Graziane Pinto, analisando as despesas públicas com as políticas de saúde e de educação no Brasil, defende que a despesa pública constitucionalmente adequada não é meramente aquela que atende ao patamar mínimo previsto na Constituição. Há, ainda, o dever de assegurar adequadamente a realização dos direitos fundamentais, por meio da disponibilidade de serviços com adequado padrão de qualidade. Nessa linha, há um dever de progressividade implícito necessário para assegurar a máxima efetividade desses direitos fundamentais. Para a autora, "(...) a regressividade do gasto federal pode vir a ser controlada como hipótese de descumprimento de gasto mínimo material. (...) o princípio da vedação de retrocesso para os direitos à saúde e à educação já não se situa estritamente no patamar de vedação de extinção ou redução deliberada do arranjo, mas também inclui e exige a proibição de estagnação ou restrição interpretativa que lhe retire a possibilidade de progredir". PINTO, Élida Graziane. *Financiamento dos direitos à saúde e à educação: uma perspectiva constitucional*, cit., p. 27 e 32. Com base nessa compreensão da despesa pública com saúde e fundamento em violação do princípio da proibição do retrocesso social e do dever de progressividade na concretização dos direitos sociais, foi ajuizada a Ação Direta de Inconstitucionalidade nº 5.595 contra dispositivos, a Emenda Constitucional nº 86/15, por se compreender que suas disposições reduziam os recursos federais destinados para as políticas públicas de saúde. Em 31.01.2017, foi deferida liminar pelo presidente do Supremo Tribunal Federal, Ministro Ricardo Lewandowski, suspendendo a eficácia da emenda constitucional até julgamento do mérito da ação. BRASIL. Supremo Tribunal Federal – Ação Direta de Inconstitucionalidade nº 5.595. Relator: Min. Ricardo Lewandowski [em linha]. Diário do Judiciário Eletrônico, Brasília, 01 set. 2017. Acesso em: 13 jun. 2020. Disponível em: http://portal.stf.jus.br/processos/downloadPeca.asp?id=312629019&ext=.pdf.

CAPÍTULO 4

ATENÇÃO PRIMÁRIA À SAÚDE

4.1 Concepções sobre a atenção primária à saúde: das políticas verticais e seletivas à compreensão abrangente

Os sistemas de saúde devem buscar a melhoria dos níveis de saúde de uma população e a redução das disparidades entre os diversos grupos populacionais,[967] contribuindo, assim, para que todas as pessoas possam ter condições de desenvolver suas potencialidades e usufruir plenamente da sua autonomia.

Os sistemas de saúde, contudo, são um dentre vários fatores que podem contribuir para a melhoria dos níveis de saúde das pessoas e das populações. Ainda assim, não se deve desprezar sua importância, assim como negligenciar os esforços pela sua eficiência e eficácia no alcance de seus objetivos.

A busca pela eficácia dos sistemas de saúde, pela eficiência dos serviços que o compõem e sua economicidade[968] conduzem ao

---

[967] STARFIELD, Barbara. *Atenção primária:* equilíbrio entre necessidades de saúde, serviços e tecnologia, cit., p. 19.

[968] As expressões eficácia (ou efetividade), eficiência e economicidade, embora sejam próximas e tenham pontos de contato, são utilizadas especificamente buscando maior precisão conceitual. Neste trabalho, quando se trata da eficácia ou efetividade dos sistemas de saúde, refere-se ao impacto das políticas públicas promovidas em seu amplo aspecto (da promoção da saúde à cura das doenças) sobre os indicadores de saúde da população (mortalidade, adoecimento ou morbidade e expectativa de vida, entre outros). A eficiência dos serviços está relacionada, sobretudo, à sua produtividade, notadamente no que se refere aos diversos atendimentos e procedimentos realizados diariamente, ou seja, refere-se às prestações sanitárias individualmente fruíveis. Para Luís Vale, "o escopo da eficiência

debate sobre a organização dos sistemas de saúde e os arranjos que permitam gerar mais benefícios para a sociedade a um custo social e individualmente adequado.

A atenção primária é proposta como estratégia apta a alcançar esse triplo objetivo: melhorar o nível de saúde das pessoas, reduzir as desigualdades entre grupos sociais e otimizar o uso dos recursos públicos.

A organização de serviços ambulatoriais de primeiro nível como principal ponto de contato entre o usuário e o sistema de saúde, assim racionalizando o uso dos serviços disponíveis, tem origem no Relatório Dawson, proposto ao governo inglês em 1920. Trata-se de um conjunto de recomendações elaboradas por um conselho consultivo designado à época pelo Ministério da Saúde para indicar os serviços médicos e afins que deveriam estar à disposição dos habitantes de determinada região.[969]

Dentre as primeiras premissas do relatório propõe-se que os serviços de saúde devem ser organizados para que estejam disponíveis conforme as necessidades da comunidade, por razões de eficiência e custo, assim como em benefício dos usuários e dos profissionais. Além disso, ressalta-se a importância de se conciliar Medicina preventiva e curativa, que devem formar uma continuidade na atenção à saúde. Nessa linha, o médico generalista tem um papel fundamental e deve cumprir atividades voltadas para o indivíduo e para a comunidade.[970]

Em resumo, o relatório apresenta uma organização de serviços de saúde dispostos em centros de saúde primários, centros de saúde secundários, serviços domiciliares, serviços suplementares e hospitais.

---

significa que há-de maximizar o resultado dos cuidados e a satisfação dos consumidores ao mínimo custo, através da combinação de formas de organização que promovam a melhoria da produtividade dos meios disponíveis". VALE, Luis António Malheiro Meneses do. Responsividade nos sistemas públicos de saúde: o exemplo da OMS. *In*: ANDRADE, Manuel da Costa; ANTUNES, Maria João. *Estudos em homenagem ao Professor Doutor Jorge de Figueiredo Dias, vol. IV*. Coimbra: Coimbra Editora, 2010, p. 1.064. Já a economicidade é utilizada neste trabalho para referir-se ao bom uso dos recursos públicos. Como destaca Onofre Alves Batista Júnior, é o aspecto econômico do princípio da eficiência. Pretende-se que os recursos públicos sejam otimizados, isto é, empregados de forma que seus efeitos sejam potencializados em grau máximo e, ainda, evitando-se o desperdício. BATISTA JÚNIOR, Onofre Alves. *Princípio constitucional da eficiência administrativa*. 2. ed. Belo Horizonte: Fórum, 2012, p. 186 e seguintes.

[969] REINO UNIDO – *Informe Dawson sobre el futuro de los servicios médicos y afines*, 1920 [em linha]. Trad. Oficina Sanitaria Panamericana. Washington: Organización Panamericana de la salud, 1964. Acesso em: 7 dez. 2018. Disponível em: http://hist.library.paho.org/English/SPUB/42178.pdf.

[970] REINO UNIDO – *Informe Dawson sobre el futuro de los servicios médicos y afines*, 1920, cit., p. 3.

A atenção à saúde é organizada, assim, em níveis de especialização crescentes, partindo da atenção primária para os cuidados secundários e os terciários.

Segundo o Relatório Dawson, os centros primários deveriam tratar os casos mais comuns e menos complexos com o emprego de médicos generalistas. Dessa forma, apenas deveriam ser encaminhados aos centros de saúde secundários os casos mais complexos e que necessitassem de tratamento por equipe especializada. Mesmo nestes casos, passada a fase aguda da doença, os centros de saúde primários deveriam receber os pacientes oriundos dos centros secundários e dos hospitais.[971]

O Relatório Dawson já indica que a atenção primária à saúde pode exercer o papel de filtro para os atendimentos especializados por cuidarem das pessoas com agravos de saúde mais comuns. Além disso, percebe-se no relatório a proposta de coordenação dos cuidados de saúde pelo nível primário, o qual deve fazer parte do caminho dos usuários para os demais níveis de atenção à saúde, assim como acompanhar a pessoa após o atendimento especializado.[972]

A atenção primária, em boa parte, em conformidade com a proposta do Relatório Dawson, exerceu um papel central e decisivo para o sucesso do sistema de saúde britânico, que foi organizado sob a forma de sistema de acesso universal, financiado previamente por meio da receita tributária, a partir do final da 2ª Guerra Mundial.

No âmbito internacional, ao longo dos anos, a OMS foi conformando sua compreensão sobre a relevância da atenção primária, assim como sobre seu conteúdo e abrangência. A ideia ganhou força durante a gestão de Halfdam T. Mahler como Diretor-Geral da entidade (1973-1988). Nesse período, foi proposta uma abordagem alternativa para a satisfação das necessidades em saúde da população em substituição aos programas verticais voltados ao atendimento de doenças transmissíveis específicas, como a malária.[973] Criticava-se o modelo biomédico, de

---

[971] REINO UNIDO – *Informe Dawson sobre el futuro de los servicios médicos y afines, 1920,* cit., p. 14.
[972] REINO UNIDO – *Informe Dawson sobre el futuro de los servicios médicos y afines, 1920,* cit., p. 14.
[973] CUETO, Marcos. The origins of primary health care and selective primary health care. *American Journal of Public Health,* v. 94, n. 11, p. 1866, Nov. 2004.

ênfase em cuidados médicos especializados, notadamente, de natureza hospitalar.⁹⁷⁴

A principal referência para a atenção primária de saúde encontra-se na Declaração de Alma-Ata, de 1978. O documento prevê a saúde como direito fundamental e responsabilidade dos Estados, que deveria ser assegurado a todas as pessoas até o ano 2000, tendo a atenção primária papel fundamental para o alcance dessa meta.

Segundo o documento, proposto em conferência organizada pela OMS e pelo Fundo das Nações Unidas para a Infância – UNICEF, a atenção primária consiste em cuidados essenciais, de primeiro nível, destinados ao atendimento dos principais problemas de saúde de uma comunidade, que devem ser prestados com base em métodos cientificamente bem fundamentados e socialmente aceitáveis. Devem ser disponibilizados de forma universal para indivíduos e famílias a um custo individual e socialmente acessível. A atenção primária deve estar aberta à plena participação da sociedade, o que contribui para que reflita os anseios da população.⁹⁷⁵

As propostas da Declaração de Alma-Ata, desde então, têm exercido grande influência sobre a compreensão da atenção primária como uma estratégia abrangente de universalização do acesso aos serviços de saúde. Nessa linha, a declaração parte da premissa de que a saúde abrange o bem-estar físico, mental e social e que a atenção primária deve disponibilizar serviços voltados para a proteção, cura e reabilitação das pessoas, segundo suas necessidades.

Em 2008, quando a Declaração de Alma-Ata completou 30 (trinta) anos, a OMS publicou Relatório Mundial de Saúde em que retomou o tema da atenção primária à saúde. Ao propor um conjunto de reformas aos sistemas de saúde com o objetivo de fazer convergir os desafios postos aos governos com as expectativas dos cidadãos, a atenção primária foi considerada um meio importante para alcançar a cobertura universal das políticas de saúde e para conferir a estas mais equidade.⁹⁷⁶

No marco dos 40 anos da Declaração de Alma-Ata, a OMS e o UNICEF realizaram, em outubro de 2018, em Astana, no Cazaquistão,

---

[974] GIOVANELLA, Lígia; MENDONÇA, Maria Helena Magalhães de. Atenção primária à saúde, cit., p. 577.
[975] DECLARAÇÃO de Alma-Ata, cit.
[976] ORGANIZAÇÃO MUNDIAL DA SAÚDE – *Relatório Mundial de Saúde, 2008: Cuidados de saúde primários – agora mais que nunca*, cit.

a Conferência Global sobre Cuidados de Saúde Primários. Ao termo do conclave, foi aprovada uma declaração que, em linhas gerais, reafirma os compromissos firmados na Declaração de Alma-Ata, assim como na Agenda 2030 para o desenvolvimento sustentável, em prol da promoção de ações visando o acesso à saúde para todas as pessoas. Mantém-se uma visão ampliada da saúde, como expressão do bem-estar biopsicossocial, e se reafirma a importância da saúde para a paz, segurança e o desenvolvimento econômico, assim como a interdependência desses valores. Ratifica-se a obrigação dos governos pela promoção e proteção do direito à fruição do mais alto nível de saúde que se possa atingir. Para se alcançar a meta de disponibilizar o acesso à saúde a todas as pessoas, assim como protegê-la como direito fundamental, propõe-se a organização de sistemas de saúde que assegurem cobertura universal, tendo por base a atenção primária à saúde abrangente, que contemple serviços de promoção à saúde, prevenção de doenças, cura, reabilitação e cuidados paliativos, conforme as necessidades das pessoas.[977]

Nada obstante, outra visão sobre a atenção primária se desenvolveu em paralelo à compreensão abrangente proposta pela Declaração de Alma-Ata, sobretudo a partir da década de 1980. Isso porque, para muitos, a proposta de se assegurar acesso à saúde para todos no ano 2000 tendo por base um conjunto abrangente de cuidados voltados ao atendimento das necessidades da população parecia utópico e inacessível. Assim, nasceu a proposta de *atenção primária seletiva*, ou seja, um conjunto de serviços voltados para prevenir ou tratar doenças responsáveis pelas principais causas de morte ou incapacidade sobretudo nos países em desenvolvimento.[978] Especial atenção foi dada às doenças responsáveis por maior impacto sobre a mortalidade infantil, como diarreia e outras decorrentes da ausência de vacinação.[979]

---

[977] DECLARATION of Astana, cit. Embora reconheçam aspectos positivos da Declaração de Astana, Ligia Giovanella e outros criticam a fundamentação da declaração de Astana sobre o conceito de cobertura universal. Para eles, baseia-se excessivamente na proteção das pessoas contra o risco financeiro, abrindo mão da defesa dos sistemas de saúde universais, baseados no financiamento fiscal. Conferir: GIOVANELLA, Ligia *et al*. De Alma-Ata a Astana. Atenção primária à saúde e sistemas universais de saúde: compromisso indissociável e direito humano fundamental. *Cadernos de saúde pública*, v. 35, n. 3, p. 2, mar. 2019.

[978] CRISMER, André; BELCHE, Jean-Luc; VAN DER VENNET, Jean-Luc. Les soins de santé primaires, plus que des soins de première ligne. *Santé publique*, v. 28, n. 3, p. 376, maio/jun. 2016.

[979] CUETO, Marcos. The origins of primary health care and selective primary health care, cit., p. 1868.

Para algumas agências internacionais como o Banco Mundial, em boa parte responsáveis pelo financiamento de políticas de saúde em países em desenvolvimento, a definição de objetivos pontuais a serem alcançados por meio de políticas verticais tornava mais fácil a definição de indicadores e o monitoramento dos trabalhos. Assim, a atenção primária seletiva, por um bom tempo, foi limitada a um conjunto de intervenções em quatro áreas, resumidas pela sigla GOBI: acompanhamento do crescimento das crianças, reidratação oral, aleitamento materno e imunização.[980] Posteriormente, algumas agências internacionais acrescentaram outros objetivos, resumidos sob a sigla FFF: suplementação alimentar, alfabetização feminina e planejamento familiar.[981] [982]

Importantes críticas são feitas ao modelo de atenção primária à saúde em sua versão seletiva por implicar a dispensação de uma cesta restrita de serviços básicos e de baixo custo voltados para populações pobres.[983] Essa atenção focalizada não considera a inserção da atenção primária no sistema de saúde de forma a permitir a continuidade da atenção e a retaguarda de serviços especializados e de apoio quando necessário. Muitas vezes, esses serviços são prestados por profissionais sem formação e treinamento adequados, em condições precárias. Por tudo isso, a proposta de atenção primária seletiva é por vezes considerada como uma atenção de segunda qualidade, com emprego de tecnologias simplificadas, convertendo-se em serviços de saúde pobres para populações pobres.[984]

Segundo Ligia Giovanella e outros, durante as décadas de 1980 e 1990, no contexto de governos autoritários e de ajustes macroeconômicos, o modelo de atenção primária seletiva e focalizada, baseada na implementação de pacotes mínimos de serviços de saúde, teve ampla difusão na América do Sul. Isso implicou a conversão da atenção primária à saúde em um modelo voltado exclusivamente para a redução

---

[980] O acrônimo refere-se aos objetivos estabelecidos em língua inglesa: *growth monitoring, oral rehydration, breast feeding, immunization*.
[981] FFF: *food supplementation, female literacy, family planning*.
[982] CUETO, Marcos. The origins of primary health care and selective primary health care, cit., p. 1869.
[983] GIOVANELLA, Lígia; MENDONÇA, Maria Helena Magalhães de. Atenção primária à saúde, cit., p. 592.
[984] CUETO, Marcos. The origins of primary health care and selective primary health care, cit., p. 1871.

dos custos das políticas de saúde, com separação da gestão do risco individual e coletivo e fragmentação da ação pública.[985]

A compreensão da atenção primária como uma atenção seletiva, baseada em uma cesta restrita de procedimentos de baixa qualidade e de custo reduzido, não é compatível com o dever de efetivação do direito à saúde, com as proposições do Relatório Dawson e muito menos com as diretrizes da Declaração de Alma-Ata. Não se pode perder de vista que a atenção primária está a serviço do alcance dos objetivos dos sistemas de saúde de melhorar os indicadores das populações (níveis de saúde) e reduzir as desigualdades entre os grupos sociais. Nessa linha, a simples redução de custos compromete a realização do direito à saúde e não é a melhor forma de aumentar a eficiência e a efetividade do sistema de saúde.

Em sintonia com a Declaração de Alma-Ata, a atenção primária à saúde deve compreender um conjunto abrangente de ações de saúde acessíveis de forma universal que conforma de maneira geral o sistema de saúde para o atendimento às necessidades de saúde da população. Para além de exercer o papel de cuidados de primeira linha, esses serviços devem coordenar a atenção à saúde de maneira geral, interagindo com os demais níveis de atenção à saúde, assim assegurando a continuidade dos cuidados.[986]

4.2 Definição de atenção primária à saúde

Desde logo, esclarece-se que uma definição de atenção primária à saúde que possa ser utilizada como referencial para este estudo deve ter como ponto de partida e referência uma compreensão abrangente desse nível de assistência à saúde. Rejeitam-se as concepções de atenção primária que se baseiam em uma visão seletiva e focalizada, que implique uma atenção à saúde de segunda linha, dispensada apenas para grupos sociais pobres e marginalizados por meio de um conjunto de serviços de baixo custo e qualidade, voltada para o enfrentamento de certo conjunto de doenças ou condições de saúde.

---

[985] GIOVANELLA, Lígia *et al*. Atención primaria de salud en Suramérica: ¿reorientación hacia el cuidado integral? *In*: GIOVANELLA, Lígia. *Atención primaria de salud en Suramérica*. Rio de Janeiro: Instituto Suramericano de Gobierno en Salud, UNASUR, 2015, p. 324.
[986] CRISMER, André; BELCHE, Jean-Luc; VAN DER VENNET, Jean-Luc. Les soins de santé primaires, plus que des soins de première ligne, cit., p. 377 e seguintes.

Entende-se que uma tal compreensão da atenção primária à saúde não é suficiente para a realização do direito à saúde na medida em que não tem por foco atender às necessidades individuais e coletivas de uma população e não assegura a continuidade do cuidado de forma abrangente, com centralidade nas pessoas. Na verdade, esse modo de pensar a atenção primária à saúde visa apenas dispensar uma atenção à saúde de baixa qualidade e reduzir custos das políticas de saúde. Assim, é incapaz de contribuir para o florescimento das pessoas e para o exercício da liberdade substancial. Por não considerar o ser humano como fim último da política de saúde, mas ter como foco a limitação das despesas públicas, é francamente violadora do princípio da dignidade da pessoa humana.

Por outro lado, ainda que se possam identificar aspectos centrais de uma definição abrangente da atenção primária à saúde, vale a pena passar em exame o que propõem autores das áreas da saúde pública e do Direito Sanitário.

Segundo a Declaração de Alma-Ata, atenção primária à saúde:

> (...) são cuidados essenciais de saúde baseados em métodos e tecnologias práticas, cientificamente bem fundamentadas e socialmente aceitáveis, colocadas ao alcance universal de indivíduos e famílias da comunidade, mediante sua plena participação e a um custo que a comunidade e o país possam manter em cada fase de seu desenvolvimento, no espírito de autoconfiança e automedicação. Fazem parte integrante tanto do sistema de saúde do país, do qual constituem a função central e o foco principal, quanto do desenvolvimento social e econômico global da comunidade. Representam o primeiro nível de contato dos indivíduos, da família e da comunidade com o sistema nacional de saúde, pelo qual os cuidados de saúde são levados o mais proximamente possível aos lugares onde pessoas vivem e trabalham, e constituem o primeiro elemento de um continuado processo de assistência à saúde.[987]

A partir da definição proposta na Declaração de Alma-Ata, é possível extrair alguns princípios centrais, como a diretriz de equidade, que se impõe como princípio e orientação para a sustentabilidade do sistema. A participação da comunidade é devida por justiça, assim como para assegurar serviços apropriados e aceitáveis aos usuários. Extrai-se, ainda, a incorporação do enfoque preventivo em conjunto com a atenção

---

[987] DECLARAÇÃO de Alma-Ata, cit.

curativa, impondo-se a definição de estratégias de promoção da saúde intersetoriais para enfrentar os determinantes mais amplos do estado de saúde (de caráter socioeconômico e ambiental, por exemplo, como renda, alimentação, moradia, trabalho, meio ambiente, entre outros). Finalmente, propõe-se o equilíbrio entre os recursos disponíveis e as necessidades de saúde, o que requer o uso de tecnologias apropriadas nas políticas de saúde.[988]

Barbara Starfield, referência internacional na matéria, afirma que a atenção primária à saúde é um nível do sistema de saúde que serve de porta de entrada para a população acessar o sistema de saúde e fornece atenção sobre a pessoa ao longo do tempo. A atenção primária deve atender às pessoas com a maior parte dos agravos em saúde, exceto aqueles muito incomuns ou raros. Assim, deve abordar os problemas mais comuns de uma comunidade e dispor de serviços de promoção da saúde, prevenção das doenças, cura e reabilitação. A par de tudo isso, deve coordenar os cuidados de saúde. Enfim, "é a atenção que organiza e racionaliza o uso de todos os recursos, tanto básicos como especializados, direcionados para a promoção, manutenção e melhora da saúde".[989]

Rui Nunes parte do pressuposto de que as ações de atenção primária "representam o primeiro contacto do utilizador com o sistema de saúde".[990] O autor destaca que não se trata de uma atenção simplesmente curativa, mas "de uma abordagem dos principais problemas de saúde de uma comunidade através da promoção e prevenção da saúde e do tratamento e reabilitação dos doentes".[991] Neste sentido, enfatiza, ainda, que pressupõem uma visão global da saúde.[992]

António Correia de Campos e Jorge Simões afirmam que a atenção primária à saúde é "a base do sistema de saúde e primeiro nível de contacto dos indivíduos e das famílias com os serviços de saúde e incluem atividades que se classificam em duas grandes vertentes: medicina geral e familiar e saúde pública".[993]

---

[988] GREEN, Andrew; ROSS, Duncan; MIRZOEV, Tolib. Primary health care and England: the coming of age of Alma Ata, cit., p. 12.
[989] STARFIELD, Barbara. *Atenção primária*: equilíbrio entre necessidades de saúde, serviços e tecnologia, cit., p. 28.
[990] NUNES, Rui. *Regulação da saúde*, cit., p. 77.
[991] NUNES, Rui. *Regulação da saúde*, cit., p. 77.
[992] NUNES, Rui. *Regulação da saúde*, cit., p. 77.
[993] CAMPOS, António Correia de; SIMÕES, Jorge. *O percurso da saúde*: Portugal na Europa, cit., p. 187.

Pedro Pitta Barros afirma que a atenção primária à saúde é "o primeiro nível de contato dos doentes com o sistema de saúde".[994] Baseiam-se no trabalho de médicos generalistas ou da família para o tratamento de condições que não exijam emprego de tecnologias duras, mas "conhecimento abrangente e continuado do doente e suas circunstâncias".[995] Incumbe a estes profissionais realizar atividades de prevenção e providenciar o encaminhamento dos usuários a outros níveis do sistema de saúde, sempre que necessário. O autor destaca o papel dos serviços de atenção primária como "orientadores do doente dentro do sistema de saúde",[996] assim como a importância de manutenção de uma boa relação médico-paciente, ao longo dos anos, para a maior eficácia desta política pública.[997]

Tratando da realidade portuguesa, Licínio Lopes Martins lembra que a atenção primária à saúde foi considerada "o pilar estrutural do sistema de saúde" segundo a Lei de Bases da Saúde (Lei nº 48/90).[998]

Em uma abordagem da realidade espanhola, José Luiz Monereo Pérez, Cristóbal Molina Navarrete e Rosa Quesada Segura põem em relevo o papel de coordenação. Para eles, "la asistencia primaria [...] es el nível que ha de garantizar la continuidad de la atención a lo largo de toda la vida del paciente, actuando como gestor y coordinador de casos y regulador de flujos".[999]

André Crismer, Jean-Luc Belche e Jean-Luc Van Der Vennet afirmam que reconhecer a atenção primária à saúde como um sistema integrado que abrange linhas de cuidado articuladas para atender às necessidades da população é mais compatível com a Declaração de Alma-Ata.[1000]

Referências do tema no Brasil, Ligia Giovanella e Maria Helena Magalhães de Mendonça afirmam que a atenção primária à saúde é "a

---

[994] BARROS, Pedro Pita. *Economia da saúde:* conceitos e comportamentos, cit., p. 297.
[995] BARROS, Pedro Pita. *Economia da saúde:* conceitos e comportamentos, cit., p. 297.
[996] BARROS, Pedro Pita. *Economia da saúde:* conceitos e comportamentos, cit., p. 297.
[997] BARROS, Pedro Pita. *Economia da saúde:* conceitos e comportamentos, cit., p. 298.
[998] MARTINS, Licínio Lopes. *Tratado de Direito Administrativo especial, vol. III: Direito Administrativo da saúde*, cit., p. 265.
[999] PÉREZ, José Luiz Monereo; NAVARRETE, Cristóbal Molina; SEGURA, Rosa Quesada. *Manual de seguridad social*. 10. ed. Madrid: Editorial Tecnos, 2014, p. 523
[1000] CRISMER, André; BELCHE, Jean-Luc; VAN DER VENNET, Jean-Luc. Les soins de santé primaires, plus que des soins de première ligne, cit., p. 377 e seguintes. "Considérer les SSP comme un système intégré qui comprend différentes lignes de soins articulées entre elles pour répondre aux besoins de la population (notre premier type de définitions) paraît mieux correspondre à l'esprit d'Alma Ata et du rapport de l'OMS 2008."

atenção ambulatorial de primeiro nível, ou seja, os serviços de primeiro contato do paciente com o sistema de saúde, direcionados a cobrir as afecções e condições mais comuns e a resolver a maioria dos problemas de saúde".[1001] Ressalta-se, nesta breve definição, a capacidade de solução de problemas (resolutividade) de que a atenção primária deve dispor.

Para Luiz Odorico Monteiro de Andrade e outros, a atenção primária é um nível do sistema de saúde "que oferece a entrada no sistema para todas as novas necessidades e problemas, fornece atenção à pessoa (não à enfermidade) no decorrer do tempo, fornece atenção a todas as situações de saúde, exceto as incomuns".[1002] Para os autores, a atenção primária deve coordenar ou integrar a atenção dispensada.

Às definições tradicionais Gastão Wagner de Sousa Campos e outros acrescentam, criticamente, que a atenção primária à saúde é "uma das principais portas de entrada para o sistema de saúde (não a única, o que implicaria burocratização intolerável, o pronto-socorro é outra porta possível e necessária, por exemplo)".[1003]

Neste trabalho, compreende-se a atenção primária como um conjunto de ações e de serviços de saúde organizados para o atendimento e resolução das principais necessidades de saúde de uma população. Constituem a porta de entrada preferencial do usuário no sistema de saúde e devem contemplar ações de promoção da saúde, prevenção e cura de doenças e reabilitação das pessoas, ao longo do tempo, com sua participação no tratamento e na organização dos serviços. Formam a base de um sistema de saúde voltado para a satisfação das necessidades de uma população, dessa forma contribuindo para a autonomia individual.

A atenção primária à saúde deve ser compreendida como uma estratégia de organização dos sistemas de saúde e não meramente como um programa temporário, voltado para populações pobres e marginalizadas ou simplesmente como um nível de atenção à saúde.[1004]

[1001] GIOVANELLA, Lígia; MENDONÇA, Maria Helena Magalhães de. Atenção primária à saúde, cit., p. 576.

[1002] ANDRADE, Luiz Odorico Monteiro et al. Atenção primária à saúde e estratégia saúde da família. In: CAMPOS, Gastão Wagner de Sousa et al. Tratado de saúde coletiva. 2. ed. São Paulo: Hucitec, 2012.

[1003] CAMPOS, Gastão Wagner de Sousa et al. Reflexões sobre a atenção básica e a estratégia saúde da família. In: CAMPOS, Gastão Wagner de Sousa; GUERRERO, André Vinícius Pires. Manual de práticas de atenção básica: saúde ampliada e compartilhada. São Paulo: Hucitec, 2013, p. 132.

[1004] CRISMER, André; BELCHE, Jean-Luc; VAN DER VENNET, Jean-Luc. Les soins de santé primaires, plus que des soins de première ligne, cit., p. 379. MENDES, Eugênio Vilaça. As redes de atenção à saúde, cit.

Ao contrário, reitera-se que deve ser concebida como um modelo voltado para o atendimento das necessidades de saúde individuais e coletivas de uma população, em torno do qual se organizam as demais ações e serviços de saúde, assim como os respectivos recursos e fluxos de atendimento.[1005] Nessa linha, a OMS considera a atenção primária à saúde como "um conjunto de valores e princípios para orientar o desenvolvimento dos sistemas de saúde".[1006] Esse conceito amplo tem a ambição de promover a justiça social por meio da garantia de acesso a cuidados de saúde essenciais.[1007]

A prestação da atenção primária é orientada segundo um conjunto de ideias e valores objeto de disciplina normativa por princípios e regras que têm como fim último a realização do direito fundamental à saúde. Pode-se afirmar que estas normas conformam um subsistema que regula a relação entre os usuários e os serviços de saúde, os fluxos assistenciais, bem como as interações entre os órgãos e entidades prestadoras de cuidados de saúde e destes com os recursos humanos que os compõem.

4.3 Características da atenção primária à saúde

Segundo a definição proposta, a atenção primária à saúde compartilha certas características que os singularizam como estratégia ou modelo de ações e serviços de saúde.

Inicialmente, deve-se destacar que a atenção primária à saúde é um conjunto de ações de natureza ambulatorial, ou seja, uma atenção à saúde que não pressupõe ou requer a internação do usuário. Assim, diferencia-se da atenção hospitalar em que o tratamento envolve o ingresso do paciente em uma instituição onde os cuidados são prestados com o emprego predominante de tecnologias duras, como equipamentos de natureza variada, normas rígidas de organização e procedimentos institucionais. A atenção primária, por sua vez, emprega tecnologias leves ou leves-duras consistentes em um conjunto de práticas voltadas ao acolhimento, formação de vínculos com os pacientes e orientação para o autocuidado, além de conhecimento científico voltado para a

---

[1005] MENDES, Eugênio Vilaça. *As redes de atenção à saúde*, cit., p. 163.
[1006] ORGANIZAÇÃO MUNDIAL DA SAÚDE – *Relatório Mundial de Saúde, 2008*: Cuidados de saúde primários – agora mais que nunca, cit., p. IX.
[1007] BOURGUEIL, Yann; MAREK, Anna; MOUSQUÈS, Julien. Trois modèles types d'organisation des soins primaires en Europe, au Canada, en Australie et en Nouvelle-Zélande. *Questions d'economie de la santé*, n. 141, p. 1, avr. 2009.

detecção e diagnóstico das necessidades individuais e coletivas, como a epidemiologia.[1008]

A atenção primária deve ser orientada para o atendimento e resolução das principais necessidades de saúde de uma população. Por isso, são ações de saúde abrangentes e que não se limitam a certas doenças ou condições de saúde, como ocorre na versão seletiva ou focalizada. Para tanto, é imprescindível que seja realizado um diagnóstico adequado e que haja constante comunicação com as atividades de vigilância em saúde, que são voltadas para o levantamento dos fatores que determinam o processo de adoecimento e morte, assim como para o acompanhamento e verificação na mudança desses fatores. Além disso, a força de trabalho empregada deve ter competência para compreender e intervir em uma ampla gama de condições de saúde, razão pela qual o papel de médicos generalistas e de saúde da família, assim como de equipes multidisciplinares e multiprofissionais, tem grande relevância e estas têm sido empregadas no contexto de sistemas de saúde que se pautam por uma atenção primária abrangente.[1009]

A abrangência da atenção primária exige que esta contemple ações de promoção da saúde, prevenção de doenças, cura e reabilitação das pessoas, de âmbito individual e coletivo. Assim, não se limitam apenas ao atendimento da demanda espontânea das pessoas doentes e à dispensação da assistência curativa. Também é de responsabilidade da atenção primária a realização de atividades de educação que possam gerar bons hábitos de vida, prevenção de doenças por meio de dispensação de vacinas e outros procedimentos. Os serviços de saúde e os profissionais que atuam nessa área devem adotar postura proativa, inclusive realizando a identificação e busca de doentes ou pessoas com risco de adoecimento.[1010] A atenção à saúde deve ser dispensada de forma regular e ao longo do tempo, independentemente da presença de agravo

---

[1008] MARQUES, Giselda Quintana; LIMA, Maria Alice Dias da Silva. As tecnologias leves como orientadoras dos Processos de trabalho em serviços de saúde. *Revista Gaúcha de Enfermagem*, v. 25, n. 1, p. 22, abr. 2004.

[1009] Para Jorge Solla e Jairnilson Paim, a atenção primária pode abranger as especialidades básicas. Estas, para os autores, seriam clínica médica, pediatria, obstetrícia e ginecologia. SOLLA, Jorge José Santos Pereira; PAIM, Jairnilson Silva. Relações entre a atenção básica, de média e alta complexidade: desafios para a organização do cuidado no sistema único de saúde. *In*: PAIM, Jairnilson; ALMEIDA-FILHO, Naomar. *Saúde coletiva: teoria e prática*. Rio de Janeiro: MedBook, 2014, p. 343.

[1010] CAMPOS, Gastão Wagner de Sousa *et al*. Reflexões sobre a atenção básica e a estratégia saúde da família, cit., p. 139.

ou condição específica.[1011] Para isso, as equipes e os profissionais que a compõem precisam fortalecer os vínculos com os usuários que estejam sob sua responsabilidade. O estreitamento da relação usuário-equipe de saúde "tende a produzir diagnósticos e tratamentos mais precisos, que reduzem os encaminhamentos desnecessários para especialistas e a realização de procedimentos de maior complexidade".[1012]

Pela abrangência da atenção primária, que contempla atividades que vão desde a promoção da saúde à reabilitação das doenças, de caráter individual e coletivo, ela consiste em uma atenção de primeiro nível, isto é, o ponto de contato inicial dos usuários com o sistema de saúde. Com isso, a atenção primária à saúde deve ser acessada antes dos cuidados especializados e assim se pode afirmar que é a porta de entrada para o sistema de saúde (exerce função de porteiro – *gatekeeper*). Para desempenharem adequadamente esse papel, a atenção primária à saúde deve ser acessível, ou seja, disponível para o usuário sempre que deles necessitar. Para tanto, deve-se considerar a distribuição geográfica, a organização dos serviços (horário de funcionamento, procedimentos e tempo para se acessar os cuidados, via de acesso aos serviços de apoio ao diagnóstico e a continuidade dos cuidados), além do conhecimento das circunstâncias culturais que podem interferir na compreensão da doença e tratamento e na busca dos cuidados.[1013] É fundamental que os serviços sejam economicamente acessíveis, ou seja, como regra, previamente financiados, evitando-se os pagamentos no momento da atenção. Nos casos em que houver a cobrança de taxas moderadoras ou copagamentos, estes não devem ser elevados de forma a constituírem barreiras para o atendimento, sendo conveniente a previsão de faixas de isenção para as populações vulneráveis.

[1011] Embora tenha pontos de interface com a rede de cuidados continuados integrados organizada pelo SNS em Portugal, a atenção primária desta se diferencia. Isso porque a rede de cuidados continuados busca atender pessoas com dependência funcional, doenças crônicas e/ou estado avançado de idade, visando sua recuperação e reinserção social, assim como o envelhecimento ativo. Articula políticas de saúde e de assistência social, com o apoio da rede de atenção primária. Conferir ESTORNINHO, Maria João; MACIEIRINHA, Tiago. *Direito da saúde*, cit., p. 163 e seguintes. CAMPOS, António Correia de; SIMÕES, Jorge. *O percurso da saúde: Portugal na Europa*, cit., p. 206 e seguintes.

[1012] OLIVEIRA, Maria Amélia de Campos; PEREIRA, Iara Cristina. Atributos essenciais da atenção primária e da estratégia saúde da família. *Revista Brasileira de Enfermagem*, v. 66, n. esp., p. 160, set. 2013.

[1013] OLIVEIRA, Maria Amélia de Campos; PEREIRA, Iara Cristina. Atributos essenciais da atenção primária e da estratégia saúde da família, cit., p. 160.

Para que possa corresponder às necessidades da população, a par de um diagnóstico adequado e de uma íntima relação com a vigilância em saúde, a atenção primária deve ser permeável à participação da comunidade, da gestão às atividades práticas. O controle social contribui para que as políticas públicas sejam ajustadas à realidade em que vão incidir e, dessa forma, possam responder às legítimas expectativas da população de forma adequada, cordial e tempestiva. Além da economicidade, da eficiência e da eficácia do sistema de saúde, deve-se atentar para a percepção das pessoas e sua satisfação, assim lhe conferindo maior legitimidade social.[1014]

A efetividade da atenção primária exige, ainda, que esta seja mais que um dos níveis de atenção disponíveis para acesso da população. É importante que assuma a coordenação dos cuidados de saúde das pessoas, responsabilizando-se pelo acesso aos cuidados especializados, assim como pelo acompanhamento continuado dos pacientes após o retorno do atendimento especializado, a fim de que possam monitorar os usuários ao longo de suas vidas, em especial, aqueles com doenças crônicas não curáveis.

Finalmente, as equipes de atenção primária assumem a responsabilidade pela saúde da comunidade onde atuam e, assim, devem realizar ações voltadas para a melhoria das condições de saúde das famílias e da coletividade de forma geral, ultrapassando a mera gestão clínica individual.

4.4 Atenção primária à saúde como um dos níveis de atenção à saúde

Para que os Estados cumpram com o dever de realizar as obrigações previstas no art. 12 do Pacto Internacional de Direitos Econômicos, Sociais e Culturais, mostra-se necessária a promoção de políticas públicas aptas a satisfazerem necessidades individuais e coletivas que contemplem da promoção à saúde ao tratamento das doenças. Em relação à assistência à saúde, que envolve o tratamento das doenças e outros agravos, devem estar disponíveis os serviços essenciais e aqueles de maior grau de especialização.

[1014] VALE, Luis António Malheiro Meneses do. Responsividade nos sistemas públicos de saúde: o exemplo da OMS, cit., p. 1.053 e 1.073.

Conforme a especialização e a densidade tecnológica dos recursos empregados no tratamento, os serviços de saúde costumam ser classificados em níveis de atenção, quais sejam, atenção primária (atenção básica ou cuidados primários), atenção secundária (atenção ambulatorial especializada, média complexidade ou cuidados secundários) e atenção terciária (alta complexidade ou cuidados terciários).[1015]

Inicialmente, registra-se que é um erro comum acreditar que a atenção primária é integrada por um conjunto de ações de saúde simplificadas, de baixa qualidade, prestadas por trabalhadores com formação básica. Embora sejam empregados recursos de menor densidade tecnológica, por vezes podem envolver cuidados que exigem o emprego de técnicas sofisticadas e o manejo de situações complexas, como cuidados destinados a pessoas vítimas de violência doméstica[1016] ou pacientes com doenças crônicas e múltiplas enfermidades. Nestes

---

[1015] O comitê das Nações Unidas sobre direitos econômicos, sociais e culturais, em comentário sobre o direito à saúde previsto no art. 12 do Pacto de Direitos Econômicos, Sociais e Culturais, reconhece a existência de três níveis de cuidados de saúde, como aqui proposto. Não obstante, esclarece que nem sempre essa classificação fica clara na prática: "In the literature and practice concerning the right to health, three levels of health care are frequently referred to: primary health care typically deals with common and relatively minor illnesses and is provided by health professionals and/or generally trained doctors working within the community at relatively low cost; secondary health care is provided in centres, usually hospitals, and typically deals with relatively common minor or serious illnesses that cannot be managed at community level, using specialty-trained health professionals and doctors, special equipment and sometimes inpatient care at comparatively higher cost; tertiary health care is provided in relatively few centres, typically deals with small numbers of minor or serious illnesses requiring specialty-trained health professionals and doctors and special equipment, and is often relatively expensive. Since forms of primary, secondary and tertiary health care frequently overlap and often interact, the use of this typology does not always provide sufficient distinguishing criteria to be helpful for assessing which levels of health care States parties must provide, and is therefore of limited assistance in relation to the normative understanding of article 12". UNITED NATIONS. Office of the High Commissioner for Human Rights – *General Comment No. 14: The Right to the Highest Attainable Standard of Health (Art. 12)*, cit., n. 13.

[1016] Como destaca a OMS, "a violência doméstica tem inúmeras consequências, bem documentadas, para a saúde das mulheres (e das suas crianças), incluindo ferimentos, síndromes de dor crónica, gravidezes acidentais e não desejadas, complicações da gravidez, infecções sexualmente transmitidas e um grande número de problemas de saúde mental. As mulheres que sofrem de violência doméstica são utentes frequentes dos serviços de saúde". Embora o fenómeno ultrapasse as fronteiras da competência estrita do setor da saúde, por vezes, terá sua manifestação mais explícita nas unidades de saúde. Nestes casos, os profissionais devem estar atentos para a identificação dos casos e para realizarem uma escuta qualificada das vítimas, disponibilizando, para além do atendimento curativo, apoio e suporte psicossocial e orientação para adoção de providências legais. Serviços de saúde em que os cuidados sejam centrados nas pessoas e com vínculos fortes com os usuários e as comunidades são especialmente aptos para enfrentarem e prevenirem a violência doméstica contra a mulher. ORGANIZAÇÃO MUNDIAL DA SAÚDE – *Relatório Mundial de Saúde, 2008*: Cuidados de saúde primários – agora mais que nunca, cit., p. 49.

casos, não raramente o tratamento exigirá esforços multiprofissionais e terá maior complexidade que a realização de sessões de fisioterapia ou procedimentos cirúrgicos especializados.[1017] Como destaca Pedro Pita Barros, exige-se dos profissionais "conhecimento abrangente e continuado do doente e suas circunstâncias, desenvolver e promover atividades de prevenção bem como referenciar doentes para outros níveis de cuidados, sempre que tal se justifique."[1018]

Na verdade, como se tem ressaltado ao longo deste estudo, o importante é que o usuário tenha acesso ao recurso que supra adequadamente sua necessidade. Nessa linha, embora haja pequena variação entre os autores, estima-se que a atenção primária está apta a responder por cerca de 80% a 85% das necessidades de saúde de uma população. Para Jorge Solla e Arthur Chioro, a atenção primária atende a aproximadamente 80% das necessidades da população. O nível secundário supre aproximadamente 15% e os cuidados terciários aproximadamente 5% dos problemas de saúde.[1019]

A identificação da atenção primária como um dos níveis de atenção à saúde a individualiza dos demais cuidados disponíveis nos sistemas de saúde – atenção secundária e terciária. Como um dos níveis de atenção à saúde – embora a isto não se resuma, já que deve ser o eixo de organização dos sistemas de saúde –, a atenção primária forma a base[1020] de um sistema de saúde organizado para o acesso universal, segundo as necessidades dos usuários. Como já visto, devem constituir a porta de entrada preferencial do sistema de saúde e ordenar os cuidados dispensados. Por essa razão, é necessário que sejam de acesso facilitado, conformando assim uma rede capilarizada de unidades que estejam próximas dos usuários. Para além disso, exige-se postura proativa desta política pública, que deve se responsabilizar pela melhoria das condições de saúde da população.

Contudo, tratando-se de um sistema de saúde que se proponha a suprir todas as necessidades dos usuários, cumprindo o disposto

---

[1017] SOLLA, Jorge José Santos Pereira; PAIM, Jairnilson Silva. Relações entre a atenção básica, de média e alta complexidade: desafios para a organização do cuidado no sistema único de saúde, cit., p. 345.

[1018] BARROS, Pedro Pita. *Economia da Saúde: conceitos e comportamentos*, cit., p. 297.

[1019] SOLLA, Jorge; CHIORO, Arthur. Atenção ambulatorial especializada. *In:* GIOVANELLA, Ligia *et al. Políticas e Sistemas de Saúde no Brasil*. Rio de Janeiro: FIOCRUZ, 2009, p. 628.

[1020] BOURGUEIL, Yann; MAREK, Anna; MOUSQUÈS, Julien. Trois modèles types d'organisation des soins primaires en Europe, au Canada, en Australie et en Nouvelle-Zélande, cit., p. 3. Para esses autores a atenção primária pode responder a 90% dos problemas de saúde.

no Pacto Internacional de Direitos Econômicos, Sociais e Culturais, a atenção primária deve ser uma ponte para o acesso às especialidades, sempre que necessário. Assim, não pode ser um limite para a atenção à saúde disponível para os usuários. Nos casos em que a demanda não for solucionada no nível primário, há que se promover o acesso à terapia necessária nos demais níveis do sistema de saúde.

A atenção secundária ou atenção ambulatorial especializada "contempla um conjunto de ações, conhecimentos e técnicas assistenciais com certa densidade tecnológica, envolvendo processos de trabalho e tecnologias especializadas".[1021] Ao passo que a atenção primária deve dispensar um cuidado continuado ao longo do tempo e ter uma postura proativa, inclusive identificando pessoas que precisam manter contato com o serviço de saúde, a atenção especializada tem contato pontual com o usuário, isto é, apenas em situações específicas, em razão de certo evento ou agravo de saúde.

Estão contemplados entre os serviços de atenção secundária aqueles ambulatoriais especializados, assim como as atividades de apoio diagnóstico e terapêutico, como os diversos exames disponíveis.

Para a racionalidade do acesso à atenção especializada e consequente controle das despesas de saúde o ideal seria que os cuidados especializados somente fossem acessados por meio da atenção primária e nos casos em que estes se fizessem insuficientes. Essa prática é fundamental para a organização de sistemas de acesso universal. No entanto, no contexto de sistemas de lógica de seguro social e de proteção residual, a decisão sobre o acesso à atenção primária ou especializada é feita pelo usuário.

A atenção à saúde que emprega cuidados e tecnologias especializados, de alta densidade, normalmente no âmbito hospitalar e para pacientes internados, é classificada como atenção terciária.[1022] Trata-se de cuidados de custo elevado e que são destinados a uma menor parcela da população até mesmo por serem empregados pontualmente ao longo da vida das pessoas.

Dentro da rede de cuidados disponíveis aos usuários, é importante que, após a alta hospitalar ou dos outros serviços de nível terciário, haja

---

[1021] SOLLA, Jorge José Santos Pereira; PAIM, Jairnilson Silva. Relações entre a atenção básica, de média e alta complexidade: desafios para a organização do cuidado no sistema único de saúde, cit., p. 343.
[1022] BOURGUEIL, Yann; MAREK, Anna; MOUSQUÈS, Julien. Trois modèles types d'organisation des soins primaires en Europe, au Canada, en Australie et en Nouvelle-Zélande, cit., p. 3.

a comunicação da condição de saúde do usuário ao nível primário, a fim de possibilitar o conhecimento pela equipe de saúde responsável pelo acompanhamento da pessoa ao longo de sua vida. Tecnologias como prontuário eletrônico integrado facilitam esse fluxo de informações.

Ao contrário da atenção primária, que deve formar uma rede capilarizada, enfatizando-se a acessibilidade, inclusive do ponto de vista geográfico, os serviços ambulatoriais especializados e hospitalares devem estar disponíveis de forma regionalizada. Com efeito, trata-se de serviços de custo elevado e de grande especialização técnica, razões pelas quais o alcance de boa relação custo-benefício para a população requer economia de escala na oferta dos procedimentos. Além disso, a alta especialização dos cuidados também implica a necessidade de escala nos atendimentos para que as equipes profissionais possam manter adequado padrão de qualidade.[1023]

4.5 Atenção primária à saúde e as tecnologias de informação e comunicação

A atenção primária à saúde tem o papel de ofertar atenção continuada para a maioria das condições de saúde ao longo das vidas das pessoas, independentemente da presença de doenças. Nesse contexto, a proximidade entre as equipes de saúde e os usuários e a formação de vínculos têm um papel muito relevante.

Nos tempos atuais, as novas tecnologias de informação e comunicação criam possibilidades de aproximação entre as pessoas que podem, a um só tempo, fortalecer esses vínculos, otimizar os recursos disponíveis e contribuir para a melhoria dos resultados de saúde. Com efeito, contatos telefônicos, centrais de telecomunicação, envio de mensagens, uso de aplicações para telemóveis e videoconferências são estratégias com grande potencial para serem empregadas pelas equipes de atenção primária, assim como de forma mais ampla pelos sistemas de saúde.

Esse emprego é particularmente relevante no momento em que se avança nesta pesquisa, qual seja, de pleno crescimento da pandemia causada pelo novo coronavírus (SARS-CoV-2). Trata-se de doença

---

[1023] SOLLA, Jorge José Santos Pereira; PAIM, Jairnilson Silva. Relações entre a atenção básica, de média e alta complexidade: desafios para a organização do cuidado no sistema único de saúde, cit., p. 350.

altamente contagiosa cuja estratégia de enfrentamento recomendada e utilizada pelos governos em larga escala tem sido o distanciamento social. Para essa condição de saúde, assim como para as demais que continuam a ocorrer, a ênfase no uso das tecnologias de informação e comunicação parece não apenas ser recomendável, como imperioso.[1024] Em muitos países, pode-se afirmar que a doença causada por esse agente patológico, COVID-19, provocará verdadeira revolução tecnológica nas práticas de saúde e, em outros, trará avanços muito significativos.

Para a atenção primária à saúde, é imprescindível o fluxo de informações sobre os pacientes entre os diversos níveis de atenção. Dessa forma, tecnologias como prontuário eletrônico, que permite o registro e a consulta das informações individuais nos diversos serviços de saúde, com as cautelas necessárias ao resguardo à privacidade, cumprem um papel fundamental. Com essa ferramenta, é possível conhecer o histórico do usuário, encaminhá-lo para a atenção especializada e, posteriormente, recebê-lo para seguir o acompanhamento com o conhecimento das demandas que apresentou e das intervenções que sofreu. Assim, o uso da tecnologia de prontuário eletrônico favorece a continuidade e a coordenação dos cuidados pelo nível primário.[1025]

Por outro lado, reportando uma vez mais ao contexto desta pandemia em curso, as novas tecnologias de informação e comunicação abrem um leque amplo para a assistência à saúde e a formação de profissionais. Embora não se trate de novidade para muitos países – como é caso de Portugal, há outros – como ocorre no Brasil e nos Estados

---

[1024] O modelo tradicional de atuação dos profissionais de saúde, "face a face", criou muitas dificuldades para as pessoas durante a pandemia por COVID-19, como apontam Sirina Keesara, Andrea Jonas e Kevin Schulman: "Clinical workflows and economic incentives have largely been developed to support and reinforce a face-to-face model of care, resulting in the congregation of patients in emergency departments and waiting areas during this crisis. This care structure contributes to the spread of the virus to uninfected patients who are seeking evaluation. Vulnerable populations such as patients with multiple chronic conditions or immunosuppression will face the difficult choice between risking iatrogenic Covid-19 exposure during a clinician visit and postponing needed care". KEESARA, Sirina; JONAS, Andrea; SCHULMAN, Kevin. Covid-19 and Health Care's Digital Revolution. *The New England Journal of Medicine* [em linha], Apr. 2, 2020, p. 1. Acesso em: 21 abr. 2020. Disponível em: https://www.nejm.org/doi/full/10.1056/NEJMp2005835.

[1025] DIAS, Maura Pereira; GIOVANELLA, Ligia. Prontuário eletrônico – uma estratégia de coordenação entre a atenção primária e secundária à saúde no município de Belo Horizonte. *Revista Eletrônica de Comunicação, Informação e Inovação em Saúde* [em linha], v. 7, n. 2, ago. 2013. Acesso em: 26 abr. 2020. Disponível em: https://www.reciis.icict.fiocruz.br/index.php/reciis/article/view/518.

Unidos[1026] – onde obstáculos de natureza variada não permitiram o avanço que as ferramentas colocam à disposição da sociedade.

Sob a perspectiva dos cuidados de saúde, abrem-se caminhos para ações de comunicação em saúde, notadamente, o envio de informações sobre doenças, o que também pode estar disponível em centrais telefônicas e em *websites*. Por outro lado, videoconferências podem permitir um melhor conhecimento do quadro clínico dos pacientes.[1027]

Em Portugal, as experiências com o uso de ferramentas de telessaúde datam do ano de 1998, com a utilização do recurso telefônico para orientações pediátricas pelo Hospital Pediátrico de Coimbra.[1028] Atualmente, são iniciativas conduzidas pelas instituições de saúde do Serviço Nacional de Saúde: a teleconsulta, a telemonitorização, o telerrastreio, o telediagnóstico, a telerreabilitação e a teleformação.[1029] As

---

[1026] Sirina Keesara, Andrea Jonas e Kevin Schulman afirmam que, no meio da pandemia causada pela COVID-19, os norte-americanos perceberam que ainda dispunham de um "sistema de saúde analógico" e que uma "revolução digital" é necessária para o enfrentamento da crise. KEESARA, Sirina; JONAS, Andrea; SCHULMAN, Kevin. Covid-19 and Health Care's Digital Revolution, cit., p. 1.

[1027] GREENHALGH, Trisha; KOH, Gerald Choon Huat; CAR, Josip. Covid-19: a remote assessment in primary care [em linha]. *British Medical Journal*, n. 368, p. 1, 25 Mar. 2020. Acesso em: 19 abr. 2020. Disponível em: https://doi.org/10.1136/bmj.m1182.

[1028] PORTUGAL. Serviço Nacional de Saúde. Serviços Partilhados do Ministério da Saúde, E.P.E. Centro Nacional de Telessaúde – *Plano Estratégico Nacional para a Telessaúde 2019-2022* [em linha]. Lisboa: Serviços Partilhados do Ministério da Saúde, 2018, p. 30. Acesso em: 21 abr. 2020. Disponível em: https://www.spms.min-saude.pt/wp-content/uploads/2019/11/PENTS_portugu%C3%AAs.pdf.

[1029] "A Teleconsulta é uma consulta na qual o profissional de saúde, à distância e com recurso às tecnologias de informação e comunicação, avalia a situação clínica de uma pessoa e procede ao planeamento da prestação de cuidados de saúde. A Teleconsulta pode acontecer em tempo real ou diferido."
(...)
"A telemonitorização é uma ferramenta que consiste na utilização de tecnologias de comunicação para monitorizar à distância parâmetros biométricos do cidadão tais como a pressão arterial, ritmo cardíaco, glicemia capilar, peso, oximetria e temperatura, que são transmitidas ao prestador de cuidados. Tem como principal objetivo a melhoria da prestação dos cuidados de saúde ao cidadão e consequentemente da qualidade de vida do mesmo."
(...)
"O Telerrastreio é a procura à distância, com o recurso de tecnologias de informação e comunicação, de uma doença assintomática, de um fator de risco ou de uma condição prejudicial não percebida. Insere-se em regra numa estratégica de prevenção da doença por iniciativa do próprio ou do sistema."
(...)
"A existência de diagnósticos formulados à distância, com base nos exames obtidos, é já hoje uma realidade. São exemplos desse processo a telerradiologia e a telepatologia."
(...)
"A Telerreabilitação, é um método inovador e alternativo, que permite acesso remoto à equipa de reabilitação."
(...)

atividades de teleconsulta, telemonitorização e telerrastreio contribuem para que a atenção primária à saúde seja ofertada com proatividade e para evitar o agravamento de quadros de doentes crônicos, com impactos nos serviços de urgência e de cuidados especializados.

No Brasil, houve uma corrida para a regulamentação da telemedicina como ferramenta a ser utilizada no contexto do enfrentamento a COVID-19. A Lei nº 13.989/20 previu genericamente a possibilidade de emprego da telemedicina, compreendida como "exercício da medicina mediado por tecnologias para fins de assistência, pesquisa, prevenção de doenças e lesões e promoção de saúde" (art. 3º). O Ministério da Saúde, por meio da Portaria nº 467/20, disciplinou a prática da telemedicina "em caráter excepcional e temporário" (art. 1º). Na portaria, previu-se que a telemedicina pode abranger "o atendimento pré-clínico, de suporte assistencial, de consulta, monitoramento e diagnóstico, por meio de tecnologia da informação e comunicação, no âmbito do SUS, bem como na saúde suplementar e privada" (art. 2º). Por sua vez, o Conselho Federal de Medicina admitiu a prática da telemedicina para as atividades de teleorientação, telemonitoramento e teleinterconsulta, conforme o Ofício CFM nº 1.756/20.

Durante a pandemia de COVID-19, propôs-se o uso dos instrumentos de telessaúde para evitar a contaminação de pessoas, manter os vínculos entre equipes de saúde e os usuários referenciados e desempenhar ações voltadas para a proteção da saúde mental.[1030] Como 80% das pessoas desenvolvem formas leves ou moderadas da COVID-19[1031] e o tratamento está limitado a cuidar dos sintomas que apresentam, mostra-se relevante o emprego das tecnologias de informação e comunicação no âmbito da atenção primária à saúde para assegurar conforto e assistência à saúde para as pessoas, evitar a

---

"A formação de profissionais de saúde e de outros profissionais no contexto da atividade em saúde é tido como um processo essencial à evolução das instituições de saúde. Permitir um acesso facilitado a conteúdos e informação, independentemente dos constrangimentos do espaço e tempo, tem sido possível graças às iniciativas de teleformação." PORTUGAL. Serviço Nacional de Saúde. Serviços Partilhados do Ministério da Saúde, E.P.E. Centro Nacional de TeleSaúde – *Plano Estratégico Nacional para a Telessaúde 2019-2022*, cit., p. 38-43.

[1030] "While there is growing awareness of mortality rates associated with COVID-19, we should also be cognizant of the impact on mental health – both on a short and a long-term basis. Telemental health services are perfectly suited to this pandemic situation – giving people in remote locations access to important services without increasing risk of infection." ZHOU, Xiaoyun *et al*. The Role of Telehealth in Reducing the Mental Health Burden. *Telemedicine and e-Health*, v. 26, n. 4, p. 378, Apr. 2020.

[1031] GREENHALGH, Trisha; KOH, Gerald Choon Huat; CAR, Josip. COVID-19: a remote assessment in primary care, cit., p. 3.

contaminação por meio da presença desnecessária em unidades de saúde e racionalizar o acesso aos escassos serviços e profissionais disponíveis. Ainda, o monitoramento das pessoas com condições crônicas pode contribuir para evitar a ocorrência de óbitos.

4.6 Panorama da atenção primária à saúde em alguns sistemas de saúde

Embora possam ser identificados traços centrais que caracterizam e individualizam a atenção primária à saúde, é necessário destacar que esses serviços de saúde não se desenvolvem de forma homogênea nos diversos países. Aliás, como já se demonstrou a partir dos conceitos de atenção primária à saúde abrangente e seletiva, a proposta, pioneiramente sistematizada a partir do Relatório Dawson e consolidada como estratégia para a cobertura universal e a garantia do direito à saúde para todas as pessoas desde a Conferência de Alma-Ata, é acomodada e adaptada à realidade em que é implementada.

Esforços classificatórios são particularmente úteis nesse contexto, pois, apesar de não ser possível identificar modelos-padrão, permitem inferir características e orientações comuns que apontam certa racionalidade para a organização da atenção primária e para sua inserção nos sistemas de saúde dos diversos países.

Nessa linha, Yann Bourgueil, Anna Marek e Julien Mousquès, em estudo sobre a atenção primária na Europa, Canadá, Austrália e Nova Zelândia, identificam três modelos de organização: modelo normativo hierarquizado (*modèle normatif hiérarchisé*), modelo profissional hierarquizado (*modèle professionnel hiérarchisé*) e modelo profissional não hierarquizado (*modèle professionnel non hiérarchisé*).[1032]

O modelo normativo hierarquizado tem lugar nos países em que o ordenamento jurídico organiza o sistema de saúde e a atenção primária segundo conceitos e princípios previamente definidos. Assim, a legislação prevê claramente e de forma detalhada uma definição da atenção primária e seu papel entre os demais níveis do sistema de

---

[1032] BOURGUEIL, Yann; MAREK, Anna; MOUSQUES, Julien. Trois modèles types d'organisation des soins primaires en Europe, au Canada, en Australie et en Nouvelle-Zélande, cit., p. 1-6.

saúde. Em resumo, os serviços de atenção primária são detalhadamente regulados pelo Estado.[1033]

A atenção primária é prestada a partir da organização de equipes pluridisciplinares em centros de saúde, que se responsabilizam pela saúde da população de uma determinada área geográfica. Os usuários podem ser inscritos para atendimento por um profissional da atenção primária (médico generalista ou da família) e o Estado define o número mínimo e máximo de pessoas a serem atendidas. Os cuidados especializados, prestados pelos médicos especialistas, ocorrem principalmente no ambiente hospitalar.[1034]

Essa orientação para a atenção primária pode ser identificada na Catalunha/Espanha, na Finlândia e na Suécia. Trata-se de sistemas de saúde universais com financiamento prévio e majoritariamente decorrente da receita de impostos.

Além disso, os países que adotam essa forma de conceber a atenção primária comungam de outras características, como a descentralização dos serviços, cuja organização e financiamento são responsabilidade das autoridades locais, ainda que contem, em parte, com recursos nacionais. A distribuição dos recursos pode ser ponderada para a alocação mais equânime, valendo-se de características populacionais que têm implicação na ocorrência de doenças e agravos de saúde, como idade, sexo, prevalência e incidência de doenças.[1035]

No modelo profissional hierarquizado, não se propõe uma definição completa da atenção primária. Estes estão fortemente associados à Medicina geral e se organizam a partir do papel do médico generalista ou da família, que é o centro da organização da atenção primária.[1036]

O médico generalista – *general practitioner* ou GP no sistema britânico – exerce o papel de "porteiro" (*gatekeeper*) e "filtro" para o acesso aos cuidados especializados no nível hospitalar. Assim, esse profissional regula o acesso do usuário aos demais níveis de atenção e, progressivamente, tem assumido funções de prevenção e controle de doenças com o apoio de outros serviços de saúde. O vínculo laboral

---

[1033] BOURGUEIL, Yann; MAREK, Anna; MOUSQUES, Julien. Trois modèles types d'organisation des soins primaires en Europe, au Canada, en Australie et en Nouvelle-Zélande, cit., p. 2.
[1034] BOURGUEIL, Yann; MAREK, Anna; MOUSQUES, Julien. Trois modèles types d'organisation des soins primaires en Europe, au Canada, en Australie et en Nouvelle-Zélande, cit., p. 2-3.
[1035] BOURGUEIL, Yann; MAREK, Anna; MOUSQUES, Julien. Trois modèles types d'organisation des soins primaires en Europe, au Canada, en Australie et en Nouvelle-Zélande, cit., p. 2-3.
[1036] BOURGUEIL, Yann; MAREK, Anna; MOUSQUES, Julien. Trois modèles types d'organisation des soins primaires en Europe, au Canada, en Australie et en Nouvelle-Zélande, cit., p. 3.

do profissional e a forma de contratação são variados nos países que se organizam dessa forma.[1037]

Segundo Yann Bourgueil, Anna Marek e Julien Mousquès, o modelo profissional hierarquizado é característico da atenção primária à saúde no Reino Unido, Países Baixos, Austrália e Nova Zelândia.[1038]

Finalmente, os autores classificam a atenção primária prestada na Alemanha e no Canadá como modelo profissional não hierarquizado. Nesses casos, não se identifica um projeto global explícito de atenção primária, nem a organização dos serviços segundo uma lógica territorial e populacional.[1039]

Além disso, os autores destacam que os cuidados especializados podem ser acessados diretamente pelos usuários também no ambiente ambulatorial, extra-hospitalar, sem necessidade de encaminhamento pelos centros de saúde ou GPs. Assim, ficam prejudicadas as funções de primeiro contato e de coordenação da atenção primária, que passa a "competir" com os cuidados especializados. Esse acesso direto, no entanto, pode exigir um pagamento, referido pelos pesquisadores como penalidade financeira (*pénalité financière*).[1040]

Na França, a organização da atenção primária tem grande influência dos princípios da Carta de Medicina Liberal, de 1927, dentre os quais se encontra a livre escolha do médico pelo paciente. Os médicos generalistas e especialistas desenvolvem sua atividade majoritariamente como profissionais liberais. Esta atividade convive, no entanto, com outros serviços ambulatoriais, como os serviços de enfermagem, assim como no ambiente hospitalar, no que se refere aos cuidados domiciliares, consultas e atendimentos de urgência. A disponibilidade de generalistas e especialistas no ambiente ambulatorial, estes sujeitos ao livre acesso do usuário, coloca o sistema de atenção primária francês dentre aqueles que têm um modelo profissional não hierarquizado, embora reformas iniciadas nos anos 2000 tenham enfatizado a função da atenção primária

---

[1037] BOURGUEIL, Yann; MAREK, Anna; MOUSQUES, Julien. Trois modèles types d'organisation des soins primaires en Europe, au Canada, en Australie et en Nouvelle-Zélande, cit., p. 3-4.
[1038] BOURGUEIL, Yann; MAREK, Anna; MOUSQUES, Julien. Trois modèles types d'organisation des soins primaires en Europe, au Canada, en Australie et en Nouvelle-Zélande, cit., p. 4.
[1039] BOURGUEIL, Yann; MAREK, Anna; MOUSQUES, Julien. Trois modèles types d'organisation des soins primaires en Europe, au Canada, en Australie et en Nouvelle-Zélande, cit., p. 4.
[1040] BOURGUEIL, Yann; MAREK, Anna; MOUSQUES, Julien. Trois modèles types d'organisation des soins primaires en Europe, au Canada, en Australie et en Nouvelle-Zélande., cit., p. 4.

como atenção de primeira linha e ressaltado a importância dos médicos generalistas.[1041]

A par da classificação apresentada, deve-se reconhecer que a organização da atenção primária sofre grande influência do modelo de sistema de saúde em que estão inseridos, ou seja, se o sistema é universal, de seguro social ou proteção residual, como se demonstrou no capítulo 3. O modelo de proteção social em saúde – em especial, a forma de financiamento, regulação estatal e população atendida – condiciona a concepção de atenção primária adotada, gerando incentivos ou obstáculos à implementação de uma concepção abrangente.[1042]

Nessa linha, a opção dos Estados Unidos de tratar a atenção à saúde como responsabilidade individual, sujeita à prestação por planos e seguros de saúde privados, com disponibilidade de serviços públicos a grupos específicos, de forma residual, tem impacto direto sobre a atenção primária.

Inicialmente, registra-se que, ao passo que a maior parte das ações de saúde pública, de caráter coletivo, voltadas para a promoção da saúde e prevenção de doenças, são de responsabilidade pública, os serviços de assistência à saúde, destinados à cura das doenças, ficam majoritariamente sob responsabilidade do setor privado.

Por outro lado, o sistema de saúde estadunidense tem forte ênfase nos cuidados especializados e hospitalares, o que se reflete na composição da força de trabalho: segundo dados de 2016, apenas 11,8% dos médicos eram clínicos gerais ou médicos de família.[1043] A escassez de profissionais de saúde e sua má distribuição é especialmente sentida na atenção primária.[1044]

Uma experiência relevante de atenção primária é desenvolvida pelas Organizações de Manutenção da Saúde (*Health Maintenance Organizations* – HMO). As HMO, que prestam serviços de saúde por meio de profissionais vinculados à sua rede de serviços, propõem que os beneficiários se cadastrem para atendimento por um médico

---

[1041] BOURGUEIL, Yann; MAREK, Anna; MOUSQUES, Julien. Trois modèles types d'organisation des soins primaires en Europe, au Canada, en Australie et en Nouvelle-Zélande, cit., p. 5-6.

[1042] GIOVANELLA, Ligia *et al*. Atención primaria de salud en Suramérica: ¿reorientación hacia el cuidado integral?, cit., p. 24.

[1043] WORLD HEALTH ORGANIZATION – *The Global Health Observatory* [em linha]. Geneva: WHO, atual. 2020. Acesso em: 26 abr. 2020. Disponível em: https://apps.who.int/gho/data/node.main.HWFGRP_0020?lang=en.

[1044] NORONHA, José Carvalho; GIOVANELLA, Ligia; CONNIL, Eleonor Minho. Sistemas de saúde da Alemanha, do Canadá e dos Estados Unidos: uma visão comparada, cit., p. 168.

de atenção primária. Este exerce a função de porteiro (*gatekeeper*), que deve autorizar todos os serviços, exceto de urgência e emergência.[1045][1046]

Após a promulgação do *Affordable Care Act*, a população norte-americana tem reportado menos obstáculos para o acesso à atenção primária. Em 2014, em comparação com 2011, menos pessoas informaram dificuldades para ter acesso a um médico de atenção primária e serem aceitas como novo paciente. Além disso, houve diminuição do tempo de espera para a marcação de consultas, contribuindo para o atendimento em tempo adequado. Há, contudo, uma preocupação quanto à manutenção dessa tendência de melhora após a aprovação de legislação que revê a obrigação de contratar seguro de saúde no governo de Donald Trump (*individual mandate*).[1047]

A segregação das ações coletivas de saúde em relação às medidas curativas no âmbito individual e a prestação de serviços de assistência à saúde pelo mercado, com programas governamentais específicos e focalizados, conduzem à falta de uma política nacional para a atenção primária, sobretudo segundo uma lógica abrangente, proposta neste trabalho.

A tendência dos sistemas de proteção residual para um fraco desenvolvimento da atenção primária abrangente, resolutiva e responsável pelo atendimento da maioria das necessidades de saúde da população pode ser inferida também na Suíça, onde apenas 10% das despesas em saúde são destinadas para a atenção primária.[1048]

Nos países europeus, os sistemas de saúde seguem, contudo, majoritariamente, os modelos de seguro social e universal. Como visto, no primeiro caso, os serviços de saúde são financiados por meio de contribuições de empregados e empregadores e o acesso é garantido apenas para os segurados. Por outro lado, nos sistemas universais, o financiamento depende da arrecadação tributária e o acesso independe

---

[1045] NORONHA, José Carvalho; GIOVANELLA, Ligia; CONNIL, Eleonor Minho. Sistemas de saúde da Alemanha, do Canadá e dos Estados Unidos: uma visão comparada, cit., p. 167.
[1046] STARFIELD, Barbara. *Atenção primária*: equilíbrio entre necessidades de saúde, serviços e tecnologia, cit., p. 577.
[1047] BUSTAMANTE, Arturo Vargas; CHEN, Jie. Lower barriers to primary care after the implementation of the Affordable Care Act in the United States of America, cit., p. 3
[1048] ORGANISATION FOR ECONOMIC CO-OPERATION AND DEVELOPMENT – *Spending on primary care: first estimates* [em linha]. Acesso em: 6 jan. 2019. Disponível em: https://www.oecd.org/health/health-systems/Spending-on-Primary-Care-Policy-Brief-December-2018.pdf.

de prova de pré-requisitos (comprovação de condição de segurado ou carência financeira).

De modo geral, na Europa, embora a maioria dos usuários seja atendida por meio da atenção primária, não há um equilíbrio entre essa elevada produção e o emprego dos recursos públicos. Verifica-se, ainda, uma tímida tendência de redução do orçamento destinado aos cuidados hospitalares e incremento dos recursos voltados para a atenção primária. Segundo Boerma e Dubois, durante o período de reformas da década de 1990, apenas Áustria (6%) e Dinamarca (3%) aumentaram os recursos investidos em cuidados ambulatoriais.[1049] Para o conjunto de países da OCDE, o investimento médio na atenção primária foi de 14% das despesas totais em saúde no ano de 2016.[1050]

A proporção de médicos generalistas e da família em relação aos especialistas não apresenta uma tendência de crescimento. Os salários pagos aos especialistas também tendem a ser superiores aos dos generalistas, embora tenha sido registrado um crescimento dos rendimentos destes últimos.[1051]

No geral, há uma tendência maior para que os médicos generalistas exerçam a função de porteiro (*gatekeeper*) nos países com sistemas de saúde universais em relação aos países que adotam esquemas de seguro social.[1052] Nesses casos, a atenção primária dispensa um conjunto de serviços de saúde mais abrangente. Contudo, a função de primeiro contato da atenção primária é vista costumeiramente como excessivamente rígida e limitadora da liberdade individual.[1053]

Os sistemas de seguro social têm como matriz o modelo alemão, que por sua vez tem origem nas corporações de artesãos criadas na Idade Média. Orientadas por um princípio de solidariedade, as associações prestavam auxílio financeiro aos seus associados com dificuldades decorrentes do adoecimento. Essa mesma forma de organização, que

---

[1049] BOERMA, Wienke G. W.; DUBOIS, Carl-Ardy. Mapping primary care across Europe. *In*: SALTMAN, Richard B.; RICO, Ana; BOERMA, Wienke. *Primary care in the driver's seat? Organizational reform in European primary care*. Glasgow: Open University Press, 2006, p. 29.

[1050] ORGANISATION FOR ECONOMIC CO-OPERATION AND DEVELOPMENT – *Spending on primary care: first estimates*, p. 1.

[1051] BOERMA, Wienke G. W.; DUBOIS, Carl-Ardy. Mapping primary care across Europe, cit., p. 30.

[1052] BOERMA, Wienke G. W.; DUBOIS, Carl-Ardy. Mapping primary care across Europe, cit., p. 35.

[1053] BOERMA, Wienke G. W.; DUBOIS, Carl-Ardy. Mapping primary care across Europe, cit., p. 41.

visava manter o *status* socioeconômico dos associados, também foi utilizada pelos trabalhadores das fábricas no período da revolução industrial. [1054]

Como forma de fazer frente aos movimentos operários, Otto von Bismarck submeteu as diferentes formas de seguro social à regulação estatal e, em 1883, promoveu sua unificação por meio da criação de um seguro social de doença, de afiliação compulsória, custeado, na essência, por contribuições de empregados e empregadores.

A organização do sistema de saúde alemão conduz a uma separação entre as ações de saúde coletivas (vigilância epidemiológica e vigilância sanitária, por exemplo), promovidas pelo Estado, e as ações de saúde curativas e de prevenção individual (vacinação), realizadas pelas caixas do seguro social de doença.[1055]

Embora o sistema alemão apresente uma distinção clara entre os cuidados ambulatoriais e hospitalares, estes acessíveis apenas por referência, salvo casos de emergência, há uma fraca organização da atenção primária como primeiro nível de atenção.

A atenção primária, assim como a atenção secundária não hospitalar, é prestada por médicos em seus consultórios privados individuais. Embora haja uma tradição de atendimento por médico da família (*Hausarzt*), estes não exercem a função de "porteiro" (*gatekeeper*).[1056]

Os usuários do seguro social de doença alemão podem escolher livremente o profissional que fará seu atendimento ambulatorial: médico de família/generalista ou especialista. Não se exige que o usuário se submeta à atenção primária antes de ser atendido por um especialista.

As características da atenção primária na Alemanha levaram Barbara Starfield a considerar que possuem uma fraca orientação para o estabelecimento de vínculos entre paciente e profissional de saúde, com acompanhamento ao longo da vida (longitudinalidade), assim como para a integralidade e a responsabilidade pela coordenação dos cuidados dispensados às pessoas.[1057] Com efeito, se não estão estabelecidos como cuidados de primeiro nível e porta de entrada preferencial do sistema de

---

[1054] INSTITUTE FOR QUALITY AND EFFICIENCY IN HEALTH CARE – *Health Care in Germany: The German health care system*, cit.

[1055] NORONHA, José Carvalho; GIOVANELLA, Ligia; CONNIL, Eleonor Minho. Sistemas de saúde da Alemanha, do Canadá e dos Estados Unidos: uma visão comparada, cit., p. 158.

[1056] BUSSE, Reinhard et al. *Health care systems in eight countries*: trends and challenges. London: The London School of Economics & Political Science, 2002, p. 56 e 59.

[1057] STARFIELD, Barbara. *Atenção primária*: equilíbrio entre necessidades de saúde, serviços e tecnologia, cit., p. 571.

saúde, perdem a capacidade de promover o acesso integral e coordenar a atenção orientando o encaminhamento do usuário pelo sistema de saúde e, em seguida, recebendo-o após o atendimento especializado. Para além disso, também deixam de contribuir para a racionalidade no uso de serviços especializados e tecnologias e, como consequência, para a racionalização dos recursos empregados.

No sistema inglês, as clínicas de GPs e profissionais autônomos com contrato exclusivo com o NHS prestam os serviços de atenção primária. A partir de 2009, cada GP passou a responder em média por 1.432 pacientes. As clínicas contam em média com 5 GPs, além de profissionais de enfermagem, fisioterapia, assistentes de atenção à saúde e administradores.[1058]

Historicamente, a atenção primária e os cuidados especializados foram estruturados de forma separada, como proposto no Relatório Dawson, já comentado nesta obra. O NHS deu continuidade e se estabeleceu a partir dessa diferenciação. Todo cidadão tem o dever de se inscrever em um GP, embora não haja uma correlação entre o GP e a área onde mora o usuário.[1059]

O acesso aos cuidados especializados ocorre a partir da atenção primária, que, como já indicado, é responsável pela atenção de primeiro contato e exerce o papel de filtro. As reformas liberais propostas para o NHS na década de 1990 conduziram a uma descentralização dos orçamentos e recursos públicos, em virtude da qual as clínicas de GPs, posteriormente os PCTs[1060] e atualmente os CCG,[1061] que são grupos de GPs responsáveis pelos serviços de saúde locais, realizam a contratação dos cuidados secundários e terciários disponíveis para seus usuários. Trata-se de uma forma de separação entre as funções de responsável ou comprador de serviços (*purchaser*) e de prestador ou fornecedor (*provider*). A ideia subjacente é estimular uma competição entre os prestadores, com isso favorecendo o incremento da qualidade e a redução dos custos.

Em Portugal, país que também assegura o acesso à saúde como direito fundamental por meio de um sistema de saúde universal que

---

[1058] GIOVANELLA; STEGMULLER, Klaus. Crise financeira europeia e sistemas de saúde: universalidade ameaçada? Tendências das reformas de saúde na Alemanha, Reino Unido e Espanha, cit., p. 9.
[1059] ALMEIDA, Célia. Reformas de sistemas de saúde: tendências internacionais, modelos e resultados, cit., p. 901.
[1060] *Primary Care Trusts*, como já se indicou no capítulo 3.
[1061] *Clinical Commissioning Groups*, já referido no capítulo anterior.

tem como base o SNS, a Lei de Bases da Saúde (Lei nº 48/90) estabelece que "o sistema de saúde assenta nos cuidados de saúde primários, que devem situar-se junto das comunidades" (Base XIII, 1). Em seguida, propõe-se a articulação entre os níveis de cuidados de saúde, "reservando a intervenção dos mais diferenciados para as situações deles carecidas" (Base XIII, 2).

Desde logo, a Lei de Bases de Saúde estabelece um papel central para a atenção primária à saúde em Portugal, destacando-a como atenção de primeiro contato e coordenadores dos cuidados de saúde. De forma mais contundente, o art. 17º da Lei nº 56/79 estabelece que "o acesso aos cuidados diferenciados está condicionado a prévia observação e decisão dos serviços de cuidados primários, salvo nos casos de urgência". Em outras palavras, estão consagradas as funções de *gatekeeper* e *signpost*, como descreve, com bastante clareza, Rui Nunes: "por *gatekeeper* entende-se a função de racionalização da procura de cuidados hospitalares, limitando-a para casos excepcionais (cerca de 10-15% dos motivos de consulta). Já a expressão *signpost* refere-se à capacidade de orientar, de guiar o doente".[1062]

A atenção primária em Portugal tem por base os centros de saúde, que estão sujeitos a diferentes formas de organização e inserção no SNS ou nos serviços privados. No SNS, os centros de saúde podem estar inseridos nos Agrupamentos de Centros de Saúde – ACES, que integram as Administrações Regionais de Saúde – ARS. Os ACES prestam serviços por meio dos vários centros de saúde e unidades funcionais que os compõem: unidades de saúde familiar – USF –, unidades de cuidados personalizados – UCSP –, unidades de cuidados na comunidade – UCC –, unidades de saúde pública – USP – e unidades de recursos assistenciais partilhados – URAP.[1063] *Health Maintenance Organizations* – HMO.

Além disso, no SNS, os centros de saúde podem estar integrados em Unidades Locais de Saúde, EPE, assim como em hospitais. Dessa forma, as unidades locais mantêm vínculo com o Estado para a prestação de serviços hospitalares e de cuidados primários.[1064]

Outras formas de prestação da atenção primária são os centros de saúde que mantêm contrato de gestão (Decreto-Lei nº 185/02); as unidades de entidades privadas integradas na rede de cuidados

---

[1062] NUNES, Rui. *Regulação da saúde*, cit., p. 82.
[1063] ESTORNINHO, Maria João; MACIEIRINHA, Tiago. *Direito da saúde*, cit., p. 150 e 157-158.
[1064] ESTORNINHO, Maria João; MACIEIRINHA, Tiago. *Direito da saúde*, cit., p. 149 e 162.

primários por meio de contratos de colaboração (Decreto-Lei nº 185/02) e os postos médicos de empresas para prestação de atenção primária aos seus empregados e dependentes (Portaria nº 427/09).[1065]

Parte das reformas realizadas a partir de 2007 em Portugal envolveu a revisão da atenção primária à saúde, por sua reconhecida importância estratégica. Nesse contexto, grande importância foi dada às unidades de saúde familiar – USF. Antes da reforma, cerca de 15% (quinze por cento) dos usuários do SNS inscritos em um Centro de Saúde não tinham um médico de família atribuído.[1066] Pretendia-se ampliar a cobertura de atenção primária, melhorar a qualidade dos serviços e gerar ganhos de eficiência para o SNS.[1067]

As USF são "estruturas constituídas por uma equipa multiprofissional, prestadoras de cuidados de saúde personalizados a uma população determinada, garantindo a acessibilidade, a continuidade e a globalidade dos cuidados prestados" (Decreto-Lei nº 298/07).[1068] As equipes multiprofissionais são compostas por médicos, enfermeiros e pessoal administrativo, sendo que, dentro da estrutura orgânica das USF, estão previstos um coordenador de equipe (médico),[1069] um conselho geral[1070] e um conselho técnico[1071] (art. 11º do Decreto-Lei nº 298/07).

[1065] ESTORNINHO, Maria João; MACIEIRINHA, Tiago. *Direito da saúde*, cit., p. 149.

[1066] CAMPOS, António Correia de. *Reformas da saúde*: o fio condutor. Coimbra: Almedina, 2008.

[1067] ESTORNINHO, Maria João; MACIEIRINHA, Tiago. *Direito da saúde*, cit., p. 158.

[1068] PORTUGAL – Decreto-Lei nº 298, de 22 de agosto de 2007 [em linha]. Acesso em: 14 jun. 2020. Disponível em: https://dre.pt/home/-/dre/640665/details/maximized.

[1069] "4 - Compete, em especial, ao coordenador da equipa:
a) Coordenar as actividades da equipa multiprofissional, de modo a garantir o cumprimento do plano de acção e os princípios orientadores da actividade da USF;
b) Gerir os processos e determinar os actos necessários ao seu desenvolvimento;
c) Presidir ao conselho geral da USF;
d) Assegurar a representação externa da USF;
e) Assegurar a realização de reuniões com a população abrangida pela USF ou com os seus representantes, no sentido de dar previamente a conhecer o plano de acção e o relatório de actividades;
f) Autorizar comissões gratuitas de serviço no País." (art. 12º do Decreto-Lei nº 298/07). PORTUGAL – Decreto-Lei nº 298, de 22 de agosto de 2007, cit.

[1070] "1 - O conselho geral é constituído por todos os elementos da equipa multiprofissional, constando o seu funcionamento do regulamento interno da USF.
2 - São competências do conselho geral:
a) Aprovar o regulamento interno, a carta da qualidade, o plano de acção, o relatório de actividades e o regulamento de distribuição dos incentivos institucionais;
b) Aprovar a proposta da carta de compromisso;
c) Zelar pelo cumprimento do regulamento interno, da carta de qualidade e do plano de acção;
d) Propor a nomeação do novo coordenador;
e) Aprovar a substituição de qualquer elemento da equipa multiprofissional;

Os usuários inscritos nas listas dos médicos que integram as equipes multiprofissionais da USF formam a população atendida. Cada profissional atende, em média, 1.550 usuários. Por sua vez, o número de usuários das USF pode variar entre 4.000 e 18.000 pessoas (art. 8º e art. 9º do Decreto-Lei nº 298/07).

O estabelecimento das USF depende da candidatura voluntária das equipes multiprofissionais, na forma estabelecida pelo Despacho Normativo nº 9/06. Essas equipes contratualizam com os ACES um plano de ação que contém um compromisso assistencial com seus objetivos, indicadores e metas a serem alcançados (art. 6º do Decreto-Lei nº 298/07). Para o alcance de objetivos estabelecidos e maior efetividade da política pública a reforma da atenção primária previu o pagamento por desempenho, baseado na experiência adotada pelo NHS britânico. Assim, parte da remuneração dos profissionais de saúde é variável e depende do alcance de objetivos individuais e coletivos, o que contribuiu para melhorias na qualidade dos cuidados prestados.[1072]

Na América do Sul, as políticas públicas de atenção primária, assim como as demais políticas de saúde e áreas sociais, nas décadas de 1980 e 1990, sofreram a influência do ideário neoliberal difundido internacionalmente num mundo que foi se tornando cada vez mais globalizado e integrado. Assim, agências financiadoras internacionais propuseram modelos de atenção primária seletivos e focalizados, destoando da concepção abrangente definida na Declaração de Alma-Ata.

---

f) Pronunciar-se sobre os instrumentos de articulação, gestão e controlo dos recursos afectos e disponibilizados à USF." (art. 13º do Decreto-Lei nº 298/07). PORTUGAL – Decreto-Lei nº 298, de 22 de agosto de 2007, cit.

[1071] "1 - O conselho técnico é constituído por um médico e por um enfermeiro, preferencialmente detentores de qualificação profissional mais elevada e de maior experiência profissional nos cuidados de saúde primários, escolhidos pelos elementos de cada grupo profissional.
2 - Compete ao conselho técnico a orientação necessária à observância das normas técnicas emitidas pelas entidades competentes e a promoção de procedimentos que garantam a melhoria contínua da qualidade dos cuidados de saúde, tendo por referência a carta da qualidade.
3 - Compete também ao conselho técnico:
a) Avaliar o grau de satisfação dos utentes da USF e dos profissionais da equipa;
b) Elaborar e manter actualizado o manual de boas práticas;
c) Organizar e supervisionar as actividades de formação contínua e de investigação.
4 - O conselho técnico reúne, pelo menos, uma vez por mês ou a pedido de um dos seus elementos.
5 - O funcionamento do conselho técnico consta do regulamento interno da USF." (art. 14º do Decreto-Lei nº 298/2007). PORTUGAL – Decreto-Lei nº 298, de 22 de agosto de 2007, cit.

[1072] PERELMAN, Julian et al. *Pagamento pelo desempenho nos cuidados de saúde primários:* experiências cruzadas, cit., p. 75-77.

Trata-se de programas voltados para segmentos populacionais marginalizados, com previsão de pacotes mínimos, visando à redução de despesas com o setor da saúde.[1073]

Nos primeiros anos do século XXI, no entanto, observou-se uma renovação do compromisso com a atenção primária, à luz da orientação constante da Declaração de Alma-Ata. Esse movimento deveu-se, em boa parte, às mudanças políticas ocorridas no período em diversos países da região, assim como à retomada do tema pela OMS no Relatório Mundial de Saúde de 2008.[1074]

Atualmente, de forma geral, as definições contidas nas políticas públicas dos países da América do Sul fazem referência à atenção primária como atenção de primeiro nível e a eles atribuem papel de relevo no sistema de saúde. Nada obstante, na prática, o papel da atenção primária como porta de entrada do sistema de saúde assim como sua função de filtro, coordenação e orientação dos cuidados de saúde são comprometidos pela concorrência das portas de urgência e emergência e pela acessibilidade direta a serviços especializados públicos e privados. Nessa linha, a Bolívia admite a livre escolha dos serviços de saúde e o Uruguai permite que os hospitais de segundo nível sejam porta de entrada do sistema de saúde. Assim, a atenção primária enfrenta dificuldades para coordenar a assistência à saúde, seja para referenciar os demais de atenção, seja para receber novamente os usuários que os acessaram (contra referência).[1075]

A garantia de acesso geral (ou integral) por meio da atenção primária enfrenta problemas nos países da América do Sul. Filas de espera prolongadas para a atenção especializada são encontradas em quase todos os países, que não têm capacidade de monitorá-las, exceção feita ao Uruguai, que estabeleceu o prazo de 24 (vinte e quatro) horas para consultas de primeiro nível e 30 (trinta) horas para consultas especializadas.[1076]

A participação da comunidade é estimulada nos países da América do Sul. Compreende-se a atenção primária como um espaço

---

[1073] GIOVANELLA, Lígia *et al*. Atención primaria de salud en Suramérica: ¿reorientación hacia el cuidado integral?, p. 23-24.

[1074] GIOVANELLA, Lígia *et al*. Atención primaria de salud en Suramérica: ¿reorientación hacia el cuidado integral?, p. 24.

[1075] GIOVANELLA, Lígia *et al*. Atención primaria de salud en Suramérica: ¿reorientación hacia el cuidado integral?, p. 37-38.

[1076] GIOVANELLA, Lígia *et al*. Atención primaria de salud en Suramérica: ¿reorientación hacia el cuidado integral?, p. 38.

de participação e diálogo que favorece a formação de uma cidadania ativa e crítica.[1077] Assim, a participação é institucionalizada, por exemplo, por meio de conselhos de saúde, de caráter deliberativo, como ocorre no Brasil.

Na visão de Ligia Giovanella e outros, apesar das dificuldades enfrentadas, percebe-se um movimento de expansão e renovação da atenção primária à saúde na América do Sul, com experiências que se orientam pelos princípios da Declaração de Alma-Ata.[1078] Espera-se que esse processo continue mesmo diante de mudanças políticas ocorridas no continente recentemente para que se possa viabilizar a expansão da cobertura de serviços de saúde para as populações mais vulneráveis e que vivem em áreas mais remotas.

No Brasil, país que conta com um sistema de saúde de acesso universal, a atenção primária tem recebido grande atenção sobretudo a partir da redemocratização e da promulgação da Constituição de 1988, com a promoção de políticas públicas para o setor no âmbito do SUS. Assim, inicialmente, o Programa de Agentes Comunitários de Saúde – PACS, implantado pela Fundação Nacional de Saúde a partir de 1991, surgiu como forma de estabelecer um primeiro contato entre populações das regiões norte e nordeste e o sistema de saúde em áreas consideradas vazios assistenciais, isto é, que não dispunham de estruturas estabelecidas para a atenção à saúde. O PACS baseava-se na utilização de agentes comunitários de saúde – ACS – sem formação específica, supervisionados por profissionais de enfermagem. Tratou-se de uma política pública emergencial, voltada para o combate à epidemia de cólera e demais formas de diarreia, com ênfase nas ações de reidratação oral e vacinação.[1079]

Progressivamente, o escopo de atuação dos ACS foi ampliado para permitir que pudessem responder a outras demandas da população. No entanto, o PACS foi orientado pela compreensão seletiva da atenção primária, com uso de mão de obra com baixa qualificação e sem a necessária retaguarda de serviços para atender integralmente às necessidades da população assistida. Embora tenha enfrentado os

---

[1077] GIOVANELLA, Lígia et al. Atención primaria de salud en Suramérica: ¿reorientación hacia el cuidado integral?, p. 46.

[1078] GIOVANELLA, Lígia et al. Atención primaria de salud en Suramérica: ¿reorientación hacia el cuidado integral?, p. 51.

[1079] GIOVANELLA, Lígia; MENDONÇA, Maria Helena Magalhães de. Atenção primária à saúde, cit., p. 600.

problemas decorrentes de uma proposta de atenção primária seletiva, o PACS teve papel relevante para o combate à mortalidade infantil na década de 1990 e permitiu a inserção do ACS nas políticas de saúde, o que foi mais bem desenvolvido posteriormente.

O salto de qualidade na atenção primária, com resultados relevantes para a saúde coletiva, ocorreu com a previsão do Programa Saúde da Família – PSF – em 1993, posteriormente desenvolvida em atos normativos seguintes do Ministério da Saúde. Trata-se de equipes multiprofissionais com o papel de levar a atenção de primeiro nível para a população de determinada área geográfica. Nessas equipes, foi inserido o ACS, profissional preferencialmente com vínculo na comunidade onde a equipe atua, que tem o papel de fazer a ligação entre a equipe de saúde e a comunidade, informá-la sobre as características locais e principais fatores que influenciam na saúde da população. Essas equipes devem realizar atividades de promoção à saúde e prevenção de doenças, além de prestar serviços curativos.

A partir de 1996, o Brasil adotou uma política pública orientada para a atenção primária de forma abrangente, considerada esta como um conjunto de ações individuais e coletivas de primeiro contato, porta de entrada preferencial do sistema de saúde, que deve desenvolver atividades de promoção da saúde, prevenção de doenças, tratamento e reabilitação de pacientes. A estratégia preferencial para o desenvolvimento da atenção primária incentivada pelo Ministério da Saúde foi o PSF, posteriormente definido não mais como um programa temporário, mas como Estratégia Saúde da Família – ESF. Há sólidas evidências de que a ESF, desde sua origem, teve impactos na redução da mortalidade infantil e está associada à redução da mortalidade em adultos por doenças vasculares e cerebrovasculares, à redução das hospitalizações por condições sensíveis à atenção primária e à redução de complicações decorrentes de condições crônicas, como diabetes.[1080]

[1080] "Evidence suggests that the FHS provides better access and quality and results in greater user satisfaction than do traditional health posts and centers or even some private-sector health care facilities. Numerous studies have shown that FHS expansion has resulted in improvements in children's health, including large and sustained reductions in infant mortality, and in particular, post-neonatal mortality due to diarrhea and respiratory infections. Among adults, FHS expansion has been associated with reduced mortality from cardiovascular and cerebrovascular causes, large reductions in hospitalization rates for ambulatory – care – sensitive conditions, and reduced rates of complications from some chronic conditions such as diabetes. Over the past decade, expansion of the family health program from its initial focus on poorer-than-average municipalities and regions has played an important role in reducing inequities in access to and utilization of care. There is

No entanto, ainda hoje as unidades de ESF convivem com os antigos centros ou postos de saúde, que prestam cuidados primários tendo por base o atendimento do clínico geral ou médico da família, podendo ter ou não o apoio de ACS. Contudo, os Centros de Saúde tendem a ter uma postura mais reativa às necessidades de saúde e suas atividades de promoção à saúde são limitadas.

O financiamento, a gestão e a execução da atenção primária no Brasil – considerada na política pública como atenção básica à saúde – são de responsabilidade municipal, embora os municípios contem com incentivos e apoio financeiro dos Estados e da União.

Segundo a atual Política Nacional de Atenção Básica, a atenção primária deve desenvolver um amplo leque de ações de saúde que vão desde a prevenção de doenças à reabilitação e são prestadas por equipes multiprofissionais, com emprego de médicos formados para a saúde da família ou generalistas, em um território específico, pelo qual têm responsabilidade sanitária. As equipes multidisciplinares são compostas, no mínimo, por médico, enfermeiro, auxiliar e/ou técnico de enfermagem e ACS. Podem integrar a equipe o agente de combate às endemias – ACE – e os profissionais de saúde bucal: cirurgião-dentista e auxiliar ou técnico em saúde bucal.[1081] Outras estruturas relevantes para a atenção primária são os Núcleos Ampliados de Saúde da Família – NASF – que têm equipes multiprofissionais e interdisciplinares, que prestam apoio e complementam as ações dos outros serviços de atenção primária.

Ao contrário de outros sistemas de saúde, como o inglês, em que o usuário deve comparecer a um GP de sua livre escolha e inscrever-se para ter acesso à atenção primária, no caso do Brasil, a fixação da residência automaticamente vincula a pessoa a uma unidade de saúde.

No Brasil, a Atenção Básica deve exercer o papel de principal porta de entrada do sistema de saúde, coordenar os cuidados e ordenar

---

also evidence that the FHS has improved detection of cases of neglected tropical diseases, reduced disparities in oral health, and even enhanced reporting of vital statistics." Mais adiante, o autor ainda ressalta que a ESF é, aparentemente, extremamente custo-efetiva: "The FHS appears to be extremely cost-effective: Brazil currently spends about $50 annually per person on the program". MACINKO, James; HARRIS, Matthew J. Brazil's Family Health Strategy – Delivering community-based primary care in a universal health system, cit., p. 2.179-2.180.

[1081] BRASIL. Ministério da Saúde – Portaria nº 2.436, de 21 de setembro de 2017 [em linha]. Acesso em: 7 fev. 2019. Disponível em: http://bvsms.saude.gov.br/bvs/saudelegis/gm/2017/prt2436_22_09_2017.html.

as ações e serviços disponibilizados na rede (art. 11 do Decreto nº 7.508/11).[1082] Dessa forma, tem função de filtro para os demais níveis de atenção à saúde e para a utilização de tecnologias mais caras, com isso contribuindo para a racionalização no emprego dos recursos públicos.

A Política Nacional de Atenção Básica define como princípios do SUS que devem ser observados na atenção primária: universalidade, equidade e integralidade. Por outro lado, estabelece como diretrizes o atendimento regionalizado e hierarquizado. As equipes de atenção primária são responsáveis pelos cuidados de saúde da população de um território específico, que a elas fica vinculada. Os cuidados devem ser centrados na pessoa, buscando-se o estabelecimento de vínculos para permitir a acompanhamento ao longo da vida e a coordenação dos cuidados de saúde dispensados. Além disso, deve-se fomentar a participação da comunidade na gestão e definição de prioridades da atenção primária à saúde.

Lígia Giovanella, Cassiano Mendes Franco e Patty Fidelis de Almeida analisam que, nos últimos anos, as políticas públicas voltadas para a atenção primária à saúde no Brasil têm sofrido uma importante e preocupante mudança de rota. Embora a PNAB mantenha os princípios da atenção primária abrangente, admite equipes de atenção primária sem agentes comunitários de saúde, com prejuízo para a dimensão comunitária e a formação de vínculos com a coletividade atendida, assim como prevê hipóteses em que as equipes de atenção primária podem contar com profissionais com jornadas de 10 horas semanais. Esse modelo acaba por estimular a atenção individual e curativa, uma vez que, com tão pouco tempo à disposição do sistema de saúde, os profissionais pouco poderão se dedicar às atividades de promoção à saúde e prevenção de doenças com enfoque coletivo.[1083]

Ao longo dos anos, a cobertura de atenção primária, em especial, de ESF tem se expandido. Muitos municípios enfrentam dificuldades para manter médicos em suas bases territoriais, sobretudo nas áreas periféricas e mais afastadas dos grandes centros urbanos. O Programa

---

[1082] BRASIL. Decreto nº 7.508, de 28 de junho de 2011 [em linha]. Acesso em: 14 jun. 2020. Disponível em: http://www.planalto.gov.br/ccivil_03/_Ato2011-2014/2011/Decreto/D7508.htm.

[1083] GIOVANELLA, Lígia; FRANCO, Cassiano Mendes; ALMEIDA, Patty Fidelis de. Política Nacional de Atenção Básica: para onde vamos? *Ciência e saúde coletiva* [em linha], v. 25, n. 4, p. 1.477, abr. 2020. Acesso em: 26. abr. 2020. Disponível em: https://doi.org/10.1590/1413-81232020254.01842020.

Mais Médicos, instituído pela Lei nº 12.871/13, buscava assegurar a presença de cuidados médicos sobretudo em regiões mais pobres e vulneráveis do país. Disponibilizava vagas para profissionais brasileiros formados no país e, consecutivamente, na medida em que houvesse vagas remanescentes, para brasileiros graduados no exterior e estrangeiros. Os profissionais eram supervisionados por uma universidade e recebiam uma bolsa custeada pela União, podendo receber apoio para moradia dos municípios.

O Programa Mais Médicos, no entanto, foi descontinuado e substituído pelo Programa Médicos pelo Brasil, previsto na Lei nº 13.958/19. Segundo este último, profissionais médicos com registro no Brasil podem ser contratados por processo seletivo para se submeterem a um curso de especialização em Medicina da Família e Comunidade durante dois anos, período em que recebem um bolsa. Ao final, poderão ser contratados pela Agência para o Desenvolvimento da Atenção Primária à Saúde – ADAPS –, que é uma pessoa jurídica de Direito Privado criada pela União para a execução de políticas públicas de atenção primária.

Outra medida que tem gerado bastante controvérsia foi a mudança no modelo de financiamento da atenção primária à saúde no Brasil. Até o ano de 2019, a maior parte dos recursos para o financiamento da atenção primária à saúde tinha por base a população municipal (valor *per capita* fixo), sem prejuízo de ações complementares (recursos variáveis). No entanto, pelo Programa Previne Brasil, instituído pela Portaria nº 2.979/19, do Ministério da Saúde, os recursos destinados aos municípios para as ações de atenção primária à saúde passaram a ser calculados tendo por base os usuários cadastrados (e não toda a população do território). O cálculo é ponderado por critérios que visam ajustar as características populacionais, como vulnerabilidade socioeconômica, perfil demográfico e classificação geográfica. Ainda, há valores adicionados conforme o desempenho das equipes e incentivos para ações estratégicas. Esta nova política pública deixa de cadastrar novas equipes e de financiar especificamente os NASF. Esta mudança é vista como uma grande perda para o cuidado multiprofissional.[1084]

Embora haja evidências de que os serviços de atenção primária são fundamentais para o desenvolvimento de um sistema de saúde, como

---

[1084] GIOVANELLA, Lígia; FRANCO, Cassiano Mendes; ALMEIDA, Patty Fidelis de. Política Nacional de Atenção Básica: para onde vamos?, cit., p. 1.477.

se demonstrará no item a seguir, o discurso das lideranças nacionais e internacionais não se converte em decisões políticas concretas voltadas à priorização desse nível de atenção. Nesse sentido, segundo dados da OCDE, com base em um grupo de 22 países, a atenção primária representara, apenas, 14% das despesas em saúde em 2016, o que corresponde, aproximadamente, a US$ 500,00 *per capita*. A Austrália apresentou o maior percentual de investimento e atingiu 18% de suas despesas totais em saúde, sendo que o percentual mínimo, entre os 22 países estudados, foi investido pela Eslováquia e pela Suíça e corresponde a 10% de seus orçamentos para a saúde. A comparação com outras despesas em saúde revela que, na média, os gastos com assistência farmacêutica e tratamentos hospitalares consumiram uma proporção maior dos orçamentos da saúde, tendo atingido, respectivamente, 17% e 25%.[1085] A concentração de recursos em serviços curativos de custo elevado em detrimento da atenção primária é apontada pela OMS como um dos constrangimentos que impedem que os sistemas de saúde sejam mais eficientes e justos.[1086]

O investimento acanhado na atenção primária à saúde se reflete na qualidade desses serviços. A esse respeito, um importante indicador é o tempo de consulta com médico de atenção primária, pois os atendimentos mais longos permitem um diagnóstico mais preciso, melhores orientações para a promoção da saúde e mais qualidade nos registros.[1087] Em uma revisão da literatura que abrangeu 67 países, Greg Irving e outros constataram o tempo médio de consulta entre 48s em Bangladesh e 22,5min na Suécia. Os autores também verificaram que há uma associação entre investimento *per capita* em saúde e o tempo médio de consulta de cuidado primário, verificando-se maiores tempos médios nos países que mais investem em saúde.[1088]

[1085] ORGANISATION FOR ECONOMIC CO-OPERATION AND DEVELOPMENT – *Spending on primary care:* first estimates, cit.

[1086] ORGANIZAÇÃO MUNDIAL DA SAÚDE – *Relatório Mundial de Saúde, 2008:* Cuidados de saúde primários – agora mais que nunca, cit., p. XIV.

[1087] IRVING, Greg *et al.* International variations in primary care physician consultation time: a systematic review of 67 countries. *British Medical Journal Open* [em linha], v. 7, issue 10, p. 2, 2017. Acesso em: 14 jun. 2020. Disponível em: https://bmjopen.bmj.com/content/bmjopen/7/10/e017902.full.pdf. Segundo esses autores, há também evidências de que atendimentos curtos implicam uma maior prescrição de medicamentos ou polifarmácia.

[1088] IRVING, Greg *et al.* International variations in primary care physician consultation time: a systematic review of 67 countries, cit., p. 11.

Atualmente, buscam-se alternativas e instrumentos de gestão para incrementar a eficiência da atenção primária à saúde, potencializando os efeitos dos recursos empregados. Nessa linha, como já indicado, a Inglaterra implementou um sistema de pagamentos por desempenho (*pay for performance*) por meio do qual a remuneração dos profissionais de saúde é dependente, total ou parcialmente, do alcance de objetivos gerais e prioridades de saúde pública. Na Inglaterra, o modelo contribuiu para a melhoria dos cuidados de saúde e, em Portugal, tem sido utilizado como instrumento para a melhoria da qualidade dos serviços e revalorização da atenção primária à saúde.[1089]

[1089] PERELMAN, Julian et al. *Pagamento pelo desempenho nos cuidados de saúde primários:* experiências cruzadas, cit.

CAPÍTULO 5

A CONSTRUÇÃO DE UMA DOGMÁTICA JURÍDICA DA ATENÇÃO PRIMÁRIA À SAÚDE

5.1 Atenção primária à saúde como estratégia eficiente e sustentável para o alcance do acesso universal à saúde

Os sistemas de saúde devem ter como objetivos a melhoria da saúde e a redução das desigualdades entre os diversos grupos da população, promovendo, assim, maior equidade. Em um contexto socioeconômico ainda influenciado pela crise que se iniciou em 2008 e, agora, abalado pelas consequências sanitárias e econômicas da pandemia causada pelo novo coronavírus, a efetividade das políticas públicas e a melhoria da qualidade dos serviços não andam apartadas das preocupações com o controle dos custos, a eficiência na utilização das receitas públicas, a racionalização no uso dos serviços disponíveis e a sustentabilidade dos sistemas de saúde.

Tradicionalmente, fruto da influência do modelo biomédico de saúde, o imaginário coletivo tende a identificar saúde e a excelência dos cuidados com o emprego de recursos de alta tecnologia, uso de equipamentos novos e modernos no ambiente hospitalar, assim como a prescrição de medicamentos recém-lançados no mercado. No entanto, é necessário compreender que a saúde, sobretudo coletiva, é resultado da influência de um grande número de fatores e que esses recursos têm impacto limitado na melhoria das condições de vida do conjunto das populações.

Nessa linha, para que as políticas públicas possam contribuir para que as pessoas desenvolvam suas potencialidades, alcancem a autonomia substancial e, assim, possam optar por possibilidades de vida que tenham razões para valorizar, há que se considerar que a saúde resulta da influência de fatores socioeconômicos, políticos, culturais e ambientais, assim como, no nível individual, das características biológicas (ou genéticas) e do estilo de vida das pessoas. O sistema de saúde e os serviços que o integram com os indivíduos interagem sob a influência dos fatores determinantes de caráter mais geral, antes indicados.[1090]

Nos tempos atuais, a promoção de políticas de saúde com o objetivo de promover impactos positivos para as populações torna-se ainda mais difícil. Isso porque, por um lado, nos países desenvolvidos, o envelhecimento populacional e a transição epidemiológica conduziram a uma situação de prevalência de doenças crônicas, que não têm cura e requerem um tratamento de custo elevado ao longo de toda a vida.[1091] Por outro lado, nos países em desenvolvimento, milhares de pessoas ainda morrem em razão de doenças infecciosas e transmissíveis, algumas delas já erradicadas nos países desenvolvidos e que, em grande parte, poderiam ser evitadas ou eficientemente tratadas.[1092] Há ainda países em que o envelhecimento populacional e o aumento da incidência de doenças crônicas ocorreram, mas antigas e novas doenças infecciosas

---

[1090] MACINKO, James; STARFIELD, Barbara; SHI, Leiyu. The contribution of primary care systems to health outcomes within Organization for Economic Cooperation and Development (OECD) Countries, 1970-1998. *Health services research* [em linha], v. 38, n. 3, p. 833-834, Jun. 2003. Acesso em: 14 jun. 2020. Disponível em: https://www.ncbi.nlm.nih.gov/pmc/articles/PMC1360919/pdf/hesr_149.pdf.

[1091] Angus Deaton descreve a mudança dos desafios a serem enfrentados pelos sistemas de saúde dos países desenvolvidos: "With child mortality and infectious disease largely behind us in the 1960s and 1970s, the next monsters were the chronic diseases that killed people in middle age: heart disease, stroke, and cancer. *Chronic* in this context applies to diseases that last for a while – conventionally more than three months – and is the opposite of *acute*, referring to diseases that threaten to carry you off quickly, as happens with many infecctious diseases. (Perhaps more accurate would be the descriptors *noncommunicable* and *infectious*)". DEATON, Angus. *The great escape: health, wealth, and the origins of inequality*, cit., p. 130. Grifos no original.

[1092] Essa característica expõe a desigualdade entre as condições de saúde dos diversos países, como acentua Angus Deaton: "The major killers in poor countries are largely the same diseases that used to kill children in the now-rich countries (...)". DEATON, Angus. *The great escape: health, wealth, and the origins of inequality*, cit., p. 112.

representam importantes causas de adoecimento e de morte, o que impõe uma dupla carga para o sistema de saúde.[1093]

Diante da complexidade das condições sanitárias e demográficas, largamente influenciadas por fatores condicionantes que extrapolam a competência específica dos sistemas de saúde, é necessário conceber políticas públicas que tenham impacto nessas circunstâncias mais amplas e para além da pura e simples disponibilidade de serviços individuais e curativos, notadamente de caráter hospitalar.[1094] Trata-se, ademais, de uma decorrência do direito à saúde conforme se extrai do art. 12, n.1, do Pacto Internacional de Direitos Econômicos, Sociais e Culturais.[1095]

Uma compreensão mais ampla dos problemas e das necessidades de saúde é imprescindível para conferir maior responsividade aos

---

[1093] É o caso brasileiro. As principais causas de morte são as doenças crônicas, os acidentes e as variadas formas de violência. No entanto, o país enfrenta dificuldades no controle de doenças infecciosas novas e antigas, muitas das quais expõem a precariedade das estruturas urbanas brasileiras – casos da cólera e da dengue. "Essa situação implica a manutenção de estruturas de cuidado dispendiosas que competem por recursos escassos, os quais poderiam, em caso de não existência desses problemas [enfrentamento de doenças infecciosas já consideradas sob controle e novas doenças], vir a ser utilizados na solução de problemas de saúde de maior magnitude, para os quais existem menores possibilidades de prevenção a curto prazo, como as doenças crônicas não transmissíveis". CARMO, Eduardo Hage; BARRETO, Maurício Lima; SILVA JÚNIOR, Jarbas Barbosa. Mudanças nos padrões de morbimortalidade da população brasileira: os desafios para um novo século. *Epidemiologia e serviços de saúde* [em linha], v. 12, n. 2, p. 73, jun. 2003. Acesso em: 14 jun. 2020. Disponível em: http://scielo.iec.gov.br/pdf/ess/v12n2/v12n2a02.pdf. Atualmente, o país enfrenta surtos de sarampo, doença que foi considerada erradicada em 2016.

[1094] Nessa linha, Wendy Mariner chama atenção para a limitação das medidas que têm por foco o comportamento individual em um ambiente cultural e socioeconômico que estimula condutas não saudáveis: "In the absence of major policy changes in the social, economic and political environment, exhortations to change behavior alone are not likely to achieve the desired goals. For example, changing one person's diet has no effect on population health outcomes. Changing an entire population's diet is virtually impossible without major structural changes in the economic and social environment that determines what kind of food is produced, how it is distributed and at what prices. Thus, improving population health, reducing chronic diseases, and increasing well-being will require addressing fundamental causes". MARINER, Wendy. Beyond lifestyle: governing the social determinants of health. *American Journal of Law and Medicine*, n. 42, p. 297, 2016.

[1095] Essa é a interpretação do Comitê de Direitos Econômicos, Sociais e Culturais das Nações Unidas: "The Committee interprets the right to health, as defined in article 12.1, as an inclusive right extending not only to timely and appropriate health care but also to the underlying *determinants of health*, such as access to safe and potable water and adequate sanitation, an adequate supply of safe food, nutrition and housing, healthy occupational and environmental conditions, and access to health-related education and information, including on sexual and reproductive health. A further important aspect is the participation of the population in all health-related decision-making at the community, national and international levels". UNITED NATIONS. Office of the High Commissioner for Human Rights – *General Comment No. 14: The Right to the Highest Attainable Standard of Health (Art. 12)*, cit., n. 11. Grifou-se.

sistemas de saúde, com vistas a melhorar a eficiência, a eficácia e a qualidade dos serviços prestados. Do contrário, pode-se comprometer a sustentabilidade dos sistemas de saúde e até mesmo o desenvolvimento econômico dos países em um círculo vicioso entre adoecimento da população, perda de produtividade, aumento das despesas de seguridade social e gasto público ineficiente.[1096]

Atualmente, propõe-se a reconciliação e a integração entre as medidas de saúde pública, de caráter coletivo, e os serviços assistenciais, com o objetivo de reduzir custos por meio de estratégias de promoção e prevenção à saúde, assim como assegurar cuidados de saúde segundo as necessidades da população, racionalizando a incorporação e o uso de recursos tecnológicos especializados caros, que devem ser empregados apenas quando imprescindíveis.[1097] Sob a perspectiva do Direito, trata-se de ponderar e harmonizar a tutela individual com a tutela coletiva, assim como as medidas de proteção e prevenção da saúde com outras de caráter assistencial ou curativo, tudo isso buscando conferir eficácia ótima para o direito à saúde em um quadro de escassez de recursos.

A ênfase na promoção da saúde e na prevenção das doenças contribui para o bem-estar das pessoas, impacta os indicadores de saúde da população e tem o efeito de reduzir os custos do sistema de saúde. Isso porque se trata de medidas de menor custo, que evitam o adoecimento das pessoas e, consequentemente, o emprego de serviços curativos, notadamente hospitalares, de custo mais elevado.

Nesse contexto, a atenção primária destaca-se por atender a maior parte das necessidades de saúde da população[1098] e integrar estratégias de promoção da saúde e de prevenção das doenças com os serviços

---

[1096] "Because chronic diseases both cause poverty and stifle economic development, which in turn cause illness, disability, and death, improving health can create a positive feedback loop with improving economic development." MARINER, Wendy. Beyond lifestyle: governing the social determinants of health, cit., p. 288.

[1097] "In the early twenty-first century, health care and public health are each under pressure to reintegrate. Policymakers and private health plans facing escalating health care costs are increasingly interested in community prevention as a strategy for reducing the need for more expensive disease management in the long run." WILEY, Lindsay F. From patient rights to health justice: securing the public's interest in affordable, high-quality health care, cit., p.867.

[1098] "The ambulatory sector, while generally smaller in terms of expenditure, is extremely important in controlling costs and increasing effectiveness. (...) Indeed, in the United Kingdom, it is estimated that 90 per cent of health-care episodes start and finish with the primary care doctor." OXLEY, Howard; MACFARLAN, Maitland – *OECD Economics Department Working Papers*, n. 149. *Health care reform:* controlling spending and increasing efficiency. Paris: OECD Publishing, 1994, p. 41.

assistenciais e de reabilitação executados no âmbito ambulatorial. Assim, a par de bons resultados sanitários, os serviços de atenção primária também têm custos mais baixos e não oneram excessivamente o sistema de saúde, quando comparados, por exemplo, aos cuidados no nível hospitalar.[1099]

No que se refere ao tratamento das doenças crônicas, características como primeiro contato, longitudinalidade, abrangência, coordenação dos cuidados e orientação comunitária são extremamente benéficas para os usuários. Nessa linha, destaca-se que os países que possuem estratégia forte para a atenção primária costumam organizá-los para que se responsabilizem pela atenção à saúde da população de uma certa área geográfica. Somado a isso, a orientação comunitária requer que os profissionais de saúde sejam proativos e identifiquem usuários com maior necessidade de cuidados de saúde (crianças, idosos e gestantes, por exemplo), o que contribui para a prevenção e controle das doenças crônicas. Para além disso, a longitudinalidade, que está associada à continuidade dos cuidados e tem por base a formação de vínculos entre os profissionais de saúde e os usuários, permite que aqueles conheçam melhor o histórico do paciente, desde suas condições pessoais às características familiares e da comunidade onde se insere, o que auxilia a tornar os cuidados mais adequados às necessidades. Com isso, as intervenções dos profissionais tendem a ocorrer com regularidade e não apenas quando acontecem os eventos agudos.[1100] A longitudinalidade é

[1099] "(...) strong positive associations between the 'strength' of a primary care system and health, and that strong systems of primary care are associated with lower health disparities and costs." SCOTT, Anthony; JAN, Stephen. Primary Care. *In*: GLIED, Sherry; SMITH, Peter C. *The Oxford Handbook of Health Economics* [em linha]. Oxford: Oxford handbooks online, 2012, p. 7. Acesso em: 15 mar. 2019. Disponível em: http://www.oxfordhandbooks.com. Segundo Barbara Starfield, em uma comparação entre 12 países industrializados ocidentais, verificou-se que aqueles com uma orientação forte para a atenção primária tinham maior probabilidade de terem melhores níveis de saúde e custos mais baixos. STARFIELD, Barbara. *Atenção primária: equilíbrio entre necessidades de saúde, serviços e tecnologia*, cit., p. 34.

[1100] Esse novo papel dos profissionais que atuam no nível da atenção primária é destacado por Anthony Scott e Stephen Jan: "Changing patterns of need and demand are also influencing how primary health care systems develop. In many low-and middle-income countries, issues such as infectious disease and maternal and child health remain priorities for primary care, where low-cost interventions can generate relatively large health gains. In other countries, the increasing burden of chronic disease suggests new roles for primary care workers in providing primary and secondary prevention and ongoing long-term care, rather than the treatment of acute episodic illness, and a greater emphasis on the delivery of psychosocial interventions". SCOTT, Anthony; JAN, Stephen. Primary Care, cit., p. 2. Mais adiante esses autores ressaltam que o fortalecimento de vínculos com os pacientes é necessário para o tratamento de doenças crônicas, o que reafirma a adequação dos cuidados primários para o acompanhamento desses casos. SCOTT, Anthony; JAN, Stephen. Primary Car/e, cit., p.

tanto beneficiada quanto melhor for a capacidade para a coordenação dos cuidados, permitindo que o usuário, encaminhado para o atendimento especializado, retorne à atenção primária para dar seguimento ao seu tratamento, com o devido fluxo das informações para a sua equipe ou profissional de saúde de referência. A abrangência da atenção primária, que deve ter competência para atender à maioria das necessidades de saúde da população, beneficia, em especial, os usuários que possuem comorbidades e que podem ter as soluções de suas demandas no nível local, por um mesmo serviço de saúde, sem ter de se submeter ao atendimento de múltiplos especialistas de forma fragmentada.[1101]

Segundo James Macinko, Barbara Starfield e Leiyu Shi, o estabelecimento de um sistema de saúde baseado em uma estratégia forte para a atenção primária está associado à redução da mortalidade evitável por todas as causas, com especial importância para a redução da mortalidade prematura por asma e bronquite, enfisema e pneumonia, doenças cardiovasculares e cerebrovasculares. Trata-se de algumas das principais causas de morte hoje em dia em diversos países desenvolvidos.[1102]

Por outro lado, no contexto de países em desenvolvimento, a ênfase na atenção primária também tem grande importância. Isso

---

[5] Bert Vrijhoef e Arianne Elissen destacam que os cuidados primários têm sido indicados pelas Nações Unidas como estratégia adequada para o enfrentamento das doenças crônicas. Conferir: VRIJHOEF, Bert; ELISSEN, Arianne. Developing appropriate and affective care for people with chronic disease, cit., p. 193.
A OMS também aponta os benefícios sanitários e econômicos da manutenção de vínculos estreitos entre a equipe de saúde e os usuários: "As pessoas que usam o mesmo prestador para a maioria das suas necessidades de cuidados de saúde tendem a seguir melhor os conselhos dados, a recorrer menos aos serviços de urgência, a sofrer menos hospitalizações e a estar mais satisfeitos com os cuidados recebidos. Os prestadores poupam em tempo de consulta, recorrem menos a testes de laboratório, reduzem os custos e aumentam o recurso aos cuidados preventivos". ORGANIZAÇÃO MUNDIAL DA SAÚDE – *Relatório Mundial de Saúde, 2008: Cuidados de saúde primários – agora mais que nunca*, cit., p. 55-56.

[1101] Os benefícios da atenção primária que agregam serviços compreensivos da promoção da saúde à reabilitação de doentes são destacados pela OMS: "Cuidados compreensivos e integrados para o conjunto dos problemas de saúde na comunidade são mais eficientes do que recorrer a serviços diferentes para problemas selecionados porque, em parte, contribuem para um melhor conhecimento da população e criam um ambiente em que impera uma maior confiança. Num contexto de compreensividade as actividades reforçam-se mutuamente. Os serviços de saúde que oferecem um conjunto de serviços compreensivos aumentam a utilização e a cobertura de, por exemplo, programas preventivos, tais como rastreio dos cancros ou de vacinações. Previnem complicações e melhoram os resultados de saúde". ORGANIZAÇÃO MUNDIAL DA SAÚDE – *Relatório Mundial de Saúde, 2008*: Cuidados de saúde primários – agora mais que nunca, cit., p. 52.

[1102] À exceção da pneumonia, as demais são enfermidades crônicas. MACINKO, James; STARFIELD, Barbara; SHI, Leiyu. The contribution of primary care systems to health outcomes within Organization for Economic Cooperation and Development (OECD) Countries, 1970-1998, cit., p. 854.

porque se trata de estratégia voltada para o atendimento da maior parte das necessidades da população e que tem a acessibilidade como um de seus traços característicos. O menor custo da atenção primária em relação aos cuidados especializados e hospitalares contribui para o avanço na cobertura do acesso à saúde especialmente para populações vulneráveis e negligenciadas de áreas remotas. Além disso, por agregar medidas preventivas, como imunizações, cuidados maternos e infantis, a expansão da cobertura por atenção primária também impacta fortemente na redução da mortalidade por doenças infecciosas, inclusive aids, que permanece sendo um grave problema em vários países.[1103]

[1103] "In the context of low-and middle-income countries, the integration of health care services is viewed as a key imperative in primary care. It entails the bundling of services such as vaccination, child and maternal health and chronic disease prevention and management so that they can be delivered more efficiently and at a higher level of quality than otherwise through a fragmented model where individual services are delivered by specialist providers (WHO 1996). Integration is viewed as a means of encouraging economies of scale and scope through utilizing limited infrastructure and resources to provide a comprehensive range of services to a defined population. (...) A case study of success in this area is Thailand where initiatives traced to the early 1970s to prioritize primary health care have been associated with dramatic improvements in key health indicators of child and maternal mortality and HIV prevention and treatment (ROHDE et al. 2008)". SCOTT, Anthony; JAN, Stephen. Primary Care, cit., p. 6 e 7. Diversos estudos sobre a Estratégia Saúde da Família – ESF –, no Brasil, têm apontado que a sua expansão está associada à redução da mortalidade por doenças evitáveis, sobretudo doenças infecciosas, corroborando os dados da literatura internacional: "Our finding of an aggregate beneficial impact of ESF coverage on amenable mortality rates is consistent with the associations between ESF coverage and reductions in infectious and circulatory disease mortality and child mortality rates found in previous studies. We also found reductions in mortality rates with perinatal causes.
The reductions in amenable mortality rates for infectious diseases were much greater than those for noncommunicable diseases (such as circulatory diseases). This is unsurprising, given that many infectious diseases (such as measles, whooping cough, and intestinal infections) are easily prevented or treated in primary health care, and the relationship between primary health care and infectious diseases is well documented in low- and middle-income countries". HONE, Thomas et al. Large reductions in amenable mortality associated with Brazil's primary care expansion and strong health governance, cit., p. 155. Na mesma linha são os achados de James Macinko e Matthew Harris: "Numerous studies have shown that FHS [Family Health Strategy] expansion has resulted in improvements in children's health, including large and sustained reductions in infant mortality, and in particular, post-neonatal mortality due to diarrhea and respiratory infections. Among adults, FHS expansion has been associated with reduced mortality from cardiovascular causes, large reduces in hospitalization rates for ambulatory-care-sensitive conditions, and reduced rates of complications from some chronic conditions such as diabetes". MACINKO, James; HARRIS, Matthew J. Brazil's Family Health Strategy – Delivering community-based primary care in a universal health system, cit., p. 2.179.

De modo geral, a melhoria na atenção primária repercute de forma positiva junto à população, contribuindo, destarte, para maior responsividade do sistema de saúde.[1104]

Ainda que a atenção primária seja reconhecida como estratégia eficaz na melhoria das condições de saúde das populações, em parte das vezes, as reformas dos sistemas de saúde que têm por foco a ênfase no desenvolvimento desse nível de cuidados visam à redução das despesas com saúde ou, ao menos, do seu crescimento. Isso porque, reconhecidamente, a atenção primária é uma estratégia eficiente para a racionalização do uso dos recursos disponíveis, o que contém as despesas excessivas.

Para se compreender como a atenção primária pode contribuir para a racionalização da demanda e a contenção de despesas dos sistemas de saúde, primeiramente, deve-se destacar que, de modo geral, a atenção ambulatorial – uma das características da atenção primária – é menos cara que os cuidados especializados e, sobretudo, hospitalares.[1105] Nos níveis secundário e hospitalar (cuidados diferenciados, segundo a nomenclatura utilizada em Portugal) empregam-se recursos mais caros, cuja utilização, se ofertada sob livre escolha do usuário, eleva os custos dos serviços de saúde. Para além disso, como regra, a atenção especializada caracteriza-se pelo atendimento pontual para tratar eventos agudos e crises que esporadicamente ocorrem durante as vidas das pessoas. Dessa forma, não realiza atividades de promoção da saúde e de prevenção de doenças, que evitam que as pessoas contraiam doenças ou agravem sua condição de saúde nos casos dos doentes crônicos, cuja enfermidade não tem cura, mas deve ser tratada ao longo de toda a vida. Nos eventos agudos, muitas vezes a hospitalização é necessária e pode ter duração prolongada, gerando despesas elevadas para o sistema de saúde.

Os sistemas de saúde que são mais dependentes dos cuidados especializados e hospitalares têm dificuldades para ampliar o acesso aos serviços de saúde e, por vezes, criam vazios assistenciais e deixam populações descobertas, já que têm custos elevados e, ademais, não oferecem atenção continuada.

[1104] Segundo estudo realizado na Inglaterra, o aumento no número de GPs implicou melhorias no estado de saúde autorrelatado dos indivíduos. SCOTT, Anthony; JAN, Stephen. Primary Care, cit., p. 7.

[1105] OXLEY, Howard; MACFARLAN, Maitland – *OECD Economics Department Working Papers*, n. 149. *Health care reform: controlling spending and increasing efficiency*, p. 106.

Para que a atenção primária à saúde possa contribuir para a racionalização do uso de recursos especializados e hospitalares e conter os custos dos sistemas de saúde, é necessário que sejam estabelecidos como porta de entrada dos usuários (função de *gatekeeper*). Neste caso, como já se apontou neste trabalho, salvo nos eventos urgentes, o acesso aos especialistas e ao atendimento hospitalar somente ocorre por meio do encaminhamento do médico generalista ou de família. Com isso, estes profissionais atendem à maioria das necessidades de saúde da população e fazem um filtro para o acesso aos cuidados diferenciados. Combate-se, assim, o chamado risco moral (*moral hazard*) decorrente da excessiva utilização dos serviços de saúde pelos usuários em razão da sua disponibilidade.[1106] Modernamente, tem sido associado o uso de protocolos clínicos e diretrizes terapêuticas baseados em evidências científicas, que orientam o manejo das condições de saúde e estabelecem critérios para o encaminhamento dos usuários a serviços diversos da atenção primária e para a realização de exames, procedimentos cirúrgicos e medicamentos, por exemplo. A ênfase na atenção primária como porta de entrada dos sistemas de saúde e o estabelecimento de protocolos de atenção são as bases do modelo de atenção gerenciada (*managed care*), que influenciou as reformas de vários sistemas de saúde a partir da década de 1990.[1107]

[1106] "Family doctor arrangements can provide for better continuity in medical care while also acting as a barrier to moral hazard. In some countries – for example France and Belgium – patients can see general practitioners or specialists virtually at will. This raises the risk of multiple visits for the same sickness episode, and may lead to excess care – particularly where there is an over-supply of doctors, strong competition between them for market share, and payment on a fee-for-service basis. The use of a family doctor as a gatekeeper (i.e. provider of a compulsory letter of referral for non-emergency access to secondary care or a specialist) reduces this risk and allows, in addition, a more coherent medical history to be established in the hands of one person." OXLEY, Howard; MACFARLAN, Maitland. *Health care reform: controlling spending and increasing efficiency*, cit., p. 43. Na mesma linha, Anthony Scott e Stephen Jan afirmam que "gatekeeping is thought to avoid unnecessary and costly referrals to specialists". SCOTT, Anthony; JAN, Stephen. Primary Care, cit., p. 4. Barbara Starfield afirma, ainda, que, a par de reduzir as visitas desnecessárias aos especialistas, a ampliação do acesso à atenção primária incrementa os atendimentos especializados nos casos em que se mostram necessários: "(...) primary care both reduces unnecessary visits to specialists and increases the likelihood of appropriate ones and, hence, is part of the benefits attributed to specialty care". STARFIELD, Barbara. Primary care and specialty care: a role reversal? *Medical Education*, n. 37, p. 756, 2003.

[1107] "A atenção gerenciada consiste numa reatualização dos planos de saúde de pré-pagamento que se propõem a fornecer assistência médica a grupos específicos através da negociação prévia de pagamento *per capita* e pacotes assistenciais. É uma forma de administração da atenção médica voltada fundamentalmente para o controle da utilização de serviços, que abrange tanto o lado da oferta quanto a demanda, e pretende articular prestação e financiamento ao mesmo tempo que contém custos por meio de medidas reguladoras

Na prática, constata-se que países que utilizam a atenção primária como porta de entrada dos sistemas de saúde têm menores despesas gerais com saúde (públicas e privadas somadas) que os demais, em razão do impacto que o modelo tem na redução das despesas com internações. Em média, as despesas totais em saúde dos países da OCDE que adotam a atenção primária à saúde como *gatekeeper* são 18% menores.[1108]

Sob outro enfoque, já se constatou que uma maior proporção de médicos na atenção primária estava associada a uma prática da Medicina menos cara, com pagamentos menores para internações e mesmo para os cuidados ambulatoriais.[1109]

Para que a atenção primária possa ser eficaz na melhoria das condições de saúde das populações, assim como eficiente na racionalização do uso dos recursos públicos, é necessário que guarde características essenciais, como ser atenção de primeiro contato ou porta de entrada (*gatekeeper*), acessibilidade, abrangência, continuidade do cuidado (longitudinalidade), coordenação da atenção e orientação comunitária. Ainda, o estabelecimento de copagamentos ou taxas para os usuários merece especial cautela, a fim de evitar que se tornem barreiras para

---

da relação médico-paciente. Privilegia o atendimento básico, a 'porta de entrada' através da obrigatoriedade de passagem pelo médico generalista, pretende diminuir o acesso à atenção especializada e hospitalar e controla rigidamente a atuação profissional segundo parâmetros de prática médica definidos pela empresa seguradora (protocolos de atenção), basicamente centrados nos custos dos procedimentos. Sendo assim, a agenda reformadora proposta pelo *managed care* vincula-se bastante bem, pelo menos em tese, a uma série de outras agendas, tais como a ênfase na medicina preventiva, na atenção primária, no atendimento extra-hospitalar, além de ser efetiva no controle de custos, exatamente por conter a demanda por procedimentos mais caros. Daí o enorme apelo que tem exercido mundialmente (ALMEIDA, 1999)." ALMEIDA, Célia. Reformas de sistemas de saúde: tendências internacionais, modelos e resultados, cit., p. 897-898.

[1108] OXLEY, Howard; MACFARLAN, Maitland. *Health care reform:* controlling spending and increasing efficiency, cit., p. 106.

[1109] "Our analysis of the supply of physicians points up the important effect of physicians engaged in primary care on overall payments to physicians. Higher proportions of primary care physicians in an MSA were associated with a less expensive practice of medicine (i.e., lower payments for both in-hospital and out-of-hospital care)." WELCH, Pete W. *et al.* Geographic variation in expenditures for physicians' services in The United States. *The New England Journal of Medicine* [em linha], v. 328, n. 9, p. 625, mar. 1993. Acesso em: 14 jun. 2020. Disponível em: https://www.nejm.org/doi/pdf/10.1056/NEJM199303043280906?articleTools=true. Na mesma linha, a OMS afirma que "evidências resultantes de comparações entre países de rendimento alto mostram que quanto maior a proporção de profissionais generalistas a trabalhar em *settings* ambulatórios, mais baixos são os custos totais com a saúde e mais elevados os rankings de qualidade". ORGANIZAÇÃO MUNDIAL DA SAÚDE – *Relatório Mundial de Saúde, 2008: Cuidados de saúde primários – agora mais que nunca*, cit., p. 57.

o acesso aos serviços quando estes se fazem necessários, o que pode significar violação ao direito fundamental à saúde.[1110]

A organização de sistemas de saúde a partir da ênfase na atenção primária cumpre um duplo objetivo: melhoria nos resultados de saúde das populações e racionalização do uso dos recursos públicos. Por um lado, o modelo é coerente com a realização do direito à saúde por meio da garantia do acesso a serviços necessários, conforme evidências científicas estabelecidas. Por outro, permite que se potencialize a utilização dos recursos públicos, fator importante em tempos em que a escassez expõe as dificuldades de manutenção dos sistemas de proteção social. Assim, a atenção primária à saúde contribui para a sustentabilidade dos sistemas de saúde e a efetividade do direito fundamental à saúde para as presentes e próximas gerações.[1111]

5.2 Atenção primária à saúde como integrante do núcleo essencial do direito à saúde

As declarações de direitos e as constituições muitas vezes consagram valores conflitantes entre si, que são positivados por meio da previsão de princípios que disciplinam os direitos fundamentais. Como já se esclareceu anteriormente, trata-se de normas que estabelecem deveres de concretização conforme as condições fáticas e jurídicas, ou seja, são mandamentos de otimização.[1112] A proteção do núcleo essencial dos direitos fundamentais é uma decorrência dessa natureza principiológica das normas que dispõem sobre os direitos fundamentais, já que se

---

[1110] "Conversely, it has also been found that the removal of fees has been associated with increases in service use although it is not clear the extent to which these additional services are necessary (LAGARDE AND PALMER, 2008; LEWIN et al. 2008). Nevertheless evidence based on household level data has highlighted the significant barriers to care posed by user fees and that they encourage behaviors such as inappropriate self-treatment and partial medication dosing (RUSSELL, 2004)." SCOTT, Anthony; JAN, Stephen. Primary Care, cit., p. 9. A OMS também ressalta a necessidade de manter os serviços acessíveis, sem a dependência excessiva de copagamentos. ORGANIZAÇÃO MUNDIAL DA SAÚDE – *Relatório Mundial de Saúde, 2008: Cuidados de saúde primários – agora mais que nunca*, cit., p. 56.

[1111] Em relatório recente, a OCDE destacou a importância sanitária e econômica da atenção primária, sobretudo o custo-benefício dos investimentos no setor: "Primary care is a key pillar of a modern, people centred health care system. Investing in the primary care sector represents good value for money as it can help avoid costly admissions to hospitals, improve care coordination and improve health outcomes, particularly for the growing number of people with chronic conditions". ORGANISATION FOR ECONOMIC CO-OPERATION AND DEVELOPMENT – *Spending on primary care*: first estimates, cit., p. 1.

[1112] ALEXY, Robert. *Teoria dos direitos fundamentais*, cit., p. 90.

propõe que, mesmo que necessária a restrição desses direitos, há um conteúdo mínimo que não pode ser mitigado sob pena de aniquilação do bem ou valor juridicamente tutelado.

Para além disso, as normas de direitos fundamentais, comumente, não possuem contornos precisos e têm elevado grau de abstração. Por essa razão, sujeitam-se à disciplina normativa infraconstitucional, o que ocorre, sobretudo, com os direitos econômicos, sociais e culturais, cujo conteúdo principal se exterioriza a partir de intermediação legislativa.[1113]

Dessa forma, uma vez que as normas de direitos fundamentais devem ser objeto de ponderação em concreto e, assim, estão sujeitas a limitações, a proteção do núcleo essencial é posta como limite às restrições de direitos fundamentais.[1114] Por se tratar dos aspectos distintivos mais intrínsecos dos direitos fundamentais, e mesmo à projeção específica do princípio da dignidade da pessoa humana, funciona como limite à disciplina normativa e à atividade de ponderação dos operadores do Direito no momento da aplicação das normas de direitos fundamentais.

A noção de núcleo essencial surgiu, a princípio, para fins de análise dos conflitos existentes para a disciplina e aplicação dos direitos civis e políticos ou direitos de primeira dimensão ou geração, que se submetem à reserva geral de ponderação. No entanto, como se destacou no capítulo 2, serve aos direitos econômicos, sociais e culturais para definição de seu conteúdo típico e para estabelecer um parâmetro de eficácia mínima inclusive perante o Estado. Isso porque, em um Estado Democrático de Direito em que se reconhece a necessidade de proteção da dignidade da pessoa humana e de conferir condições para a liberdade substancial, a cláusula do Estado de Direito e o princípio da

---

[1113] Segundo Jorge Miranda, o conteúdo prestacional dos direitos sociais, que corresponde à identificação daquilo que pode ou não ser exigido do Estado, é uma decisão que "compete, em primeira linha, ao legislador dentro da liberdade de conformação a si inerente e dentro da prossecução do interesse público a que está adstrito". MIRANDA, Jorge. *Manual de direito constitucional*, cit., p. 559. Na mesma linha, apreciando o contexto alemão, Konrad Hesse: HESSE, Konrad. *Elementos de Direito Constitucional da República Federal da Alemanha*, cit., p. 170.

[1114] CANOTILHO, José Joaquim Gomes. O Direito Constitucional como ciência de direcção: o núcleo essencial de prestações sociais ou a localização incerta da socialidade (contributo para a reabilitação da força normativa da "constituição social"), cit. SARLET, Ingo Wolfgang; MARINONI, Luiz Guilherme; MITIDIERO, Daniel. *Curso de Direito Constitucional*, cit. SARLET, Ingo Wolfgang. *Dignidade da pessoa humana e direitos fundamentais na Constituição Federal de 1988*, cit., p. 142.

proporcionalidade acarretam, para além de uma proibição de excesso nas limitações de direitos, uma vedação de proteção insuficiente.[1115]

No caso do direito à saúde, da sua estrutura normativa podem ser extraídos direitos à não ingerência ou abstenção, característicos da tradição liberal, assim como traços mais típicos, reconhecidos como direitos de proteção (prestações normativas) e direitos à promoção ou realização, que implicam o acesso a prestações materiais.

O núcleo essencial do direito à saúde faz parte do seu conteúdo principal, que se manifesta como direito a prestações materiais.[1116] Sob este aspecto, conforme a abordagem das capacidades, compreende-se que o direito à saúde é efetivado quando se confere à pessoa a possibilidade de realização das atividades que tem razão para valorizar, alcançar boa saúde, estar livre de doenças evitáveis e da morte prematura.[1117] Com isso, criam-se condições para o exercício da autonomia, que é "o fundamento da dignidade da natureza humana e de toda a natureza racional".[1118]

A abordagem das capacidades em saúde, que é utilizada como orientação para este trabalho, contudo, não propõe identificar um conjunto ou uma "cesta" de ações ou serviços que devem ser prestados pelos Estados ou se encontrar disponíveis para os indivíduos. Com efeito, entre as capacidades que devem ser asseguradas e promovidas está a participação na vida social e na concepção das políticas estatais, razão pela qual a definição do conteúdo das políticas públicas deve ocorrer em um processo deliberativo aberto à participação da sociedade.

Partindo de um procedimento democrático, participativo, informado pelas evidências disponíveis pela ciência, deve-se atender às necessidades de saúde, isto é, carências ou privações que devem ser supridas para se atingir o estado de bem-estar e a realização substancial da autonomia. São social e historicamente condicionadas e não se

---

[1115] CANARIS, Claus-Wilhelm. *Direitos fundamentais e direito privado*. Trad. Ingo Wolfgang Sarlet e Paulo Mota Pinto. COIMBRA: Almedina, 2003, p. 58-59. HESSE, Konrad. Significado dos direitos fundamentais, cit., p. 57. SARLET, Ingo Wolfgang; MARINONI, Luiz Guilherme; MITIDIERO, Daniel. *Curso de Direito Constitucional*, cit., p. 338. QUEIROZ, Cristina. *O tribunal Constitucional e os direitos sociais*. Coimbra: Coimbra Editora, 2014, p. 68.

[1116] ANDRADE, José Carlos Vieira de. *Os direitos fundamentais na Constituição portuguesa de 1976*, cit., 165.

[1117] RUGER, Jennifer Prah. Health and social justice, cit., p. 1.076.

[1118] KANT, Immanuel. *Fundamentação da metafísica dos costumes e outros escritos*, cit., p. 66.

limitam às necessidades de serviços de saúde, haja vista a compreensão ampliada da saúde e de seus determinantes multissetoriais.[1119]

Dessa forma, não é possível limitar o bem jurídico saúde e o correspondente direito ao acesso a cuidados médicos. Como visto, desde o conceito ampliado de saúde proposto pela OMS, reconhece-se que a saúde é dependente de múltiplos condicionantes, dentre os quais os cuidados de saúde (assistência à saúde). Embora uma visão limitada do direito à saúde, segundo um conceito biomédico, possa trazer conforto e segurança em termos operacionais, trata-se de uma indevida redução da complexidade que é inerente à realidade normativa do direito à saúde, que decorre do bem jurídico tutelado.

Além disso, ao mesmo tempo em que se preocupa com a efetividade das capacidades básicas (evitar a morte prematura e os agravos e doenças preveníveis), considera-se a saúde no âmbito das demais áreas da socialidade e, dessa forma, a alocação de recursos tem alto custo de oportunidade,[1120] devendo, portanto, ser enfatizada a visão ampliada e contextualizada no bojo das demais políticas públicas.

Assim sendo, o direito à saúde corresponde à satisfação das necessidades individuais e coletivas, devendo-se considerar, contudo, o contexto de escassez de recursos disponíveis. Nesse sentido, abrange o acesso a prestações que sejam necessárias e apropriadas, a um custo que seja acessível, individual ou coletivamente.

Partindo do conteúdo do art. 12 do Pacto Internacional de Direitos Econômicos, Sociais e Culturais e dos documentos que o seguiram, mostra-se necessário criar condições de acesso a cuidados tecnicamente necessários e apropriados para a promoção, prevenção, diagnóstico e tratamento de doenças e outros agravos à saúde, que possam gerar mortalidade precoce ou deficiências evitáveis.[1121]

Dessa forma, a garantia do direito à saúde, sobretudo quando considerado seu núcleo essencial, não abrange o acesso a todas as

---

[1119] PAIM, Jairnilson; ALMEIDA-FILHO, Naomar. Análise de situação de saúde: o que são necessidades e problemas de saúde? *In:* PAIM, Jairnilson; ALMEIDA-FILHO, Naomar. *Saúde coletiva: teoria e prática*. Rio de Janeiro: MedBook, 2014, p. 29-39. HINO, Paula *et al*. Necessidades em saúde e atenção básica: validação de instrumentos de captação. *Revista da escola de enfermagem da USP* [em linha], São Paulo, v. 43, n. 2, p. 1.156-1.167, dez. 2009. Acesso em: 6 dez. 2016. Disponível em: http://www.scielo.br/scielo.php?script=sci_arttext&pid=S0080-62342009000600003.

[1120] DANIELS, Norman. Justice and Access to Health Care, cit.

[1121] RUGER, Jennifer Prah. Health, capability, and justice: toward a new paradigm of health ethics, policy and law, cit., p. 162.

terapias, procedimentos e insumos disponíveis no mercado. Há que se reconhecer aqui uma margem de concretização do direito aberta ao legislador e ao administrador público, com possibilidade de participação da sociedade, para identificar, dentre as opções disponíveis no mercado, aquelas que atendem eficientemente as necessidades da população, geram maiores benefícios e têm um custo acessível individual ou coletivamente.[1122]

A consideração das capacidades e das necessidades deve conduzir à especial atenção na alocação de recursos. Nessa linha, deve-se priorizar a implementação de serviços e a incorporação de tecnologias que melhor impactem os indicadores de saúde da população e que, portanto, gerem maiores benefícios sociais.[1123] Ainda nessa linha, deve-se dar maior ênfase e atenção às populações mais vulneráveis e mais pobres, que, regra geral, adoecem mais e sofrem os maiores impactos do adoecimento.[1124]

Grande importância deve ser conferida à proteção aos encargos financeiros e às incertezas que podem decorrer do processo de adoecimento. Assim, há que se adotar estratégias para se evitar que o ônus financeiro e o endividamento configurem barreiras de acesso às terapias necessárias à saúde das pessoas.[1125]

[1122] Essa margem de discricionariedade decorre da característica dos direitos sociais e dos deveres de promoção e de realização. Isso porque, se a violação ou agravo a um bem jurídico é vedada, qualquer conduta nesse sentido viola o dever de abstenção. Por outro lado, os deveres de promoção e de realização voltados para a tutela de um bem jurídico permitem que se alcance a mesma finalidade por mais de um meio. Essa discricionariedade é também o fator que traz maiores dificuldades para a exigibilidade dos direitos sociais em juízo, segundo Alexy. Conferir ALEXY, Robert. *Teoria dos direitos fundamentais*, cit., p. 462.

[1123] Evidencia-se a importância do desenvolvimento das ações voltadas para a atenção primária à saúde, que são aquelas que atendem às necessidades mais comuns das populações, com ênfase na atenção ambulatorial, de base comunitária e atenção prolongada no tempo. Por seu maior impacto em benefício da população, devem ser priorizadas em relação aos cuidados hospitalares e especializados, que empregam tecnologias pesadas e de alto custo, que são utilizadas em menor escala. "(...) investments should not disproportionately favour expensive curative health services which are often accessible only to a small, privileged fraction of the population, rather than primary and preventive health care benefiting a far larger part of the population." UNITED NATIONS. Office of the High Commissioner for Human Rights – *General Comment No. 14: The Right to the Highest Attainable Standard of Health (Art. 12)*, cit., n. 19.

[1124] UNITED NATIONS. *Office of the High Commissioner for Human Rights – General Comment No. 14: The Right to the Highest Attainable Standard of Health (Art. 12)*, cit.

[1125] A proteção aos riscos que podem comprometer o bem-estar das pessoas deve ser um dos objetivos do Estado social, como, classicamente, defendeu Kenneth Arrow: "(...) there are two kinds of risks involved in medical care: the risk of becoming ill, and the risk of total or incomplete or delayed recovery. The loss due to illness is only partially the cost of medical care. It also consists of discomfort and loss of productive time during illness, and, in more serious cases, death or prolonged deprivation of normal function. Form the point of view

Sob o aspecto objetivo, o núcleo essencial do direito à saúde gera a obrigação de criar condições para a cobertura universal de ações e serviços de saúde necessários para o alcance da liberdade substancial. Deve-se garantir igualdade de oportunidades para que as pessoas possam atingir o melhor estado de saúde possível e, dessa forma, para escolher e realizar as opções de vida que se entende por valiosas.

Para tanto, há que se criar condições para o acesso às ações e serviços que satisfaçam as necessidades da população. Esses serviços devem se encontrar disponíveis para a população. Além disso, devem ser acessíveis, o que implica o acesso a todos, sem discriminação, e inclusive para os mais vulneráveis, acessibilidade geográfica e física, econômica (possibilidade de custeio individual ou coletiva) e o acesso às informações sobre o serviço e a condição de saúde de cada um. Devem ser aceitáveis, com isso significando o respeito às normas éticas e às características culturais locais. Finalmente, os serviços de saúde devem ser de qualidade, prestados por profissionais com formação e treinamento adequados e em conformidade com as atuais evidências científicas.

Feitos esses esclarecimentos, há que se indagar se o acesso à atenção primária à saúde está abrangido pela eficácia mínima do núcleo essencial do direito à saúde, com isso implicando, pelo lado do cidadão, um direito de acesso, e pelo lado do Estado, um dever de disponibilizar, por si ou por terceiros, as correspondentes ações e serviços.

Parte-se aqui, novamente, da previsão do direito à saúde constante do art. 12 do Pacto Internacional de Direitos Econômicos, Sociais e Culturais, que prevê "o direito de todas as pessoas de gozar do melhor estado de saúde física e mental possível de atingir". Em seguida, estabelece que, para assegurar o exercício desse direito, os Estados deverão promover a redução da mortalidade neonatal e infantil e o desenvolvimento sadio das crianças; melhorar a higiene do trabalho e do meio ambiente; prevenir e tratar doenças epidêmicas, endêmicas,[1126]

---

of the welfare economics of uncertainty, both losses are risks against individuals would like to insure. The nonexistence of suitable insurance policies for either risk implies a loss of welfare". ARROW, Kenneth J. Uncertainty and the welfare economics of medical care, cit., p. 145.

[1126] Por se tratar de terminologia própria das Ciências da Saúde e não habitualmente utilizada pelos profissionais do Direito, é necessário esclarecer a diferença entre endemias (e doenças endêmicas) e epidemias (e doenças epidêmicas), lição que extraímos de Leon Gordis: "*Endemia* é definida como a presença habitual de uma doença em uma determinada área geográfica. Pode, também, referir-se à ocorrência usual de uma determinada doença, dentro de uma

profissionais e outras; criar condições que assegurem a todos a assistência médica e serviços médicos em caso de doença.

Ao tratar das obrigações dos países signatários do Pacto Internacional de Direitos Econômicos, Sociais e Culturais, o Comitê das Nações Unidas para Direitos Econômicos, Sociais e Culturais considerou que os Estados nos quais um número significativo de pessoas é privado dos alimentos essenciais, dos *cuidados de saúde primários*, de condições básicas de moradia e do nível básico de ensino não cumprem o dever de promover um nível mínimo desses direitos.[1127]

Posteriormente, ao tratar das obrigações principais para a implementação do direito à saúde em conformidade com o art. 12 do Pacto Internacional de Direitos Econômicos, Sociais e Culturais, o mesmo comitê adotou um enfoque menos substancialista e mais procedimental e orientador, com foco nos princípios da equidade, não discriminação e participação social, como observam Lisa Forman e outros.[1128] Contudo, é possível constatar a sintonia das obrigações propostas com o modelo de atenção primária abrangente, ao se propor o acesso a serviços de saúde de forma equânime e não discriminatória, a obrigação de assegurar acesso a medicamentos essenciais e a adoção de uma política de saúde baseada em evidências epidemiológicas, que aborde as principais demandas da população.[1129] Além disso, ao propor obrigações de igual prioridade, o comitê realçou o dever de assegurar cuidados reprodutivos, maternos e infantis, prover imunizações contra as principais doenças infecciosas, adotar medidas para prevenir, tratar e controlar doenças epidêmicas e endêmicas, disponibilizar educação e acesso à informação sobre os principais problemas de saúde das comunidades e assegurar treinamento adequado para os profissionais de saúde.[1130]

área. *Epidemia* é definida como a ocorrência em uma comunidade ou região, de um grupo de doenças de natureza similar, excedendo claramente a expectativa normal". GORDIS, Leon. *Epidemiologia*, cit., p. 22 (destaques no original).

[1127] UNITED NATIONS. Office of The High Commissioner for Human Rights – *CESCR General Comment No. 3: The Nature of States Parties' Obligations (Art. 2, Para. 1, of the Covenant)*, cit.

[1128] FORMAN, Lisa *et al*. What Do Core Obligations under the Right to Health Bring to Universal Health Coverage?, cit., p. 28.

[1129] UNITED NATIONS. Office of The High Commissioner for Human Rights – *General Comment No. 14: The Right to the Highest Attainable Standard of Health (Art. 12)*, cit.

[1130] UNITED NATIONS. Office of the High Commissioner for Human Rights – *General Comment No. 14: The Right to the Highest Attainable Standard of Health (Art. 12)*, cit.

Na Agenda 2030 da ONU,[1131] são propostos 17 Objetivos de Desenvolvimento Sustentável – ODS – e 169 metas que abrangem diversos aspectos socioeconômicos e direitos individuais e coletivos. No que se refere à saúde, propõe-se, entre outras medidas, a redução da mortalidade infantil, a melhoria da saúde das gestantes com consequente redução da mortalidade materna, o combate à aids, tuberculose, malária e doenças tropicais negligenciadas, a redução em um terço da mortalidade prematura por doenças não transmissíveis, por meio da prevenção, e atingir a cobertura universal de saúde, incluindo a proteção do risco financeiro, o acesso a serviços de saúde essenciais de qualidade e o acesso a medicamentos e vacinas essenciais para todos de forma segura, eficaz, de qualidade e a preços acessíveis.

Já se destacou neste trabalho que, para Jennifer Prah Ruger, a abordagem das capacidades aplicada ao direito à saúde não impõe a adoção de um pacote de ações e serviços previamente estabelecido. Contudo, o governo deve assegurar cuidados apropriados e necessários para a prevenção, diagnóstico, tratamento de doenças e outras condições associadas à morte prematura e ao adoecimento evitável.[1132]

Percebe-se que os deveres estabelecidos no art. 12 do Pacto Internacional de Direitos Econômicos, Sociais e Culturais, assim como os objetivos propostos pelas Nações Unidas e as obrigações prioritárias na implementação do direito à saúde, são claramente consistentes com o desenvolvimento de ações voltadas para a atenção primária à saúde.[1133] De maneira geral, acentua-se a necessidade de se prover cuidados de saúde que venham a atender às necessidades das populações, que desenvolvam estratégias de prevenção às doenças e de promoção da saúde, enfrentem as principais doenças endêmicas e epidêmicas, desde aquelas infecciosas e transmissíveis às crônicas e não transmissíveis, estejam disponíveis a um custo acessível individual ou coletivamente e sejam efetivos, gerando resultados positivos para a população, notadamente, com a redução da mortalidade materna, neonatal e infantil, assim como do adoecimento e morte evitáveis de maneira geral.

[1131] ORGANIZAÇÃO DAS NAÇÕES UNIDAS – Transformando Nosso Mundo: A Agenda 2030 para o Desenvolvimento Sustentável [em linha]. Assembleia-Geral das Nações Unidas, 25 de setembro de 2015. Acesso em: 15 jun. 2020. Disponível em: https://nacoesunidas.org/pos2015/agenda2030/.

[1132] RUGER, Jennifer Prah. Health, capability, and justice: toward a new paradigm of health ethics, policy and law, cit., p. 162.

[1133] FORMAN, Lisa *et al.* What do Core Obligations under the Right to Health Bring to Universal Health Coverage?, cit., p. 29.

A atenção primária à saúde, como se demonstrou neste trabalho, é uma estratégia concebida para o desenvolvimento de ações de saúde voltadas para o atendimento da maior parte das necessidades de saúde das populações.[1134] Por se basear em equipes multiprofissionais, no atendimento de profissionais generalistas e de saúde da família, a atenção primária tem a capacidade de atender e de resolver a maior parte dos problemas de saúde de uma população,[1135] exercendo o papel de primeiro contato e porta de entrada do sistema de saúde, assim como filtro para os cuidados diferenciados, de nível secundário e terciário. Por outro lado, as atividades de promoção da saúde e de prevenção das doenças fazem parte do dia a dia das equipes de atenção primária, que devem ter responsabilidade pela melhoria da saúde da população que atende (seja ela constante de cadastros ou referentes a uma área geográfica específica) e atuar de forma proativa, identificando os usuários que apresentam necessidades de contato com o sistema de saúde, independentemente de seu comparecimento a uma unidade de saúde. Ainda, há sólidas evidências de que a atenção primária gera expressivos resultados em favor da saúde das populações, com redução da mortalidade por todas as causas, da mortalidade por doenças infecciosas, assim como por doenças crônicas.[1136] Também está bem documentado o impacto da atenção primária em benefício da saúde das crianças, com redução da mortalidade infantil.[1137] A par de seus resultados em favor da saúde da população, a atenção primária é reconhecidamente um modelo de atenção à saúde que tem custos menores se comparados aos cuidados

---

[1134] STARFIELD, Barbara. *Atenção primária:* equilíbrio entre necessidades de saúde, serviços e tecnologia, cit., p. 28. NUNES, Rui. Regulação da saúde, cit., p. 77. CRISMER, André; BELCHE, Jean-Luc; VAN DER VENNET, Jean-Luc. Les soins de santé primaires, plus que des soins de première ligne, cit., p. 377 e seguintes. GIOVANELLA, Lígia; MENDONÇA, Maria Helena Magalhães de. Atenção primária à saúde, cit., p. 576.

[1135] "Indeed, in the United Kingdom, it is estimated that 90 per cent of health-care episodes start and finish with the primary care doctor." OXLEY, Howard; MACFARLAN, Maitland. *Health care reform:* controlling spending and increasing efficiency, cit., p. 41.

[1136] MACINKO, James; STARFIELD, Barbara; SHI, Leiyu. The contribution of primary care systems to health outcomes within Organization for Economic Cooperation and Development (OECD) Countries, 1970-1998, cit., p. 854. SCOTT, Anthony; JAN, Stephen. Primary Care, cit., p. 6 e 7. HONE, Thomas *et al.* Large reductions in amenable mortality associated with Brazil's primary care expansion and strong health governance, cit., p. 155.

[1137] MACINKO, James; HARRIS, Matthew J. Brazil's Family Health Strategy. Delivering community-based primary care in a universal health system, cit., p. 2.179.

especializados e hospitalares,[1138] uma vez que estes são dependentes do emprego de tecnologias duras (equipamentos) de custo elevado.

Dada a responsividade da atenção primária à saúde para as demandas das populações e sua capacidade de resolução dos problemas que lhes são apresentados, não há dúvidas de que essas ações integram o núcleo essencial do direito à saúde e estão incluídas, portanto, no mínimo de eficácia desse direito fundamental. Com efeito, o acesso à atenção primária é primordial para a satisfação de necessidades de saúde, a melhoria da saúde das pessoas, a prevenção da mortalidade prematura e do adoecimento evitável, cerne do direito à saúde segundo a abordagem das capacidades. Por estarem intimamente relacionadas à solução de necessidades individuais e coletivas, são necessárias para a manutenção ou retomada de bom estado de saúde, o que vem a ser um requisito para a vida com autonomia.

Dado o menor custo relativo e o custo-efetividade das ações de atenção primária, estas ainda podem ser consideradas ao abrigo, *prima facie*, das objeções relativas à reserva do possível, podendo-se afirmar que haverá um considerável ônus argumentativo para se demonstrar, na prática, a impossibilidade de disponibilidade da atenção primária e garantia de acesso a esses serviços quando comparados a outras despesas do Estado e, mesmo, a outras despesas com serviços de saúde.

Há, portanto, que se considerar que o acesso à atenção primária à saúde, independentemente de contraprestação financeira no momento do atendimento, integra o núcleo essencial do direito fundamental à saúde como prestação típica e decorrente do cumprimento do princípio da dignidade da pessoa humana em concreto.

Como decorrência disso, a atenção primária está a salvo das restrições realizadas pelo legislador na disciplina do direito à saúde[1139] e sua proteção é uma condição prévia para as limitações eventualmente realizadas em concreto pelos operadores do Direito por meio da aplicação do princípio da proporcionalidade. Por outro lado, a disponibilidade da atenção primária é parâmetro para se aferir a eficácia mínima do direito à saúde, inclusive no que se refere ao cumprimento das obrigações principais relacionadas à realização do direito à saúde na

---

[1138] SCOTT, Anthony; JAN, Stephen. Primary Care, cit., p. 7. STARFIELD, Barbara. *Atenção primária*: equilíbrio entre necessidades de saúde, serviços e tecnologia, cit., p. 34.

[1139] STERN, Klaus. A society based on the rule of law and social justice: constitutional model of the Federal Republic of Germany, cit., p. 242-243.

forma prevista no art. 12 do Pacto Internacional de Direitos Econômicos, Sociais e Culturais.

5.3 Atenção primária à saúde como prestação integrante do mínimo existencial

O reconhecimento de um direito a um conjunto de prestações materiais necessárias para uma vida condigna tem sido postulado pela doutrina principalmente desde a formulação de Otto Bachof, no princípio da década de 1950, que ganhou posterior reconhecimento nos tribunais germânicos. Segundo essa formulação, que é reconhecida pela jurisprudência alemã até os dias atuais, a partir da conjugação do princípio da dignidade da pessoa humana, da proteção dos direitos à vida e à liberdade e do princípio do Estado social, é possível identificar um direito à assistência material destinado a criar condições para a efetiva participação na vida social, cultural e política.[1140]

Trata-se de um direito fundamental social que, em razão de sua complexidade, abrange aspectos de direito de defesa e de direito a prestações. Nesse sentido, por um lado, como direito de defesa, protege a pessoa contra a privação de recursos materiais de que dispõe. Com esse fundamento, tem se afirmado, a um só tempo, a imunidade tributária e o afastamento da possibilidade de penhora de rendimentos mínimos necessários para a satisfação das necessidades básicas de vida. Por outro lado, como direito a prestações, implica para o Estado, como decorrência do princípio da dignidade da pessoa humana, o dever

---

[1140] "The fundamental right to the guarantee of a subsistence minimum that is in line with human dignity from Article 1.1 of the Basic Law (Grundgesetz – GG) in conjunction with the principle of the social welfare state contained in Article 20.1 of the Basic Law ensures to each person in need of assistance the material prerequisites which are indispensable for his or her physical existence and for a minimum of participation in social, cultural and political life." GERMANY. Federal Constitutional Court – 1 BvL 1/09, cit. Para Klaus Stern o princípio do Estado Social é, a um só tempo, uma autorização e uma determinação ao legislador e ao governo para proverem serviços voltados para a promoção do bem-estar social em geral: "Today one can say that the avowal of the social state is both an authorisation and a mandate primarily to the legislator, but also to government, to shape social order. This interpretation of the enabling character of the social-state principle became the prevailing view. It confers upon the state the power to provide services, to grant benefits and assistance, in other words to forge the welfare state in general. This is borne out by one of the very first decisions of constitutional court. That body stressed the point that the state has a constitutional duty to undertake social activity in order to ensure a tolerable balance of conflicting interests and create bereable living conditions for people in need". STERN, Klaus. A society based on the rule of law and social justice: constitutional model of the Federal Republic of Germany, cit., p. 247.

de promover condições para que as pessoas possam fruir prestações necessárias para a vida condigna, diretamente ou por meio de serviços privados ou públicos.[1141]

Para além disso, como se registrou no segundo capítulo, a garantia do mínimo existencial é utilizada pela doutrina e pela jurisprudência como parâmetro para a eficácia das normas que dispõem sobre direitos fundamentais.[1142] Dessa forma, a constatação de que certa prestação é necessária para a vida condigna implica um reforço argumentativo à sua eficácia normativa por efetivar o princípio da dignidade da pessoa humana.

A proteção do mínimo existencial é compreendida como limite para a disciplina legislativa e para a aplicação do direito em concreto, devendo permanecer íntegra após a ponderação de interesses na hipótese de colisão entre direitos fundamentais ou destes com outros princípios constitucionais. Dessa forma, comprime a objeção da reserva do possível à eficácia dos direitos fundamentais e coloca a salvo o conjunto de prestações necessárias para a vida digna.[1143]

No que se refere à saúde, ainda que se trate de um direito com existência normativa autônoma, reconhecido como direito humano na ordem internacional e como direito fundamental em diversos países, trata-se de bem jurídico indispensável para a manutenção da vida, o que é pressuposto para a fruição dos demais direitos fundamentais. Para além disso, a manutenção de boa saúde, assim como a prevenção do adoecimento e da morte por causas evitáveis, constitui requisito para se desfrutar de autonomia e para participar efetivamente na vida social.[1144]

[1141] "Daí, em suma, o direito das pessoas a uma existência condigna [art. 59.º, nº 2, alínea a), in fine], o que implica, pelo menos, a garantia de subsistência, numa dupla dimensão: negativa – garantia de salário, impenhorabilidade do salário mínimo ou de parte do salário e da pensão que afete a subsistência, não sujeição a imposto sobre o rendimento pessoal de quem tenha rendimento mínimo; e dimensão positiva – atribuição de prestações pecuniárias a quem esteja abaixo do mínimo de subsistência." MIRANDA, Jorge. *Manual de direito constitucional*, cit., p. 262.

[1142] SARMENTO, Daniel. O mínimo existencial, cit., p. 1658-1649. SARLET, Ingo Wolfgang; MARINONI, Luiz Guilherme; MITIDIERO, Daniel. *Curso de Direito Constitucional*, cit., p. 564. SARLET, Ingo Wolfgang; FIGUEIREDO, Mariana Filchtiner. Reserva do possível, mínimo existencial e direito à saúde: algumas aproximações, cit., p. 42.

[1143] ANDRADE, José Carlos Vieira de. O "direito ao mínimo de existência condigna" como direito fundamental a prestações estaduais positivas – uma decisão singular do Tribunal Constitucional (Anotação ao acórdão do Tribunal Constitucional nº 509/02, cit., p. 27). SARLET, Ingo Wolfgang; FIGUEIREDO, Mariana Filchtiner. Reserva do possível, mínimo existencial e direito à saúde: algumas aproximações, cit., p. 42-43

[1144] Ingo Sarlet, Luiz Guilherme Marinoni e Daniel Mitidiero ressaltam a relação entre o direito à saúde, o direito à vida e o princípio da dignidade da pessoa humana. SARLET, Ingo

Deve-se lembrar que o direito à proteção do mínimo existencial, que emerge diretamente do princípio da dignidade da pessoa humana, implica não apenas a tutela da sobrevivência biológica, mas, como já se antecipou, refere-se à proteção da autonomia como condição para a efetiva participação social e, portanto, contempla prestações de natureza variada. Na realidade, a proteção do mínimo existencial possui estreita relação com uma compreensão ampliada de saúde, que resulta da influência de fatores biológicos, ambientais, socioeconômicos e culturais. Por não contemplar um conjunto apriorístico de prestações, inclusive no caso da saúde, o mínimo existencial há que ser aferido em concreto, de forma a atender às necessidades básicas naquele momento.[1145]

À partida, no entanto, reconhece-se que as prestações sanitárias voltadas para o atendimento das necessidades em saúde estão diretamente relacionadas com a preservação da dignidade da pessoa humana. Nessa linha, Jorge Miranda, ao enumerar diversas projeções do princípio da dignidade da pessoa humana, afirma que este "compreende o respeito das pessoas carenciadas ou sujeitas a cuidados de saúde".[1146] Ao definir a dignidade da pessoa humana, Ingo Sarlet afirma que esta implica "um complexo de direitos e deveres fundamentais que assegurem a pessoa tanto contra todo e qualquer ato de cunho degradante e desumano, como venham a lhe garantir as condições existenciais mínimas para uma *vida saudável*".[1147] Luís Roberto Barroso afirma que, para o exercício da cidadania responsável, os indivíduos necessitam, para além da satisfação de necessidades elementares, do acesso a prestações essenciais, como educação básica e serviços de saúde.[1148] Como resumem António

---

Wolfgang; MARINONI, Luiz Guilherme; MITIDIERO, Daniel. *Curso de Direito Constitucional*, cit., p. 576.

[1145] "Como já frisado, o que satisfaz o mínimo existencial guarda relação com necessidades físicas e psíquicas que, embora comuns às pessoas em geral, não podem levar a uma padronização excludente, pois o que o direito à saúde assegura – mesmo no campo dos assim designados direitos derivados a prestações (!!!) – não é necessariamente o direito ao atendimento limitado a determinado medicamento ou procedimento previamente eleito por essa mesma política, e, sim, o direito ao tratamento para a doença (...)". SARLET, Ingo Wolfgang. A titularidade simultaneamente individual e transindividual dos direitos sociais analisada à luz do exemplo do direito à proteção e promoção da saúde. In: ASENSI, Felipe Dutra; PINHEIRO, Roseni. *Direito Sanitário*. Rio de Janeiro: Elsevier, 2012, p. 107.

[1146] MIRANDA, Jorge. *Manual de direito constitucional*, cit., p. 246.

[1147] SARLET, Ingo Wolfgang. *Dignidade da pessoa humana e direitos fundamentais na Constituição Federal de 1988*, cit., p. 73.

[1148] BARROSO, Luís Roberto. *A dignidade da pessoa humana no direito constitucional contemporâneo: a construção de um conceito à luz da jurisprudência mundial*, cit., p. 85. Do mesmo autor, tratando especificamente sobre o direito à saúde: BARROSO, Luís Roberto. Da falta de efetividade à judicialização excessiva: direito à saúde, fornecimento gratuito de medicamentos

Correia de Campos e Jorge Simões: "os cidadãos devem ter acesso a um conjunto mínimo de cuidados de saúde e a qualidade do tratamento não deve ser prestada em função do rendimento, mas, em especial, das necessidades efetivas de cuidado".[1149]

A atenção primária à saúde destina-se, por definição, ao atendimento dos problemas de saúde mais comuns em uma sociedade.[1150] Como já se referiu ao longo deste trabalho, contempla ações e serviços essenciais, de caráter individual e coletivo, de promoção à saúde, prevenção de doenças, tratamento e reabilitação de pessoas e deve ser, prioritariamente, o primeiro contato da população com o sistema de saúde, funcionando, assim, como porta de entrada preferencial.

A atenção primária à saúde, ademais, baseia-se na utilização de tecnologias custo-efetivas, fundamentadas em evidências científicas, com o escopo de corresponder às necessidades individuais e impactar positivamente na saúde da população. Deve ser resolutiva para funcionar como filtro para os serviços especializados, o que evita o agravamento da saúde dos usuários e o incremento dos custos para o sistema de saúde.

Dessa forma, por um lado, constata-se que os cuidados dispensados no nível primário, por serem destinados ao atendimento das necessidades de saúde mais recorrentes de uma população, estão intrinsecamente relacionados com a proteção da dignidade da pessoa humana. Nessa linha, por abrangerem medidas de promoção da saúde e de prevenção das doenças, a eficácia da atenção primária contribui para evitar o adoecimento, a ocorrência de quadros agudos dos doentes crônicos e a internação por condições que são sensíveis à atenção primária, assim como a mortalidade prematura.[1151] Portanto, o funcionamento adequado dos serviços de atenção primária contribui

---

e parâmetros para a atuação judicial, cit., p. 10. Também reconhece expressamente a saúde como um dos bens integrantes do mínimo para a existência condigna: TORRES, Ricardo Lobo. O mínimo existencial e os direitos fundamentais, cit., p. 40.

[1149] CAMPOS, António Correia de; SIMÕES, Jorge. *O percurso da saúde:* Portugal na Europa, cit., p. 61.

[1150] Howard Oxley e Maitland Macfarlan estimam que 90% das demandas por cuidados de saúde no Reino Unido iniciam-se e terminam no nível primário. OXLEY, Howard; MACFARLAN, Maitland – *Health care reform:* controlling spending and increasing efficiency, cit., p. 41.

[1151] A maior força da atenção primária está associada à redução da mortalidade evitável por todas as causas, com especial importância para a mortalidade prematura por asma e bronquite, enfisema e pneumonia, doenças cardiovasculares e cerebrovasculares. Estas últimas, comumente, estão entre as principais causas de morte em diversos países. MACINKO, James; STARFIELD, Barbara; SHI, Leiyu. The contribution of primary care systems to health outcomes within Organization for Economic Cooperation and Development (OECD) Countries, 1970-1998, cit., p. 854.

para que as pessoas tenham boa qualidade de vida, adoeçam menos e estejam menos expostas à mortalidade prematura, que são condições imprescindíveis para o exercício da autonomia.

Como já se demonstrou, os benefícios da atenção primária e seu impacto para a melhoria das condições de saúde das populações estão comprovados tanto para as doenças crônicas quanto para as doenças infecciosas e transmissíveis, de forma que podem contribuir para a melhoria da saúde de populações em países desenvolvidos e em países em desenvolvimento.[1152]

Dessa forma, pode-se afirmar que os cuidados da atenção primária estão entre as prestações que compõem o mínimo existencial, por serem indispensáveis para a vida com dignidade. Com efeito, trata-se de serviços essenciais, que atendem a maior parte das necessidades de saúde de uma população, são reconhecidamente eficazes na redução da mortalidade por todas as causas e, notadamente, pelas causas mais comuns, como doenças cardiovasculares e cerebrovasculares.

Nessa linha, retomamos, aqui, a posição do Comitê das Nações Unidas para Direitos Econômicos, Sociais e Culturais que considera que os Estados signatários do Pacto Internacional de Direitos Econômicos, Sociais e Culturais, no cumprimento de suas obrigações mínimas, devem assegurar acesso aos alimentos essenciais, aos *cuidados de saúde primários*, às condições básicas de moradia e ao ensino básico.[1153] No mesmo sentido, para Jorge Miranda, o Estado deve assegurar, mediante o financiamento por impostos, para garantia da dignidade humana, "a assistência materno-infantil, os *cuidados primários de saúde*, o ensino básico e o secundário obrigatórios, o apoio no desemprego, a integração das pessoas com deficiência e dos marginalizados, o auxílio material às vítimas de crimes e de calamidades naturais".[1154] Para ele, analisando o contexto português, "a essencialidade dos bens, assumida pela consciência coletiva do país nesta época histórica, justifica-o".[1155]

[1152] Sobre o impacto da atenção primária para a redução das doenças infecciosas em países em desenvolvimento, pode-se consultar os seguintes estudos: SCOTT, Anthony; JAN, Stephen. Primary Care, cit., p. 6 e 7. HONE, Thomas *et al*. Large reductions in amenable mortality associated with Brazil's primary care expansion and strong health governance, cit., p. 155. MACINKO, James; HARRIS, Matthew J. Brazil's Family Health Strategy – Delivering community-based primary care in a universal health system, cit., p. 2179.

[1153] UNITED NATIONS. Office of The High Commissioner for Human Rights – *CESCR General Comment No. 3: The Nature of States Parties' Obligations (Art. 2, Para. 1, of the Covenant)*, cit.

[1154] MIRANDA, Jorge. *Manual de Direito Constitucional*, cit., p. 578 (grifou-se).

[1155] MIRANDA, Jorge. *Manual de direito constitucional*, cit., p. 578.

Neste ponto, deve-se registrar que, para parte da doutrina, para que uma prestação possa integrar o mínimo existencial, faz-se necessário que ela possa ser universalizável, ou seja, que possa ser dispensada para todas as pessoas em idêntica situação. Trata-se de exigência relacionada à tutela do princípio da igualdade e que tem por objetivo evitar discriminações e favorecimentos de quaisquer ordens.[1156] Esta preocupação tem especial pertinência no que se refere ao direito à saúde em razão dos custos cada vez mais elevados de opções terapêuticas disponíveis no mercado.

Todavia, no que se refere ao acesso à atenção primária e ao dever do Estado em promover condições para a fruição desses serviços, a objeção não encontra pertinência. Isso porque, ao contrário dos cuidados diferenciados (nível secundário e nível terciário) por sua eficiência (designadamente sua economicidade) e efetividade, a atenção primária é apontada como estratégia para universalização dos cuidados de saúde pela OMS e pelos diversos estudos consultados. Na verdade, a ênfase na atenção primária é apontada como medida para a redução das despesas com saúde ou, ao menos, do ritmo de seu crescimento.[1157] Como já indicamos anteriormente, em média, as despesas totais em saúde dos países da OCDE que adotam a atenção primária à saúde como *gatekeeper* são 18% menores que as despesas dos demais.[1158]

Assim, a par de integrar o conjunto de prestações necessárias para a vida com dignidade, a atenção primária constitui estratégia altamente eficiente para se potencializar os resultados do emprego de recursos públicos.[1159] Dessa forma, não se aplica ao acesso à atenção

---

[1156] Nessa linha, Daniel Sarmento preocupa-se com a indevida ampliação do conceito de mínimo existencial de forma a "inflacionar" o conceito. Para o autor, isso vem ocorrendo no contexto brasileiro, no que se refere ao direito à saúde, com a adjudicação de prestações pelo Poder Judiciário que não podem contemplar todas as pessoas que se encontram nas mesmas condições. SARMENTO, Daniel. O mínimo existencial, cit., p. 1.661-1.662.

[1157] SCOTT, Anthony; JAN, Stephen. Primary Care, cit., p. 7. STARFIELD, Barbara. *Atenção primária:* equilíbrio entre necessidades de saúde, serviços e tecnologia, cit., p. 34.

[1158] OXLEY, Howard; MACFARLAN, Maitland. *Health care reform:* controlling spending and increasing efficiency, cit., p. 106.

[1159] Conforme o relatório mundial de saúde de 2008:
"Os cuidados ambulatórios generalistas: têm mais ou a mesma probabilidade que os cuidados especializados de identificar as doenças graves mais frequentes; têm o mesmo nível de adesão a normas clínicas que os especialistas, embora sejam mais lentos a adoptá-las; prescrevem poucas intervenções invasivas; as hospitalizações da sua iniciativa são menos frequentes e mais curtas e as intervenções têm uma maior orientação para a prevenção. Tudo isto resulta em cuidados de saúde com custos totais mais baixos, com impactos na saúde pelo menos idênticos e com maior satisfação do doente". ORGANIZAÇÃO MUN-

primária e ao dever estatal em criar condições para sua fruição a objeção de equidade – extensão da prestação a todos os que se encontrem nas mesmas condições fáticas –, a objeção da reserva do possível, inclusive no que se refere à disponibilidade de recursos financeiros.

5.4 Atenção primária à saúde como estratégia para a equidade no acesso à saúde

Os direitos sociais, dentre os quais se inclui o direito à saúde, nasceram a partir das mobilizações iniciadas em fins do século XIX pleiteando a atuação proativa do Estado nas relações sociais e econômicas e, ademais, para que este criasse condições para que as pessoas pudessem gozar de um mínimo de bem-estar. Nessa época, a intensa migração de pessoas do campo para as cidades desencadeou o crescimento acelerado destas, o que gerou enormes problemas sociais. Com efeito, essas populações e, notadamente, a classe operária gozavam de condições precárias de moradia e higiene, como a carência de redes de esgoto e falta de acesso à água potável. Por outro lado, eram expostas a ambientes de trabalho perigosos, com grandes riscos de acidentes, e jornadas penosas e desgastantes. Essas condições de vida impactavam fortemente o bem-estar das pessoas, que estavam sujeitas ao adoecimento em razão das doenças infecciosas presentes nos centros urbanos, assim como aquelas decorrentes do meio ambiente do trabalho.[1160]

Em contraste a essas condições sociais da maioria da população, Thomas Piketty[1161] aponta que o período da *Belle Époque* na Europa foi marcado por uma grande desigualdade socioeconômica, que permitiu que as pessoas que integravam o grupo dos 10% mais ricos da população detivessem cerca de 90% do capital. Com isso, ao lado das condições de pobreza e miséria da maioria das pessoas, a alta concentração de patrimônio e a remuneração do capital muito acima das rendas obtidas com o trabalho permitiu a manutenção de uma elite cujas condições de vida eram praticamente inalcançáveis pelos demais estratos da população.[1162]

DIAL DA SAÚDE – *Relatório Mundial de Saúde, 2008*: Cuidados de saúde primários – agora mais que nunca, cit., p. 57.

[1160] FRASER, Derek. *The evolution of the British Welfare State. A history of social policy since the Industrial Revolution*, cit., p. 70-74.

[1161] PIKETTY, Thomas. *O capital no século XXI*, cit., p. 255.

[1162] PIKETTY, Thomas. *O capital no século XXI*, cit., p. 313-317.

Esse contexto social permite-nos afirmar que os direitos de liberdade (civis e políticos) e a igualdade formal perante a lei não foram capazes de lidar com a desigualdade fática entre grupos sociais, notadamente, entre os operários e os proprietários do capital. Os direitos econômicos, sociais e culturais, que abrangem as chamadas liberdades sociais e os direitos sociais prestacionais, foram reconhecidos pelo Estado como forma de responder às agitações dos movimentos sociais e combater a ameaça socialista. Assim, sob forte influência da doutrina social da Igreja católica, acomodou-se a questão social posta à época no âmbito das economias capitalistas[1163] e se trouxe à compreensão da cidadania o elemento social, como propõe T. H. Marshall.[1164]

Os direitos sociais, portanto, são expressões do princípio da igualdade[1165] especialmente destinadas ao equilíbrio jurídico e também real entre os grupos sociais.[1166] Com efeito, os pressupostos dos direitos civis – como a igualdade formal, a autonomia da vontade e a liberdade contratual – aplicados indistintamente criaram distorções na tutela de relações jurídicas entre pessoas que são concretamente desiguais, como patrões e empregados. Por outro lado, a constatação de situações de desigualdades reais requer seu enfrentamento por meio da consideração das peculiaridades dos interesses de grupos populacionais específicos, como crianças, pessoas com deficiência e idosos.[1167]

Os direitos sociais nasceram, como visto, no contexto das mobilizações de partidos socialistas pela redistribuição de recursos econômicos como uma questão de justiça.[1168] Dessa forma, fazem a conexão entre

---

[1163] TUSHNET, Mark. Social and economic rights: historical origins and contemporary issues, p. 11.

[1164] "By the social element I mean the whole range from the right to a modicum of economic welfare and security to the right to share to the full in the social heritage and to live the life of a civilised being according to the standards prevailing in the society." MARSHALL, T.H.; BOTTOMORE, Tom. *Citizenship and Social Class*, cit., p. 22.

[1165] BONAVIDES, Paulo. *Curso de Direito Constitucional*, cit., p. 564. ABRAMOVICH, Víctor; COURTIS, Christian. *Los derechos sociales como derechos exigibles*, cit., p. 57.

[1166] Segundo Víctor Abramovich e Christian Courtis, entre os postulados que informam os direitos sociais estão "la consideración de desigualdades materiales, de poder político y económico y de información entre distintas clases de sujetos de derecho, juridificada a través del trato desigual de sujetos ubicados en distintas posiciones. Consecuentemente, se generan principios de interpretación (...) y reglas procesales (...) acordes con ese tratamiento desigual". ABRAMOVICH, Víctor; COURTIS, Christian. *Los derechos sociales como derechos exigibles*, cit., p. 55.

[1167] BOBBIO, Norberto. *A era dos direitos*, cit., p. 65-66.

[1168] TUSHNET, Mark. Social and economic rights: historical origins and contemporary issues, p. 11.

direitos humanos e fundamentais e a ideia de justiça distributiva,[1169] já que visam assegurar a igualdade de acesso a um conjunto de bens e serviços, como educação, saúde e assistência social, independentemente da capacidade de pagamento.[1170] Além disso, os direitos sociais de cunho prestacional têm como uma de suas características a criação de condições para a igualdade fática – igualdade no ponto de chegada – diferentemente dos direitos civis e políticos, de primeira geração ou dimensão, que pressupõem uma igualdade à partida.[1171] Assim, sua efetividade impõe ao Estado a adoção de políticas econômicas e sociais, a alocação de recursos públicos e a definição de prioridades, considerando as situações reais de privação de meios para a satisfação das necessidades básicas.

No que se refere à saúde, especial atenção é dedicada à equidade, ou seja, à disponibilidade e efetivo acesso aos serviços de saúde conforme as necessidades, com especial atenção para as pessoas mais vulneráveis. Assim, para o Comitê das Nações Unidas para Direitos Econômicos, Sociais e Culturais, o direito à saúde, independentemente do seu nível de concreção, tem, entre seus elementos essenciais, a acessibilidade, que, nas suas diversas dimensões, implica a não discriminação, isto é, "cuidados de saúde, bens e serviços de saúde devem ser acessíveis a todos, especialmente para os grupos mais vulneráveis ou marginalizados, de direito e de fato, sem discriminações arbitrárias".[1172]

O acesso ao sistema de saúde deveria ocorrer, portanto, segundo a necessidade de cada um, independentemente da capacidade de pagamento e sem barreiras culturais, raciais, geográficas ou de qualquer outra ordem. Esses obstáculos para o atendimento das necessidades de cada um criam situações de privação e injustiça que merecem ser corrigidas.

Para a OMS, "o passo mais fundamental que um país pode dar para fomentar a equidade em saúde é promover a cobertura universal: acesso universal a todo um leque de serviços de saúde necessários,

---

[1169] BARAK-EREZ, Daphne; GROSS, Aeyal M. Introduction: Do we need social rights? Questions in the era of globalization, privatization, and the diminished Welfare States, cit., p. 2.
[1170] PIKETTY, Thomas. *O capital no século XXI*, cit., p. 467.
[1171] FIGUEIREDO, Mariana Filchtiner. *Direito Fundamental à saúde*: parâmetros para sua eficácia e efetividade, cit., p. 65.
[1172] UNITED NATIONS. Office of The High Commissioner for Human Rights – *General Comment No. 14: The Right to the Highest Attainable Standard of Health (Art. 12)*, cit., n. 12 (tradução livre do autor).

pessoais ou não pessoais, com proteção social da saúde".[1173] Propõe-se o financiamento prévio de uma rede de serviços, segundo a capacidade de pagamento de cada pessoa, evitando-se que o comparecimento aos serviços de saúde não ocorra pela carência de recursos, assim como o comprometimento das rendas familiares por despesas catastróficas.

Por outro lado, como se destacou no item anterior, boa parte da doutrina aponta como requisito para o acesso a prestações que concretizem direitos econômicos, sociais e culturais a possibilidade de universalização do bem ou do serviço para todas as pessoas que se encontrem em condições fáticas similares.[1174] Trata-se de um argumento que pretende associar a objeção da reserva do possível à observância do princípio da igualdade.

A atenção primária, nesse contexto, é de fundamental importância para se assegurar a igualdade de acesso aos serviços de saúde e a equidade na distribuição dos recursos públicos, realizando-se, assim, o ideal de justiça distributiva. Com efeito, desde a declaração de Alma-Ata, a atenção primária é apontada como estratégia para a organização de sistemas de saúde que promovam a cobertura universal, já que são serviços essenciais voltados para o atendimento das principais necessidades de saúde de uma população. Por outro lado, são menos onerosos que cuidados diferenciados, como já se informou neste trabalho, e geram melhorias consideráveis na saúde da população, que são facilmente constatadas pelos indicadores tradicionais (expectativa de vida, expectativa de vida saudável, mortalidade infantil, etc.).

Por se destinarem ao atendimento das necessidades de saúde mais comuns e terem ampla abrangência populacional, o investimento na atenção primária assegura uma distribuição dos recursos públicos equitativa, evitando-se despesas excessivas com cuidados especializados e hospitalares, que são mais onerosos e atendem parcelas menos expressivas da população. Para além disso, os cuidados especializados e hospitalares por vezes são acessíveis apenas para os grupos sociais mais abastados, com maior patrimônio e maior renda.[1175]

[1173] ORGANIZAÇÃO MUNDIAL DA SAÚDE – *Relatório Mundial de Saúde, 2008*: Cuidados de saúde primários – agora mais que nunca, cit., p. 27.
[1174] SARMENTO, Daniel. O mínimo existencial, cit., p. 1.661-1.662.
[1175] Nessa linha, propõe-se que os "investimentos não deveriam favorecer desproporcionalmente serviços de saúde caros, de natureza curativa, muitas vezes acessíveis apenas para uma pequena parcela da população, ao invés dos cuidados primários e preventivos, que beneficiam uma maior parcela da população". UNITED NATIONS. Office of The High Commissioner

Dessa forma, para se promover a equidade em saúde, com alocação de recursos públicos segundo a maior necessidade de serviços e bens, há que se revisar as políticas de financiamento para se conferir prioridade à atenção primária. Com efeito, contraditoriamente, para o conjunto de países da OCDE, o investimento médio no setor foi de 14% das despesas totais em saúde em 2016.[1176]

5.5 Vinculação dos poderes públicos à concretização da atenção primária à saúde em contexto de crise econômica: é possível afirmar a existência de um princípio de proibição ao retrocesso social?

Como já se noticiou ao longo deste trabalho, o Estado Social não dispõe, hoje, do mesmo suporte financeiro de que gozou sobretudo durante os anos dourados do século XX. Com efeito, em um cenário de curto e médio prazo, não se vislumbram condições para repetir o crescimento econômico elevado e constante que os países europeus tiveram nos anos que se seguiram à 2ª Guerra Mundial e que financiou o Estado Social.

Ao contrário, as crises econômicas têm sido cada vez mais frequentes e colocado desafios às economias dos países. Nesse contexto, políticas de austeridade propõem a revisão do papel do Estado na socialidade, com consequente desinvestimento no setor e recuo nos níveis de concretização de direitos sociais já alcançados.

Tal qual os demais direitos econômicos, sociais e culturais, o direito à saúde impõe ao Estado uma obrigação de progressividade, isto é, de empenhar o máximo de seus recursos para a melhoria dos níveis de concretização já alcançados. Assim, embora se trate tipicamente de um direito a prestações, sustenta-se que as medidas implementadas assumem uma eficácia defensiva que as protege de revisões que venham a retroceder o nível de concretização já alcançado. Em resumo, o dever

---

for Human Rights – *General Comment No. 14: The Right to the Highest Attainable Standard of Health (Art. 12)*, cit., p. 7-8 (tradução livre do autor).

[1176] ORGANISATION FOR ECONOMIC CO-OPERATION AND DEVELOPMENT – *Spending on primary care: first estimates*, cit., p. 1.

de progressividade gera para os Estados também um dever mínimo de não regressividade.[1177]

Como se deixou assentado no capítulo 2, o princípio da vedação ao retrocesso social ou da não reversibilidade dos direitos sociais funciona como limite aos limites que são estabelecidos para os direitos fundamentais sociais. Dessa forma, comprime a discricionariedade do legislador e do gestor público na disciplina dos direitos sociais e coloca a salvo o núcleo essencial dos direitos fundamentais que já houver sido concretizado. Assim, eventuais revisões legislativas devem contemplar esquemas de proteção alternativos e, ademais, respeitar princípios como igualdade, segurança jurídica e proteção da confiança.

O Comitê de Direitos Econômicos, Sociais e Culturais das Nações Unidas, ao apreciar o direito à saúde previsto no art. 12 do Pacto Internacional de Direitos Econômicos, Sociais e Culturais, afirma que, presumivelmente, são indevidas as medidas regressivas relacionadas ao direito à saúde. Caso sejam adotadas, o Estado tem o ônus de demonstrar que foram tomadas após a consideração de todas as outras alternativas e deve justificá-las com referência ao fortalecimento dos demais direitos sociais.[1178]

Em uma versão mais arrojada, Élida Graziane Pinto, tratando dos direitos à saúde e à educação no Brasil, afirma que o princípio da proibição do retrocesso social "inclui e exige a proibição de estagnação ou restrição interpretativa que lhe retire a possibilidade de progredir".[1179] Assim, não só o nível de concretização já alcançado estaria protegido por uma eficácia defensiva, como também as condições necessárias para que o Estado possa progredir na concretização dos direitos fundamentais. A autora se refere especialmente à previsão de recursos necessários não apenas para se manter os níveis de proteção social já alcançados, mas suficientes para se prosseguir na melhoria da cobertura e da qualidade

---

[1177] ABRAMOVICH, Víctor; COURTIS, Christian. *Los derechos sociales como derechos exigibles*, cit., p. 94.

[1178] UNITED NATIONS. Office of The High Commissioner for Human Rights – *General Comment No. 14: The Right to the Highest Attainable Standard of Health (Art. 12)*, cit., p. 11. Nessa linha: GROSS, Aeyal M. The right to health in an era of privatisation and globalisation: national and international perspectives, cit., p. 304-305. DALLI, María. El derecho a la salud y la prohibición de regresividad: ¿infringen las restricciones para inmigrantes el contenido esencial?, cit., p. 231.

[1179] PINTO, Élida Graziane. *Financiamento dos direitos à saúde e à educação*: uma perspectiva constitucional, cit., p. 32.

de serviços de educação e de saúde, imprescindíveis para a cidadania e participação na vida política e social.

É necessário reiterar, uma vez mais, que o Tribunal Constitucional português teve a oportunidade de apreciar o tema poucos anos após a promulgação da Constituição de 1976 e tratando especificamente da eficácia do direito à saúde. Na ocasião, apreciou-se a constitucionalidade do art. 17.º do Decreto-Lei nº 254/82, que revogou o art. 18.º ao art. 61.º, art. 64.º e art. 65.º da Lei nº 56/79, que instituiu o Serviço Nacional de Saúde. O Tribunal Constitucional afirmou a inconstitucionalidade da norma, uma vez que a revogação promovida, na prática, tinha por consequência extinguir o Serviço Nacional de Saúde sem apresentar alternativa para a prestação de serviços. Com isso, restou comprometida a fruição ao direito à saúde.[1180]

Na Espanha, o Real Decreto-Ley nº 16/12 redefiniu o acesso ao *Sistema Nacional de Salud* espanhol e passou a exigir a comprovação da condição de segurado para fruição das prestações sanitárias. Nesse contexto, previu que os estrangeiros em situação irregular no país (sem autorização para residência) passariam a ter apenas a assistência sanitária de urgência, para menores de idade, assim como atendimento à gestante, parto e pós-parto. O Tribunal Constitucional, ao analisar o conjunto de medidas adotadas pelo Real Decreto-Ley nº 16/12, na sentença 139/16, entendeu que o legislador agiu dentro de sua liberdade de atuação e respeitou, ademais, os direitos à saúde, vida e integridade dos estrangeiros. Para María Dalli, no entanto, houve uma regressividade indevida por se denegar aos estrangeiros em situação irregular a fruição de serviços sanitários, sobretudo dada a especial vulnerabilidade desse grupo, e por descumprir a proibição de discriminação no acesso aos serviços de saúde.[1181]

No Brasil, o Supremo Tribunal Federal foi provocado a apreciar a constitucionalidade da Emenda Constitucional nº 86/15 cujas normas implicam redução dos recursos mínimos para o financiamento das ações e serviços públicos de saúde. Em decisão liminar, o Ministro relator, Ricardo Lewandowski, acolheu o pedido e suspendeu a eficácia da Emenda Constitucional nº 86/15 no que se refere aos dispositivos que implicam redução do financiamento em ações e serviços públicos de

---

[1180] PORTUGAL. Tribunal Constitucional – Acórdão nº 39/84, cit.
[1181] DALLI, María. El derecho a la salud y la prohibición de regresividad: ¿infringen las restricciones para inmigrantes el contenido esencial?, cit., p. 229-250.

saúde. Na decisão, reconheceu-se que a existência de financiamento suficiente e progressivo é uma garantia fundamental do direito à saúde. Dessa forma, o risco de retrocesso no custeio dos serviços públicos justificava a suspensão da vigência da referida legislação.

É possível afirmar, contudo, o reconhecimento de um princípio da vedação ao retrocesso social que protege o nível de concretização do direito à saúde já alcançado, com fundamento na obrigação de progressividade na concretização dos direitos sociais e nos princípios da segurança jurídica, do Estado de Direito e a proteção da dignidade da pessoa humana. Embora o direito à saúde, tipicamente, implique a realização de prestações normativas e materiais, uma vez concretizadas as medidas necessárias para a fruição do conteúdo essencial do direito, estas passam a gozar de uma eficácia defensiva, que conduz à presunção de invalidade das providências regressivas. Longe de se tratar de uma camisa de força, busca-se impedir que o Estado reingresse em situação de descumprimento do direito fundamental no nível de seu conteúdo mais estrito e contrarie princípios como a segurança jurídica, a proteção da confiança, a proteção de grupos vulneráveis e a proibição de discriminação.

As prestações voltadas para viabilizar o acesso à atenção primária à saúde, como se demonstrou anteriormente, a um só tempo, integram o núcleo essencial do direito à saúde e estão incluídas no conjunto de condições materiais necessário para a vida digna configurador do chamado mínimo existencial. Para o Comitê de Direitos Econômicos, Sociais e Culturais, a atenção primária faz parte das obrigações mínimas dos Estados na realização do direito à saúde. Para além desse reconhecimento normativo, esses serviços promovem maior equidade em saúde e conferem maior eficácia às políticas públicas, além de eficiência no uso dos recursos públicos por potencializarem seus resultados.

Assim, há que se reconhecer uma eficácia defensiva para as normas que disciplinam a atenção primária à saúde, posto que realizam obrigações mínimas do Estado na promoção do direito à saúde e, quanto a este, asseguram o respeito à dignidade da pessoa humana. Por isso, medidas regressivas, sem previsão de esquemas alternativos de proteção, que venham a comprometer a disponibilidade da atenção primária à saúde e suas características essenciais, podem configurar retrocesso indevido a merecer a necessária censura pelos tribunais nacionais.

Deve-se lembrar, ainda, que a concepção de atenção primária que vem sendo construída e defendida neste trabalho reporta-se a uma compreensão abrangente, que se refere a serviços aptos a resolverem os problemas de saúde mais comuns de uma população, porta de entrada preferencial para o sistema de saúde. Não se confunde, portanto, com a proposta de cuidados verticalizados, seletivos, destinados ao atendimento de algumas doenças e condições específicas, por profissionais sem formação adequada, sem a retaguarda de um sistema de saúde capaz de solucionar as demandas que ultrapassem a competência do nível primário. Aliás, na linha do que se vem de propor neste item, eventual substituição de modelo caracterizaria indevido retrocesso social, já que não se trata de alternativa suficiente e adequada à proteção do direito à saúde da população no nível mínimo e conforme as exigências do princípio da dignidade da pessoa humana.

5.6 Conteúdo normativo dos princípios que devem orientar a atenção primária à saúde

Ao longo deste capítulo pretende-se propor as bases para uma construção dogmática da atenção primária à saúde. Para tanto, partiu-se da demonstração da sua relevância no âmbito da proteção dos direitos fundamentais e, designadamente, como um dos aspectos de maior importância para a realização normativa e prática do direito à saúde. Nessa linha, demonstrou-se que as prestações sanitárias da atenção primária estão inseridas no núcleo essencial do direito e integram o conjunto de prestações necessárias para a vida digna. Além disso, trata-se de estratégia eficiente no uso dos recursos públicos e que contribui para o avanço em direção à cobertura universal em saúde, assim como para a maior equidade.

Essas características da atenção primária, como demonstrado, conferem às normas que disciplinam a matéria uma eficácia reforçada, seja no que se refere à vinculação do legislador no cumprimento das tarefas constitucionais (deveres de proteção e realização), seja quanto à proteção dos níveis já atingidos, em relação a eventuais recuos dos Poderes Legislativo e Executivo (dever de respeito).

É necessário esclarecer, contudo, que esta especial força normativa não se dirige a qualquer compreensão de atenção primária. Trata-se do modelo caracterizado, especialmente, no capítulo 4, que se apoia no conceito de atenção primária abrangente, destinada e apta a resolver a maior parte das necessidades de saúde de uma população, porta de entrada preferencial do usuário no sistema de saúde, e que abrange um leque variado de ações e serviços, desde a promoção da saúde à cura e reabilitação de pessoas doentes.

Assim, serão expostos a seguir os princípios normativos orientadores de um regime jurídico que discipline a atenção primária à saúde nos aspectos relativos ao acesso, objeto, escopo e gestão, atentando, sobretudo, para a relação entre Estado e usuário, que deve ser o centro das atenções do sistema de saúde. Tratando-se de princípios orientadores de um regime jurídico que disciplina a atenção primária, fala-se em normas que constituem *standards* interpretativos e que dão unidade a um subsistema por informarem seus valores centrais. A par disso, são modalidades deônticas dotadas de maior grau de abstração e generalidade, razão pela qual, em que pese tenham um núcleo de significado certo, ganham seus contornos definidos no ordenamento jurídico em que estão vigentes. Ainda, como já se noticiou ao longo deste trabalho, são enunciados cuja realização, em cada caso, deve ocorrer segundo as possibilidades fáticas e jurídicas, como propõe Alexy.[1182]

Como destaca Peter Häberle, as normas jurídicas que dispõem sobre o acesso a prestações revestem-se de um caráter instrumental e procedimental, que visa conferir efetividade aos respectivos direitos fundamentais, como, no caso, o direito à saúde:

> El Derecho de prestaciones es el que determina el Estado social de Derecho, ya que los derechos fundamentales serían inefectivos en cuanto tales si se les desposeyera del plano o de de la dimensión social. (...) Lo propiamente activo y social que configura el Derecho de prestaciones es justo aquello que hace preceder a un primer plano toda forma de cooperación, comunicación, participación, procedimientos y organización. El objeto de la legislación en materia de prestaciones resulta ser con frequencia el mismo que el que configura ciertos reglamentos u ordenanzas que regulan en parte la vida pública respecto de ciertos sujetos individuales o entidades de actividades social junto con sus respectivos grupos, y que puede llegar incluso a los mismos órganos estatales. Por ello siempre ostentan un carácter proprio, carácter organizador, planificador, directivo y dirigente, y se hallan siempre «abiertos», siendo, no obstante, menos normativos y sobre todo menos densos que el *ius cogens*, debido en parte a su propio y siempre necesario «margen de elasticidad», margen, como es sabido, requerido para su gestión por la Administración. Mediante ellos el legislador busca frente a los drecehos fundamentales *stricto sensu* menos su carácter normativo y más

---

[1182] ALEXY, Robert. *Teoria dos direitos fundamentais*, cit., p. 90.

su carácter instrumental o, si se quiere, su propia instrumentalización y procedimentalización, así como una mayor capacidad de adptación a situaciones en cambio permanente; finalmente, llaman también la atención por sus continuas referencias a lo social.[1183]

Assim, ressalta-se que os princípios descritos a seguir têm um caráter aberto e fluido, que refletem sua inter-relação com as Ciências da Saúde e a atividade administrativa, o que por vezes contrasta com as normas jurídicas de outros ramos do Direito.

5.6.1 Princípios gerais

Os princípios gerais são aqueles com maior nível de abstração e que permitem a abertura para os valores centrais que orientam o subsistema normativo da atenção primária. Assim, são vetores interpretativos dos demais princípios e regras sobre a atenção primária e conformam seu conteúdo. Os princípios gerais da atenção primária são projeções dos princípios basilares e informadores do sistema de saúde.

a) Acesso universal

O princípio da universalidade do acesso refere-se ao aspecto subjetivo do direito à saúde e, especificamente, propõe a disponibilidade e efetiva possibilidade de fruição das prestações que integram a atenção primária à saúde. Trata-se, portanto, do âmbito da titularidade do direito.

Para a análise do princípio em tela deve-se partir da consideração de que as ações de atenção primária, como componentes do núcleo essencial do direito à saúde e do conjunto de prestações configuradoras do mínimo para uma existência condigna, fazem parte das categorias de direitos humanos e direitos fundamentais. Está presente, aqui, uma conexão estreita com o princípio da dignidade da pessoa humana.

Dessa forma, se de direito humano se trata, a melhor referência ao princípio da universalidade implica reconhecer que o acesso ao direito à saúde e à atenção primária se dá pela simples condição de humanidade de que se goza como característica intrínseca. Eventuais limitações imotivadas, arbitrárias ou não fundadas em razões de interesse coletivo implicam uma revisão da própria compreensão de

---

[1183] HÄBERLE, Peter. *Pluralismo y Constitución:* Estudios de Teoría Constitucional de la Sociedad Abierta. Trad. Emilio Mikunda-Franco. 2. ed. Madrid: Tecnos, 2013, p. 164-165.

humanidade e das conquistas civilizacionais já alcançadas, em especial, pelos regimes democráticos atuais.[1184]

Assim, inicialmente, deve-se destacar que o Pacto Internacional de Direitos Econômicos, Sociais e Culturais prevê que os Estados signatários têm o dever de assegurar que esses direitos sejam garantidos sem discriminação, sobretudo os relacionados à raça, cor, sexo, língua, religião, opinião, origem nacional ou social ou condição econômica (art. 2º, n. 2).[1185] Nessa linha, reconhece-se "o direito de *todas as pessoas* de gozar do melhor estado de saúde física e mental possível de atingir" (art. 12º, n. 1, grifou-se).

Em seu comentário sobre o direito à saúde, o Comitê das Nações Unidas para Direitos Econômicos, Sociais e Culturais esclarece que, entre as obrigações mínimas dos países signatários do Pacto Internacional de Direitos Econômicos, Sociais e Culturais, está o dever de assegurar o direito de acesso às unidades de saúde, insumos e serviços em uma base não discriminatória, com especial atenção para grupos vulneráveis e marginalizados.[1186] Trata-se de obrigação com eficácia imediata e para a qual se abre caminho para a proteção judicial, tanto em relação ao dever de respeito quanto ao dever de realização, neste caso, quando, por exemplo, houver a realização de políticas públicas sem contemplar, injustificadamente, parcelas da população, como acentuam Víctor Abramovich e Christian Courtis.[1187]

[1184] Em outra oportunidade, o autor já externou idêntica convicção. OLIVEIRA, Luciano Moreira de. Princípio da universalidade do acesso à saúde e a indevida exigência de comprovação de hipossuficiência em juízo. *BIS – Boletim do Instituto de Saúde*, v. 12, n. 3, p. 237, 2010. Jorge Miranda, em análise que faz à Constituição portuguesa, afirma que o princípio da universalidade é aplicável, igualmente, aos direitos, liberdades e garantias, assim como aos direitos econômicos, sociais e culturais. Para ele, "todos quantos fazem parte da comunidade jurídica são titulares dos direitos e deveres aí consagrados; os direitos fundamentais têm ou podem ter por sujeitos todas as pessoas integradas na comunidade política, no povo". MIRANDA, Jorge. *Manual de direito constitucional*, cit., p. 304.

[1185] De forma simples Robert Alexy afirma que "a universalidade da titularidade consiste nisto, que direitos do homem são direitos que cabem a todos os homens". ALEXY, Robert. Direitos fundamentais no estado constitucional democrático: para a relação entre direitos do homem, direitos fundamentais, democracia e jurisdição constitucional. Trad. Luís Afonso Heck. *Revista de Direito Administrativo*, n. 217, p. 59, jul./set. 1999.

[1186] UNITED NATIONS. Office of the High Commissioner for Human Rights – *General Comment No. 14: The Right to the Highest Attainable Standard of Health (Art. 12)*, cit., n. 43.

[1187] ABRAMOVICH, Víctor; COURTIS, Christian – *Los derechos sociales como derechos exigibles*, cit., p. 43. Em relação ao dever de respeito, os autores afirmam que "(...) resulta útil recordar que uno de los principios liminares establecidos en materia de derechos económicos, sociales y culturales es la obligación estatal de no discriminar en el ejercicio de estos derechos (cf. art. 2.2 PIDESC), que de hecho establece importantes obligaciones negativas para el Estado. Este tipo de violaciones abre un enorme campo de justiciabilidad para los derechos económicos,

O OMS tem defendido que a cobertura universal, com ênfase na atenção primária à saúde, é o caminho para a construção de sistemas de saúde mais equânimes e centrados nas pessoas. A OMS refere-se ao "acesso universal a todo um leque de serviços de saúde necessários, pessoais ou não pessoais, com protecção social da saúde".[1188] Para o alcance dessa meta, valendo-se da imagem do cubo como representativa da cobertura universal, propõe três tipos de reformas. Primeiramente, recomenda-se alargar a cobertura, promovendo-se a inclusão de grupos populacionais excluídos. Em segundo lugar, sugere-se o aumento da profundidade, o que corresponde aos benefícios cobertos. Finalmente, recomenda-se elevar a altura, reduzindo as coparticipações e estimulando as contribuições prévias.[1189]

A promoção do acesso universal à atenção primária à saúde, contudo, não implica, necessariamente, que o Estado deve assumir a condição de prestador direto de serviços de saúde. Em primeiro lugar, há que se reconhecer a discricionariedade de que o Estado goza na concretização de seus deveres de proteção e de realização dos direitos econômicos, sociais e culturais, o que permite a eleição de qualquer das vias idôneas para atingir os fins estabelecidos na Constituição.[1190] Por outro lado, no contexto de uma sociedade pluralista, é necessário admitir uma compreensão "solidarista" do Estado social que, sem implicar um monopólio estatal na realização dos direitos sociais, possa vir a estabelecer sua "responsabilidade pelo funcionamento efectivo do sistema e pela garantia da possibilidade de condições de vida condignas a todas as pessoas, admitindo o papel relevante da 'acção social' e da prossecução privada de interesses comunitários".[1191] Incumbe ao Estado criar as condições para que todas as pessoas em contato com sua ordem jurídica – com especial atenção para os grupos populacionais mais vulneráveis e marginalizados – tenham assegurado o acesso à atenção

---

sociales y culturales, cuyo reconocimiento pasa a constituir un límite y por ende un estándar de impugnación de la actividad estatal no respetuosa de dichos derechos". ABRAMOVICH, Víctor; COURTIS, Christian. *Los derechos sociales como derechos exigibles*, cit., p. 41.

[1188] ORGANIZAÇÃO MUNDIAL DA SAÚDE – *Relatório Mundial de Saúde, 2008: Cuidados de saúde primários – agora mais que nunca*, cit., p. 27.

[1189] ORGANIZAÇÃO MUNDIAL DA SAÚDE – *Relatório Mundial de Saúde, 2008: Cuidados de saúde primários – agora mais que nunca*, cit., p. 28-29.

[1190] ALEXY, Robert. *Teoria dos direitos fundamentais*, cit., p. 462.

[1191] ANDRADE, José Carlos Vieira de. *O papel do Estado na sociedade e na socialidade*, cit., p. 25.

primária à saúde, resguardadas, contudo, suas prerrogativas para o delineamento do modelo que melhor convier ao interesse nacional.

Em relação às condições econômicas dos usuários da atenção primária, por um lado, o princípio da universalidade não implica, como à primeira vista poderia parecer, a garantia de gratuidade da prestação.[1192] A proteção financeira contra o desembolso direto e as despesas catastróficas, de fato, é um aspecto de relevo a se considerar no que se refere ao direito à saúde. Cobranças a título de copagamentos, taxas moderadoras e outras devem ser estabelecidas com cautela, evitando-se que venham a constituir barreiras ao acesso aos serviços de saúde. Ademais, o financiamento de serviços baseado no pagamento no momento da atenção é considerado a forma mais regressiva de cobrança dos usuários do serviço de saúde, posto que onera aqueles que, no momento, maiores necessidades possuem e, por outro lado, têm reduzida sua capacidade de trabalho e obtenção de rendimentos, salvo quando presentes mecanismos específicos de proteção social (auxílio-doença, aposentadoria por invalidez, etc.). Contudo, adotadas as cautelas necessárias para a cobrança e observadas, inclusive, faixas de isenção para segmentos vulneráveis da população, não se pode afirmar que a existência de copagamentos ou taxas moderadoras viola o princípio da universalidade porque este não implica, necessariamente, a gratuidade da atenção primária.[1193]

Por outro lado, os serviços de saúde e, especificamente, a atenção primária à saúde não devem ser concebidos como estruturas disponíveis apenas para as pessoas carentes. Não se desconhece, mas, ao contrário, já se acentuou ao longo deste trabalho que os direitos sociais têm por

---

[1192] Ingo Sarlet, Luiz Guilherme Marinoni e Daniel Mitidiero, analisando o tema à luz do ordenamento jurídico brasileiro, chegam à mesma conclusão e afirmam que "não há como deduzir (pelo menos não de modo cogente) do princípio da universalidade um princípio da gratuidade do acesso". SARLET, Ingo Wolfgang; MARINONI, Luiz Guilherme; MITIDIERO, Daniel. *Curso de Direito Constitucional*, cit., p. 579. Também nessa linha SARLET, Ingo Wolfgang; FIGUEIREDO, Mariana Filchtiner. Reserva do possível, mínimo existencial e direito à saúde: algumas aproximações, cit., p. 45. PIVETTA, Saulo Lindorfer. *Direito fundamental à saúde*: regime jurídico, políticas públicas e controle judicial, cit., p. 168-171. Em sentido diverso, Fernando Aith entende que o princípio da universalidade acarreta a gratuidade das ações e serviços públicos de saúde no Brasil. AITH, Fernando. *Curso de Direito Sanitário*. São Paulo: Quartier Latin, 2007, p. 222.

[1193] Como já se noticiou neste trabalho, a cobrança de taxas moderadoras foi admitida pelo Tribunal Constitucional português no Acórdão nº 330/88 ainda na vigência a redação original da Constituição de 1976, quando o texto previa não só o princípio da universalidade como também o princípio da gratuidade, o que, ainda que indiretamente, corrobora o ponto de vista defendido nesta tese. PORTUGAL. Tribunal Constitucional – Acórdão nº 330/88, cit.

características a promoção da igualdade e, em especial, da igualdade fática. Dessa forma, são direitos especialmente voltados para a redução das desigualdades sociais. Nada obstante, ainda que reconhecendo a natureza redistributiva dos direitos sociais, há que se pontuar, contudo, a necessidade de análise, quanto a este aspecto, considerando-se o bem social tutelado concretamente. Dessa forma, quando são concebidas políticas públicas que têm por escopo atenuar a privação de renda, como a assistência social, é correto que a condição econômica do beneficiário seja então utilizada como critério para o acesso às prestações. O mesmo, no entanto, não parece ser adequado quando se tem em apreço o acesso a serviços de saúde, dentre os quais a atenção primária. Isso porque, neste caso, a redistribuição deve considerar especificamente o bem saúde. Assim, se de fato a equidade – tema a ser apreciado a seguir – deve orientar a concepção e a execução da política de saúde, esta implica assegurar proteção conforme as necessidades em saúde e não outras que devam orientar outras políticas públicas. Há que se afastar, portanto, como pontuam Maria João Estorninho e Tiago Macieirinha, "uma visão assistencialista do direito fundamental à proteção da saúde",[1194] incompatível, a nosso ver, com uma compreensão da saúde como integrante do *status* de cidadão e como um aspecto da justiça social.[1195] Ressalva-se, contudo, como já indicado, a possibilidade de instituição de copagamentos e taxas moderadoras, sem transgressão do princípio da universalidade, desde que não constituam barreiras de acesso aos serviços.[1196]

[1194] ESTORNINHO, Maria João; MACIEIRINHA, Tiago. *Direito da saúde*, cit., p. 50.
[1195] É frequente o temor na doutrina especializada de que a concepção de políticas públicas de saúde voltadas para as populações carentes dê azo à segregação e fragmentação das ações de saúde, uma vez que as classes com melhor poder aquisitivo, inclusive as classes médias, encontrariam alternativas com melhor qualidade. Nessa linha, em relação à atenção primária, o delineamento de políticas públicas voltadas para os estratos mais pobres da sociedade pode levar a uma preferência por uma concepção seletiva de atenção primária. Lisa Forman e outros manifestam o termo de que os cuidados de saúde *para* os pobres possam se converter em cuidados de saúde *pobres*. FORMAN, Lisa *et al.* What Do Core Obligations under the Right to Health Bring to Universal Health Coverage?, cit., p. 31.
[1196] A nosso aviso, a perspectiva defendida não se contrapõe, salvo segundo uma leitura rígida, à compreensão de José Carlos Vieira de Andrade ao afirmar que "a solidariedade implica, nos tempos de hoje, a coragem e a lucidez de assumir um novo entendimento da igualdade e da universalidade dos direitos sociais, não como direitos de todos, numa visão igualitarista, mas como direitos de todos, na medida em que careçam de proteção, visto que uma abstracção cega não se adapta aos novos padrões de diferenciações e de desigualdades, que não são apenas estruturais e verticais, são também conjunturais e horizontais, manifestando-se dentro de cada grupo de potenciais titulares de direitos". ANDRADE, José Carlos Vieira de. O papel do Estado na sociedade e na socialidade, cit., p.

As ações do governo brasileiro diante da pandemia pelo vírus A H1N1, em 2009, demonstram que a renda não é o melhor critério para a definição de prioridades e orientação do acesso às prestações sanitárias. À época, o ingresso do vírus no país exigiu ações criteriosas e coordenadas para evitar a maior ocorrência de óbitos e conter a transmissão do vírus. Na ocasião, o medicamento Tamiflu® era indicado para o tratamento da doença e, posteriormente, foi desenvolvida vacina para prevenção ao vírus. Ambos os insumos, contudo, não eram suficientes para o acesso de toda a população, mesmo mediante pagamento. Havia risco de uma "corrida" ao medicamento e à vacina, com prejuízo para as pessoas com maior vulnerabilidade.

Em ambos os casos coube ao Ministério da Saúde estabelecer critérios para a distribuição e para o acesso ao medicamento e à vacina pela população. No que se refere ao medicamento Tamiflu®, o acesso foi assegurado para pessoas com Síndrome Respiratória Aguda Grave – SRAG – ou Síndrome Gripal em grupos populacionais com fatores de risco. A par da situação de escassez e do risco de que uma "corrida" ao medicamento pudesse gerar desabastecimento, o Ministério da Saúde destacou o risco de o medicamento gerar uma resistência ao vírus, se usado de forma indiscriminada.[1197] Em relação à vacina, no ano de 2010, ainda em meio à organização das ações para enfrentamento da pandemia, o Ministério da Saúde estabeleceu como grupos prioritários trabalhadores dos serviços de saúde envolvidos na resposta à pandemia, indígenas, gestantes, crianças de 6 meses até 1 ano, 11 meses e 29 dias, pessoas com doenças crônicas, adultos de 20 a 29 anos e adultos de 30 a 39 anos. O objetivo da vacinação foi "manter o funcionamento dos serviços de saúde envolvidos na resposta à pandemia e diminuir o risco de adoecer e o número de mortes associadas à influenza pandêmica nos grupos mais afetados durante a primeira onda".[1198]

---

33. Com efeito, o que se propõe é que as situações de carência sejam analisadas segundo a necessidade de acesso aos serviços de saúde e, especificamente, à atenção primária, e não conforme a capacidade de pagamento.

[1197] BRASIL. Ministério da Saúde – *Protocolo para o enfrentamento à pandemia de influenza pandêmica (H1N1) 2009:* ações da atenção primária à saúde [em linha]. Brasília: Ministério da Saúde, 2010, p. 10. Acesso em: 3 maio 2019. Disponível em: http://bvsms.saude.gov.br/bvs/publicacoes/protocolo_enfrentamento_influenza_2009.pdf.

[1198] FLORIANÓPOLIS. Secretaria Municipal de Saúde – *Estratégia de vacinação contra o vírus influenza A(H1N1) – Nota Técnica 02/2010/SMS* [em linha]. Florianópolis: Secretaria Municipal de Saúde, 2010. Acesso em: 3 maio 2019. Disponível em: http://portal.pmf.sc.gov.br/arquivos/arquivos/pdf/09_03_2010_11.40.24.62f4580766d8e9e1834dd0ac6bc78d40.pdf.

Tanto no acesso ao medicamento quanto à vacina, o critério observado foi a necessidade, considerada a especial vulnerabilidade à infecção pelo vírus A H1N1. A situação de carência de recursos, como se percebe, não foi cogitada, já que, como se afirmou, o critério era estranho à distribuição dos bens e à proteção do interesse concretamente considerado.[1199]

Novamente, no contexto da pandemia causada pelo novo coronavírus, o tema da distribuição de insumos escassos vem à tona. Com efeito, a distribuição dos recursos escassos, notadamente leitos clínicos e de UTI, testes e equipamentos de proteção individual, deve seguir critérios estritamente sanitários, de necessidade individual e coletiva. A renda, nesta seara, não parece ser o melhor critério para orientar as prioridades das políticas públicas.

No âmbito judicial, no entanto, em franca violação ao princípio da universalidade, os tribunais superiores brasileiros têm se inclinado a favor da necessidade de comprovação da carência de recursos para o acesso a prestações relacionadas ao direito à saúde. Nesse sentido, o Superior Tribunal de Justiça, ao apreciar a controvérsia sobre a concessão de medicamentos não disponibilizados pelo sistema de saúde, fixou, entre outros requisitos, a necessidade de prova da incapacidade financeira de arcar com o custo do medicamento prescrito.[1200] Por sua vez, no julgamento do Recurso Extraordinário nº 566.471, ainda

---

[1199] Embora não fosse esse o caso concretamente considerado, é possível ainda que, no delineamento de uma política pública voltada para a imunização, para a otimização dos resultados, seja considerada a promoção da imunidade coletiva, o que ocorre quando, embora a população não esteja totalmente imunizada, o agente causador da doença não tenha condições de se propagar. Neste caso, outros critérios, que não necessariamente a situação de carência de recursos, podem ser empregados como estratégia para se proteger mais eficazmente toda a população, inclusive os mais pobres. Sobre o tema, convém trazer os esclarecimentos de Leon Gordis: "A imunidade coletiva pode ser definida como a resistência de um grupo de pessoas ao ataque de uma doença, para a qual grande proporção dos membros do grupo é imune. [...] Uma vez que certa proporção de pessoas na comunidade seja imune, é pouco provável que uma pessoa infectada encontre uma suscetível para transmitir a infecção; muitos desses encontros serão com pessoas imunes. A presença de grande proporção de pessoas imunes na população diminui a possibilidade de um doente vir a entrar em conato com um indivíduo suscetível.
Por que o conceito de imunidade coletiva é tão importante? Quando conduzimos programas de imunização, pode não ser necessário atingir 100% nas taxas de imunização para se obter sucesso. Podemos alcançar proteção altamente efetiva pela imunização de uma grande parcela da população; a parte remanescente será protegida pela imunidade coletiva". GORDIS, Leon. *Epidemiologia*, cit., p. 24

[1200] BRASIL. Superior Tribunal de Justiça – Tema 106 dos julgamentos de recursos repetitivos [em linha]. Acesso em: 3 maio 2019. Disponível em: http://www.stj.jus.br/repetitivos/temas_repetitivos/pesquisa.jsp.

não concluído, também sobre o fornecimento de medicamentos não padronizados pelo sistema de saúde, os Ministros do Supremo Tribunal Federal, Marco Aurélio Melo e Luís Roberto Barroso, propuseram como requisito para o deferimento de eventual pedido a incapacidade financeira do autor.[1201]

Outro tema relevante sobre a aplicação do princípio da universalidade é a consideração da situação de estrangeiros e apátridas. A esse respeito, há que se considerar, inicialmente, que há países que estruturam sua proteção social tendo por base o financiamento de contribuições de empregados e empregadores incidentes sobre os salários. Dessa forma, a manutenção de um vínculo de trabalho formal e estável é necessária para o financiamento dos direitos econômicos, sociais e culturais, inclusive, do direito à saúde.

De todo modo, ainda que não se trate de sistemas de seguro social, seja nos países com sistemas de saúde universais ou com proteção residual, as políticas públicas dependem, em maior ou menor escala, do recolhimento de tributos, o que requer a estabilidade da relação entre o usuário e o país.

Dessa forma, poderá haver casos em que se estabeleça como requisito para estrangeiros e apátridas a manutenção de vínculo duradouro, como a residência, ou, ao menos, a regularidade de sua situação no país, para o acesso à rede de serviços que compõem a atenção primária. Contudo, em relação a estrangeiros e apátridas em situação irregular, pode-se estabelecer regime jurídico diverso para acesso às prestações sanitárias, notadamente a atendimentos e tratamentos de

---

[1201] BRASIL. Supremo Tribunal Federal – Informativo nº 969, cit. Como já tivemos oportunidade de analisar, boa parte da doutrina brasileira também defende que a carência de recursos deve ser considerada como critério para o acesso a prestações sanitárias. OLIVEIRA, Luciano Moreira de. *Direito fundamental à assistência farmacêutica*: parâmetros para a conciliação entre integralidade e universalidade. 2008 [em linha]. Monografia em curso de Especialização em Direito Sanitário – Saúde, Democracia e Direitos Humanos apresentada à Escola de Saúde Pública de Minas Gerais. Acessível na Escola de Saúde Pública de Minas Gerais, Belo Horizonte, Brasil. Acesso em: 4 maio 2019. Disponível em: http://idisa.org.br/img/File/MonografiaDireitoSaude.pdf. Na doutrina brasileira, os seguintes autores defendem a comprovação de carência de recursos para o deferimento de prestações sanitárias em juízo: FIGUEIREDO, Mariana Filchtiner. *Direito Fundamental à saúde: parâmetros para sua eficácia e efetividade*, cit.; LIMA, Ricardo Seibel de Freitas. Direito à saúde e critérios de aplicação, cit., p. 265-283; OLIVEIRA, Fábio César dos Santos. Direito de proteção à saúde: efetividade e limites à intervenção do Poder Judiciário, cit., p. 54-84; RAMOS, Marcelene Carvalho da Silva. O direito fundamental à saúde na perspectiva da Constituição Federal, cit., p. 147-165.

caráter eletivo (não urgentes) e prolongados, resguardada a atenção a situações urgentes e que coloquem em risco a vida.[1202]

No contexto de crises econômicas e de revisão das políticas sociais, a limitação do acesso aos cuidados de saúde aos estrangeiros e apátridas em situação irregular não é surpresa. Na Espanha, esta opção foi adotada dentro do conjunto de medidas de austeridade promovidas pelo país após a crise de 2008. Apreciada pelo Tribunal Constitucional, a medida foi julgada constitucional e não violadora dos direitos fundamentais dos estrangeiros, inclusive sob a perspectiva do princípio da vedação ao retrocesso social, o que foi criticado por María Dalli por entender que houve violação ao conteúdo essencial do direito à saúde dos estrangeiros em situação irregular. Deve-se esclarecer, contudo, que permaneceu assegurada a assistência sanitária de urgência à gestante, parto e pós-parto, assim como para menores de idade.[1203]

No Brasil, o Tribunal Regional Federal da 4ª Região reconheceu o direito de estrangeiro em situação irregular no país a submeter-se a transplante de medula sob o argumento de que a Constituição assegura a igualdade de tratamento entre brasileiros e estrangeiros que estejam sob a ordem jurídico-constitucional brasileira, independentemente da condição.[1204]

Acompanhando a assertiva de Gomes Canotilho, no sentido de que a base antropológica dos direitos humanos "«proíbe» a aniquilação dos direitos de outros homens",[1205] há que se reconhecer que, segundo o princípio da universalidade, os países que se comprometem com a garantia do direito à saúde devem assegurar o acesso à atenção primária aos estrangeiros e apátridas, independentemente de sua condição, ao menos quanto ao atendimento de quadros agudos e de urgência.

[1202] Nessa linha, Bertrand Mathieu afirma que "les droits sociaux, comme le droit à la santé peuveunt être accordés en fonction de critères comme la régularité du séjour sur le territoire national, en revanche aucune circonstance ne permet de justifier qu'un individu ne soit pas l'objet d'une reconnaissance minimum liée à son humaine condition". MATHIEU, Bertrand. La protection du droit à la santé par le juge constitutionnel: a propos et à partir de la décision de la Cour constitutionnelle italienne n° 185 du mai 1998, cit., p. 65.

[1203] DALLI, María. El derecho a la salud y la prohibición de regresividad: ¿infringen las restricciones para inmigrantes el contenido esencial?. cit., p. 250.

[1204] BRASIL. Tribunal Regional Federal da Quarta Região. Agravo de Instrumento nº 2005.04.01.032610-6. Relatora: Des. Federal Vânia Hack de Almeida. Diário de Justiça, Brasília, 01 nov. 2006. Acesso em: 15 jun. 2020. Disponível em: https://www2.trf4.jus.br/trf4/processos/visualizar_documento_gedpro.php?local=trf4&documento=1428508&hash=0489e46014fa2f4750c3ec29f3409f8c.

[1205] CANOTILHO, J. J. GOMES. *Direito Constitucional e Teoria da Constituição*, cit., p. 418.

b) Abrangência, integralidade ou generalidade

Ao longo deste trabalho, tem-se defendido uma compreensão da atenção primária à saúde afinada com uma visão do direito à saúde segundo a abordagem das capacidades. Para a abordagem das capacidades, o direito à saúde, quanto a seu conteúdo, implica o acesso a um conjunto de ações, serviços e insumos necessários e adequados.[1206] Não se propõe uma lista fechada de serviços que devam ser garantidos, mas, dentro dessas bases (necessidade e adequação), defende-se sua especificação por meio de um processo democrático e devidamente informado.[1207]

O princípio da integralidade – ou generalidade, segundo o Direito português – diz respeito ao conteúdo do direito à saúde. Ao passo que a universalidade orienta a titularidade do direito fundamental, a integralidade é uma norma que rege o objeto do direito. Dessa forma, o atendimento integral corresponde à plena satisfação das necessidades de saúde de uma população e é uma orientação imprescindível para a estruturação de um sistema centralizado nas pessoas, com ênfase na proteção da dignidade da pessoa humana e preocupado com a criação de condições para a efetiva autonomia.

Aqui, abre-se caminho para retomar a contraposição entre duas concepções da atenção primária, quais sejam, por um lado, cuidados verticalizados, orientados para a resposta a determinadas doenças e condições de saúde, e outra abrangente, destinada a atender, desde a promoção da saúde, prevenção de doenças, cura e reabilitação das pessoas até as condições de saúde mais frequentes de uma população.[1208]

Para satisfazer efetivamente as necessidades de saúde das pessoas e criar condições para o exercício da autonomia, não basta estabelecer esquemas verticais, voltados para o atendimento de um conjunto de doenças ou condições de saúde. Embora tenham impactos positivos, as estratégias verticais para a implementação da atenção primária têm limitações por abrangerem uma cesta limitada de intervenções de baixo custo, muitas vezes realizadas por profissionais sem adequada formação técnica.

[1206] RUGER, Jennifer Prah. *Health and social justice*, cit., p. 129.
[1207] RUGER, Jennifer Prah. Health and social justice, cit., p. 1.077.
[1208] Essa diferenciação foi abordada com o devido cuidado no capítulo 4, especialmente no item 4.1.

Em consonância com a abordagem das capacidades, é necessário conceber e implementar ações e serviços de saúde abrangentes, orientados conforme os princípios da Declaração de Alma-Ata, aptos a abordarem e resolverem a maioria das necessidades de saúde de uma população. A atenção primária de saúde, para além de sua função como cuidados de primeira linha ou primeiro contato, cumpre o papel de orientar uma abordagem do sistema de saúde voltada para a satisfação das necessidades globais das pessoas.[1209]

Nesse contexto, o princípio da integralidade exerce papel fundamental para a orientação das políticas públicas, a disciplina normativa do legislador e a aplicação das normas relacionadas à atenção primária à saúde.

Já tivemos a oportunidade de pontuar que o princípio da integralidade deve ser analisado segundo três dimensões ou aspectos.[1210] Em primeiro lugar, o princípio de integralidade implica a disponibilidade de acesso a ações e serviços de diferentes níveis de atenção ou especialidade, ou seja, devem abranger a atenção primária e os cuidados diferenciados (secundários e terciários).[1211] Além disso, o princípio da integralidade orienta uma compreensão das políticas de saúde que vai além da perspectiva biomédica, voltada para a atenção curativa. Assim, impõe-se a realização de ações de promoção da saúde, prevenção, cura ou assistência e reabilitação. Finalmente, o princípio da integralidade

---

[1209] CRISMER, André; BELCHE, Jean-Luc; VAN DER VENNET, Jean-Luc. Les soins de santé primaires, plus que des soins de première ligne, cit., p. 376-377.

[1210] OLIVEIRA, Luciano Moreira de. *Direito fundamental à assistência farmacêutica:* parâmetros para a conciliação entre integralidade e universalidade, cit., p. 38. Maria Amélia Campos Oliveira e Iara Cristina Pereira, analisando o texto da Constituição brasileira, afirmam que é possível identificar quatro dimensões da integralidade: "primazia das ações de promoção e prevenção, atenção nos três níveis de complexidade da assistência médica, articulação das ações de promoção proteção e prevenção e abordagem integral do indivíduo e das famílias". OLIVEIRA, Maria Amélia de Campos; PEREIRA, Iara Cristina. Atributos essenciais da atenção primária e da estratégia saúde da família, cit., p. 160. A nosso ver, o primeiro aspecto apontado pelas autoras não diz respeito à amplitude e aos limites do objeto do direito à saúde, mas constitui uma diretriz para a atuação do sistema de saúde. Por isso, embora a norma seja relevante, não pode ser considerada uma dimensão do princípio da integralidade.

[1211] No Brasil, a Lei nº 8.080/90, Lei Orgânica da Saúde, define o princípio da integralidade da assistência como o "conjunto articulado e contínuo das ações e serviços preventivos e curativos, individuais e coletivos, exigidos para cada caso em todos os níveis de complexidade do sistema" (art. 7º, II). BRASIL – Lei nº 8.080, de 19 de setembro de 1990, cit.

propõe uma abordagem holística das pessoas, abrangendo os domínios físico ou biológico, mental e social.[1212]

Aplicado à atenção primária à saúde, o princípio da integralidade, portanto, orienta a realização de ações voltadas para a geração de bem-estar (promoção da saúde), prevenção dos fatores de risco para o adoecimento (sejam eles direcionados a condições crônicas ou agudas), a cura de pessoas doentes e sua reabilitação. Deve-se lembrar que a atenção primária tem como um de seus traços característicos e relevantes a proatividade, o que contribui para evitar o adoecimento e as internações por condições sensíveis e que podem ser tratadas no nível primário, com benefício para as pessoas e redução das despesas do sistema de saúde. Para além disso, a atenção primária deve estar orientada para a abordagem integral das pessoas, dentro de sua competência técnica, qual seja, conferir assistência à saúde para as condições mais comuns. Assim, é necessário um olhar que supere a concepção de saúde como simples ausência de doença e a apreciação biológica do funcionamento do organismo e considere o indivíduo na sua dimensão psíquica e também social, neste caso, relacionada à sua interação e participação na família e na comunidade. Para tanto, a integralidade orienta para o aspecto interdisciplinar e intersetorial das demandas de saúde. Com efeito, por vezes, a par de desafiarem a abordagem de mais de uma ciência ou saber, as demandas também exigem intervenções para além da competência específica do setor da saúde, como é o caso das ações de assistência social, educação e proteção do meio ambiente. Ainda, o princípio da integralidade implica que a atenção primária esteja inserida em um sistema de saúde que disponha de retaguarda para o atendimento dos casos que ultrapassem a competência específica do setor, o que demonstra a incompatibilidade do modelo de atenção primária verticalizada, orientada para o atendimento de condições de saúde específicas. Como esclarecem Maria João Estorninho e Tiago Macieirinha, à luz do ordenamento jurídico português, conforme o

---

[1212] Newton Sérgio Lopes Lemos e Carlos Eduardo Aguilera Campos analisam o princípio da integralidade segundo a perspectiva da saúde coletiva e realçam sua abrangência na linha proposta neste trabalho. Conferir: LEMOS, Newton Sérgio Lopes. O pseudodilema do choque de conceitos entre a universalidade e integralidade da atenção em saúde: o que deve o Estado prover ao cidadão? In: *Encontro Nacional do Ministério Público em Defesa da Saúde*, Fortaleza, 4, 2008. CAMPOS, Carlos Eduardo Aguilera. O desafio da integralidade segundo as perspectivas da vigilância da saúde e da saúde da família. *Ciência e Saúde Coletiva*, v. 8, n. 2, p. 569-584, 2003.

princípio da integralidade, não é possível "excluir a prevenção ou o tratamento de doenças determinadas".[1213]

A aplicação do princípio da integralidade, no entanto, não implica a garantia de todas as terapias disponíveis no mercado, ainda que dentro da competência da atenção primária. Como se tem destacado, uma compreensão do direito à saúde orientada pela abordagem das capacidades preocupa-se com a criação de condições para a autonomia substancial. Há que se satisfazer, com prioridade, as capacidades básicas, quais sejam, evitar a mortalidade prematura e o adoecimento evitável. Dessa forma, observado um procedimento democrático e tecnicamente informado, pode-se definir um conjunto de intervenções necessárias para a satisfação das necessidades individuais coletivas. Contudo, cabe ao Estado estabelecer os meios para realizar as políticas públicas e eleger as alternativas mais adequadas, eficientes e convenientes para atender aos interesses coletivos. Com razão, Lenir Santos pontua que o "padrão de integralidade é uma escolha que a sociedade e o Poder Público devem fazer conjuntamente"[1214] para definir o conjunto de ações, serviços e insumos que estarão disponíveis para a população.[1215]

A aplicação do princípio da integralidade deve ter em consideração a necessidade de garantia de acesso universal. Nessa linha, a satisfação do interesse coletivo e a disponibilidade de ações e serviços de saúde impõem parcimônia e a definição de estratégias para a racionalizar as prestações ofertadas, com atendimento às necessidades individuais e coletivas, conforme as melhores evidências científicas disponíveis.

[1213] ESTORNINHO, Maria João; MACIEIRINHA, Tiago. *Direito da saúde*, cit., p. 56.

[1214] SANTOS, Lenir. Direito à saúde e qualidade de vida: um mundo de corresponsabilidades e fazeres, cit., p. 20

[1215] Nessa mesma linha, em relação às prestações devidas pelo SNS em Portugal, Maria João Estorninho e Tiago Macieirinha afirmam: "Quanto à determinação das prestações incluídas no serviço nacional de saúde, o legislador goza de considerável margem de conformação. Quer dizer-se, diante da complexidade e diversidade dos métodos de diagnóstico e de terapêutica disponíveis, num domínio marcado pela constante evolução científica e tecnológica, o legislador pode optar pela não inclusão de determinadas prestações de saúde, atendendo, designadamente, a fatores de natureza económica, combinados com ponderações de natureza clínica. Neste sentido, não está vedado ao legislador democraticamente eleito, num quadro de escassez de recursos, optar por não incluir no serviço nacional de saúde a realização de prestações de saúde cuja eficácia clínica ainda não esteja suficientemente comprovada ou cujo resultado terapêutico possa ser alcançado através da adoção de um meio financeiramente menos oneroso. O legislador está ainda autorizado a empreender um juízo, orientado pelo princípio da proporcionalidade, que o conduza a excluir determinadas prestações de saúde, cujo resultado, numa lógica de custo-benefício ou de custo-efetividade, seja despiciendo ou pouco relevante em função dos custos inerentes à sua realização". ESTORNINHO, Maria João; MACIEIRINHA, Tiago. *Direito da saúde*, cit., p. 56-57.

Nesse contexto, há que se ter especial atenção para a incorporação das tecnologias novas e de alto custo, apresentadas pela indústria farmacêutica e de insumos de saúde. Não raramente, a indústria farmacêutica apresenta como inovações produtos que são desenvolvidos a partir de outros cujas patentes estão com prazos próximos do vencimento, assim como remédios cujos benefícios não superam aqueles de medicamentos já estabelecidos para o tratamento de doenças. O *marketing* e as pesquisas patrocinadas pelos laboratórios farmacêuticos, realizadas com conflito de interesses e sem a devida isenção, são utilizados para influenciar prescritores e usuários a promoverem o consumo dos novos produtos e a pressionarem o Poder Público a incorporá-los nos sistemas de saúde.[1216] Por outro lado, no campo dos diagnósticos e tratamentos, as novas tecnologias surgem sem substituição das antigas, o que gera grande incremento nos custos dos sistemas de saúde. Dessa forma, é necessária a análise técnica e crítica, com devida participação social, para que seja assegurado o acesso aos recursos de prevenção, diagnóstico, tratamento e reabilitação adequados e eficazes para a satisfação das necessidades da população, a um custo socialmente aceitável. Aqui, a definição de protocolos clínicos e de diretrizes terapêuticas tem o papel de racionalizar o acesso aos recursos disponíveis no sistema de saúde, com o estabelecimento de critérios de indicação e contraindicação do uso dessas tecnologias e produtos.[1217]

Assim, a nosso aviso, o princípio da integralidade em suas três dimensões não deve dar suporte a uma leitura do direito à saúde afastada das políticas públicas, das prerrogativas do Estado na sua concepção e execução e descontextualizada da problemática da escassez de recursos e dos limites às possibilidades estatais. O princípio da integralidade serve ao propósito de assegurar ações e serviços de saúde que sejam capazes de satisfazer as necessidades em saúde e não para incrementar a aplicação de recursos com desconsideração das políticas públicas

---

[1216] Sobre as estratégias utilizadas pela indústria farmacêutica para promover o consumo dos produtos que desenvolve convém conferir a obra de Marcia Angell, professora da universidade de Harvard e ex-editora chefe do New England Journal of Medicine: ANGELL, Marcia. *A verdade sobre os laboratórios farmacêuticos*, cit.

[1217] Para Marlon Alberto Weichert, em análise feita à luz do ordenamento jurídico brasileiro, o princípio da integralidade implica, sob a perspectiva individual, o acesso aos serviços necessários desde que o usuário opte pelo sistema público. Para ele, salvo opção diversa do Estado, o sistema público não pode servir como opção complementar aos serviços privados para permitir que o usuário que opte pelo custeio de um tratamento venha ao Poder Público para utilizar alguns serviços que não acessou na rede privada. WEICHERT, Marlon Alberto. O direito à saúde e o princípio da integralidade, cit., p. 110.

e o investimento em medidas sem eficácia comprovada. É lícito ao Estado, portanto, estabelecer, com base em análises técnicas orientadas pelas evidências científicas disponíveis e observada a participação social, relações e elencos de ações, serviços, procedimentos e produtos disponíveis para a população em esquemas públicos ou mediante regulação do setor privado, assim como protocolos de atenção para orientação do acesso, a fim de compatibilizar o objeto do direito à saúde com a garantia da cobertura universal.

No âmbito da atenção primária à saúde, o princípio da integralidade implica uma compreensão abrangente deste nível de atenção que abarque da promoção à saúde às medidas de reabilitação, orientada para uma abordagem holística dos usuários, com a implementação de serviços de qualidade e aptos a resolverem as principais demandas da população, sem exclusão, *a priori*, de quaisquer doenças ou condições de saúde.

c) Equidade

Os sistemas de saúde são estruturas organizadas com os objetivos de melhorar os níveis de saúde de uma população, assim como reduzir as desigualdades entre os grupos populacionais com especial atenção para os mais vulneráveis e marginalizados. Dessa forma, a equidade é um princípio central e deve orientar as políticas públicas, a regulamentação legislativa e a aplicação das normas relacionadas ao direito à saúde.[1218]

A noção de equidade está relacionada à justiça distributiva. Em Aristóteles, encontram-se as bases para a consideração da equidade na distribuição dos bens sociais. Para Aristóteles, o justo implica que pessoas iguais recebam coisas iguais e que pessoas que não são iguais recebam coisas desiguais. Para ele, as disputas ocorrem "quando iguais têm e recebem partes desiguais, ou quando desiguais recebem partes iguais".[1219]

A abordagem das capacidades retoma a tradição aristotélica e propõe a consideração das condições de vida em concreto para a apreciação da justiça. Dessa forma, para a promoção do florescimento ou desenvolvimento humano, consubstanciado na possibilidade de se

---

[1218] STARFIELD, Barbara. *Atenção primária*: equilíbrio entre necessidades de saúde, serviços e tecnologia, cit., p. 19.
[1219] ARISTÓTELES. *Ética a Nicômaco* [em linha]. São Paulo: Martin Claret. Acesso em: 8 maio 2019. Disponível em: http://lelivros.love/book/baixar-livro-etica-a-nicomaco-aristoteles-em-pdf-epub-e-mobi-ou-ler-online/.

optar por condições de vida que sejam valorizadas e assim usufruir da autonomia substancial, mostra-se necessário contribuir para que cada um esteja apto a realizar o maior conjunto possível de funcionamentos, ampliando, dessa forma, o leque de capacidades de que se dispõe. Essa forma de conceber a justiça orienta a atenção não apenas para as atividades que de fato são realizadas, mas exige um especial olhar para as possibilidades de que cada um dispõe.

Especial atenção, portanto, deve ser dispensada para as privações e incapacidades. Pessoas com problemas de saúde e com deficiências, por exemplo, ao passo que têm maiores necessidades, também têm dificuldades em transformar os recursos de que usufruem em bem-estar. Portanto, na distribuição dos bens sociais, especial consideração deve ser destinada a elas.[1220]

No campo da saúde, especial prioridade deve ser conferida às capacidades básicas, quais sejam, prevenir a morte prematura e o adoecimento evitável.[1221] Como lembra Sridhar Venkatapuram, saúde implica a aptidão para realizar um conjunto abrangente de capacidades humanas básicas e por isso pode ser considerada uma metacapacidade,[1222] ou seja, pressuposto para a realização de diversas atividades relevantes, inter-relacionadas, que se tem razão para valorizar.[1223] Assim, a garantia das capacidades básicas em saúde relaciona-se à proteção da igual dignidade de todas as pessoas.

As desigualdades em saúde, sejam elas decorrentes da renda, sexo, raça, educação, local de residência ou de normas sociais, dentre outros fatores não relacionados ao interesse coletivo, devem ser identificadas, avaliadas e combatidas com o objetivo de assegurar, tanto quanto possível, os mesmos níveis de cidadania e de proteção à dignidade humana. Todas as pessoas deveriam ter assegurados cuidados de saúde

---

[1220] Segundo Amartya Sen: "Pessoas com inaptidões físicas ou mentais estão não só entre os seres humanos mais necessitados do mundo, como também são, muitas vezes, os mais negligenciados". Para o autor, "os inaptos são frequentemente os mais pobres dentre os pobres com relação à renda, mas, além disso, sua necessidade de renda é maior do que as dos fortes e sãos, uma vez que precisam de dinheiro e assistência para tentar ter vidas normais e aliviar suas desvantagens". SEN, Amartya. *A ideia de justiça*, cit., p. 292. HICK, Rod; BURCHARDT, Tania. Capability deprivation, cit.

[1221] RUGER, Jennifer Prah. *Health and social justice*, cit., p. 61.

[1222] VENKATAPURAM, Sridhar. Health, vital goals and human capabilities, cit., p. 272. Acompanhando o entendimento, encontra-se o trabalho de GAMEIRO, Ian Pimentel. A saúde como metacapacidade: redefinindo o bem jurídico, cit., p. 2.248.

[1223] Conforme GAMEIRO, Ian Pimentel. A saúde como metacapacidade: redefinindo o bem jurídico, cit. p. 2.236-2.356.

necessários e apropriados, no mínimo, para o alcance e realização das atividades compatíveis com as capacidades básicas para a vida.[1224]

Uma compreensão abrangente da saúde segundo as teorias da saúde coletiva que consideram os determinantes sociais e, inclusive, os autores que se orientam pela abordagem das capacidades, deve reconhecer que as desigualdades em saúde são, em sua maioria, dependentes de fatores estranhos ao sistema de saúde e aos cuidados por este dispensados. A saúde deve ser considerada resultado de um amplo espectro de fatores e deve ser apreciada no contexto mais amplo da promoção da justiça social.[1225] Exatamente por isso os investimentos em cuidados de saúde são objeto de considerações segundo o custo de oportunidade, já que a despesa nesse setor representa, por vezes, a limitação de recursos em outro domínio (como meio ambiente e educação) que tem implicação na melhoria das condições de saúde da população.[1226]

No entanto, a importância dos cuidados de saúde e, neste âmbito, da atenção primária não pode ser desprezada. O acesso aos cuidados de saúde necessários, apropriados e de qualidade representa um valor relevante por si, componente do *status* de cidadania, para a maioria das sociedades democráticas ocidentais.

[1224] RUGER, Jennifer Prah. Health, capability, and justice: toward a new paradigm of health ethics, policy and law, cit., p. 162.

[1225] É o que afirmam Amartya Sen e Jennifer Prah Ruger. Para o primeiro, "(...) health equity cannot be just a demand about how health care (...) We have to go well beyond the delivery and distribution of health care to get an adequate understanding of health achievement and capability. Health equity cannot be understood in terms of the distribution of health care". SEN, Amartya. Why health equity?, cit., p. 660. Por sua vez, Jennifer Prah Ruger afirma: "Health care is not the only health determinant, as Michael Marmot and his colleagues' work has shown, and one must not assume that more and better health care is all that is needed to improve health. The main impact of health care may depend on the type of care and sometimes on others factors. This places both health and health policy in a larger policy context and requires a greater understanding of social justice. Thus, health and it is determinants must be valued against other social ends and means of public policy more broadly and about health policy specifically". RUGER, Jennifer Prah. Health and social justice, cit., p. 1.076.

[1226] Norman Daniels alerta para essa característica dos investimentos em cuidados de saúde: "Since health care is not the only important good, resources to be invested in the basic tier are appropriately and reasonably limited, for example, by democratic decisions about how much to invest in education or job training as opposed to health care. Because of their very high 'opportunity costs,' there will be some beneficial medical services that it will be reasonable not to provide in the basic tier, or to provide only on a limited basis, for example, with queuing. To say that these services have 'high opportunity costs' means that providing them consumes resources that would produce greater health benefits and protect opportunity more if used in other ways". DANIELS, Norman. Justice and Access to Health Care, cit., p. 24.

Os cuidados dispensados pelos sistemas de saúde podem contribuir para a redução das desigualdades e para assegurar níveis de proteção necessários para a garantia da dignidade humana. No entanto, o impacto para a população, em especial, para a redução das desigualdades, depende da espécie de cuidados que são dispensados e da forma como ocorre sua distribuição.[1227] Há que se ter especial consideração às necessidades de saúde,[1228] que podem ser avaliadas individualmente no momento de acesso aos serviços, mas, sobretudo, a partir dos indicadores epidemiológicos, o que é imprescindível para a concepção de políticas de saúde equânimes e justas.

Nesse contexto, reafirma-se a especial importância da atenção primária à saúde para a edificação de sistemas de saúde que satisfaçam as necessidades de saúde e contribuam para a redução das desigualdades. Como se demonstrou no item 5.4, a atenção primária à saúde, por estar voltada para a resolução das principais demandas das populações e ter um custo menor em relação aos cuidados diferenciados, é mais eficiente na utilização dos recursos financeiros, redução das desigualdades e melhoria dos indicadores sociais. Assim, um sistema de saúde que busque, efetivamente, reduzir as desigualdades deve priorizar os investimentos na atenção primária e não nos cuidados especializados, de maior custo, que atendem percentuais menores das populações.[1229]

O princípio da equidade no contexto da atenção primária, conforme a abordagem das capacidades, implica uma especial consideração,

---

[1227] RUGER, Jennifer Prah. Health and social justice, cit., p. 1076.

[1228] Sobre as necessidades em saúde, convém trazer a visão de Jennifer Prah Ruger: "Beauchamp and Childress note that a person needs something when without that something the person will be harmed or at least detrimentally affected. Fundamental needs are differentiated from nonfundamental needs. A person with a fundamental need for something will be harmed or detrimentally affected in a fundamental way without that good or service. (…) Health needs, through the notion of functioning, define what it is that is required to improve individuals' health capabilities. Improving individuals' health capabilities requires preventing, curing, and compensating for conditions that curtail individuals' capabilities for health functioning. Elsewhere I augment health needs with requirements of medical necessity and medical appropriateness for health resource allocation". RUGER, Jennifer Prah. Toward a Theory of a right to health: capability and incompletely theorized agreement, cit., p. 314.

[1229] Barbara Starfield, de forma enfática, destaca a importância da atenção primária para a equidade dos sistemas de saúde: "Um sistema de saúde orientado para subespecialização possui outro problema: ele ameaça os objetivos de equidade. Nenhuma sociedade possui recursos ilimitados para fornecer serviços de saúde. A atenção subespecializada é mais cara do que a atenção primária e, portanto, menos acessível para os indivíduos com menos recursos poderem pagar por ela. Além disso, os recursos para a atenção altamente técnica orientada para a enfermidade competem com aqueles exigidos para oferecer serviços básicos, especialmente para as pessoas que não podem pagar por eles". STARFIELD, Barbara. *Atenção primária*: equilíbrio entre necessidades de saúde, serviços e tecnologia, cit., p. 21.

portanto, para as heterogeneidades pessoais e entre grupos sociais. Essas diferenças podem resultar de condições individuais, como idade, sexo, condição física e mental, ou de fatores externos, como ambiente, normas sociais, condição econômica familiar, nível de renda e de educação.[1230]

Para fins de contribuir para a redução das desigualdades em saúde o delineamento das políticas públicas voltadas para a organização dos serviços deve considerar, portanto, as diferenças pessoais e sociais. Nesse contexto, especial atenção deve ser direcionada para o financiamento dos serviços e a alocação dos recursos.

Em relação ao financiamento, como se esclareceu ao tratar dos sistemas de saúde no capítulo 3, podem ser identificados, basicamente, três modelos, quais sejam, o financiamento baseado em contribuições prévias, captadas pelo recolhimento de tributos pagos por toda a sociedade com base na capacidade contributiva de cada pessoa; as contribuições prévias pagas por patrões e empregados com base nos rendimentos dos trabalhadores; e os pagamentos diretos. Das três formas indicadas, os pagamentos diretos são apontados como o método mais regressivo de custeio dos serviços de saúde por onerar, exatamente, as pessoas em situação de maior vulnerabilidade, posto que necessitam, no momento da doença ou agravo de saúde, de mais recursos e, não raramente, têm sua capacidade de auferir renda diminuída. Com isso, o desembolso direto no momento da prestação constitui barreira de acesso e leva à realização de despesas catastróficas pelas famílias.[1231]

As formas de financiamento prévio são consideradas mais equânimes e adequadas para o custeio de despesas com saúde.[1232] Por um lado, geram a solidariedade entre pessoas ricas e pobres, jovens e idosas, saudáveis e doentes, sendo que, via de regra, os mais pobres tendem a adoecer e procurar mais os serviços de saúde. Por outro, protegem contra as incertezas e as despesas decorrentes dos agravos

---

[1230] RUGER, Jennifer Prah. *Health and social justice*, cit., p. 54.

[1231] "The study found private insurance and out-of-pocket payments more regressive than social insurance because the former are not necessarily based on earnings. Out-of-pocket payments are even more regressive because they are not generally income-adjusted and because the poor typically have greater rates of illness than the more affluent." RUGER, Jennifer Prah. *Health and social justice*, cit., p. 168.

[1232] Segundo a OMS, "Existe uma imensidade de evidências que demonstram que a protecção financeira é melhor, e a despesa catastrófica é menos frequente, em países onde predominam os pré-pagamentos para os cuidados de saúde e se recorre menos a pagamentos directos". ORGANIZAÇÃO MUNDIAL DA SAÚDE – *Relatório Mundial de Saúde, 2008*: Cuidados de saúde primários – agora mais que nunca, cit., p. 26.

de saúde.¹²³³ Funcionam como uma espécie de seguro e evitam que as famílias incorram em despesas catastróficas. Contudo, o financiamento fiscal, por impostos gerais, é visto como maneira mais progressiva que as contribuições baseadas apenas nos rendimentos auferidos pelos trabalhadores, já que desvincula o acesso aos serviços de saúde da comprovação da condição de segurado.

Além do modelo de financiamento, a alocação dos recursos arrecadados também pode contribuir para a mitigação das desigualdades e a promoção da equidade. Primeiramente, na implementação das políticas de saúde, deve-se priorizar as necessidades aferidas individual ou coletivamente, sobretudo aquelas relacionadas diretamente à satisfação das capacidades básicas.¹²³⁴ Mesmo no campo da atenção primária, em um quadro de escassez de recursos, é possível estabelecer prioridades e enfatizar os serviços ligados mais diretamente a esse conjunto capacitório, ainda que se defenda uma compreensão abrangente da atenção primária à saúde, como se propõe aqui. Por outro lado, sobretudo no contexto de implementação da atenção primária em países em desenvolvimento e com recursos financeiros limitados, abre-se espaço para o dilema entre a implementação de pacotes de serviços voltados para certas doenças e condições de saúde e a expansão de uma rede de cuidados abrangentes e compreensivos, com prioridade para regiões com maior vulnerabilidade. Para a OMS, o caminho adequado, a fim de se imprimir ao sistema de saúde a orientação para a resposta às necessidades da

---

[1233] A utilização de fundos comuns para financiar a disponibilidade de serviços de saúde para as populações é o método proposto pela OMS para o custeio das despesas com saúde pelas sociedades: "O pré-pagamento e os fundos comuns institucionalizam a solidariedade entre os mais e menos ricos, entre os saudáveis e os doentes. Elimina barreiras à utilização dos serviços e reduz o risco das pessoas contraírem despesas catastróficas quando estão doentes. Finalmente, cria os meios para re-investir na disponibilidade, na profundidade e na qualidade dos serviços." ORGANIZAÇÃO MUNDIAL DA SAÚDE – *Relatório Mundial de Saúde, 2008*: Cuidados de saúde primários – agora mais que nunca, cit., p. 30. Jennifer Prah Ruger realça a necessidade de proteção financeira para as despesas de saúde, sobretudo para os mais pobres, como um dos pilares dos sistemas de saúde baseados no princípio da equidade: "An equitable health system requires financial protection of all individuals, especially the poor and most disadvantaged, against the monetary burdens associated with health risks. (...) Thus, provision of health-care rests on community rating and not on individuals' health status". RUGER, Jennifer Prah. *Health and social justice*, cit., p. 160.

[1234] "The focus on basic capabilities – those capabilities that are essential or fundamental to human flourishing – is important to heath policy because it helps us prioritize among the various health capabilities that are the goal of health police." RUGER, Jennifer Prah. *Health and social justice*, cit., p. 61. Em outro estudo, a autora ressalta a necessidade de alocação de recursos baseada em indicadores de necessidade e de adequação dos serviços e insumos. RUGER, Jennifer Prah. Toward a Theory of a right to health: capability and incompletely theorized agreement, cit., p. 142.

população é, desde logo, implementar a atenção primária abrangente, devendo-se proceder por fases em razão da limitação de recursos.[1235] Dessa forma, dado que a atenção primária também tem como um dos seus princípios a orientação comunitária, pode-se dividir o território em regiões e construir redes de serviços tendo por base unidades de atenção primária com serviços de acesso universal, integrais e de qualidade. O avanço da cobertura da atenção primária pode ocorrer conforme a maior vulnerabilidade das regiões até se alcançar toda a população.[1236] Segundo a OMS, a implementação de políticas verticais cria dificuldades para sua reversão para uma compreensão ampliada. Além disso, a implementação de serviços pouco resolutivos gera uma perda de credibilidade para o sistema de saúde.

d) Financiamento adequado

A efetividade dos direitos fundamentais e, em especial, dos direitos econômicos, sociais e culturais está diretamente dependente de fontes de financiamento adequadas e estáveis para o custeio de políticas públicas. A imperatividade do direito à saúde, nesse contexto, não se assegura sem o indispensável substrato orçamentário e financeiro.

[1235] As duas alternativas são comparadas pela OMS no Relatório Mundial de Saúde de 2008: "Aumentar a cobertura para um número limitado de intervenções tem a vantagem de abranger rapidamente toda a população e de centrar os recursos em intervenções de reconhecido custo-eficácia. (...) Comparando com a ausência de intervenção em saúde, há um benefício indiscutível em avançar com um pacote, mesmo muito limitado, de intervenções e de o confiar a trabalhadores não qualificados. Contudo, fazer um upgrade é por vezes mais difícil do que o inicialmente previsto e, entretanto, foram desperdiçados tempo precioso, recursos e credibilidade, que poderiam ter permitido um investimento numa infraestrutura de cuidados de saúde primários mais ambiciosa, mas também mais eficaz e mais sustentável. A alternativa é um desenvolvimento faseado dos cuidados primários, distrito a distrito, de uma rede de centros de saúde com o necessário apoio hospitalar. Esta opção de resposta inclui obviamente as intervenções prioritárias, mas integradas num pacote compreensivo de cuidados de saúde. A plataforma da expansão é o centro de cuidados primários: uma infraestrutura profissionalizada onde a interface com a comunidade está organizada, com capacidade de resolução de problemas e possibilidade de expansão modular do leque de actividades". ORGANIZAÇÃO MUNDIAL DA SAÚDE – *Relatório Mundial de Saúde, 2008*: Cuidados de saúde primários – agora mais que nunca, cit., p. 32.

[1236] Essa orientação encontra respaldo na concepção de justiça distributiva, como se percebe a partir da proposta de Jennifer Prah Ruger: "This approach supports the idea that a progressive health-care delivery system provides goods and services to those with health needs, justifying unequal amounts of care for patients with different conditions. However, individuals with similar needs should receive the same level of care". RUGER, Jennifer Prah. Toward a Theory of a right to health: capability and incompletely theorized agreement, cit., p. 143.

Com efeito, ainda que todos os direitos fundamentais dependam de políticas públicas para se tornarem efetivos e da manutenção de um sistema de justiça que garanta sua imperatividade,[1237] o traço característico dos direitos sociais, qual seja, sua face prestacional, implica a disponibilidade de prestações materiais propriamente ditas.[1238] Essa condição torna ainda mais relevante a temática do financiamento.

O Pacto Internacional de Direitos Econômicos, Sociais e Culturais prevê que os Estados Partes devem "adotar medidas (...), principalmente nos planos econômico e técnico, até o máximo de seus recursos disponíveis" para assegurar, progressivamente, o exercício dos direitos econômicos, sociais e culturais (art. 2º, n.1). Trata-se, aqui, de medidas legislativas, administrativas, judiciais, educativas, mas também, e sobretudo, financeiras.[1239] Por consequência, o Comitê de Direitos Econômicos, Sociais e Culturais das Nações Unidas aponta como violação ao dever de implementação o financiamento insuficiente e a má aplicação de recursos que implique limitação ao acesso ao direito à saúde.[1240]

Neste ponto, por um lado, mais uma vez temos de dar razão a João Loureiro, que adverte que "a constituição não pode ignorar a realidade constitucional"[1241] e põe em destaque a necessidade de uma dogmática jurídica dos direitos fundamentais atenta aos constrangimentos de natureza financeira. Contudo, por outro lado, mostra-se necessário também juridicizar e delimitar os contornos da discricionariedade estatal na gestão dos recursos públicos. Não se trata de tolher a liberdade do gestor e torná-lo subordinado a um dirigismo normativo pautado em uma interpretação ortodoxa das normas de direito internacional e das constituições, mas de conferir os meios necessários para a efetividade de direitos fundamentais.[1242]

[1237] HOLMES, Stephen; SUNSTEIN, Cass R. *The cost of rights:* why liberty depends on taxes, cit., p. 45.

[1238] ALEXY, Robert. *Teoria dos direitos fundamentais*, cit., p. 499.

[1239] DALLI, María. *Acceso a la asistencia sanitaria y derecho a la salud*, cit., p. 87-88.

[1240] "Violations of the obligation to fulfil occur through the failure of States parties to take all necessary steps to ensure the realization of the right to health. Examples include (...) insufficient expenditure or misallocation of public resources which results in the non-enjoyment of the right to health by individuals or groups, particularly the vulnerable or marginalized." UNITED NATIONS. Office of the High Commissioner for Human Rights. *General Comment No. 14: The Right to the Highest Attainable Standard of Health (Art. 12)*, cit., n. 52.

[1241] LOUREIRO, João Carlos. *Adeus ao Estado Social?* A segurança social entre o crocodilo da economia e a medusa da ideologia dos "direitos adquiridos", cit., p. 61.

[1242] Como pontuam Víctor Abramovich e Christian Courtis, a obrigação dos governos de realizar os direitos fundamentais, mesmo em um contexto de escassez econômica, implica

Como descreve Elida Graziane Pinto, os orçamentos surgem historicamente a partir da necessidade de controle dos gastos públicos, razão pela qual devem prever o conjunto de receitas e de despesas estatais. No entanto, a partir da experiência acumulada no contexto americano, percebe-se que o orçamento é também um instrumento de planejamento e programação do Estado.[1243] Mais que isso, por meio da definição de prioridades e da alocação dos recursos públicos, o orçamento é reconhecido com um instrumento para a definição das prioridades do Estado e de sua intervenção no domínio econômico. A visão neutra do orçamento, como mera peça de autorização das despesas públicas, não se mostra compatível com o papel que desempenha atualmente no contexto das atividades do Estado.[1244]

Não se pode, portanto, apartar a gestão financeira do Estado da consecução dos compromissos assumidos internacionalmente ou estabelecidos pelo ordenamento jurídico, mormente quando relacionados à efetivação de direitos fundamentais.[1245] Do contrário, abre-se caminho para políticas públicas meramente simbólicas que, a despeito de não negarem explicitamente o compromisso com os direitos fundamentais, os inviabilizam de forma sistêmica por meio da limitação dos recursos disponibilizados.[1246]

---

uma autolimitação em matéria de disponibilidade orçamentária. ABRAMOVICH, Víctor; COURTIS, Christian. *Los derechos sociales como derechos exigibles*, cit., p. 37.

[1243] GIACOMONI, James. *Orçamento público*. 13. ed. São Paulo: Atlas, 2005, p. 66-69.

[1244] "Em meados do século XX, foi minorada a percepção de que o orçamento – como – Lei de Meios – prestar-se-ia ao papel de mero demonstrativo de autorizações legislativas, já que ele passara a ser apreendido como mecanismo de planejamento indutor de desenvolvimento pela via da intervenção na economia. O aprendizado obtido a partir da Crise de 1929 levou a que se usasse o gasto público como indutor do equilíbrio econômico e de bem-estar social." PINTO, Élida Graziane. *Financiamento dos Direitos Fundamentais no Brasil pós-Plano Real*. 2006. Tese de doutorado apresentada à Faculdade de Direito da Universidade Federal de Minas Gerais. Acessível na Universidade Federal de Minas Gerais. Belo Horizonte, Brasil, p. 64. Há na doutrina do Direito Financeiro e Orçamentário debate sobre a natureza jurídica do orçamento público, ou seja, se constitui lei apenas em sentido formal, material ou *sui generis*. Uma visão geral sobre o debate pode ser encontrada em TORRES, Ricardo Lobo. *O orçamento na Constituição*. São Paulo: Renovar, 1995, p. 61-66.

[1245] Para Cláudio Ladeira de Oliveira e Francisco Gilney Bezerra de Carvalho Ferreira, o orçamento, no Estado constitucional democrático, é um instrumento de concretização dos direitos fundamentais: "De fato, o orçamento público relaciona-se intimamente com a garantia dos direitos fundamentais, encontrando-se as finanças públicas, em todas as suas dimensões – tributária, patrimonial, orçamentária, promocional, etc. – em permanente contato com os direitos fundamentais". OLIVEIRA, Cláudio Ladeira de; FERREIRA, Francisco Gilney Bezerra de Carvalho. O orçamento público no Estado Constitucional Democrático e a deficiência crônica na gestão das finanças públicas no Brasil. *Sequência*, Florianópolis, n. 76, p. 187, 2017.

[1246] É o que aconteceu, na visão de Telma Maria Gonçalves Menicucci, com a implementação da reforma sanitária brasileira e do SUS. Para ela "a ausência de mecanismos efetivos e estáveis

A realização dos direitos fundamentais depende de recursos adequados. Nesse contexto, o financiamento deve ser considerado suficiente quando permite que o Estado se desincumba de seus deveres disponibilizando, com qualidade, ações e serviços necessários para a satisfação das necessidades da população.[1247] Assim, especial atenção deve ser conferida quando se trata do financiamento das prestações que integram o núcleo essencial de um direito fundamental e/ou o conjunto de prestações que conformam o mínimo existencial.[1248]

Relativamente à atenção primária à saúde, a Declaração de Alma-Ata estabelece que "os governos devem formular políticas, estratégias e planos nacionais de ação para lançar/sustentar os cuidados

---

para o financiamento do SUS funcionou como um mecanismo indireto para a redução de seu alcance e efetividade mesmo que no discurso dominante, em geral, não são questionados os fundamentos básicos do SUS". MENICUCCI, Telma Maria Gonçalves. Implementação da Reforma Sanitária: a formação de uma política. *Saúde e Sociedade*, v.15, n. 2, p. 77, maio/ago. 2006. Mais recentemente, a Emenda Constitucional nº 86/15 introduziu no Direito brasileiro as emendas parlamentares impositivas. Estabeleceu-se que o gestor público deve executar os recursos previstos em razão de emendas parlamentares até o limite de 1,2% da receita corrente líquida da União. Porém, no que se refere à saúde, os dispositivos conduziram a uma retração dos investimentos obrigatórios previstos para o setor na medida em que reviu a base de cálculo do piso do financiamento público (recursos vinculados), estabelecendo percentuais progressivos da receita corrente líquida a partir de 2017 até atingir 15% no quinto exercício financeiro subsequente, e inseriu na base de cálculo das despesas mínimas com saúde recursos auferidos com a exploração das reservas de petróleo do pré-sal, antes consideradas fontes extras. BRASIL – Emenda Constitucional nº 86, de 17 de março de 2015 [em linha]. Acesso em: 16 jun. 2020. Disponível em: http://www.planalto.gov.br/ccivil_03/constituicao/emendas/emc/emc86.htm#art2. Em virtude dessa retração, foi ajuizada a Ação Direta de Inconstitucionalidade nº 5.595 perante o STF, já mencionada nesta tese, que teve decisão monocrática proferida pelo Ministro Ricardo Lewandowski determinando a suspensão da eficácia dos dispositivos impugnados. BRASIL. Supremo Tribunal Federal – Ação direta de inconstitucionalidade nº 5.595, cit. Por sua vez, a Emenda Constitucional nº 96/16 "congelou" as despesas públicas, incluindo aquelas destinadas ao financiamento da seguridade social, por vinte exercícios financeiros, durante os quais serão corrigidas apenas com base na variação da inflação do período. BRASIL – Emenda Constitucional nº 95, de 15 de dezembro de 2016 [em linha]. Acesso em: 16 jun. 2020. Disponível em: http://www.planalto.gov.br/ccivil_03/constituicao/emendas/emc/emc95.htm#art3. Por outro lado, para além da previsão orçamentária, há necessidade, ademais, de se avaliar a efetiva execução dos recursos. Como mostra Elida Graziane Pinto, no Brasil, no ano de 2005 – ano de elaboração da sua tese –, a execução dos recursos previstos para diversos programas estatais com previsão no orçamento não alcançou 10%. PINTO, Élida Graziane. *Financiamento dos Direitos Fundamentais no Brasil pós-Plano Real*, cit., p. 42-44.

[1247] PINTO, Élida Graziane. *Financiamento dos direitos à saúde e à educação*: uma perspectiva constitucional, cit., p. 25-26.

[1248] A previsão de dispositivos normativos que assegurem fontes de financiamento suficientes e estáveis para o custeio de direitos fundamentais é considerada por Élida Graziane Pinto garantia fundamental dos direitos sociais, integrante da dimensão objetiva desses direitos. PINTO, Élida Graziane. Erosão orçamentário-financeira dos direitos sociais na Constituição de 1988. *Ciência e Saúde Coletiva*, v. 24, n. 12, (dez. 2019), p. 4.474.

primários de saúde em coordenação com outros setores".[1249] Em seguida, realçando o caráter instrumental do financiamento para a efetividade do direito, afirma-se a necessidade de "agir com vontade política, *mobilizar os recursos do país* e utilizar racionalmente os recursos externos disponíveis".[1250] Na mesma linha, a Declaração de Astana enfatiza a necessidade de investimento na atenção primária à saúde para a melhoria dos resultados de saúde de um país.[1251]

Um princípio de financiamento adequado tem por objetivo, portanto, assegurar a previsão orçamentária e a disponibilidade financeira de recursos suficientes para atenção primária à saúde abrangente, orientada pelos princípios da universalidade, integralidade e equidade, assim como os demais descritos em seguida. Trata-se de diretriz necessária para a alocação dos recursos públicos com vistas a implementar cuidados de saúde que sejam centrados nas pessoas, correspondentes às suas necessidades, com ênfase nas atividades de promoção à saúde e de prevenção das doenças e enfoque coletivo, portanto, para além da atenção médica curativa de caráter individual.

Um princípio de financiamento adequado, sob a ótica da abordagem das capacidades, também tem por consequência a abertura de caminhos para a participação da comunidade no debate sobre a alocação dos recursos orçamentários, de forma esclarecida. Além disso, pode ser assegurado por meio da previsão normativa constitucional ou legal de fontes de financiamento, preferencialmente baseadas em contribuições prévias, desvinculadas da fruição dos serviços. Essas contribuições, uma vez constantes de normas constitucionais autoaplicáveis ou de dispositivos infraconstitucionais, podem permitir o controle da atividade administrativa do Estado, inclusive judicialmente. Ainda, tratando-se da efetividade de direito fundamental e do conjunto de prestações que compõem o núcleo essencial do direito à saúde, assim como daquelas que conformam o mínimo necessário para a existência condigna,

---

[1249] DECLARAÇÃO de Alma-Ata, cit.
[1250] DECLARAÇÃO de Alma-Ata, cit.
[1251] "Financing. We call on all countries to continue to invest in PHC to improve health outcomes. We will address the inefficiencies and inequities that expose people to financial hardship resulting from their use of health services by ensuring better allocation of resources for health, adequate financing of primary health care and appropriate reimbursement systems in order to improve access and achieve better health outcomes. We will work towards the financial sustainability, efficiency and resilience of national health systems, appropriately allocating resources to PHC based on national context. We will leave no one behind, including those in fragile situations and conflict-affected areas, by providing access to quality PHC services across the continuum of care." DECLARATION of Astana, cit.

defende-se uma proteção jurídica forte, que impõe um pesado ônus argumentativo para que se possa realocar ou contingenciar os recursos comprometidos com o financiamento da atenção primária à saúde.[1252]

5.6.2 Princípios organizacionais

Ao passo que os princípios gerais têm caráter mais abstrato e apresentam valores fundantes dos próprios sistemas de saúde, os princípios organizacionais orientam os arranjos dos serviços de saúde, sua disposição e a relação da atenção primária com os demais níveis de atenção em consonância com a sua definição e objetivos específicos.

a) Participação da comunidade

O direito à saúde, como se tem destacado, implica o dever de disponibilidade e a garantia de acesso a ações e serviços de saúde que satisfaçam as necessidades individuais e coletivas de uma população e que sejam apropriados e adequados. Dentre as diretrizes da OMS para a construção de sistemas de saúde mais equânimes e capazes de assegurar para todas as pessoas cuidados que supram suas privações

---

[1252] No Brasil, o Ministro Luiz Fux, em decisão monocrática no julgamento da Ação Direta de Inconstitucionalidade nº 4.663, assentou a existência de força vinculante mínima para as normas orçamentárias, impondo a necessária motivação do gestor público para justificar seu descumprimento. "As normas orçamentárias ostentam, segundo a lição da moderna doutrina financista, a denominada força vinculante mínima, a ensejar a imposição de um dever *prima facie* de acatamento, ressalvada a motivação administrativa que justifique o descumprimento com amparo no postulado da razoabilidade". BRASIL. Supremo Tribunal Federal – Ação Direta de Inconstitucionalidade nº 4.663. Relator: Min. Luiz Fux [em linha]. Diário do Judiciário Eletrônico, 15 dez. 2011. Acesso em: 18 jun. 2020. Disponível em: http://portal.stf.jus.br/processos/detalhe.asp?incidente=4149160. Em outra oportunidade, no julgamento da Arguição de Descumprimento de Preceito Fundamental nº 45, já mencionada nesta tese, o Ministro Celso de Mello, reconhecendo os desafios decorrentes da escassez de recursos para a implementação dos direitos sociais, afirmou, contudo, que não poderia o Estado frustrar a efetividade dessas normas por meio da indevida manipulação de sua atividade financeira: "É que a realização dos direitos econômicos, sociais e culturais – além de caracterizar-se pela gradualidade de seu processo de concretização – depende, em grande medida, de um inescapável vínculo financeiro subordinado às possibilidades orçamentárias do Estado, de tal modo que, comprovada, objetivamente, a incapacidade econômico-financeira da pessoa estatal, desta não se poderá razoavelmente exigir, considerada a limitação material referida, a imediata efetivação do comando fundado no texto da Carta Política.
Não se mostrará lícito, no entanto, ao Poder Público, em tal hipótese – mediante indevida manipulação de sua atividade financeira e/ou político-administrativa – criar obstáculo artificial que revele o ilegítimo, arbitrário e censurável propósito de fraudar, de frustrar e de inviabilizar o estabelecimento e a preservação, em favor da pessoa e dos cidadãos, de condições materiais mínimas de existência". BRASIL. Supremo Tribunal Federal – Medida Cautelar na Arguição de Descumprimento de Preceito Fundamental nº 45, cit.

e carências está a centralidade nas pessoas, o que implica permitir que os cidadãos possam influenciar os serviços de saúde e assumir a responsabilidade por sua própria saúde.[1253]

A participação da comunidade, a par de realizar o princípio democrático por meio da criação de condições para a participação da população na gestão da coisa pública, contribui para que as necessidades sejam melhor conhecidas e respondidas pelas políticas públicas, ao serem estabelecidas as prioridades e alocados os recursos provenientes do orçamento. O princípio incrementa, portanto, a responsividade do sistema de saúde, o que gera maior satisfação para o usuário.[1254]

A permeabilidade dos sistemas de saúde à participação comunitária é, ainda, uma decorrência da natureza complexa da noção de cidadania, como lembra Marshall.[1255] Os elementos civil, político e social que a compõem e que se expressam por meio dos direitos humanos e dos direitos fundamentais são interdependentes e se inter-relacionam. Por essa razão, a efetividade do direito à saúde não depende apenas da positivação no ordenamento jurídico e das garantias jurídico-institucionais estabelecidas, mas também da mobilização social para efetividade e correspondência das políticas públicas aos anseios dos usuários. Assim, os elementos civil e político reforçam a efetividade dos direitos sociais e vice-versa.

Para a abordagem das capacidades, a definição do objeto e da extensão do direito à saúde, o que repercute diretamente para a compreensão do princípio da integralidade, requer um processo democrático, tecnicamente informado, que concilie princípios procedimentais e substanciais de justiça. Nessa linha, as políticas públicas e a realização do direito à saúde devem corresponder à compreensão que cada sociedade constrói sobre o tema, inclusive sobre a extensão das responsabilidades individual, familiar, comunitária e estatal, sobre o processo de adoecimento e morte, a definição do padrão de

---

[1253] STARFIELD, Barbara. *Atenção primária*: equilíbrio entre necessidades de saúde, serviços e tecnologia, cit., p. 19.

[1254] Saulo Lindorfer Pivetta destaca que a participação da comunidade viabiliza que os cidadãos contribuam para o processo de tomada das decisões políticas do Estado. Trata-se, segundo o autor, de uma concepção mais "refinada" do princípio democrático, ao aproximar a máquina estatal dos cidadãos, "diminuindo a distância entre aqueles que governam e aqueles que são governados". PIVETTA, Saulo Lindorfer. *Direito fundamental à saúde*: regime jurídico, políticas públicas e controle judicial, cit., p. 138.

[1255] MARSHALL, T. H.; BOTTOMORE, Tom. *Citizenship and Social Class*, cit., p. 10.

integralidade,[1256] os critérios para a definição de prioridades e alocação de recursos,[1257] entre outros assuntos correlatos.

O princípio da participação da comunidade abre espaço para uma concepção de direitos humanos e de direitos fundamentais que vai além da dogmática tradicional e assume sua dimensão como produtos culturais, resultantes "de processos culturais de luta das pessoas pelos bens da vida".[1258] O princípio em comento deve sensibilizar, inclusive, o sistema de justiça, que, uma vez acionado, deve buscar alternativas extrajudiciais ou judiciais para a escuta dos interessados, em especial nos processos coletivos.[1259]

Em Portugal, a Constituição de 1976 estabelece que o Serviço Nacional de Saúde tem gestão participada. A Lei de Bases da Saúde (Lei nº 48/90) dispõe que "é promovida a participação dos indivíduos e da comunidade organizada na definição da política de saúde e planeamento

---

[1256] SANTOS, Lenir. Direito à saúde e qualidade de vida: um mundo de corresponsabilidades e fazeres, cit., p. 20.

[1257] PIVETTA, Saulo Lindorfer. *Direito fundamental à saúde:* regime jurídico, políticas públicas e controle judicial, cit., p. 145-146.

[1258] ROJAS, Rodrigo Cançado Anaya. *Participação popular e Ministério Público no Brasil:* defesa do regime democrático e dos interesses metaindividuais no marco de uma teoria crítica dos direitos humanos. Belo Horizonte: Arraes, 2012, p. 38.

[1259] Tratando do Ministério Público brasileiro, Rodrigo Rojas conclui para a necessidade de a instituição intensificar a participação social na defesa dos interesses coletivos: "Assim, tendo essa visão de direitos humanos como produtos culturais gestados em processos culturais emancipadores (propriamente ditos), construindo dignidade em um plano 'rizomático', imanente e politicamente inflexivo, propugna-se a radicalização da democracia participativa, que pressupõe a participação popular, como elemento transformador e criador de espaços igualitários na atuação do Ministério Público brasileiro na defesa dos interesses metaindividuais". ROJAS, Rodrigo Cançado Anaya. *Participação popular e Ministério Público no Brasil:* defesa do regime democrático e dos interesses metaindividuais no marco de uma teoria crítica dos direitos humanos, cit., p. 56. Antônio Joaquim Schellenberger Fernandes, após construir o marco teórico da mediação sanitária, a partir da experiência do Ministério Público de Minas Gerais que descreve em sua obra, ressalta que a proposta, por reunir os atores sociais envolvidos nas demandas de saúde antes mesmo da promoção de demandas perante o Poder Judiciário, "permite a construção de soluções para complexos problemas coletivos por meio de práticas democráticas nas quais se concretiza o compartilhamento de processos decisórios". FERNANDES, Antônio Joaquim Schellenberger. *Direito à saúde: tutela coletiva e mediação sanitária,* cit., p. 436. Em termos processuais, o Novo Código de Processo Civil brasileiro passou a prever a figura do *amicus curiae,* já presente nos procedimentos de controle abstrato de constitucionalidade, o qual pode participar do processo coletivo e influenciar a decisão judicial. Ademais, a realização de audiências públicas também permite a oitiva dos *stakeholders.* Esse instrumento foi utilizado com sucesso pelo Supremo Tribunal Federal no julgamento da Suspensão de Tutela Antecipada nº 175, que apreciou o tema da judicialização do direito à saúde. Na ocasião, foram ouvidos especialistas em Direito e Ciências da Saúde, assim como associações de pacientes e de usuários do sistema de saúde antes da deliberação da corte. BRASIL. Supremo Tribunal Federal – Agravo Regimental em Suspensão de Tutela Antecipada nº 175, cit.

e no controlo do funcionamento dos serviços" (Base II, 1, "g"). Por sua vez, a Lei nº 56/79, que dispõe sobre o Serviço Nacional de Saúde, prevê que os órgãos centrais do SNS devem "promover a descentralização decisória e a participação dos utentes no planeamento e na gestão dos serviços" (art. 19). Mais adiante, disciplina que a participação dos usuários e dos profissionais de saúde é exercida pela participação no Conselho Nacional de Saúde, no nível central. No nível regional e local, a participação ocorre nos "conselhos regionais de saúde e nas comissões e concelhias de apoio, previstos, respectivamente, nos artigos 39.º e 40.º deste diploma, para além da participação em órgãos de serviços, em termos a regulamentar" (art. 23º, n. 2).[1260]

Como se colhe a partir da declaração de Alma-Ata, a participação da comunidade está intrinsecamente relacionada à definição de atenção primária [1261] e se faz de fato necessária, dado que a atenção primária deve resolver a maior parte das necessidades de saúde de uma população, exceto aquelas incomuns e muito específicas.

Gastão Wagner de Sousa Campos e outros ressaltam que a participação da comunidade deve ocorrer não apenas por meio dos mecanismos institucionais como os conselhos de saúde. Para eles, "a participação na organização do processo de trabalho na ABS, em conjunto com a equipe, deve ser considerada como forma de garantir espaços de fala e escuta, balizando a gestão entre as necessidades/demandas e a disponibilidade de recursos existentes".[1262] Para os autores, essa verdadeira cogestão dos serviços de saúde com a população local reforça seu empoderamento e sua autonomia e faz com que a comunidade assuma corresponsabilidade no processo saúde *versus* doença, o que é de fundamental importância para o enfrentamento de muitas doenças e condições de saúde.[1263]

[1260] PORTUGAL – Lei nº 48, de 31 de julho de 1990, cit.

[1261] "(...) são cuidados essenciais de saúde baseados em métodos e tecnologias práticas, cientificamente bem fundamentadas e socialmente aceitáveis, colocadas ao alcance universal de indivíduos e famílias da comunidade, *mediante sua plena participação* e a um custo que a comunidade e o país possam manter em cada fase de seu desenvolvimento, no espírito de autoconfiança e automedicação." DECLARAÇÃO de Alma-Ata, cit.

[1262] CAMPOS, Gastão Wagner de Sousa *et al.* Reflexões sobre a atenção básica e a estratégia saúde da família, cit., p. 139.

[1263] Um importante exemplo da necessidade de empenho da comunidade para a prevenção de doenças é o caso da transmissão da dengue nos espaços urbanos no Brasil, já que boa parte dos criadouros do mosquito *Aedes aegypti*, vetor da doença, encontra-se em residências e imóveis privados de forma geral.

A participação da comunidade é especialmente importante para o desenvolvimento das estratégias de atenção primária em áreas com conflitos sociais, como é o caso de vilas e favelas, em que há a ação de grupos criminosos. A legitimidade das intervenções dos serviços de saúde junto à comunidade pode contribuir para facilitar o acesso dos serviços de saúde em locais onde outros setores e políticas públicas do Estado encontram dificuldades para se estabelecer.

A efetividade das práticas de participação comunitária é dependente e, ao mesmo tempo, fortalece o estreitamento de vínculos entre profissionais de saúde e população atendida, o que está diretamente ligado à orientação comunitária da atenção primária e sua longitudinalidade, princípios a serem analisados logo em seguida.

b) Coordenação

Os sistemas de saúde têm sido chamados a enfrentar demandas cada vez mais complexas nos dias atuais. Dentre as razões que são possíveis apontar, como já se indicou, estão o envelhecimento populacional e a transição epidemiológica, que têm contribuído para o aumento da incidência de doenças crônicas.[1264] Essas condições, que se mantêm ao longo de vários anos da vida, exigem um acompanhamento contínuo do usuário pelo sistema de saúde, assim como sua abordagem por uma gama variada de serviços e profissionais que realizam, por vezes concomitantemente, atendimentos de natureza variada. A contribuir para o quadro de complexidade, adiciona-se o fato de que essas pessoas por vezes têm mais de uma doença, ou seja, apresentam comorbidades e, não raramente, são atendidas por mais de um especialista.[1265]

Além disso, há que se destacar mais uma vez que a saúde é resultante não apenas das ações próprias do sistema de saúde de um país e dos cuidados por ele dispensados.[1266] Na verdade, há diversos fatores, de natureza pessoal e, também, externos e relacionados a condições ambientais e sociais que interferem na saúde individual e coletiva.

Dessa forma, os muitos serviços que compõem o sistema de saúde e que abrangem ações de promoção à saúde, prevenção e cura de doenças

---

[1264] GIOVANELLA, Lígia; MENDONÇA, Maria Helena Magalhães de. Atenção primária à saúde, cit., p. 585.
[1265] OLIVEIRA, Maria Amélia de Campos; PEREIRA, Iara Cristina. Atributos essenciais da atenção primária e da estratégia saúde da família, cit., p. 161.
[1266] SEN, Amartya. Why health equity?, cit., p. 660. RUGER, Jennifer Prah. Health and social justice, cit., p. 1.076.

e recuperação dos doentes, assim como atenção de variados níveis, precisam estar integrados entre si para gerarem mais eficiência na gestão e eficácia na produção de resultados. Assim, o princípio da coordenação propõe que a atenção primária à saúde tenha a responsabilidade e os meios para orientar os cuidados dispensados para os usuários e as diretrizes para as ações de caráter coletivo.

A coordenação dos cuidados pelo nível primário é uma medida de fundamental importância para o alcance da integralidade e da continuidade da atenção.[1267] Isso porque estas se realizam no sistema de saúde por meio dos vários serviços e profissionais empenhados. Cabe à atenção primária orientar o usuário dentro da teia formada pelos recursos disponíveis pelo sistema de saúde.[1268] Além disso, a implementação de estratégias para a efetivação do princípio da coordenação dos cuidados também pode evitar tratamentos desnecessários, duplicidade de medidas e medicalização excessiva,[1269] o que tende a ocorrer quando há desarticulação e fragmentação no sistema de saúde.

O princípio da coordenação tem como desdobramento a definição da atenção primária como porta de entrada preferencial do sistema de saúde. Salvo casos de urgência e outros excepcionais, o usuário deve ter o seu contato inicial com o sistema de saúde por meio da atenção primária. Aliás, é salutar e contribui para a eficácia das ações de saúde que este também vá até o usuário, sobretudo para as medidas de promoção da saúde e de prevenção das doenças, em especial no que se refere ao rastreio de condições de saúde mais graves e para populações vulneráveis.

Com base no princípio da coordenação, uma vez estabelecido que a atenção primária à saúde deve funcionar como porta de entrada, compete a ela desempenhar as ações de caráter coletivo e individual até o limite de suas competências. No entanto, nos casos em que houver necessidade de acesso a especialistas e cuidados de nível secundário e terciário, incumbe ao nível primário fazer o encaminhamento. Sem prejuízo do atendimento especializado, o nível primário deve continuar executando as ações de saúde que são de sua competência e inclusive integrar e conciliar as intervenções propostas pelos diversos

---

[1267] GIOVANELLA, Lígia; MENDONÇA, Maria Helena Magalhães de. Atenção primária à saúde, cit., p. 585.
[1268] NUNES, Rui. *Regulação da saúde*, cit., p. 82.
[1269] OLIVEIRA, Maria Amélia de Campos; PEREIRA, Iara Cristina. Atributos essenciais da atenção primária e da estratégia saúde da família, cit., p. 161.

profissionais, sobretudo no caso das comorbidades, assim procedendo à devida orientação do usuário. Para tanto, é necessário que os níveis especializados reportem ao nível primário as impressões sobre o caso, as providências adotadas e o prognóstico ou perspectivas de desfecho.

O princípio da coordenação reforça para os profissionais de saúde um dever de registro pormenorizado das informações sobre a saúde do usuário para que outros profissionais que atuem na dispensação de cuidados de saúde possam agir de forma coerente com as providências já adotadas. Nesse contexto, as tecnologias da informação, notadamente, a implantação de prontuários eletrônicos acessíveis por meio de redes próprias, com devida preservação da privacidade do usuário, são ferramentas que contribuem para maior efetividade da coordenação e da integração dos cuidados.[1270]

Sob o aspecto coletivo, a coordenação dos cuidados pelo nível primário, associada à orientação familiar e comunitária – tema a ser tratado a seguir –, faz com que este tenha informações de relevo sob as condições epidemiológicas, ambientais, sociais e outras que possam contribuir para que a gestão possa orientar as políticas públicas, tornando-as mais responsivas às necessidades da população atendida. Os serviços de atenção primária podem sugerir providências preventivas, como o incremento de medidas de combate a vetores de doenças que tenham maior incidência na comunidade. Aqui, o estabelecimento de normas impondo deveres de notificação e comunicação pelos profissionais de saúde do nível primário pode ser extraído do princípio em comento para assegurar sua maior efetividade.

[1270] A importância desses investimentos é destacada por Rui Nunes. Para ele "importa prestigiar, ainda mais, os cuidados de saúde primários através de um investimento na qualidade da formação de médicos e enfermeiros, recorrendo às novas tecnologias de informação (e-saúde, telemedicina, etc.), para que a atualização científica se proceda em tempo real. A criação de uma rede de informação (internet e extranet) permite, igualmente, reduzir a burocracia existente nos centros de saúde através da racionalização de procedimentos, designadamente do número de documentos e de impressos utilizados. A título de exemplo é já hoje prática corrente a utilização do *Google talk* como meio preferencial de comunicação dos diferentes profissionais na sua atividade quotidiana. NUNES, Rui. *Regulação da saúde*, cit., p. 81. Lígia Giovanella e Maria Helena Magalhães de Mendonça são enfáticas na importância das informações para a coordenação dos cuidados: "A essência da coordenação é a disponibilidade de informações acerca dos problemas prévios, o que requer a existência de prontuário de acompanhamento longitudinal (ao longo da vida) do paciente e o seu retorno ao generalista após o encaminhamento a profissional especializado, para apoio na elucidação diagnóstica ou na decisão e no manejo terapêutico". GIOVANELLA, Lígia; MENDONÇA, Maria Helena Magalhães de. Atenção primária à saúde, cit., p. 585.

c) Orientação familiar e comunitária

O desafio de conciliar medidas voltadas para a prevenção e tratamento de doenças, assim como os cuidados individuais e coletivos, está posto para os sistemas de saúde desde o vetusto Relatório Dawson.[1271] Atualmente, essa necessidade permanece presente inclusive como estratégia para fazer face ao crescimento das despesas em saúde, já que as políticas públicas de prevenção de doenças com caráter coletivo contribuem para reduzir a necessidade de uso de serviços especializados, de custo mais elevado.[1272]

A atenção primária à saúde, na concepção defendida neste trabalho, tem por característica integrar medidas preventivas e curativas, individuais e coletivas. Propõe-se uma abordagem abrangente dos problemas de saúde que permita responder com resolutividade às principais necessidades de saúde de uma população.

As medidas de promoção da saúde e de prevenção de doenças são especialmente fortalecidas quando a atenção primária à saúde está orientada para a família e a comunidade, pois isto proporciona uma compreensão ampla do processo saúde-doença e da "necessidade de intervenções para além das práticas curativas".[1273] Para certos grupos populacionais, como idosos e crianças, a criação de vínculos entre a família e a equipe de saúde e o seu envolvimento no planejamento dos cuidados contribuem decisivamente para a qualidade da atenção prestada para o usuário.[1274]

A orientação familiar requer que a família seja considerada como destinatária da atenção à saúde. Hodiernamente, a compreensão de família vai além dos laços de parentesco. Sem pretender se aprofundar no tema, que não é objeto desta obra, reconhece-se que "a família é

[1271] REINO UNIDO – *Informe Dawson sobre el futuro de los servicios médicos y afines, 1920*, cit., p. 3.

[1272] "In the early twenty-first century, health care and public health are each under pressure to reintegrate. Policymakers and private health plans facing escalating health care costs are increasingly interested in community prevention as a strategy for reducing the need for more expensive disease management in the long run." WILEY, Lindsay F. From patient rights to health justice: securing the public's interest in affordable, high-quality health care, cit., p. 867.

[1273] OLIVEIRA, Maria Amélia de Campos; PEREIRA, Iara Cristina. Atributos essenciais da atenção primária e da estratégia saúde da família, cit., p. 159.

[1274] REICHERT, Altamira Pereira da Silva *et al*. Orientação familiar e comunitária na Atenção Primária à saúde. *Ciência e saúde coletiva*, v. 21, n. 1, p. 120, 2016.

um grupo social fundado essencialmente nos laços de afetividade"[1275] no contexto de um Estado democrático e pluralista. Para fins de levantamento estatístico, o Instituto Brasileiro de Geografia e Estatística – IBGE – considerou família como "o conjunto de pessoas ligadas por laços de parentesco, dependência doméstica ou normas de convivência, que residissem na mesma unidade domiciliar e, também, a pessoa que morasse só em uma unidade domiciliar".[1276] Trata-se de compreensão que repercute no campo da saúde coletiva, uma vez que boa parte das informações levantadas pelo IBGE orienta políticas públicas setoriais da saúde no Brasil.

Assim sendo, a se observar o princípio da orientação familiar, "a avaliação das necessidades para a atenção integral considera o contexto familiar e sua exposição a ameaças à saúde".[1277] A equipe de saúde precisa realizar visitas domiciliares para conhecer a dinâmica do grupo familiar e as características que podem prevenir ou contribuir para o adoecimento dos seus membros.

Um dos instrumentos que materializam a orientação familiar no cotidiano do serviço de saúde é o relato das informações da família em um prontuário familiar. Dessa forma, a longitudinalidade dos cuidados passa a ser assegurada não apenas em relação aos indivíduos isoladamente, como também para a família como grupo social. Sob o aspecto jurídico, o princípio da orientação familiar implica para os profissionais de saúde um dever de registro das informações da família para o fim de seu acompanhamento, sobretudo para a realização de medidas preventivas e de promoção à saúde, independentemente da presença de doenças.

Por outro lado, a efetividade da atenção primária, notadamente das medidas de promoção à saúde e de prevenção de doenças, é fortalecida quando as equipes de atenção primária assumem a responsabilidade pela melhoria da saúde de um grupo de usuários a elas vinculado. O conhecimento do território em que essas pessoas estão inseridas, o levantamento das informações epidemiológicas, notadamente, as

---

[1275] DIAS, Maria Berenice. *Manual de direito das famílias*. 4. ed. São Paulo: RT, 2007, p. 41.

[1276] BRASIL. Instituto Brasileiro de Geografia e Estatística – *Pesquisa Nacional por Amostra de Domicílios, 1998* [em linha]. Brasília: Instituto Brasileiro de Geografia e Estatística, 1998, p. XXI. Acesso em: 23 maio 2019. Disponível em: https://biblioteca.ibge.gov.br/visualizacao/periodicos/59/pnad_1998_v20_br.pdf.

[1277] REICHERT, Altamira Pereira da Silva *et al*. Orientação familiar e comunitária na Atenção Primária à saúde, cit., p. 120.

características demográficas e aquelas mais diretamente relacionadas ao processo de saúde e adoecimento, devem ser o ponto de partida para o planejamento das intervenções.[1278] Nesse contexto, a orientação comunitária consiste em um "processo contínuo por meio do qual os cuidados primários são prestados a uma comunidade definida com base na avaliação de suas necessidades de saúde por meio da integração planejada de práticas de saúde pública com serviços de cuidados primários".[1279] Na prática, a orientação comunitária da atenção primária à saúde envolve a definição e caracterização do grupo atendido, o estabelecimento das prioridades, avaliação dos principais problemas de saúde selecionados, planejamento e execução da intervenção e avaliação.[1280] Essa compreensão abrangente da equipe de saúde permite que os profissionais de saúde possam entender e agir sobre determinantes sociais mais amplos da saúde das pessoas, assim como utilizar recursos comunitários previamente estabelecidos, notadamente serviços prestados por ativistas e organizações do terceiro setor nas áreas de lazer, esporte e cultura, em benefício dos usuários.

A orientação comunitária é facilitada quando há adscrição da população a uma unidade de saúde, ou seja, esta tem como dever prestar cuidados de saúde para as pessoas que vivem em certo território, o que não ocorre quando há livre escolha da equipe ou médico da atenção primária à saúde pelo usuário.[1281]

Convém destacar que a definição de território não deve ter em conta apenas aspectos geográficos relacionados à localização das pessoas. Embora importante, outros aspectos, como o compartilhamento de

---

[1278] MULLAN, Fitzhugh; EPSTEIN, Leon. Community-oriented primary care: new relevance in a changing world. *American Journal of Public Health*, v. 92, n. 11, p. 1.748, Nov. 2002.

[1279] MULLAN, Fitzhugh; EPSTEIN, Leon. Community-oriented primary care: new relevance in a changing world, cit., p. 1.750. Tradução livre do autor.

[1280] DE PAULA, Weslla Karla Albuquerque Silva *et al.* Orientação comunitária e enfoque familiar: avaliação de usuários e profissionais da estratégia saúde da família. *Cadernos de Saúde Coletiva*, v. 25, n. 2, p. 243, 2017. MULLAN, Fitzhugh; EPSTEIN, Leon. Community-oriented primary care: new relevance in a changing world, cit., p. 1.751.

[1281] Gastão Wagner de Sousa Campos e outros, ao tratar da estratégia saúde da família – modo prioritário de organização da atenção primária à saúde no Brasil –, afirmam que "recomenda-se que cada Equipe de Saúde da Família bem como outras com função de Apoio Matricial tenham a seu encargo o cuidado à saúde de um conjunto de pessoas que vivem em um mesmo território. A Equipe deve conhecer os condicionantes de saúde dessa região, bem com identificar risco e vulnerabilidade de grupos, famílias e pessoas, desenvolvendo projetos singulares de intervenção. A construção de vínculo depende desse desenho organizacional e também da ligação longitudinal – horizontal ao longo do tempo – entre Equipe e usuários". CAMPOS, Gastão Wagner de Sousa *et al.* Reflexões sobre a atenção básica e a estratégia saúde da família, cit., p. 139.

interesses e a similaridade das demandas e necessidades, devem ser levados em conta em conjunto com as características geográficas.[1282]

Outros instrumentos jurídicos podem ser utilizados para o fortalecimento da orientação comunitária da atenção primária à saúde, como a contratualização de metas de caráter coletivo a serem alcançadas pelas equipes de saúde (cobertura vacinal de grupos vulneráveis, número de visitas e atendimentos domiciliares realizados), com pagamento variável conforme sejam atingidas metas propostas (pagamento por performance), prática já existente na Inglaterra, em Portugal e no Brasil. Além disso, para que a equipe se torne um repositório de informações relevantes sobre as famílias e comunidades atendidas e, sobretudo, para que sejam estabelecidas relações de mútua confiança, mostra-se necessário que os profissionais de saúde mantenham vínculos de trabalho estáveis com o sistema de saúde, evitando-se a excessiva rotatividade de trabalhadores, com prejuízo, designadamente, para ações de saúde prestadas para populações vulneráveis em áreas de conflito e sob ação da criminalidade organizada, como vilas e favelas brasileiras.

5.6.3 Princípios operacionais

Os princípios operacionais são normas que disciplinam a relação entre a atenção primária e os usuários dos serviços de saúde no que se refere ao acesso às ações de saúde, assim como aos direitos e deveres no plano prático do dia a dia dos serviços de saúde.

a) Acessibilidade e primeiro contato

A disponibilidade de serviços de atenção à saúde com acesso facilitado é um fator que contribui para a redução do adoecimento e da mortalidade. Pessoas que não têm dificuldades para a utilização dos serviços de saúde buscam atendimento com maior frequência e de forma continuada ao serem comparadas a outras que enfrentam dificuldades de natureza geográfica, financeira ou organizacional. Por outro lado, pessoas que sofrem restrições para a utilização dos serviços de seus planos ou seguros de saúde têm uma probabilidade menor de receber atenção à saúde quando necessária, de ter acompanhamento de seu estado de saúde, prevenir o adoecimento e apresentam uma deterioração

---

[1282] MULLAN, Fitzhugh; EPSTEIN, Leon. Community-oriented primary care: new relevance in a changing world, cit., p. 1.750.

de sua condição de saúde.[1283] Dessa forma, a acessibilidade aos serviços de saúde, de forma geral, deve ser uma preocupação dos gestores e operadores do Direito, com vistas a reduzir as barreiras existentes.

É necessário esclarecer que a acessibilidade é um princípio e uma qualidade que se busca atribuir aos serviços de saúde. Relaciona-se com a oferta e disponibilidade de serviços de saúde necessários e adequados que possam ser utilizados no tempo certo sem barreiras geográficas, financeiras, organizacionais, socioculturais, entre outras. De outro lado, a forma como a utilização dos serviços de saúde se efetiva segundo a experiência dos usuários corresponde à definição de acesso.[1284]

A acessibilidade é um princípio que repercute diretamente na garantia do acesso universal. A par da oferta de serviços e da previsão em abstrato do acesso universal, há aspectos que, na prática, podem comprometer a utilização dos serviços ainda quando presente a necessidade do usuário. Assim, ainda que considerada a necessidade de escala para a implantação de certos serviços de saúde, o que impõe sua regionalização, quando se avalia a essencialidade da atenção primária, o princípio da acessibilidade exige que estes sejam ofertados o mais próximo possível do usuário. É necessário considerar, entre outros aspectos, a distância, tempo de deslocamento e custo do transporte. Para além disso, a gestão dos serviços deve ser orientada para facilitar sua utilização pelo usuário.[1285] Dessa forma, as unidades de saúde devem prezar por um bom acolhimento do usuário, o que implica a preparação da equipe de atenção primária para receber demandas variadas, avaliar os riscos e garantir seu atendimento com o objetivo de conferir a máxima resolutividade para o atendimento.[1286] Ainda sob o aspecto organizacional, é necessário estabelecer o funcionamento das unidades de atenção primária à saúde em horários alternativos, que permitam

---

[1283] STARFIELD, Barbara. *Atenção primária*: equilíbrio entre necessidades de saúde, serviços e tecnologia, cit., p. 209-210.

[1284] STARFIELD, Barbara. *Atenção primária*: equilíbrio entre necessidades de saúde, serviços e tecnologia, cit., p. 225. OLIVEIRA, Maria Amélia de Campos; PEREIRA, Iara Cristina. Atributos essenciais da atenção primária e da estratégia saúde da família, cit., p. 160.

[1285] Segundo Pedro Pita Barros, "uma melhor organização da atividade e uma melhor cobertura aumentam a acessibilidade da população aos cuidados de saúde, devendo daqui decorrer um aumento na utilização dos serviços de saúde (maior atividade das USF) que corresponde à satisfação de necessidades de saúde que não se encontravam anteriormente satisfeitas. O efeito de acessibilidade é um efeito positivo do ponto de vista do bem-estar social". BARROS, Pedro Pita. *Economia da Saúde*: conceitos e comportamentos, cit., p. 306.

[1286] CAMPOS, Gastão Wagner de Sousa *et al*. Reflexões sobre a atenção básica e a estratégia saúde da família, cit., p. 138.

conciliar as necessidades pessoais do usuário (frequência ao trabalho, cuidado de filhos e de parentes idosos, etc.) com o comparecimento à unidade de atenção primária à saúde. A par disso, deve-se facilitar o agendamento do atendimento, assim como de eventuais exames para os diagnósticos, e ter especial atenção ao tempo de espera pelas consultas e exames complementares. O tempo de espera para marcar o atendimento e o tempo na unidade de saúde são barreiras que implicam uma menor procura dos serviços pelos usuários. Ademais, as unidades de saúde precisam estar adaptadas e sem barreiras arquitetônicas para o atendimento das pessoas com deficiências ou em situações de mobilidade reduzida. Sob o enfoque econômico, o princípio da acessibilidade requer que se considere os valores cobrados a título de copagamentos e de taxas moderadoras para que não constituam óbices para o uso dos serviços de saúde. Finalmente, as equipes que prestam as ações da atenção primária à saúde devem se inserir no contexto sociocultural em que atuam de forma a compreender as crenças, hábitos, formas de comunicação e limitações educacionais da comunidade atendida[1287] Para o Comitê das Nações Unidas para Direitos Econômicos, Sociais e Culturais a acessibilidade tem uma dimensão de não discriminação que requer especial consideração quanto aos grupos sociais vulneráveis e marginalizados para que sua condição não seja limitadora do acesso à saúde.[1288]

Além de disponíveis e acessíveis em seus variados aspectos, a atenção primária à saúde precisa ser estabelecida como atenção de primeiro contato, porta de entrada preferencial do sistema de saúde. Como já se demonstrou, essa medida repercute profundamente para

---

[1287] A remoção das barreiras de acesso à atenção primária é de suma importância para que eles possam cumprir seu papel adequadamente. Segundo Barbara Starfield, "uma melhor acessibilidade aos serviços estava associada a uma maior probabilidade de atenção ao primeiro contato e continuidade com o médico de atenção primária. (...) Um aumento no número de barreiras ao acesso foi associado a menos atenção ao primeiro contato e continuidade mais baixa". STARFIELD, Barbara. *Atenção primária*: equilíbrio entre necessidades de saúde, serviços e tecnologia, cit., p. 210-211.

[1288] UNITED NATIONS. Office of the High Commissioner for Human Rights – *General Comment No. 14: The Right to the Highest Attainable Standard of Health (Art. 12)*, cit., n. 12. A abordagem de determinados grupos populacionais vulneráveis, como idosos acamados, pessoas em situação de rua e com transtornos mentais, por exemplo, exige dos profissionais de saúde mais que a simples disponibilidade para atendimento. Nestes casos, a efetiva acessibilidade implica a busca ativa dessas pessoas, a fim de levar as ações preventivas e curativas até elas, sobretudo nos casos de doenças e condições de saúde graves e outras de interesse coletivo, como a proteção da maternidade, ou por implicarem eventual contágio ou disseminação para outras pessoas.

a contenção de custos dos cuidados de saúde, assim como para se incrementar a eficiência e a efetividade do sistema de saúde, gerando melhores resultados para a população. Essa medida contribui para o uso racional dos recursos ofertados pelo sistema de saúde.[1289]

Assim sendo, sob o aspecto normativo, a atenção primária deve ser estabelecida como atenção de primeiro contato, definindo-se que o acesso aos cuidados diferenciados, salvo situações excepcionais, devidamente justificadas, como o atendimento a situações de urgência e emergência, deve ser utilizado mediante o encaminhamento do nível primário. Uma vez definido que a atenção primária à saúde é a atenção de primeiro contato, a fim de se compatibilizar o efeito de filtro dessa atenção com o princípio da integralidade, o princípio do primeiro contato ou porta de entrada requer o estabelecimento de protocolos clínicos orientados pelas melhores evidências científicas disponíveis para se definir critérios de admissão e de exclusão do uso de serviços e de insumos disponibilizados pelo sistema de saúde, o que pode ser feito por meio de atos normativos infralegais, assegurando-se maior flexibilidade para a atuação do gestor público.[1290]

[1289] A definição de uma porta de entrada do sistema de saúde facilita a orientação do usuário quando pretender buscar atendimento para a sua necessidade. Por outro lado, os médicos que atuam nos níveis de atenção primária têm maior aptidão para exercer essa função, uma vez que têm contato com uma maior variedade de condições de saúde que os especialistas e habituam-se a acolher doentes no estágio inicial de manifestação da doença. Por seu turno, os especialistas, como normalmente tratam condições de saúde mais sérias, tendem a utilizar mais recursos tecnológicos, o que seria desnecessário na abordagem das necessidades mais comuns e recorrentes, como esclarece Barbara Starfield. STARFIELD, Barbara. *Atenção primária*: equilíbrio entre necessidades de saúde, serviços e tecnologia, cit., p. 215.

[1290] A importância da fundamentação científica e do estabelecimento de protocolos para a definição de critérios para o acesso aos cuidados diferenciados pode ser aferida a partir dos esclarecimentos de Barbara Starfield: "Se o propósito da porta de entrada for fornecer um uso mais racional de recursos, deveria haver uma fundamentação científica para a crença de que os profissionais de atenção primária podem julgar de forma eficaz e eficiente quem deve ser encaminhado a um especialista ou não. Sem uma clara fundamentação para o que deveria ser mantido na atenção primária e o que deveria ser encaminhado, sempre haverá a suspeita de que fatores como as contenções de despesas estão controlando as decisões". STARFIELD, Barbara. *Atenção primária*: equilíbrio entre necessidades de saúde, serviços e tecnologia, cit., p. 223. Mais adiante, a autora acrescenta que "a especificação dos critérios justificáveis para o encaminhamento também facilitará o desenvolvimento de sistemas para melhorar a capacidade do médico de atenção primária para coordenar a atenção – um importante corolário de um papel racional da porta de entrada". STARFIELD, Barbara. *Atenção primária*: equilíbrio entre necessidades de saúde, serviços e tecnologia, cit., p. 224. A visão proposta para o papel da porta de entrada tem perfeita consonância com a concepção que se defende do direito à saúde a partir da abordagem das capacidades e que tem por orientação assegurar a todos os cuidados que sejam necessários e tecnicamente apropriados.

Em resumo, os princípios de acessibilidade e primeiro contato orientam a disciplina da atenção primária de forma a aproximar os serviços dos usuários, facilitando a realização das atividades preventivas e curativas, assim como o estabelecimento da atenção primária como porta de entrada do sistema de saúde por meio da qual se efetiva o atendimento integral às necessidades dos cidadãos.

b) Longitudinalidade

A atenção primária à saúde, como visto, constitui um nível de atenção e uma forma de compreensão do sistema de saúde que pretende ser a base para uma abordagem que coloca as pessoas como centro da atenção, dispensando cuidados mais humanizados e eficientes, com ênfase na promoção da saúde e na prevenção de doenças. A humanização da atenção e a eficiência das estratégias de promoção da saúde e de prevenção das doenças são reforçadas quando a atenção primária à saúde observa o princípio da longitudinalidade.

A longitudinalidade implica a oferta de atenção à saúde ao longo do tempo, independentemente da presença ou da ausência de doenças.[1291] A unidade de saúde e a sua equipe de atenção primária estabelecem-se como ponto de atenção contínua e habitual para um grupo de usuários ou uma comunidade. Busca-se estabelecer vínculos entre a equipe de saúde e os usuários a fim de que os profissionais reconheçam e assumam a responsabilidade por ofertar a atenção à saúde para uma comunidade ou grupo de pessoas de forma habitual, ao passo que os usuários devem reconhecer a unidade de saúde e sua equipe como fonte habitual de cuidados de saúde.[1292]

[1291] STARFIELD, Barbara. *Atenção primária:* equilíbrio entre necessidades de saúde, serviços e tecnologia, cit., p. 247. OLIVEIRA, Maria Amélia de Campos; PEREIRA, Iara Cristina. Atributos essenciais da atenção primária e da estratégia saúde da família, cit., p. 160. Nas palavras de Lígia Giovanella e Maria Helena Magalhães de Mendonça, a longitudinalidade implica "a assunção de responsabilidade longitudinal pelo paciente com continuidade da relação profissional/equipe/unidade de saúde-paciente ao longo da vida, independentemente da ausência ou presença de doença". GIOVANELLA, Lígia; MENDONÇA, Maria Helena Magalhães de. Atenção primária à saúde, cit., p. 584.

[1292] STARFIELD, Barbara. *Atenção primária*: equilíbrio entre necessidades de saúde, serviços e tecnologia, cit., p. 248. A Política Nacional de Atenção Básica em vigor no Brasil estabelece a longitudinalidade do cuidado como diretriz e dispõe que "pressupõe a continuidade da relação de cuidado, com construção de vínculo e responsabilização entre profissionais e usuários ao longo do tempo e de modo permanente e consistente, acompanhando os efeitos das intervenções em saúde e de outros elementos na vida das pessoas, evitando a perda de referências e diminuindo os riscos de iatrogenia que são decorrentes do desconhecimento

A partir da longitudinalidade, pretende-se que a equipe de saúde possa conhecer o grupo de pessoas a que presta cuidados de saúde, desde suas características pessoais, assim como os aspectos ambientais, sociais e culturais em que estão inseridas. A dispensação de cuidados ao longo do tempo permite que os profissionais de saúde possam conhecer com maior profundidade o histórico do usuário, o que normalmente não ocorre com os cuidados dispensados por especialistas, por serem pontuais e ocorrerem, normalmente, quando há o adoecimento. Assim, a literatura aponta que "os médicos que desenvolveram uma relação com os pacientes são mais capazes de avaliar suas necessidades do que os médicos que não estão familiarizados com o paciente".[1293] Com isso, pode-se afirmar a tendência de "diagnósticos e tratamentos mais precisos, que reduzem os encaminhamentos desnecessários para especialistas e a realização de procedimentos de maior complexidade".[1294]

Os benefícios da prestação de cuidados primários longitudinais estão bem documentados na literatura científica, como relata Barbara Starfield. Nessa linha, a identificação de um ponto habitual de atenção à saúde facilita o acesso e a frequência do usuário ao serviço. Trata-se de um fator determinante para que os usuários tenham acesso aos cuidados preventivos necessários, o que se deve à maior probabilidade de manterem em dia suas consultas de revisão e controle.[1295] Dessa forma, as pessoas que mantêm uma relação prolongada com serviços de saúde de referência têm menos tendência a sofrerem internações. Ademais, caso estas aconteçam, têm duração menor. Consequentemente, a longitudinalidade contribui para a redução dos custos totais dos cuidados dispensados, ainda que os usuários tenham passado por

---

das histórias de vida e da falta de coordenação do cuidado". BRASIL. Ministério da Saúde – Portaria nº 2.436, de 21 de setembro de 2017, cit.

[1293] STARFIELD, Barbara. *Atenção primária*: equilíbrio entre necessidades de saúde, serviços e tecnologia, cit., p. 252. Mais adiante, a autora acrescenta ainda que, "quando os profissionais conhecem os pacientes, eles são mais capazes de julgar a necessidade de intervenções diagnósticas e de avaliar os méritos relativos de diferentes modos de intervenção". STARFIELD, Barbara. *Atenção primária*: equilíbrio entre necessidades de saúde, serviços e tecnologia, cit., p. 260-261.

[1294] OLIVEIRA, Maria Amélia de Campos; PEREIRA, Iara Cristina. Atributos essenciais da atenção primária e da estratégia saúde da família, cit., p. 160.

[1295] STARFIELD, Barbara. *Atenção primária*: equilíbrio entre necessidades de saúde, serviços e tecnologia, cit., p. 257.

um maior número de atendimentos, o que decorre do menor custo da atenção primária em relação aos cuidados especializados.[1296]

A longitudinalidade da atenção primária também é benéfica para a saúde de gestantes e de seus filhos. Assim, quando a gestante se submete ao atendimento pré-natal regular em continuidade aos seus próprios cuidados pessoais, há menor probabilidade de ocorrência de maus resultados no nascimento, em especial, baixo peso.[1297] Trata-se, assim, de medida especialmente relevante para a efetividade do direito à saúde em seu conteúdo mínimo e característico, já que o art. 12º do Pacto Internacional de Direitos Econômicos, Sociais e Culturais prevê que os Estados signatários deverão adotar medidas para a redução da mortalidade infantil, assim como para o desenvolvimento sadio das crianças.

Sob a perspectiva dos usuários, o estabelecimento de vínculos estáveis com um profissional ou uma equipe de saúde e o reconhecimento de uma unidade como local habitual para o acesso aos cuidados estão associados a uma maior satisfação com o serviço de saúde. Como destaca Barbara Starfield, "ao longo do tempo, um senso de confiança no médico pode deixar os pacientes mais confortáveis para relatar informações relevantes e a responder melhor às suas recomendações".[1298]

O princípio da longitudinalidade, para o Direito, implica a adoção de medidas para que sejam estabelecidos vínculos profissionais estáveis entre os profissionais de saúde e o sistema de saúde. Além de identificar um ponto de atenção habitual (unidade de saúde), a longitudinalidade se fortalece com a criação de vínculos pessoais entre o usuário e os profissionais de saúde,[1299] o que fica prejudicado com a mudança constante do responsável pelo atendimento decorrente da precarização do vínculo profissional.

[1296] STARFIELD, Barbara. *Atenção primária*: equilíbrio entre necessidades de saúde, serviços e tecnologia, cit., p. 258.

[1297] STARFIELD, Barbara. *Atenção primária*: equilíbrio entre necessidades de saúde, serviços e tecnologia, cit., p. 258.

[1298] STARFIELD, Barbara. *Atenção primária:* equilíbrio entre necessidades de saúde, serviços e tecnologia, cit., p. 254-255.

[1299] Nessa linha, Gastão Wagner de Sousa Campos e outros afirmam que "a possibilidade de se construírem vínculos duradouros com os pacientes é condição para o aumento de eficácia das intervenções clínicas, sejam essas diagnósticas, terapêuticas ou de reabilitação". CAMPOS, Gastão Wagner de Sousa *et al.* Reflexões sobre a atenção básica e a estratégia saúde da família, cit., p. 138.

Além disso, o princípio da longitudinalidade implica a delimitação do público atendido pelo profissional ou equipe de saúde, o que normativamente requer a previsão do dever de cadastro do usuário junto a uma unidade ou profissional de saúde[1300] ou a adscrição territorial da clientela atendida,[1301] como ocorre no Brasil, em que as unidades e equipes de saúde se tornam responsáveis pela atenção primária da população de um determinado território. As pessoas residentes nesse território são cadastradas pela unidade de saúde para a dispensação dos cuidados de promoção da saúde, prevenção de doenças, cura e reabilitação.

Ainda, com o objetivo de assegurar o acompanhamento dos usuários ao longo dos anos, incumbe aos profissionais de saúde o registro de todas as informações relevantes sobre as pessoas atendidas, resguardada a intimidade do paciente, inclusive para o fim de serem acessadas pelos especialistas quando necessário o encaminhamento para níveis de cuidados diferenciados.

c) Responsabilidade pessoal ou dever de colaboração e cooperação

Os estudos sobre a prestação de cuidados de saúde e o direito fundamental à saúde, em grande parte, concentram-se nos temas relacionados ao conteúdo e limites da prerrogativa dos cidadãos de exigirem do Estado o atendimento às suas demandas. Nessa linha, Maria João Estorninho e Tiago Macieirinha afirmam a natureza obrigacional da relação jurídica mantida entre o usuário dos serviços de saúde e o Estado, em Portugal, que atribui a este último um dever de prestar e assegurar ao primeiro a "condição de titular de verdadeiros e próprios direitos de crédito, cujo cumprimento pode exigir".[1302] Ao tratar do mesmo tema, Licínio Lopes Martins destaca o caráter estatutário da relação usuário-SNS em Portugal, ou seja, é uma relação jurídico-administrativa.[1303]

Não se pretende, com essas afirmações, criticar as conclusões da doutrina especializada, sobretudo no contexto de países que assumem

---

[1300] É o que ocorre na Inglaterra, onde o usuário deve inscrever-se junto a um GP, segundo sua livre escolha.
[1301] GIOVANELLA, Lígia; MENDONÇA, Maria Helena Magalhães de. Atenção primária à saúde, cit., p. 584.
[1302] ESTORNINHO, Maria João; MACIEIRINHA, Tiago. *Direito da saúde*, cit., p. 207-208.
[1303] MARTINS, Licínio Lopes. *Tratado de Direito Administrativo especial, vol. III: Direito Administrativo da saúde*, cit., p. 304.

a saúde como direito fundamental. Contudo, pode-se afirmar, corroborando as conclusões de Casalta Nabais, que o tema dos deveres tem sido esquecido pela doutrina,[1304] inclusive, portanto, no que se refere ao trato do direito à saúde.

Como esclarece Jorge Miranda, "dever é a situação jurídica passiva, pela qual uma pessoa fica adstrita a um comportamento de agir ou de não agir".[1305] Trata-se de determinação de conduta que deve constar do ordenamento jurídico e que, no caso de descumprimento, via de regra, tem por consequência a aplicação de uma sanção, a execução forçada da conduta prescrita ou uma indenização.[1306]

Na atualidade, o Estado Democrático de Direito tem como fundamento e escopo a proteção da dignidade da pessoa humana. Como já se indicou, a proteção da autonomia das pessoas, a criação de condições para seu florescimento e o alcance da liberdade substancial são a razão de ser das políticas públicas estatais. Essa orientação emancipadora do indivíduo confere primazia à liberdade e ganha conteúdo por meio da garantia de direitos fundamentais de variadas matrizes ideológicas.

A proteção da dignidade da pessoa humana, ainda que possa resultar em uma primazia da tutela da liberdade, não deve significar um desprezo pelos deveres jurídicos. Com efeito, a liberdade de realizar escolhas implica a correspondente responsabilidade por elas. Há que se compreender o indivíduo como "um ser simultaneamente livre e responsável",[1307] como pontua Casalta Nabais.[1308] Por outro lado, a convivência social dentro da organização jurídico-política do Estado tem uma dimensão comunitária que gera deveres para com a coletividade, os quais podem servir de fundamento para a limitação de direitos fundamentais, inclusive, das liberdades.[1309]

[1304] NABAIS, José Casalta. A face oculta dos direitos fundamentais: os deveres e os custos dos direitos, cit., p. 165. NABAIS, José Casalta. Dos deveres fundamentais. *In:* NABAIS, José Casalta. *Por uma liberdade com responsabilidade*: estudos sobre direitos e deveres fundamentais. Coimbra: Coimbra editora, 2008, p. 197-199. Stephen Holmes e Cass Sunstein, por sua vez, chamam a atenção para os deveres correlatos dos titulares de direitos e a necessidade de seu exercício de forma responsável. HOLMES, Stephen; SUNSTEIN, Cass R. *The cost of rights: why liberty depends on taxes*, cit., p. 146 e 149.

[1305] MIRANDA, Jorge. *Manual de direito constitucional*, cit., p. 110.

[1306] PECES-BARBA MARTÍNEZ, Gregório. Los deberes fundamentales. *Doxa* [em linha], n. 04, p. 335, 1987. Acesso em: 27 maio 2019. Disponível em: http://hdl.handle.net/10045/10915.

[1307] NABAIS, José Casalta. A face oculta dos direitos fundamentais: os deveres e os custos dos direitos, cit., p. 169.

[1308] No mesmo sentido, MIRANDA, Jorge. *Manual de direito constitucional*, cit., p. 115.

[1309] ANDRADE, José Carlos Vieira de. *Os direitos fundamentais na Constituição portuguesa de 1976*, cit., p. 159. Casalta Nabais, discorrendo sobre o aspecto comunitário da vida social,

A proteção de bens e valores relevantes para a sociedade passa não só pela consagração de direitos como também pelo estabelecimento de deveres fundamentais. Estes, ainda que em certos casos possam ter relação com direitos estabelecidos no ordenamento jurídico, gozam de autonomia normativa. Assim, são "uma categoria constitucional própria, expressão imediata ou directa de valores e interesses comunitários diferentes e contrapostos aos valores e interesses individuais consubstanciados na figura dos direitos fundamentais", como pontua Casalta Nabais.[1310] É possível afirmar, ainda, que há uma assimetria entre direitos e deveres fundamentais.[1311]

Os deveres fundamentais estão consagrados em diversos textos constitucionais, seja em títulos e capítulos específicos, de forma esparsa, expressa ou implicitamente.[1312] Para Gregório Peces-Barba Martínez, referem-se a:

> (...) dimensões básicas da vida do homem em sociedade, a bens de importância primordial, à satisfação de necessidades básicas ou que afetam a setores especialmente importantes para a organização e funcionamento das instituições públicas, ou ao exercício de direitos fundamentais.[1313]

Entre os deveres fundamentais, encontram-se os deveres de defesa da pátria e de pagamento de tributos, típicos do Estado Liberal; os deveres de sufrágio e de participação política, estabelecidos no mesmo

---

esclarece que "há que ter em conta a concepção de homem que subjaz às actuais constituições, segundo a qual ele não é um mero indivíduo isolado ou solitário, mas sim uma pessoa solidária em termos sociais, constituindo precisamente esta referência e vinculação sociais do indivíduo – que faz deste um ser ao mesmo tempo livre e responsável – a base do entendimento da ordem constitucional assente no princípio da repartição ou da liberdade como uma ordem simultânea e necessariamente de liberdade e de responsabilidade, ou seja, uma ordem de liberdade limitada pela responsabilidade". NABAIS, José Casalta. Dos deveres fundamentais, cit., p. 215.

[1310] NABAIS, José Casalta. Dos deveres fundamentais, cit., p. 222.

[1311] CANOTILHO, J. J. GOMES. *Direito Constitucional e Teoria da Constituição*, cit., p. 533. NABAIS, José Casalta. A face oculta dos direitos fundamentais: os deveres e os custos dos direitos, cit., p. 168 e seguintes.

[1312] De todo modo, mesmo que devam ser regulados por lei posterior, os deveres fundamentais devem estar previstos no texto constitucional, razão pela qual se pode afirmar que são *numerus clausus*. NABAIS, José Casalta. A face oculta dos direitos fundamentais: os deveres e os custos dos direitos, cit., p. 171. Essa característica confere caráter garantístico à categoria dos deveres fundamentais, uma vez que confere limites às intervenções dos poderes públicos. NABAIS, José Casalta. Dos deveres fundamentais, cit., p. 223.

[1313] PECES-BARBA MARTÍNEZ, Gregório. Los deberes fundamentales, cit., p. 336. Tradução livre do autor.

contexto de afirmação dos direitos políticos; e os deveres decorrentes do Estado Social, como a inscrição nos sistemas de segurança social, de promover a educação dos filhos menores, de proteção da saúde, entre outros.[1314]

Aliás, a doutrina reconhece a existência de um dever fundamental de proteção da saúde.[1315] Trata-se, neste caso, de um dever conexo a um direito fundamental e que, tal como este, tem por objeto a proteção de bem jurídico considerado de elevada relevância para a sociedade. Assim, para além dos direitos, há que se refletir sobre as responsabilidades perante o sistema de saúde.[1316]

O reconhecimento de um dever fundamental de proteção à saúde abre caminhos para corresponsabilizar a sociedade, a família e os indivíduos pela proteção da saúde. Com efeito, para além da responsabilidade dos Estados e de seus deveres previstos desde o Pacto Internacional de Direitos Econômicos, Sociais e Culturais, como também nas normas constitucionais e outras dos respectivos ordenamentos jurídicos, reconhece-se a necessidade de protagonismo de outros atores para a completa proteção da saúde. Se incumbe ao Estado criar condições para a promoção da saúde, prevenção e cura de doenças, assim como reabilitação dos doentes, assiste a cada um a responsabilidade pelas decisões que são tomadas ao longo da vida.[1317]

[1314] NABAIS, José Casalta. A face oculta dos direitos fundamentais: os deveres e os custos dos direitos, cit., p. 169.

[1315] NABAIS, José Casalta. A face oculta dos direitos fundamentais: os deveres e os custos dos direitos, cit., p. 169. ANDRADE, José Carlos Vieira de. *Os direitos fundamentais na Constituição portuguesa de 1976*, cit., p. 157. CANOTILHO, J. J. GOMES. *Direito Constitucional e Teoria da Constituição*, cit., p. 533.

[1316] Lois Shepherd defende uma perspectiva do direito da saúde orientada pela ótica das responsabilidades. Segundo o autor: "If we really do wish to prevent and alleviate suffering caused by disease, disability, and pain then we need to begin talking about responsibility, accepting our own, requiring others to accept theirs. Certainly we can and will disagree on who is responsible and for what. But we're not really fully engaged in that conversation yet, not in any comprehensive, sophisticated way. And if that conversation doesn't take place, a conversation as engaging and varied and compelling as conversations about rights, then we will not develop a culture of responsibility, as we have a culture of rights, and we will continue to ignore the unnecessary suffering of others". SHEPHERD, Lois. Rethinking health law: assuming responsibility. *Wake Forest Law Review* [em linha], Public Law Research Paper n. 189, p. 23, 2006. Acesso em: 28 jun. 2020. Disponível em: https://www.researchgate.net/publication/228313991_Rethinking_Health_Law_Assuming_Responsibility.

[1317] "It states that individual must take responsibility for making personal healthy choices and that communities and government has a role in creating the right conditions for healthier choices, particularly if those conditions encourage poor health lifestyles." GREEN, Andrew; ROSS, Duncan; MIRZOEV, Tolib. Primary health care and England: the coming of age of Alma Ata, cit., p. 28.

A Constituição portuguesa, de 1976, estabelece que "todos têm direito à proteção da saúde e o dever de a defender e promover" (art. 64º). Por sua vez, a Lei nº 15/14 discrimina os deveres dos usuários do SNS e determina que estes devem respeitar os direitos de outros usuários, bem como os dos profissionais de saúde com os quais se relacione; respeitar as regras de organização e funcionamento dos serviços e estabelecimentos de saúde; colaborar com os profissionais de saúde em todos os aspectos relativos à sua situação e pagar os encargos que derivem da prestação dos cuidados de saúde, quando for o caso. Maria João Estorninho e Tiago Macieirinha exploram o tema dos deveres dos usuários do SNS, notadamente o dever de pagamento de taxas moderadoras, que está sujeito a exceções no âmbito objetivo (prestações que por razões de saúde pública estão isentas, como atividades preventivas, atendimentos a dependentes de álcool e toxicodependentes, pessoas sujeitas a atendimento continuado, vítimas de violência doméstica, entre outras) e subjetivo (por insuficiência econômica, por opção da política de saúde, como os doadores de sangue, células, tecidos e órgãos, ex-militares, bombeiros, gestantes e crianças menores de 12 anos, entre outros). Além disso, conforme a Lei de Bases da Saúde, apontam os deveres de observância das regras de organização e funcionamento dos serviços e sua utilização conforme tais normas, colaboração com os profissionais de saúde quanto à sua própria situação e pagamento de encargos decorrentes da prestação dos cuidados de saúde.[1318]

No ordenamento jurídico brasileiro, embora não se encontre na Constituição, expressamente, um dever geral de proteção da saúde – afirma-se apenas o dever do Estado, este pode ser aferido a partir da tutela constitucional desse bem jurídico e de sua estreita conexão com o direito à vida e a proteção da dignidade humana.[1319] Por isso, de forma expressa, a Lei nº 8.080/90 prevê que o dever do Estado de proteção da saúde "não exclui o das pessoas, da família, das empresas

---

[1318] ESTORNINHO, Maria João; MACIEIRINHA, Tiago. *Direito da saúde*, cit., p. 256-268.

[1319] Para Ingo Sarlet, é possível sustentar, no ordenamento jurídico brasileiro, a existência de um dever pessoal de proteção da saúde: "De outra parte, poderá se sustentar que existe, de certa forma, um dever da própria pessoa (e de cada pessoa) para com sua própria saúde (vida, integridade física e dignidade pessoal), ensejando até mesmo e dependendo das circunstâncias do caso concreto, uma proteção da pessoa contra si mesma, em homenagem ao caráter (ao menos em parte) irrenunciável da dignidade da pessoa humana e dos direitos fundamentais. Não é à toa, apenas para ilustrar o pensamento anterior, que alguns procedimentos médicos são vedados ainda que presente o consentimento inequívoco e consciente do paciente". SARLET, Ingo Wolfgang. Algumas considerações em torno do conteúdo, eficácia e efetividade do direito à saúde na Constituição de 1988, cit., p. 339-340.

e da sociedade" (art. 2º, §2º). No nível infralegal, o Ministério da Saúde, ao dispor sobre a Carta dos direitos dos usuários do SUS, estabeleceu que "toda pessoa tem responsabilidade para que seu tratamento e recuperação sejam adequados e sem interrupção". Com isso, cada um tem como deveres, entre outros, "prestar informações apropriadas nos atendimentos, nas consultas e nas internações", "seguir o plano de tratamento proposto pelo profissional ou pela equipe de saúde responsável pelo seu cuidado, que deve ser compreendido e aceito pela pessoa que também é responsável pelo seu tratamento" e "assumir a responsabilidade pela recusa a procedimentos, exames ou tratamentos recomendados e pelo descumprimento das orientações do profissional ou da equipe de saúde" (art. 6º, parágrafo único, III e V).[1320]

O NHS inglês, que é referência para os países com serviços nacionais de saúde de caráter universal, em sua Constituição, também estabelece deveres para os usuários do sistema de saúde. Assim, o documento prevê que cada um deve assumir a responsabilidade por sua saúde e providenciar sua inscrição junto a um GP, prestar informações precisas sobre sua saúde e seguir o tratamento prescrito, devendo noticiar ao profissional responsável eventuais dificuldades enfrentadas.[1321]

No que se refere à atenção primária à saúde, a Declaração de Alma-Ata prevê que "é direito e dever dos povos participar individual e coletivamente no planejamento e na execução de seus cuidados de saúde". É importante que o usuário contribua com a rede de atenção primária tanto no nível da gestão – nos conselhos locais de saúde, por exemplo – como se apresentando à unidade de saúde, providenciando seu cadastramento quando for o caso e contribuindo com as informações que forem solicitadas.

Como se tem ressaltado, a atenção primária à saúde tem como um de seus traços característicos e que contribui para sua eficiência na potencialização dos recursos públicos, assim como para sua eficácia na produção de resultados de saúde, a conciliação de medidas preventivas e curativas, individuais e coletivas. Dessa forma, as ações de educação em saúde, voltadas para a promoção da saúde e prevenção das doenças, notadamente, no que se refere ao fomento de hábitos de vida saudáveis (combate ao tabagismo, redução do consumo de álcool, alimentação

---

[1320] BRASIL. Ministério da Saúde. Conselho Nacional de Saúde – *Carta dos direitos dos usuários da saúde* [em linha]. 3. ed. Brasília: Ministério da Saúde, 2011. Acesso em: 28 maio 2019. Disponível em: http://bvsms.saude.gov.br/bvs/publicacoes/cartas_direitos_usuarios_saude_3ed.pdf.
[1321] ENGLAND. Department of Health – *The NHS Constitution*, cit.

saudável), colaboram para o esclarecimento da população sobre os fatores que contribuem ou previnem o adoecimento. Uma vez consciente dessas informações, incumbe a cada pessoa adotar comportamentos em benefício da sua saúde e da saúde de terceiros (é o caso do combate ao tabagismo e ao hábito de fumar em espaços coletivos).[1322]

No âmbito da atenção primária à saúde, fala-se, ainda, em uma corresponsabilidade das pessoas e das famílias. Dessa forma, embora a proatividade da equipe de saúde seja extremamente relevante, a conduta individual e o cumprimento de deveres específicos não podem ter sua importância desprezadas. Ao contrário da Medicina tradicional, que "concebia os usuários com receptores passivos das prescrições",[1323] a atenção primária deve fomentar a participação dos usuários e o compartilhamento de responsabilidades pelos cuidados de saúde entre estes e a equipe.

Assim, o descumprimento de deveres individuais e específicos pode gerar consequências para os usuários dos serviços de saúde de atenção primária. Primeiramente, tomam-se como exemplo os deveres relacionados à prevenção de doenças, notadamente, quando relacionados à proteção de terceiros. A título de exemplo, pode-se indicar as medidas de combate aos vetores de doenças infecciosas, como febre amarela, dengue, zika e chikungunya, transmitidas no meio urbano pelo mosquito *Aedes aegytpi*, cujos criadouros – repositórios de água parada – estão em grande parte em propriedades privadas,

---

[1322] Lois Shepherd ressalta o caráter interpessoal das decisões sobre saúde, as quais, a par de afetarem o indivíduo, também alcançam terceiros. "I would argue that it means that our relationships to one another regarding health care are relationships of responsibility. Health care decisions by their nature involve a matrix of others and a complex array of responsibilities between them. While we often think of our individual health as being private and decisions regarding it as individual, health is uniquely interpersonal. Not only might our health conditions and health habits affect others – for example, communicable diseases and second-hand smoke – but our health care decisions affect others as well. For example, a decision by a couple to abort a fetus diagnosed with Down syndrome may, in conjunction with the similar decision of other couples, contribute to less support for existing individuals with Down syndrome and their family members and less welcome to future individuals born with Down syndrome." SHEPHERD, Lois. Rethinking health law: assuming responsibility, cit., p. 9.

[1323] GELINSKI, Carmen Rosario Ortiz Gutierrez. A questão da corresponsabilidade prevista na Estratégia Saúde da Família. *Política e Sociedade* [em linha], v. 10, n. 9, p. 100, out. 2011. Acesso em: 18 jun. 2020. Disponível em: https://periodicos.ufsc.br/index.php/politica/article/view/21404. A autora, contudo, critica as normas brasileiras que estabelecem deveres para os indivíduos e famílias diante da reduzida articulação institucional e da ausência de atuação do Poder Público sobre aspectos que interferem diretamente no adoecimento das pessoas como a disponibilidade de saneamento básico e água tratada. Para ela, há pouco espaço para atuação das famílias nesse âmbito.

sobretudo residências. Em razão do grande número de casos no Brasil, inúmeras ações de divulgação das formas de combate ao vetor têm sido promovidas pelo Estado. Há, aqui, a par do conhecimento do mecanismo de transmissão e da forma de reprodução do mosquito, um clamor social pelo combate aos focos de criação do mosquito. Consequentemente, a omissão em se tomar providências é altamente reprovável e tem gerado consequências, como a entrada forçada dos agentes do Estado em propriedades privadas – observadas as normas previstas no ordenamento jurídico – para fiscalização.

Por outro lado, constata-se que o NHS inglês, o SNS em Portugal e o SUS no Brasil preveem para o usuário deveres de colaboração com os tratamentos prescritos. Não há dúvidas de que o consentimento informado do usuário é condição necessária para que um tratamento possa ser realizado por profissionais de saúde. Contudo, aqui se faz presente a noção de liberdade com responsabilidade, posto que a opção por não se submeter a tratamento ou descumprir as orientações do médico ou profissional assistente implica a anuência com um desfecho sem os benefícios do tratamento proposto.[1324] Por outro lado, o abandono ou a falta de colaboração com o tratamento prescrito (por exemplo, o descarte ou desvio de medicamentos prescritos entregues pelo sistema de saúde) pode permitir que o sistema de saúde suspenda a prestação (interrompa o fornecimento dos medicamentos, seguindo o exemplo anterior), a qual pode ser retomada a partir da adesão do usuário ao tratamento. Tratando-se, contudo, de restrição a direito fundamental, há que se contar com previsão legal e observar procedimento que assegure o contraditório e a ampla defesa.

Em resumo, o princípio da responsabilidade pessoal ou colaboração implica para os usuários no nível da atenção primária a sua

---

[1324] O Código Civil brasileiro prevê que "ninguém pode ser constrangido a submeter-se, com risco de vida, a tratamento médico ou a intervenção cirúrgica" (art. 15). BRASIL – Lei nº 10.406, de 10 de janeiro de 2002 [em linha]. Acesso em: 18 jun. 2020. Disponível em: http://www.planalto.gov.br/ccivil_03/leis/2002/l10406.htm. Na atualidade, o respeito à autonomia, sobretudo no que se refere ao cuidado de doentes terminais, não consiste no seu abandono. Ao contrário, cada vez mais se investe nos cuidados paliativos com o objetivo de conferir dignidade ao paciente no momento da morte. A autonomia pode ser expressa, inclusive, por meio de diretivas antecipadas, tema que tem sido explorado no Brasil por Luciana Dadalto, desde suas pesquisas no nível de mestrado, que constam da seguinte dissertação: PENALVA, Luciana Dadalto. *Declaração prévia de vontade do paciente terminal*. 2009. [Em linha]. Dissertação de mestrado apresentada à Pontifícia Universidade Católica de Minas Gerais. Acesso em: 29 maio 2019. Disponível em: http://www.biblioteca.pucminas.br/teses/Direito_PenalvaLD_1.pdf.

corresponsabilização pela proteção de sua saúde individual e da comunidade onde vive. Nesse sentido, por um lado, são estabelecidos, entre outros, deveres de participação no sistema de saúde e de adoção de medidas de interesse coletivo voltadas para a prevenção de doenças. Por outro lado, sob o aspecto individual, incumbe aos usuários a inscrição e vinculação à correspondente unidade de atenção primária, a adoção de comportamentos saudáveis e a adesão ao tratamento de saúde proposto.

É oportuno destacar que o fato de se afirmar a existência de deveres para os usuários dos serviços de saúde, inclusive no que se refere ao seu modo de vida e postura ao longo do tratamento, não significa que se pretende reduzir a proteção à saúde ao nível individual e fechar os olhos para os determinantes mais amplos do processo saúde-doença. No entanto, há que se reconhecer, inclusive sob o aspecto jurídico, que o indivíduo tem, a partir do reconhecimento de sua liberdade, deveres para com a saúde de terceiros e a própria saúde, dos quais podem ser extraídas consequências relevantes.

CAPÍTULO 6

CONCLUSÃO

Nos capítulos anteriores, foram expostos os debates acadêmicos que envolvem os direitos fundamentais, os direitos econômicos, sociais e culturais, o direito à saúde e a atenção primária à saúde. Também foi proposta uma construção jurídico-dogmática para a atenção primária à saúde devidamente ajustada a uma compreensão ampla do assunto. Neste momento, parte-se para apresentar as conclusões parciais e gerais desta investigação a fim de cobrir o tema proposto no início e alcançar os objetivos estabelecidos.

A pesquisa foi estruturada para aferir se a atenção primária à saúde integra o núcleo essencial do direito à saúde e, confirmada essa hipótese inicial, construir uma dogmática jurídica própria com a exposição de princípios normativos que o orientam. Trata-se, em resumo, de indicar um regime jurídico que venha a reger a atenção primária à saúde como objeto de tutela normativa.

Para tanto, iniciou-se com a análise da literatura que aborda as desigualdades sociais, inclusive aquelas relacionadas ao acesso aos serviços e aos resultados de saúde, tanto entre países como dentro de um mesmo país. Logo após, foi exposta a abordagem das capacidades, teoria que foi utilizada como orientação nesta tese.

Em seguida, ao longo dos demais capítulos, passou-se ao exame da dogmática dos direitos fundamentais, com especial atenção para a análise da eficácia dos direitos sociais. Procedeu-se ao estudo do fenômeno saúde-doença e do direito à saúde, inclusive, da organização dos modelos ideais de sistemas de saúde e da sua estruturação em concreto em alguns países. Após, buscou-se caracterizar a atenção primária à saúde e expor um panorama desses serviços em alguns países do mundo. Feitas essas análises e constituída a moldura necessária, procedeu-se à construção de uma dogmática jurídica da atenção primária à saúde, partindo de sua fundamentação normativa no âmbito do direito à saúde e avançando para a definição de princípios norteadores de uma compreensão do instituto à luz dos fundamentos teóricos examinados.

O estudo realizado buscou articular e conjugar conteúdos jurídicos, das Ciências da Saúde e da Economia, com o objetivo de propor uma dogmática jurídica coerente com a realidade do objeto investigado (cuidados de saúde primário) e ajustada ao contexto político e econômico da última década na qual se propôs a revisão do Estado Social com a preocupação de garantir sua sustentabilidade.

Assim, inicialmente, afirma-se que a abordagem das capacidades proposta por Amartya Sen e Martha Nussbaum confere o substrato teórico para tratar, de forma prática e concreta, as questões relacionadas à promoção da justiça e à correção das situações de injustiça. Essa teoria permite propor medidas que contribuam para a promoção de condições para que as pessoas possam desenvolver suas capacidades e optar por projetos de vida que entendam de fato valiosos, ou seja, terem autonomia e florescerem. Para além disso, a abordagem das capacidades reconhece a possibilidade de realização e acordos parciais para responder às necessidades da população, ainda que os grupos sociais possam divergir em relação a posições políticas mais amplas.[1325]

Aplicada ao campo sanitário, a abordagem das capacidades permite ressaltar a importância da saúde para a autonomia substancial, inclusive como requisito para o exercício das demais capacidades e dos direitos fundamentais. Nessa linha, a saúde pode ser considerada uma metacapacidade.[1326] Além disso, por meio da abordagem das capacidades, é possível propor prioridades aos gestores na concepção de políticas públicas de saúde na medida em que se reconhece que as capacidades centrais em saúde são a prevenção de doenças evitáveis e da mortalidade precoce.[1327] Como consequência, as políticas públicas em saúde devem buscar a satisfação das necessidades das pessoas como forma de incrementar as possibilidades de se levar a cabo atividades que

---

[1325] SEN, Amartya. *A ideia de justiça*, cit., p. 138-139. RUGER, Jennifer Prah. Health and social justice, cit., p. 1077.
[1326] VENKATAPURAM, Sridhar. Health, vital goals and human capabilities, cit., p. 276. GAMEIRO, Ian Pimentel. A saúde como metacapacidade: redefinindo o bem jurídico, cit., p. 2246.
[1327] RUGER, Jennifer Prah. Health and social justice, cit., p. 1.076. RUGER, Jennifer Prah. *Health and social justice*, cit., p. 61.

elas têm razões para valorizar.¹³²⁸ Na medida em que são direcionadas à satisfação das necessidades individuais e coletivas, as políticas públicas, ainda que resultem de uma indispensável participação social, devem garantir cuidados tecnicamente necessários e apropriados, para que possam concretizar o acesso à saúde, assegurar eficiência e potencializar os efeitos dos recursos empregados.

Após se proceder ao exame dos direitos fundamentais, é possível concluir que se trata de estruturas normativas complexas, que abrangem posições jurídicas ativas e passivas e encerram feixes de normas que estabelecem poderes, faculdades e deveres de natureza e alcance diversos.¹³²⁹ Ainda que tenham um conteúdo típico e caracterizador, com base nos direitos fundamentais, independentemente da sua geração ou dimensão, podem ser formuladas pretensões de abstenção – comuns às liberdades – ou de fazer – mais típicas dos direitos sociais. Por outro lado, em razão dessa complexidade normativa, os direitos fundamentais impõem aos Estados obrigações de respeito, proteção e de realização ou promoção.¹³³⁰

Nesse contexto, ainda que seja necessário examinar concretamente a ordem jurídica à luz da qual se postula, assiste razão a Jorge Reis Novais ao afirmar que a aferição da justiciabilidade de um direito – inclusive dos direitos sociais – deve levar em conta a pretensão apresentada em concreto e não o direito em bloco.¹³³¹ Nessa mesma linha, Víctor Abramovich e Christian Courtis estão corretos ao afirmarem que "dada su compleja estructura, no existe derecho económico, social o cultural que no presente al menos alguna característica o faceta que permita su exigibilidad judicial en caso de violación".¹³³²

Para a condução deste trabalho, foi necessário propor uma definição positiva de saúde, ou seja, que reconheça sua autonomia diante do fenômeno da doença e não apenas a partir da ausência

---

¹³²⁸ RUGER, Jennifer Prah. Health and social justice, cit. p. 76. RUGER, Jennifer Prah. Toward a Theory of a right to health: capability and incompletely theorized agreement, cit., p. 314.

¹³²⁹ ANDRADE, José Carlos Vieira de. *Os direitos fundamentais na Constituição portuguesa de 1976*, cit., p. 163. ABRAMOVICH, Víctor; COURTIS, Christian. *Los derechos sociales como derechos exigibles*, cit., p. 32.

¹³³⁰ UNITED NATIONS. Office of the High Commissioner for Human Rights – *General Comment No. 14: The Right to the Highest Attainable Standard of Health (Art. 12)*, cit., n. 33.

¹³³¹ NOVAIS, Jorge Reis. *Direitos sociais*: teoria jurídica dos direitos sociais enquanto direitos fundamentais, cit., p. 35.

¹³³² ABRAMOVICH, Víctor; COURTIS, Christian. *Los derechos sociales como derechos exigibles*, cit., p. 47.

desta. Além disso, deve-se enfatizar que a saúde resulta de um amplo conjunto de fatores determinantes, individuais e coletivos, de ordem biológica, mental, social e econômica, como por exemplo a alimentação, a moradia, o saneamento básico, o meio ambiente, o trabalho, a renda, a educação, a atividade física, o transporte, o lazer e o acesso aos bens e serviços essenciais.[1333] Trata-se de tema transversal, que não está restrito ao setor da saúde, motivo pelo qual não comporta a visão biomédica reducionista que busca limitar saúde a cuidados médicos. Ao revés, a compreensão de saúde mais ajustada à complexidade dos fenômenos da saúde e das doenças deve ser holística e abrangente. À luz da abordagem das capacidades, uma pessoa é saudável quando está apta a realizar um conjunto de capacidades humanas básicas.[1334]

O bem jurídico tutelado pelo direito à saúde é a saúde em sua acepção ampla. Dessa forma, vai além dos cuidados individuais. Deve abranger ações de promoção à saúde, prevenção de doenças, tratamento e reabilitação de forma a satisfazer as necessidades individuais e coletivas das pessoas e das populações. Por este motivo, é primordial que o acesso não seja limitado por barreiras econômicas e outras, que possam privar as pessoas dos serviços necessários. Assim, entende-se que as formas prévias de financiamento devem ser enfatizadas para se evitar o desembolso direto (*out of pocket*) e as despesas catastróficas. Além disso, os sistemas que se valem de tributos ou contribuições prévias para financiamento institucionalizam mecanismos de solidariedade entre ricos e pobres, saudáveis e doentes, razão pela qual são mais redistributivos e contribuem para a correção das desigualdades sociais.[1335]

O direito à saúde, em sintonia com a disciplina constante do Pacto de Direitos Econômicos, Sociais e Culturais, tem um objeto amplo, que vai além do escopo dos sistemas de saúde.[1336] Porém, no âmbito dos sistemas de saúde, incumbe aos Estados criar condições para o acesso a serviços de saúde que sejam disponíveis, acessíveis em sentido amplo (sem discriminações ou barreiras econômicas, geográficas, físicas e

---

[1333] É o que reconhece o art. 3º da Lei nº 8.080/90, Lei Orgânica da Saúde, no Brasil. BRASIL – Lei nº 8.080, de 19 de setembro de 1990, cit. No mesmo sentido: SEN, Amartya. Why health equity?, cit., p. 659.

[1334] VENKATAPURAM, Sridhar. Health, vital goals and human capabilities, cit., p. 276.

[1335] ORGANIZAÇÃO MUNDIAL DA SAÚDE – *Relatório Mundial de Saúde, 2008*: Cuidados de saúde primários – agora mais que nunca, cit., p. 30.

[1336] UNITED NATIONS. Office of The High Commissioner for Human Rights – *General Comment No. 14: The Right to the Highest Attainable Standard of Health (Art. 12)*, cit., n. 11.

com acesso à informação), aceitáveis e com qualidade adequadas.[1337] Uma vez mais é necessário ressaltar a importância de que as pessoas tenham acesso aos cuidados de saúde segundo sua necessidade e não conforme a capacidade de pagamento. A saúde não deve ser tratada como mercadoria, dada a sua imprescindibilidade para a autonomia substancial, enfim, para a vida com dignidade.

Para a concretização do direito à saúde, com o escopo de assegurar o maior acesso possível aos cuidados de saúde e promover mais racionalidade, eficiência e eficácia para os sistemas de saúde, especial importância deve ser conferida à atenção primária à saúde. Em consonância com uma visão abrangente desse nível de atenção, trata-se de um conjunto de ações e serviços essenciais, voltados para o atendimento das principais necessidades individuais e coletivas de uma população, que servem como porta de entrada do sistema de saúde. Em torno da atenção primária à saúde devem se estruturar as demais políticas de saúde, inclusive os demais níveis de assistência à saúde, o que evidencia seu papel de coordenação da assistência à saúde. Por ser apta a atender a maioria das necessidades da população, exceto aquelas mais específicas e incomuns, assim como por ter custos menores que a assistência hospitalar, a atenção primária racionaliza a oferta de serviços e ações de saúde e funciona como filtro para evitar a pressão sobre os cuidados de nível secundário e terciário.

Dada a estreita conexão entre a atenção primária à saúde e a satisfação das necessidades das pessoas, pode-se afirmar que ela integra o núcleo essencial do direito à saúde, ou seja, inserem-se naquele conteúdo mais típico desse direito fundamental. Por isso, recebe uma proteção normativa forte, que inclui essas prestações sanitárias dentro da eficácia mínima que deve ser conferida ao direito à saúde pelos Estados, ainda que reconhecido o caráter progressivo da implementação dos direitos econômicos, sociais e culturais.[1338] Além disso, estão a salvo de eventuais restrições decorrentes da aplicação do princípio da proporcionalidade para a solução de conflitos de direitos fundamentais.[1339]

[1337] UNITED NATIONS. Office of the High Commissioner for Human Rights – *General Comment No. 14: The Right to the Highest Attainable Standard of Health (Art. 12)*, cit., n. 12.
[1338] UNITED NATIONS. Office of the High Commissioner for Human Rights – *General Comment No. 14: The Right to the Highest Attainable Standard of Health (Art. 12)*, cit., n. 43.
[1339] MENDES, Gilmar Ferreira; BRANCO, Paulo Gustavo Gonet. *Curso de Direito Constitucional*, cit., p. 211.

A atenção primária à saúde abrange ações e serviços *essenciais*, individuais e coletivos, que vão desde a promoção à saúde e a prevenção de doenças até a assistência e reabilitação. Assim, possui estreita conexão com o princípio da dignidade da pessoa humana no que se refere à necessidade de prestações para a vida com autonomia.[1340]

Como foi demonstrado no capítulo 4, há concepções concorrentes de atenção primária à saúde (políticas verticais x políticas abrangentes), sendo que, à luz do suporte teórico que orienta este estudo e da compreensão que se tem de saúde e de direito à saúde, melhor se ajusta o conceito abrangente de atenção primária. Com isso, o regime jurídico que venha a disciplinar essa política pública há de consagrar um conjunto de princípios normativos que emergem da própria característica do objeto tutelado:

1. Princípios gerais: exprimem normativamente os valores nucleares que orientam o subsistema normativo dos atenção primária.

1.1 Acesso universal: refere-se à disponibilidade da atenção primária à saúde segundo a necessidade das pessoas, independentemente da capacidade de pagamento.

1.2 Integralidade ou generalidade: a atenção primária à saúde deve satisfazer às principais necessidades individuais e coletivas das pessoas, razão pela qual devem prover ações e serviços que passam pela promoção da saúde, prevenção de doenças, assistência e reabilitação. Nos casos em que a necessidade extrapolar sua competência própria, a atenção primária à saúde deve promover o acesso aos demais serviços do sistema de saúde.

1.3 Equidade: a atenção primária à saúde deve contribuir para que os sistemas de saúde possam reduzir as desigualdades e assegurar níveis de proteção suficientes para a garantia da dignidade humana. Nesse contexto, há que se priorizar o atendimento das capacidades humanas básicas em saúde e atentar para as diversidades socioeconômicas, individuais e coletivas, os indicadores epidemiológicos, entre outros, para alocar, com justiça, os recursos disponíveis.

1.4 Financiamento adequado: trata-se de assegurar nos orçamentos fontes de custeio suficientes e estáveis para que a atenção primária à saúde possa se estruturar e se manter com disponibilidade suficiente e qualidade adequada.

[1340] BARROSO, Luís Roberto. *A dignidade da pessoa humana no direito constitucional contemporâneo:* a construção de um conceito à luz da jurisprudência mundial, cit., p. 87.

2. Princípios organizacionais: norteiam os arranjos e a disposição da atenção primária, assim como sua relação com os demais serviços disponíveis conforme seu escopo e objetivos específicos.

2.1 Participação da comunidade: a abordagem das capacidades valoriza a participação informada da sociedade nas políticas de saúde sobretudo para fins da definição das prestações que o sistema de saúde deve dispensar para a população (padrão de integralidade). Para além disso, o controle social contribui para que as políticas públicas sejam mais responsivas e, especificamente no que se relaciona com a atenção primária à saúde, serve para fortalecer os vínculos entre usuários e equipes de saúde.

2.2 Coordenação: compete à atenção primária a orientação do usuário no sistema de saúde. Acionada como porta de entrada, a atenção primária à saúde deve ser resolutiva para a maioria das condições. Contudo, nos casos em que outros serviços forem necessários, deve viabilizar o acesso do usuário ao cuidado adequado e, atendida a demanda específica, recebê-lo novamente para dar continuidade ao seu acompanhamento ao longo da vida.

2.3 Orientação familiar e comunitária: propõe-se que as ações de saúde promovidas no âmbito da atenção primária tenham como destinatários os grupos familiares e as comunidades de maneira a permitir uma compreensão ampliada do processo saúde-doença e intervenções que extrapolem o nível individual, notadamente, aquelas de promoção da saúde e de prevenção das doenças.

3. Princípios operacionais: trata-se das normas que dispõem sobre a relação entre a atenção primária à saúde e os usuários do sistema de saúde. Refere-se ao plano prático e operacional dos serviços.

3.1 Acessibilidade e primeiro contato: a acessibilidade exige a remoção de barreiras e a criação de incentivos e facilidades para a utilização dos serviços de saúde da atenção primária. A atenção primária à saúde deve ainda ser a porta de entrada preferencial do usuário no sistema de saúde para que se possa racionalizar a assistência dispensada e reduzir as demandas por especialidades.

3.2 Longitudinalidade: a atenção à saúde dispensada pela atenção primária à saúde deve ser continuada ao longo das vidas das pessoas, independentemente da presença de doença. A equipe de saúde há de ser proativa e conhecer as características pessoais dos usuários, bem como os aspectos ambientais, sociais e culturais que os circundam. Esse princípio reforça a promoção da saúde e a prevenção de doenças, com amplo benefício para as pessoas e redução dos atendimentos de urgência e hospitalares.

3.3 Responsabilidade pessoal: apresenta-se como projeção do dever fundamental de proteção à saúde direcionado às pessoas. No âmbito da atenção primária à saúde, deve haver uma corresponsabilização dos indivíduos, famílias e comunidades materializada pela participação nos foros próprios, na promoção do bem-estar e proteção à saúde, por exemplo, por meio do empenho no combate a vetores de doenças, e, individualmente, pela colaboração com os tratamentos prescritos.

Ao fim e ao cabo, espera-se que esta pesquisa possa contribuir para demonstrar a relevância ímpar da atenção primária à saúde para a concretização do direito à saúde, assim como para evidenciar o conteúdo jurídico-normativo do tema, que emerge de sua disciplina nas políticas públicas e decorre diretamente do direito fundamental à saúde.

REFERÊNCIAS

ABRAMOVICH, Víctor; COURTIS, Christian. *Los derechos sociales como derechos exigibles*. 2. ed. 1ª reimp. Madrid: Editorial Trotta, 2014.

AGAMBEN, Giorgio. Lo stato d'eccezione provocato da un'emergenza immotivata. *Il manifesto* [em linha], 26 jan. 2020. Acesso em: 16 maio 2020. Disponível em: https://ilmanifesto.it/lo-stato-deccezione-provocato-da-unemergenza-immotivata.

AGAMBEN, Giorgio. O estado de exceção provocado por uma emergência imotivada. Trad. Luisa Rabolini. *Revista IHU on-line* [em linha], 27 fev. 2020. Acesso em: 16 maio 2020. Disponível em: http://www.ihu.unisinos.br/78-noticias/596584-o-estado-de-excecao-provocado-por-uma-emergencia-imotivada.

AITH, Fernando. *Curso de Direito Sanitário*. São Paulo: Quartier Latin, 2007.

ALEXY, Robert. Direitos fundamentais no estado constitucional democrático: para a relação entre direitos do homem, direitos fundamentais, democracia e jurisdição constitucional. Trad. Luís Afonso Heck. *Revista de Direito Administrativo*, n. 217, p. 55-66, jul./set. 1999.

ALEXY, Robert. *Teoria dos direitos fundamentais*. Tradução: Virgílio Afonso da Silva. São Paulo: Malheiros, 2008.

ALMEIDA, Célia. Reformas de sistemas de saúde: tendências internacionais, modelos e resultados. In: GIOVANELLA, Ligia et al. *Políticas e Sistemas de Saúde no Brasil*. Rio de Janeiro: FIOCRUZ, 2009, p. 871-919.

ALMEIDA, Gregório Assagra de. *Direito material coletivo*: superação da summadivisio Direito Público e Direito Privado por uma summadivisio constitucionalizada. Belo Horizonte: Del Rey, 2008.

ALMEIDA-FILHO, Naomar; PAIM, Jairnilson Silva. Conceitos de Saúde: Atualização do Debate Teórico-Metodológico. In: ALMEIDA-FILHO, Naomar; PAIM, Jairnilson Silva. *Saúde coletiva: teoria e prática*. Rio de Janeiro: MedBook, 2014, p. 13-27.

ALTMAN, Andrew. Civil Rights. In: ZALTA, Edward N. (Ed.). *The Stanford Encyclopedia of Philosophy* [em linha], 2017. Acesso em: 28 jul. 2019. Disponível em: https://plato.stanford.edu/archives/win2017/entries/civil-rights/.

AMARAL, Luciano. *Economia portuguesa, as últimas décadas*. Lisboa: Fundação Francisco Manuel dos Santos, 2010.

ANDRADE, José Carlos Vieira de. O "direito ao mínimo de existência condigna" como direito fundamental a prestações estaduais positivas. Uma decisão singular do Tribunal Constitucional (Anotação ao acórdão do Tribunal Constitucional nº 509/02). *Jurisprudência Constitucional*, n. 1, p. 4-29, jan./mar. 2004.

ANDRADE, José Carlos Vieira de. *Os direitos fundamentais na Constituição portuguesa de 1976*. 5. ed. Coimbra: Almedina, 2012.

ANDRADE, José Carlos Vieira de. O papel do Estado na sociedade e na socialidade. *In:* LOUREIRO, João Carlos; SILVA, Suzana Tavares. *A economia social e civil: Estudos*. Coimbra: Coimbra: Instituto Jurídico da Faculdade de Direito da Universidade de Coimbra, 2015, p. 23-42.

ANDRADE, Luiz Odorico Monteiro *et al*. Atenção primária à saúde e estratégia saúde da família. *In:* CAMPOS, Gastão Wagner de Sousa *et al*. *Tratado de saúde coletiva*. 2. ed. São Paulo: Hucitec, 2012, p. 845-901.

ANGELL, Marcia. *A verdade sobre os laboratórios farmacêuticos*: como somos enganados e o que podemos fazer a respeito. Trad. Waldéa Barcelos. Rio de Janeiro: Record, 2007.

ANNAS, George J.; MARINER, Wendy K. (Public) health and human rights in practice. *Journal of health politics, policy and law*, v. 41, n. 1, p. 129-139, Feb. 2016.

ARISTÓTELES. *Ética a Nicômaco* [em linha]. São Paulo: Martin Claret. Acesso em: 8 maio 2019. Disponível em: http://lelivros.love/book/baixar-livro-etica-a-nicomaco-aristoteles-em-pdf-epub-e-mobi-ou-ler-online/.

AROUCA, Antônio Sérgio da Silva. *O dilema preventivista*: contribuição para a compreensão e crítica da medicina preventiva, 1975 [em linha]. Tese de Doutorado apresentada à Faculdade de Ciências Médicas da Universidade Estadual de Campinas. Acessível na Universidade Estadual de Campinas, Campinas, Brasil. Acesso em: 28 dez. 2019. Disponível em: https://teses.icict.fiocruz.br/pdf/aroucaass.pdf.

ARROW, Kenneth J. Uncertainty and the welfare economics of medical care. *Bulletin: of the World Health Organization* [em linha], v. 82, n. 2, p. 141-149, Feb. 2004. Acesso em: 23 jun. 2018. Disponível em: http://www.who.int/bulletin/volumes/82/2/PHCBP.pdf?ua=1.

ASENSI, Felipe Dutra. *Indo além da judicialização*: o Ministério Público e a saúde no Brasil. Rio de Janeiro: FGV, 2010.

BACHOF, Otto. *Jueces y Constitución*. Trad. Rodrigo Bercovitz Rodríguez-Cano. Madrid: Editorial Civitas, 1985.

BARAK-EREZ, Daphne; GROSS, Aeyal M. Introduction: Do we need social rights? Questions in the era of globalization, privatisation, and the diminished Welfare States. *In:* BARAK-EREZ, Daphne; GROSS, Aeyal M. *Exploring social rights*: between theory and practice. Oxford e Portland, Oregon: Hart Publishing, 2011, p. 1-17.

BARATA, Rita de Cássia Barradas. A historicidade do conceito de causa. *In:* Associação Brasileira de Pós-Graduação em Saúde Coletiva; Escola Nacional de Saúde Pública. *Textos de apoio*: epidemiologia. Rio de Janeiro: Escola Nacional de Saúde Pública, 1985, p. 13-27.

BARROS, Pedro Pita. *Economia da saúde*: conceitos e comportamentos. 3. ed. Coimbra: Almedina, 2013.

BARROSO, Luís Roberto. *O direito constitucional e a efetividade de suas normas*: limites e possibilidades da Constituição brasileira. 8. ed. Rio de Janeiro: Renovar, 2006.

BARROSO, Luís Roberto. Da falta de efetividade à judicialização excessiva: direito à saúde, fornecimento gratuito de medicamentos e parâmetros para a atuação judicial. *Revista Interesse Público* [em linha], n. 46, p. 31-62, 2007. Acesso em: 1 maio 2009. Disponível em: http://www.lrbarroso.com.br/pt/noticias/medicamentos.pdf.

BARROSO, Luís Roberto. Neoconstitucionalismo e constitucionalização do direito: o triunfo tardio do Direito Constitucional. *Revista de Direito Constitucional e Internacional*, ano 15, n. 58, p. 129-173, jan./mar. 2007.

BARROSO, Luís Roberto. Constituição, democracia e supremacia judicial: direito e política no Brasil contemporâneo. *Jus*, ano 42, n. 25, p. 127-163, jul./dez. 2011.

BARROSO, Luís Roberto. *A dignidade da pessoa humana no direito constitucional contemporâneo*: a construção de um conceito à luz da jurisprudência mundial. Belo Horizonte: Fórum, 2012.

BATISTA JÚNIOR, Onofre Alves. *Princípio constitucional da eficiência administrativa*. 2. ed. Belo Horizonte: Fórum, 2012.

BEVERIDGE, William. Social insurance and allied services. Report by Sir William Beveridge. *Bulletin: of the World Health Organization*: the International Journal of Public Health [em linha], v. 78, n. 6, p. 847-855, 2000. Acesso em: 7 mar. 2019. Disponível em: http://www.who.int/iris/handle/10665/57560.

BÍBLIA SAGRADA. Trad. João Ferreira de Almeida. 2. ed. Barueri: Sociedade Bíblica do Brasil, 1993

BOBBIO, Norberto. *A era dos direitos*. Trad. Carlos Nelson Coutinho. São Paulo: Campus Elsevier, 2004.

BOERMA, Wienke G. W.; DUBOIS, Carl-Ardy. Mapping primary care across Europe. *In*: SALTMAN, Richard B.; RICO, Ana; BOERMA, Wienke. *Primary care in the driver's seat?* Organizational reform in Eurpean primary care. Glasgow: Open University Press, 2006, p. 22-49.

BONAVIDES, Paulo. *Curso de direito constitucional*. 22. ed. São Paulo: Malheiros, 2008.

BOURGUEIL, Yann; MAREK, Anna; MOUSQUÈS, Julien. Trois modèles types d'organisation des soins primaires en Europe, au Canada, en Australie et en Nouvelle-Zélande. *Questions d'economie de la santé*, n. 141, p. 1-6, avr. 2009.

BRASIL. Lei nº 6.938, de 31 de agosto de 1981 [em linha]. Acesso em: 9 jun. 2020. Disponível em: http://www.planalto.gov.br/ccivil_03/Leis/L6938.htm.

BRASIL. Lei complementar nº 40, de 14 de dezembro de 1981 [em linha]. Acesso em: 9 jun. 2020. Disponível em: http://www.planalto.gov.br/ccivil_03/leis/lcp/lcp40.htm.

BRASIL. Lei nº 7.347, de 24 de julho de 1985 [em linha]. Acesso em: 9 jun. 2020. Disponível em: http://www.planalto.gov.br/ccivil_03/leis/l7347orig.htm.

BRASIL. Constituição da República Federativa do Brasil, de 5 de outubro de 1988 [em linha]. Acesso em: 9 jun. 2020. Disponível em: http://www.planalto.gov.br/ccivil_03/constituicao/constituicao.htm.

BRASIL. Lei nº 8.080, de 19 de setembro de 1990 [em linha]. Acesso em: 30 maio 2020. Disponível em: http://www.planalto.gov.br/ccivil_03/leis/l8080.htm.

BRASIL. Lei nº 8.142, de 28 de dezembro de 1990 [em linha]. Acesso em: 13 jun. 2020. Disponível em: http://www.planalto.gov.br/ccivil_03/leis/L8142.htm.

BRASIL. Lei Complementar nº 79, de 7 de janeiro de 1994 [em linha]. Acesso em: 1 jun. 2020. Disponível em: http://www.planalto.gov.br/ccivil_03/LEIS/LCP/Lcp79.htm.

BRASIL. Lei nº 9.782, de 26 de janeiro de 1999 [em linha]. Acesso em: 13 jun. 2020. Disponível em: http://www.planalto.gov.br/ccivil_03/leis/l9782.htm.

BRASIL. Lei nº 10.406, de 10 de janeiro de 2002 [em linha]. Acesso em: 18 jun. 2020. Disponível em: http://www.planalto.gov.br/ccivil_03/leis/2002/l10406.htm.

BRASIL. Decreto nº 7.508, de 28 de junho de 2011 [em linha]. Acesso em: 14 jun. 2020. Disponível em: http://www.planalto.gov.br/ccivil_03/_Ato2011-2014/2011/Decreto/D7508.htm.

BRASIL. Lei Complementar nº 141, de 13 de janeiro de 2012 [em linha]. Acesso em: 9 jun. 2020. Disponível em: http://www.planalto.gov.br/ccivil_03/leis/lcp/lcp141.htm.

BRASIL. Lei nº 13.105, de 16 de março de 2015 [em linha]. Acesso em: 9 jun. 2020. Disponível em: http://www.planalto.gov.br/ccivil_03/_Ato2015-2018/2015/Lei/L13105.htm.

BRASIL. Emenda Constitucional nº 86, de 17 de março de 2015 [em linha]. Acesso em: 16 jun. 2020. Disponível em: http://www.planalto.gov.br/ccivil_03/constituicao/emendas/emc/emc86.htm#art2.

BRASIL. Lei nº 13.140, de 26 de junho de 2015 [em linha]. Acesso em: 09 jun. 2020. Disponível em: http://www.planalto.gov.br/ccivil_03/_Ato2015-2018/2015/Lei/L13140.htm.

BRASIL. Emenda Constitucional nº 95, de 15 de dezembro de 2016 [em linha]. Acesso em: 16 jun. 2020. Disponível em: http://www.planalto.gov.br/ccivil_03/constituicao/emendas/emc/emc95.htm#art3.

BRASIL. Agência Nacional de Saúde Suplementar. *Agência Nacional de Saúde Suplementar*: a agência reguladora de planos de saúde do Brasil [em linha]. Acesso em: 10 mar. 2019. Disponível em: http://www.ans.gov.br/aans/noticias-ans/numeros-do-setor/4881-ans-disponibiliza-numeros-do-setor-relativos-a-janeiro-2.

BRASIL. Conselho Nacional do Ministério Público. Resolução nº 82, de 29 de fevereiro de 2012 [em linha]. Acesso em: 9 jun. 2020. Disponível em: https://www.cnmp.mp.br/portal/images/Resolucoes/Resolu%C3%A7%C3%A3o-0822.pdf.

BRASIL. Conselho Nacional do Ministério Público. Resolução nº 164, de 28 de março de 2017 [em linha]. Acesso em: 9 jun. 2020. Disponível em: https://www.cnmp.mp.br/portal/images/Resolucoes/Resolu%C3%A7%C3%A3o-164.pdf.

BRASIL. Instituto Brasileiro de Geografia e Estatística. *Pesquisa Nacional por Amostra de Domicílios, 1998* [em linha]. Brasília: Instituto Brasileiro de Geografia e Estatística, 1998. Acesso em: 23 maio 2019. Disponível em: https://biblioteca.ibge.gov.br/visualizacao/periodicos/59/pnad_1998_v20_br.pdf.

BRASIL. Ministério da Saúde. *Protocolo para o enfrentamento à pandemia de influenza pandêmica (H1N1) 2009: ações da atenção primária à saúde* [em linha]. Brasília: Ministério da Saúde, 2010, p. 10. Acesso em: 3 maio 2019. Disponível em: http://bvsms.saude.gov.br/bvs/publicacoes/protocolo_enfrentamento_influenza_2009.pdf.

BRASIL. Ministério da Saúde. Portaria nº 2.436, de 21 de setembro de 2017 [em linha]. Acesso em: 07 fev. 2019. Disponível em: http://bvsms.saude.gov.br/bvs/saudelegis/gm/2017/prt2436_22_09_2017.html.

BRASIL. Ministério da Saúde. Conselho Nacional de Saúde. *Carta dos direitos dos usuários da saúde* [em linha]. 3. ed. Brasília: Ministério da Saúde, 2011. Acesso em: 28 maio 2019. Disponível em http://bvsms.saude.gov.br/bvs/publicacoes/cartas_direitos_usuarios_saude_3ed.pdf.

BRASIL. Superior Tribunal de Justiça. Tema 106 dos julgamentos de recursos repetitivos [em linha]. Acesso em: 3 maio 2019. Disponível em http://www.stj.jus.br/repetitivos/temas_repetitivos/pesquisa.jsp.

BRASIL. Supremo Tribunal Federal. Agravo Regimental no Recurso Extraordinário nº 271.286. Relator: Min. Celso de Mello [em linha]. Diário de Justiça, Brasília, 24 nov. 2000. Acesso em: 01 jun. 2020. Disponível em: http://redir.stf.jus.br/paginadorpub/paginador.jsp?docTP=AC&docID=335538.

BRASIL. Supremo Tribunal Federal. Medida Cautelar na Arguição de Descumprimento de Preceito Fundamental nº 45. Relator: Min. Celso de Mello [em linha]. Diário de Justiça da União, Brasília, 4 maio 2004. Acesso em: 5 jun. 2020. Disponível em: https://jurisprudencia.stf.jus.br/pages/search/despacho120879/false.

BRASIL. Supremo Tribunal Federal. Ação Direta de Inconstitucionalidade nº 2024. Relator: Min. Sepúlveda Pertence [em linha]. Diário do Judiciário Eletrônico, 21 jun. 2007. Acesso em: 6 jun. 2020. Disponível em: http://redir.stf.jus.br/paginadorpub/paginador.jsp?docTP=AC&docID=466214.

BRASIL. Supremo Tribunal Federal. Agravo Regimental em Suspensão de Tutela Antecipada nº 175. Relator: Min. Gilmar Mendes [em linha]. Diário de Justiça Eletrônico, Brasília, 24 mar. 2010. Acesso em: 1 jun. 2020. Disponível em: http://www.stf.jus.br/arquivo/cms/noticianoticiastf/anexo/sta175.pdf.

BRASIL. Supremo Tribunal Federal. Ação Direta de Inconstitucionalidade nº 4.663. Relator: Min. Luiz Fux [em linha]. Diário do Judiciário Eletrônico, 15 dez. 2011. Acesso em: 18 jun. 2020. Disponível em: http://portal.stf.jus.br/processos/detalhe.asp?incidente=4149160.

BRASIL. Supremo Tribunal Federal. Arguição de Descumprimento de Preceito Fundamental nº 347. Relator: Min. Marco Aurélio [em linha]. Diário de Justiça, Brasília, 11 set. 2015. Acesso em: 1 jun. 2020. Disponível em: http://redir.stf.jus.br/paginadorpub/paginador.jsp?docTP=TP&docID=10300665.

BRASIL. Supremo Tribunal Federal. Recurso Extraordinário nº 956.475. Relator: Min. Celso de Mello [em linha]. Diário de Justiça, Brasília, 17 maio 2016. Acesso em: 1 jun. 2020. Disponível em: http://www.stf.jus.br/arquivo/cms/noticiaNoticiaStf/anexo/RE956475RJDeciso.pdf.

BRASIL. Supremo Tribunal Federal. Ação Direta de Inconstitucionalidade nº 5.595. Relator: Min. Ricardo Lewandowski [em linha]. Diário do Judiciário Eletrônico, Brasília, 1 set. 2017. Acesso em: 13 jun. 2020. Disponível em: http://portal.stf.jus.br/processos/downloadPeca.asp?id=312629019&ext=.pdf.

BRASIL. Supremo Tribunal Federal. *Informativo nº 969* [em linha]. Brasília: Supremo Tribunal Federal, 9 a 13 de março de 2020. Acesso em: 30 maio 2020. Disponível em: http://www.stf.jus.br/arquivo/informativo/documento/informativo969.htm#Direito%20%C3%A0%20sa%C3%BAde%20e%20dever%20de%20o%20Estado%20fornecer%20medicamento%20%E2%80%93%203.

BRASIL. Tribunal Regional Federal da Quarta Região. Agravo de Instrumento nº 2005.04.01.032610-6. Relatora: Des. Federal Vânia Hack de Almeida. Diário de Justiça, Brasília, 1 nov. 2006. Acesso em: 15 jun. 2020. Disponível em: https://www2.trf4.jus.br/trf4/processos/visualizar_documento_gedpro.php?local=trf4&documento=1428508&hash=0489e46014fa2f4750c3ec29f3409f8c.

BRITNELL, Mark. *In search of the perfect health system*. London: Palgrave, 2015.

BUSS, Paulo Marchiori; PELLEGRINI FILHO, Alberto. A saúde e seus determinantes sociais. *Physus: Revista de Saúde Coletiva* [em linha], v. 17, n. 1, p. 77-93, 2007. Acesso em: 22 dez. 2019. Disponível em http://www.scielo.br/pdf/physis/v17n1/v17n1a06.pdf.

BUSSE, Reinhard *et al*. *Health care systems in eight countries*: trends and challenges. London: The London School of Economics & Political Science, 2002.

BUSTAMANTE, Arturo Vargas; CHEN, Jie. Lower barriers to primary care after the implementation of the Affordable Care Act in the United States of America. *Revista Panamericana de Salud Pública*, n. 42, p. 1-8, Aug. 2018.

CAMPOS, António Correia de. *Reformas da saúde*: o fio condutor. Coimbra: Almedina, 2008.

CAMPOS, António Correia de; SIMÕES, Jorge. *O percurso da saúde*: Portugal na Europa. Coimbra: Almedina, 2011.

CAMPOS, Carlos Eduardo Aguilera. O desafio da integralidade segundo as perspectivas da vigilância da saúde e da saúde da família. *Ciência e Saúde Coletiva*, v. 8, n. 2, p. 569-584, 2003.

CAMPOS, Gastão Wagner de Sousa *et al*. Reflexões sobre a atenção básica e a estratégia saúde da família. *In*: CAMPOS, Gastão Wagner de Sousa; GUERRERO, André Vinícius Pires. *Manual de práticas de atenção básica*: saúde ampliada e compartilhada. São Paulo: Hucitec, 2013, p. 132-153.

CAMPOS NETO, Orozimbo Henriques. *As ações judiciais por anticorpos monoclonais em Minas Gerais, 1999-2009*: médicos, advogados e indústria farmacêutica, 2012. Dissertação de mestrado apresentada à Faculdade de Medicina da Universidade Federal de Minas Gerais. Acessível na Universidade Federal de Minas Gerais, Belo Horizonte, Brasil.

CAMPOS NETO, Orozimbo Henriques. Médicos, advogados e indústria farmacêutica na judicialização da saúde em Minas Gerais, Brasil. *Revista de Saúde Pública*, v. 46, n. 5, p. 784-790, 2012.

CAMPOS NETO, Orozimbo Henriques; GONÇALVES, Luiz Alberto Oliveira; ANDRADE, Eli Iola Gurgel. A judicialização da Saúde na percepção de médicos prescritores. *Interface. Comunicação, Saúde, Educação*, v. 22, n. 64, p. 165-176, 2018.

CANARIS, Claus-Wilhelm. *Direitos fundamentais e direito privado*. Trad. Ingo Wolfgang Sarlet e Paulo Mota Pinto.

CANOTILHO, José Joaquim Gomes. Metodología "fuzzy" y "camaleones normativos" en la problemática actual de los derechos económicos, sociales y culturales. *Derechos y libertades: revista del Instituto Bartolomé de las Casas*, n. 6, ano III, p. 35-50, fev. 1998.

CANOTILHO, J. J. GOMES. *Direito Constitucional e Teoria da Constituição*. 7. ed. Coimbra: Almedina, 2003.

CANOTILHO, José Joaquim Gomes. O Direito Constitucional como ciência de direcção: o núcleo essencial de prestações sociais ou a localização incerta da socialidade (contributo para a reabilitação da força normativa da "constituição social"). *Revista de doutrina da 4ª região* [em linha], Porto Alegre, n. 22, fev. 2008. Acesso em: 20 abr. 2017. Disponível em: http://www.revistadoutrina.trf4.jus.br/index.htm?http://www.revistadoutrina.trf4.jus.br/artigos/edicao022/Jose_Canotilho.htm.

CANOTILHO, J. J. Gomes. O Princípio da sustentabilidade como Princípio estruturante do Direito Constitucional. *Revista de Estudos Politécnicos*, v. VIII, n. 13, p. 7-18, 2010.

CARMO, Eduardo Hage; BARRETO, Maurício Lima; SILVA JÚNIOR, Jarbas Barbosa. Mudanças nos padrões de morbimortalidade da população brasileira: os desafios para um novo século. *Epidemiologia e serviços de saúde* [em linha], v. 12, n. 2, p. 63-75, jun. 2003. Acesso em: 14 jun. 2020. Disponível em: http://scielo.iec.gov.br/pdf/ess/v12n2/v12n2a02.pdf.

CARPINTERO, Francisco. La dignidad humana en Tomás de Aquino. *Persona y Derecho*, v. 74, p. 97-116, 2016.

CARVALHO, Antônio Ivo; BUSS, Paulo Marchiori. Determinantes Sociais na Saúde, na Doença e na Intervenção. *In*: GIOVANELLA, Lígia et al. *Políticas e sistema de saúde no Brasil*. Rio de Janeiro: Editora Fiocruz, 2009, p. 141-166.

CHIEFFI, Ana Luiza; BARATA, Rita de Cássia Barradas. Judicialização da política de assistência farmacêutica e equidade. *Cadernos de Saúde Pública*, v. 25, n. 8, p. 1.839-1.849, ago. 2009.

CÍCERO. Leis. *In:* MORRIS, Clarence (Org.). *Os grandes filósofos do direito*: leituras escolhidas em direito. Trad. Reinaldo Guarany. São Paulo: Martins Fontes, 2002, p. 32-48.

CLÉMENT, Jean-Marie. *Les grands principes du droit de la santé*. Bordeaux: Les Études Hospitlières, 2005.

COLÔMBIA. Corte Constitucional. Sentencia T-025/04 [em linha]. 17 jun. 2004). Acesso em: 1 jun. 2020. Disponível em: http://www.corteconstitucional.gov.co/relatoria/2004/t-025-04.htm.

COLÔMBIA. Corte Constitucional. Sentencia T-760/08 [em linha]. 11 nov. 2015). Acesso em: 1 jun. 2020. Disponível em: http://www.corteconstitucional.gov.co/relatoria/2008/t-760-08.htm.

CONSELHO DA EUROPA. Carta Social Europeia (revista), de 3 maio de 1996 [em linha]. Acesso em: 06 jun. 2020. Disponível em: https://rm.coe.int/CoERMPublicCommonSearchServices/DisplayDCTMContent?documentId=090000168047e171.

COURTIS, Christian. The right to food as a justiciable right: challenges and strategies. *Max Planck yearbook of United Nations Law*, v. 11, p. 317-337, 2017.

CRISMER, André; BELCHE, Jean-Luc; VAN DER VENNET, Jean-Luc. Les soins de santé primaires, plus que des soins de première ligne. *Santé publique*, v. 28, n. 3, p. 375-379, maio/jun. 2016.

CUBILLOS, Leonardo et al. Universal health coverage and litigation In: Latin America. *Journal of health organization and management*, v. 26, n. 3, p. 390-406, 2012.

CUETO, Marcos. The origins of primary health care and selective primary health care. *American Journal of Public Health*, v. 94, n. 11, Nov. 2004, p. 1.864-1.874.

CUNHA JÚNIOR, Dirley da. *Curso de Direito Constitucional*. 4. ed. Salvador: Juspodivm, 2010.

CZERESNIA, Dina. The concept of health and the difference between prevention and promotion. *Cadernos de Saúde Pública*, v. 15, n. 4, p. 701-709, 1999.

DAVIS, D. M. Socio-economic rights. In: ROSENFELD, Michel; SAJÓ, András. *The Oxford handbook of comparative constitutional law*. Oxford: Oxford University Press, 2012, p. 1.020-1.035.

DALLI, María. El derecho a la salud y la prohibición de regresividad: ¿infringen las restricciones para inmigrantes el contenido esencial? *Revista Telemática de Filosofía del Derecho*, n. 21, p. 229-250, 2018.

DALLI, María. *Acceso a la asistencia sanitaria y derecho a la salud*. Valencia: Tirant lo Blanch, 2019.

DANIELS, Norman. Justice and Access to Health Care. In: ZALTA, Eduard N. (Ed.). *The Stanford Encyclopedia of Philosophy* [em linha], 2013. Acesso em: 25 abr. 2017. Disponível em: https://plato.stanford.edu/archives/spr2013/entries/justice-healthcareaccess/.

DEATON, Angus. *The great escape: health, wealth, and the origins of inequality*. Princeton: Princeton University Press, 2013.

DECLARAÇÃO de Alma-Ata [em linha]. Conferência Internacional sobre Cuidados Primários de Saúde, Alma-Ata, URSS, 6 a 12 de setembro de 1978. Acesso em: 30 maio 2020. Disponível em: https://opas.org.br/declaracao-de-alma-ata/.

DECLARAÇÃO dos Direitos do Povo Trabalhador e Explorado [em linha]. Congresso Pan-Russo dos Sovietes dos Deputados Operários, Soldados e Camponeses, 3, Rússia, 17 de janeiro de 1918. Acesso em: 19 maio 2020. Disponível em: http://www.direitoshumanos.usp.br/index.php/Documentos-anteriores-%C3%A0-cria%C3%A7%C3%A3o-da-Sociedade-das-Na%C3%A7%C3%B5es-at%C3%A9-1919/declaracao-dos-direitos-do-povo-trabalhador-e-explorado-1918.html.

DECLARAÇÃO de Viena e programa de acção [em linha]. Conferência Mundial sobre os Direitos do Homem, 2, Áustria, 14 a 25 de junho de 1993. Acesso em: 29 set. 2018. Disponível em: http://www.dhnet.org.br/direitos/anthist/viena/viena.html.

DECLARATION of Astana [em linha]. Global Conference on Primary Health Care, Astana, Cazaquistão, 25 a 26 de outubro de 2018. Acesso em: 30 dez. 2019. Disponível em: https://www.who.int/docs/default-source/primary-health/declaration/gcphc-declaration.pdf.

DELDUQUE, Maria Célia *et al*. Bases conceptuales del derecho a la salud: del derecho a la salud al derecho sanitario. *In:* DELDUQUE, Maria Célia *et al*. *El Derecho desde la calle:* Introducción Critica al Derecho a la Salud. Brasília: FUB, CEAD, 2012, p. 43-53.

DEMICHEL, Francine. Le droit public, un droit de solidarité pour la santé. *Revue générale de droit médical*, n. 48, p. 201-233, sep. 2013.

DE PAULA, Weslla Karla Albuquerque Silva *et al*. Orientação comunitária e enfoque familiar: avaliação de usuários e profissionais da estratégia saúde da família. *Cadernos de Saúde Coletiva*, v.25, n. 2, p. 242-248, 2017.

DIAS, Maria Berenice. *Manual de direito das famílias*. 4. ed. São Paulo: RT, 2007.

DIAS, Maura Pereira; GIOVANELLA, Ligia. Prontuário eletrônico. Uma estratégia de coordenação entre a atenção primária e secundária à saúde no município de Belo Horizonte. *Revista Eletrônica de Comunicação, Informação e Inovação em Saúde* [em linha], v. 7, n. 2, ago. 2013. Acesso em: 26 abr. 2020. Disponível em: https://www.reciis.icict.fiocruz.br/index.php/reciis/article/view/518.

ELEFTHERIADIS, Pavlos. A Right to Health Care. *Journal of law, medicine & ethics*, v. 40, issue 2, p. 268-285, 2012.

ENGLAND. Department of Health. *The NHS Constitution*. London: Crown, 2015.

ESCOREL, Sarah. História das políticas de saúde pública no Brasil de 1964 a 1990. *In:* GIOVANELLA, Ligia *et al*. *Políticas e Sistemas de Saúde no Brasil*. Rio de Janeiro: FIOCRUZ, 2009, p. 385-434.

ESPAÑA. Constitución Española, de 27 dec. 1978 [em linha]. Acesso em: 6 jun. 2020. Disponível em: https://www.boe.es/legislacion/documentos/ConstitucionCASTELLANO.pdf.

ESPING-ANDERSEN, Gosta. As três economias do Welfare State. *Lua Nova: Revista de Cultura e Política*, São Paulo, n. 24, p. 85-116, set. 1991.

ESTORNINHO, Maria João; MACIEIRINHA, Tiago. *Direito da saúde*. Lisboa: Universidade Católica Editora, 2014.

FERNANDES, Antônio Joaquim Schellenberger. *Direito à saúde*: tutela coletiva e mediação sanitária. Belo Horizonte: D'Plácido editora, 2016.

FIGUEIREDO, Mariana Filchtiner. *Direito Fundamental à saúde*: parâmetros para sua eficácia e efetividade. Porto Alegre: Livraria do Advogado: 2007.

FILIPPON, Jonathan *et al*. A liberalização do Serviço Nacional de Saúde da Inglaterra: trajetória e riscos para o direito à saúde. *Cadernos de Saúde Pública*, v. 32, issue 8, p. 1-15, ago. 2016.

FLEURY, Sônia. A Judicialização pode salvar o SUS. *Saúde em debate*, v. 36, n. 93, abr./jun. 2012, p. 159-162.

FLEURY, Sônia; OUVERNEY; Assis Mafort. Política de saúde: uma política social. *In*: GIOVANELLA, Lígia *et al*. *Políticas e sistema de saúde no Brasil*. Rio de Janeiro: Editora Fiocruz, 2009, p. 23-64.

FLOOD, Colleen Marion; GROSS, Aeyal. Conclusion: Contexts for the Promise and Peril of the Right to Health. *In*: FLOOD, Colleen Marion; GROSS, Aeyal. *The Right to Health at the Public/Private Divide*: a Global Comparative Study. New York: Cambridge University Press, 2014, p. 451-480.

FLORIANÓPOLIS. Secretaria Municipal de Saúde. *Estratégia de vacinação contra o vírus influenza A(H1N1)*. Nota Técnica 02/2010/SMS [em linha]. Florianópolis: Secretaria Municipal de Saúde, 2010. Acesso em: 3 maio 2019. Disponível em: http://portal.pmf.sc.gov.br/arquivos/arquivos/pdf/09_03_2010_11.40.24.62f4580766d8e9e1834dd0ac6bc78d40.pdf.

FORMAN, Lisa *et al*. What do Core Obligations under the Right to Health Bring to Universal Health Coverage? *Health and Human Rights Journal*, v. 18, n. 2, p. 23-34, Dec. 2016.

FRANCISCO. *Evangelii Gaudium:* a alegria do Evangelho. Exortação apostólica do Sumo Pontífice ao episcopado, ao clero, *às* pessoas consagradas e aos fiéis leigos sobre o anúncio do Evangelho no mundo atual. 5. ed. São Paulo: Paulus, 2015.

FRASER, Derek. *The evolution of the British Welfare State*. A history of social policy since the Industrial Revolution. 4th ed. London: Palgrave Macmillan, 2009.

FREEMAN, Richard; ROTHGANG, Heinz. Health. *In*: CASTLES, Francis G. *et al*. *The Oxford handbook of The Welfare State*. Oxford: Oxford University Press, 2010.

GAMEIRO, Ian Pimentel. A saúde como metacapacidade: redefinindo o bem jurídico. *Quaestio Iuris* [em linha], v. 10, n. 4, p. 2.236-2.256, 2017. Acesso em: 30 maio 2020. Disponível em: https://doi.org/10.12957/rqi.2017.21899.

GARGARELLA, Roberto. Dialogic Justice *In:* the enforcement of social rights: some initial arguments. *In:* YAMIN, Ely; GLOPPEN, Siri. *Litigating health rights:* can courts bring more justice to health? Cambridge: Harvard University Press, 2011, p. 232-245.

GELINSKI, Carmen Rosario Ortiz Gutierrez. A questão da co-responsabilidade prevista na Estratégia Saúde da Família. *Política e Sociedade* [em linha], v. 10, n. 9, p. 100, out. 2011. Acesso em: 18 jun. 2020. Disponível em: https://periodicos.ufsc.br/index.php/politica/article/view/21404.

GERMANY. The Reich Constitution, of August 11th 1919 [em linha]. Acesso em: 8 jun. 2020. Disponível em: https://www.zum.de/psm/weimar/weimar_vve.php.

GERMANY. Federal Constitutional Court. BVerfGE 7, 198 [em linha]. 15 jan. 1958. Trad. Tony Weir. Acesso em: 22 set. 2019. Disponível em https://germanlawarchive.iuscomp.org/?p=51.

GERMANY. Federal Constitutional Court. 1 BvL 1/09 [em linha]. 9 Feb. 2010. Acesso em: 9 maio 2020. Disponível em: http://www.bverfg.de/e/ls20100209_1bvl000109en.html.

GIACOMONI, James. *Orçamento público*. 13. ed. São Paulo: Atlas, 2005.

GIOVANELLA, Lígia *et al*.Atención primaria de salud en Suramérica: ¿reorientación hacia el cuidado integral? *In:* GIOVANELLA, Lígia. *Atención primaria de salud en Suramérica*. Rio de Janeiro: Instituto Suramericano de Gobierno en Salud, UNASUR, 2015, p. 23-57.

GIOVANELLA, Ligia *et al*. De Alma-Ata a Astana. Atenção primária à saúde e sistemas universais de saúde: compromisso indissociável e direito humano fundamental. *Cadernos de saúde pública*, v. 35, n.3, p. 1-6, mar. 2019.

GIOVANELLA, Lígia; FRANCO, Cassiano Mendes; ALMEIDA, Patty Fidelis de. Política Nacional de Atenção Básica: para onde vamos? *Ciência e saúde coletiva* [em linha], v. 25, n. 4, p. 1.475-1481, abr. 2020. Acesso em: 26. abr. 2020. Disponível em: https://doi.org/10.1590/1413-81232020254.01842020.

GIOVANELLA, Lígia; MENDONÇA, Maria Helena Magalhães de. Atenção primária à saúde. *In:* GIOVANELLA, Lígia *et al*. *Políticas e sistema de saúde no Brasil*. Rio de Janeiro: Editora Fiocruz, 2009, p. 575-625.

GIOVANELLA, Lígia; STEGMULLER, Klaus. Crise financeira europeia e sistemas de saúde: universalidade ameaçada? Tendências das reformas de saúde na Alemanha, Reino Unido e Espanha. *Cadernos de Saúde Pública* [em linha], v. 30, n. 11, p. 1-19, nov. 2014. Acesso em: 27 jan. 2019. Disponível em: http://www.scielo.br/scielo.php?script=sci_arttext&pid=S0102-311X2014001102263&lng=en&nrm=iso.

GORDIS, Leon. *Epidemiologia*. 4. ed. Trad. Paulo Cauhy Petry. Rio de Janeiro: Revinter, 2010.

GOULART, Marcelo Pedroso. *Ministério Público e democracia: teoria e práxis*. Leme: LED. Editora de Direito, 1998.

GRAU, Eros Roberto. *A ordem econômica na Constituição de 1988*. 15. ed. São Paulo: Malheiros, 2012.

GREEN, Andrew; ROSS, Duncan; MIRZOEV, Tolib. Primary health care and England: The coming of age of Alma Ata? *Health policy*, v. 80, n. 1, p. 11-31, 2007.

GREENHALGH, Trisha; KOH, Gerald Choon Huat; CAR, Josip. Covid-19: a remote assessment in primary care [em linha]. *British Medical Journal*, n. 368, p. 1-5, 25 Mar. 2020. Acesso em: 19 abr. 2020. Disponível em: https://doi.org/10.1136/bmj.m1182.

GROSS, Aeyal M. The right to health in an era of privatisation and globalisation: national and international perspectives. *In:* GROSS, Aeyal M.; BARAK-EREZ, Daphne. *Exploring social rights: between theory and practice.* Oxford e Portland, Oregon: Hart Publishing, 2011, p. 289-339.

GROSS, Aeyal M. Is there a human right to private health care? *Journal of law, medicine & ethics,* v. 41, issue 1, p. 138-146, 2013.

GUAN, Wei-jie *et al.* Clinical Characteristics of Coronavirus Disease 2019 *In:* China. *The New England Journal of Medicine,* Apr. 2020, p. 1.708-1.720.

GUERRA JÚNIOR, Augusto Afonso; ACURCIO, Francisco de Assis. Política de medicamentos e assistência farmacêutica. *In:* ACURCIO, Francisco de Assis (Org.). *Medicamentos*: políticas, assistência farmacêutica, farmacoepidemiologia e farmacoeconomia. Belo Horizonte: COOPMED, 2013, p. 13-73.

HÄBERLE, Peter. Recientes aportes sobre los Derechos Fundamentales en Alemania. *Pensamiento Constitucional,* v. 1, n. 1, p. 45-60, 1994.

HÄBERLE, Peter. *Hermenêutica Constitucional:* a sociedade aberta dos intérpretes da Constituição: contribuição para a interpretação pluralista e 'procedimental' da Constituição. Trad. Gilmar Ferreira Mendes. Porto Alegre: Sérgio Antônio Fabris, 1997, reimp. 2002.

HÄBERLE, Peter. *Pluralismo y Constitución*: Estudios de Teoría Constitucional de la Sociedad Abierta. Trad. Emilio Mikunda-Franco. 2. ed. Madrid: Tecnos, 2013,

HABERMAS, Jürgen. The concept of human dignity and the realistic utopia of human rights. *Metaphilosophy,* v. 41, n. 4, p. 464-480, jul. 2010.

HARRINGTON, Mary *et al. CHIPRA Mandated Evaluation of the Children's Health Insurance Program:* Final Findings. Report submitted to the Office of the Assistant Secretary for Planning and Evaluation [em linha]. Ann Arbor: Mathematica Policy Research, 2014. Acesso em: 12 jun. 2020. Disponível em: https://aspe.hhs.gov/system/files/pdf/77046/rpt_CHIPevaluation.pdf.

HECLO, Hugh. The social question. *In:* MCFATE, Katherine; LAWSON, Roger; WILSON, William Julius. *Poverty, inequality, and the future of social policy:* Western States in the New World Order. New York: Russell Sage Foundation, 1995, p. 665-691.

HESSE, Konrad. *A força normativa da Constituição.* Trad. Gilmar Ferreira Mendes. Porto Alegre: Sérgio Antônio Fabris, 1991.

HESSE, Konrad. *Elementos de Direito Constitucional da República Federal da Alemanha.* Trad. Luís Afonso Heck. Porto Alegre: Sérgio Antônio Fabris, 1998.

HESSE, Konrad. Significado dos direitos fundamentais. Trad. Carlos dos Santos Almeida. *In:* HESSE, Konrad. *Temas fundamentais de direito constitucional.* São Paulo: Saraiva, 2009, p. 23-72.

HICK, Rod; BURCHARDT, Tania. Capability deprivation. *In*: BRADY, David; BURTON, Linda M. *The Oxford handbook of the social science of poverty* [em linha]. Oxford: Oxford University Press, p. 75-92, 2016. Acesso em: 8 jul. 2018. Disponível em: http://www.oxfordhandbooks.com/view/10.1093/oxfordhb/9780199914050.001.0001/oxfordhb-9780199914050-e-5?print=pdf.

HINO, Paula *et al*. Necessidades em saúde e atenção básica: validação de instrumentos de captação. *Revista da escola de enfermagem da USP* [em linha], São Paulo, v. 43, n. 2, p. 1.156-1.167, dez. 2009. Acesso em: 6 dez. 2016. Disponível em: http://www.scielo.br/scielo.php?script=sci_arttext&pid=S0080-62342009000600003.

HOLMES, Stephen; SUNSTEIN, Cass R. *The cost of rights: why liberty depends on taxes*. New York: Norton, 2000.

HONE, Thomas *et al*. Large reductions in amenable mortality associated with Brazil's primary care expansion and strong health governance. *Health Affairs*, v. 36, n. 1, p. 149-158, Feb. 2017.

HUBER, Machteld *et al*. How should we define health? *British Medical Journal*, n. 343, 2011.

IMMERGUT, Ellen M. As regras do jogo: a lógica da política de saúde na França, na Suíça e na Suécia [em linha]. *Revista brasileira de Ciências Sociais*, v. 11 n. 30, fev. 1996. Acesso em: 12 jun. 2020. Disponível em: https://edisciplinas.usp.br/pluginfile.php/4096921/mod_resource/content/1/Immergut_sistemas%20de%20saude.pdf.

INSTITUTE FOR QUALITY AND EFFICIENCY IN HEALTH CARE (IQWiG). *Health Care In: Germany*: The German health care system [em linha]. Cologne: (IQWiG), May 6th 2015, atual. Feb. 8th 2018. Acesso em: 12 jun. 2020. Disponível em: https://www.ncbi.nlm.nih.gov/books/NBK298834/.

IRVING, Greg *et al*. International variations in primary care physician consultation time: a systematic review of 67 countries. *British Medical Journal Open* [em linha], vol. 7, issue 10, p. 1-15, 2017. Acesso em: 14 jun. 2020. Disponível em: https://bmjopen.bmj.com/content/bmjopen/7/10/e017902.full.pdf.

ITALY. Constitution of the Italian Republic, of December 27th, 1947 [em linha]. Acesso em: 8 jun. 2020. Disponível em: https://www.senato.it/documenti/repository/istituzione/costituzione_inglese.pdf.

JAKAB, Andras. Sustainability in European Constitutional Law. *Max Planck Institute for Comparative Public Law & International Law (MPIL) Research Paper* [em linha], n. 2016-16, Jul. 2016. Acesso em: 21 jul. 2019. Disponível em: https://ssrn.com/abstract=2803304 or http://dx.doi.org/10.2139/ssrn.2803304.

JUŠKEVIČIUS, Jonas; BALSIENĖ, Janina. Human rights in healthcare: some remarks on the limits of the right to healthcare. *Jurisprudencija* [em linha], v. 4, issue 122, p. 95-110, 2010. Acesso em: 30 maio 2020. Disponível em: https://www.mruni.eu/upload/iblock/5f1/5_Juskevicius_Balsiene.pdf.

KANT, Immanuel. *Fundamentação da metafísica dos costumes e outros escritos*. Trad. Leopoldo Holzbach. São Paulo: Martin Claret, 2011.

KEESARA, Sirina; JONAS, Andrea; SCHULMAN, Kevin. Covid-19 and Health Care's Digital Revolution. *The New England Journal of Medicine* [em linha], Apr. 2, 2020. Acesso em: 21 abr. 2020. Disponível em: https://www.nejm.org/doi/full/10.1056/NEJMp2005835.

LANA, Raquel Martins. Emergência do novo coronavírus (SARS-CoV-2) e o papel de uma vigilância nacional em saúde oportuna e efetiva. *Cadernos de Saúde Pública* [em linha], v. 36, n. 3, p. 1-5, fev. 2020. Acesso em: 17 mar. 2020. Disponível em: https://doi.org/10.1590/0102-311X00019620.

LEÃO XIII. Carta encíclica Rerum Novarum do Sumo Pontífice Papa Leão XIII a todos os nossos veneráveis irmãos, os patriarcas, primazes, arcebispos e bispos do orbe católico, em graça e comunhão com a sé apostólica sobre a condição dos operários [em linha]. Vaticano, 15 maio 1891. Acesso em: 31 jul. 2020. Disponível em: http://www.vatican.va/content/leo-xiii/pt/encyclicals/documents/hf_l-xiii_enc_15051891_rerum-novarum.pdf.

LEFEVRE, Fernando. Medicamento, lógica de mercado e interesse público. *Revista de Direito Sanitário*, v. 3, n. 3, p. 36-40, nov. 2002.

LEMOS, Newton Sérgio Lopes. O pseudodilema do choque de conceitos entre a universalidade e integralidade da atenção em saúde: o que deve o Estado prover ao cidadão? *In: Encontro Nacional do Ministério Público em Defesa da Saúde*, Fortaleza, 4, 2008.

LIMA, Ricardo Seibel de Freitas. Direito à saúde e critérios de aplicação. *In:* SARLET, Ingo Wolfgang; TIMM, Luciano Benetti (Org.). *Direitos fundamentais: orçamento e reserva do possível*. Porto Alegre: Livraria do Advogado, 2008, p. 265-283.

LOBATO, Lenaura de Vasconcelos Costa; GIOVANELLA, Ligia. Sistemas de saúde: origens, componentes e dinâmica. *In:* GIOVANELLA, Lígia et al. *Políticas e sistema de saúde no Brasil*. Rio de Janeiro: Editora Fiocruz, 2009, p. 107-140.

LOPES, Antônio Alberto da Silva. Medicina baseada em evidências: a arte de aplicar o conhecimento científico na prática clínica. *Revista da Associação Médica Brasileira*, v. 46, n. 3, p. 285-288, jul./set. 2000.

LOUREIRO, João Carlos. *Adeus ao Estado Social? A segurança social entre o crocodilo da economia e a medusa da ideologia dos "direitos adquiridos"*. Coimbra: Coimbra Editora, 2010.

LOUREIRO, João Carlos. A "porta da memória": (pós?) constitucionalismo, estado (pós?) social, (pós?) democracia e (pós?) capitalismo: contributos para uma "dogmática da escassez". *Revista Estudos do Século XX* [em linha]. Coimbra, n. 13, p. 109-126, 2013. Acesso em: 20 jun. 2020. Disponível em: https://digitalis-dsp.uc.pt/bitstream/10316.2/36800/1/A porta da memoria.pdf?ln=pt-pt.

LOUREIRO, João Carlos. Fiat constitutio, pereat mundus? Neojoaquimismo, Constitucionalismo e Escassez. *Revista Portuguesa de Filosofia*, n. 70, fasc. 2-3, p. 231-260, 2014.

LOUREIRO, João Carlos. Pauperização e prestações sociais na "idade da austeridade": a questão dos três Ds (dívida, desemprego, demografia) e algumas medidas em tempo de crise(s). *Boletim da Faculdade de Direito*, Coimbra, v. XC, tomo II, p. 613-661, 2014.

LOUREIRO, João Carlos. Em busca de um direito da saúde em tempos de risco(s) e cuidado(s): sobre a incerteza do(s) nome(s) e da(s) coisas. *In:* LOUREIRO, João Carlos; DIAS, André; BARBOSA, Carla. *Direito da saúde:* estudos em homenagem ao Prof. Doutor Guilherme de Oliveira. V. 1. Objeto, redes e sujeitos. Coimbra: Almedina, 2016, p. 13-47.

MACHADO, Felipe Rangel de Souza. Contribuições ao debate da judicialização da saúde no Brasil. *Revista de Direito Sanitário*, v. 9, n. 2, p. 73-91, jul./out. 2008.

MACHADO, Marina Amaral de Ávila *et al*. Judicialização do acesso a medicamentos no Estado de Minas Gerais, Brasil. *Revista de Saúde Pública*, v. 45, n. 3, p. 590-598, abr. 2011.

MACINKO, James; HARRIS, Matthew J. Brazil's Family Health Strategy. Delivering community-based primary care in a universal health system. *The New England Journal of Medicine* [em linha], n. 372, p. 2.177-2.181, Jun. 2015. Acesso em: 30 jun. 2015. Disponível em: http://www.nejm.org/doi/pdf/10.1056/nejmp1501140.

MACINKO, James; STARFIELD, Barbara; SHI, Leiyu. The contribution of primary care systems to health outcomes within Organization for Economic Cooperation and Development (OECD) Countries, 1970-1998. *Health services research* [em linha], v. 38, n. 3, p. 831-865, Jun. 2003. Acesso em: 14 jun. 2020. Disponível em: https://www.ncbi.nlm. nih.gov/pmc/articles/PMC1360919/pdf/hesr_149.pdf.

MÆSTAD, Ottar; RAKNER, Lise; FERRAZ, Octávio Luiz Motta. Assessing the Impact of Health Rights Litigation: A Comparative Analysis of Argentina, Brazil, Colombia, Costa Rica, India, and South Africa. *In:* YAMIN, Ely; GLOPPEN, Siri. *Litigating health rights:* can courts bring more justice to health? Cambridge: Harvard University Press, 2011, p. 273-303.

MAGALHÃES, Carla Sofia Dantas. O Estado regulador de garantia: Justiça para com os netos e para com os bisnetos. *In:* LOUREIRO, João Calos *et al*. *Diálogos sobre Pensar a Justiça entre as Gerações, de Axel Gosseries*. Coimbra: Instituto Jurídico, 2016, p. 77-80.

MANFREDI, Christopher P.; MAIONI, Antonia. Courts and health policy: judicial policy making and publicly funded health care in Canada. *Journal of health politics, policy and law*, v. 27, n. 2, p. 213-240, Apr. 2002.

MARINER, Wendy. Beyond lifestyle: governing the social determinants of health. *American Journal of Law and Medicine*, n. 42, p. 284-309, 2016.

MARIS, Renata *et al*. Compra em massa dos EUA à China cancela contratos de importação de equipamentos médicos no Brasil, diz Mandetta. *O Globo* [em linha], 01 abr. 2020, (atual. 02 abr. 2020. Acesso em: 4 abr. 2020. Disponível em: https://oglobo.globo.com/sociedade/coronavirus-servico/compra-em-massa-dos-eua-china-cancela-contratos-de-importacao-de-equipamentos-medicos-no-brasil-diz-mandetta-24344790.

MARMOT, Michael. Why should the rich care about the health of the poor? *Canadian Medical Association Journal* [em linha], v. 184, n. 11, p. 1.231-1.232, Aug. 2012. Acesso em: 17 mar. 2020. Disponível em: https://www.ncbi.nlm.nih.gov/pmc/articles/PMC3414593/.

MARQUES, Giselda Quintana; LIMA, Maria Alice Dias da Silva. As tecnologias leves como orientadoras dos Processos de trabalho em serviços de saúde. *Revista Gaúcha de Enfermagem*, v. 25, n. 1, p. 17-25, abr. 2004.

MARSHALL, T. H.; BOTTOMORE, Tom. *Citizenship and Social Class*. London: Pluto Press, 1992.

MARTINS, Licínio Lopes. *Tratado de Direito Administrativo especial, vol. III: Direito Administrativo da saúde*. Coimbra: Almedina, 2010.

MATHIEU, Bertrand. La protection du droit à la santé par le juge constitutionnel: a propos et à partir de la décision de la Cour constitutionnelle italienne nº 185 du mai 1998. *Cahiers du Conseil Constitutionnel*, n. 6, jan. 1999.

MAZZILLI, Hugo Nigro. *Regime Jurídico do Ministério Público*. 6. ed. São Paulo: Saraiva, 2007.

MCGILL, Mariah; MACNAUGHTON, Gillian. The struggle to achieve the human right to health care in the United States. *Southern California Interdisciplinary Law Journal*, v. 25, p. 625-684, 2016.

MENDES, Eugênio Vilaça. *As redes de atenção à saúde*. Belo Horizonte: ESP/MG, 2009.

MENDES, Gilmar Ferreira; BRANCO, Paulo Gustavo Gonet. *Curso de Direito Constitucional*. 12. ed. São Paulo: Saraiva, 2017.

MENICUCCI, Telma Maria Gonçalves. Implementação da Reforma Sanitária: a formação de uma política. *Saúde e Sociedade*, v. 15, n. 2, p. 72-87, maio/ago. 2006.

MÉXICO. Constitución Politica de Los Estados Unidos Mexicanos, de 31 en. 1917 [em linha]. Acesso em: 8 jun. 2020. Disponível em: http://www.ordenjuridico.gob.mx/Constitucion/1917.pdf.

MIRANDA, Jorge. *Manual de direito constitucional*. Tomo IV. Direitos fundamentais. 6. ed. Coimbra: Coimbra Editora, 2015.

MIZUMOTO, Kenji; CHOWELL, Gerardo. Estimating Risk for Death from 2019 Novel Coronavirus Disease, China, January. February 2020. *Emerging Infectious Diseases* [em linha], v. 26, n. 6, p. 1.251-1.256, Jun. 2020. Acesso em: 11 jun. 2020. Disponível em https://doi.org/10.3201/eid2606.200233.

MONIZ, Ana Raquel Gonçalves. Socialidade, solidariedade e sustentabilidade: esboços de um retrato jurisprudencial. *In*: LOUREIRO, João Carlos; SILVA, Suzana Tavares. *A economia social e civil: Estudos*. Coimbra: Instituto Jurídico da Faculdade de Direito da Universidade de Coimbra, 2015, p. 63-104.

MORENO-MARTÍNEZ, Francisco José; GÓMEZ GARCÍA, Carmen Isabel; HERNÁNDEZ-SUSARTE, Ana María. Evolución histórica de la higiene corporal: desde la edad antigua a las sociedades modernas actuales. *Cultura de los cuidados*, año XX, n. 46, p. 115-126, 3er Cuatrimestre 2016.

MULLAN, Fitzhugh; EPSTEIN, Leon. Community-oriented primary care: new relevance in a changing world. *American Journal of Public Health*, v. 92, n. 11, p. 1.748-1755, Nov. 2002.

MUSGROVE, Philip. Health insurance: the influence of the Beveridge Report [em linha]. *Bulletin: of the World Health Organization*: the International Journal of Public Health, v. 78, n. 6, 2000, p. 847-855. Acesso em: 7 mar. 2019. Disponível em: http://www.who.int/iris/handle/10665/57560.

NABAIS, José Casalta. A face oculta dos direitos fundamentais: os deveres e os custos dos direitos. *In:* NABAIS, José Casalta. *Por uma liberdade com responsabilidade*: estudos sobre direitos e deveres fundamentais. Coimbra: Coimbra editora, 2008, p. 163-196.

NABAIS, José Casalta. Dos deveres fundamentais. *In:* NABAIS, José Casalta. *Por uma liberdade com responsabilidade*: estudos sobre direitos e deveres fundamentais. Coimbra: Coimbra editora, 2008, p. 197-386.

NABAIS, José Casalta. Que futuro para a sustentabilidade fiscal do Estado? *In:* LOUREIRO, João Carlos; SILVA, Suzana Tavares da. *A economia social e civil:* Estudos. Coimbra: Instituto Jurídico da Faculdade de Direito da Universidade de Coimbra, 2015, p. 105-127.

NEWDICK, Christopher. From Hipprocrates to commodities: three models of NHS governance. *Medical Law Review*, v. 22, n. 2, p. 162-179, 2014.

NOLAN, Aoife; PORTER, Bruce; LANGFORD, Malcolm. The justiciability of social and economic rights: an updated appraisal. *CHRGJ Working Paper* [em linha], n. 15, Jul. 2009. Acesso em: 3 ago. 2019. Disponível em: https://ssrn.com/abstract=1434944.

NORONHA, José Carvalho; GIOVANELLA, Ligia; CONNIL, Eleonor Minho. Sistemas de saúde da Alemanha, do Canadá e dos Estados Unidos: uma visão comparada. *In:* PAIM, Jairnilson Silva; ALMEIDA-FILHO, Naomar de. *Saúde coletiva*: teoria e prática. Rio de Janeiro: Medbook, 2014, p. 151-172.

NOVAIS, Jorge Reis. Constituição e Serviço Nacional de Saúde. *Direitos Fundamentais e Justiça*, n. 11, p. 85-109, abr./jun. 2010.

NOVAIS, Jorge Reis. *Direitos sociais:* teoria jurídica dos direitos sociais enquanto direitos fundamentais. Coimbra: Coimbra Editora, 2010.

NORONHA, José Carvalho. Cobertura universal de saúde: como misturar conceitos, confundir objetivos, abandonar princípios. *Cadernos de saúde pública*, v. 29, n. 5, p. 847-849, maio 2013.

NUNES, António José Avelãs. Noção e objeto da Economia Política. *Boletim de Ciências Econômicas*, v. XXXVII, 1994.

NUNES, João Arriscado. Saúde, direito à saúde e justiça sanitária. *Revista Crítica de Ciências Sociais* [em linha], v. 87, p. 143-169, dez. 2009. Acesso em: 28 dez. 2019. Disponível em: https://journals.openedition.org/rccs/1588.

NUNES, Everardo Duarte. Saúde coletiva: uma história recente de um passado remoto. *In:* CAMPOS, Gastão Wagner de Sousa *et al*. *Tratado de saúde coletiva*. 2. ed. São Paulo: Hucitec Editora, 2014, p. 17-37.

NUNES, Rui. *Regulação da saúde*. 3. ed. Porto: Vida Econômica, 2014.

NUSSBAUM, Martha. Women and equality: The capabilities approach. *International Labour Review*, v. 138, n. 3, p. 227-245, 1999.

NUSSBAUM, Martha. Capabilities and social justice. *International Studies Review*, v. 4, n. 2, p. 123-135, summer 2002.

NUSSBAUM, Martha. Human rights and human capabilities. *Harvard human rights journal*, v. 20, p. 21-24, 2007.

NUSSBAUM, Martha. Creating capabilities: the human development approach and its implementation. *Hypatia: a journal of feminist philosophy*, v. 24, n. 3, p. 211-215, summer 2009.

NUSSBAUM, Martha. Introduction: aspiration and the capabilities list. *Journal of human development and capabilities*, v. 17, n. 3, p. 301-308, 2016.

NUSSBAUMER-STREIT, Barbara *et al*. Quarantine alone or in combination with other public health measures to control COVID-19: a rapid review. *Cochrane Database of Systematic Reviews* [em linha], issue 4, n. CD013574, 2020. Acesso em: 16 maio 2020. Disponível em: https://www.cochranelibrary.com/cdsr/doi/10.1002/14651858.CD013574/epdf/full.

OBERMANN, Konrad *et al*. *The German Health Care System: a concise overview* [em linha]. Mannheim: Mannheim Institute of Public Health (MIPH), Heidelberg University, 2013, p. 65. Acesso em: 12 jun. 2020. Disponível em: https://www.goinginternational.eu/newsletter/2013/nl_03/SpecialDE_EN_Understanding_the_German.pdf.

OLIVEIRA, Cláudio Ladeira de; FERREIRA, Francisco Gilney Bezerra de Carvalho. O orçamento público no Estado Constitucional Democrático e a deficiência crônica na gestão das finanças públicas no Brasil. *Sequência*, Florianópolis, n. 76, p. 183-212, 2017.

OLIVEIRA, Fábio César dos Santos. Direito de proteção à saúde: efetividade e limites à intervenção do Poder Judiciário. *Revista dos Tribunais*, v. 96, n. 865, p. 54-84, nov. 2007.

OLIVEIRA, Luciano Moreira de. *Direito fundamental* à *assistência farmacêutica*: parâmetros para a conciliação entre integralidade e universalidade. 2008. [Em linha]. Monografia em curso de Especialização em Direito Sanitário. Saúde, Democracia e Direitos Humanos apresentada à Escola de Saúde Pública de Minas Gerais. Acessível na Escola de Saúde Pública de Minas Gerais, Belo Horizonte, Brasil. Acesso em: 4 maio 2019. Disponível em: http://idisa.org.br/img/File/MonografiaDireitoSaude.pdf.

OLIVEIRA, Luciano Moreira de. Princípio da universalidade do acesso à saúde e a indevida exigência de comprovação de hipossuficiência em juízo. *BIS. Boletim do Instituto de Saúde*, v. 12, n. 3, p. 234-239, 2010.

OLIVEIRA, Luciano Moreira de. *Ministério Público e políticas de saúde*. Rio de Janeiro: Lumen Juris, 2016.

OLIVEIRA, Maria Amélia de Campos; PEREIRA, Iara Cristina. Atributos essenciais da atenção primária e da estratégia saúde da família. *Revista Brasileira de Enfermagem*, v. 66, n. esp., p. 158-164, set. 2013.

OOMS, Gorik; HAMMONDS, Rachel. Global constitutionalism, applied to global health governance: uncovering legitimacy deficits and suggesting remedies. *Globalization and health*, n. 84, p. 1-14, 2016.

ORGANISATION FOR ECONOMIC CO-OPERATION AND DEVELOPMENT. *OECD. Stat* [em linha]. Paris: OECD, atual. 2020. Acesso em: 16 maio 2020. Disponível em https://stats.oecd.org/index.aspx?DataSetCode=HEALTH_STAT.

ORGANISATION FOR ECONOMIC CO-OPERATION AND DEVELOPMENT. *Spending on primary care: first estimates* [em linha]. Acesso em: 06 jan. 2019. Disponível em: https://www.oecd.org/health/health-systems/Spending-on-Primary-Care-Policy-Brief-December-2018.pdf.

ORGANIZAÇÃO DAS NAÇÕES UNIDAS. Declaração Universal dos Direitos Humanos [em linha]. Assembleia-Geral das Nações Unidas, 10 de dezembro de 1948. Acesso em: 31 maio 2020. Disponível em: https://www.ohchr.org/EN/UDHR/Documents/UDHR_Translations/por.pdf.

ORGANIZAÇÃO DAS NAÇÕES UNIDAS. Pacto Internacional de Direitos Civis e Políticos [em linha]. Assembleia-Geral das Nações Unidas, 16 de dezembro de 1966. Acesso em: 31 maio 2020. Disponível em: http://www.planalto.gov.br/ccivil_03/decreto/1990-1994/d0592.htm.

ORGANIZAÇÃO DAS NAÇÕES UNIDAS. Pacto Internacional de Direitos Econômicos, Sociais e Culturais [em linha]. Assembleia-Geral das Nações Unidas, 19 de dezembro de 1966. Acesso em: 31 maio 2020. Disponível em: http://www.planalto.gov.br/ccivil_03/decreto/1990-1994/d0591.htm.

ORGANIZAÇÃO DAS NAÇÕES UNIDAS. Convenção sobre os Direitos da Criança [em linha]. Assembleia-Geral das Nações Unidas, 20 de novembro de 1989. Acesso em: 31 maio 2020. Disponível em: https://www.unicef.org/brazil/convencao-sobre-os-direitos-da-crianca.

ORGANIZAÇÃO DAS NAÇÕES UNIDAS. Transformando Nosso Mundo: A Agenda 2030 para o Desenvolvimento Sustentável [em linha]. Assembleia-Geral das Nações Unidas, 25 de setembro de 2015. Acesso em: 15 jun. 2020. Disponível em: https://nacoesunidas.org/pos2015/agenda2030/.

ORGANIZAÇÃO MUNDIAL DA SAÚDE. Constituição da Organização Mundial da Saúde [em linha]. Assembleia-Geral das Nações Unidas, *22 de julho de 1946. Acesso em: 7 jun. 2020. Disponível em:* http://www.direitoshumanos.usp.br/index.php/OMS-Organiza%C3%A7%C3%A3o-Mundial-da-Sa%C3%BAde/constituicao-da-organizacao-mundial-da-saude-omswho.html.

ORGANIZAÇÃO MUNDIAL DA SAÚDE. *Relatório mundial de saúde 2008. Cuidados de saúde primários:* agora mais que nunca [em linha]. Trad. Maria Cristina Moniz Pereira, Fátima Hipólito, Paulo Ferrinho. Lisboa: Alto Comissariado da Saúde, 2008. Acesso em: 29 jun. 2016. Disponível em http://www.who.int/whr/2008/whr08_pr.pdf.

OTERO, Paulo. *Manual de Direito Administrativo.* V. I. Coimbra: Almedina, 2014.

OTTERSEN, Trygve et al. *Making fair choices on the path to universal health coverage. Final report of the WHO consultative group on equity and universal health coverage* [em linha]. Genebra: WHO Press, 2014. Acesso em: 29 jun. 2016]. Disponível em: http://apps.who.int/iris/bitstream/10665/112671/1/9789241507158_eng.pdf.

OXLEY, Howard; MACFARLAN, Maitland. *OECD Economics Department Working Papers,* n. 149. Health care reform: controlling spending and increasing efficiency. Paris: OECD Publishing, 1994.

PADILLA, Javier. ¿A quién vamos a dejar morir? Madrid: Capitán Swing, 2019.

PAIM, Jairnilson; ALMEIDA-FILHO, Naomar. Análise de situação de saúde: o que são necessidades e problemas de saúde? *In:* PAIM, Jairnilson; ALMEIDA-FILHO, Naomar. *Saúde coletiva*: teoria e prática. Rio de Janeiro: MedBook, 2014, p. 29-39.

PAIM, Jairnilson Silva; ALMEIDA-FILHO, Naomar. Conceitos de saúde: atualização do debate teórico-metodológico. *In:* PAIM, Jairnilson Silva; ALMEIDA-FILHO, Naomar de. *Saúde coletiva*: teoria e prática. Rio de Janeiro: Medbook, 2014, p. 13-27.

PAIM, Jairnilson Silva *et al.* O sistema de saúde brasileiro: história, avanços e desafios [em linha]. *The Lancet*, série saúde no Brasil, maio 2011, p. 11-31. Acesso em: 19 fev. 2019. Disponível em: http://download.thelancet.com/flatcontentassets/pdfs/brazil/brazilpor1.pdf.

PENALVA, Luciana Dadalto. *Declaração prévia de vontade do paciente terminal*. 2009 [em linha]. Dissertação de mestrado apresentada à Pontifícia Universidade Católica de Minas Gerais. Acesso em: 29 maio 2019. Disponível em: http://www.biblioteca.pucminas.br/teses/Direito_PenalvaLD_1.pdf.

PECES-BARBA MARTÍNEZ, Gregorio. *La dignidad de la persona desde la filosofía del derecho*. Madrid: Dykinson, 2002.

PECES-BARBA MARTÍNEZ, Gregório. Los deberes fundamentales. *Doxa* [em linha], n. 04, p. 329-341, 1987. Acesso em: 27 maio 2019. Disponível em: http://hdl.handle.net/10045/10915.

PECES-BARBA MARTÍNEZ, Gregorio. Fundamental rights: between morals and politics. *Ratio Juris*, v. 14, n. 1, p. 64-74, Mar. 2001.

PEREIRA, Iara Cristina; OLIVEIRA, Maria Amélia de Campos. *Atenção primária, promoção da saúde e o Sistema Único de Saúde*: um diálogo necessário [em linha]. São Paulo: Escola de Enfermagem da Universidade de São Paulo, 2014. Acesso em: 6 jun. 2020. Disponível em: http://www.livrosabertos.sibi.usp.br/portaldelivrosUSP/catalog/view/59/52/247-1.

PERELMAN, Julian e outros. *Pagamento pelo desempenho nos cuidados de saúde primários:* experiências cruzadas. Coimbra: Almedina, 2016.

PERELLÓ, Juan José Bestard. *La asistência sanitaria pública*: seguro de salud o servicio público. Derecho a la protección de la salud. Madrid: Diaz de Santos, 2015.

PÉREZ, José Luiz Monereo; NAVARRETE, Cristóbal Molina; SEGURA, Rosa Quesada. *Manual de seguridad social*. 10. ed. Madrid: Editorial Tecnos, 2014, p. 523.

PÉREZ LUÑO, Antonio-Enrique. Las generaciones de derechos fundamentales. *Revista del Centro de Estudios Constitucionales*, n. 10, p. 203-217, sept./dic. 1991.

PÉREZ LUÑO, Antonio-Enrique. Dogmática de los derechos fundamentales y transformaciones del sistema constitucional. *Teoría y Realidad Constitucional*, n. 20, p. 495-511, 2007.

PIKETTY, Thomas. *O capital no século XXI*. Trad. Monica Baumgartem de Bolle. Rio de Janeiro: Intrínseca, 2014.

PINTO, Élida Graziane. *Financiamento dos Direitos Fundamentais no Brasil pós-Plano Real*. 2006. Tese de doutorado apresentada à Faculdade de Direito da Universidade Federal de Minas Gerais. Acessível na Universidade Federal de Minas Gerais. Belo Horizonte, Brasil.

PINTO, Élida Graziane. *Financiamento dos direitos à saúde e à educação*: uma perspectiva constitucional. Belo Horizonte: Fórum, 2015.

PINTO, Élida Graziane. Erosão orçamentário-financeira dos direitos sociais na Constituição de 1988. *Ciência e Saúde Coletiva*, v. 24, n. 12, p. 4.473-4.478, dez. 2019.

PINTO JÚNIOR, Vítor Laerte. Introdução ao Pensamento Epidemiológico. *Revista de Medicina e Saúde de Brasília*, v. 7, n. 1, p. 159-171, 2018.

PIVETTA, Saulo Lindorfer. *Direito fundamental à saúde*: regime jurídico, políticas públicas e controle judicial. São Paulo: Revista dos Tribunais, 2014.

PORTUGAL. Constituição da República Portuguesa, de 2 de abril de 1976 [em linha]. Acesso em: 11 jun. 2020. Disponível em: https://www.parlamento.pt/Legislacao/Paginas/ConstituicaoRepublicaPortuguesa.aspx.

PORTUGAL. Lei nº 56, de 15 de setembro de 1979 [em linha]. Acesso em: 13 jun. 2020. Disponível em: https://dre.pt/pesquisa/-/search/369864/details/normal?p_p_auth=JqNc3epD.

PORTUGAL. Lei nº 48, de 31 de julho de 1990 [em linha]. Acesso em: 12 jun. 2020. Disponível em: https://dre.pt/web/guest/legislacao-consolidada/-/lc/57483775/20190516 2352/57494528/exportPdf/maximized/1/cacheLevelPage?rp=diplom.

PORTUGAL. Decreto-Lei nº 298, de 22 de agosto de 2007 [em linha]. Acesso em: 14 jun. 2020. Disponível em: https://dre.pt/home/-/dre/640665/details/maximized.

PORTUGAL. Decreto-Lei nº 124, de 29 de dezembro de 2011 [em linha]. Acesso em: 13 jun. 2020. Disponível em: https://dre.pt/pesquisa/-/search/145186/details/maximized.

PORTUGAL. Serviço Nacional de Saúde. Serviços Partilhados do Ministério da Saúde, E.P.E. Centro Nacional de TeleSaúde. *Plano Estratégico Nacional para a Telessaúde 2019-2022* [em linha]. Lisboa: Serviços Partilhados do Ministério da Saúde, 2018. Acesso em: 21 abr. 2020. Disponível em: https://www.spms.min-saude.pt/wp-content/uploads/2019/11/PENTS_portugu%C3%AAs.pdf.

PORTUGAL. Tribunal Constitucional. Acórdão nº 39/84. Relator: Cons. Vital Moreira [em linha]. 11 de abril de 1984. Acesso em: 09 jun. 2020. Disponível em: https://dre.pt/home/-/dre/384993/details/maximized.

PORTUGAL. Tribunal Constitucional. Acórdão nº 330/88. Relator: Cons. Cardoso da Costa [em linha]. 11 abr. 1989. Acesso em: 13 jun. 2020. Disponível em: http://www.tribunalconstitucional.pt/tc/acordaos/19990318.html.

PORTUGAL. Tribunal Constitucional. Acórdão nº 731/95. Relator: Cons. Alves Correia [em linha]. 14 de dezembro de 1995. Acesso em: 13 jun. 2020. Disponível em: http://www.tribunalconstitucional.pt/tc/acordaos/19950731.htm.

PORTUGAL. Tribunal Constitucional. Acórdão nº 318/99. Relator: Cons. Vítor Nunes de Almeida [em linha]. 26 maio 1999. Acesso em: 06 jun. 2020. Disponível em: http://www.tribunalconstitucional.pt/tc/acordaos/19990318.html.

PORTUGAL. Tribunal Constitucional. Acórdão nº 509/02. Relator: Cons. Luís Nunes de Almeida [em linha]. 19 dez. 2002. Acesso em: 06 jun. 2020. Disponível em: http://www.tribunalconstitucional.pt/tc/acordaos/20020509.html.

QUEIROZ, Cristina. *O princípio da não reversibilidade dos direitos fundamentais sociais*: princípios dogmáticos e prática jurisprudencial. Coimbra: Coimbra Editora, 2006.

QUEIROZ, Cristina. *O tribunal Constitucional e os direitos sociais*. Coimbra: Coimbra Editora, 2014.

RAMOS, Marcelene Carvalho da Silva. O direito fundamental à saúde na perspectiva da Constituição Federal. *Revista de Direito Administrativo*, v. 22, p. 147-165, out./dez. 2005.

REICHERT, Altamira Pereira da Silva *et al*. Orientação familiar e comunitária na Atenção Primária à saúde. *Ciência e saúde coletiva*, v. 21, n. 1, p. 119-127, 2016.

REINO UNIDO. *Informe Dawson sobre el futuro de los servicios médicos y afines, 1920* [em linha]. Trad. Oficina Sanitaria Panamericana. Washington: Organización Panamericana de la salud, 1964. Acesso em: 07 dez. 2018. Disponível em: http://hist.library.paho.org/English/SPUB/42178.pdf.

ROCHA, Cármen Lúcia Antunes. O princípio da dignidade da pessoa humana e a exclusão social. *Revista do Instituto Brasileiro de Direitos Humanos*, v. 2. n. 2, p. 49-67, 2001.

RODRIGUES, João Gaspar. *Ministério Público resolutivo*: um novo perfil institucional. Porto Alegre: Sérgio Antônio Fabris Editor, 2012.

ROJAS, Rodrigo Cançado Anaya. *Participação popular e Ministério Público no Brasil*: defesa do regime democrático e dos interesses metaindividuais no marco de uma teoria crítica dos direitos humanos. Belo Horizonte: Arraes, 2012.

ROSE, Geoffrey. Sick individuals and sick populations. *International Journal of Epidemilogy*, v. 3, issue 3, p. 427-432, 2001.

ROSEN, George. *Uma história da saúde pública*. Trad. Marcos Fernandes da Silva Moreira e José Ruben de Alcântara Bonfim. 3. ed. São Paulo: Hucitec, 2006.

RUGER, Jennifer Prah. Health and social justice. *The Lancet* [em linha], v. 364, p. 1.075-1.080, set. 2004. Acesso em: 30 maio 2020. Disponível em: https://www.thelancet.com/action/showPdf?pii=S0140-6736%2804%2917064-5.

RUGER, Jennifer Prah. Health, capability, and justice: toward a new paradigm of health ethics, policy and law. *Cornell Journal of Law and Public Policy*, v. 15, issue 2, p. 403-482, 2006.

RUGER, Jennifer Prah. Toward a Theory of a Right to Health: Capability and Incompletely Theorized Agreements. *Yale Journal of Law & the Humanities*, v. 18, issue 2, p. 273-326, 2006.

RUGER, Jennifer Prah. *Health and social justice*. Oxford: Oxford University Press, 2012.

SADEK, Maria Tereza. A construção de um novo Ministério Público resolutivo. *De Jure: Revista Jurídica do Ministério Público de Minas Gerais*, n. 12, p. 130-139, jan./jul. 2009.

SANDEL, Michael. *O que o dinheiro não compra*: os limites morais do mercado. Rio de Janeiro: Civilização Brasileira, 2014.

SANTOS, Lenir. Direito à saúde e qualidade de vida: um mundo de corresponsabilidades e fazeres. In: SANTOS, Lenir (Org.). *Direito da Saúde no Brasil*. Campinas: Saberes, 2010.

SARLET, Ingo Wolfgang. Algumas considerações em torno do conteúdo, eficácia e efetividade do direito à saúde na Constituição de 1988. *Direito e Democracia* [em linha], v. 3, n. 1, p. 333-354, 2002. Acesso em: 18 jun. 2020. Disponível em: http://www.periodicos.ulbra.br/index.php/direito/article/view/2433.

SARLET, Ingo Wolfgang. *A eficácia dos direitos fundamentais*. 3. ed. Porto Alegre: Livraria do Advogado, 2003.

SARLET, Ingo Wolfgang. Los derechos sociales en el constitucionalismo contemporáneo: algunos problemas y desafíos. In: LINERA, Miguel Presno; SARLET, Ingo Wolfgang. *Los derechos sociales como instrumento de emancipación*. Navarra: Editorial Aranzadi, 2010.

SARLET, Ingo Wolfgang. A titularidade simultaneamente individual e transindividual dos direitos sociais analisada à luz do exemplo do direito à proteção e promoção da saúde. In: ASENSI, Felipe Dutra; PINHEIRO, Roseni. *Direito Sanitário*. Rio de Janeiro: Elsevier, 2012, p. 99-116.

SARLET, Ingo Wolfgang. *Dignidade da pessoa humana e direitos fundamentais na Constituição Federal de 1988*. 9. ed. Porto Alegre: Livraria do Advogado, 2012.

SARLET, Ingo Wolfgang; FIGUEIREDO, Mariana Filchtiner. Reserva do possível, mínimo existencial e direito à saúde: algumas aproximações. In: SARLET, Ingo Wolfgang; TIMM, Luciano Benetti (Org.). *Direitos fundamentais*: orçamento e reserva do possível. Porto Alegre: Livraria do Advogado, 2008, p. 11-53.

SARLET, Ingo Wolfgang; MARINONI, Luiz Guilherme; MITIDIERO, Daniel. *Curso de Direito Constitucional*. São Paulo: RT, 2012.

SARMENTO, Daniel. O mínimo existencial. *Revista de Direito da Cidade*, v. 8, n. 4, p. 1.644-1.689.

SCHOLLER, Heinrich. O princípio da proporcionalidade no direito constitucional e administrativo da Alemanha. Trad. Ingo Wolfgang Sarlet. *Interesse Público*, ano 1, n. 2, p. 93-107, 1999.

SCLIAR, Moacyr. O nascimento da saúde pública. *Revista da Sociedade Brasileira de Medicina Tropical* [em linha], v. 21, n. 2, p. 87-88, abr./jun. 1988. Acesso em: 06 jun. 2020. Disponível em: https://www.scielo.br/scielo.php?script=sci_arttext&pid=S0037-86821988000200014.

SCLIAR, Moacyr. *Do mágico ao social*: trajetória da saúde pública. 2. ed. São Paulo: SENAC, 2005, p. 14.

SCOTT, Anthony; JAN, Stephen. Primary Care. *In:* GLIED, Sherry; SMITH, Peter C. *The Oxford Handbook of Health Economics* [em linha]. Oxford: Oxford handbooks online, 2012. Acesso em: 15 mar. 2019. Disponível em: http://www.oxfordhandbooks.com.

SECOLI, Silvia Regina *et al.* Avaliação de tecnologia em saúde. II. A análise de custo-efetividade. *Arquivos de Gastroenterologia* [em linha], v. 47, n. 4, p. 329-333, out./dez. 2010. Acesso em: 05 mar. 2020. Disponível em: http://www.scielo.br/pdf/ag/v47n4/v47n4a02.pdf.

SEN, Amartya. *Commodities and capabilities*. Oxford: Oxford University Press, 1999.

SEN, Amartya. Health in development. *Bulletin: of the World Health Organization*, v. 77, n. 8, p. 619-623, 1999.

SEN, Amartya. Why health equity? *Health economics*, v. 11, n. 8, p. 659-666, nov. 2002.

SEN, Amartya. Capability and well-being. *In:* NUSSBAUM, Martha; SEN, Amartya (Ed.). *The quality of life* [em linha]. Oxford: Oxford Scholarship Online, 2003, p. 30-53. Acesso em: 21 nov. 2016. Disponível em: http://existencia.org/files/alt-eco/quality.pdf.

SEN, Amartya. Human rights and the limits of law. *Cardozo Law Review*, n. 27, p. 2.913-2.927, Apr. 2006.

SEN, Amartya. Why and how is health a human right? *The Lancet*, v. 372, p. 2010, Dec. 2008.

SEN, Amartya. *Desenvolvimento como liberdade*. Trad. Laura Teixeira Motta. São Paulo: Companhia das Letras, 2010.

SEN, Amartya. *A ideia de justiça*. Trad. Denise Bottmann e Ricardo Doninelli Mendes. São Paulo: Companhia das Letras, 2011.

SEVALHO, Gil. Uma Abordagem Histórica das Representações Sociais de Saúde e Doença. *Cadernos de Saúde Pública* [em linha], v. 9, n. 3, jul./set., p. 349-363. Acesso em: 6 jun. 2020. Disponível em: https://www.scielosp.org/pdf/csp/1993.v9n3/349-363/pt.

SHEPHERD, Lois. Rethinking health law: assuming responsibility. *Wake Forest Law Review* [em linha], Public Law Research Paper n. 189, 2006. Acesso em: 28 jun. 2020. Disponível em: https://www.researchgate.net/publication/228313991_Rethinking_Health_Law_Assuming_Responsibility.

SILVA, Cátia Aida. Promotores de Justiça e novas formas de atuação em defesa de interesses sociais e coletivos. *Revista Brasileira de Ciências Sociais*, v. 16, n. 45, p. 127-144, fev. 2001.

SILVA, Filipe Carreira da. *O futuro do Estado social*. Lisboa: Fundação Francisco Manuel dos Santos, 2013.

SILVA, José Afonso da. *Curso de Direito Constitucional positivo*. 27. ed. São Paulo: Malheiros, 2006.

SILVA, Suzana Tavares. *Direitos fundamentais na arena global*. Coimbra: Imprensa da Universidade de Coimbra, 2014.

SILVA, Suzana Tavares. Ética e sustentabilidade financeira: a vinculação dos tribunais. *In: 10º Aniversário do Tribunal Central Administrativo Sul: Conferências Comemorativas*. Lisboa: Ordem dos Contabilistas Certificados, 2016, p. 451-464.

SILVA, Telma Terezinha Ribeiro. Modelos Assistenciais em Saúde. *In:* VILARTA, Roberto (Org.). *Saúde Coletiva e Atividade Física:* conceitos e aplicações dirigidos à graduação em educação física. V. 1 [em linha]. Campinas: IPES Editorial, 2007, p. 45-49. Acesso em: 21 dez. 2019. Disponível em: https://www.fef.unicamp.br/fef/sites/uploads/deafa/qvaf/saude_coletiva_cap6.pdf.

SILVA JÚNIOR, Aluísio Gomes da. *Modelos tecnoassistenciais em saúde:* o debate no campo da saúde coletiva. São Paulo: Hucitec, 1997.

SILVA JÚNIOR, Aluísio Gomes da; ALVES, Carla Almeida. Modelos assistenciais em saúde: desafios e perspectivas. *In:* MOROSINI, Márcia Valéria G. C; CORBO, Anamaria D'Andrea. *Modelos de atenção e a saúde da família.* Rio de Janeiro: Fiocruz, 2007, p. 27-41.

SOLLA, Jorge; CHIORO, Arthur. Atenção ambulatorial especializada. *In:* GIOVANELLA, Ligia *et al. Políticas e Sistemas de Saúde no Brasil.* Rio de Janeiro: FIOCRUZ, 2009, p. 627-663.

SOLLA, Jorge José Santos Pereira; PAIM, Jairnilson Silva. Relações entre a atenção básica, de média e alta complexidade: desafios para a organização do cuidado no sistema único de saúde. *In:* PAIM, Jairnilson; ALMEIDA-FILHO, Naomar. *Saúde coletiva:* teoria e prática. Rio de Janeiro: MedBook, 2014, p. 343-352.

SOUTH AFRICA. *Constitutional Court of South Africa.* Case CCT 32/97, Thiagraj Soobramoney v.Minister of Health (Kwazulu-Natal) [em linha]. 27 Nov. 1997. Acesso em: 01 jun. 2020. Disponível em: http://www.saflii.org/za/cases/ZACC/1997/17.html.

SOUTH AFRICA. Constitutional Court of South Africa. Case CCT 11/00, Government of the Republic of South Africa and Others v Grootboom and Others [em linha]. 04 Oct. 2000. Acesso em: 01 jun. 2020. Disponível em: http://www.saflii.org/za/cases/ZACC/2000/19.html.

SOUTH AFRICA. Constitutional Court of South Africa. Case CCT 8/02, Minister of Health and Others v. Treatment Action Campaign and Others [em linha]. 05 Jul. 2002. Acesso em: 01 jun. 2020. Disponível em: http://www.saflii.org/za/cases/ZACC/2002/15.pdf.

STARFIELD, Barbara. *Atenção primária:* equilíbrio entre necessidades de saúde, serviços e tecnologia [em linha]. Brasília: UNESCO, Ministério da Saúde, 2002. Acesso em: 29 jun. 2016. Disponível em: http://unesdoc.unesco.org/images/0013/001308/130805por.pdf.

STARFIELD, Barbara. Primary care and specialty care: a role reversal? *Medical Education,* n. 37, p. 756-757, 2003.

STEINER, Henry J.; ALSTON, Philip; GOODMAN, Ryan. *International human rights in context:* law, politics, morals. 3rd edition. Oxford: Oxford University Press, 2007.

STERN, Klaus. A society based on the rule of law and social justice: constitutional model of the Federal Republic of Germany. *Journal of South African Law,* v. 1981, n. 3, p. 241-250, 1981.

STUCKLER, David; BASU, Sanjay. *A economia desumana:* porque mata a austeridade. Trad. Rui Pires Cabral. Lisboa: Bizâncio, 2014.

STIGLITZ, Joseph. *O preço da desigualdade.* Trad. Dinis Pires. Lisboa: Bertrand Editora, 2013.

SUSSER, Mervyn; SUSSER, Ezra. Choosing a Future for Epidemiology: I. Eras and Paradigms. *American Journal of Public Health,* v. 86, n. 5, p. 668-673, May 1996.

SUSSER, Mervyn; SUSSER, Ezra. Choosing a Future for Epidemiology: II. From Black Box to Chineses Boxes and Eco-Epidemiology, *American Journal of Public Health*, v. 86, n. 5, p. 674-677, May 1996.

TOMAŠEVSKI, Katarina. Health rights. *In:* EIDE, Asbjørn; KRAUSE, Catarina; ROSAS, Allan. *Economic, social and cultural rights:* a textbook. Dordrecht: Martinus Nihoff Publishers, 1995, p. 125-142.

TORRES, Ricardo Lobo. O mínimo existencial e os direitos fundamentais. *Revista de Direito Administrativo*, Rio de Janeiro, n. 177, p. 29-49, jul./set. 1989.

TORRES, Ricardo Lobo. *O orçamento na Constituição*. São Paulo: Renovar, 1995.

TORRES, Ricardo Lobo. O mínimo existencial, os direitos sociais e os desafios de natureza orçamentária. *In:* SARLET, Ingo Wolfgang; TIMM, Luciano Benetti. *Direitos fundamentais:* orçamento e "reserva do possível". Porto Alegre: Livraria do Advogado, 2008, p. 69-86.

TUSHNET, Mark. *Weak courts, Strong rights*: judicial review and social welfare rights in comparative constitutional law. Princeton: Princeton University Press, 2009.

TUSHNET, Mark. Social and economic rights: historical origins and contemporary issues. *E-publica – Revista Eletrónica de Direito Público* [em linha], n. 3, p. 08-18, 2014. Acesso em: 31 maio 2020. Disponível em: http://www.scielo.mec.pt/pdf/epub/v1n3/v1n3a02.pdf.

UNITED STATES OF AMERICA. Centers for Medicare & Medicaid Services. *Children's Health Insurance Program* [em linha]. Baltimore: CMS, atual. 2020. Acesso em: 16 maio 2020. Disponível em: https://www.medicaid.gov/chip/index.html.

UNITED STATES OF AMERICA. Centers for Medicare & Medicaid Services. *Medicaid.gov* [em linha]. Baltimore: CMS, atual. 2020. Acesso em: 12. jun. 2020. Disponível em: https://www.medicaid.gov/medicaid/index.html.

UNITED STATES OF AMERICA. Centers for Medicare & Medicaid Services. *Medicare.gov* [em linha]. Baltimore: CMS, atual. 2020. Acesso em: 12 jun. 2020. Disponível em: https://www.medicare.gov/about-us/how-is-medicare-funded.

UNITED STATES OF AMERICA. Veterans Health Administration. *Veterans Health Administration* [em linha]. Baltimore: CMS, atual. 2020. Acesso em: 16 maio 2020. Disponível em: https://www.va.gov/health/aboutVHA.asp.

UNITED NATIONS. Convention on the Elimination of All Forms of Discrimination against Women [em linha]. General Assembly, December the 18th 1979. Acesso em: 8 jun. 2020. Disponível em: https://www.un.org/womenwatch/daw/cedaw/text/econvention.htm#intro

UNITED NATIONS. Convention on the Rights of Persons with Disabilities [em linha]. General Assembly, March the 30th 2008. Acesso em: 08 jun. 2020. Disponível em: https://www.un.org/disabilities/documents/convention/convoptprot-e.pdf.

UNITED NATIONS. Office of the High Comissioner for Human Rights. *CESCR General Comment nº 3: The Nature of States Parties' Obligations (Art. 2, Para. 1, of the Covenant)* [em linha]. Geneva: Office of The High Comissioner for Human Rights, 1990. Acesso em: 28 mar. 2019. Disponível em https://www.refworld.org/pdfid/4538838e10.pdf.

UNITED NATIONS. Office of the High Commissioner for Human Rights. *General Comment No. 14: The Right to the Highest Attainable Standard of Health (Art. 12)* [em linha]. Geneva: Office of the High Comissioner for Human Rights, 2000. Acesso em: 20 out. 2017. Disponível em: http://www.ohchr.org/EN/AboutUs/Pages/ContactUs.aspx.

VAITSMAN, Jeni. Saúde, cultura e necessidades. *In*: FLEURY, Sônia. *Saúde:* Coletiva? Questionando a onipotência do social. Rio de Janeiro: Relume-Dumará, 1992, p. 157-173.

VALE, Luís António Malheiro Meneses do. Racionamento e racionalização no acesso à saúde: contributo para uma perspectiva jurídico-constitucional. 2007. v. II. Dissertação de mestrado em ciências jurídico-políticas apresentada à Faculdade de Direito da Universidade de Coimbra. Acessível na Biblioteca da Faculdade de Direito da Universidade de Coimbra, Coimbra, Portugal.

VALE, Luís António Malheiro Meneses do. Responsividade nos sistemas públicos de saúde: o exemplo da OMS. *In:* ANDRADE, Manuel da Costa; ANTUNES, Maria João. *Estudos em homenagem ao Professor Doutor Jorge de Figueiredo Dias, vol. IV*. Coimbra: Coimbra Editora, 2010, p. 1.049-1.106.

VASAK, Karel. Revisiter la troisième génération des droits de l'homme avant leur codification. *In:* ESPIELL, Héctor Gros. *Amicorum liber:* Persona humana y derecho internacional, v. II. Bruselles: Bruylant, 1997, p. 1.649-1.666.

VENKATAPURAM, Sridhar. Health, vital goals and human capabilities. *Bioethics*, v. 27, n. 5, p. 271-279, 2013.

VIAL, Sandra Regina Martini. El Derecho a la salud en Brasil: su efectividad a través del postulado de la fraternidad. *In:* URBINA, Jorge Tomillo; CUEVAS, Joaquín Cayón (Dir.). *Estudios sobre Derecho de la Salud*. Navarra: Editorial Aranzadi, 2011, p. 797-827.

VEIRA, Antônio. *Sermão de Santo Antônio* [em linha]. Belém: Unama. Acesso em: 21 jun. 2020. Disponível em: http://www.dominiopublico.gov.br/download/texto/ua000257.pdf.

VIEIRA, Fabíola Sulpino *et al*. Assistência farmacêutica e ações judiciais: propostas para melhorar o acesso e o uso de medicamentos. *Revista de Administração em Saúde*, v. 12, n. 47, p. 79-86, abr./jun. 2010.

VIZARD, Polly; FUKUDA-PARR, Sakiko; ELSON, Diane. Introduction: The Capability Approach and Human Rights. *Journal of human development and capabilities*: a multidisciplinary journal for people-centered development, v.12, n. 1, p. 1-22, Feb. 2013.

VRIJHOEF, Bert; ELISSEN, Arianne. Developing appropriate and effective care for people with chronic disease. *In:* HARPER, Sarah; HAMBLIN, Kate. *International handbook on ageing and public policy*. Cheltenham: Edward Elgar, 2014, p. 191-199.

WEICHERT, Marlon Alberto. O direito à saúde e o princípio da integralidade. *In:* SANTOS, Lenir (Org.). *Direito da Saúde no Brasil*. Campinas: Saberes, 2010, p. 101-143.

WELCH, Pete W. *et al*. Geographic variation in expenditures for physicians' services in The United States. *The New England Journal of Medicine* [em linha], v. 328, n. 9, p. 621-627, Mar. 1993. Acesso em: 14 jun. 2020. Disponível em: https://www.nejm.org/doi/pdf/10.1056/NEJM199303043280906?articleTools=true.

WESTERNHOUT, Ed. Population ageing and health care expenditure growth. *In:* HARPER, Sarah; HAMBLIN, Kate. *International handbook on ageing and public policy.* Cheltenham: Edward Elgar, 2014, p. 178-190.

WILEY, Lindsay F. From patient rights to health justice: securing the public's interest in affordable, high-quality health care. *Cardozo Law Review,* v. 37, issue 3, p. 833-889, 2016.

WORLD HEALTH ORGANIZATION. *Review of The Constitution of The World Health Organization*: report of the Executive Board special group [em linha]. Resolution EB 101. R2, Eighth meeting, 22 jan. 1998. Acesso em: 16 maio 2020. Disponível em: https://apps.who.int/iris/bitstream/handle/10665/79503/angr2.pdf?sequence=1&isAllowed=y.

WORLD HEALTH ORGANIZATION. *The Global Health Observatory* [em linha]. Geneva: WHO, atual. 2020. Acesso em: 17 maio 2020. Disponível em: https://www.who.int/data/gho/data/indicators.

YAMIN, Alicia Ely. Decision T-760 2008 (Colom). *Max Planck Encyclopedia of Comparative Constitutional Law* [em linha], 2017. Acesso em: 17 feb. 2019. Disponível em: https://oxcon.ouplaw.com/view/10.1093/law-mpeccol/law-mpeccol-e742?prd=MPECCOL.

YAMIN, Alicia Ely; GLOPPEN, Siri (Ed.). *Litigating health rights:* can courts bring more justice do health? Cambridge: Harvard Universtity Press, 2011.

ZHOU, Xiaoyun *et al.* The Role of Telehealth *in reducing the Mental Health Burden. Telemedicine and e-Health,* v. 26, n. 4, p. 377-379, Apr. 2020.

Esta obra foi composta em fonte Palatino Linotype, corpo 10
e impressa em papel Pólen Bold 70g (miolo) e Supremo 250g (capa)
pela Gráfica Formato.